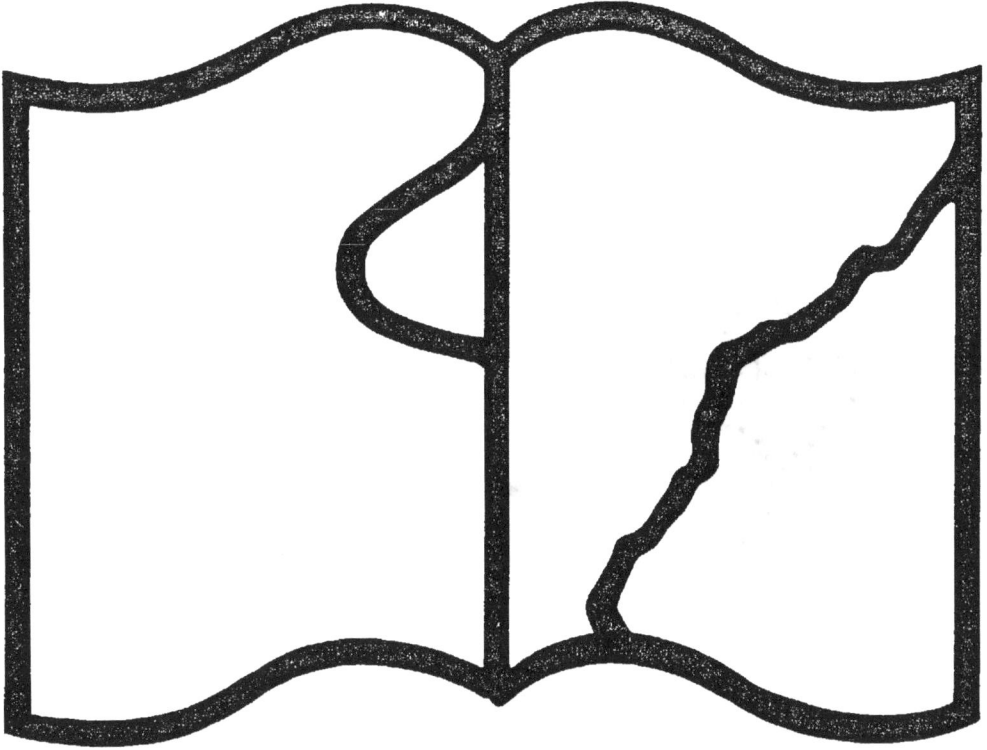

Texte détérioré — reliure défectueuse

NF Z 43-120-11

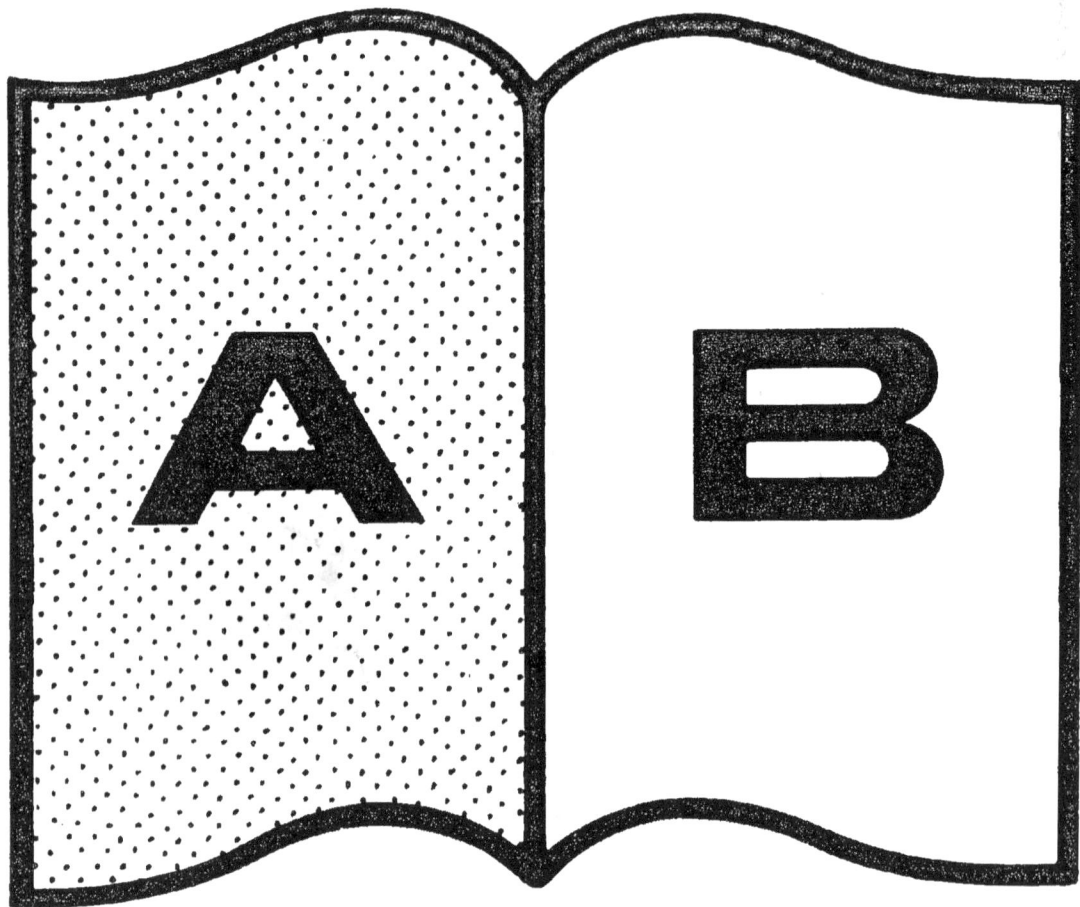

Contraste insuffisant

NF Z 43-120-14

LA
JURISPRUDENCE
DES NOVELLES
DE JUSTINIEN;
CONFERE'E AVEC
LES ORDONNANCES ROYAUX
LES COUTUMES DE FRANCE
ET LES DECISIONS
DES COURS SOUVERAINES.
TOME SECOND.

Par M. CLAUDE DE FERRIERE,
Avocat au Parlement.

A PARIS,
Chez JEAN COCHART, au cinquiéme pillier de la
grande Salle du Palais, au S. Efprit.

M. DC. LXXXVIII.
AVEC PRIVILEGE DU ROY.

LA JURISPRUDENCE
DES
NOVELLES
DE L'EMPEREUR JUSTINIEN,

Conferées avec les Ordonnances Royaux, les Couſtumes de France, & les Déciſions des Cours Souveraines.

CINQUIEME COLLATION.
TITRE PREMIER.
De l'Alienation des Biens Eccleſiaſtiques.
NOVELLE XLVI.

PREFACE ET CHAPITRE PREMIER.

De l'Alienation des biens d'Egliſe, & du payement des re-
devances deuës au fiſc.

De Ecᶜleſiaſti-carum rerum immobi-liû alie-natione & ſolu-tione.

De alie-nandis bonis Ec-cleſiaſti-cis pro ſolutione funⁿctionŭ fiſcaĥ.

'Empereur dans la Preface de cette Novelle dit, qu'il a toûjours employé ſes ſoins pour l'utilité de ſes Sujets, par les Loix & par les autres choſes qu'il a établies, retranchant ce qui eſtoit inutile, & éta-bliſſant ce qui ſembloit procurer l'intereſt public; faiſant ſouvent de nouvelles Loix pour abroger ce qui ſe trouvoit

Tome II.   A

exceſſif dans les premieres, afin d'introduire par ce moyen l'égalité en toutes chſes : Qu'il a fait une Loy , qui eſt la Novelle 7. *de non alienandis aut permut. reb. Eccleſ.* par laquelle il a deffendu aux Egliſes, aux Monaſteres, & aux lieux pieux, d'aliener leurs biens, par la raiſon qu'il avoit obſervé, que beaucoup de biens Eccleſiaſtiques avoient paſſé avec le temps à des particuliers , par les alienations qui en avoient eſté faites pour des prix modiques, & moindres que leur valeur, & ſans que ces alienations euſſent eſté forcées & neceſſaires , & qu'on avoit trouvé une infinité de moyens pour éluder la force & la vigueur des Loix qu'il a déja établies pour ce ſujet.

Ces termes *neque preciis &c.* ſe doivent ainſi entendre , *& alienatis poſſeſſionibus Eccleſiaſticis pro non dignis preciis , & non propter imminens opus inevitabile.*

C'eſt pour cette raiſon qu'il dit , qu'en coupant le chemin aux alienations qui ſe faiſoient librement, il a étably une Loy qui eſt generale pour un chacun, contre les fraudes qui ſe commettoient contre les anciennes Loix faites ſur l'alienation des biens Eccleſiaſtiques. Il faut lire ainſi le texte, *Quo circa primam perimentes viam , omnibus ſimiliter inacceſſibilem contra eas fecimus circumventiones ,* ſuppléant le mot *legem.* Et par cette Loy il entend la Novelle 7. *de non alienandis.*

Cette Loy avoit procuré un avantage conſiderable aux biens Eccleſiaſtiques, en ce que perſonne n'oſoit les aliener ou les acquerir.

Aprés avoir fait connoiſtre l'utilité de la Novelle ſuſdite, & les cauſes pour leſquelles il l'avoit faite ; il en fait voir l'inconvenient, qui eſt que les Egliſes s'étant trouvées dans la neceſſité de contracter pluſieurs dettes, & principalement à l'occaſion du fiſc pour luy payer les redevances dont elles eſtoient chargées, ont eſté contraintes enfin de venir à l'alienation de leurs biens : car ne poſſedant aucuns meubles ou effets mobiliaires, les Adminiſtrateurs ſe trouvent dans un étrange embarras, de ne pouvoir vendre aucuns biens, & de ne pouvoir ſatisfaire les creanciers des Egliſes dont ils avoient l'adminiſtration. C'eſt pour cela qu'il avoit permis de donner aux creanciers en payement de leurs dettes des vins & du bled appartenans à l'Egliſe, ſuivant leur juſte valeur, par des Ordonnances que nous n'avons point dans ces Novelles.

Ce qu'il n'avoit pas permis indiſtinctement par cette Novelle *de non alienandis* ; car par cette Novelle *cap. fin autem creditur*. il n'eſtoit permis à l'Egliſe que d'hypothequer generalement ſes immeubles pour ſes dettes, mais elle ne pouvoit pas les donner par engagement à ſes creanciers, comme nous avons dit en ce lieu.

Que ſi le fiſc eſt le creancier d'une Egliſe, & qu'elle ne puiſſe pas ſatisfaire à ce qu'elle luy doit, le fiſc ne peüt pas prendre en payement un heritage, l'Empereur dit avoir ordonné que le fiſc relaſche quelque choſe de ſes droits ; mais que s'il ne peut eſtre payé en aucune façon, quelques biens Eccleſiaſtiques ſoient vendus pour cet effet.

L'Empereur ordonne dans le Chapitre premier que ſi l'Egliſe eſt chargée de tributs & de redevances envers le fiſc, & qu'elle n'ait point d'argent pour les payer, le Clergé avec l'Eveſque de la Ville,& l'Archeveſque s'aſſemblent dans un lieu, pour examiner la cauſe pour laquelle l'Egliſe requiert l'alienation de ſes biens, aprés avoir invoqué l'aſſiſtance divine, *propoſitis ſacris eloquiis* ; & ſi ils connoiſſent que cette Egliſe ne peut payer au fiſc ſes redevances, ſans aliener quelques biens, ils doivent ordonner que l'alienation en ſera faite par une Sentence interlocutoire qu'ils feront confirmer par le Juge ordinaire; & que les deniers de la vente ſeront payez au fiſc par l'acheteur juſques à concurrence, l'acheteur prenant des quittances du fiſc, & s'obligeant envers luy aux redevances deuës par le fond & prenant par ce moyen ſes ſeuretez pour ſon acquiſition, ſans craindre d'eſtre pourſuivy à l'avenir pour eſtre contrevenu à la prohibition d'acquerir des biens de l'Egliſe, faite par la Novelle ſuſdite *de non alienandis*.

Au verſet *Ideò enim*. l'Empereur rend la raiſon pour laquelle il ordonne que l'alienation des biens de l'Egliſe ſera faite en vertu d'une Sentence du juge, ſçavoir afin qu'on puiſſe juſtifier qu'elle a eſté faite pour dettes envers le fiſc, & pour combien de temps, & que l'Egliſe n'ayant pû les payer en argent, elle auroit eſté contrainte de venir à l'alienation de ſes biens : & afin qu'il ne ſe commette aucune fauſſeté, & qu'un chacun agiſſe ſelon la verité, il veut que le tout ſe paſſe en preſence des Saints Evangiles, declarant aux Eveſques, aux Clercs & à ceux qui y aſſiſteront, que Dieu ſera preſent à leurs ſermens, & qu'il vangera leurs parjures, tant de leur vivant qu'aprés leur mort, ſur leurs biens, & principalement ſur les animaux qui leur appartiendroût, *scientibus & Episcopis & Clericis, & aliis omnibus, quia Deus respiciet quæ geruntur ab eis, & si quid egerint per dolum aut lucrum, aut machinationem, hoc in suis recipient animalibus viventes & morientes.*

Desusceptum, dit la Glose, *est professio censualis, qua profitebatur possessor ipsi fisco se tale prædium à fisco suscipere, & tantum census eo nomine se debere.*

CHAPITRE II.

Privatus creditor debet accipere ab Ecclesia immobiles possessiones.

L'Eglise peut donner en payement à un creancier particulier un immeuble.

Si verò privatus.

QUe si l'Eglise doit de l'argent à un particulier, & qu'elle n'en ait point pour le luy payer, ce creancier peut prendre en payement un heritage, faisant ordonner par une Sentence du Juge qu'on luy donnera des heritages & biens immeubles de l'Eglise selon la quantité de sa dette ; veu qu'au contraire pour une dette fiscale l'Eglise seroit obligée de faire une alienation de ses biens pour en faire le payement. Cependant par la Novelle *inf. de alienat. & emphyt. §. hoc etiam super.* il est permis à l'Eglise d'aliener ses biens pour satisfaire à ses creanciers particuliers.

Secundum pro soluto schema, c'est à dire par le titre de payement, qui est une maniere d'acquerir qui se fait quand un creancier prend en payement d'une dette la chose de son debiteur, par ce moyen il en devient le proprietaire, non pas par achat, mais par le titre *pro soluto*, qui est un titre legitime d'acquisition, qui donne lieu à la prescription pour celuy qui a receu une chose pour & en payement d'une dette, c'est pourquoy nous avons dans le droit le titre *pro soluto*, où il est traité de la prescription fondée sur le titre *pro soluto*.

CHAPITRE III.

L'Eglife de Conftantinople eft exceptée de l'Ordonnance fufdite.

Ecclefia major Conftantinopolitana à fupradicta Conftitutione excipitur.

L'Empereur dans ce Chapitre excepte l'Eglife de la ville de Conftantinople, celles qui font aux environs, & les maifons d'Oraifon qu'elle a fous fa protection, & les monafteres qui font fous la mefme Eglife, lefquelles ne font point fujettes à l'Ordonnance contenuë dans cette Novelle, voulant qu'à leur égard ce qui a efté ordonné dans la Novelle *de non alienando. §. vult enim illa*, foit gardé felon fa forme & teneur. Cette prefente Ordonnance n'ayant efté faite que pour les Eglifes qui font hors de la ville de Conftantinople par la raifon qu'il en rend, *in quibus multa quidem eft inopia pecuniarum, per quam Sanctiffimæ Ecclefiæ folvere per pecunias debita non valuerunt.*

Voyez la Conftitution 7. de Julien.

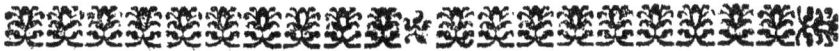

TITRE II.

Que le nom de l'Empereur foit mis au commencement des actes publics, & que les temps foient marquez par des caracteres Latins.

Ut præponatur nomen Imperatoris documétis; & ut Latinis literis apertius tempora infcribantur.

NOVELLE XLVII.

CEtte Novelle divifée en une Preface & deux Chapitres, contient deux parties, touchant les formules des actes, qui feront icy expliquées fommairement.

L'Empereur dans cette Preface, pour prouver qu'il eft à propos de marquer le temps & la datte des Contracts & conventions des actes judiciaires, & de toutes fortes d'affaires dans lefquels on fait mention du temps qu'ils ont efté faits, par les années de l'Empire des Empereurs ; & qu'il est absurde de ne le pas faire ; pour cet effet il touche briévement l'histoire des commencemens & des progrés de la Republique & de l'Empire Romain : il tire l'origine des Romains, d'Enée qui estoit Troyen, qui ont esté appellez de son nom *Eneades.* Que Romulus & Numa ont esté les successeurs de quelques Rois qui ont auparavant succedé à Enée ; que sous le regne de ces deux Rois le nom Romain a commencé d'éclater ; que le premier a esté le Fondateur de la ville de Rome, & l'autre a étably des Loix pour en rendre le Gouvernement plus solide ; & que de ces Rois sont décendus leurs successeurs jusques à Tarquin le Superbe. Il passe ensuite (sans faire mention du temps de la Republique, & du pouvoir Consulaire, qui succeda au regne des Rois) au temps des Empereurs, commençant à Jules Cesar, & Cesar Auguste, qui ont eu plusieurs successeurs qui ont gouverné l'Empire jusques à l'Empereur sans interruption.

Dans le premier Chapitre il ordonne que les Notaires ou Tabellions & les Greffiers, tant dans la ville de Constantinople que dans les Provinces, commencement tous les actes de toutes les affaires dans lesquelles la datte est necessaire, soit pour les jugemens ou autres, par le nom de l'Empereur, avec l'année de son Empire, & ensuite le nom du Consul qui est en charge dans cette année ; en troisiéme lieu, l'indiction ; ensuite le mois & le jour ; afin que par ce moyen la memoire de l'Empereur & l'ordre des Consuls soient conservez ; & que l'on mette les actes & les instrumens à couvert de toute fausseté. Mais parce que dans quelques Provinces de l'Empire l'usage estoit de mettre le temps de la fondation des villes, il ordonne que cette formalité soit gardée où elle est en usage, ne voulant rien abroger des coûtumes qui sont observées sur ce sujet, mais plûtost y ajoûter d'autres solemnitez ; & ensuite il nous propose l'exemple d'un instrument revestu de ces formalitez prescrites dans ce Chapitre, en ces termes : *Imperii Justiniani Augusti & Imperatoris anno undecimo, post Consulatum Flavii Belisarii, viri clarissimi, anno secundo, hac vel hac hujus vel istius mensis die, & sic deinceps :* & il ordonne que cette formule soit observée sous les Empereurs ses successeurs.

Il nous fait ensuite observer qu'au premier jour du mois d'Avril écheu auparavant cette Constitution, il y avoit onze ans accomplis qu'il estoit monté à l'Empire.

Les Anciens comptoient diverſement les temps ; quoy qu'ils commençaſſent du commencement du monde, ils compoſoient leur année d'un nombre inégal de mois ou de mouvement lunaire ; les Arcadiens la compoſoient de trois cours de Lune, les Acarnaniens de ſix, & les autres peuples de la Grece de trois cent cinquante-quatre jours, *Macrob. Saturnal.* 1. *cap.* 12. 15. *Cicer. de nat. Deor.* les Égyptiens regloient l'année au cours du Soleil à trois cent ſoixante & cinq jours & ſix heures, *Plin. cap.* 28. *Varro* 5. *ling. lat. Alberic. Gentil. de diverſ. tempor.*

Romulus avoit fait l'année de dix mois, la commençant au mois de Mars qu'il avoit conſacré à Mars ſon pere, *Eutrop. in l.* 1. *in Numa , Valer. Max.* 2. *cap.* 7. *num.* 7. *Flor.* 1. *cap.* 1. Numa ſon ſucceſſeur l'augmenta de cinquante jours, dont il compoſa les mois de Janvier & de Février, en y ajoûtant ſix jours qu'il retira des dix mois qui faiſoient auparavant l'année, *Macrob. d. l.* 1. *cap.* 13. *Aurel. Vict. in Num.* mais parce que ce nombre de jours ne s'accordoit pas avec le cours du Soleil, lequel doit ſeul regler l'année, & la diſtinguer par les differentes ſaiſons, que ſes approches ou ſes éloignemens cauſent, Jules Ceſar par l'avis de Soſigenes trés-habile Mathematicien, compoſa l'année de trois cent ſoixante & cinq, & ſix heures ; & ces ſix heures faiſant un jour en quatre années, on inſera un jour intercalaire au mois de Février ; cependant le cours particulier du Soleil ſe faiſant en trois cent ſoixante & cinq jours cinq heures & quarante-neuf minutes, il y avoit trop d'onze minutes par an, leſquelles produiſoient un jour ou vingt-quatre heures & une minute de plus en cent trente-un ans ; de ſorte qu'en l'eſpace de 1257. ans, il s'étoit produit vingt jours de trop ; car l'an de Grace trois cent vingt-cinq au premier Concile de Nicée, on obſerva que l'Equinoxe de Mars eſtoit le vingt-un Mars : & quelque peu de temps avant l'an 1582. Copernic, Thyco & Clavius remarquerent que le vingt-un Mars étoit dix jours après l'Equinoxe, & que l'an de trois cent ſoixante & cinq jours & ſix heures (que l'on nomme l'an Julien, parce que c'étoit Jules Ceſar qui l'avoit reduit à ce nombre) eſtoit trop long d'onze minutes ; c'eſt pourquoy le Pape Gregoire XIII. ordonna que l'an 1582. n'auroit que trois cent cinquante-cinq jours en retranchant du mois d'Octobre depuis le quatriéme qui eſt le jour de ſaint François juſqu'au quinze, & qu'au lieu de conter le cinq au lendemain de ſaint François, on conteroit le quinze, ainſi on retrancha les dix jours qui excedoient, & qui eſtoient produits, parce qu'on n'avoit pas trouvé le temps precis du cours particulier du Soleil dans le Zodiaque.

Le meſme Pape ordonna qu'afin que dans la ſuite du temps il ne ſe formât plus de jours ſurnumeraires, & que les Equinoxes ne retardaſſent plus toutes les centiémes années, ou à la fin de chaque ſiecle, on ne feroit point d'année Biſſextil, excepté à la fin des ſiecles dont le nombre eſt pairement pair ; c'eſt à dire, un nombre pair qui ſe diviſe en deux nombres pairs ; ainſi l'an 1700. 1800. 1900. il n'y aura point de biſſexte ; mais l'an 2000. il y en aura comme il y en eut l'an 1600. Enfin l'ordre eſt tel qu'en quatre cent, on retranchera ſeulement trois jours, parce que ce n'eſt pas de cent ans en cent ans, qu'il ſe fait trop d'un jour pour le Calendrier Julien, mais ſeulement en cent trente & un ans, comme il a eſté dit cy-deſſus ; & cet ordre Gregorien revient au calcul de cent trente & un an en cent trente & un an.

Les Anglois & les Allemands n'ont pas ſuivy ce retranchement de dix jours, parce qu'il s'eſt fait par l'authorité du Pape qu'ils ne reconnoiſſent point.

La computation des années s'eſt priſe diverſement depuis le deluge par les differentes nations ; chez les Grecs on la faiſoit par Olympiades, *Vellei. Hiſtor. 1. Strab. lib. 8.* chez les Romains depuis la Fondation de la ville de Rome ; ſous Conſtantin par Indictions & dénombremens, appellez *luſtrales cenſus,* & par les Conſuls, *Aurel. Vict. in Auguſt. Alberic. Gentil. de temp. cap. 2. Vlpian. tit. 1. num. 8. Turneb. adverſar. 7. cap. 21. Briſſon. vocab. luſtrum, Caſſiod. Chron. in Conſul.* & chez les Chrétiens de la Naiſſance de JESUS-CHRIST, ainſi nous comptons à preſent depuis ce temps 1687.

Les formalitez preſcrites par l'Empereur dans les actes publics n'ont point paſſé en France : on ne les datte que de l'année du mois & du jour ; & à l'égard de ceux qui ſont paſſez pardevant Notaires, on y doit inſerer le temps de devant ou aprés midy ſuivant l'Ordonnance. Pour ce qui eſt des Ordonnances, Edits, Declarations, Lettres Patentes, Lettres de Juſſion, & toutes autres Lettres emanées du Prince, elles commencent par le nom du Prince, & finiſſent par la datte qui eſt de l'année depuis la naiſſance du Sauveur, & de l'année du regne du Prince qui les a données & accordées.

Dans

Dans le deuxiéme Chapitre de cette Conftitution, l'Empereur ordonne que les temps des actes soient marquez & designez non par des signes & des caracteres obscurs, comme il s'obfervoit quelquefois ; mais par des lettres Grecques ou Latines felon la langue dans laquelle les actes font dreffez.

PARAPHRASE
DE JULIEN.

CONSTITUTIO XLII.

CLXXIII. De præfatione inftrumentorum.

PVBLICA (inftrumenta vel) monumenta , tam ea quæ in judiciis conficiuntur , quàm ea , quæ apud Magiftrum cenfûs five apud Defenfores confiftunt, inftrumenta etiam quæ Tabelliones fub qualicumque figura conficiunt tam in Conftantinopolitana civitate quàm in provinciis; hæc omnia hujufmodi initium totius fuæ fcripturæ habeant , imperante illo divi Augufto ; Imperii anno illo ; & poft hæc inferant Confulum quoque appellationem & omnem veterem obfervationem inftrumentorum cuftodiant, etfi fortè tempore quoque civitatum provincialium in inftrumentis fcribi folitum eft ex confueto more fcribantur ; hujus autem Juris præceptio à prima indictione incipiat.

CLXXIV. De litteris inftrumento non fcribendis.

Qui fcribunt tempora in monumentis publicis , non utantur litteris illis veteribus & obfcuris , fed per græcas litteras tempora fcribantur , fi monumenta Græcè compofita fint , fin autem Latinè monumenta confecta fuerint , Latinis quidem litteris tempora fcribantur , fed claris litteris & quæ poffit quicumque Latinus litteratus cognofcere. Dat. prid. Kal. Sept. Imp. Dn. Juft. PP. à ann. poft Bilif. V. C. Conf.

Tome II. B

TITRE III.

De Jure-
jurando
à morien-
te præ-
ftito, pro-
pter mé-
furam
fuæ fub-
ftantiæ,

Du ferment prefté en mourant de la quantité de fes biens.

NOVELLE XLVIII.

NOus avons veu dans la Novelle premiere quelques caufes pour lefquelles les heritiers font privez des fucceffions
des teftateurs, pour n'avoir pas executé leurs difpofitions ; nous
verrons dans cette Conftitution 48. une autre caufe par laquelle on peut auffi perdre une fucceffion : fuppofé qu'un particulier ait fait dans fon teftament, ou qu'il ait laiffé par écrit un
inventaire ou defcription de fes biens, avec ferment que fes
biens ne paffent point ceux qui y font mentionnez : dans ce
cas fes heritiers, foit heritiers fiens ou étrangers, doivent fe
contenter de ceux dont il a fait la defcription, foit qu'elle ait
efté faite en leur prefence, ou en leur abfence, & à leur infçû ;
& au cas qu'ils veüillent s'informer s'il n'en a pas laiffé d'autres, l'Empereur veut qu'ils foient privez de fa fucceffion : la
raifon qu'en rend l'Empereur, eft que le deffunt & l'heritier font
reputez une mefme perfonne ; or on ne peut pas contrevenir à
fes propres faits & à ce qu'on a avancé, principalement quand
ils font confirmez par ferment. Cujas en rend une autre raifon
fondée fur le ferment prefté par le deffunt, lequel eft prefumé
avoir voulu que fes heritiers fe contentaffent de ce qui eft compris dans l'inventaire qu'il a fait luy-mefme de fes biens, *præftito juramento, arg. leg.* 77. §. *cùm filius. ff. de legat.* 2. & *l. cùm
quis.* 37. §. *codicillis. ff. de legat.* 3.

Il faut dire le contraire lors que cette defcription n'eft pas
confirmée par ferment, car en ce cas les heritiers peuvent s'informer de la verité & de la quantité des biens du teftateur.

Cette peine n'eft impofée qu'aux heritiers & non à d'autres
comme aux creanciers, lefquels ont intereft de connoiftre les
biens du deffunt leur debiteur, pour eftre payez de leur deû,

le deffunt n'ayant pû rien faire à leur préjudice, *l. 5. & seqq.* C. *de testibus.*

De cette Novelle a esté tirée l'Authentique *quod obtinet.* C. *de probatio.*

AUTHENTIQUE *Quod obtinet.* C. *de probatio.*

Quod obtinet omnimodo si testator non juraverit ; alioquin hæ-
redes necesse habeant testatoris religioni stare, aut minimè fruentur
his quæ relicta sunt , sed creditoribus nihil ex hoc præjudicii
comparabitur.

Plusieurs estiment que cette Authentique n'a pas esté placée
en son lieu au Code, mais qu'elle devoit estre mise aprés la Loy
scriptura. 10. C. *commun. utriusque judic.* C'est le sentiment de
Balduin. *lib. 4. Iustin.* de *Giphan.* de Wisenbach. *errorum Irne-*
rianorum §. 15. & 16.

La Loy *rationes.* 6. C. *de probatio.* aprés laquelle a esté mise
cette Authentique, décide que si un deffunt a declaré que quelque chose luy estoit deuë par un autre, cette declaration ne sert
pas de preuve suffisante contre le debiteur : ce qui auroit lieu
mesme, quoy que la declaration eut esté faite avec serment ; parce que *nemini in re sua creditur , quamvis jurato.* Cette Novelle ne concerne point ny les creanciers ny les debiteurs, mais
seulement les heritiers : & la Loy *scriptura.* 10. C. *commune*
utriusque judic. decide que s'il est declaré que le testateur a fait
un partage de tous ses biens, neanmoins nonobstant cette declaration ses heritiers peuvent s'informer si cette declaration est conforme à la verité : Or cette Novelle 48. semble restraindre cette
décision, en ce que si le testateur a confirmé cette declaration
par un serment, il n'est plus permis aux heritiers de s'informer si
elle est veritable, ou non ; en sorte qu'il semble que cette Authentique auroit esté placée plus à propos aprés cette Loy 10. qu'a-
prés la Loy 6. C. *de probatio.*

Voicy les raisons de Giphanius sur cette Loy : *lex sexta. C. de*
probatio. hoc agit ad probationem debiti non sufficere , neque ra-
tiones defuncti, neque testificationem testamento factam. At dicta
Novella 48. agit de modo patrimonii non de debito : & proinde
hæc Authentica rectius subjici poterat d. l. 10. C. commun.

*utriusque judic. Ea enim lex 10. hoc ait , testificationem defuncti
in testamento factam de divisione rerum hereditariarum , & quidem singulatim expressarum , non impedire quominus hæredes possint inquirere anne alias res testator reliquerit , quarum in testamento omissa sit mentio : Ejus enim legis 10. exceptio jam continetur in d. Novel. 48. id est , heredem non obstante defuncti
testificatione in testamento facta posse inquirere in res defuncti,
nisi testificatio sit jurata.*

J'estimerois par ces raisons, que cette Authentique auroit esté
plus justement inferée aprés la Loy *scriptura* 10.

De cette Constitution il s'ensuit, que le deffunt & ses heritiers sont obligez par le serment qu'il a fait, & que ce serment
ne peut point préjudicier à un tiers comme à ses creanciers ; &
partant si un testateur a affirmé qu'il ne devoit que cent , & que
ses heritiers soient poursuivis pour deux cens ; il est certain que
l'affirmation du deffunt ne peut point servir à ses heritiers , &
ne peut point estre opposée au creancier qui demande deux cens
en vertu d'un titre justificatif, à moins que lesdits heritiers ne
justifient par d'autres titres contraires que le deffunt ne devoit
que cent : mais au contraire , si le testateur a déclaré que Titius
ne luy devoit que cent , & que ses heritiers le poursuivent pour
deux cens en vertu d'une promesse de Titius par laquelle il pa-
roistroit qu'il luy devoit deux cens , Titius pourroit leur opposer la declaration du deffunt, confirmée par serment, qu'il ne
luy devoit que cent écus, qu'il luy en auroit payé une partie,
ou que cette obligation auroit esté éteinte pour moitié pour
quelque autre cause ; c'est le sentiment des Docteurs : Ce qui
doit , à mon avis , estre suivy dans les jugemens, & c'est l'utilité que nous pouvons tirer de cette Novelle ; car quant à la décision qui y est contenuë, elle n'est point d'usage , & nonobstant toute declaration , de quelque maniere qu'elle ait esté faite
par un testateur, ses heritiers sont en droit de s'informer de la
quantité de ses biens.

PARAPHRASE
DE JULIEN.

CONSTITUTIO XLIII.

CLXXV. Si quis modum fubftantiæ fuæ in fcriptis declaraverit.

SI quis *fua manu confcripferit, vel alterius manu fubfcripferit,*
five in fuo teftamento, five fine teftamento, in quavis Char-
tula modum fubftantiæ fuæ declaraverit idque fecerit omnibus
heredibus fuis præfentibus, vel omnibus abfentibus vel quibufdam
ex his præfentibus, quibufdam abfentibus. Non liceat heredibus
ejus talem fcripturam recufare nec dicere, quod unus ex cohe-
redibus res quafdam à teftatore relictas fubripuit & celavit, fi
enim teftator cum facramento expreferit, nihil aliud fibi fuper-
effe extra ea quæ in præfata fcriptura continentur, necee ha-
beant heredes fcripturam ejus fequi, five liberi ejus fint, five ex-
tranei & neque fervi hereditarii tormentis fubiiciantur, neque
alia ulla probatio veritatis exquiratur, hoc autem totum ejus per-
tinet ad heredes, nam creditoribus nullum præjudicium facit vox
teftatoris ejufdemque debitoris licet creditoribus omnia perfcru-
tari & veritatem exquirere, & fuo commodo uti ; fed & heredes
neceffe eft fequi ea quæ teftator dixerit, fcripferit, fubfcripferit,
vel quocumque modo declaraverit. Cæterum fi vocem teftatoris re-
probant, etiam hereditatem ejus amittant, quod non folum in
futuris cafibus, fed etiam in caufis adhuc pendentibus teneat.
Dat. XV. Kal. Sep. CP. poft Bilifarii V. C. Conf. anno fecundo.

B iij

TITRE IV.

De his
qui in-
grediun-
tur ad
appella-
tionem,
& quan-
do per
scripturâ
manûs
propriæ
fiat colla-
tio litte-
rarum,&
de jure-
jurando
dilatio-
nis, & ut
conjun-
gantur
jurijju-
rando ca-
lumniæ.

*Des Appellans, de la comparaison d'écriture, & du serment
de delay, & de la jonction de ce serment au serment
de calomnie.*

NOVELLE XLIX·

PREFACE ET CHAPITRE PREMIER.

L'Empereur dans la Preface & le premier Chapitre de cette
Novelle, donne un an entier à l'appellant pour poursuivre
& faire vuider son appel ; & au cas que pour quelque cause juste
& legitime il ne le puisse pas dans ce temps, il luy donne deux
ans entiers ; & en cas que l'appellant abandonne la poursuite de
l'appel, il permet à l'intimé dans le dernier mois de faire confirmer la Sentence dont est appel, & d'en faire ordonner l'execution ; & dans ce cas l'appellant est condamné aux despens.

Cette Constitution n'est point d'usage en France, l'Ordonnance du mois d'Avril 1667. prescrit le temps dans lequel les
appellations doivent estre interjettées, mais il n'y a point de
temps limité pour les faire vuider. Voyez nostre Praticien de
la derniere impression, touchant les appellations.

Vt ex fo-
lis docu-
mentis
publicè
celebratis
compara-
tiones
fiant, ex-
ceptis
privatis,
quibus
adverfa-
rius pro
fe utitur.

CHAPITRE II.

Des comparaisons d'écritures.

L'Empereur dans le commencement de ce Chapitre dit, qu'il
a autrefois fait une Ordonnance, qui est la Loy *compara-*

tiones. *C. de fide inftrum.* par laquelle il eft deffendu d'admettre comparaifon d'écriture privée, à moins qu'elle ne foit faite en préfence de trois témoins, avec leurs fignatures ; voulant que les comparaifons d'écritures ne fe faffent que des actes & inftrumens publics.

Pour entendre la difpofition de cette Loy , fuppofons que Titius demande à Mevius cent livres en vertu de fa promeffe, écrite & fignée de fa main , & que Mevius nie que ce foit fa promeffe ; dans ce cas il eft fans doute, que cette feule promeffe n'eft pas une preuve fuffifante de la dette, à moins qu'il n'y ait d'autres moyens qui convainquent le debiteur de l'avoir écrite & fignée , *l. inftrumenta. C. de probatio.* comme fi on rapporte d'autres pieces écrites & fignées de la main du mefme debiteur , & que par la comparaifon de ces pieces avec la fufdite promeffe, il paroiffe que ce foit la mefme main qui ait fait & écrit les unes & les autres. En quoy il faut obferver le droit ancien & le droit nouveau : Auparavant l'Ordonnance de l'Empereur Juftinian , qui eft dans la Loy *comparationes,* on admettoit les comparaifons d'écritures privées avec d'autres ; ce qui donnoit fouvent lieu de commettre des fauffetez dans des Actes , Contrats & ordonnances de derniere volonté , parce qu'en fuppofant de fauffes écritures , comme faites de la main de celuy qui avoit fait la promeffe , on prouvoit une piece fauffe par une autre piece qui eftoit pareillement fauffe ; & par cette raifon il ordonne , que la comparaifon d'écriture ne fe fera que par des actes ou inftrumens publics , ou par des actes fous fignature privée , en préfence de trois témoins , avec leurs foufcriptions.

Mais par cette Novelle l'Empereur ordonne , que fi la partie adverfe produit une piece écrite de fa main , & qu'il s'en ferve au procez , elle peut eftre receuë pour comparaifon d'écriture; par la raifon que *cui ipfe credidit , & quod protulit is contra quem , & ex quo fuas affirmat allegationes , hoc non accufet ; neque prohibeat comparationem litterarum ad eum fieri ; licet contingat effe documentum manu cujufcumque confcriptum. Neque enim fibi refiftit , & quæ affirmavit , hæc accufabit ,* dit l'Empereur *híc ,* §. 1.

Ce qui auroit lieu pareillement au cas qu'il s'agift de l'écriture d'un tiers , comme fi un particulier fe pretendant creancier d'un deffunt contre fon heritier en vertu de fa promeffe, & que l'heritier refufe de la reconnoiftre , & nie que ce foit la promefse du defunt, & que cependant cet heritier se soit servy d'une autre piece d'écriture, comme écrite & signée du deffunt, il est incontestable qu'on peut valablement demander contre luy que comparaison sera faite de ces deux écritures, & cet heritier ne le peut pas refuser avec raison.

De ce Chapitre a esté tirée l'Authentique *ad hæc. C. de fide instrum.*

Authentique *Ad hæc ex his literis.*

Ad hæc ex his literis, quibus adversarius tuus utitur & profert, rectè petiit examinationem fieri. Item & charta, quæ profertur ex archivo publico testimonium publicum habet.

Par l'Edit du mois de Decembre 1685. article 3. si le deffendeur nie la verité de l'écriture, dont le demandeur se sert contre luy, ou la verité des signatures d'un acte sous seing privé, le demandeur doit le faire sommer par un acte de comparoir pardevant le Juge pour proceder à la verification de l'acte; & par l'article 4. si le deffendeur dénie dans la plaidoirie de la cause, ou pendant l'instruction d'un procés par écrit, la verité de quelques pieces sous seing privé, la verité en doit estre faite pardevant un des Juges; & par l'article 5. le demandeur doit presenter devant le Juge les pieces sous seing privé & écritures privées, dont il pourfuit la reconnoissance, au jour & à l'heure portée par la sommation qu'il a faite au deffendeur de comparoir pardevant luy, & le Juge les doit parapher, & elles doivent estre communiquées en sa presence au deffendeur.

Et par l'article 6. si le deffendeur ne compare pas, le Juge doit donner deffaut, & ordonner que la piece sera tenuë pour reconnuë.

Que si les parties sont comparuës, elles doivent convenir d'Experts & de pieces de comparaison; & si l'une d'icelles refuse d'en nommer, le Juge en doit nommer pour elle d'office par l'article 8.

Par l'article 7. si le deffendeur est défaillant de comparoir pardevant le Juge, le demandeur doit nommer un Expert, & le Juge un autre pour proceder à la verification de la piece sur des écritures publiques & authentiques, qui doivent estre representées par le demandeur, l'article 7. du titre des compulsoires &

collations

collations de pieces, porte à faute de comparoir par le deffendeur à l'assignation, sera donné défaut, pour le profit duquel si on pretend que l'écriture soit de sa main, elle sera tenuë pour reconnuë, & si elle est d'une autre main, il sera permis de la verifier tant par témoins que par comparaison d'écritures publiques ou authentiques.

Par les Ordonnances nous observons, que les comparaisons d'écritures ne se font qu'avec des écritures publiques & authentiques, comme d'un acte passé pardevant Notaires, signé de la main de celuy dont on pretend la piece en question, estre écrite & signée : & non des pieces privées & particulieres, attendu les faussetez qui se pourroient commettre par la supposition d'autres pieces fausses.

Mais quand il s'agit d'une écriture prétenduë faite par le deffendeur, les parties doivent convenir de pieces pour en faire comparaison.

Et quoy que ces Ordonnances ne fassent point mention du cas decidé par cette Novelle, il est sans doute qu'on le decideroit suivant la disposition d'icelles, comme estant fondée en raison.

Que si au cas de la comparution du deffendeur qui dénie la piece produite contre luy, & que le demandeur refuse d'en nommer, le Juge en nommera pour elle par l'article 8.

Que si le demandeur ne peut produire aucune piece pour en faire comparaison, il peut demander que le deffendeur écrira en presence du Juge pour faire la comparaison, sans que pour ce le demandeur soit tenu de prendre droit par cette écriture, s'il ne veut, dautant que le deffendeur pourroit contrefaire son écriture & sa signature, *Authent. de instrum.*

CHAPITRE III.

IL est parlé dans ce Chapitre du serment presté par les parties, entre lesquelles se font les comparaisons d'écritures ; mais ce serment n'est point d'usage en France.

PARAPHRASE
DE JULIEN.

CONSTITUTIO XLIV.

CLXXVI. De temporibus appellationum.

SI quis adverſus ſententiam judicis provocaverit & in judicio appellationibus deſtinato præſto non fuerit, liceat litigatori
adverſario ejus abſente intrare in judicium in quo provocatio
exerceri debeat intra biennium : tamen ut unus verbi gratiá men-
ſis ſuperſit, & dicat ſuas allegationes judicibus etiam abſente
eo qui provocavit. Judices autem non omnimodo pro eo qui præſto
eſt ; ſententiam dicant, ſed interdum etiam pro abſente (id eſt pro
eo qui provocavit) judices victricem calculum ferant, ſcilicet ſi
bonam cauſam habeat. Ne autem abſentia ejus impunita relinqua-
tur, omni modo provocationis impenſas adverſario ſuo præſtet, ſive
vicerit, ſive victus fuerit. Quod ſi utrique poſtquam ſtatuto legibus die intraverunt, in abſentia fuerint, maneat prior ſenten-
tia. Cætera autem omnia jura, quæ de appellationibus poſita ſunt,
in ſuo permaneant ſtatu : nam hæc Conſtitutio de his loquitur, qui
in abſentia fuerint, poſtquam ſtatuto die intraverunt.

CLXXVII. De comparatione litterarum ſive ex publico inſtrumento, ſive ex Chirographo.

Eſt quædam Conſtitutio in quarto libro Codicis poſita ; qua
cavetur, ut ſi de fide litterarum dubitatio emerſerit, comparatio
earum fiat ex inſtrumento publico, quod per Tabellionem factum
eſt. Vnde quæſtio emerſit ex cauſa cujuſdam, quæ erat talis. Quidam proferebat chartulam ſine Tabellione compoſitam, & ex ea
intentiones ſuas probabat, ſed & adverſarius ejuſdem manus
aliam Chartulam ſine Tabellione compoſitam proferebat, & ſuas

allegationes confirmabat, fed alter ex litigatoribus dicebat ei lit-
teras Chartulæ fcriptas ejufdem manûs non effe, ideóque com-
parationem fieri litterarum ex publico inftrumento exigebat: ille
autem dicebat fufficere comparationem fieri cum ea chartula quam
ipfe producebat adverfarius. Sed ex contrario ei refpondebatur il-
lam chartulam fine Tabellione compofitam effe, quærebatur quid
juris fit : & nofter Imperator conftituit in hoc cafu etiam ex
chartula fine Tabellione compofita, rectè fieri comparationem lit-
terarum : Ipfe enim, qui tale inftrumentum produxit fidem ejus
probaffe primus intelligitur : fiant autem comparationes & ex pu-
blicis fcriniis ; veluti fi apocha prolata fuerit à Menfa gloriofiffi-
mi Præfecti prætorio, fed & quod in publicis monumentis prola-
tum fuerit, hoc quoque idoneum videatur ad comparationem, quip-
pe cum publico teftimonio confirmetur : omnes autem litterarum
comparatores prius facramentum præftent, & tunc deinde faciant
comparationes.

CLXXVIII. De jurejurando propter calumniam dando,
vel propter dilationes petendas, aut probationes
exigendas.

Omnes litigatores poftquam jusjurandum de calumnia jurave-
rint, hoc quoque jurejurando fuo addant, quod non dilationis nec
calumniæ caufâ, nec vexandi adverfarii gratiâ probationes in
tota caufa ab adverfario fuo exigant, nam antea in unoquoque ca-
pitulo litis, fi litigator ab adverfario fuo probationes exegiffet ju-
rare cogebatur, quod non calumniæ caufâ probationes exegit : erat
autem graviffimum in una caufa quamplura facramenta præfta-
re, ideóque unum jusjurandum fufficit. Dat. xv. Kal. Sept. CP.
poft Conf. Bil. VC.

Formula juramenti de calumnia.

Quod facramentum calumnia fit : ita in primis quidem actor
juret, hanc litem quam movi, calumniandi animo non movi, fed
exiftimo me bonam habere caufam, nec dilationis, nec calumniæ caufâ nec vexandi adverfarii gratiæ probationes in tota
hac caufa ab adverfario meo nulla exigam : fi Deus poftea reus
ita. Ego putans bona inftantia caufæ ad contradicendum per-
venio, nec dilationis, nec calumniæ caufâ nec vexandi adver-

farii gratiâ probationes in tota hac caufa ab adverfario meo vitas exigam : Si Deus.

La Novelle 50. intitulée , *Conftitutio ad bonum quæftorem exercitûs ordinat apppellationes à quinque provinciis , &c. apud quem oportet eos examinari* , n'eft point d'ufage & ne reçoit aucune application à noftre Jurifprudence.

TITRE VI.

Scenicas non folùm fi- dejuffo- res præ- ftent, fed etiam fi jusjuran- dû denr, fine peri- culo dif- cedere.

Du ferment des Comediennes & femmes impudiques , & des fidejuffeurs par elles donnez.

NOVELLE LI.

L'Empereur dans la Novelle *de lenonibus* , avoit expreffé- ment deffendu que les hommes qui faifoient un commerce infame de femmes , les obligeaffent de leur donner des fidejuf- feurs , qu'elles demeureroient toute leur vie dans cette vie impu- dique , & qu'elles ne la quitteroient jamais ; & avoit ordonné que les fidejuffeurs qui feroient ainfi donnez , ne feroient aucu- nement obligez en vertu de leur cautionnement ; par la raifon que les ftipulations deshonneftes & qui font contre les bonnes mœurs , ne font point obligatoires , *l. 26. l. 61. & l. 123. ff. de V. O. l. 4. C. de inutil. ftipulat.* Mais l'Empereur voyant que de- puis cette Conftitution ils s'eftoient fervy d'un autre moyen pour parvenir à la mefme fin , contre la prohibition de cette Novel- le , en obligeant ces femmes de leur promettre par ferment de ne quitter jamais leur commerce , & qu'ainfi ils en éludoient la difpofition ; c'eft pourquoy il fe trouva obligé de faire cette Conftitution , par laquelle il ordonne que ce ferment fera de nul effet , & que celle qui l'aura prefté pourra fans crainte quitter fa mauvaife conduite , & regler fa vie à l'avenir felon les regles de l'honnefteté ; & que celuy qui l'aura obligé à ce ferment, foit condamné à une amende de dix livres d'or envers celle qui fe fera retirée ; *neque enim* , dit l'Empereur , *fi quis jusjuran- dum ab aliquo acceperit , de cæde, verbi gratiâ , faciendâ , vel adulterio committendo , vel fimul aliquo flagitio & fcelere perpe-*

trando , fervandum eft tale jusjurandum , turpe & abfurdum, & in exitium perducens.

C'eft une maxime certaine du Droit canonique & du Droit civil , que les fermens faits contre les bonnes mœurs ne font point obligatoires , *cap. non eft obligatorium. de R. I. in 6.* & comme dit Ifidore, *in lib. 2. de fynonimis , in malis promiffis refcinde fidem ; in turpi voto muta decretum ; quod incautè vovifti , ne facias. Impia enim eft promiffio, quæ fcelere adimpletur , can. 5. can. 22. quæft. 4.* Et felon faint Ambroife, *lib. 3. officior. cap. 12. unufquifque nihil promittat inhoneftum ; aut fi promiferit , tolerabilis eft , promiffum non facere, quàm facere quod turpe fit, can. 8. unufquifque d. can. & quæft. Juramentum enim non ob hoc fuiffe inftitutum invenitur, ut effet vinculum iniquitatis vel matricidij vel fratricidij , feu cujufcumque criminis , can. 22. d. can. & quæft.*

Præftat in iis quæ habent atrocitatem facinoris , malè promiffa benè refcindere , quam malè implere , &c. dit S. Ifidore, *lib. 4. Epift. 96.*

Les Loix civiles n'autorifent point les fermens faits contre les bonnes mœurs, fuivant la Loy 112. §. *ult. ff. de legat. 1. l. 5. C. de legib. l. inter gentium. 16. ff. de pact.*

De cette Novelle a efté tirée l'Authentique *quod eis. C. de nupt.*

AUTHENTIQUE *Quod eis. C. de nupt.*

Quod eis permittitur etiamfi juraverint in tali profeffione fe perfeveraturos , quià legibus expreffum eft , illicitæ rei jusjurandum fervari non oportere : & pœna parjurii in eum competenda eft , qui exegit.

Nous apprenons par cette Novelle, que puifque les fermens preftez pour des chofes & des faits honteux & contre les Loix, ne nous obligent point, il n'eft pas neceffaire d'en demander à l'Evefque , au Penitencier, ou au fous-Penitencier , d'en eftre déchargez.

PARAPHRASE
DE JULIEN.

CONSTITUTIO XLV.

CLXXIX. Ut fcenicas mulieres non coartentur in eadem turpitudine permanere.

ERANT quidam impii homines , qui mulieres miferas in fociis
prodire hortati, jusjurandum ab iifdem mulieribus exigebant,
quod nunquam meretrices effe definant , hoc autem crudele & à
pietate procul noftro Principi vifum eft : Ideoque conftituit , ut
liceat meretricibus honeftam vitam tranfigere fine aliqua pœna,
fine aliquo timore , quamvis juratoriam cautionem expofuerint.
Hi autem qui tale jusjurandum exegerunt , & contra caftitatem
operam fuam dederunt ; pœnæ nomine decem libras auri perfolvant
iifdem meretricibufque facramenta dederunt: pœna autem decem li-
brarum officio præfidis efflagitetur , quod fi præfes neglexerit, de
fuo patrimonio pœnam præftare cogatur , & magiftratu fibi com-
miffo cadat & non folum mulieribus , fed etiam heredibus & aliis
fucceſſoribus earum : pœna folvatur hæc fi privatus fit qui facra-
mentum à meretrice exegit. Sin autem ipfe præfes facramentum
à meretrice exegerit, teneatur quidem eadem pœna, fed exactio pe-
cuniæ fiat officio militaris judicio fcilicet , fi talis judex in illis
locis fuerit , quod fi militaris nemo fuerit judex Metropolitanæ
Civitatis Epifcopus pœnam exigat , cui & vicinæ præfes fave-
re debeat forfitan , majore Imperio decoratus. Dat. Kal. Sept.
poft Conf. Bilif. iterum.

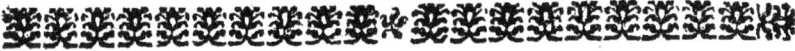

TITRE VII.

Les creanciers ne peuvent point s'adresser aux personnes ou aux biens de ceux qui ne sont point obligez à leurs dettes, quoy qu'ils soient du mesme Bourg ou Village que leurs debiteurs : Les donations faites par les Empereurs aux particuliers, ou par les particuliers aux Empereurs, n'ont pas besoin d'insinuation.

NOVELLE LII.

Ut non fiant pignerationes pro aliis personis, & ut sicut Principū donationes non egent ged sis monumentorum, sic nec à privatis Imperatoribus factæ donationes indigeāt.

CHAPITRE I.

Du droit des Represailles.

CEtte Novelle contient deux Parties, traitées dans deux Chapitres.

Quant au premier, qui deffend aux creanciers de s'adresser aux biens de ceux qui ne font point obligez à leurs dettes, nous observerons que par un mauvais usage on avoit de coûtume autrefois de s'adresser aux biens d'un homme solvable au lieu du debiteur, quoy qu'il ne fût pas obligé à sa dette, pourveu qu'il demeurast dans le mesme Bourg ou Village ; ce qui avoit déja esté deffendu par l'Ordonnance de l'Empereur Leon, contenuë en la Loy du Titre au Code *ut nullus ex vicaneis pro alienis vicaneorum debitis teneatur*, en ces termes : *Grave est non solùm legibus, verum etiam æquitati naturali contrarium, pro alienis debitis alios molestari. Idcirco hujusmodi iniquitates circa omnes vicaneos perpetrari modis omnibus prohibemus.* Et dautant que l'Empereur voyoit que cette Ordonnance n'estoit pas observée, il fut obligé de la confirmer par celle qui est dans ce premier Chapitre, où il dit, que plusieurs Loix se sont declarées contre les engagemens de biens deffendus, & contre les exactions qui se font en consequence ; qu'il en a fait luy-mesme plusieurs Ordonnances, & que cependant il ignore que ces engagemens injustes qui ont esté la cause de tant de Loix, par lesquelles ils ont esté reprimez, se trouvent encore en usage dans la Republique, & soient preferez à ces Loix qui les ont voulu détruire, & ayent beaucoup plus de force & de vigueur qu'elles.

C'est ce qui l'oblige à faire cette Ordonnance, par laquelle il deffend dans tout son Estat ces sortes d'engagemens de biens injustes, dans le fait des marchandises, où ils se trouvent le plus en usage, dans les champs, dans les Villes, dans les Bourgs, entre les Citoyens, entre les Païsans, les Laboureurs, de quelque maniere, & en quelque temps que ce soit : Voulant que celuy qui auroit exigé d'un autre que de son debiteur ce qui luy seroit deû, soit condamné envers luy au quadruple, & perde le droit qu'il avoit de poursuivre son debiteur ; parce que, dit l'Empereur, *non habet rationem alium quidem esse debitorem, alium verò exigi ; sed nec alteri modestum esse pro altero quodam, tamquam invasionem aut injuriam committentem, & alium quasi vicaneum existentem cædi, aut injuriam sustinere, & aliquid pati, quod omnino non competit, pro alio, & absque legitima occasione quamlibet perficere calumniam, &c.*

Le titre dans Scrimger porte : *ne personæ, vel rei, vel pecuniæ pro alio, fiant pignorationes, sed pignoratione oblæso quadruplum restituatur. Item nec pro eo qui percussit, vel qui damnum irrogavit, alius percutiatur, aut qualitercumque damnum sentiat, ut cives vel vicani pro aliis civibus suis, vel vicanis non teneantur.*

Ce terme *pignoratio* re signifie pas seulement un simple engagement des biens, mais aussi un engagement des personnes ; il est ainsi définy, *jus alium pro alio detinendi*, appellé par quelques-uns *clarigatio* ; & c'est ce qu'on appelle vulgairement droit de represailles, lors qu'on s'adresse à une autre personne qu'à celle qui est obligée ; *repressaliæ dicuntur pignorationes rerum & personarum, quando unus pro alio, & res unius pro re alterius apprehenditur, cap. 1. de injur. in 6.* Ce droit estoit autrefois accordé par les Princes, ou par les Magistrats *ob justitiam denegatam.*

Ce droit est permis tant par le droit divin que par le droit civil, estant une espece de guerre juste & legitime introduite pour empescher *ne pereat justitia* : le droit divin permet de faire la guerre aux Princes qui refusent de faire justice, *Can. Dominus noster.*

/　　　32.

32. *quæst.* 2. & partant leurs sujets & leurs biens peuvent estre
pris & emportez pour les obliger à faire justice : C'est le sentiment de tous les Docteurs, *Innocent. in cap. olim causam. Ext. de
restitut. spoliator.*

Ce droit ne peut estre exercé que sous deux conditions : La
premiere, que ce droit soit accordé par le Prince ou par autorité publique, parce que *nulli licet jus sibi dicere :* La deuxiéme, qu'il soit accordé avec une cause legitime, autrement il seroit nul, *l. cum vero. §. subventum. ff. de fideicommiss. hæredit.
& l. 1. §. hæc verba. ff. ne vis fiat ei.* La cause legitime est,
lors que le Prince du lieu a refusé de faire justice aux sujets
d'un autre Prince aprés en avoir esté requis ; comme si hors le
temps de guerre les Hollandois prennent des vaisseaux de Marchands François, & que les Estats Generaux des Provinces
Unies refusent d'en faire justice, le Roy peut permettre à ceux
de ses Sujets qui ont receu le dommage, d'user du droit de
represailles sur tous autres Sujets du Prince qui a fait refus de
rendre justice : *repressaliis concessis possunt capi homines, & sub-
diti illius domini qui justitiam facere denegaverit aut neglexerit,
& bellum indici contra totam terram & omnes gentes, quæ sub-
sunt sibi, eorumque bona quæcumque, Bartol. in d. tract. de re-
pressal. in octo. quæst. princip. in princip.*

Ce droit s'appelle en France droit de marque, ou de mercq,
du mot Allemand *marca* ou *marc*, qui signifie limites ; parce
que l'on s'en sert sur les frontieres du Royaume contre les
Étrangers : *ad injurias ulciscendas pertinere videtur jus istud quo
utimur in Gallia ad res nostras repetendas quæ ab alieni Regni
hominibus, vel prædonibus captæ sunt, & quas ab illis repetere
non possumus : nam postquam eos diu persecuti sumus apud extraneos contra detentores, & interpellaverimus eos qui imperant,
si quæ nobis jus denegaverint, Regem nostrum adire solemus, qui
nobis concedit Rescriptum, quod linguâ nostrâ vocamus* Lettres
de marque, *quibus nobis permittit capere & retinere bona extraneorum in Regno inventa ejusdem rationis cujus sunt illi, qui
bona nostra eripuerunt & qui ea retinent,* dit Ferrerius sur la
question 35. de Guy Pape.

Autrefois les Parlemens accordoient des Lettres de marque,
ce qui leur a esté deffendu par l'Ordonnance du Roy Charles
VIII. ce droit estant un droit de souveraineté.

L'origine de ce droit est fort ancien, Zazius sur la Loy 2.

Tome II. D

§. *& ita leges. ff. de orig. jur. in verbo*, *Latas*, la tire des anciennes Loix Romaines du temps de Numa fecond Roy des Romains; d'autres la font remonter aux Grecs, auparavant mefme les Romains; c'eft une queftion qui n'eft que de pure curiofité, qui ne nous doit pas arrefter.

La Conftitution de l'Empereur Juftinien a efté en vigueur aprés fa mort, puifque l'Empereur Frideric Barberouffe, qui tenoit l'Empire l'an onze cens cinquante-deux, a fait une Conftitution, par laquelle il a expreffémeut deffendu ce droit de reprefailles contre les Clercs & les Ecoliers; cette Conftitution eft mife aprés la Loy au Code *ne filius pro patre*.

Nova Conftitutio Friderici.

HAbita quidem *fuper hoc diligenti inquifitione Epifcoporum, Abbatum, Ducum, omnium judicum & aliorum Procerum facri noftri Palatii examinatione, omnibus qui caufâ ftudiorum peregrinantur, fcholaribus & maximè divinarum atque facrarum rerum Profefforibus hoc noftræ pietatis beneficium indulgemus, ut ad loca in quibus litterarum exercentur ftudia, tam ipfi quàm eorum nuncii veniant, & in iis fecurè habitent. Dignum namquè exiftimamus, ut cùm omnes bona facientes noftram laudem & protectionem omnimodò mereantur, quorum fcientia totus illuminatur mundus ad obediendum Deo, & nobis ejus miniftris, vita fubjectorum informatur: quadam fpeciali dilectione eos ab omni injuria defendamus. Quis enim eorum non mifereatur, qui amore fcientiæ exules facti, de divitibus pauperes, femetipfos exinaniunt, vitam fuam multis periculis exponunt, & à viliffimis fæpè hominibus (quod graviter ferendum eft) corporales injurias fine caufa proferunt? hac igitur generali & in perpetuum valiturâ lege decernimus, ut nullus de cætero tàm audax inveniatur, qui aliquam fcholaribus injuriam inferre præfumat, ne ob alterius ejus (cujufcumque) Provinciæ delictum five debitum (quod aliquando ex perverfa confuetudine factum audivimus) aliquod damnum eis inferat: fcripturis hujufmodi facræ Conftitutionis temeratoribus, & etiam ipfis locorum Rectoribus, qui hoc vindicare neglexerint, reftitutionem rerum allatarum ab omnibus exigendam in quadruplum, notaque infamiæ eis ipfo jure irroganda, dignitate fuâ fe carituros in perpetuum: Veruntamen fi litem quifpiam fuper aliquo negotio movere volue-*

rit , hujus rei optione datâ scholaribus , eos coram domino vel magistro suo vel ipsius civitatis Episcopo , quibus hanc jurisdictionem dedimus , conveniat : qui verò ad alium judicem eos trahere tentaverit , etiam si causæ justissimæ fuerit , à tali conamine cadat. Hanc autem legem inter Imperiales Constitutiones , scilicet sub tit. Ne filius pro patre , &c. inseri jussimus. Datum apud Romanos anno Domini M. C. LVIII. mense Novembri.

Ce droit est en usage par toutes les Nations , il est appellé en France droit ou lettres de marque , ou de mercq , du mot Allemand *marca* ou *marc* , qui signifie limites , parce que l'on s'en sert sur les Frontieres du Royaume contre les Etrangers ; *ad injurias ulciscendas pertinere videtur jus istud quo ultimo in Gallia ad res nostras repetendas , quæ ab alieni Regni hominibus vel prædonibus captæ sunt , & quas ab illis repetere non possumus. Nam postquam eas diu persecuti sumus apud extraneos contra detentores , & interpellaverimus eos qui imperant , hique nobis jus denegaverint , Regem nostrum adire solemus , qui nobis concedit Rescriptum , quod linguâ nostrâ vocamus ,* Lettres de marque, *quibus nobis permittit capere & retinere bona extraneorum in Regno inventa ejusdem nationis cujus sunt illi , qui nostra bona eripuerunt , & qui ea retinent ,* dit Ferrerius sur la question 32. de Guy Pape.

Cét Auteur nous marque que les Parlemens & les Intendans dans les Provinces accordoient ce droit ; ce qui a duré jusqu'à Charles VIII. lequel ordonna que ce droit estoit un droit de souveraineté , & qu'il n'appartenoit qu'au Souverain de l'accorder.

Ce droit s'accorde par Lettres du Prince , qui se dressent en la maniere qui suit.

Lettres pour user du droit de Represailles.

LOUIS .... *A nos amez & feaux Conseillers , les Gens teans nos Cours de Parlemens , Lieutenans Generaux , Gouverneurs de nos Provinces & Villes , Admiraux , Vice-Admiraux , Baillifs , Senéchaux , leurs Lieutenans , Officiers des Admirautez , Maîtres des Ports & Havres , & autres nos Justiciers & Officiers qu'il appartiendra , Salut. Nostre bien amé ...... Marchand François demeurant à .... trafiquant és Royaumes & Païs estrangers : Nous a fait remontrer , que venant sur un de ses*

D ij

vaiffeaux des Ifles de ...... fous la Baniere & étendart du Mar-
chand François, chargé de grand nombre de marchandifes exqui-
fes, navigeant fous la feureté & foy publique, il fut furpris lors
qu'il fut arrivé fur les Coftes de .... de fe voir attaqué, faifi
& arrefté par des Navires ...... fon vaiffeau conduit au Port
de ...... & par eux confifqué, fous pretexte de la guerre, &
autres caufes qui eftoient inconnuës audit Expofant, ce qui luy
eft une perte de plus de ...... qui caufe fa ruine totale, fans qu'il
ait d'autre efperance qu'en la grace & permiffion qu'il nous a tres-
humblement fait fupplier luy accorder, d'ufer du droit de repre-
failles à l'encontre defdits ...... & autres ennemis de cét Eftat :
A quoy inclinant favorablement, pour luy faciliter les moyens de
fe recompenfer de fa perte fur ceux mefmes qui l'ont caufée, &
qui en peuvent avoir profité : De noftre grace fpeciale, pleine
puiffance & autorité Royale, nous avons permis, accordé &
octroyé, permettons, accordons & octroyons par ces prefentes,
fignées de noftre main, audit ...... de faifir, arrefter, prendre
& s'approprier tous les biens, meubles & immeubles, or, argent,
dettes, marchandifes & autres chofes qu'il trouvera, tant par
mer que par terre, és Ports, Havres, Villes & Bourgs de noftre
Royaume, appartenans aufdits ...... de quelque qualité & condi-
tion qu'ils foient; defquels biens, meubles & immeubles, en tant
que befoin feroit, nous luy en avons fait & faifons don, remife
& delaiffement par cefdites prefentes, jufqu'à la concurrence de
ladite fomme de ...... pourveu que lefdits biens n'ayent efté faifis
par aucuns creanciers nos Sujets, regnicoles, & qu'il n'en ait
efté par Nous difpofé. Si vous mandons & enjoignons, que du
contenu en ces prefentes vous faffiez joüir & ufer ledit Expofant
& fes ayans caufe, pleinement & paifiblement, luy bailler main-
forte & aide s'il y échet, & faire faire delivrance des biens faifis
& arreftez, comme de fa propre chofe & loyal acqueft, jufqu'à
la concurrence de ladite fomme de ...... ceffant & faifant ceffer
tous troubles & empefchemens contraires, nonobftant toutes Ordon-
nances, Reglemens & Lettres à ce contraires, aufquelles nous avons
pour ce regard feulement derogé & derogeons par cefdites prefen-
tes : Car tel eft noftre plaifir, &c.

Il eft fait mention de ce droit au ftile de faint Marcellin en
Dauphiné, article 11. & en la Couftume de Bearn, titre 36.
& dans un Arreft donné au Parlement de Paris à la Touffaints
de l'an 1272. contre la Comteffe de Flandre, qui aprés fauf-

conduit proclamé avoit fait prendre la marchandife d'un Anglois par forme de marque ; & en plufieurs autres anciens Arrefts recueillis par du Tillet.

Par une commiffion du 12. Juillet 1345. du Parlement de Paris, le droit de Marque eft ajugé contre le Roy de Sicile ; & en l'an 1420. le Comte de Penthiévre eft pris par le Marquis de Baden pour Marque, comme remarque Montrelet volume premier Chapitre 237.

En temps de Guerre il eft permis en vertu de Lettres Patentes aux particuliers qui les ont obtenuës, de proceder & retenir prifonniers les étrangers & ennemis, jufqu'à ce qu'ils les ayent indemnifez des rançons qu'ils auroient payées, ou des marchandifes qui auroient efté prifes fur eux.

Le droit de repreffailles n'eft pas permis par le droit Canonique, *cap. & fi pignorationes, de injur. & dam. dato, in 6.*

Monfieur de Cambolas en fes Arrefts livre 3. Chapitre 23. dit, que par Arreft du 8. May 1602. donné au rapport de Monfieur de Vodelly, & prononcé aux Arrefts generaux à la Nôtre Dame d'Aouft de la mefme année par Monfieur le Prefident de Paule, entre Maiftre Jean Vaiffe Preftre de faint Beat, & le Syndic du Valdar en Efpagne, l'article du Traité qu'on appelle Pafferies, fait entre les Habitans des deux frontieres de France & d'Efpagne pour raifon de commerce, a efté approuvé ; par lequel il eft porté, que fi quelque François a quelque procés en Efpagne en demandant, le Juge d'Efpagne eft tenu luy rendre juftice dans dix jours, autrement qu'il pourra fe retirer au Juge de France, & pour la chofe deuë ufer du droit de reprefailles, de prendre un des habitans du lieu, de forte qu'étant écheuë une fucceffion audit Vaiffe au Valdar, il en pourfuivit l'adjudication un an ou davantage pardevant le Juge dudit lieu ; & fur un dény de Juftice, fuivant ledit Traité il fe retira au Juge de France, lequel luy expedia deux ou trois Lettres pour requerir le Juge du Valdar de rendre Juftice, autrement qu'il procederoit à l'eftimation du dommage, & permettroit le droit de reprefailles fuivant ledit Arreft ; ce que ledit Juge ayant negligé, par Sentence de celuy de Cominge, faute par le Juge du Valdar d'avoir rendu Juftice, l'heritage demandé par Vaiffe fut eftimé douze mille livres, & enjoint au Juge de contraindre les tenanciers du bien à bailler ladite fomme, & tenir la main à l'execution de ladite Sentence, autrement proteftoit qu'il permet-

D iij

troit d'ufer du droit de reprefailles. Ce qu'ayant efté negligé par le Juge du Valdar, le Juge de Cominge permit audit Vaiffe de prendre le premier des habitans du Valdar, à concurrence de fon rembourfement, ce qu'il fit & en prit deux ou trois ; ce qui obligea les habitans du Valdar de prefenter requefte à la Cour contre ledit Vaiffe, de demander qu'il fut enquis contre luy, de ce que contre le traité de Paix avec l'Efpagne il faifoit des prifonniers : Par l'Arreft il fut ordonné que la Sentence du Juge de Cominge, qui avoit ajugé audit Vaiffe douze mille livres fortiroit effet, fauf aux parties à fe pourvoir contre icelle par appel, ou autrement comme bon leur fembleroit ; & faute d'avoir obey à ladite Sentence, & ne fe pourvoyant point contre icelle, permit audit Vaiffe d'ufer du droit de reprefaille, de prendre le premier des habitans jufqu'à concurrence de ladite fomme.

Par le droit Canonique *cap. un. de injur. in 6.* le droit de reprefaille eft prohibé, principalement contre les Ecclefiaftiques de leurs biens fous peine d'excommunication.

Ut dona-
tiones
Impera-
tori à pri-
vato ho-
mine fa-
ctæ non
egeant
infinua-
tione.

CHAPITRE II.

Les donations faites à l'Empereur n'ont pas befoin d'infinuation.

Illud quoque perfpeximus.

L'Empereur dans ce Chapitre ordonne, que comme les donations faites par le Prince au profit des particuliers, n'ont pas befoin d'eftre infinuées fuivant la Loy *omnes in fine, C. de quadrien. præfcript.* la Loy *fancimus. §. exceptis. C. de donat.* la Loy *illud. C. de facrof. Ecclef.* & la Loy 38. *princip. C. de donat.* par la raifon que *princeps folutus eft legibus l. princeps. ff. & l.* 4. *C. eod. tit.* aufli celles qui font faites avec l'Empereur par des particuliers à quelque fomme qu'elles montent, & de quelque valeur qu'elles foient, ne requierent point l'infinuation : toutefois pour en faire preuve en cas de befoin elles doivent eftre faites pardevant un Notaire, avec la fignature du donateur & des témoins, avec les autres formalitez requifes pour la vali-

dité des donations ; car il n'eſt pas juſte que l'Empereur ne joüiſ-
ſe pas des privileges qu'il a accordez aux particuliers. Cependant par la Conſtitution de l'Empereur Zenon qui eſt dans la
Loy *omnes in fine. C. de quadrien. præſcript.* cette inégalité avoit
eſté introduite, puis qu'elle vouloit que les donations faites
par l'Empereur ou par l'Imperatrice à des particuliers, fuſſent
valables ſans eſtre inſinuées, l'inſinuation eſtant toûjours requiſe pour celles qui ſe feroient par les particuliers à l'Empereur,
mais Juſtinian ne trouvant pas que cette inégalité fût bien fondée, il ordonne par cette Ordonnance, que les donations faites
par les particuliers à l'Empereur feroient valables ſans inſinuation.

L'Empereur par cette Novelle, reforme la Conſtitution de
l'Empereur Leon, laquelle eſt dans la Loy 31. C. *de donatio.*
premierement en ce qu'il ordonne que les donations faites par
des particuliers à l'Empereur, ou par l'Empereur aux particuliers ſoient ſujettes à inſinuation ; dautant qu'il ne paroiſſoit
pas raiſonnable, que les donations faites aux particuliers par
l'Empereur fuſſent valables ſans inſinuation ; & que celles faites
à l'Empereur par les particuliers fuſſent nulles & ſans effet , ſi
elles n'avoient pas eſté inſinuées , *non enim conſequens eſt , ut
nec his fruatur Imperium à privatis , quæ ab eo præbentur illis.*
En effet il eſt abſurde que l'Empereur ſoit de pire condition que
les particuliers ; En ſecond lieu, en ce qu'il a voulu que l'acte
de la donation fait par un Notaire fût confirmé par la ſignature
de témoins ; ce que Julien dans ſon écriture a obmis mal à
propos.

Cette Conſtitution n'eſt pas de grand uſage, *quis enim tam
magnificum feſe faciat , ut Imperatoris mundi domino donare præ-
ſumat.*

De ce Chapitre a eſté tirée l'Authentique *Item & à privatis.
C. de donatio.*

AUTHENTIQUE *Item & à privatis. C. de donatio.*

*Item & à privatis in Principem etiam ceſſantibus actis fit do-
natio.*

Bacquet au Traité des droits de Juſtice Chapitre 21. nombre 376. dit qu'il eſt certain que les donations faites par les

Rois & les Reynes, ou qui leur font faites par des particuliers, ne font point fujettes à infinuation, à quelque fomme & valeur qu'elles montent; que neanmoins le meilleur & le plus feur eſt de les faire infinuer; dautant que les Ordonnances des infinuations font fort exactement obfervées.

Pour ce qui eſt des donations faites au Roy non infinuées, je ne croirois pas que le Roy voulût profiter des donations qui luy auroient eſté faites, au prejudice des creanciers poſterieurs aux donations, lefquelles feroient demeurées fecrettes & cachées faute d'infinuation; ou au premier des heritiers lefquels auroient apprehendé une fucceſſion qui fe trouveroit onereufe, eſtimans que les biens donnez apparténoient encore au deffunt au jour de fon deceds; car quoy que le Prince ne foit pas obligé aux Loix qu'il établit entre fes fujets; il eſt neanmoins de fa Grandeur de vouloir bien s'y foûmettre, *digna vox eſt Majeſtate regnantis, legibus alligatum fe principem profiteri; ab eo de autoritate juris noſtra pendet autoritas; & revera majus Imperio eſt, fubmittere legibus principatum, & oraculo præfentis Edicti, quod nobis liceat non patimur, aliis indicamus,* difent les Empereurs Theodofe & Valentinien en la Loy 4. C. *de legib.*

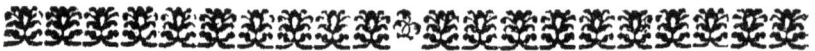

※※※※※※※※※※※※※※※※※※※※※※※

PARAPHRASE

DE JULIEN.

CONSTITUTIO XLVI.

C L X X X. Ut cives vel vicani pro aliis civibus fuis vel vicanis non teneantur.

SI quis in aliqua civitate vel vico debitores habuerit poſteaque alios homines ex eadem civitate vel vico in alia civitate vel in alio vico, nundinarum gratiâ degentes invenerit; non audeat eos vel res eorum tenere, vel alieni debiti nomine pecuniam ab his exigere, vel pignora ab his extorquere; nam ſi quid tale fecerit;

fecerit ; omne quod inciviliter exegerit , in quadruplum red-
dere compellatur ei qui injuriam paſſus eſt ; ſed & ſi quam
aCtionem adverſus debitorem ſuum habeat , eam quoque amittat :
hoc autem obſervari debet curâ & diligentiâ præſidum , quibus
graviſſimæ pœnæ imminebunt , ſi præcepta ſaluberrima præſentis
Conſtitutionis contempſerint.

C L X X X I. Ut donationes in Imperatorem faciendæ & ſine
　　　　monumentis fiant.

Si quis Imperatori donare voluerit , ſufficiat ei ad perfeCtam
donationem inſtrumentum liberalitatis modum continens : & non
cogatur hujuſmodi donationis inſtrumentum publicis monumentis
intimare , quamvis quingentorum aureorum quantitatem donatio
faCta excedat ; nam nec Imperatoris donatio in privatam perſo-
nam faCta publicis monumentis indiget. Dat. xv. Kal. Sept.
Imp. Dn. IuSt. PP. A. ann. xj. poSt. Biliſ. V. C. Conſ.

TITRE VIII.

De la repreſentation & tranſlation des deffendeurs ; que
ceux qui ſont pourſuivis ſoient repreſentez aux Juges
dans les vingt jours ; de ceux qui prétent la caution
juratoire ; des hypotheques ſur les charges , quelles per-
ſonnes & dans quel temps les peuvent avoir : des fem-
mes ſans dot ; & de la quatriéme partie donnée à l'un
des conjoints des biens de l'autre , lors qu'il eSt dans
la pauvreté.

De exhi-
bendis &
introdu-
cédis reisz
& ut hi
qui con-
veniun-
tur, poſt
viceſimâ
diê præ-
ſententur
judici-
bus; & de
his qui
juratoriâ
cautionê
exponût;
& ante
litis con-
teſtatio-
nem abſentes fiunt : & de hypothecis, quæ appellantur ex caſu ; & quæ perſonæ & quando hoc jus habent ; & de
indotatis uxoribus , ut habeant quartam partem in ſubſtantia viri , & ipſe vir in ſubſtantia uxoris , quando inops eſt
cui relinquitur.

NOVELLE LIII.

D Ans le Chapitre premier l'Empereur ordonne, que ſi quelqu'un en vertu de Lettres du Prince , fait ajourner ſon de-
　Tome II.　　　　　　　　　　　　　　　　　　E

biteur ou autre, pardevant quelque Juge hors fa Province, &
qu'il ait exigé caution de luy qu'il comparoiftra en jugement
dans certain temps, & que le deffendeur après avoir donné caution foit comparu ; le temps eftant expiré, & dix jours après,
le demandeur ne comparoiffant pas, il peut demander au Juge
d'eftre renvoyé abfous, & d'eftre rembourfé des frais qu'il aura
faits fur fon affirmation, tant pour fon voyage que pour fon fe-
jour dans le lieu où il aura efté affigné.

Cette pratique n'eft point obfervée en France, furquoy voyez
mon Praticien : les autres Chapitres de cette Novelle, jufqu'au
cinquiéme font inutiles en France.

CHAPITRE V.

Des hypotheques des Charges, quelles perfonnes & dans
quel temps elles peuvent avoir hypotheque
fur icelles.

De hypo-
thecis
militiarŭ
ex cafu,
quæ per-
fonæ, &
quando
hoc jus
habeant,

IL s'agit dans ce Chapitre des Offices, qui eftoient appellez
de ce nom *Milice* chez les Romains : ce terme fe prenoit proprement pour les charges des Officiers fervant en la maifon des
Empereurs, telles que font les Officiers de Gardes-du-Corps, en
la Venerie, Fauconnerie, les fept Offices de la Maifon du Roy
& autres ; lefquels ne font pas proprement des Offices, veu qu'ils
ne font pas conferez par le Roy, & qu'ils ne font pas receus fo-
lemnellement en Juftice, mais feulement conferez par chacun
Chef d'office.

Ces Offices eftoient appellez *milices* pour titre d'honneur,
parce que les Romains n'eftimoient rien plus honorable que la
qualité de Soldat ; c'eft pourquoy dans la fuite des temps toutes
les Charges furent appellées de ce nom ; & mefme la fonction des
Avocats fut auffi appellée *Milice.*

Les Milices eftoient reduites en bandes ou Compagnies, appellées *Scolæ*, eftoient conferées par le Chef de chacune Compagnie, qui dans fes commencemens y pourvoyoit plufieurs,
fuivant la Novelle 35.

On peut définir ainfi la Milice chez les Romains : *Officium*
eorum, qui in aliqua Schola inter ftatutos relati funt, ex quo

præbendam five falaria & commoda à Principe confequuntur.

Ces Offices de la Maifon de l'Empereur eftoient venaux, *l.*
22. & l. 49. §. 1. ff. de leg. 2. l. 30. §. ult. C. de inofficio. teftam. mais
les Offices de Judicature ne l'eftoient point ; les Offices qui pouvoient eftre vendus, pouvoient auffi eftre hypothequez & obligez ; & ceux qui ne pouvoient point eftre vendus, ne pouvoient
point eftre hypothequez ; parce que c'eft une regle certaine, que
quæ vendi poffunt, poffunt & obligari, l. 9. §. 1. de pignorib.
& l. un. C. rem alienam gerent. non interdici res fuas aliæ.

L'Empereur Juftinien au commencement de ce Chapitre, dit
qu'autrefois c'eftoit une grande conteftation, fçavoir fi les Offices eftoient fujets à hypotheque ; qu'il eft certain qu'autrefois
les Offices n'eftoient point fufceptibles d'hypotheque, fi ce
n'eft par privilege ; dautant que ces Offices ne produifans aucun profit que par la liberalité de l'Empereur, ils ne devoient
point eftre fujets aux dettes de ceux qui en eftoient reve-
ftus.

Les creanciers qui avoient prefté leur argent pour l'achat de
l'Office de leur debiteur, eftoient preferez & avoient un privilege fpecial fur iceluy, ce qui n'eftoit pas accordé aux autres
creanciers, aufquels la femme & les enfans eftoient preferez, ce
qui a efté confirmé par l'Empereur en la Novelle 79. chap. 4. par
laquelle il a ordonné, que celuy qui a prefté fon argent pour l'acquifition de l'Office, feroit preferé à tous autres creanciers,
pourveu qu'ils fe fût refervé une hypotheque fpeciale, en prefence de deux témoins.

L'Empereur decide encore dans ce Chapitre, que ceux qui
ont prefté de l'argent pour l'acquifition d'un Office, avec ftipulation expreffe d'hypotheque fpeciale, ont auffi hypotheque
fur les penfions viageres qui fe donnoient par la Compagnie
des Officiers à la mere ou aux enfans ; ce qui eft marqué par ces
termes *militiæ cafus*, c'eft à dire, felon la commune interpretation des Docteurs, *vacuum illud falarium, quod mortuo milite*
hæredes vel liberi aut uxor ex communi Collegio militantium in
aula à Principe capiebant.

Au cas que l'Officier n'ait laiffé ny creancier privilegié
fur l'Office, ny femme ny enfans, en ce cas les autres creanciers ont droit de fe pourvoir fur l'Office pour eftre payez de
leur dette.

De ce Chapitre a esté tirée l'Authentique *Quod obtinet. C. de pignoribus.*

AUTHENTIQUE *Quod obtinet. C. de pignoribus.*

Quod obtinet si ad hoc mutuaverit pecuniam, ut Militia emeretur, alioquin filii, aut uxor defuncti omnibus præponentur. Sed & si nullus prædictorum fuerit, tunc aliis creditoribus hoc damus.

. Auparavant l'Edit du mois de Février 1683. portant Reglement pour la vente des Offices & la distribution du prix d'iceux, les Offices Domaniaux étoient susceptibles d'hypoteque comme de veritables immeubles ; mais les Offices venaux n'étoient point veritablement sujets à hypoteque ; ce qui est fort bien exprimé dans l'article 95. de la Coustume de Paris en ces termes : *Office venal est reputé immeuble, & a suite par hypoteque quand il est saisi sur le debiteur par l'autorité de Justice, paravant resignation admise, & provision faite au profit d'un tiers ; & peut-estre crié & adjugé par decret ; & toutesfois les deniers provenans de l'adjudication, sont sujets à contribution comme meubles entre les creanciers opposans, qui viennent pour ce regard à déconfiture au sol la livre.* '

Le Lecteur pourra recourir à mon Commentaire sur cet article pour en avoir une connoissance plus parfaite, nous nous contenterons de rapporter icy l'Edit qui y a dérogé.

EDIT DU ROY,

Portant Reglement pour la vente des Offices, & la distribution du prix d'iceux.

LOVIS *par la grace de Dieu Roy de France & de Navarre ; A tous presens & à venir : Salut, bien que les droits des creanciers opposans au sceau sur le prix provenant de la vente des Offices pour estre payés preferablement à tous autres creanciers, non opposans au sceau soit étably de tout temps par les Arrests de nostre Conseil, & que cette Jurisprudence ait esté suivie quasi par toutes nos Cours ; neanmoins quelques autres de nosdites Cours ont rendu des jugemens contraires, qui ont obligé les parties à se pourvoir en nostre Conseil pour y demander la cassation desdits Arrests, & mesme de faire encore de nouveaux frais pour faire proceder à de nouvelles distributions du prix desdites Charges ; & d'ailleurs il y a tous les jours une infinité de procez entre nos Sujets en plusieurs Jurisdictions, sur la distribution des deniers provenans du prix desdits Offices, ou par ordre d'hypoteque, ou par contribution, ou suivant les saisies, selon les differentes Coûtumes des lieux : A quoy voulant pourvoir, & établir à cét égard une Loy certaine & uniforme pour le bien & l'avantage de nos Sujets ; d'autant plus, que le prix des Charges fait à present la principale partie du bien de plusieurs familles : Sçavoir faisons, que Nous pour ces causes & autres à ce nous. mouvans, de l'avis de nostre Conseil, & de nostre certaine science, pleine puissance & autorité Royale, Avons dit, statué & ordonné, disons, statuons & ordonnons par ces presentes signées de nostre main, voulons & nous plaist, ce qui ensuit.*

Que les creanciers opposans au Sceau & expedition des provisions des Offices, seront preferez à tous autres creanciers qui auront obmis de s'y opposer, quoy que privilegiez, & mesme à ceux qui auront fait saisir réellement les Offices, ou seroient opposans à la saisie réelle.

Les Directeurs valablement établis par les creanciers de l'Officier, pourront s'opposer au Sceau audit nom de Directeurs, & conserveront les droits de tous lesdits creanciers.

Entre les creanciers opposans au Sceau, les privilegiez seront les premiers payez sur le prix des Offices ; aprés les privilegiez acquitez, les hypotequaires seront colloquez sur le surplus dudit prix selon l'ordre de priorité ou posteriorité de leurs hypoteques ; & s'il en reste quelque chose aprés que les creanciers privilegiez & hypotequaires opposans au Sceau auront entierement esté payez, la distribution s'en fera par contribution entre les creanciers chirographaires opposans au Sceau.

Si aucun des creanciers ne s'est opposé au Sceau, ou si tous les creanciers opposans au Sceau estant payez, il reste une partie du prix à distribuer, la distribution s'en fera, premierement en faveur des creanciers hypotequaires suivant l'ordre de leurs hypoteques, le surplus sera distribué entre tous les autres creanciers par contribution, sans avoir égard à aucunes saisies de deniers

*faites és mains de l'acquereur de l'Office du Receveur des Confi-
gnations, ou autres dépofitaires du prix d'iceluy, ny à la faifie
réelle & oppofitions, dont les frais de pourfuites feulement feront
rembourfez par preference.*

*Aprés la faifie réelle enregiftrée, le titulaire de l'Office ne
pourra traiter qu'en prefence des faififfans & oppofans, fi aucuns
y a, ou eux deuëment appellez, & ce traité fait par l'Officier
fera nul, quoy que les oppofitions ne fuffent que pour conferver,
& non au titre, fi ledit traité n'eft homologué avec les creanciers.*

*Le creancier qui aura faifi réellement l'Office, fera tenu de
faire enregiftrer la faifie réelle au Greffe du lieu d'où dépend, &
où fe fait la principale fonction de la Charge, quand mefme l'adjudication feroit pourfuivie en une autre Jurifdiction, & fix
mois aprés ledit enregiftrement fignifié à la perfonne ou domicile
de l'Officier, quand il fera d'une Compagnie fuperieure, & trois
mois à l'égard de l'Officier d'une Compagnie fubalterne, & de
tout autre, le creancier pourra faire ordonner que le titulaire
de l'Office fera tenu de paffer procuration* ad refignandum *de ladite Charge, finon que ce jugement vaudra procuration, pour
eftre procedé à l'adjudication aprés trois publications qui feront
faites de quinzaine en quinzaine aux lieux accouftumez, & mefme au lieu où la faifie réelle aura efté enregiftrée.*

*Aprés les trois publications, il fera encore donné deux remi-
fes de mois en mois, avant que de proceder à l'adjudication de
ladite Charge.*

*Quand il aura efté ordonné par un Jugement contradictoire,
ou rendu partie deuëment appellée, dont il n'y aura point d'appel, ou qui aura efte confirmée par Arreft, que le titulaire de
l'Office fera tenu de paffer procuration* ad refignandum, *finon
que le jugement vaudra procuration, l'Officier demeurera de plein
droit interdit de la fonction de fa Charge trois mois aprés la
fignification dudit jugement faite à perfonne ou domicile dudit
Officier, & au Greffe du lieu d'où dépend, & où fe fait la principale fonction de la charge faifie, & ce en vertu dudit jugement,
fans qu'il puiffe eftre reputé comminatoire, ny qu'il en foit befoin
d'autre, & fans que les Juges pour quelques caufes que ce foit,
puiffent prooger ou renouveller ledit delay.*

*L'adjudication faite en Juftice, & la Sentence ou Arreft
portant que l'Officier fera tenu de paffer procuration* ad refignan-

dum, *sinon que ledit Jugement vaudra procuration au cas où il ne sera besoin d'adjudication, tiendront lieu de la procuration de l'Officier ; & seront en consequence les Lettres de provisions expediées.*

Ce qui regarde la preference des creanciers opposans au Sceau sur ceux qui ont obmis de s'opposer, sera executé tant pour le passé que pour l'avenir, la distribution du prix des Offices par ordre d'hypoteque entre les creanciers hypotequaires, aura lieu à l'égard des Charges qui seront venduës aprés la datte des presentes, soit par contrat volontaire ou par autorité de Justice, & la forme de proceder à la vente des Charges sera observée seulement à l'égard des Charges qui seront saisies depuis la datte de nostre present Edit, lequel nous voulons estre executé nonobstant le contenu en la Coûtume de Paris, mesme l'article 95. & toutes autres Coustumes, Stils & Ordonnances, ausquelles nous avons expressément dérogé & dérogeons par ces presentes.

N'entendons neanmoins comprendre au present Edit les Offices comptables, à l'égard desquels voulons que celuy du mois d'Aoust 1669. soit executé, tant pour la forme de proceder à la vente, que pour le jugement de l'ordre & distribution du prix. Si donnons en mandement à nos amez & feaux Conseillers, les Gens tenans nostre Cour des Aydes à Paris, que ces presentes ils ayent à faire lire, publier & enregistrer, & le contenu en icelles entretenir & faire entretenir, garder & observer, sans y contrevenir ny souffrir qu'il y soit contrevenu, en quelque sorte & maniere que ce soit : Car tel est nostre plaisir. Et afin que ce soit chose ferme & stable à toûjours, Nous avons fait mettre nostre Scel à cesdites presentes. Donné à Versailles au mois de Février, l'an de grace mil six cens quatre-vingt trois, & de nostre Regne le quarantiéme. Signé LOUIS, & plus bas, Par le Roy, Colbert, visa le Tellier. Et scellées du grand Sceau de cire verte.

Regiſtrées en la Cour des Aydes, oüy & ce requerant le Procureur General du Roy, pour eſtre executées ſelon leur forme & teneur. A Paris les Chambres aſſemblées, le dixiéme May 1683. Signé DU MOLIN.

CHAPITRE VI.

De la femme mariée sans dot.

Quoniam verò ad clementiam.

De mu-
liere
inope
indo-
tata.

L'Empereur dit dans le commencement de ce Chapitre, que toutes les Loix qu'il a faites, tendent à la clemence, & qu'ayant veu des femmes mariées furvivant leurs maris, qui auroient vefcu pendant leur mariage dans la chafteté, eftre dans la neceffité pendant leur veuvage, parce qu'elles n'auroient point apporté de dotes, & qu'elles n'auroient rien receu de leurs maris par donation à caufe de nopces, quoy que leurs enfans euffent de grands biens de la fucceffion de leurs peres, il auroit efté obligé de pourvoir à leur utilité fur les biens de leurs maris, voulant que la femme en ce cas foit appellée à la fucceffion de fon mary conjointement avec fes enfans : & que comme il a fait une Loy, fçavoir la Loy derniere *C. de repud.* qu'il a confirmée par la Novelle *de nuptiis. cap. fic itaque.* par laquelle il a ordonné, que fi le mary repudie fa femme qui n'auroit point de dot, il feroit obligé de luy donner la quatriéme partie de fes biens ; auffi il ordonne par cette Novelle dans ce Chapitre, que la femme au cas fufdit ait la quatriéme partie des biens de fon mary aprés fa mort, foit qu'il y ait beaucoup ou peu d'enfans iffus du mariage : Voulant que fi le mary avoit fait un legs à fa femme qui ne valut pas la quatriéme partie de fes biens, elle en pût demander le fupplément.

Et au verfet *& ficut læfus.* il ordonne, que fi les maris demeurent avec leurs femmes jufqu'à leur mort, les maris joüiffent des mefmes avantages ; voulant que cette Ordonnance foit commune pour les maris & les femmes.

En troifiéme lieu, que fi la femme a quelques biens à elle appartenans dans la maifon de fon mary ou ailleurs, elle puiffe les retenir ou les repeter fans aucune diminution, & fans qu'ils foient fujets aux dettes contractées par fon mary, fi ce n'eft à proportion de ce en quoy elle fuccedera à fon mary en vertu de cette Loy, en qualité d'heritiere pour la quatriéme partie

de

de ſes biens. Car prenant la quatriéme partie des biens de ſon mary en qualité d'heritiere, elle eſt obligée à payer ſes dettes pour un quart, les dettes ſe payant par les heritiers entr'eux *pro modo emolumenti.* Ainſi les creanciers du mary pourroient s'adreſſer aux biens de la femme pour la quatriéme partie pour laquelle elle ſeroit ſon heritiere.

En quatriéme lieu, dans le verſet *hæc itaque dicimus.* il reſtraint cette Ordonnance au cas que le ſurvivant n'ait aprés la mort du premier decedé ny dot ny donation à cauſe de nopces, qu'il ſoit pauvre, & que le ſurvivant ſoit mort riche; car s'il avoit des biens d'ailleurs, il ne ſeroit pas juſte que celle qui n'auroit pas apporté de dot, ou celuy qui n'auroit point eu de biens pour faire une donation *propter nuptias* à ſa femme, chargeaſt la ſucceſſion du predecedé au préjudice des enfans, par le droit qu'il auroit d'y prendre la quatriéme partie; car l'Empereur dit avoir ordonné par une autre Loy, qui eſt le Chapitre dernier de la Novelle 2. *de non eligendo,* que celle qui n'a point apporté de dot à ſon mary, ne peut pas recevoir de luy une donation *propter nuptias.* Ce qui n'empeſche pas que le mary ne puiſſe faire quelque legs à ſa femme, ou l'inſtituer en quelque partie de ſa ſucceſſion; ce que l'Empereur permet, pour ne détruire point en ce cas l'accord de toutes les Loix, & donner lieu par ce moyen à l'un des conjoints de relever par ſes richeſſes la pauvreté de l'autre.

Nous obſerverons que par cette Novelle & le mary & la femme ſe ſuccedent l'un à l'autre au cas qui y eſt porté, ſoit qu'il y ait beaucoup d'enfans, ou qu'il y en ait peu, & à plus forte raiſon s'il n'y en a pas un au temps de la mort du premier mourant des pere & mere; mais la Novelle 117. *ut liceat matri & aviæ. cap. quia verò legem.* 5. y a fait cette reſtriction, ſçavoir que le ſurvivant ſuccederoit en la quatriéme partie des biens du predecedé au cas qu'il n'eut pas laiſſé plus de trois enfans, ſoit de ce mariage, ou d'autres precedens, & que s'il laiſſoit plus de trois enfans, le ſurvivant ſuccederoit *in virilem* avec eux au predecedé, pour l'uſufruit ſeulement, eſtant obligé de laiſſer la proprieté de cette portion aux enfans iſſus du mariage, laquelle il auroit pleine & entiere au cas qu'il n'y eût point d'enfans iſſus de ce mariage. Voyez le Chapitre *quia verò legem.*

De ces deux Chapitres a eſté tirée l'Authentique *prætereà.*

Tome I. F

mise aprés la Loy du Code *unde vir & uxor.* laquelle n'admet le mary & la femme à la succession l'un de l'autre , qu'au cas que le premier mourant n'ait aucuns enfans.

AUTHENTIQUE *Prætereà. C. unde vir & uxor.*

Prætereà si matrimonium sit absque dote , conjux autem præmoriens locuples sit , superstes verò laboret injuriâ , succedat unà cum liberis communibus alteriusve matrimonii in quartam , si tres sint vel pauciores. Quòd si plures sint , in virilem portionem , ut tamen ejusdem matrimonii liberis proprietatem servet , si extiterint : his verò non extantibus , vel si nullos habuerit , potietur etiam dominio , & impensabitur legatum in talem portionem.

On peut faire plusieurs questions en interpretation de cette Authentique.

La premiere , qui est celuy qui est reputé riche pour donner lieu à la décision de cette Authentique? L'opinion commune est, qu'il faut s'en rapporter au sentiment d'un homme juste , lequel doit décider suivant les circonstances des personnes , de leur qualité & de leurs facultez ; *Bartol. ad hanc Authent. num.* 3. *& ad l.* 26. *& alii. DD. ff. sol. matrim. Joan. Fabr. in Breviario Codic. ad dict. Authent. Menochius de arbitrar. jud. quæst. casu* 65.

La deuxiéme , si cette Authentique a lieu au cas que la femme ait une dot , mais mediocre & non suffisante pour luy fournir des alimens. L'opinion commune des Docteurs sur cette Authentique est pour l'affirmative , une petite dot estant considerée comme si la femme n'en avoit aucune ; en sorte neanmoins que la dot qu'elle a , doit estre imputée sur le quart qu'elle doit prendre dans les biens de son deffunt mary.

La troisiéme , si cette Authentique a lieu à l'égard de celle qui est fiancée , c'est à dire , *quæ sponsa est* ? Quelques-uns distinguent entre celle qui est fiancée *per verba de futuro* , & celle qui est fiancée *per verba de præsenti ;* estimant qu'au premier cas l'Authentique n'a pas lieu , mais qu'elle a lieu au second : d'autres sont d'avis qu'elle n'a lieu ny au premier ny au second ; par la raison que cette Novelle ne parle que de la femme mariée , & qu'au cas que le mariage soit legitimement contracté , *Novel.* 53. *cap.* 1. *cap.* 6. parce que c'est la faveur du mariage & la qualité de femme, qui donnent lieu à ce droit & à cét avantage, Gail *lib.* 2. *obſerv.* 80. *Graſſ. quæſt.* 38. *num.* 2. *Theutler.Theſ.* 6. *lit.* 4. *in diſput.* 16. *vol.* 2. *Rittershus in Novel. Juſtin. part.* 7. *cap.* 17. *num.* 6. *& alii.*

La quatriéme, ſi cette Authentique a lieu *in muliere indotata,* laquelle a un pere riche? On tient que non, par ces termes de ce Chapitre *in fine, nam ſi aliunde forſan habeat, non offerentem dotem, aut non dantem propter nuptias donationem, non erit juſtum gravare filios per ſucceſſionem, &c.*

La cinquiéme, ſi cette Authentique a lieu à l'égard du mary? Accurſe tient l'affirmative ſur cette Authentique *in verbo, dote,* & ſur la Loy *licet. C. de jure dot.* Balde, Cynus, Salicet, & la plus grande partie des autres Docteurs, ſont de meſme avis. Rittershus *part.* 7 *chap.* 17. *nomb.* 9. eſt d'opinion contraire, mais elle eſt oppoſée aux termes de cette Authentique & de la Novelle: l'Authentique porte *conjux autem,* ce mot faiſant connoiſtre qu'il s'applique tant au mary qu'à la femme. Cette Novelle en ce Chapitre 6. *in fine princip.* decide expreſſément cette queſtion, en ces termes: *Similiter quidem in viris, ſimiliter in mulieribus, communem namque etiam hanc ſuper eis ponimus leges, ſicut & præcedentem.*

La ſixiéme, ſi la femme qui ſe remarie ſans dot avant que d'avoir demandé cette portion ſur les biens de ſon mary, & que ſon ſecond mary decede riche, a droit d'exiger cette portion ſur les biens de ſon premier & de ſon ſecond mary? Quelques-uns eſtiment, qu'elle n'a droit de l'exiger que des heritiers du premier mary; c'eſt le ſentiment de Graſſus, queſtion 42. D'autres veulent qu'elle ne puiſſe l'exiger que des heritiers du ſecond; & d'autres enfin, qu'elle peut l'exiger des uns & des autres.

Pour la premiere opinion on dit, que dés la mort du premier mary ce droit luy eſt acquis, conformément à cette Authentique, que ſon mary eſtant decedé riche, & cette femme eſtant ſans dot, elle a pû demander cette portion lors que l'action en eſtoit ouverte, & que s'eſtant remariée ſans dot, ſon action eſt toûjours conſervée, n'y ayant aucune raiſon qui en cauſe l'extinction.

Pour la deuxiéme on dit, que la femme avoit droit de demander une portion ſur les biens de ſon premier mary aprés ſon deceds; que ne l'ayant pas demandée, elle eſt preſumée y avoir renoncé , & partant fi elle fe remarie fans dot , & que fon fecond mary decede, elle ne peut plus s'adreffer aux heritiers du premier mary , mais aux heritiers du fecond , ayant une action ouverte contre eux conformément à cette Authentique : & ces heritiers ne peuvent pas luy oppofer , qu'elle s'adreffe aux heritiers de fon premier , puifque fon fecond mary ayant bien voulu l'époufer fans dot , & auparavant qu'elle eut exigé cette portion , on peut prefumer qu'il a bien voulu y renoncer pour l'intereft qu'il y avoit.

Pour la troifiéme on dit , que dans l'efpece propofée la femme a l'action ouverte contre les heritiers du premier mary , puis qu'au temps de fon deceds elle eft demeurée veuve fans dot; qu'elle a auffi la mefme action contre les heritiers de fon fecond mary , puis qu'il l'a auffi laiffée fans dot en mourant, & qu'ainfi elle peut exiger la mefme portion des uns & des autres.

Pour moy j'eftime, qu'elle peut s'adreffer à qui il luy plaift, aux heritiers de fon premier ou de fon fecond mary ; mais qu'ayant une fois intenté fon action contre les uns , elle ne peut point pourfuivre les autres : par la raifon que dés qu'elle aura eu une portion des biens du premier ou du fecond mary , elle ne fera plus prefumée fans dot , & partant l'action contre les autres heritiers ceffera.

La feptiéme , fi aprés la mort du mary la femme eftoit parvenuë à une meilleure fortune avant que d'avoir fait fa demande , fi elle n'y feroit plus recevable ? Il femble que non , cependant il faùt dire le contraire , à mon avis ; la raifon eft , que par cette Authentique la femme eft appellée à la fucceffion de fon mary pour une portion , fon droit luy eft acquis dés le temps de fa mort , & partant elle ne le peut point perdre *ex poftfacto ;* c'eft le fentiment de Decius *confil.* 24.

La huitiéme , fi le mary peut deffendre à fa femme par fon teftament de prendre cette portion , ou s'il la peut diminuer? On tient communément que non , par la raifon que c'eft un avantage qui defcend de la Loy , & qui ne vient pas de la liberalité de l'homme ; ainfi le mary ne peut empefcher *ne leges locum habeant in fuo teftamento , l. nemo. ff. de legat.* 1. en forte que fi le mary avoit laiffé quelque chofe à fa femme dans fon teftament , qui n'égalaft point cette portion , elle en pourroit demander le fupplément ; c'eft le fentiment de Bartole & des autres Docteurs fur cette Authentique.

La neuviéme , ſçavoir ſi la femme peut revoquer les alienations faites par ſon mary en fraude de cette portion ? L'affirmative ſemble mieux fondée , *arg. leg. filiæ. 59. ff. ſol. matrim. & cap. 2. de renuntiat. in 6.* par la raiſon que le mary ne peut rien faire en fraude & au préjudice de la diſpoſition de la Loy; comme ſi le mary faiſoit un partage de ſes biens de ſon vivant entre ſes preſomptifs heritiers , en ſe reſervant l'uſufruit. Il faut dire le contraire au cas que les diſpoſitions & alienations ayent eſté faites par le mary pour cauſes neceſſaires , *l. 10. §. 1. ff. comm. divid. l. 7. princip. ff. de adminiſt. tut. l. 27. ff. de manum. teſtam.*

Bacquet au Traité du droit d'Aubeine Partie 4. Chapitre 33 nombre 5. dit , que cette Authentique n'eſt point obſervée dans la France Couſtumiere; par la raiſon que la mere doit ſe contenter de la communauté des biens meubles , acqueſts & conqueſts immeubles , introduite par la Couſtume entre l'homme & la femme avec ſon doüaire; & le mari ſurvivant doit ſe contenter de ſa part dans la communauté des biens.

Quant à l'uſage des païs de droit écrit , cet Auteur n'en parle point , j'eſtime que cette Authentique y doit eſtre obſervée , parce que la femme n'ayant point de dot ny d'augment de dot , il ſeroit trop rigoureux qu'elle demeurât dans la neceſſité aprés le deceds de ſon mary : & dautant que le Droit Romain y eſt obſervée comme l'on ne doit pas douter; que cette Authentique comme fondée ſur une tres-grande équité n'y ſoit gardée.

PARAPHRASE
DE JULIEN.

CONSTITUTIO XLVII.

CLXXXII. De reis ab alio loco in alium retrahendis ex divino nutu , vel juſſione maximæ poteſtatis.

SI quis ex divina juſſione in ſcriptis habita , vel ex calculo magiſtratus aliquem convenerit , ut in aliis locis exhibeat (ſe)

aut fiftat ; ideóque & cautionem ab eo exegerit , quod intra cer-
tum tempus in judicium deftinatum venturus fit , posteáque tem-
pus quidem certum transactum fuerit : & is quidem , qui cautio-
n m expofuit præfto fit : adverfarius autem ejus , id est , actor
abfit , & decem dies post certum tempus tranfierint : liceat reo præ-
fenti abfente actore intrare apud judicem , & oftendere fuam præ-
fentiam , & actoris abfentiam , & ftatim ab obfervatione judicii
abfolvatur. Ita tamen , ut facramentum præftet de impenfis , quas
impendit tam in profectione , quàm in peregrinatione fua : & in
tantam quantitatem judex actorem condemnet : cùm autem foleant
executores litium etiam ab actoribus cautionem exigere , quod om-
nimodo peragant intentiones fuas : Sin autem peregerint quod pœ-
næ nomine certos aureos præftaturi fint , jubet conftitutio calum-
niam paffo primum quidem pœnam cautionis ab actore præftari :
deinde fi quid plus fit in impenfis , quas reus fruftrà fecerit : hoc
calculo judicis eidem reo præftetur ; facramento tamen ejus legi-
timâ taxatione moderato : hæc autem fi ita cuftodiantur , jam de-
finent homines in alienam ludere vitam ; & ideò in locis competen-
tibus hac pœnâ perterriti litigabunt.

CLXXXIII. Idem.

Solent actores , qui in Conftantinopolitanam civitatem homi-
nes trahere volunt , quos obnoxios fibi ducunt , fidejuffores dare,
pœnam promittere peragendi litigii caufâ , & quod omnibus modis
vincant & fic permittuntur à provincia in urbem Imperialem ,
quos fibi reos effe putant , abftrahere. Cùm autem ab alia provin-
cia in aliam provinciam exhiberi reos actores defiderabant , fine
fidejuffione , hoc impetrabant ; fed nofter Imperator hac promul-
gatione conftituit , ut nec ab alia provincia in aliam exhibitio reo-
rum fine fidejuffione fiat ; & neque magiftratus ampliffimos , neque
gloriofiffimum quæftorem ex perfona principis aliquid tale refcri-
bere audeat , id eft , ut fine fidejuffione actoris rerum exhibitio ab
alia in aliam provinciam fiat. Imò magis contrarium debet dicta-
ri , id eft , ut non aliter fiat exhibitio rei , quam fi actor fidejuf-
fores præftiterit promittentes , quòd omni modo peragat caufam &
vincat ; alioquin quod pœnæ nomine tot aurei præftabuntur. Nam
his eo modo ordinatis , fi actor non peregerit caufam , vel peragens
non obtinuerit , committitur adverfus eum pœna ; & adverfus fi-
dejuffores ejus ; & reo præftabitur. Si quid autem ultra quanti-

tatem pœnalem exhibitionis occasione reus impenderit, hoc ei ju-
ranti dari æquum est, sacramento ipsius anteà moderato per le-
gitimam taxationem, sicut in præcedenti capite diximus.

CLXXXIV. De admonitione reorum, sive in jus vocando.

Si quis ex sententia judicis admonitus fuerit, habeat post ad-
monitionem viginti dierum spatium, ut liceat reo vel recusare ju-
dicem, vel alium quoque petere, ut simul ambo judicent, vel fortè
id quod debet confiteri intra prædictos dies viginti. Postquam au-
tem libellum accusationis exceperit : personales præstet fidejussio-
nes ac sportulas det Constitutioni nostri principis cognitas : subscri-
bat autem & contradictionis libellum tempus quoque & diem scri-
bere eum oportet ; quod libellum accusationis excepit, cum autem
litis contestatio fiet, interrogari debet à judice, si transierint vi-
ginti dies deliberationis. Hoc autem consideretur ex subscriptione
ejus quam libello inseruit, nam si intra vicesimum diem litis con-
testatio facta est ; nullius est momenti. Si quis autem judicem re-
cusaverit, & alium pro eo petierit, eumque iterum recusare ma-
luerit, quem sibi judicem petiit : non audiatur.

CLXXXV. De juratoriis cautionibus.

Si quis juratus promiserit observaturum se in judicio, deinde
ante litis contestationem Imperialem urbem reliquerit, & subdu-
xerit se, liceat actori & nondum litis contestatione factâ adire ju-
dicem ; & dicere tergiversationem rei ; & si quidem inter Magi-
stratus sit judex ; jubeat omni modo reum in judicium duci : Sin
autem inter Magistratus non sit, sed si judex datus ab aliqua po-
testate, vel etiam ab Imperiali jussione, referat hoc ipsum, ut du-
catur reus jussu Magistratûs ; qui cum judicem esse destinavit.
Præfiniatur autem certus dies, intra quem si non venerit reus ; ut
hujus causæ disceptatio fiat, etiam eodem reo absente : & in pos-
sessionem rerum ejus actor mittatur ; & in tantum modum jus
pignoris habeat, quantus est debitæ quantitatis modus : & post-
quam in possessionem actor fuerit missus, non aliter reus eam re-
cipiat, nisi omnia damna quæ contigerunt, actori resarcierit & de-
derit fidejussorem, quòd omni modo actoris intentionem exceptu-
rus sit, sive per se, sive per legitimam personam hæc ita sint,

nisi fortè ex justa causa & inexcusabili reus in absentia fuerit.

CLXXXVI. De casu militiæ.

Si quis casu militaverit, & non solvendo decesserit, casus militiæ ejus quod Scholæplacitum à quibusdam vocatur, non temerè creditoribus concedatur, ecce enim si quis ad hoc ipsum ut militet defunctus, mutuaverit, ipse æquè Scholæplacito fruatur inope debitore defuncto. Sin autem liberi & uxor à defuncto derelicti sunt, adeant principem, & accipiant eundem militiæ casum, quamvis heredes defuncto non extiterint. Sin autem neque liberos neque uxorem dereliquerit, tunc etiam ceteris creditoribus casus militiæ subjiciatur; exceptis videlicet spectabilibus viris silentiariis, quorum prærogativas proprias in eadem firmitate durare constitutio jubet.

CLXXXVII. De inope muliere, quæ sine dote maritata est ut quartam partem defuncto marito capere debeat.

Diximus in superioribus (Capitulis) mulierem sine dote nuptam, & sine causa repudiatam à marito, quartam partem substantiæ ejus consequi oportere usque ad centum libras auri, hoc ipsum constituimus, id est, ut quartam partem mulier capiat defuncto marito suo, sive complures liberos habeat, sive non; illud autem certum est quòd mulier, sive mobiles sive immobiles res habeat suas proprias, omnimodo eas sine diminutione deducere poterit, non subjectas mariti creditoribus : nisi ad hoc tantum quod hæres ei extiterit. Hæc autem omnia intelligi debent ; si mulier idoneas facultates non habeat : nam si inops non sit, neque dotem dedit : gravare liberos defuncti quartæ partis exactione non debet ; nam nec maritus, qui nullam donationem propter nuptias dedit, aliquid ex substantia suæ uxoris lucrabitur, nisi forte legatum ei relictum fuerit à muliere, vel mulieri à marito ; hoc enim quod relictum est à muliere marito, vel mulieri à marito, omnimodo capiat, sive inops sit, sive non; quod si inopi constitutæ mulieri maritus legatum relinquat : minoris quantitatis quàm portio quarta faciat ; suppleatur id, quod minus ei dederit. Dat. X. Kal. Oct. CP. Imp. Dn. Just. PP. Aug. ann. xj. post Bilis. V. C. Cons. ann. 11.

TITRE

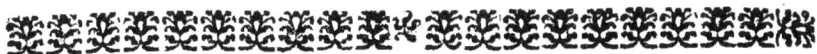

TITRE IX.

Ordonnance en faveur des enfans nez de ceux qui font attachez à la glebe ; & concernant l'alienation (+) les échangez des biens de l'Eglife.

Conftitutionem quæ ex adfcriptio & libera natos, liberos effe vult, non

iis qui ante Conftitutionem nati funt, fed qui poft Conftitutionem, prodeffe. Et ut ne venerabiles Domus commutationes faciant ad invicem immobilium rerum Ecclefiafticarum, Decreto prius interpofito, exceptâ hac majori Ecclefia.

NOVELLE LIV.

CEtte Novelle contient deux Chapitres, le premier concerne les enfans de ceux qui font attachez à la glebe, & n'eft point d'ufage ; le deuxiéme regarde l'alienation des biens de l'Eglife, & permet aux Eglifes d'échanger leurs biens les unes avec les autres ; en juftifiant & avec ferment, que l'échange eft utile aux Eglifes, qui le font, & qu'il intervienne une Ordonnance du Juge pour cet effet, fans que pour cela il foit befoin de permiffion ou de refcrit du Prince ; l'Empereur eftimant qu'il fuffit que ceux qui procurent une femblable alienation des biens de l'Eglife, craignent les jugemens de Dieu pour les détourner de le faire fi l'Eglife en recevoit de la perte dans fes biens, & fur peine, en ce cas, de nullité de l'échange : *habentibus iis , qui ad talia conveniant, magni Dei judicium, fiquidem prævaricati fuerint horum , quæ competunt , aut quoddam colludium fiat , aut aliquid propter utilitatem utriufque geratur partis ; nam etiam maledicta his omnium terribilia imminebunt , & quæ inferunt eloquia divina peccantibus , & quæ nunc eis difpofita funt. Si quid autem prætermittatur , & pofteà demonftretur malignè factum , pro non facto erit.*

L'Empereur en ce Chapitre excepte l'Eglife de Conftantinople , à laquelle il défend d'échanger fes biens.

De ce Chapitre a efté tirée l'Authentique *item fibi invicem. C. de Sacrofanct. Ecclef.*

AUTHENTIQUE *Item fibi invicem. C. de Sacrofanct. Ecclef.*

Item fibi invicem rectè permutant cum utriufque indemnitate, eorum fcilicet confenfu interveniente, qui fuprà referuntur.

La permutation des biens de l'Eglife fe peut faire fuivant cette Authentique; mais pour la rendre valable, il faut qu'elle foit faite *causâ cognitâ*, fuivant le Chapitre 2. de la Novelle 54. d'où elle eft tirée.

La raifon pour laquelle cette efpece d'alienation eft permife, eft felon les Docteurs, parce qu'elle ne caufe aucune perte à l'Eglife, puis que l'alienation de la chofe échangée, eft recompenfée par celle qui eft donnée en contre-échange; de forte qu'au cas que l'échange fe trouvât defavantageux à l'une des Eglifes, elle pourroit fe faire reftituer contre iceluy, & le faire caffer & declarer nul, *Cyn. & alii DD. ad hanc Authent.*

Il eft inutile d'objecter, que celuy qui eft privilegié ne peut pas fe fervir de fon privilege contre un autre privilegié, *l. verum. 11. §. penult. ff. de minorib.* car cette regle n'a pas lieu lors que l'un contefte *de damno vitando*, & l'autre *de lucro captando*, felon le fentiment des Docteurs *ad leg. ult. ff. ex quib. cauf. minor. Anton. Faber in fuo Cod. lib. 1. tit. 2. definit. 86. num. 17.*

Il eft de l'ufage en France, que les Eglifes peuvent échanger leurs biens foit contre d'autres Eglifes, ou contre des biens appartenans à des particuliers, ou à des Corps & Communautez laïques, mais pour cet effet il faut y obferver les mefmes formalitez pour la vente des biens Ecclefiaftiques. Surquoy voyez la Novelle 7.

PARAPHRASE
DE JULIEN.

CONSTITUTIO XLII.

CLXXXVIII. De his qui ex libera matre & adſcriptitio patre nati ſunt.

CONSTITVTIO eſt Imperatoris noſtri in undecimo libro Codicis poſita, quæ jubet eum, qui ex libera matre & adſcriptitio patre natus eſt, ingenuum eſſe. Eam igitur Conſtitutionem præſens promulgatio jubet obtinere, in his tantummodò caſibus, qui poſt Conſtitutionem illam contigerint, qui autem ante illam emerſerint, antiquo jure dirimantur.

CLXXXIX. Si venerabilis locus cum venerabili alio loco rerum immobilium permutationem facere maluerit.

Si Eccleſia cum Eccleſia, vel ptochium cum ptochio, vel Eccleſia cum ptochio vel Monaſterio; & ut ſimpliciter dixerim, ſi venerabilis locus cum alio loco venerabili rerum immobilium permutationem facere maluerit : hoc ei fieri proſit : utrique loco liceat primatibus ejus permutare, decreto tamen prius celebrando cum omni ſubtilitate & jurejurando apud locorum Metropolitanum rei diſceptatione præcedente, ut ipſe deliberet, an ambabus partibus proſit permutatio rerum immobilium ; & non indigeat res ſpeciali divinâ pragmaticâ formâ : ex hujus autem legis excipiatur licentia magna Conſtantinopolitanæ civitatis Eccleſia. Nullam enim rem immobilem alienare permittitur, quemadmodum antè non permittebatur. Dat. xv. Kal. Sept. CP. Imp. Dn. Juſtin. ann. xj. poſt Biliſ. V. C. Conſ. ann. 11.

G ij

TITRE X.

Et de cæt-
tero com-
mutatio-
nesEccle-
siasticarũ
rerum
non fictè
fiant ad
piissimum
Impera-
torem; &
hoc modo
ad alias
personas
transeant
res. Sed

Constitution qui permet les échanges des biens de l'Eglise avec l'Empereur, & que les biens passent par ce moyen dans le domaine des particuliers : qui permet les emphyteoses entre les Eglises, de leurs biens avec decret du Juge, excepté les biens de la grande Eglise de Constantinople.

hæc tantummodo fiant ad Imperialem domum : & ut liceat perpetuas emphyteoses agi ab Oratoriis in Oratoria , decreto videlicet interposito ; exceptâ hac majore Ecclesia; vel tamen in privatam personam transeat
emphyteosis.

NOVELLE LV.

L'Empereur dans la Novelle precedente permet aux Eglises de faire des échanges mutuelles de leurs biens pour la commodité & l'utilité d'icelles ; & dans celle-cy au Chapitre 1. il leur permet de faire des échanges avec l'Empereur, à l'effet seulement que les biens de l'Eglise échangez demeurent à l'Empereur, sans qu'ils puissent estre transferez à des particuliers ; voulant qu'autrement il soit permis aux administrateurs des Eglises, de revendiquer leurs biens.

Au Chapitre 2. de cette Novelle il permet aux Eglises de se donner leurs biens les unes aux autres à bail emphyteotique, excepté les biens de l'Eglise Metropolitaine de Constantinople.

Bartole sur cette Novelle exprime ces deux Chapitres fort clairement en ces termes : *Ecclesia cum Principe permutare potest, ut res apud Principem perpetuò permaneant, nec veniant ad privatos, his in futuris casibus obtinentibus. Item Ecclesiæ ad invicem in perpetuam emphyteosim dare possunt, exceptâ majore Ecclesiâ Constantinopolitanâ.*

PARAPHRASE
DE JULIEN.

CONSTITUTIO XLIX.

C X C. Ut liceat venerabilibus locis perpetuos contractus
inter se emphyteuseos facere.

*Iceat Ecclesiis & aliis venerabilibus locis perpetuos inter se
contractus emphyteuseos facere, decreto scilicet anteà celebrato:
dum tamen ita fiat emphiteusis, ut ad privatam personam omnimodo non extendatur: sed ex hujus legis licentia excipiatur magna Constantinopolitana Ecclesia quemadmodum in anterioribus
Constitutionibus. Dat. xv. Kal. Nov. Imp. Dn. Iust. PP. A.
ann. xi. post Bilis. V. C. Consf.*

TITRE XI.

*Portant deffenses aux Clercs de donner aucuns droits d'entrée,
excepté dans l'Eglise Metropolitaine de Constantinople.*

NOVELLE LVI.

L'Empereur dans cette Novelle permet d'exiger des Clercs
qui reçoivent les Ordres dans l'Eglise-Metropolitaine de
Constantinople, les droits d'entrée ou de bien-venuë qui avoient
de coûtume d'estre exigez, appellez *insinuativa* ou *insinuata*;
mais il le défend expressément dans les autres Eglises, sur peine
contre celuy qui y auroit contrevenu, d'estre privé du Sacerdoce, & d'une amende de dix livres d'or; voulant que les Ordres
soient conferez *gratis*, & que les Benefices & les fonctions soient

Vt ĩı
quæ vo-
cantur
insinua-
tiva su-
per Cle-
ricis, in
majore
Ecclesia
quidem
dentur,
in aliis
autem
Ecclesiis
non den-
tur.

G iij

données gratuitement , & non par vente ny par recompenfe , ou par trafic.

Toute ordination ou collation doit eftre gratuite , conformément au Canon premier , queftion premiere , où le Pape Alexandre III. ordonne *ne quis cujufcumque gradûs pro Ecclefiæ Beneficio , aliquid audeat conferre Fabricæ Ecclefiarum , feu etiam quod fit pauperibus diftribuendum ,* de peur que par ce moyen on ne trouvaft occafion d'introduire la fimonie.

Le Pape Honoré III. eftant averty qu'en l'Eglife de Laon il s'eftoit introduit une mauvaife coûtume d'exiger de chaque Chanoine nouvellement pourveu un vafe d'argent , il declara que *talis confuetudo videatur fpeciem in fe pravitatis habere, & manifeftam in fe continere turpitudinem ;* & en confequence leur ordonna de l'abolir entierement à l'avenir.

Il n'y a aucun lieu en France où les Evefques ou Archevefques exigent quelques dons pour l'Ordination , comme eftant une chofe purement fpirituelle ; ny droit d'entrée ou de bienvenuë par les nouveaux pourveus de Benefices : Si cela fe faifoit , il y auroit fimonie. Voyez *infrà* la Novelle 123. chap. 3.

PARAPHRASE
DE JULIEN.

CONSTITUTIO L.

CXCI. De Emphanifticis , quæ à Clericis exiguntur.

S I quis in Conftantinopolitana Civitate Clericus fuerit factus: Si quidem magnæ Ecclefiæ clericus fit , emphaniftica præftet, quæ ex confuetudine præftari oportet. Sin autem alterius Oratorii clericus fuerit , nihil ab eo emphanifticorum nomine exigatur , & fi quis ab eo exegerit ; ipfe quidem qui exegit , amittet ftatum clericatûs quem habet , is autem à quo exactum eft , in gradum exactoris perveniat : hæc autem omnia defenfores Eccle-

fiæ cuſtodire debent, qui ſi neglexerint, decem librarum auri ſolu-
tione puniantur. Dat. III. Kal. Nov. CP. Imp. Dn. Juſt. Aug.
ævn. 10. poſt. Biliſ. V. O. Conſ. anno 11.

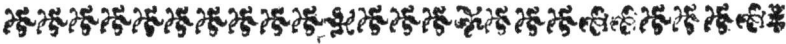

TITRE XII.

Qu'il faut mettre d'autres Clercs en la place de ceux qui ont
quitté l'Egliſe, & qu'il ne les y faut pas recevoir au
cas qu'ils y vouluſſent rentrer.

Vt Cleri
rici qui
recedunt
aliis pro
eis ſu
brogatis,
præbeant
ſubroga-
tis emo-

ſumenta. Recedêntes autem remeare volentes non ſuſcepir: & ſi quis Eccleſiam, aut aliter in eadem ſervienti-
bus miniſtrans emolumenta, voluerit aliquos Clericos inſtituere ; & non fortuito eos, ſed probatione ſanctiſſimi
Patriarchæ ſuſcipiat.

NOVELLE LVII.

Ans le premier Chapitre de cette Novelle l'Empereur ordonne, qu'au lieu & place des Clercs qui auroient quitté
leur fonction dans une Egliſe, on en mette d'autres afin que le
ſervice de l'Egliſe ne ſoit point delaiſſé; voulant qu'au cas qu'ils
revinſſent pour y rentrer, ils n'y ſoient pas receus, & que ceux
qui auroient eſté ſubſtituez en leur place, y ſoient conſervez
& maintenus.

La gloſe obſerve ſur ce Chapitre, que cette Conſtitution a
eſté faite principalement contre quelques Egliſes d'Italie, qui
ont toûjours moins de Chanoines qu'il n'eſt porté par les fon-
dations, en ſorte que les Chanoines partagent entr'eux ce qui
ſeroit deû à ceux qui manquent.

Dans le deuxiéme Chapitre, l'Empereur défend aux Fondateurs d'inſtituer des Clercs, mais ſeulement d'en preſenter aux
Collateurs pour eſtre par eux inſtituez : *illud quoque ad honorem*
& cultum ſedis tuæ decernimus, ſi quis ædificans Eccleſiam, aut
etiam aliter expendens in ea miniſtrantibus alimenta, voluerit
aliquos Clericos ſtatuere ; non eſſe ei fiduciam ullam, quos vult
poteſtatem deducere tuæ reverentiæ ad ordinandos eos, ſed exa-
minari à tua ſanctitate, &c.

Le premier Chapitre n'eſt point d'uſage, veu que les Chanoines d'une Egliſe ne peuvent point empeſcher que le nombre

ne foit remply, à moins qu'il n'y eut pas des revenus fuffifans, auquel cas il faut le confentement de l'Evefque pour en faire la reduction.

Touchant le Chapitre 2. qui regarde le droit de Patronage, voyez ce que nous avons dit fur la Novelle 123. chap. 18.

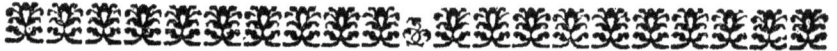

TITRE XIII.

Que l'on ne doit point celebrer les myfteres de noftre Religion dans des maifons particulieres.

NOVELLE LVIII.

L'Empereur dans cette Novelle défend de celebrer les myfteres de la Religion dans des maifons particulieres : c'eft à dire, d'y donner la Communion ; car il permet bien de faire des Oratoires ou Chapelles pour y dire la Meffe, pourveu que ce foit du confentement & avec l'autorité de l'Evefque ; & il impofe cette peine contre les contrevenans, que les maifons foient confifquées au profit de l'Empereur ; & contre les Archevefques ou Evefques qui en ayant eu connoiffance l'auroient fouffert, de privation de leur dignité, & d'amende de cinquante livres d'or.

Par le Droit Canonique il n'eft pas permis de celebrer les myfteres facrez dans des maifons particulieres, fans une grande neceffité, *c. 1. c. 11. ficut. diftinct. 2. de confecr.* & fans l'autorité de l'Evefque, *c. 34. clericos. & c. feq. eod.* Ce qui a efté abrogé par l'Empereur Leon *Novel. 4. & 15.* par lefquelles il a permis à tous Preftres de celebrer la Meffe & de baptifer dans des maifons particulieres, à la requifition de ceux qui les en requereroient : mais en France il n'eft point permis de baptifer hors les Eglifes Paroiffiales, excepté lors que les enfans font en danger de la vie, auquel cas toute perfonne eft capable de luy donner le Sacrement de Baptefme.

Les Archevefques & Evefques donnent permiffion d'avoir des Chapelles dans des maifons particulieres pour y dire la Meffe, & pour communier : mais cela ne s'accorde pas facilement.

PARAPHRASE

PARAPHRASE
DE JULIEN.

CONSTITUTIO LII.

CXCIV. Si quis in domo sua Oratorium habuerit.

SI quis in domo sua Oratorium habuerit , non audeat in eo sacram facere Missam, nisi Clericos Catholicæ fidei habuerit deputatos ex jussione religiosissimi Episcopi (illius) civitatis , vel beatissimi Patriarchæ. Si quis autem adversus ea fecerit : domus ejus fisci juribus vindicetur : & sit sub indignatione Principis : & si Præfectus prætorio postquam hoc cognoverit , non prohibuerit, quinquaginta librarum auri multâ plectetur, & apparitor ejus simili pœnæ subijciatur. Nulla autem invidia est unumquemque Christianum in propriis ædibus oratoria habere , & in his orare , & psallere sine clericis, sed sacram Missam non faciat. Dat. III. Non. Nov. Const. Imp. Dn. Just. PP. A. ann. II. Post. Bilis. V. C. Conss.

TITRE XIV·
Des frais pour les funerailles.

De debita impensa in exequiis funerum.

NOVELLE LIX·

L'Empereur par sa Novelle 43. avoit confirmé les immunitez accordées par les Empereurs Constantin le Grand & Anastase , à onze cens boutiques de la grande Eglise de Constantinople , pour faire tous les frais des funerailles , sans qu'il en coûtaſt rien aux particuliers ; & par cette Conſtitution 59. il dit, que Conſtantin avoit donné à l'Egliſe de Conſtantinople neuf cens cinquante boutiques exemptes de toutes impoſitions, qu'-Anaſtaſe y en avoit ajoûté cent cinquante, & de plus le revenu de cent autres, afin que les ſepultures ſe fiſſent gratuitement; que neantmoins il avoit receu des plaintes frequentes, qu'on exigeoit avec des duretez incroyables, meſme des pauvres, de l'argent pour les inhumations ; *nec ſine mercede fieri defunĉto-*rum exequias , ſed exigi amarè, &c. etiam invitas exigunt lugen-tes , & cogunt dare non habentes.* Pour apporter remede à cét abus, il ordonne que les œconomes de la grande Egliſe pren-dront le ſoin des terres deſtinées pour les frais des ſepultures, & de trois cens boutiques, afin qu'ils donnent les ſommes taxées aux Doyens, aux Religieuſes, aux Chanoineſſes, & aux Aco-lytes qui ſeront aux funerailles ; voulant que ſi ces œconomes manquent à faire ces diſtributions en argent aux Officiers des funerailles, le Patriarche leur oſte les fonds qu'ils ont pour cét effet, afin qu'on n'exige rien pour les funerailles. Il regle le nombre de ceux qui doivent ſervir & accompagner gratuite-ment les funerailles, afin que ceux qui en deſireront un plus grand nombre, fourniſſent l'argent qui ſera neceſſaire pour les faire.

Cette Conſtitution eſtoit particuliere pour la ville de Con-ſtantinople, dans laquelle les liberalitez des Empereurs avoient rendu les ſepultures gratuites, mais ailleurs les frais s'en fai-ſoient aux dépens des heritiers, comme il s'obſerve encore à preſent par tout : Mais l'avarice des Eccleſiaſtiques a fait mon-ter les frais des ſepultures ſi haut, que ce ſeroit un abus à re-former ; mais il ne le ſera pas pour en parler, quelques regle-mens qui ayent eſté faits pour ce ſujet, ils ont eſté inutiles, & on ne laiſſe pas d'exiger des droits exorbitans, principalement dans cette ville de Paris, pour les frais des funerailles.

PARAPHRASE
DE JULIEN.

CONSTITUTIO LIII.

CXCV. De impensis in funera mortuorum faciendis.

H*ÆC Constitutio loquitur de impensis, quæ in funeribus mortuorum fiunt, & ante omnia mille centum ergasteria in Constantinopolitana civitate immunitatem habere. Iussit ut funera ducant, sed ei reditum funeribus destinatum à divæ memoriæ Anastasio Imperatore confirmavit & funeribus deputavit, & dedit singulis cadaveribus sive singulis lectis mortuorum unum asceterium, id est, octo sanctimoniales psallentes & tres acolythos, ut neque sanctimoniales, neque acolythi omnino aliquid accipiant ab his qui funera mortuorum desiderant; sed gratis eum deducant. Sin autem cognati, amici defuncti alterum unum asceterium vel etiam duo adhiberi velint, necesse est eos aliquid præstare, non tamen immodicum, sed hujus legis definitione moderatum. Nam si quod intra novos muros cadaver deponatur, tremissem asceteriis præstari æquum est, & acolythis post tres illos qui gratis ministerium faciunt : si alii tres adhibiti fuerint, siliquas tres dari oportet. Sin autem sex Acolythi sint, & siliquas sex accipiant, & deinceps ita fiant. Sin autem longinquius spatium sit, & decani qui lectulo ministerium faciunt, plures sint, modicum aliquid & ipsis præstabitur & si Justinianas vel sicas non transierint intra novos muros videatur esse. Sin autem trans novos muros videatur esse, vel in alio transmarino loco cadaver ponetur, tunc sanctimoniales quidem quæ post unum asceterium quatuor siliquas. Unum autem asceterium quod ex necessitate ante, cadaver psallit, & acolythi ejus nihil omnino accipiant, sed faciant ministerium gratis. Sin autem aliquis velit unum ex lectis accipere ad honorem defuncti, vel si inauratum*

H ij

lectum adhibuerit , tunc tantum præstet asceteriis & Decanis quantum pepigerit ; ita tamen ut duodecim aureorum quantitatem non excedat. Dat. xv. *Kal. Sept. CP. post Bilis. V. C. Consf.*

TITRE XV.

Vt de-
funcli seu
funera
corum
non in-
jurientur
à credi-
toribus;
&ut con-
siliarii
non sus-
cipiant
cognitio-
nes abs-
que judi-
cibus,

Deffenses aux creanciers de faire injure aux funerailles de leur debiteur.

NOVELLE LX.

CEtte Novelle contient une Preface & deux Chapitres. Le deuxiéme Chapitre décide , que les Assesseurs ne doivent point prendre la connoissance d'aucuns differends & les juger sans les Magistrats ausquels ils servent d'Assesseurs. Ce Chapitre est inutile , c'est pourquoy nous nous arresterons seulement à l'explication du premier , dans lequel l'Empereur défend aux creanciers de faire injure à leur debiteur en mourant, ou à ses funerailles aprés sa mort.

Dans la Preface il expose le fait qui luy a donné lieu de faire cette Constitution : Un particulier sçachant que son debiteur estoit prest de mourir, entre dans sa maison avec des soldats & des esclaves , lesquels se jettent sur ce pauvre moribond , & le font expirer par violence. Le creancier appose luy-mesme de sa propre autorité son cachet sur ses effets , sans estre assisté d'aucun Officier & sans aucune permission , proferant contre luy mille injures , declarant qu'il empescheroit qu'on luy fist des funerailles, & qu'on le fist exposer hors la maison , à moins qu'il ne fût payé de ce qui luy estoit deû ; & enfin on fut obligé de luy donner une caution , à l'effet de souffrir que le défunt fût inhumé : Ce que l'Empereur dit luy avoir donné sujet de défendre aux creanciers d'entrer dans la maison de leurs debiteurs estans encore vivans , ou aprés leur mort , pour les vexer & molester , leurs femmes , leurs enfans , & leurs familles , ou d'apposer leurs sceaux & cachets sur leurs effets , sans estre assistez d'un Officier.

Ces défenses font faites fur peine d'eftre par les creanciers qui y auroient contrevenu, décheus de leur deu, & d'eftre condamnez à payer aux heritiers du défunt, autant qu'il fe trouveroit leur eftre deu; de fouffrir la confifcation du tiers de leurs biens, & d'eftre noté d'infamie: *Qui enim hominis naturam non erubuit, dignus eft & pecuniis & gloriâ & aliis omnibus condemnari,* dit l'Empereur.

Que fi les creanciers empefchent les funerailles de leur debiteur, il veut qu'ils foient fujets aux mefmes peines; & il ordonne que comme cette injure eft commune à tous les hommes, cette Conftitution qui la defend, foit generalement obfervée par tout fon Empire.

De ce Chapitre a efté tirée l'Authentique *Item qui domum.* C. *de fepul. viol.*

AUTHENTIQUE *Item qui domum.* C. *de fepul. viol.*

Item qui domum moribundi accedit, ipfum aliofve qui ejus funt moleftant, aut in rebus ejus non fervato legali officio fignacula imponit, ab actione poft mortem illius cadat, & alterum tantumdem exigatur ab hæredibus injuriati: publicandâ tertiâ parte bonorum, ipfoque infamiâ notato: Eifdem pœnis fubjaceat qui eo moriente circa funus peccat cùm prohibeat exequias.

Les peines portées par cette Authentique, ne font point du fage en France.

PARAPHRASE
DE JULIEN.

CONSTITUTIO LIV.

De creditoribus, qui morientibus debitoribus fuis imminent.

Sl quis debitorem fuum ægrotantem & periclitantem moleftare voluerit pro debito fuo, non liceat ei hoc facere, cùm neque

H iij

uxori ejus, neque liberis aliquam inquietudinem inferre permit-
titur : neque signa ædibus ejus imponere : nisi post mortem ejus
debitoribus lite consistente judicialis calculus prolatus fuerit, &
legitima ordinatio secuta sit : sed neque mortuo debitore dedu-
ctionem ejus & funus impediat : Si enim tale aliquid perpetrave-
rit ; suis actionibus cadat, sive justam habeat intentionem sive
non. Et non solùm debitam sibi quantitatem amittat : sed etiam
aliud tantum hæredibus ejus pro injuria defuncti præstare com-
pellatur, & non sufficiunt istæ pænæ : cùm ac tertia pars bono-
rum ejus publicetur, & ipse infamiâ notetur. Hæc autem omnia
in Constantinopolitana civitate curâ & diligentiâ custodiantur
tam præfecti urbis, quàm præfecti prætorio. Magistri quoque of-
ficiorum in his vigilare debent, & apparitores eorum : in provin-
ciis autem præsides ea observabunt, & alii Magistratus, sive ci-
viles sint, sive militares : quòd si ea neglexerint, Magistratus qui-
dem imperialis urbis cum suis apparitoribus viginti librarum auri
pænâ multentur : Provinciarum autem Magistratus quinque libra-
rum auri pænæ nomine dare cogantur.

CXCVII. Ut Magistratus Constantinopolitanæ civitatis
causas in conventionibus certis audiant, & sententiam
dicant.

Si quis ex Magistratibus Constantinopolitanæ civitatis cau-
sam audiërit, non audeat post litis contestationem ex toto eam de-
relinquere ; nec consiliarii ejus sententiam definitivam per semet-
ipsos proferre, sed litis quidem contestatio modis omnibus apud ip-
sos Magistratus fiat & ultima cognitio fiat, postquam alias alle-
gationes litigatores adserere nolint, sententia quoque definitiva
ab ipsis Magistratibus proferetur, sive majores sint sive minores
præsentibus etiam consiliariis eorum : sed & appellationes ipsi sus-
cipiant, & inter eos qui ex provocatione litigant, certamina com-
pescant, quòd si vel Magistratus vel consiliarii eorum contra præ-
sentis constitutionis statuta quippiam sibi præsumpserint : Magi-
stratus quidem viginti librarum auri pænâ multentur : consilia-
rii autem, si quidem advocati fuerint, advocatorum ordine ca-
dant : sin autem inter advocatos nunc sint, sed fortè cingulo deco-
rati, honorem suum amittant, & decem librarum auri multâ
plectantur easque omnes pænas Comes rerum privatarum exigat.
Qui si neglexerit, sciat publicas rationes de sua substantia se re-

pleturum. Hæc autem dicimus de Magistratibus Imperialis urbis qui diversis occupationibus fatigati totas cognitiones litigatorum suscipere non possunt ; sed solam litis contestationem & ultimam cognitionem audire coguntur ; & sententiam definitivam dicere, & appellationem suscipere & procurationum cognitiones discernere : alii autem judices qui Magistratus Constantinopolitanæ civitatis non sunt, sed ab Imperatoris jussione destinati, sive in principali civitate sive in provinciis cum consiliariis suis omnes litigatorum partes audiunt : alioquin & dignitates suas amittant & viginti libras auri pœnæ nomine solvant : consiliarii autem eorum, si quid adversus constitutionis hujus præcepta fecerint : & à civitate, in qua non servaverunt istam Constitutionem, expellantur in exilium, & sint infamiâ inusti. Dat. Kal. Dec. Const. Imp. PP. Aug. ann. xj. post Bilis. V. C. Cons. ann. 11.

TITRE XVI.

Les immeubles donnez par le mary à la femme par donation à cause de nopces, ne peuvent estre par luy alienez ny hypothequez, mesme du consentement de sa femme, ce qui a lieu pareillement pour les immeubles donnez en dot.

NOVELLE LXI.

Causam miserandam.

Ut immobilia antenuptialis donationis, neque hypothecæ détur, neque omnino alienentur à viro, nec consentiente uxore : nisi posted satisfieri possit uxori. Hæc verò et si in dote valere.

SOMMAIRE.

1   L'Empereur dit dans le commencement de cette Novelle qu'une affaire qui s'eft prefentée pardevant luy, luy a fait connoiftre un fujet digne de commiferation, & qui doit eftre reformé, & qui luy a donné lieu de faire la prefente Ordonnance, par laquelle il ordonne que fi quelqu'un a fait à fa femme une donation à caufe de nopces, confiftant en immeuble, ou un autre pour luy, comme un de fes afcendans, ou un parent collateral, ou mefme un étranger; il ne pourra ny obliger ny aliener la chofe en laquelle cette donation confiftera, parce que ce qui eft obligé en vertu d'un contrat de mariage ne fouffre point l'alienation, autrement la femme furvivant fon mary ne pourroit pas facilement joüir du gain de la donation *propter nuptias,* ftipulé en cas de furvivre le mary, n'ayant aucuns biens au temps de fa mort pour les avoir tous alienez ou obligez auparavant, peut-eftre à des perfonnes puiffantes, en forte qu'il ne luy feroit pas facile de les revendiquer, ou mefme peut-eftre impoffible, & qu'elle feroit obligée pour cet effet de s'engager dans des procés dont l'évenement pourroit eftre incertain, en quoy elle merite le fecours des Loix: *Quod femel vinculis fponfalitiæ largitatis obligatum eft, non erit conveniens alienari; ut mulier forfan in lucro quod ei confert antenuptialis donatio, difficultatem patiatur, non inveniens rem in viri fubftantia, cùm fit alienata aliis aut fuppofita, ut potentibus fortè perfonis; quatenus illi propter hujufmodi caufas, aut fit omnibus modis inhabilis vindicatio,*

aut

aut difficilis , & litibus egeat dum ex hoc ipso fit adjuvanda. 2

Et pour donner à la femme une entiere seureté pour la donation à cause de nopces au cas qu'elle ait lieu, il ordonne que
les ventes & les hypoteques contractées sur les choses données
à cause de nopces feront nulles & de nul effet, comme si veritablement elles n'avoient point esté contractées.

En second lieu *verf. non enim videntur*, il dit que quelques 3
Juges ont accordé avec raison l'action réelle à la femme aprés la
dissolution du mariage par le divorce pour la repetition des choses données à cause de nopces; qu'il y en a eu d'autres neanmoins qui n'ont pas approuvé cette maniere de pourvoir à l'interest de la femme, comme n'estant inventée que par une subtilité
inutile, sans l'autorité d'aucune Loy: car les biens donnez par le
mary à sa femme à cause de nopces ne deviennent pas propres à
la femme, ils demeurent toûjours dans le domaine du mary, la
raison est selon Cujas, parce que *non donantur statim , sed assi-*
gnantur & conscribuntur in causam donationis , c'est pourquoy
le mary semble les pouvoir aliener pendant le mariage, sans que
la femme puisse quand la donation aura lieu, se servir de l'action
réelle, qui ne peut estre intentée que par celuy qui est le proprietaire d'une chose, *tot. tit. ff. & Cod. de rei vindicat.*

Plusieurs, dit l'Empereur, inventent toutes sortes de moyens 4
& d'artifices, en constituant à leur profit des hypoteques sur les
biens du mary, & y faisant consentir la femme, ils la font déchoir
du droit qu'elle avoit sur les choses données ; mais par cette
Ordonnance, l'Empereur ordonne que le consentement presté
par la femme, pour l'hypoteque, ou la vente, ou autre alienation des immeubles donnez à cause de nopces ne produira aucun effet contre la femme ; voulant que comme il a ordonné
pour les intercessions des femmes en la Loy *si mulier.* 26. C. *ad*
SC. Velleian. l'intercession ou l'intervention d'une femme fût
valable, & eût son execution au cas qu'elle l'eût derechef approuvée deux ans aprés l'avoir faite en majorité, pareillement
le consentement presté par une femme pour l'alienation ou l'o-
bligation des choses qui luy auroient esté données à cause de nopces, approuvé par elle une seconde fois deux ans aprés l'avoir
donné en majorité, soit valable.

La raison qu'il en rend, est que *plura ex primo mox auditu* 5
delinquuntur ; muliere quippe mariti seductionibus facilè deceptâ,
& propria negligente jura , cùm verò in plurimo tempore cogita-

Tome II. I

verit pro negotio, fiet forsan cautior. C'est pourquoy le mesme Empereur dit dans la Loy *si mulier , sin autem post biennium hæc fecerit , sibi imputet, si quod sæpius cogitare poterat & evitare non fecit , sed ultrò firmavit.*

En troisiéme lieu il dit *vers. verumtamen neque hoc.* que la femme ne perd point le droit qu'elle avoit sur les choses données à cause de nopces contre les tiers detempteurs, ayant donné son consentement à l'alienation qui en auroit esté faite, & l'ayant reïteré & approuvé deux ans après, qu'au cas qu'il y ait d'autres biens appartenant à son mary, sur lesquels elle peut estre satisfaite des choses qui luy ont esté données à cause de nopces, qui ont esté alienées ou obligées à des creanciers de son mary, sans qu'elle y ait donné son consentement.

Mais si au contraire il ne restoit aucuns biens, sur lesquels elle pût se pourvoir pour la donation *propter nuptias*, le consentement qu'elle auroit donné pour l'alienation des biens sujets à cette donation, quoy que reiterée & approuvée par elle plusieurs fois, seroit inutile, tel consentement devant passer pour une intercession, laquelle par consequent ne pourroit autrement prejudicier aux droits de la femme, ce gain nuptial luy estant conservé avec toute seureté, à moins que le mary ne luy eut laissé quelque chose par derniere volonté qui pût égaler la valeur des choses données à cause de nopces.

6   En quatriéme lieu *vers. & hæc dicimus.* il dit que cette exception n'est pas faite seulement pour l'interest des femmes, mais qu'elle concerne encore plus celuy des hommes, parce qu'il arrive souvent que les choses données à cause de nopces doivent estre reservées à leurs enfans, & que par le moyen de cette Ordonnance elles demeurent dans les biens du mary, & font partie de sa succession au temps de sa mort.

7   En cinquiéme lieu *vers. & multo potius.* il ordonne que cette Ordonnance aura lieu à l'égard de la dot, au cas que le mary en ait aliené ou obligé quelque chose, quoy que la femme ait consenty à l'alienation ou à l'obligation d'icelle ; ce qui souffre bien moins de difficulté pour la dot que pour la donation à cause de nopces, parce que quoy que la dot soit reputée des biens du mary, toutefois la femme en conserve la proprieté, *l. quamvis. ff. de jur. dot. l. si in rebus. C. eod. l. Lucius. §. idem respondit. ff. ad Municipal.* c'est pourquoy la femme peut revendiquer les biens qu'elle a donnez en dot au cas qu'ils soient

alienez mefme de fon confentement : telle alienation eſtant nulle & fans effet, *l.* 1. §. *& cùm lex. C. de rei uxor. act.*

Mais on demande ſi l'exception établie à l'égard de la donation *propter nuptias* a lieu auſſi pour la dot, de ſorte que ſi la femme a confenti à l'alienation de ſa dot, & que deux ans après elle ait confirmé ce confentement, cette alienation ſoit valable au cas qu'elle puiſſe avoir un recours ſuffiſant pour ſon indemnité ſur les biens de ſon mary ? 8

C'eſt le ſentiment de Julien & de Cujas, contre celuy de Jean ancien Interprete, qui veut que l'alienation de la dot en ce cas ſoit entierement inutile.

Ce qui autoriſe l'opinion de Cujas, eſt qu'après avoir expoſé ce qui regarde l'alienation & l'obligation des choſes données à cauſe de nopces ; il eſt porté que ce qui en a eſté dit, doit à plus forte raiſon eſtre obſervé à l'égard de la dot. Si l'Empereur avoit voulu mettre en ce cas quelque difference entre la dot & la donation à cauſe de nopces, il en auroit fait mention. 9

On peut dire au contraire pour l'opinion de Jean que je vois mieux fondée, que l'Empereur n'a comparé l'alienation de la dot à celle de la donation *propter nuptias*, qu'à l'égard de la nullité d'icelle, & non pas pour ce qui eſt de ſa validité, ce qui ſe peut remarquer par ce que l'Empereur dit en parlant de la dot, *& multò potiùs* ; il n'auroit pas dit qu'avec plus de raiſon ce qui eſt dit de l'alienation de la donation *propter nuptias*, doit eſtre gardé pour l'alienation de la dot ; car il a ſeulement voulu faire connoiſtre, que quoy que la femme confente à l'alienation de ſa dot, & qu'elle reitere & approuve pluſieurs fois cette alienation, elle doit eſtre ſans effet, parce que le privilege de la dot eſt plus fort que celuy de la donation *propter nuptias*, en ce que la dot appartient à la femme, & ſi elle la perdoit, elle perdroit un bien qui luy eſt acquis, & qui ne vient pas de la liberalité de ſon mary, & il eſt de l'intereſt public que la dot ſoit conſervée aux femmes, *l.* 21. *ff. de jure dot.* Mais la donation à cauſe de nopces n'appartient à la femme que quand elle a lieu, pouvant arriver qu'elle ne l'aura jamais, comme ſi elle meurt avant ſon mary, ou qu'elle la perde entierement, comme ſi elle ſe remarie avant l'an du dueil, ou qu'elle n'en ait que la jouïſſance, la proprieté en appartenant à ſes enfans, comme au cas qu'le ſe remarie. 10

On ajoufte qu'à la fin de cette Novelle, l'Empereur dit qu'il conferve tous les privileges accordez à la dot, laquelle eft privilegiée, mais la donation *propter nuptias* ne l'eft pas, *l.* 2. §. 2. *ff. qui potior.* §. *fuerat. Inftit. de actio.* & par confequent le privilege de ne pouvoir eftre valablement alienée, quoy que du confentement de la femme, réiteré & confirmé par elle plufieurs fois, luy eft conferve, conformément aux *Inftit. in princ. quib. alien. lic. vel non.*

II. En fixiéme lieu *verf. fed neque ipfos.* il dit qu'il n'a pas oublié ce qui regarde ceux qui contractent avec les maris; car s'il ordonne que les obligations qu'ils contracteront fur les biens dotaux & fur ceux qui font donnez *propter nuptias*, feront nulles & fans effet à l'égard des femmes, il veut que telles obligations ayent lieu fur les autres biens des maris à raifon de l'alienation qu'ils auroient faite de la dot ou des chofes données à caufe de nopces, ou de l'hypoteque qu'ils auroient conftituée fur icelles, voulant que ce droit nouveau établi en faveur des femmes pour la confervation des immeubles donnez à caufe de nopces, foit obfervé; & que ceux qui ont contracté avec le mary ayent le mefme droit en vertu des contrats qu'ils auroient paffé avec luy, fur fes autres biens, qu'il auroit conftitué fur ceux qu'il ne pouvoit obliger; comme par exemple fi le mary a obligé les chofes fujettes à la donation *propter nuptias*, pour la fomme de dix mille livres, parce que cette hypoteque ne peut pas avoir lieu fur les chofes données, elle foit conftituée par la difpofition de cette Ordonnance, quoy que les parties n'en ayent fait aucune mention, fur les autres biens du mary pour la feureté de cette fomme; de forte que cette hypoteque fur les autres biens du mary doit eftre du jour qu'elle a efté conftituée fur les biens dotaux de la femme, ou fur les chofes données à caufe de nopces, autrement ceux qui contracteroient avec le mary, & qui conftitueroient hypoteque fur les chofes par luy données, ignorant la donation à caufe de nopces qui en auroit efté faite par luy à fa femme, recevroient un grand prejudice, s'ils n'avoient aucune hypoteque fur les autres biens du mary pour ne l'avoir pas ftipulée, dautant que les creanciers du mary pofterieurs à leurs contrats leur feroient preferez fur les biens qui ne leur auroient pas efté hypotequez; mais l'Empereur a crû qu'il eftoit tres-jufte de leur accorder cette hypoteque, & c'eft en quoy il dit n'avoir pas entierement negligé les interefts de ceux qui contractent avec les maris des biens dotaux & des chofes fujettes à la donation à caufe de nopces.

En feptiéme lieu, *verf. omnibus privilegiis.* il declare dans lafin 12 de cette Novelle, qu'il conferve à la dot tous les privileges qu'il luy a accordez, quand la femme en pourfuit la repetition ; voulant que tous ces privileges ceffent quand un autre que la femme la pourfuit, n'y ayant aucune Loy qui les accorde à d'autres qu'à la femme, de forte qu'ils ne paffent point à fes heritiers.

Ces privileges font fuivant la Loy *affiduis.* 12. *C. qui potiores.* 13 §. *fuerat. Inftit. de actio. & l. un. C. de rei uxor. actio.* laquelle eft de l'Empereur Juftinian, que la femme repetant fa dot eft preferée à tous les creanciers de fon mary, quoy que fondez fur une hypoteque plus ancienne que la fienne ; mais ce privilege eft perfonnel, & il ne paffe pas à fon heritier, felon la difpofition de la Loy 1. au Code *de privil. dot.* en ces termes : *Scire debet privilegium dotis , quo mulieres utuntur in actione de dote , ad heredem non tranfire.* Mais cette Loy ne fe doit entendre que de l'heritier eftranger, & non pas des enfans, fuivant la Loy *in affiduis.* §. *exceptis.* & la Novelle 91. *ut exactione inftante dotis.*

Ces termes *non quaflibet* fignifient *non aliquas , fed omnes,* parce que *quilibet* fe prend quelquefois pour *aliquis,* ainfi *non aliquis,* c'eft à dire *omnis.*

Delinquuntur , ce terme en ce lieu fe prend pour *fiunt in præjudicium ,* & c'eft une façon de parler impropre.

De cette Novelle a efté tirée l'Authentique *five à me , five ab alio.* mife aprés la Loy *jubemus.* 21. *C. ad SC. Velleian.* qui permet aux femmes de renoncer aux droits d'hypotheque qui leur appartiennent.

A U T H E N T I Q U E *Sive à me. C. ad SC. Velleïan.*   14

Sive à me , five ab alio pro me fiat donatio propter nuptias, quod ea ex caufa eft immobile , neque alienare valeo , neque obligare. In hoc ergo contractu mulieris confenfus nihil profuit quominus demus mulieri in rem actionem in fponfalitia largitate foluto matrimonio ; nifi & fecundo poft biennium profiteatur , & aliæ res viro fint , ex quibus ei confuli poffit. Abfque his enim neque fi frequenter confentiat , lædetur ; vir tamen obligabitur in aliis rebus fuis hujus obligationis feu alienationis occafione,

I iij

quæ quantum ad mulierem pro non dicta , & pro non scripta habetur.

Et multo magis idem in dotibus locum habet , ut non aliquid immobile pro ea alienetur vel obligetur ; omnibus tamen privilegiis doti datis in sua firmitate durantibus ; sive agat mulier, sive nomine ejus alius.

L'Authentique *permissa.* mise aprés la Loy *cùm multæ.* 20. C. *de donation. ante nuptias.* a aussi esté tirée de cette Novelle.

AUTHENTIQUE *Permissa.C. de donatio. ante nupt.*

Permissa est & in rem actio pro tali donatione mulieri adversus omnes possessores.

15　La donation à cause de nopces est ce que nous appellons dans nostre Droit coûtumier le doüaire , & l'augment de dot dans le Païs coûtumier : la femme a hypoteque pour le doüaire, soit coûtumier ou prefix , au cas qu'il y ait un Contrat de mariage, du jour du Contrat; elle n'en a que l'usufruit sa vie durant du jour du deceds de son mary, & la proprieté en appartient à ses enfans, suivant l'article 249. de la Coustume de Paris , de sorte que les peres & meres desdits enfans dés l'instant de leur mariage, ne le peuvent vendre , engager , ny hypotequer au préjudice de leurs enfans, suivant le mesme article ; & en cas d'alienation , la femme & les enfans peuvent aprés le deceds du défunt, évincer les acquereurs & detempteurs, au cas que les biens delaissez par le mary ne soient pas suffisans pour fournir le doüaire à la femme, & que les dettes des creanciers qui ont fait vendre les biens sujets au doüaire , soient posterieurs au Contrat de mariage, & que la femme ne s'y soit pas obligée.

A l'égard des enfans , ils ne peuvent demander le doüaire qu'en renonçant à la succession de leur pere , suivant l'art. 251. de la mesme Coustume.

L'augment de dot se regle dans le Païs de Droit presque de la mesme maniere que le doüaire en Païs coûtumier ; il est acquis à la femme du jour de son Contrat de mariage ; il est la moitié , ou le tiers, selon les lieux , de ce qui a esté apporté en dot par la femme.

Cependant il y a une grande difference entre l'un & l'au're, en ce qu'en Païs coûtumier la femme peut valablement s'obliger avec l'autorité de son mary, de sorte que si les biens de son mary ne sont pas suffisans pour payer les dettes, non seulement la femme perd sa dot, mais aussi elle est privée de son doüaire. Mais en Païs de Droit écrit, la femme ne peut point valablement préjudicier à sa dot, ny à l'augment de dot, par quelque obligation, ou consent ment que ce soit ; le sentiment des Docteurs estant, que l'augment de dot estant mis & subrogé au lieu de la donation *propter nuptias*, il ne peut point estre alien é au préjudice de la femme, suivant cette Authentique.

PARAPHRASE

DE JULIEN.

CONSTITUTIO LV.

CXCVIII. De jure propter nuptias donationem.

SI quis donationem propter nuptias mulieri conscripserit sive pro te, sive pro alio, sive pater pro filio suo, sive mater, sive cognatus pro cognato, aut quivis alius extraneus pro alio donationem propter nuptias conscripserit, in qua etiam res immobiles sint : non liceat marito aliquam rem de rebus immobilibus alienare, vel hypothecæ titulo obligare : nec si consenserit in alienatione vel hypotheca mulier. Sed si quid contra hanc legem factum scriptumve fuerit : hoc pro infecto sit, & pro non scripto habeatur nisi fortè observatio illa custodiatur, quæ de intercessionibus fœminarum in quarto Codicis libro posita est titulo ad Senatusconsultum Velleïanum, id est, ut post primum contentum transacto biennio illud instrumentum à muliere conscribatur, in quo se fateatur priorem suum consensum comprobare : alioquin prior consensus nullius momenti sit, immò etiam si secundus consensus priorem voluntatem post biennium confirmaverit : non omnimodò valebit : sed ita demum, si ex aliis mariti facultatibus sa-

*tis eidem muliéri fieri possit in donatione propter nuptias ; alioquin
nec secundus nec tertius consensus lædere mulierem poterit.*

*Hæc autem dicimus non solùm in donatione propter nuptias,
sed etiam in dote, si quas res dotales alienare vel obligare maritus voluerit. Emptores autem vel creditores, quibus res alienatæ
vel obligatæ sunt, nullam injuriam patiantur. Nam etsi, quod
ad mulieres pertinet, actionibus careant suis, attamen aliæ mariti facultates, & ipsi mariti necessario ejus permanent obligati.
Hæc autem Constitutio prærogativis dotium nullum præjudicium
facit, nam prærogativas datas integras inesse dotibus constitutio
jubet. Ita tamen si de dotibus actiones mulieres moveant, aliis
enim personis privilegium in actione dotis (vel antenuptias donationis) nec anteà datum est, nec modo datur: hæc autem constitutio non in præteritis, sed in futuris casibus valeat. Dat. Kal.
Decemb. CP. Imp. Justin. PP. A. ann. xi. post Bilis. V. C. Cons.*

    Les Novelles suivantes jusqu'à la Novelle 66. sont locales, &
inutiles en France.

<hr />

TITRE XXI.

Ut factæ
novæ
Constitu-
tiones
post insi-
nuatio-
nes earū,
post duos
menses
valeant.
Parcit
autem nő
custodié-
ribus sub-
tilitatem
Constitu-
tionum
super tes-
tamentis
in relin-
quendo
quadran-
te, aut
non sub-
scribēdo
nomen
heredis,
aut non
dicendo,

*Que les nouvelles Ordonnances doivent estre observées deux mois
aprés leur publication & insinuation : & que les testamens ne
doivent pas estre infirmez, parce que les testateurs n'auroient
laissé que le quart de la portion legitime à leurs enfans, ou
parce qu'ils n'auroient pas souscrit de leur main le nom de l'heritier institué.*

NOVELLE LXVI.

CEtte Novelle a esté faite en consequence de deux Constitutions de l'Empereur Justinien, dont l'une est la Novelle
18. qui a augmenté la legitime des enfans, qui n'estoit que le
quart de leur portion hereditaire, au tiers ou à la moitié, selon le nombre des enfans : l'autre est la Loy *jubemus. C. de
testib.* par laquelle il ordonne, que dans les testamens écrits le
testateur écrive de sa main le nom de l'heritier ; & qu'au cas du
testament noncupatif il soit écrit par les témoins, & qu'ils sous-
crivent

crivent le teſtament, ſur peine de nullité.

Quelque temps aprés que ces deux Conſtitutions eurent eſté faites, il ſe preſenta une conteſtation à l'occaſion d'un teſtament, dans lequel on ne les avoit point obſervées ; ce qui a donné lieu à l'Empereur d'ordonner par cette Novelle, que ces deux Conſtitutions ſeroient gardées & obſervées dans deux mois, à compter du jour qu'elles ont eſté propoſées & inſinuées, tant pour la ville de Conſtantinople, que pour toutes les autres Villes ; ce qu'il ordonne pour toutes les autres Conſtitutions & Ordonnances.

Voyez la Novelle 119. par laquelle l'Empereur a abrogé cette ſolemnité d'écrire par le teſtateur le nom de l'heritier, ou de le declarer en preſence des témoins.

Par l'article 4. du titre premier de l'Ordonnance du mois d'Avril 1667. il eſt porté, que les Ordonnances, Edits, Declarations, & Lettres Patentes qui auront eſté publiées en la preſence de ſa Majeſté, ou par ſon mandement exprés, porté par perſonnes commiſes par le Roy pour cét effet, ſeront gardées & obſervées du jour de la publication qui en ſera faite.

L'article 5. porte : *Et à l'égard des Ordonnances, Edits, Declarations & Lettres Patentes que nous pourrons envoyer en nos Cours pour y eſtre regiſtrées, ſeront tenuës de nous repreſenter ce qu'elles jugeront à propos, dans huitaine aprés la deliberation pour les Compagnies qui ſe trouveront dans les lieux de noſtre ſejour, & dans ſix ſemaines pour les autres qui en ſeront plus éloignées, aprés lequel temps elles ſeront tenuës pour publiées, & en conſequence ſeront gardées, obſervées & envoyées par nos Procureurs Generaux, aux Bailliages, Senéchauſſées, Elections, & autres Sieges de leur reſſort, pour y eſtre pareillement gardées & obſervées.*

PARAPHRASE
DE JULIEN.

CONSTITUTIO LX.

CCIV. De legibus quas noster Imperator de ordinatione
testamentorum posuit.

HÆC Constitutio jubet leges de ordinandis testamentis à
nostro Imperatore scriptos post duos menses ab intimatione
earum numerandos tenere : commemoravit autem etiam de refor-
matione falcidiæ , id est , de ea constitutione , quæ pro quadrante
trientem vel semissem paternæ substantiæ sive maternæ filiis datæ.
Duos autem menses ita dinumerat , ut in Constantinopolitana ci-
vitate & suo tempore procedant ex quo proposita est constitutio,
in Provinciis autem , postquàm intimata est : ut post intimatio-
nem ejus , duorum mensium spatium expectetur , posteàque secun-
dùm , quà in eadem constitutione continentur , testamenta ordi-
nari oportet. Quod si intra duos menses secundum veteres leges
contra constitutionem Imperatoris nostri aliquid testati fuerint,
testamenta eorum robur plenissimum habeant. Dat. Kal. Ma. CP.
Imp. Justin. PP. A. ann. XI. Joanne V. C. Consf.

Ut nullus
fabricet
Oratorii
domos
præter
volunta-
té Epif-
copi. Et
ut depu-
aet prius
quæ cir-
ca dili-
gentiam
& ftatum
fabricati
Oratorii
fuffi. iac.
Et ut E-

TITRE XXII.

Qu'il n'est pas permis de construire des Chapelles sans le consen-
tement de l'Evesque ; que c'est à l'Evesque à regler tout ce
qui est necessaire pour cét effet ; que les Evesques doivent resi-
der dans leur Eglise ; & de l'alienation des biens immenbles
des Eglises.

NOVELLE LXVII.

piſcopi
non deá
ſint ſuis
Eccleſiis
Et de aá
lienatio-
ne Eccle-
ſiarû re-
rum im-
mobilioy

SOMMAIRE.

CEtte Novelle contient une Preface & quatre Chapitres ; la Preface & les deux premiers Chapitres concernent la conftruction des Eglifes & des Chapelles : Dans la Preface l'Empereur dit , que plufieurs entreprennent de bâtir des Eglifes, plûtoft par oftentation & pour en acquerir de la reputation, que pour & en confideration de l'Eglife, *plurimi nominis causâ, non ad opus fanctarum Ecclefiarum accedunt ;* que dans l'execution de ce deffein ils ne fondent pas des revenus fuffifans pour les luminaires, pour les alimens des Clercs & des Officiers , & pour tout ce qui eft requis pour la celebration des facrez Myfteres ; que fouvent mefme ils les abandonnent auparavant que de les avoir achevées, en forte qu'il les faut abbatre, ou que faute de revenus fuffifans on n'y pût point faire le fervice.

C'eft pour ces raifons que l'Empereur dans le Chapitre premier , défend à aucune perfonne d'entreprendre de bâtir Monafteres, Eglifes ou Chapelles, auparavant que l'Evefque Diocefain ait fait des prieres dans le lieu où l'Eglife doit eftre bâtie, qu'il y ait planté la Croix , & qu'il y ait fait des Proceffions publiques.

Dans le Chapitre 2. il ordonne que perfonne n'entreprendra de bâtir des Eglifes, que l'Evefque du lieu n'en ait defigné le lieu & l'étenduë, & qu'il n'ait reglé les revenus neceffaires pour l'entretien de l'Eglife & les alimens des Officiers ; *& definiat menfuram , quam deputat , & ad luminaria , & ad facrum mi-*

K ij

nisterium , & ad incorrumpendæ domûs custodiam , & observan-
tium alimenta , & si sufficienter habere videtur , faciat prius
donationem eorum quæ futura sunt deputari ; & ita domus
ædificetur.

Que si celuy qui se presente pour ce dessein , n'a pas des biens
suffisans pour l'accomplir , recherchant par ambition le nom &
la qualité de Fondateur , il peut reparer du consentement de l'E-
vesque les anciennes Eglises qui menacent ruine , sans estre tenu
de constituer de nouveaux revenus , outre ceux qui ont esté
constituez par les anciens Fondateurs ; & par ce moyen il sera
appellé du nom de Fondateur.

3   Nous remarquons par cette Novelle l'empressement que les
Fideles avoient pour bàtir des Eglises , pour acquerir le titre de
Fondateurs : Dans les premiers temps de l'Eglise , les Chrestiens
ne recherchoient d'employer leurs biens pour une action si
meritoire , que par le zele & l'empressement qu'ils avoient à
augmenter l'Eglise ; c'est ce qui nous est marqué par le Canon
12. question premiere , dans Gratian : *& quibus vir Religiosissi-*
mus Constantinus primus fidem veritatis patenter adeptus , licen-
tiam dedit per universum orbem suo degentes imperio , non solùm
fieri Christianos , sed etiam fabricandas Ecclesias , & prædia tri-
buenda constituit. Ab illo enim tempore & deinceps viri Religio-
sissimi non solùm possessiones & prædia quæ possederant , sed &
semetipsos Domino consecrarunt , ædificantes Ecclesias in suis
fundis in honore Sanctorum Martyrum per Civitates & Mo-
nasteria innumera ; denique Reges , Præsides ac Magistratus non
solùm hanc licentiam tribuere , sed etiam ipsi propria bona lar-
giti sunt per universa regna terrarum , unde alerentur egentes ,
qui nihil possidebant in mundo , Ecclesiæque Dei fabricarentur
atque restaurarentur.

4   Mais cette ardeur estant considerablement diminuée au temps
de Justinien , on negligeoit de bàtir des Eglises & de reparer les
anciennes , ou quelques-uns ne l'entreprenoient que par une
vaine gloire , & souvent n'employoient qu'une partie des dé-
penses necessaires : Ce qui a donné lieu à l'Ordonnance contenuë dans ces deux Chapitres.

Il a fallu cependant condescendre à la passion des hommes ,
& non seulement leur permettre de prendre le titre & la qualité de Fondateurs des Eglises qu'ils avoient fait bàtir , mais
aussi leur donner la faculté de nommer des Ecclesiastiques

pour y défervir, comme il a efté marqué cy-deffus.

Il eft incertain dans quel remps le Patronage a efté introduit : quelques anciens Interpretes ont pretendu, que dés qu'on a commencé de bâtir des Eglifes, ce droit a efté accordé aux Fondateurs : D'autres eftiment, qu'il n'a commencé qu'au fixiéme fiecle fous l'Empereur Juftinien, & que cét Empereur en a efté l'auteur.

Quelques-uns veulent qu'il ait efté introduit dés le commencement du cinquiéme fiecle avant cét Empereur. Ce font trois opinions differentes qui ont leurs fondemens & leurs raifons.

La premiere femble confirmée par le Canon *piæ mentis.* 16. *quæft.* 7. dans lequel le Pape Gelafe dit : *nihil fibi fundator ex hac Bafilica noverit vindicandum præter* procefſionis aditum, *qui Chriftianis omnibus in communi debetur.*

Ceux qui font de ce fentiment entendent par ces mots *procefſionis aditum,* la faculté de prefenter aux Benefices : Le fondement de cette interpretation eft qu'en plufieurs endroits ce mot *procefſio* ou *procefſus* fe prend pour la promotion aux Charges & aux Dignitez ; que c'eft ainfi qu'il faut entendre la Loy *nam Imperator.* 4. *ff. de donatio. inter vir & uxor.* où il eft dit, que la femme, nonobftant le Senatufconfulte qui prohibe les donations entre conjoints par mariage, *ad procefſus juri donare poteſt,* c'eft à dire, qu'elle peut donner à fon mary, à l'effet de le faire parvenir à une Charge ou dignité: & c'eft dans ce mefme fens que Seneque *lib.* 1. *de benefic.* dit, *honores & procefſus ad alta trudentium.*

Les termes qui fuivent dans ce Canon, *qui Chriſtianis omnibus in communi debetur,* font connoiftre que cette interpretation n'eft pas jufte, puis qu'il eft certain que le droit de prefenter aux Benefices n'appartient pas en commun à tous les Chreftiens, puis qu'il n'eft accordé qu'à ceux qui ont fondé, bâty ou doté des Eglifes ; de forte que cette faculté de prefenter aux Benefices ne fe peut pas tirer du terme *procefſus,* dont la veritable fignification fe doit prendre des autres écrits du mefme Pape: Nous avons deux autres textes qui font de luy; le premier eft le Canon *præcepta de confecratio. diſtinct.* 1. dans lequel ce mot *procefſus* eft pris pour l'affemblée du peuple dans les Eglifes, *Ecclefia ad cultum procefſionis adducta, id eſt, frequentationes populi,* felon la glofe.

L'autre texte où ce mot fe prend dans la mefme fignification,

K iij

est le Canon *presbyteri. 24. distinct. locus processionis celeberrimus,* *id est conventus,* selon la glose ; de sorte que le sens de ces deux Canons est, qu'aprés la fondation des Eglises il est permis aux Fondateurs d'y assembler le peuple ; ce que les Chrestiens appelloient *in Ecclesiam procedere :* ce qui n'estoit pas permis pour les Oratoires & les Monasteres, dans lesquels ces assemblées generales estoient défenduës, *d. can. præcepta. & can. luminoso.* 15. *quæst.* 2. Ainsi il n'est pas veritable que les Fondateurs des Eglises ayent eu le droit de presenter dés le temps qu'on a commencé d'en bâtir. Mais le nombre des Fideles s'estant augmenté considerablement, leur zele diminua, & la necessité de bâtir des Temples devint plus grande ; ainsi il fallut pour rallumer leur ardeur, introduire des droits & des prerogatives en faveur de ceux qui fondoient, bâtissoient ou dotoient des Eglises.

7   Ceux qui tiennent cette opinion, ajoûtent que les Barons d'Angleterre dans une Lettre qu'ils écrivirent à Gregoire I X. l'an 1239. soûtinrent que leurs predecesseurs avoient joüy du droit de Patronage dés que la Religion Chrestienne avoit esté établie en Angleterre.

Le sentiment de ceux qui estiment que l'Empereur Justinien a esté l'Auteur de ce droit, est fondé sur deux Constitutions de cet Empereur, qui sont la Novelle 57. §. *ult.* & la Novelle 123. *cap.* 18. par lesquelles il paroist avoir donné aux Fondateurs le droit de nommer des Prestres capables & suffisans pour l'administration des Eglises par eux fondées : la Novelle 57. porte : *illud quoque ad honorem & cultum sedis tuæ decernimus, si quis ædificans Ecclesiam, aut etiam aliter expendens in ea Ministrantibus alimenta, voluerit aliquos Clericos statuere.*

La Novelle 123. au Chapitre cité porte: *Si quis Oratorii domum fabricaverit & voluerit in ea Clericos ordinare, aut ipse aut hæredes ; si expensas ipsis Clericis ministrant, & dignos denominant, denominatos ordinari.*

Ceux qui estiment que ce droit a esté introduit avant l'Empereur Justinien, le prouvent par plusieurs autoritez.

La premiere est tirée de l'Epistre 12. de Saint Paulin, qui mourut l'an 431. & de Sidonius Apollinaris qui vivoit l'an 440. *lib.* 2. *Epist.* 10. & *lib.* 4. *Epist.* 18. où l'on voit les Eloges des Fondateurs qui étoient gravez dans les Eglises qu'ils avoient fondées & dotées : d'où on peut tirer cette consequence, que dés ce temps on rendoit de grands honneurs aux Fondateurs.

Ce mefme Saint Auguftin *in Serm.* 37. *ad fratres in eremo,* femble parler de la prefentation aux Benefices lors qu'il dit : *divites rarò, vel nunquam, pauperibus Sacerdotibus præbendas procurant, etfi procurant, non amore Dei procurant, fed ut cum uxore & familia de bonis Ecclefiæ gaudere valeant :* Or les perfonnes puiffantes ne pouvoient point facilement procurer des Prebendes par d'autres voyes que par la nomination.

La deuxiéme eft, que vers l'année 441. fous l'Empire de Theodofe le Jeune, & de Valentinien III. le premier Concile d'Orange *Can.* 10. donne precifement au Fondateur de l'Eglife le droit de prefenter les Clercs pour y defervir, en ces termes : *refervatâ ædificatori Epifcopo hac gratiâ ut quos defiderat, &c.* Il eft parlé dans ce Canon d'un Evefque qui avoit fondé une Eglife hors de fon Diocefe : ce Canon fe trouve confirmé par le fecond Concile d'Arles *Can.* 36. vers l'année 452. qui porte : *hoc folum ædificatori Epifcopo credimus refervandum ;* d'où on pourroit conclure, que le droit de prefentation n'eftoit accordé qu'aux Evefques qui ¿avoient fondé des Eglifes, & partant ce droit eftoit déja introduit au commencement du cinquiéme fiécle.

La troifiéme eft tirée de la Loy *fi quis.* 15. *C. de Sacrofanct. Ecclef.* faite environ l'année 479. par laquelle l'Empereur Zenon ordonna, que les biens de l'Eglife feroient gouvernez & regis par l'avis du Fondateur, & felon les claufes, charges & conditions appofées en la Fondation ; pourveu qu'elles ne fuffent point contraires aux Canons & Conftitutions Ecclefiaftiques. Il eft vray-femblable, que peu de temps aprés qu'on eut commencé de baftir des Eglifes on accorda ce droit de prefentation aux Fondateurs, & que les autres honneurs furent auffi introduits fucceffivement.

On demande comment s'acquiert le droit de Patronage ; fi pour l'acquerir il faut la conftruction, la fondation, & la dotation :

8

Patronum faciunt, dos, ædificatio, fundus.

Difent les Canoniftes, c'eft à dire que celuy qui donne le fonds pour y baftir une Eglife, celuy qui la fait baftir à fes frais & dépens, & celuy qui conftituë une dot fuffifante pour entretenir les Ecclefiaftiques defervans l'Eglife, & pour entretenir l'Eglife des chofes neceffaires, acquiert le droit Patronage, *cap.* 2. *Ext. de jure Patron. glof. in Can. piæ mentis. & in Can. filiis.*

16. *q.7. Concil. Trident. seff.* 14. *tit. de reformatio. cap.* 15. *& seff.* 15. *cap.* 9.

La commune opinion eft que ce droit s'acquiert par ces trois moyens, conjointement ou feparement.

Selon cette Novelle le droit s'acquiert par la feule conftruction de l'Eglife, ce qui arrive au cas de la conftruction d'une ancienne Eglife ruinée, qui a des revenus pour entretenir l'Eglife & les Officiers.

Par la Novelle 57. *cap. ult.* ce droit s'acquiert par celuy qui fonde les revenus neceffaires aux Officiers d'une Eglife quoy qu'il ne l'ait pas baftie ; voicy les termes : *illud quoque ad honorem & cultum fedis tuæ decernimus, fi quis ædificans Eccle-fiam, aut etiam aliter expendens in ea miniftrantibus alimenta, voluerit aliquos clericos ftatuere.*

Il y a plus de difficulté, fi par la feule Fondation de l'Eglife le droit de Patronage s'acquiert ; l'Empereur Juftinien n'en fait point mention. *Voyez cette queftion dans mon Traité du Patronage.*

Pour acquerir le Patronage par la conftruction de l'Eglife, il faut qu'elle ait efté conftruite entierement, car fi le baftiment eftant commencé, eftoit par aprés abandonné, le Patronage n'appartiendroit pas à celuy qui l'auroit commencé ; c'eft le fentiment de Paul de Citadin. part. 3. Can. 1. q. 14. de Garc. *de Benefic. part.* 5. *num.* 45. par la raifon que ce droit ne s'acquiert que *re perfectâ*, & qu'ayant abandonné fon entreprife, il a renoncé au droit qu'il auroit acquis s'il l'avoit achevé.

Voyez fur cette matiere mon Traité du Patronage, Partie premiere.

De Epif-copis non refidenti-bus in propriis Ecclefiis,

CHAPITRE III.

Des Evefques qui ne refident point dans leurs Diocefes.

L'Empereur dans ce Chapitre oblige les Evefques à refider dans leurs Diocefes, & leur défend de les abandonner, mefme fous pretexte de demeurer en la Cour du Prince, au moins plus d'un an, défendant aux OEconomes & Admini-ftrateurs

ftrateurs des biens de l'Eglife de leur envoyer de l'argent lorfqu'ils font en la Cour du Prince, voulant qu'elle foit employé à œuvres pies, & pour les neceffitez de l'Eglife ; n'eftant. pas jufte que l'Eglife foit chargée de payer les dépenfes de l'Evefque qui eft abfent ; l'Empereur ordonnant qu'au cas que l'Evefque foit abfent plus d'un an, il foit puny des peines portées par les autres Conftitutions : Surquoy voyez la Novelle. *Quom. oport. Epifc.* §. *illud.*

Quant aux OEconomes, dont il eft fait mention dans ce Chapitre, dans le Chapitre fuivant, dans la Loy *jubemus. in princip.* C. *de Sacrofanct. Ecclef.* & en quelques autres endroits, il faut obferver que dans les premiers fiecles de l'Eglife, on avoit de coûtume d'établir des OEconomes pour le maniement & l'adminiftration des biens de l'Eglife.

Par plufieurs Conciles anciens, il fut ordonné qu'il feroit choifi des OEconomes pour cet effet, crainte d'occuper les Evefques à des chofes temporelles, lefquels ne devoient eftre employez qu'à la predication de la parole de Dieu, & au foin du falut des ames. Il fut enfuite défendu de prendre des Laïcs pour cét employ ; cét OEconomat eft enfin forty de l'ufage, dépuis que les Evefques ont pris eux-mefmes un grand foin des revenus de leurs Evefchez, & qu'ils n'en ont pas voulu permettre l'adminiftration à d'autres.

Les OEconomes n'ont plus lieu que pour les grands Benefices qui font à la nomination du Roy pendant leur vacance, jufqu'à ce que ceux qui y ont efté nommez, ayent obtenu leurs Bulles & provifions en Cour de Rome : Le Roy en donne ordinairement les OEconomats à ceux qu'il nomme à ces Benefices, à la charge d'en donner le tiers aux nouveaux Convertis; & ces OEconomats fe prennent par des perfonnes interpofées.

Il faut obferver en ce lieu, une difference qu'il y a entre les Benefices fujets à la Regale, & ceux qui ne les font pas, que les OEconomes que le Roy nomme aux Benefices fujets à la Regale, comme Archevefchez & Evefchez, font tenus de rendre compte de leur adminiftration en la Chambre des Comptes, & qu'à l'égard des autres, ils n'en doivent rendre compte, que pardevant les Juges aufquels les Lettres d'OEconomats font adreffées ; par la raifon que les fruits des Benefices vacans en regale

Tome II.   L

appartiennent au Roy ; ainſi ceux qui en ont l'adminiſtration
en doivent rendre compte à la Chambre des Comptes , comme
des autres liberalitez du Roy; & que pour les fruits des Benefices
qui ne vaquent point en Regale, ils ne luy appartiennent point,
mais doivent eſtre reſervez aux ſucceſſeurs.

CHAPITRE IV.

De l'alienation des biens immeubles de l'Egliſe.

De alie-
natione
rerum
Eccleſia-
ſticarum
immobi-
lium,

L'Empereur ordonne dans ce Chapitre, que s'il eſt neceſſaire d'aliener quelque immeuble appartenant à l'E-
gliſe Metropolitaine , l'Archeveſque doit avoir le conſentement de deux de ſes ſuffragans , en y obſervant toutes les
autres formalitez requiſes pour l'alienation des biens de
l'Egliſe.

La raiſon de cette Conſtitution eſt , parce que la preſence &
le conſentement de l'Archeveſque rendant valable l'alienation
faite par l'Eveſque, auſſi la preſence de deux Eveſques ſuffragans, rendent valable celle qui eſt faite par l'Archeveſque,
*Sicut & ipſe rem facit credibilem & ſufficientem ei , qui ſub eo
conſtitutus eſt , dum præſens eſt : ita & ipſi , quæ ſub eo eſt Synodus præſens , per duos Deo amabilium Epiſcoporum videbitur
rem præbere cautiſſimam , ſumentem ex hujuſmodi Synodo teſtimonium.*
Voyez la Novelle 7. *ſuprà* , & la Novelle 46.

PARAPHRASE

DE JULIEN.

CONSTITUTIO LXI.

CCV. De his, qui Ecclesiæ vel Oratorium ædificare volunt.

NUllus audeat ædificare Ecclesiam vel Oratorium, antequam civitatis Episcopus veniat : & (ibi) vota faciens sanctissimam, Crucem infixerit in eodem loco publicè procedens, & rem omnibus manifestam faciens, unusquisque autem ante ædificationem loquatur Episcopo, & præfiniat modum, qui ad luminaria & sacrum ministerium & custodiam Oratorii, & alimonias eorum, qui ibi deserviunt, sufficiat, & si hæc sufficientia visa fuerint : faciat priùs donationem eorum, posteaque domum ædificet.

Sin autem ea, quæ ab eo præfinita sunt, non sufficiant ad constituendum Oratorium æquum est, vetera Oratoria, quæ fortè ruinam minantur, reparare cum arbitrio religiosissimi civitatis Episcopi.

CCVI. Si Episcopus multum tempus ab Ecclesia sua defuerit.

Si quis Episcopus per multum tempus ab Ecclesia sua defuerit, & in aliis locis degat : OEconomus Ecclesiæ ejus impensas ei non administret. Nam tales inanes sumptus melius est in Ecclesiam & in alias res ad pietatem pertinentes præstari : teneant autem in talibus Episcopis etiam ea, quæ prioribus sanctionibus cauta sunt.

L ij

CCVII. De alienatione rerum immobilium ad Ecclesiam pertinentium.

Si alienatio immobilis Ecclesiasticæ rei celebranda sit , decretum quidem omnibus modis procedat secundùm supradictam constitutionem : adesse autem decreto debet non solùm Episcopus & Clerus Ecclesiæ ejus civitatis , cujus prædium alienare desiderat, sed etiam Metropolitanus Episcopus cum prædicta observatione : & duo Episcopi Consilio ejus adsint. Dat. Kal. Maii , CP. Imp. Dn. Iust. PP. A. ann. XII. Johanne V. C. Consf.

TITRE XIII.

Qui ordonne que la Constitution de l'Empereur touchant les successions des gains nuptiaux , qui introduit les gains au cas qu'il n'y ait point d'enfans, ait lieu dans les faits arrivez avant cette Ordonnance , & qu'au contraire dans les faits qui l'ont precedée , la Constitution de l'Empereur Leon soit observée.

lucra introducit , obtineat in his factis, quæ acciderunt post constitutionem : in his autem factis, quæ ipsam præcesserunt , Leonis Constitutio locum habeat.

NOVELLE LXVIII.

L'Empereur dans le commencement de cette Novelle , dit que par la Novelle de l'Empereur Leon faite pour ceux & celles qui passent aux secondes nopces , les gains nuptiaux sont conservez aux enfans nez des premiers mariages , l'usufruit neanmoins reservé au pere ou à la mere qui a convolé en secondes nopces ; en sorte que si tous les enfans ou petits enfans viennent à mourir, sans qu'il en reste un pour priver le survivant des pere & mere qui a convolé en secondes nopces , de ces gains nuptiaux, la proprieté entiere d'iceux est transferée en sa personne.

Dans le Chapitre premier *in princip.* l'Empereur dit , qu'il a reformé cette Conſtitution par une autre qu'il a faite quelque temps auparavant , qui eſt la Novelle 2. chap. 3. par laquelle il a ordonné , que les heritiers des enfans ou petits enfans decedez , ſoient aſcendans ou autres parens collateraux, *habeant inde aliquod ſubſidium , lucrenturque etiam jure dominii per eorum mortem quantum ex pacto non exiſtentium liberorum erant lucraturi : reliqua verò pars ad hæredes filiorum , vel nepotum qui mortui fuerunt , perveniat ; nihil enim à nobis occaſione uſusfructûs immutatum eſt.*

Dans le §. 1. du meſme Chapitre , l'Empereur veut que la Conſtitution qui eſt dans la Novelle 2. chap. 3. ſoit obſervée, excepté à l'égard des enfans qui ſont decedez auparavant cette Conſtitution ; par la raiſon que le gain entier eſtant parvenu au ſurvivant des pere & mere par la mort de ſes enfans , en conſequence de la Conſtitution de l'Empereur Leon , celle de l'Empereur Juſtinian contenuë dans la Novelle 2. chap. 3. ne le luy doit pas oſter , les Loix n'ayant leur effet que pour l'avenir , & non pour le paſſé.

Voyez *ſuprà* ce Chapitre , & *infrà* la Novelle 127.

PARAPHRASE
DE JULIEN.

CONSTITUTIO LXII.

CCVIII. De Conſtitutione Imperatoris , quæ lata eſt de lucro ex morte liberorum contingente per pacta dotalia.

HÆC Conſtitutio loquitur de liberorum morte , ut pacta dotalia , quæ ex caſu mortis liberorum lucri aliquid matri conferunt , & dirimantur ſecundum divi Leonis Conſtitutionem. Scilicet ſi ante Novellam conſtitutionem Imperatoris noſtri contigerunt , veluti ſi mater vidua liberos habens ad ſecundas nuptias

venit , & antenuptias donatio ad filios pertinuit , postea filii de-
cesserint , & ad suos hæredes eamdem antenuptias donationem
transmiserunt secundùm constitutionem divi Leonis, sed post consti-
tutionem nostri Imperatoris quæ mortuis liberis emolumentum
matri præstat, non retrahuntur res ab heredibus filiorum, quia
semel ante constitutionem eisdem heredibus competierunt. Si quid
autem post constitutionem nostri Imperatoris tale contigerit , in
hoc Leonianæ legi locus non erit. Dat. VIII. Kal. Jun. Imp. Dn.
Justin. PP. A. ann. XII. Joanne. II. C. Consf.

TITRE XXIV.

Qui ordonne que les affaires criminelles & pecuniaires se
traitent pardevant les Juges des Provinces sans excepter
personne , sous pretexte de quelque privilege : & que
ceux qui y seront poursuivis, ne puissent decliner la juris-
diction , si ce n'est en vertu de Lettres expresses du Prince.

NOVELLE LXIX.

Ut omnes obediant judicibus Provinciarū & in criminalibus, & in pecuniariis , & ibi negotia examinétur, nullo excepto per privilegiū : nec hac conventi deducátur, nisi sacra pragmatica forma exhiberi quæpiam jusserit.

SOMMAIRE.

POur entendre ce qui eft contenu dans cette Novelle, il faut obferver qu'auparavant il arrivoit fouvent que ceux qui commettoient quelque delit, ou qui pouvoient eftre pourfuivis par action perfonnelle, réelle ou mixte, obtenoient un privilege du Prince pour n'eftre pourfuivis que pardevant un certain Juge, afin d'éluder par ce moyen l'accufation qui auroit pû eftre formée contre eux, ou l'action qui auroit pû eftre intentée: ce qui fembloit injufte à l'Empereur, parce que lors qu'il s'agit de quelque crime, ou d'une hypoteque, ou de la proprieté ou poffeffion de quelque heritage, peut-on facilement faire preuve des faits dans lefquels confifte la décifion de la conteftation, ailleurs que dans le lieu où les faits fe font paffez?

Dans le Chapitre 1. *in princip.* l'Empereur ordonne, que ceux qui font accufez de quelque crime, ou qui font pourfuivis pour la proprieté, pour les bornes & limites, ou pour la poffeffion de quelque heritage, ou quelque autre chofe femblable, ils ne puiffent eftre pourfuivis ailleurs que pardevant les Juges des Provinces.

Dans le §. 1. de ce Chapitre, l'Empereur rend les raifons pour lefquelles ces fortes d'affaires fe doivent traiter pardevant les Juges de Provinces, foit qu'il foit queftion de grands crimes, ou de moindres crimes; fçavoir qu'il eft bien plus facile d'y faire les preuves neceffaires qu'ailleurs; & que quand il s'agit de delits de petite confequence, il feroit fâcheux de tirer les parties hors leur Province.

L'Empereur dans le Chapitre 2. dit, que fi le demandeur & le deffendeur font prefens dans la Province, la caufe ne peut pas eftre tirée ailleurs, non pas mefme dans la ville de Conftantinople capitale de l'Empire, foit par privilege, ny mefme par quelque juffion du Prince que ce foit.

Que fi l'un eft prefent, & l'autre abfent; par exemple fi le demandeur eft domicilié dans la Province, & que le deffendeur foit domicilié hors d'icelle, comme s'il s'agit de la poffeffion d'un heritage, il peut eftre affigné ou celuy qui eft fondé de procuration pour faire fes affaires, ou fon fermier, dans un delay fuffifant pour le dénoncer à fon maiftre, *l.* 1. *& ult.* C. *de dilatio. l.* 2. C. *ubi in rem actio.* Que fi le maiftre ne compare point, fi celuy qui a efté affigné pour luy & en fon nom compare, il doit eftre condamné à raifon de ce qu'il peut devoir au maiftre,

& au cas qu'il ne foit pas fuffifant pour l'execution de la condamnation.

L'Empereur dans le Chapitre 3. dit, que fi l'un ny l'autre ne compare, celuy qui a efté affigné pour fon maiftre doit eftre affigné à cry public.

Que fi le demandeur fait defaut fur l'affignation, & que le deffendeur compare, ou qu'il envoye quelqu'un fondé de procuration pour comparoir pour luy, il doit eftre renvoyé abfous, avec dépens, dommages & interefts.

L'Empereur dans le Chapitre 4. ordonne, que perfonne ne puiffe s'exempter de comparoir pardevant les Juges de la Province, fur quelque privilege qu'il foit fondé, excepté fi l'Empereur pour quelque raifon publique, a renvoyé la connoiffance du crime pardevant fon Confeil, ou quelque autre Juge, ou que l'évocation à d'autres Juges foit fondée fur le droit public.

Le delay des affignations en cas d'abfence eft felon cette Novelle, chapitre 2. fuivant la diftance des lieux, fçavoir de quatre mois, de fix, de huit, ou de neuf, fuivant l'Authentique *ex qua Provincia*, qui a efté tirée de cette Novelle, inferée au Code *dic. tit. ubi de criminib. egi oportet.*

4 AUTHENTIQUE *qua in Provincia.* C. *ubi de criminib. agi oport.*

Qua in Provincia quis deliquit, aut in qua pecuniarum, aut criminum reus fit, five de terra, five de terminis, five de poffeffione, five de proprietate, five de hypotheca, aut de alia qualibet occafione vel de qualibet re fuerit reus: illic etiam juri fubjaceat. Quod jus perpetuum eft. Si ergo ambo & actor & reus fint in provincia: illic, omni privilegio ceffante, res expediatur. Eo autem abfente, ex cujus domo iniquum quid patior, ipfum, qui id admifit, vel ejus curatorem conveniam, cui datis induciis, licet denunciare domino caufæ, qui fi neque per fe veniat, neque mittat, is, qui primo conventus eft, præfentatus condemnetur, in quo fit obnoxius; infuper & is, qui mittere noluit fi tamen omnino appareat obnoxius: nam & de rebus ejus fatis fiet, fi is, qui præfens eft, non fit folvendo. Sed fi nec ipfe, qui dominum præfentare debuit, compareat præconis voce vocatus: condemnetur, quia contumacia ejus pro præfentia eft. Quòd fi

defit

defit actor , cùm reus venerit , five miferit : abfolvendus eft : ut & damna ei refarciantur : Excipitur hìc , fi forma pragmatica occafione publicæ caufæ , procedens præceperit quemquam principali comitatui exhiberi , aut ex lege hoc faciat , quale eft fuper appellationibus. Indiciarum verò tempus novâ conftitutione varium præfinitum eft ex adverfitate locorum : quatuor fcilicet menfium , fi vicina eft provincia , in qua hoc agitur , una aut duabus manfionibus , in medio provinciarum conftitutis : fi verò majus fit fpatium , fex : fi verò ex Palæftina , aut Egypto , aut gentium longinquarum , octo menfes fufficiant. Si vero ex Hefperiis Gentibus , aut Septentrionalibus , aut Libia : fufficiens eft tempus novem menfium.

Cette Authentique n'eft pas obfervée en France à la rigueur, mais feulement au cas que le renvoy foit demandé, en forte que les Juges du lieu du domicile du criminel , ou du lieu où le criminel eft apprehendé, en peuvent connoiftre, fans qu'ils foient tenus de le renvoyer pardevant les Juges des lieux où le crime a efté commis, à moins que le renvoy n'en foit demandé , conformément à l'article 35. de l'Ordonnance de Moulins, confirmé par l'article 1. du titre 1. de l'Ordonnance criminelle de l'année 1670. en ces termes : *La connoiffance des crimes appartient aux Juges des lieux où ils auront efté commis , & l'accufé y fera renvoyé , fi le renvoy en eft requis.* D'où il s'enfuit que fi il n'eft pas requis, les Juges des lieux où le criminel a efté apprehendé, en peuvent connoiftre.

La partie civile, ou le Procureur du Roy ou du Seigneur de la Jurifdiction du lieu où le crime a efté commis , peuvent demander le renvoy, & les Juges aufquels ce renvoy eft demandé, doivent renvoyer le procez & l'accufé pardevant le Juge qui en doit connoiftre , dans trois jours aprés qu'ils en ont efté requis, à peine de nullité des procedures faites depuis la requifition, d'interdiction de leurs Charges , & des dommages & interefts des parties qui auroient demandé le renvoy.

L'accufé peut auffi demander fon renvoy , mais il ne le peut plus demander lors que la lecture luy a efté faite de la dépofition d'un témoin lors de la confrontation, par l'article 3. du mefme titre.

Il y a auffi un cas auquel la partie civile ne peut point demander le renvoy , fçavoir lors qu'elle a rendu fa plainte par devant un autre Juge, suivant l'article 2. du mesme titre, parce que par ce moyen il a reconnu & approuvé sa jurisdiction ; ce qui n'empescheroit pas que l'accusé ne le pût demander.

Quoy que le sujet d'un Seigneur ait suby l'interrogatoire, & ait volontairement procedé pardevant le Juge Royal, le Seigneur le peut revendiquer, comme y ayant le principal interest, tant pour la punition du crime, que pour conserver les droits de sa Justice.

7   On demande premierement, si un étranger ayant commis un crime hors du Royaume, il y peut estre poursuivy par sa partie lors qu'elle s'y rencontre. Voyez mon Commentaire sur le Titre au Code *ubi de criminib. agi oport.*

8   On demande en second lieu, à qui appartient la connoissance du crime commis sur les confins de deux Jurisdictions ; c'est le sentiment commun des Docteurs, que la connoissance en appartient à l'un & à l'autre des Juges de ces deux Jurisdictions, *argum. leg.* 1. *C. d. tit.* mais en ce cas la prévention a lieu, *arg. l.* 6. *in fine. ff. nautæ caup.* Plusieurs neanmoins estiment, que le Juge du lieu où se trouve la teste du corps mort, doit en avoir la connoissance à l'exclusion de l'autre, par la raison que *caput est pars principalis hominis*, *l.* 44. *ff. de relig. & sumpt. funer.*

L'usage est au contraire, que la connoissance en appartient au Juge du territoire sur lequel les pieds du cadavre se trouvent, parce qu'on presume que le corps estoit debout en l'endroit où il a esté tué. D'où il s'ensuit, que s'il y avoit des indices qui justifiassent que le coup auroit esté donné ailleurs, ou des témoins qui le déposassent, cette presomption cesseroit, & ce seroit le Juge du lieu où le coup auroit esté donné ; comme si le coup a esté donné dans le lieu d'une Jurisdiction, & que celuy qui l'a receu est mort dans le territoire d'une autre Jurisdiction, c'est au Juge du lieu où le crime a esté commis, d'en connoistre, si le renvoy en est demandé.

Que si un corps a esté noyé, soit par malheur ou autrement, c'est au Juge du lieu où le corps est trouvé, qui en doit connoistre.

9   Il y a des privilegiez en France qui ne sont pas jugez par les Juges des lieux où les delits ont esté commis, sçavoir les Ecclesiastiques, les Princes, les Pairs de France, les principaux Officiers de la Couronne, les Presidens & Conseillers du Par-

lement, & autres Officiers, les Gentilshommes & les Secretaires du Roy, lesquels peuvent demander en tout estat de cause, d'estre jugez toute la grand' Chambre assemblée du Parlement où le procez est pendant.

Les Ecclesiastiques qui sont promeus aux Ordres, ou qui sont pourveus de Benefices, quoy qu'ils ne soient que simples tonsurez, ne peuvent estre poursuivis criminellement pour delits appellez delits communs, que pardevant le Juge d'Eglise, c'est à dire, pardevant l'Official de l'Evesque : & s'ils sont Beneficiers dans un Chapitre exempt de la jurisdiction de l'Evesque, ils ne peuvent estre poursuivis que pardevant l'Official de ce Chapitre ; de sorte que si pour delit commun ils sont poursuivis pardevant les Juges ordinaires & seculiers, ils peuvent demander leur renvoy, lequel ne peut leur estre refusé.

Que si avec le delit commun il y avoit du crime privilegié, le renvoy ne pourroit estre fait pardevant le Juge d'Eglise qu'à la charge du cas privilegié, dont le Juge Royal doit se reserver la connoissance en accordant le renvoy.

A l'égard des Gentilshommes, l'article 20. du titre 1. porte, *Nos Juges Prevosts ne pourront connoistre des crimes commis par Gentilshommes, ou par des Officiers de Judicature, sans rien innover neanmoins en ce qui regarde la jurisdiction des Seigneurs.*

De cét article il s'ensuit, que les Gentilshommes ne peuvent estre poursuivis criminellement en premiere instance pardevant les Chastelains & Prevosts Royaux, mais seulement pardevant les Baillifs & Seneschaux.

Que si un Gentilhomme a commis un crime dans le ressort d'une Pairie ou d'une haute Justice, le Juge de la Pairie ou de la Justice peut luy faire son procez nonobstant sa qualité de Gentilhomme, sans qu'il soit tenu de le renvoyer pardevant le Bailly & Senéchal, suivant le mesme article, qui est conforme à la premiere Declaration du Roy François I. de l'année 1537. sur l'Edit de Cremieu.

Et en cas d'appel les Gentilshommes peuvent demander que leur procez leur soit fait toute la grand' Chambre assemblée, pourveu toutefois que les opinions ne soient point commencées, suivant l'article 21. du titre 2. de l'Ordonnance criminelle.

Voyez touchant la competance des Juges en matiere criminelle, ce que nous avons dit en nostre Praticien dans le Traité des matieres criminelles, titre 1. A l'égard de la competance des Juges èn matiere civile, voyez ce que nous avons dit en la Jurifprudence du Digefte fur le titre des Jugemens,& fur le Code, ou dans plufieurs titres du Livre 3.

PARAPHRASE
DE JULIEN·

CONSTITUTIO LXIII,

CCVIII. De Jurifdictione Præfidum Provinciarum.

Hæc conftitutio jubet, ut omnes Romani tam in civilibus, quàm in criminalibus caufis jurifdictioni præfidum provinciarum fubjiciantur : & nemo in aliqua caufa obnoxius privilegium præfidi provinciæ opponat, quafi non ei fubjectus fit, nifi fi fpecialiter pragmatica fanctio prolata duci eum jufferit. Ideóque five de dominio alicujus rei, five de agrorum finibus, five de hypothecis, five de nuda poffeffione, five de alia quavis pecuniaria vel criminali caufa legitima inter partes emerferit : non liceat reo privilegium fuum opponere præfidiali judicio, five ex Imperialibus litteris, five ex majoris judicis juffione : fed omnibus modis in eo loco pulfetur, ubi aliquid egerit, vel admiferit five de maxima re, five de minima quæratur, veluti de gallina, quamvis enim minima videatur hujufmodi res effe : attamen juftitiæ ratio non ex quantitate, fed ex fuis regulis debet æftimari. Nam & quod aliis viliffimum effe videtur, hoc aliis pretiofiffimum eft, & omninò five bovem, five aliam qualemcumque rem alicui fubripuerit : in eadem provincia pulfetur, ubi tale peccatum admiferit, nam & probationum copia in externis locis non fimilis agentibus eft.

CCX. De præfentibus reis.

Et hæc quidem dicimus, fi utraque pars in præfentia fit, ut

in eodem loco modis omnibus lis dirimatur, in quo aliquid admiſ-
ſum eſt. Quòd ſi actor quidem præſto ſit, reus autem abſit, ſed
actoris ipſius vel procuratores vel conductores aliquid egerint,
aut deliquerint : ille quidem, qui fuerit, omni modo accuſetur.
Ipſum autem litigium maneat in ſuſpenſo, donec rerum domino
cauſa fuerit declarata, tempus autem dilationis ex locorum ſpa-
tio dari debet, nam ſi quidem una vel duabus provinciis interpo-
ſitis dominus rerum in proximis locis degat, quatuor menſes ad
dilationem ſufficiunt. Sin autem longius abſit, veluti in Palæſti-
na, vel in Ægypto, octo menſium dilationem dari oportet. Sin
autem vel in Italia vel in Africa moretur, novem menſes ſta-
tui debent. Eadem dicimus, etſi in aliis locis principalis perſona
degat.

CCXI. De abſentibus reis.

Etſi quidem rerum dominus illi commiſerit cauſam, qui apud
Deum retulerit : neceſſe eſt, ut ipſe (qui præſens eſt) pulſetur
abſentis domini nomine ; ſin autem alium litigare maluerit : & hoc
ei liceat facere, dum tamen procurator ipſius & defendat cau-
ſam, & modis omnibus impleat, quod judex judicaverit : niſi
provocatio ſit ſubſecuta, (aut aliter definita, aut amicabiliter
ſopita) quòd ſi domino quidem rerum manifeſtatur cauſa : ipſe
autem neque venire, neque alium mandare curaverit ; tunc præ-
dicto tempore tranſlato, is qui accuſatus eſt, litiget : & ſi reus
apparuerit, condemnetur, ſcilicet & domino rerum eandem
condemnationem ſubituro, ſi ipſe quoque obnoxius ſit, & ſi qui-
dem ſolvendo fuerit is, qui accuſatus & condemnatus eſt, ipſe ju-
dicato ſatisfaciat. Enimvero ſi ſolvendo non ſit : ex rebus domi-
ni abſentis qui nec venire nec mandare aliquem voluit, ſolvi acto-
ri æquum eſt. Quòd ſi reus præſens poſt accuſationem evaſerit,
& neque dominus rerum venerit, neque procuratorem tranſmi-
ſerit : tunc ex una parte judex audiat cauſam, ut ſolet in ere-
modiciis fieri, ſcilicet ipſo reo per præconem vocato ; at ſi in ea-
dem abſentia perſeveraverit, condemnetur. Quod ſi actor in abſentia
ſit, domino rerum vel præſente procuratore miſſo ; tunc omnia de-
trimenta, quæ fruſtra reus paſſus eſt, actor rei reſarciat.

CCXII. De fori præſcriptione tollenda.

Nullum privilegium eximere reum provinciali judicio volu-

mus : nisi specialiter nostram pragmaticam sanctionèm produxerit quæ propter publicas caufas in hanc regiam eum civitatem revocaverit : vel si ex lege hoc fiat : veluti si provocationem præsidi provinciæ porrexerit : & propter hoc in ista Imperiali civitate litem audire oportet, quamvis de minoribus caufis apud majores judices provinciarum provocationes exerceri constituimus : nisi fortè in hac civitate caufa principalis quamvis minima ventiletur : tunc enim in hac civitate non in provinciis provocatio exerceatur.

C·CXIII.   Quibus fori præfcriptio denegatur.

Nulla autem perfona privilegio aliquo utatur ad fugiendos præfentis legis laqueos, quamvis Ecclefia fit, vel Xenodochium, vel Oratorium, vel quivis alius locus, qui pietatis caufâ colitur, idem juris est five fifcus, five patrimonium, (fifci,) five alius quivis divinus titulus pulfetur : & multò magis si potentis hominis perfona in judicium fuerit evocata : quamvis privilegium ex facro oraculo prætendat : nisi, quod diximus, pragmatica fanctio in hac civitate eum reipublicæ caufâ revocaverit.

C·CXIV.   De vi & poteftate conftitutionis.

Hæc autem conftitutio non folum in futuris caufis, fed etiam in præteritis locum habeat.

C·CXV.   Si præfentem Conftitutionem Prætor neglexerit.

Si quis autem præfes provinciæ conftitutus hujufmodi legem cuftodire neglexerit : non folùm magiftratu fuo ejiciatur, fed etiam decem librarum auri fubeat pænam. Proponatur Conft. Imp. Dn. Inftit. PP. Aug. ann. XII. Johanne V.C. Conf.

La Novelle 70. *ut ordinariæ præfecturæ, &c.* traite de quelques Charges qui exemptoient de celles des Decurions; c'eft pourquoy Julian dans la Paraphrafe luy donne cette infcription de *liberationibus Decurionum ;* elle eft inutile en France , c'eft pourquoy nous ne nous y arreftrons pas.

La Novelle 71. *ut ab illuftribus, &c.* qui traite de ceux qui

peuvent plaider par Procureur dans les caufes civiles & pecuniaires & criminelles, eft pareillement inutile.

Surquoy voyez ce que nous avons dit fur le Digefte au titre
de procuratoribus.

SIXIE'ME COLLATION.

TITRE PREMIER.

Portant défenfe à ceux aufquels les biens des mineurs font
font obligez, ou dont les biens font obligez aux mi-
neurs, de prendre l'adminiftration des biens des mi-
neurs : & aux curateurs de prendre des ceffions &
tranfports contre ceux dont ils gerent ou ont geré la
curatelle : Voulant que cette Conftitution ait lieu dans
toute efpece de curatelle, laquelle eft ordonnée par les
Loix : de l'adminiftration des fommes d'argent appar-
tenantes à ceux dont les affaires font gerées ; &) dans
quels cas elles doivent eftre dépofées & mifes en feu-
reté, ou données à intereft.

Ut hi qui obligatas fe habere perhibent res minorū, aut obligati funt eis, ad eorum gubernationem penitus non accedant : & curatores nullo modo fufcip āt ceſſiones adverfus eos, quorum curationem agunt

aut egerunt. Hæc autem generaliter valebunt in omni curatione, in quibus perfonis leges curatores præbent
& de gubernatione pecuniarum competentium eis, quorum negotia adminiftrantur ; & quando eas recondi
aut mutuari oportet, aut ex eis reditus comparari.

NOVELLE LXXII.

SOMMAIRE.

CEtte Novelle est composée d'un commencement & de sept Chapitres, concernans les tuteurs & curateurs, & leur administration. Le commencement & les quatre premiers Chapitres concernent la prohibition aux creanciers & aux debiteurs, d'accepter les tutelles ou curatelles de leurs debiteurs ou creanciers : Le cinquiéme regarde les cessions que les tuteurs & curateurs se font faire contre leurs pupilles ou mineurs ; & les autres Chapitres traitent de l'administration des deniers pupillaires : Ces trois sujets differents seront traitez l'un aprés l'autre.

I   Dans le commencement l'Empereur expose les raisons qui l'ont obligé de faire cette Constitution ; sçavoir qu'on luy a fait connoistre que souvent des cessions & transports ont esté faits aux tuteurs & curateurs contre les pupilles & les mineurs dont ils administroient les biens ; qu'ils se font rendus maistres de leurs biens par des cessions & transports faits pour peu de choses, de dettes qui peut-estre estoient esteintes par les payemens qui en avoient esté faits, en supprimant les quittances qui en

avoient

avoient esté données ; & qu'enfin les tuteurs & curateurs ont cherché toutes les occasions de se faire faire de semblables transports au prejudice des mineurs ; & d'acheter des actions qui estoient inutiles & sans effet, *quid enim homo*, dit l'Empereur dans cette Novelle *in princip. ad malitiam semel erigitur, non adveniat, in minorum res proprias faciat ?*

Par ces raisons l'Empereur dans le Chapitre premier défend 2 à celuy qui est creancier du pupille ou du mineur, d'accepter la tutelle ou la curatelle qui luy seroit deferée ; quoy qu'il fût appellé à la tutelle par la disposition de la Loy ; par la raison qu'on presume qu'un tuteur ou un curateur qui est devenu le maistre de son pupille ou de son mineur, & le detenteur de ses biens, n'obmettra rien pour se procurer de l'avantage au prejudice de son pupille ou de son mineur : *Quid enim non agat pro se dominus ejusdem existens, & adversarii rerum detentator nuper effectus ?* Que le tuteur ou curateur supprimera les actes & instrumens de sa dette, avec toutes les preuves qui la pourroient justifier, & qu'ainsi la tutelle ou la curatelle qui ont esté introduites pour la conservation des biens des mineurs, ne soient une cause certaine de leur perte ; *& curatio fiat ei rerum interitus propriarum.*

Dans le Chapitre deuxiéme, l'Empereur ordonne que si le 3 tuteur ou le curateur devient le debiteur ou le creancier du mineur aprés avoir accepté la charge de la tutelle ou de la curatelle, par quelque cause ou maniere que ce soit, comme par le moyen d'une succession qui luy auroit esté deferée ou autrement, il luy soit donné un autre tuteur si c'est un pupille, ou un autre curateur si c'est un mineur, qui administre conjointement avec luy, qui prenne garde que le tuteur ou curateur nommé en premier lieu ne fasse rien au prejudice du mineur ; voulant que le tuteur ou curateur adjoint soit tenu de préter serment de faire ce pourquoy il sera créé.

Mais parce que tous ceux qui seroient appellez à la tutelle ou à la curatelle d'un mineur, pourroient se décharger de ces charges en supposant qu'il seroient creanciers ou debiteurs du mineur, ce qui fourniroit une excuse & une exception certaine & assurée au prejudice des pupilles & des mineurs, c'est pourquoy l'Empereur dans le Chapitre troisiéme, ordonne que ceux qui allegueront cette excuse, soient tenus de la prouver par témoins ou autres preuves certaines ; & au cas que ce tuteur ou ce curateur ne puisse pas le justifier, il soit tenu de l'affirmer par serment.

4　Cette prohibition est faite sous une peine portée dans le Chapitre quatriéme ; sçavoir que le tuteur ou le curateur qui aura accepté la tutelle ou la curatelle ; sçachant qu'il estoit le creancier du pupille ou du mineur, soit décheu de l'action qui luy competoit pour exiger sa dette ; & qu'au cas que ce tuteur ou curateur se trouvât le debiteur du mineur, il ne puisse pas se servir des quittances qui luy auroient esté données, estant presumé les avoir supposées & fabriquées aprés l'acceptation de sa charge.

Voyez *infrà* la Novelle 94. qui contient une exception de cette regle en la personne de la mere & de l'ayeule.

5　Cette Novelle a dérogé à la disposition du droit ancien, par lequel le debiteur ou le creancier du mineur ne pouvoit pas s'excuser de ces charges sous pretexte de sa qualité de creancier ou de debiteur du pupille, *l. 8. C. qui dar. tut. poss. l. neque. C. de excusatio. tut.* Il n'y avoit qu'un cas auquel le tuteur ou le curateur pouvoit s'excuser de la tutelle ; sçavoir lors qu'il avoit un procés avec le pupille ou le mineur, touchant tous les biens du mineur ou la plus grande partie, ou pour une succession entiere, ou pour son état, *l. 6. §. amplius. l. si pupillum 20. l. 21. in princip. ff. de excusatio. l. 26. C. eod. tit. §. item propter litem. Instit. eod. tit.*

6　On demande premierement si la peine portée par ce Chapitre quatriéme a lieu contre le tuteur qui ignore qu'il est creancier ou debiteur du mineur ? On tient que non ; parce que les peines ne sont imposées que pour punir ceux qui contreviennent aux Loix ; & pour cet effet il faut que la contravention soit volontaire, autrement la peine ne seroit pas inconnuë, *argum. l. aliud fraus. ff. de V. S.*

Que si le tuteur commence à sçavoir qu'il est le debiteur ou le creancier du mineur, aprés avoir accepté la tutelle ou la curatelle, il est obligé de le faire sçavoir & de s'excuser de cette charge, autrement il seroit punissable de la peine portée par le Chapitre 4. & 5. de cette Novelle suivant le sentiment commun des Docteurs.

7　On demande en second lieu si cette peine a lieu lors que la dette est modique : Accurse & les autres Docteurs tiennent que non, parce que *de minimis non curat prætor*, & que le mineur n'y ayant qu'un leger intereſt, il ne ſeroit pas juſte de punir le tuteur de meſme que s'il pouvoit en recevoir un préjudice conſiderable: c'eſt au Juge ſelon ſa prudence à voir ſi la ſomme eſt ſuffiſante ou non, pour rendre le tuteur ſujet à la peine de cette Novelle.

On demande en troiſiéme lieu, ſi celuy qui poſſede des heritages appartenans au mineur, peut eſtre ſon tuteur ou curateur? Les Docteurs ſont partagez ſur cette queſtion; l'opinion de Bartole, qui eſt le ſentiment commun des Docteurs, eſt qu'il ne le peut pas eſtre, parce qu'il y a parité de raiſon pour l'un & pour l'autre; ſçavoir *propter metum ſubtractionis inſtrumentorum*: c'eſt pourquoy l'Authentique porte, *aut qui res minoris tenet.*

Ce qui donne lieu à une autre queſtion; ſçavoir ſi celuy qui poſſede des choſes communes avec un mineur, ne peut point eſtre ſon tuteur ou ſon curateur: Bartole ſur cette Authentique nomb. 9. fait cette diſtinction; ſçavoir que ſi la choſe eſt en conteſtation, & qu'il y ait procés pour la proprieté d'icelle, il ne peut pas eſtre ſon tuteur ou ſon curateur; mais s'il n'y a point de procés, il n'y a rien qui l'empeſche de l'eſtre.

On demande en quatriéme lieu, ſi cette conſtitution a lieu à l'égard du tuteur honoraire qui ne gere point? Accurſe & autres tiennent l'affirmative, parce que par l'autorité qu'il a ſur le tuteur gerant, il peut plus facilement ſouſtraire les actes & les pieces qui le concernent.

On demande en cinquiéme lieu, ſi cette Conſtitution a lieu dans toutes ſortes de tuteurs & de curateurs? La plus grande partie des Docteurs tiennent qu'elle a lieu à l'égard de toutes ſortes de tuteurs, ſoient teſtamentaires, legitimes ou datifs: C'eſt le ſentiment de la Gloſe, de Joan. Faber & autres.

D'autres eſtiment, qu'elle n'a point lieu en la perſonne du tuteur teſtamentaire, parce que ce tuteur n'ayant eſté élû par le teſtateur qu'en conſequence de ſon integrité & de ſa fidelité dont on preſume qu'il avoit une parfaite connoiſſance, §. 1. *Inſtitut. de ſatiſd. tut. vel curat.* il eſt hors de tout ſoupçon de fraude, & ce ſeroit oſter aux pupilles, l'avantage qu'ils auroient d'avoir un tuteur du choix de leur pere.

Bartole fait cette diſtinction, ou le teſtateur ſçavoit que le tuteur qu'il donnoit à ſes enfans, eſtoit ſon creancier ou ſon debiteur, ou il l'ignoroit; & au premier cas la qualité de crean-

N ij

cier ou de debiteur des pupilles aprés la mort de leur pere, ne l'empefche pas d'accepter la tutelle, par la raifon que *fides ejus per testatorem electa est*, & la volonté du teftateur efface toute la prefomption & le foupçon de fraude.

Au fecond cas, le tuteur ne peut pas accepter la tutelle, parce qu'il n'y a pas moins de lieu de foupçonner de la fraude en fa perfonne qu'en un autre tuteur, car on ne peut pas dire que ç'eût efté la volonté du teftateur que le tuteur qu'il donnoit à fes enfans, fût leur tuteur, quoy qu'il fçût qu'il eftoit leur creancier ou leur debiteur. D'où il s'enfuit, que fi la dette provient du teftament, il peut eftre tuteur.

Mais les Docteurs tiennent que le tuteur qui eft donné par le Magiftrat, aprés avoir connu qu'il eftoit creancier ou debiteur du pupille, peut eftre tuteur, fans encourir la peine portée par cette Conftitution : par la raifon que l'autorité du Juge le met à couvert de tout foupçon & de cette peine.

A l'égard du curateur *ad litem*, plufieurs tiennent que cette Conftitution n'a pas lieu à fon égard, par la raifon qu'elle n'a lieu que *in curatore univerfali*, & non pas à l'égard du curateur particulier, comme celuy qui n'eft donné que *ad litem* : c'eft auffi l'avis commun qu'elle n'a pas lieu en la perfonne du curateur donné *jacenti hæreditati*.

11　On demande en fixiéme lieu, fi le fils dont le pere eft le creancier ou le debiteur du mineur, peut eftre tuteur ou curateur ? L'opinion commune eft qu'il le peut eftre, par la raifon que la Novelle ne défend qu'à celuy qui eft creancier ou debiteur du mineur, d'accepter la tutelle ou la curatelle, ainfi elle ne peut pas s'eftendre au fils, lequel n'eft point creancier ny débiteur.

12　On demande en feptiéme lieu, fi le fils peut eftre donné curateur au pere qui eft en demence, au cas qu'il foit fon creancier ou fon debiteur ? Bartole tient l'affirmative, parce que la Conftitution eft generale, & ne l'excepte point ; & d'ailleurs dautant que la raifon de cette Conftitution n'a pas moins lieu à l'égard du fils qu'à l'égard de tout autre.

D'autres font d'avis contraire, par la raifon que le fils curateur de fon pere, eft prefumé adminiftrateur de fes propres biens à caufe de l'efperance de la fucceffion de fon pere.

13　Cette Novelle en cette partie, & l'Authentique *minoris. C, qui dari tut. vel cur.* qui en eft tirée, ne font point fuivies en

France, au moins dans les Provinces qui se reglent par Coustumes, où les creanciers des mineurs sont admis à leur tutelle ou 13 curatelle; ce qui a esté jugé ainsi par Arrest du Parlement de Dijon, du onziéme Juillet 1605. rapporté par Bouvot, tome 2. de ses Arrests, sur le mot *tuteur*, question 14.

Henris dans ses Arrests, tome 1. livre 4. chap. 6. question 36. traite la question, Si le tuteur perd ses droits pour ne les avoir pas declarez lors de la tutelle, suivant l'Authentique *minoris.* C. *qui dare tutores*; & si cette Authentique a lieu à la rigueur contre un ayeul, une mere, ou autre ascendant, & contre un Villageois.

Pour prouver que les ascendans en sont déchargez, on dit que l'intention de l'Empereur dans la reformation de l'ancien droit, a esté d'empescher les fraudes qui se peuvent commettre contre les mineurs; & que le soupçon de fraude ne tombant point sur les ascendans, cette disposition n'a point esté faite pour eux; que quoy que quelques-uns s'écartent des voyes qui sont ordinairement gardées par la plus grande partie des ascendans, on ne doit pas les assujettir aux Loix rigoureuses qui sont établies contre les autres tuteurs.

Que c'est par cette raison que nos Ordonnances défendans 14 aux mineurs de donner à leurs tuteurs & curateurs, les peres & meres & autres ascendans en ont esté exceptez, & on n'a pas jugé que ces Ordonnances, quoy que generales, ayent voulu comprendre ceux que l'inclination naturelle pour leurs enfans met hors de tout soupçon; la Coustume de Paris dans l'article 276. adjoûté à la reformation faite en l'année 1580. les en a exceptez, en ces termes: *peuvent toutefois disposer au profit de leurs pere, mere, ayeul ou ayeule, ou autres ascendans.*

On ne peut pas croire que les ascendans ayent extorqué par surprise ou autrement, les donations qui auroient esté faites à 15 leur profit par leurs enfans; leur qualité détruit tous ces soupçons: On ne s'imagine pas que ceux à qui la nature a donné des sentimens de tendresse & d'amour, & toutes les inclinations possibles pour la conservation de leurs enfans, & pour leur procurer du bien, souvent mesme au peril de leur vie, soient capables de s'attirer leurs biens par contraintes & suggestions.

Quelques Coustumes ont obligé les tuteurs de bailler caution, mais elles restraignent cette obligation aux collateraux, comme celle de Berry en l'article 34. du titre 1. & il ne seroit pas raisonnable d'obliger les afcendans à donner les mefmes feuretez qui se prennent des autres tuteurs, *l. 50. ff. ad SC. Trebellian. l. 6. C. eod. tit. & l. 7. ff. ut legat. nom. caveat.*

On peut dire aussi pour les Païfans & Villageois, qu'il feroit trop rigoureux de leur faire perdre ce qui leur eft deû pour ne l'avoir pas declaré, veu qu'on ne leur peut point imputer l'ignorance des Loix, les Loix les en excufent expreffément; ainfi quoy que les tuteurs foient tenus de vendre les meubles des mineurs, de faire valoir leurs deniers, & d'en faire l'employ, ils en font facilement excufez.

On dit au contraire contre les afcendans, que la Loy eftant generale & fans diftinction, elle comprend les afcendans comme les autres tuteurs; que l'on voit fouvent des peres & meres & autres afcendans, fe dépoüiller de l'affection que la nature leur infpire envers leurs enfans; & fi la Loy avoit voulu les excepter, elle n'auroit pas manqué de le faire; mais qu'elle ne l'a pas fait pour conferver les biens aux mineurs, qui font d'autant plus favorables, qu'ils font expofez aux embufches & aux fraudes qui leur font faites par leurs tuteurs.

Que par cette raifon les Villageois n'en doivent pas eftre exempts, veu que c'eft un droit public qui ne peut eftre ignoré de perfonne, & dont perfonne ne peut eftre déchargé; que ces matieres font trop ordinaires pour eftre ignorées, & partant qu'ils n'en peuvent point pretendre caufe d'ignorance.

Cette queftion s'eftant prefentée au Siege de Foreft, il fut jugé contre le tuteur, que faute par luy de n'avoir refervé ny protefté de la dette, foit par l'acte du ferment prefté, foit lors de l'inventaire, il en demeuroit purement décheu; & que le jugement qui y fut rendu, avoit efté confirmé par Arreft que Henris ne datte point, rendu au rapport de Monfieur Quelin.

L'Empereur a excepté la mere par fa Novelle 94. Voyez *infrà* cette Novelle.

Ce mefme Auteur dans le Tome 2. livre 4. queftion 25. rapporte une Sentence du Prefidial de Lyon, confirmative de celle du Bailly de Foreft, qui a debouté un tuteur d'une dette par luy pretenduë fur la fucceffion du pere de fes mineurs.

De ce que deffus nous pouvons conclure, que dans les Païs de Droit écrit les tuteurs qui acceptent la tutelle fans declarer ce qui leur eft deû, décheent de leur deû; & que le contraire eft obfervé dans les Provinces de France qui fe reglent par Couftumes.

CHAPITRE V.

Portant défenses aux curateurs de prendre en aucune ma-
niere des cessions & transports contre leurs mineurs.

SOMMAIRE.

L'Empereur dans ce Chapitre défend aux tuteurs & aux cu- 1
rateurs de prendre des cessions & transports des dettes de
leurs mineurs, soit par donation, par vente, ou autrement, par
eux-mesmes ou par personnes interposées; voulant que les cessions & transports soient entierement inutiles & sans effet, parce
qu'il y a lieu d'y presumer de la fraude, *manifestum est namque,*
quia si in talem cogitationem inciderit, omnia agi & disponi ad
interitum suæ animæ, & ad rerum, quæ ejus quasi videntur,
utilitatem : C'est la raison pour laquelle ce droit nouveau a
esté introduit contre la disposition du droit ancien, par lequel
il est permis à un chacun de disposer de ses biens à sa volonté
& au profit de qui il veut, mesme au profit des tuteurs & des
curateurs, *l. 12. ff. de reb. eor.*

Dans le §. 1. du mesme Chapitre, l'Empereur défend ces sor- 2
tes de cessions, non seulement pendant la tutelle ou la curatelle, mais aussi aprés que la tutelle ou la curatelle est finie; par la
raison qu'un tuteur ou un curateur pourroit pendant sa charge

disposer des cessions & transports estre faits à son profit, & au préjudice du mineur.

3 La peine portée dans ce §. contre ceux qui contreviennent à cette défense, est que le cessionnaire perd le droit & la dette qui luy est cedée & transportée, sans qu'elle retourne au cedant, en sorte que le mineur en est entierement & pour toûjours déchargé, autrement la disposition de cette Ordonnance seroit facilement eludée, *facilia erunt ea, quæ sunt malignitatis, & eum qui cessit, faciet iterum movere; & per medium ea, quæ sunt cessionis recipiet, legem per suam malignitatem circumveniens,* dit l'Empereur : Ce qui a lieu pour toutes les tutelles & curatelles introduites par la Loy, comme celles des furieux & des prodigues, des imbecilles & autres.

4 On demande si le pupille ou le mineur avoit payé à son tuteur ou curateur les sommes qui luy auroient esté cedées & transportées, sçavoir s'il les pourroit repeter *per conditionem indebiti?* L'opinion commune est pour la negative, c'est celle d'Accurse : Bartole & quelques autres sont d'avis contraire.

Le sentiment d'Accurse est fondé sur ce que la condiction *indebiti* cesse pour repeter ce qui est payé estant deû par le droit naturel : Or les sommes contenuës dans une cession declarée nulle par autorité de la Loy, sont deuës *jure naturali,* la dette transportée estant veritable, veu que l'équité naturelle veut que le mineur paye ce qu'il doit, soit à son creancier, ou à tout autre auquel il en auroit fait cession & transport, & la décharge de cette dette fondée sur la seule autorité de la Loy, n'est pas capable d'éteindre l'obligation naturelle, laquelle subsistant jusques à l'actuel payement, empesche que la condiction *indebiti* n'ait lieu.

La raison de l'opinion de Bartole est, que le mineur estant déchargé de l'obligation par l'autorité de la Loy, l'obligation est entierement éteinte, tant la naturelle que la civile; & partant n'y ayant plus de cause legitime du payement, le mineur peut valablement se servir de la condiction *indebiti* pour repeter les sommes qui auroient esté payées.

Le sentiment d'Accurse me paroist mieux fondé, par les raisons susdites.

5 Cette question s'est presentée au Parlement de Paris, sçavoir si un ayeul qui estoit tuteur, avoit pû prendre cession des dettes deuës par une succession à laquelle son mineur avoit succedé,

cedé, & fi en confequence de l'Authentique *minoris.* il devoit eftre privé de la fomme contenuë dans la ceffion ? Monfieur Loüet lettre T. nomb. 4. rapporte un Arreft du 22. Avril 1595. au rapport de Monfieur de Grieu, en la cinquiéme Chambre des Enqueftes, qui a jugé en faveur de l'ayeul, en forte neanmoins qu'il ne feroit payé que de la fomme de quatre cens livres qu'il avoit payée au cedant, au moyen dequoy la ceffion de la fomme de huit cens livres luy avoit efté faite.

De cét Arreft nous devons tirer cette confequence, que quand on ne peut pas douter que la dette ne foit deuë, le tuteur qui en a pris ceffion de bonne foy, & dans l'efperance de profiter de la remife qui luy eft faite par le creancier, il ne doit point eftre décheu de fon action contre le mineur, au moins pour la fomme qu'il a payée au creancier, & non pour ce qui excede, lequel tourne au profit du creancier. Mais lors que la ceffion eft faite d'une dette douteufe, & qui peut-eftre a efté acquittée, le tuteur ou le curateur en ayant fupprimé les quitances, en ce cas j'eftimerois que le tuteur devroit eftre entierement décheu de fon action, & le mineur déchargé, par la prefomption de la fraude de la part des tuteurs, car ces fortes de ceffions font odieufes & ne peuvent eftre faites que dans un deffein de profiter au préjudice du creancier ou du mineur ; dautant que fi la dette eftoit legitimement deuë, & qu'il n'y eut aucune exception à oppofer contre icelle, on ne peut pas prefumer qu'un creancier en voulût faire ceffion au tuteur, lequel il peut contraindre au payement en qualité de tuteur.

Brodeau au mefme lieu, rapporte un autre Arreft du mefme 6 Parlement en la mefme Chambre, au rapport de Monfieur Scaron, le douziéme Janvier 1624. par lequel la Cour en confirmant la Sentence du Prevoft de Paris, a déchargé les mineurs de la dette de dix-fept cens quarante-fept livres quinze fols, dont il eft queftion, & interefts d'icelle, en payant la fomme de trois cens livres feulement, payée par le tuteur pour le prix de la ceffion ; & dautant que ledit tuteur avoit affirmé par ferment avoir payé ladite fomme entiere, & convaincu au contraire de n'avoir payé que celle de trois cens livres, il fut ordonné que ladite fomme de trois cens livres feroit aumofnée, moitié aux pauvres Enfermez, & moitié aux pauvres de la Charité, & ledit tuteur condamné aux dépens.

Des Chapitres 1. 2. 3. 4. & 5. de cette Novelle a efté tirée

l'Authentique *minoris , Cod. qui dar. tut. vel curat. possit , &*
qui dar. non poss.

7　　　AUTHENTIQUE *minoris. C. qui dare tutores.*

Minoris debitor , vel is cui minor tenetur , aut qui minoris res
tenèt , à curatione prohibetur. Nam & antè curator si minoris
creditor efficiatur , non sine adjuncto curatore administrabit.

Hoc autem ab initio vel probet , vel jure se credere minorem
obligatum , vel res ejus habere ; nam si taceat , actionis susti-
nebit jacturam.

Item si debitor taceat , nec redhibitione , nec aliâ tempore cura-
tionis solutione juvabitur.

Sed si actionis cessionem adversus minorem suscipiat , nec post
curam quidem depositam eâ permittitur uti , nec is qui cesserit ,
agere debet , cùm in legem commiserit , licet cessio pro justis causis
facta sit , sed minor lucrabitur : his valentibus in omni cura
prodigorum fortè , aut furioforum , aut dementium , & omnium
quos introducunt leges.

CHAPITRE VI.

De l'administration de l'argent des pupilles & des mineurs.

SOMMAIRE.

AUparavant que d'expliquer le droit nouveau contenu dans
ce Chapitre & les deux suivans , en ce qui concerne l'obli-

gation du tuteur de faire profiter les deniers pupillaires , il faut obferver que par le dr it ancien le tuteur eftoit tenu indifpen-fablement de faire profiter les biens des mineurs , en forte que la Loy 22. *C. de aaminiftrat. tut.* oblige les tuteurs & curateurs de vendre tous les meubles precieux & autres appartenans aux pupilles & aux mineurs , & mefme les heritages de Ville, & con-vertir le tout en argent, excepté les heritages des champs , & les efclaves deftinez aufdits heritages.

Par la Loy 24. au mefme titre, qui eft pofterieure, il eft enjoint aux tuteurs aprés avoir fait inventaire , de mettre l'or & l'argent des pupilles & des mineurs en depoft , & de vendre les meubles pour en acheter des heritages ; & au cas qu'ils ne trouvaffent pas à employer utilement l'argent qui en proviendroit , de le donner à intereft.

Le Jurifconfulte Paul en la Loy 15. *ff. de peric. & admini-ftrat. tut.* decide que le tuteur eft tenu dans les fix mois qu'il a receu les deniers du mineur , de les faire profiter , finon qu'il eft refponfable des interefts , comme s'il les avoit receus. Ce temps de fix mois n'eftoit donné au tuteur que pour la premie-re année , car à l'égard des années fuivantes il n'avoit que deux mois , *l.* 7. §. 11. & *l.* 58. §. 3. *ff. eod. tit.* Neanmoins fi le tuteur juftifioit n'avoir point trouvé à placer feurement les deniers du mineur , & avoir fait fes diligences, il n'en eftoit point tenu, *Paul.* 2. *fentent.* 14. §. *ult.* & *l.* 3. *C. de ufur. pupill.*

Ce droit a efté changé par ce Chapitre , par lequel l'Empe-reur a ordonné que les tuteurs & les curateurs ne feroient plus tenus de mettre à intereft l'argent des mineurs , & qu'ils feroient feulement obligez de le mettre en lieu feur ; par la raifon que l'Empereur a jugé, qu'il eftoit plus avantageux pour le mineur de conferver les biens qui luy font acquis, que de les hazarder pour en acquerir d'autres , *melius eft eis in antiquis tutamen manere , quam ufurarum appetitione etiam antiquâ pecuniâ ca-dere , & periclitari quidem curatorem fi non mutuaverit ;* en forte neantmoins qu'il eft permis au tuteur de le faire, en pre-nant fur luy le rifque & la perte qui en peut arriver par l'infol-vabilité des creanciers aufquels il auroit efté donné à intereft.

Dans le Chapitre 7. il eft decidé , que fi le tuteur veut faire profiter les deniers pupillaires fous l'hypoteque des biens des debiteurs , ou avec les autres feuretez qu'il pourroit trouver, il a deux mois chaque année pour employer les deniers pupillaires, pendant lesquels il ne doit point tenir compte des interests : mais si les deniers perissent, la perte retombe sur luy, & non sur le mineur, ayant voulu faire ce à quoy il n'estoit pas obligé.

Que si le mineur a des revenus suffisans pour vivre selon sa condition, le tuteur peut les dépenser ; & si ses revenus sont plus grands qu'il n'est necessaire pour son entretien, le tuteur est obligé de mettre en seureté ce qui excede.

Que si tous les biens du mineur consistent en meubles & effets mobiliaires, le tuteur est obligé d'en mettre à interest autant qu'il en faut pour la dépense que le mineur est obligé de faire, & ce qui excede, *debet cautè reponi & reservari.*

Dans la fin de ce Chapitre l'Empereur permet au tuteur d'acheter des deniers oisifs du mineur des heritages, au cas qu'il en trouve qui soient avantageux au mineur, & qui ne soient point chargez de redevances considerables, & que le mineur ait toute la seureté qu'il peut souhaiter, autrement toute la perte le regarde.

Dans le Chapitre 8. l'Empereur ordonne que si les biens du mineur consistent en argent, dont les interests ne soient qu'à peine suffisans pour son entretien, le tuteur en ce cas les donne entierement à interest, faisant pour le mineur ce qu'il feroit pour luy-mesme ; par la raison que la necessité n'a point de loy, & nous oblige souvent à contrevenir à la disposition des Ordonnances : voulant qu'en ce cas le tuteur soit obligé de prester serment de faire tout ce qui sera le plus avantageux au mineur.

De ces trois Chapitres a esté tirée l'Authentique *Novissimè, C. de administrat. tut.*

4 AUTHENTIQUE *Novissimè. C. de administrat. tutor.*

Novissimè cautum est à curatore pecuniam pupillarem, non esse fœnerandam, quod si fecerit, mutui subjacebit periculo; nisi mobilis sit ejus substantia, cujus cura administratur : tunc enim curator illud solum mutuare cogatur, quòd ad dispensationem sufficiet adolescentis, ejusque rebus. Quod verò plus est, cautè recondatur : vel nisi ex necessitate hoc fecerit, veluti propter expensas in pupillum faciendas.

Nous ne suivons point en France cette Authentique, & les

tuteurs & curateurs des mineurs font tenus dés qu'ils ont fait 5
inventaire des biens appartenans aux mineurs, de faire vendre
par autorité de Juſtice les meubles, & en employer le prix en
acquiſition d'heritages ou en rentes, ſuivant l'article 102. de
l'Ordonnance d'Orleans, en ces termes : *Les tuteurs & cura-*
teurs des mineurs feront tenus, ſi-toſt qu'ils auront fait inventai-
re des biens appartenans à leurs pupilles, faire vendre par auto-
rité de Juſtice les meubles periſſables, & employer en rentes ou
heritages, par avis des parens & amis, les deniers qui en pro-
viendront, avec ceux qu'ils auront trouvez comptant, à peine de
payer en leurs propres noms le profit deſdits deniers.

Cette Ordonnance eſt generalement obſervée dans le Royau- 6
me, & meſme dans les Païs de Droit écrit, ainſi que remarque
Deſpeiſſes, tome 1. part. 2. ſect. 5. nomb. 12. & qu'il a eſté jugé
par pluſieurs Arreſts rapportez par Monſieur le Preſtre, Centurie 1. chap. 52. & tel eſt l'uſage, que le tuteur doit non ſeulement l'intereſt des principaux, qu'il n'a pas employez en heritages ou en rentes, mais auſſi ceux des deniers qui procedent
d'intereſts, quand le tuteur les a appliquez à ſon profit ; & les
mineurs ſont recevables à demander à leurs tuteurs l'intereſt des
deniers oiſifs, & quand ils montent à une ſomme notable qui
tient lieu de capital & de fort principal, ils doivent payer l'intereſt de l'intereſt.

L'uſage du Parlement de Paris eſt, que le tuteur doit faire 7
profiter les intereſts provenans des intereſts & revenus, de quatre ans en quatre ans, ou de trois ans en trois ans, ſelon que
les revenus ſont conſiderables, autrement il en eſt reſponſable.

Il y a un Arreſt dans les augmentations ſur les Arreſts de
Monſieur le Preſtre *loco citato*, du 30. Juillet 1631. donné en
la premiere Chambre des Enqueſtes, au rapport de Monſieur
de la Nauve, par lequel la Cour a adjugé les intereſts des deniers oiſifs de trois ans en trois ans.

Deſpeiſſes tome 1. part. 1. ſect. 5. nomb. 12. s'eſt trompé,
lors qu'il dit que le tuteur ne paye jamais les intereſts des intereſts qu'il doit à ſon pupille pendant ſon adminiſtration, &
qu'il ſe juge ainſi au Parlement de Paris ; & il cite l'Arreſt du
30. Avril 1611. & que la meſme choſe s'obſerve au Parlement
de Tholoze, & qu'il a eſté jugé ainſi en la Chambre de l'Edit
de Caſtres, du 21. Avril 1634. donné entre Leonard de Vallette
& cét Auteur ; & dit avoir veu un certificat de ſix ou ſept des

O iij

plus fameux Avocats de Castres, qui attestoient que tel estoit l'usage : Qu'au Parlement de Tholoze & en la Chambre de l'Edit de Castres après l'administration on fait un capital, tant du principal que des arrerages deus par le tuteur, & on luy fait payer les interests du total. A l'égard du Parlement de Paris, l'usage est contraire, & la condition des tuteurs y est fort rigoureuse sur ce sujet, à l'égard des autres Parlemens il faut prendre garde à ce qui s'y observe : Dans celuy de Bretagne les tuteurs ne font condamnez de se charger des interests des fruits & revenus des biens de leurs mineurs, & des sommes & deniers portez par l'inventaire, que du jour du calcul ou arresté de compte, comme il a esté jugé par Arrest du 21. Aoust 1671. & par d'autres precedens rapportez dans les Nouvelles additions sur Monsieur le Prestre *loco citato.* Le mesme usage est observé au Parlement de Tholose au rapport de Despeisses, & au Parlement de Dijon suivant un Arrest du 23. Aoust 1605. rapporté par Bouvot tome 1. part. 1. *in verbo,* interests, q. 1.

Chopin au Traité *de privileg. rustic. lib. 1. par. 1. cap. 5.* remarque un Arrest du Parlement de Paris du 19. Avril 1574. par lequel un rustique qui avoit manqué de faire employ des deniers pupillaires, a esté déchargé de payer des interests, à cause de sa rusticité, & que les rustiques font excusez de l'ignorance du droit.

PARAPHRASE
DE JULIEN.

CONSTITUTIO LXV.

CCXVII. Qui tutores vel curatores pupillo vel adolescenti dari possunt.

N*Ulli tutori, nulli curatori liceat nomina contra pupillum, vel eum, qui curationem ejus gubernat, jure cessionis in se* *transferre ab alio, five pretium ab actione dedit, five non.*

CCXVIII. Idem.

Nemo qui dixit fe obnoxium habere pupillum, vel eum qui curatore eget, tutor aut curator ipfe creetur. Sed & is, qui manifeftè obnoxius impuberi, vel ei, qui curâ indigeat, fuerit tutor vel curator ei non fiat.

CCXIX. Idem.

Quòd fi quis tutor conftitutus vel curator, neque obnoxium habeat eum cujus negotia gerit, neque obnoxius ei fit: poftea àutem hæreditas ad eum devoluta fuerit, quæ debitorem vel creditorem memoratæ perfonæ eum faciat: tunc alius tutor vel curator ei adjungatur, qui cuftodit eum: & hoc ipfo juret facramentum, quòd non malitiæ tutoris vel curatoris favebit, ne pœnæ fubjiciatur.

CCXX. Idem.

Ne autem unufquifque dicens fe creditorem impuberis effe, vel fortè adolefcentis, ab onere tutelæ, vel curationis facilè excufetur: fancimus non aliter eum recipiendum effe, nifi manifeftè probaverit creditorem fe effe impuberis, vel fortè adolefcentis, vel res eorum fibi obnoxias effe, vel parentis: quòd fi res in incerto fit: tunc facramentum præbeat, quòd ideò tutelam vel curam recufat: quia revera fuum debitorem effe pupillum vel fortè adolefcentem exiftimat, tunc enim, etfi voluerit, non admittatur ad tutelam vel curationem cujufcumque perfonæ; quamvis tutor legitimus fit.

CCXXI. Idem.

Quòd fi quis adverfus ea tutor vel curator creari paffus fuerit: fiquidem obnoxium impuberem habeat, vel fortè adolefcentem: actiones quas habet, amittat. Sin autem ipfe obnoxius fuerit: non liceat ei dicere, quòd tempore quo tutelam vel curationem gerebat, folutionibus vel aliis commentitiis liberationibus actione folutus eft.

CCXXII. Idem.

Nulli tutori vel curatori liceat, ficut fuprà diximus, nomina contra pupillum vel fortè adolefcentem redimere, & ceffiones adverfus eum impetrare, quamvis jam defiit tutor vel curator effe: fed omni modo hoc quod factum eft, pro infecto habeatur, ita ut pupillus quidem vel fortè adolefcens omni modo fecuritatem habeat, & nullâ teneatur actione, tutori autem vel curatori non liceat contra eum redire, qui nominibus ei cefferit : eodem jure obtinente, & fi poftquam tutor vel curator defiit effe, ceffiones nominum impetraverit.

CCXXIII. Idem.

Hæc autem omnia de omnibus curatoribus pofita funt, non folùm adolefcentium, fed etiam prodigorum, vel furioforum, vel mente captorum, vel fi quid aliud aut lege expreffum eft, aut naturâ inveniat.

CCXXIV. De adminiftratione tutorum & curatorum.

Nemo tutor vel curator compellatur pecuniam impuberis vel fortè adolefcentis mutuam dare, fed liceat ei fterilem eam in tuto deponere, nam melius eft fortem impuberis vel adolefcentiæ confervari, quàm ufurarum cupiditate etiam fortem amittere : Sin autem fponte fuâ tutor vel curator mutuaverit, fortè fub pignoribus vel fub alia indubitata cautela ; tunc habeat quidem per fingulos annos duorum menfium laxamentum. Sciat autem quod periculum fortis ad ipfum pertinebit.

CCXXV. Idem.

Si pupillus reditus habeat fibi fufficientes, eos tutor impendat. Sin autem ampliores reditus funt, quàm fumptus : tunc id quod fuperfuerit, deponatur. Quòd fi fubftantia impuberis mobilis fit : tunc id tantùm tutor mutuare debet, quod fufficiat ad adminiftrationem pupillarium rerum, quod autem fuperfluum fit, hoc deponatur, eademque dicimus & de curatoribus omnium perfonarum. Licebit autem tutori vel curatori fubtiliter inquirere, fi
quem

quem reditum comparare pupillo vel fortè adolescenti possit ex
superflua pecunia, ut & tributa levia sunt, & venditor locuples,
& reditus fertilis. Sciat autem quòd si adversus ea comparave-
rit, negligentiæ periculum odium pertinebit.

CCXXVI. Idem.

Quod si pecuniam tantam habeat pupillus, ut ex ea administra-
tiones rerum ipsius solummodò explicentur : tunc mutuare tutor
vel curator eam debebit cum cogitationes cælestis judicii.

CXXVII. Idem.

Nam & ab initio anteqam administrationi se immisceat tutor
vel curator cujusvis personæ, sacramentum præstare compellitur
per divinas scripturas, quòd omnia gesturus est, quæ pupillo
commoda esse putaverit. Eadem dicimus & de his, qui curatione
egent. Dat. Kal. Jun. CP. Imp. Dn. Justin. PP. A. ann. XII.
Joanne. II. *C. Consf.*

TITRE II.

Comment on peut faire des Actes en sorte que foy y soit
ajoûtée ; du dépost & du prest, des autres Actes privez,
faits en presence de témoins, & de ceux qui sont faits
sans témoins : des Actes authentiques faits en presence
de personnes publiques : des comparaisons d'écriture ; des
Actes passez par personnes qui ne sçavent ny écrire ny
signer ; Des Actes qui ne sont redigez par écrit ; des
Contrats faits jusques à une livre d'or ; des Contrats qui
se font à la campagne ; & que cette Ordonnance n'a lieu
que pour les Actes & les instrumens qui seront faits aprés
qu'elle aura esté publiée, & non pour ceux qui ont esté
faits auparavant.

De instrumen-
torum cautela
& fide; & primùm
de deposi-
to & mutuo,
& aliis documē-
tis priva-
tè quidē scriptis,
habenti-
bus autē testes; &
de instru-
mentis publi-
cè conf-
ectis; &
de colla-
tionibus
manûs propriæ
scriptu-
ræ, & de
expositis
instru-

mentis ab illiteratis, aut paucas literas scientibus : & de non scriptis contractibus ; & de contractibus usque ad unam
libram auri ; & de contractibus qui in agris fiunt : & ut in documentis & contractibus futuris locum habeat lex,

NOVELLE LXXIII.

Cette Novelle est composée d'une Preface & de neuf Chapitre, dans lesquels les matieres sommairement exposées dans le titre, sont traitées.

CHAPITRE I.

Des Contrats soussignatures privées.

CHAPITRE II.

Comment on peut seurement sans Notaires faire les Contrats de prest & de dépost.

CHAPITRE III.

De la difference entre les comparaisons d'écritures, & la déposition des témoins.

CHAPITRE IV.

Des Actes faits sans seureté.

L'Empereur dans la Preface de cette Novelle dit, qu'il y a des Loix qui ordonnent que foy soit ajoûtée aux Actes privez lors qu'ils seront verifiez par des pieces de comparaison; ces Loix sont la Loy *comparationes. C. de fide instrument. & sup. de iis qui ingred. ad appell. §. illud.* Que quelques Empereurs ont défendu les comparaisons d'écritures, parce qu'ils ont reconnu que ceux qui se meslent de falsifier des Actes & des Contrats, s'exercent à contrefaire & imiter parfaitement les écritures: ce qui s'est presenté mesme pardevant luy dans les Jugemens qu'il a rendus, & principalement dans une affaire dont il rapporte ainsi le fait. Un particulier s'étoit servy d'un Contrat d'échange sous signature privée contre sa partie adverse, laquelle elle dénioit eſtre vraye & reſuſoit de la reconnoiſtre ; la partie adverſe apporte une piece de comparaiſon que l'on convenoit avoir eſté écrite par elle ; ces pieces furent declarées eſtre écrites de differentes mains, ainſi il fut jugé que la partie adverſe n'avoit point écrite la piece en queſtion : cependant les témoins qui avoient ſouſcrit cette premiere piece, reconnurent leurs ſignatures, & firent ſerment qu'elle avoit eſté écrite par la partie adverſe, ainſi elle fut reconnuë & verifiée, quoy que d'abord elle fût declarée fauſſe par la comparaiſon d'écritures dont les parties eſtoient convenuës.

Qu'il faut prendre garde que quand on verifie des pieces par comparaiſon d'écritures, le temps cauſe ſouvent de la difference entre des écritures qui viennent d'une meſme main, qui neanmoins ſont entierement diſſemblables ; *non enim ita quis ſcribit juvenis & robuſtus, ac ſenex & forte tremens : ſæpe autem & languor hoc facit ; & quidem hoc dicimus quando calami & atramenti immutatio, ſimilitudinis per omnia aufert puritatem ; & nec invenimus de reliquo dicere quanta natura generans innovat, & legiſlatoribus nobis præbet cauſas*, dit l'Empereur.

Ce ſont là les raiſons qui ont meu l'Empereur de preſcrire dans le Chapitre premier un moyen pour faire un dépoſt avec ſureté, ſçavoir d'en faire écrire & ſigner l'Acte par le dépoſitaire en preſence de trois témoins, afin que *in ſola ſcriptura & ejus examinatione judices non pendeant, ſed ſit judicantibus etiam teſtium ſolatium.*

Dans le Chapitre deuxiéme, l'Empereur dit que l'on peut faire un preſt ſous ſeing privé ou tout autre contrat avec la meſme ſureté ; ſçavoir en la preſence de trois témoins dignes de foy, en ſorte que la foy de la piece ſe tire en partie de la comparaiſon d'écriture en cas de denegation, & de partie de la dépoſition des témoins.

Dans le Chapitre troiſiéme, l'Empereur répond à une queſtion qui pouvoit luy eſtre faite ; ſçavoir dans le cas d'un Acte ſous ſeing privé, fait en preſence de trois témoins, & de refus par la partie de reconnoiſtre la piece, & que la comparaiſon d'écriture, & la dépoſition des témoins juſtifient le contraire, c'eſt à dire l'une, que la piece en queſtion eſt écrite de la main de la partie ; & l'autre, qu'elle eſt écrite d'une autre main, comme dans le fait propoſé cy-deſſus, ſi dans ce cas la dépoſition des témoins doit prévaloir ; & il la reſout pour l'affirmative, en ſorte neanmoins que c'eft au Juge d'en juger felon fa prudence & felon qu'il trouvera à propos, & plus conforme à la verité.

Ces précautions ne font neceffaires que pour une plus grande feureté, non pas qu'elles foient abfolument requifes pour la validité des Actes & Contrats faits fous feing privé, *nam falfitates & imitationes metuentes, & nudis eis exiftentibus non credentes, hujufmodi fubtilitatem caufæ addimus ; non ut credentes privemus fide fua circa amicos, fed ut quantum poffibile eft, & perfidiam & negationem multis reconnrveamus modis,* dit l'Empereur dans ce Chapitre.

Nous n'avons point receu en France l'ufage de faire des Actes fous fignature privée en prefence de témoins, ceux qui font paffez pardevant deux Notaires font foy, fans qu'il foit befoin de témoins, mais dans les lieux où il n'y a qu'un Notaire ou Tabellion, ou peu de Notaires, les Actes fe paffent ordinairement pardevant un Notaire ou Tabellion, & deux témoins : par l'Ordonnance de Loüis XII. à Blois, en 1498. art. 66. il eft porté qu'un feul Notaire ou Tabellion ne peut recevoir feul aucun contrat s'il n'y a deux témoins, nonobftant toute coûtume & ufage contraire. Et par l'article 166. de l'Ordonnance de Blois de l'an 1579. lors que la partie qui s'oblige ne fçait pas figner, il eft enjoint au Notaire qui paffe feul l'Acte, de prendre un des deux témoins qui fçache écrire, & qui figne l'Acte avec le Notaire.

Touchant l'ufage des verifications d'écriture par comparaifons. Voyez *infrà* fur le Chapitre 7.

CHAPITRE V.

Comment les Notaires doivent faire les Actes avec feureté.

Quomodo Tabelliones cautè debeant inftrumenta componere,

Dans les Actes paffez pardevant Notaires en prefence de témoins, le Notaire doit faire mention des témoins qui ont affifté à l'Acte, & declarer leurs noms avant que de faire l'Acte par fon nom & fa fignature.

L'Empereur n'oblige point les Notaires qui reçoivent des

Actes en presence de témoins, de faire signer les témoins : mais en France c'est une solemnité essentielle sous peine de nullité, suivant l'article 84. de l'Ordonnance de Blois, de l'an 1560. & les parties & les témoins doivent mettre leurs signatures auparavant celles des Notaires.

CHAPITRE VI.

De la comparaison des notes ou abbreviations.

De comparatione notarum.

L'Empereur dans ce Chapitre dit, que les faussetez se découvrent souvent par la comparaison des abbreviations, dont quelquefois on se sert dans les écritures; *notæ non sunt literæ, l. 6. in fine, ff. de bon. possess. sed literarum compendia*, dit Godefroy : il en est fait mention dans la Loy *Lucius Titius. 40. in princip. ff. de testam. milit.*

CHAPITRE VII.

Des comparaisons d'écritures.

De comparatione litterarum.

DAns ce Chapitre *in princip.* l'Empereur dit :
I. Que si les témoins qui ont esté presens à un Acte public, sont morts, ou s'ils sont absens, ou qu'il ne soit pas facile de les avoir, & que le Tabellion soit decedé ou qu'il soit absent, en ce cas il faut avoir recours à la verification par comparaison d'écritures, & le Juge doit en premier lieu faire prester serment à celuy qui se sert de l'Acte qui est à verifier, qu'il affirme la verité de l'Acte & qu'il n'y a aucune falsification, & que sans aucun dessein de fraude il demande que la verification en soit faite.

II. Que si dans un Acte public le Notaire qui l'a passé est present, & qu'aprés avoir presté serment il dépose de la verité; ou si le Notaire a fait écrire l'Acte par un Scribe ou un Clerc, & que ce Scribe soit present; & si celuy qui a servy de mediateur ou de proxenete pour faire le Contrat, est aussi present, en sorte que tous trois attestent de la verité de l'Acte; ou s'il n'y a point de mediateur, & que le Tabellion affirme qu'il a luy-mesme écrit entierement l'Acte, sa déposition avec affirmation par serment fait foy que l'Acte est veritable, §. 1. *hic.*

III. Que si le Tabellion est mort, & que celuy qui a écrit l'Acte, & le mediateur soient vivans, on ajoûtera foy à l'Acte, estant avec la déposition de ces deux témoins verifié par comparaison d'écritures, §. 2. *hic.*

IV. Que si celuy qui a écrit l'Acte, & le mediateur sont morts ou sont absens, en ce cas l'Acte seul ne fait pas foy, à moins que la verité n'en soit justifiée par comparaison des écritures de ceux qui ont signé, & de celles des contractans, *d.* §. 2.

V. Que s'il n'y a point d'autre moyen pour justifier la verité de l'Acte, que par comparaison d'écritures, celuy qui a produit l'Acte doit affirmer par serment, qu'il ne s'est servy d'aucun artifice, & que l'Acte soit veritable; & celuy qui nie l'Acte, & qui demande qu'il soit verifié, doit aussi prester le serment *de dolo & calumnia.*

VI. Que toutes ces formalitez ne seroient point necessaires, si l'Acte estoit insinué dans les Registres publics.

VII. Que ce qui est ordonné par cette Novelle touchant les comparaisons d'écritures pour les Actes privez, soit observé.

Par les Chapitres expliquez cy-dessus, il paroist que chez les Romains les faussetez & falsifications estoient frequentes, & que pour les empescher les Empereurs avoient cherché plusieurs moyens, que les certifications par comparaison d'écritures n'avoient point paru des moyens assurez pour justifier de la verité des Actes, c'est pourquoy l'Empereur avoit introduit toutes les précautions susdites; mais nous n'avons point suivy en France cette nouvelle Jurisprudence, & voicy nostre usage: Lors qu'on se sert d'une piece écrite contre quelqu'un, comme estant écrite & signée de sa main, il est obligé de la reconnoistre ou de la dénier: mais si la piece est écrite & signée de la main d'un autre, comme d'un deffunt, & qu'on s'en serve contre son heritier, cét heritier n'est point obligé de la reconnoistre ny de la dénier precisément; & il peut se deffendre, en disant qu'il ne connoist point l'écriture ou la signature de celuy, par lequel on pretend que la piece a esté écrite ou signée; & aprés cette declaration, celuy qui veut s'en servir contre luy, est obligé de la verifier.

Les parties doivent convenir des écritures & signatures qui doivent servir à faire la verification par comparaison; & si c'est ûne piece pretenduë écrite par la partie, le Juge la peut contraindre d'écrire fur le champ devant luy, pour faire la comparaifon; neanmoins la partie adverfe n'eft pas obligée de prendre droit fur cette écriture, veu qu'elle peut eftre contrefaite. *Authent. de inftrument.*

Que s'il s'agit d'une piece écrite ou fignée, par une autre perfonne, il la faut verifier par comparaifon d'autres écritures publiques & authentiques, fuivant l'article 7. du titre 12. de l'Ordonnance du mois d'Avril 1667. à moins que les parties ne conviennent d'autres pieces.

La verification par comparaifon d'écritures fe fait par Experts dont les parties conviennent, ou qui font nommez d'office par le Juge au refus fait par les parties, ou par l'une d'icelles, fuivant l'article 8. de l'Edit du mois de Decembre 1685.

Lors qu'il s'agit d'un Acte paffé pardevant Notaires, par la partie contre laquelle on l'a produit, elle ne le peut pas nier; parce qu'eftant paffé pardevant Notaires, foy y doit eftre ajoûtée jufqu'à ce qu'il foit juftifié au contraire, fuivant les Ordonnances de Charles IX. de l'an 1560. article 84. de Henry III. de l'an 1579. article 165. & autres.

La verification fe fait auffi en matiere criminelle, des pieces produites contre l'accufé par comparaifon d'écritures, fuivant les articles 3. & 4. du titre 8. de l'Ordonnance criminelle; & les pieces de comparaifon doivent eftre authentiques ou reconnuës par l'accufé, fuivant l'article 5. du mefme titre.

La verification fe fait par Experts & Maiftres Ecrivains nommez par le Juge d'office.

Il faut prendre garde, que quand on convient de pieces de comparaifon, ces pieces ne foient pas fauffes, car eftans fauffes & écrites de la mefme main que celles dont on fe ferviroit pour faire la comparaifon, quoy que les unes & les autres fuffent fauffes; neanmoins eftant declarées eftre écrites & fignées d'une mefme main, les pieces en queftion feroient declarées eftre écrites & fignées de la main de celuy contre lequel elles feroient produites, lequel en confequence feroit condamné : Ce qui eft arrivé plufieurs fois.

Nous obferverons icy en paffant, que par l'Ordonnance du Roy Charles IX. de l'an 1569. article 8. celuy qui dénie fa promeffe, eft condamné au double de la fomme portée par icelle : Par l'article 11. de l'Edit du mois de Decembre 1685. ceux qui dénient leur propre écriture ou signature, sont condamnez en cent livres d'amende envers le Roy dans les Cours Souveraines; & en cinquante livres dans tous les autres Sieges & Jurisdictions; & en pareille somme envers qui il appartient, dans les Justices des Seigneurs particuliers, outre les dépens, dommages & interests des parties.

CHAPITRE VIII.

Comment ceux qui ne sçavent point écrire, peuvent contracter seurement.

CHAPITRE IX.

Des Contrats qui se font sans écrit.

L'Empereur ordonne dans ce Chapitre, que pour contracter seurement par ceux qui ne sçavent point écrire, ils doivent passer leurs Actes pardevant un Notaire, s'il y en a dans le lieu, & en presence de témoins, dont ils soient connus; ils doivent estre au nombre de cinq, dont l'un, après que la partie qui ne sçait point écrire, aura marqué le signe de la Croix sur le papier, ou écrit quelques lettres comme il pourra, l'un des témoins doit écrire pour luy, & tous les témoins doivent souscrire, que tout ce qui est contenu en l'Acte s'est passé en leur presence, dont ils ont eu pleine & entiere connoissance.

Ceux qui ne sçavent point écrire, peuvent faire des Contrats sans écrit, dont la preuve se fait par témoins & par sermens, en cas que celuy qui est obligé par le Contrat dénie d'avoir promis & s'estre obligé à donner, ou à faire quelque chose.

Julien entend par ces mots *paucas literas,* une croix & quelques lettres que ceux qui ne sçavent pas écrire ny signer, mettoient au lieu de leur nom & de leur signature, un des témoins leur conduisant la main: *Nemo tamen scribendi sic imperitus est, quin ductâ illi manu ab uno testium sanctam crucem facere possit, & paucas literas scribere,* dit Godefroy *ex Julia.*

Que si le Contrat est fait pour une livre d'or seulement, ou au dessous, il n'est pas besoin de cinq témoins, deux suffisent: mais

s'il

s'il eſt fait au deſſus d'une livre d'or, le nombre de cinq témoins eſt requis.

Dans le Chapitre 9. l'Empereur ordonne que ce qui eſt contenu dans cette Novelle pour les comparaiſons d'écritures & de la preuve des Contrats, les ſolemnitez requiſes dans les Contrats de ceux qui ne ſçavent point écrire, ne ſoit obſervé que dans les Villes : voulant que l'uſage introduit dans les autres lieux ſoit gardé, *ubi multa ſimplicitas eſt, & neque ſcribentium aut teſtium multorum copia eſt.*

De ces deux Chapitres eſt tirée l'Authentique *At ſi contractus. C. de fide inſtrument.*

AUTHENTIQUE *At ſi contractus. C. de fide inſtrument.*

At ſi contractus fiat in civitate, & unam libram auri exceſ-ſerit, omnimodo collationi adſit argumentum quodlibet, nec cre-datur ei ſoli.

Les deux derniers Chapitres de cette Novelle ne ſont point obſervez en France ; l'uſage eſt de paſſer les Contrats pardevant deux Notaires, ou pardevant un Notaire & deux témoins. A Paris & dans les grandes Villes où il y a pluſieurs Notaires, les Contrats ſe paſſent pardevant deux Notaires ſans témoins : & on n'obſerve point d'autres ſolemnitez, ſoit que les parties ſçachent ſigner ou non, ſi ce n'eſt que quand les parties ou l'une d'icelles ne ſçait pas ſigner.

Par les Ordonnances du Roy Henry II. à Fontainebleau, en Mars 1554. de Charles IX. à Blois, de l'an 1556. article 84. & du Roy Henry III. à Blois, de l'an 1579. article 165. il eſt enjoint aux Notaires de faire ſigner les parties & les témoins, s'ils ſçavent ſigner, & d'en faire mention dans les Contrats à peine de nullité des Contrats, & d'amende arbitraire contre les Notaires ; & au cas que les parties ou les témoins ne ſçachent pas ſigner, les Notaires doivent faire mention de la requiſition qu'ils leur en ont faite, & de la réponſe des parties ou des témoins, qu'ils ne ſçavent pas ſigner.

L'Ordonnance de Blois du mois de May 1498. article 65. ordonne, que les Notaires ne recevront aucun Contrat s'ils ne connoiſſent les perſonnes, ou qu'ils ſoient certifiez & témoignez eſtre ceux qui contractent, ſur peine de privation de leurs Offices.

Tome II. Q

L'inexecution de cette Ordonnance a donné lieu à une infinité de fauffetez & de faux Contrats paffez par des perfonnes fuppofées pour d'autres, declarant qu'ils ne fçavoient pas figner; il y a eu des fauffaires qui ont efté condamnez à eftre pendus & étranglez, & la condânation executée l'année derniere, pour avoir fait faire à leur profit des Contrats & obligations par des perfonnes fuppofées pardevant des Notaires à Paris, fous le nom d'autres perfonnes qui ne fçavoient point écrire, & contre lefquelles ils obtenoient des condamnations par defaut de leur vivant, par le moyen d'affignations dont copie ne leur avoit point efté fignifiée, lefquelles ils mettoient à execution aprés la mort de leurs debiteurs, contre leurs heritiers. Ce qui devroit donner occafion d'ordonner, que les Notaires obferveront ces Ordonnances, & qu'ils ne recevront aucuns Contrats qu'entre perfonnes qu'ils connoiftront, ou qui leur feront certifiez eftre ceux qui contractent.

Il feroit trop long d'expliquer en ce lieu toutes les formalitez requifes pour la validité des Contrats. Voyez la Science parfaite des Notaires, où elles font rapportées affez amplement.

PARAPHRASE
DE JULIEN.

CONSTITUTIO LXVI.

CCXXVIII. Quemadmodum depofitum dari poteft.

*S*I *quis depofitum alicui dare cautè voluerit, neceffarii funt ei tres teftes. Nam litteræ depofitarii foli non fufficiunt depofitori ad pleniffimam depofiti dati probationem. Teftimonia autem fex exhiberi oportet, ut dicant teftes, quod fub præfentiam fuam, vel fufceptum eft depofitum, vel quòd depofitarius fe fufcepiffe confcripfit. Idem eft & fi fine fcriptis : tamen fi tres adhibiti teftes idonei veritate,*

CCXXIX. Quemadmodum fine Tabellione inftrumentum cautè fieri poteft.

Si quis fine Tabellione componere inftrumentum maluerit, five de mutuo, five de depofito, five de alia quacumque caufa : tres teftes adhibeat ; alioquin litteræ ipfius folæ & comparatio earum credendæ non funt. Nulla autem differentia eft, utrùm fubfcripferint teftes, an præfentibus ipfis inftrumentum compofitum fit.

CCXXX. Si litterarum fides à voce teftium difcrepet.

Si inftrumentum prolatum fuerit, & litteræ quidem Titii effe non videantur, teftes autem dicant Titium eas fcripfiffe, jurati fcilicet, teftimonium eorum reprobari facilè non debet : Sed tamen ad fapientiam judicis pertinet, ut ea, quæ verifimilia magis putaverit, eis majorem præbeat fidem.

CCXXXI. De contractibus incautè compofitis.

Si quis inftrumentis componendis adhibere prædictam obfervationem neglexerit, vel depofuerit alicui, vel mutuaverit fine teftium præfentia : folis litteris debitoris credens incautè quidem facturus eft : fed tamen, fi per facramentum vel confeffionem debitoris veritas debiti manifeftetur, id quod dedit, exigere non prohibeatur.

CCXXXII. Quomodo Tabellionis cautè debeant inftrumenta componere.

Inftrumenta quoque, quæ apud Tabellionem componuntur, fubfcriptione teftium, ficut dictum eft, muniri præcipimus ante completionem fcilicet à Tabellione infertam.

CCCXXXIII. De comparatione notarum.

Judices autem non tantum ex comparatione litterarum falfitatem reprehendant, fed etiam ex comparatione notarum.

CCXXXIV. De comparatione litterarum.

Comparatio litterarum, ficut fuprà diximus, fine teftium con-firmatione non fufficiat ad veritatis probationem. Sin autem om-nes teftes mortui funt cum Tabellione, vel fortè in abfentia Ta-bellio eft : tunc ille quidem, qui inftrumentum producit, facra-mentum præftet, quòd nullius malitiæ confcius eft in eo inftru-mento commiffæ. Comparatio autem litterarum propter neceffita-tem caufæ fine impedimento fecundum priftinum morem procedat, quòd fi Tabellio & vivat, & præfens fit, juratus teftimonium fuum de fide inftrumenti præbeat. Sed fi per aliquem miniftrum fuum inftrumentum compofuit, & ille vivit, & præfens eft, & nullo morbo vel alia jufta caufa impediatur in judicium venire, præbeat ipfe quoque teftimonium. Item fi per Titium pecunia nu-merata eft, & ipfe veniat (& facramentum præbeat) quòd fine quo numeratorem habeat inftrumentum, & omnes teftes mortui funt, vel in abfentia fuerint, vel alia jufta caufa impe-diantur venire in judicium : folus autem Tabellio & vivit & venit : teftimonium ipfius probabile fit, ad fidem inftrumenti pertinens, ut nec comparatio litterarum neceffaria effe videatur. Quod fi Tabellio mortuus eft, fiat quidem comparatio litterarum ejus : & veniat tam minifter ipfius, per quem inftrumentum confcriptum eft, quàm numerator pecuniæ, fcilicet fi non abfint. Enimvero five mortui fint, vel in abfentia fuerint : alii teftes producantur, & fi hoc facilè non fit : tunc ad comparationes lit-terarum judex perveniat, ut non folùm completiones litterarum à Tabellione facta comparentur, fed etiam aliæ litteræ tam prin-cipalis perfonæ quàm teftium in comparationem deducantur, ut ex multis comparationibus litterarum fides veritatis illucefcere poffit. Sin autem nullum aliud ad veritatem probandam fuperfit, quàm comparationes litterarum ; tunc illud teneat, quod ufque ad hoc tempus obtinuit, ut qui inftrumentum producit, legiti-mum facramentum habeat ; quòd nulla malitia ufus eft : fed & eis, qui fidem inftrumenti exigit, de dolo & calumnia jusjuran-dum fubeat.

His autem omnibus neceffitatibus homines liberantur, fi fub actorum teftificatione inftrumenta intimentur, & ibi teftes & aliæ perfonæ fuis depofitionibus contractum corroborent.

CCXXXV. Idem.

Omnia autem quæ de comparationibus conſtituimus ab illis in-
ſtrumentis faciendis quæ ſine Tabellione compoſita ſunt , maneant
in eadem firmitate durantia ; illa quoque jura , quæ de imperi-
tis litterarum in judiciis prolata ſunt , inconcuſſa permaneant.

CCXXXVI. Imperiti litterarum quomodo debeant inſtrumenta componere.

Si inſtrumentum litterarum imperitus componere maluerit , ne-
ceſſarius erit tabularius, ſi in loco tabularii ſunt. Sed & teſtes non
minus quinque , ſcientes eum imperitum litterarum , & ab eo co-
gniti , & poſtquam imperitus vel ſanctam Crucem fecerit , vel
paucas litteras , unus ex iiſdem quinque teſtibus pro eo ſubſcribat,
omnes autem quinque teſtes ſubſcribere debent , quòd & præſenti-
bus eis , & cognoſcentibus imperitum , omnia proceſſerunt.

CCXXXVII. De Contractibus ſine ſcriptis compoſitis.

Hæc autem omnia de his contractibus dicimus , qui ſcripturâ
interveniente fiunt, alioquin ſi ſine ſcriptura aliqui contraxerint :
liceat eis vel teſtimoniis vel jurisjurandi religione veritatem ma-
nifeſtare , ſcilicet actore quidem teſtes producente , reo autem vel
jurante , vel jusjurandum referente , ſecundùm hoc quòd judex
æſtimaverit.

CCXXXVIII. De vi & poteſtate Conſtitutionis in quantitate.

Hujus conſtitutionis obſervatio in his contractibus locum habet,
qui ſunt ultra quantitatem libræ auri , nam uſque ad libram au-
ri priſtinum morem conſervari jubemus.

CCXXXIX. De vi & poteſtate Conſtitutionis in loco.

Hujus conſtitutionis ſubtilitas in civitatibus locum habeat. Si
enim inſtrumentum in vico compoſitum ſit : conſuetudo pro jure
habeatur : ruſticorum enim ſimplicitatem & in teſtamentis facien-

dis non prægravamus , quamvis aliàs in ordinatione testamento-
rum summa subtilitas exigatur.

CCXL. De vi & potestate Constitutionis in tempore.

Hæc constitutio in futuris instrumentis & contractibus valet:
nam præteritæ causæ prioribus legibus dirimuntur. Dat. prid.
Non. Jun. CP. Imp. Dn. Inst. PP. A. ann. XII. *Joanne V. C.*
Cons.

TITRE III.

Des moyens de legitimer les enfans naturels , &c.

NOVELLE LXXIV.

Cette Novelle consiste dans une Preface, & six Chapitres.

PREFACE ET CHAPITRE PREMIER.

Des differens moyens de legitimer les enfans ; & de la
legitimation par mariage.

SOMMAIRE.

Quibus modis naturales legitimi & sui, supra illos modos qui in superioribus Constitutionibus continentur,

De variis modis legitimandorum filiorum naturalium ; & de legitimatione per matrimonium, seu de côtractio cum matre naturali & liberorû matrimonio ab ipso patre naturali,

L'Empereur dans cette Preface dit que dans une Loy, qui est 1 la Loy *cum quis. C. de natur. lib.* il a esté ordonné que par le subsequent mariage des pere & mere : les enfans nez avant ce mariage sont rendus legitimes sous deux conditions : La premiere qu'il y ait des enfans nez de ce mariage ; mais parce que ces enfans ne pourroient estre rendus legitimes que par la naissance d'autres enfans pendant ce mariage, en sorte qu'aucuns enfans n'estans pas nez pendant ce mariage, ou mesme ceux qui seroient nez estoient decedez les enfans nez auparavant le mariage, reprenoient leur premiere qualité d'enfans naturels, ce qui paroissoit absurde, c'est pourquoy l'Empereur dans la Loy *nuper. C. eod. tit.* reforma la rigueur de la Loy *cùm quis.* voulant que le subsequent mariage fût la cause de la legitimation des enfans nez auparavant, soit qu'il y ait des enfans nez du mariage, ou non, ou qu'il y en eut eu, & qu'ils fussent morts, ce que l'Empereur a inseré aux Institutes §.*ult. Instit. de heredit. quæ ab intest.*

La deuxiéme, que le mariage eut esté contracté avec un Contrat contenant la dot & la donation à cause de nopces, *confectis dotalibus instrumentis*, en sorte qu'un mariage contracté sans constitution de dot, n'estoit pas suffisant pour operer la legitimation des enfans, quoy que les enfans de ce mariage fussent legitimes : La raison pour laquelle cette condition estoit requise pour la legitimation des enfans, est, *ut constaret de initis nuptiis cum concubinis.*

Dans le §.1. de cette Preface, l'Empereur remarque trois cau- 2 ses ou empeschemens, par lesquels les enfans ne pouvoient point estre legitimez par subsequent mariage. Le premier lors que la mere mouroit auparavant que le mariage fût contracté, & l'Acte de dote, le pere voulant legitimer ses enfans.

Le deuxiéme, que la mere des enfans ne meritoit pas que leur pere contractât mariage avec elle, *neque dignam eam existimavit legitimo quodam nomine, quæ etiam semetipsam injuriaverat,* parce qu'elle vivoit avec un autre dans le concubinage.

Le troisiéme, que le pere voulant legitimer ses enfans par un subsequent mariage, & les enfans ayant interest d'empêcher que ce mariage ne fût contracté à cause de l'usufruit que les peres ont sur les biens de leurs enfans qui leur échéent par la succession de leur mere, souvent cachoient leur mary pour empêcher ce mariage ; c'est pourquoy l'Empereur trouve un moyen de seconder la volonté du pere.

Et pour cet effet dans le Chapitre premier, il permet au pere des enfans dont la mere est morte, ou n'est pas d'une conduite honneste, ou qui ne paroist point, de presenter son placet au Prince, dans lequel il demande que ses enfans naturels soient declarez legitimes, & constituez sous sa puissance, pourveu que le pere n'ait point d'enfans legitimes ; & cette legitimation est appellée *per Rescriptum Principis*, introduite par l'Empereur dans ce Chapitre, à l'exemple de l'ingenuité accordée aux affranchis par l'impetration des anneaux d'or, *C. de jure aureor. annul.*

De ce Chapitre a esté tirée l'Authentique *prætereà. C. de naturalib. liber.*

3　AUTHENTIQUE *Prætereà de naturalib. liber.*

Prætereà qui legitimam non habet prolem, sed ex hujusmodi consuetudine dundaxat naturalem, potest ab eo precibus Principi datis, legitimos sibi constituere, & sine matrimonio, si mulier jam defuncta sit, vel deliquerit, vel accusetur, vel aliàs venire prohibeatur, vel quoquo modo matrimonium impediatur, ut sacerdotio

4　De cette Authentique, il s'ensuit que pour la legitimation des enfans naturels par Rescrit du Prince, deux conditions sont requises : La premiere, que le pere n'ait point d'enfans legitimes, par la raison que la faveur des mariages legitimes & des enfans qui en sont nez, ne permet pas que ceux qui sont nez dans le concubinage, soient rendus legitimes à leur préjudice.

La deuxiéme, que le mariage ne puisse pas estre contracté avec la mere des enfans par une des causes susdites, ou par quelque autre empeschement, comme si le pere estoit dans les ordres : la raison est que le Rescrit du Prince est un remede extraordinaire, auquel il ne faut point avoir recours qu'au défaut de tous autres moyens ordinaires, *l. 6. in princip. ff. de minor.*

Par une Jurifprudence generalement obfervée en France, le 5
mariage fubfequent rend legitimes les enfans naturels , pourveu
qu'au temps de leur conception , leurs pere & mere euffent pû
contracter mariage enfemble.

Autrement les enfans ne pourroient pas eftre legitimez ; com- 6
me fi un enfant eftoit né en adultere d'une femme mariée, pendant l'abfence de fon mary , il ne pourroit pas eftre rendu legitime par le fubfequent mariage de fes pere & mere , aprés le deceds du premier mary de la mere , comme il a efté jugé par Arreft du 3. Février 1662. rapporté dans le 2. Tome du Journal des
Audiances.

Baffet dans le Tome 1. de fes Arrefts en rapporte un autre qui
a jugé la mefme chofe , ainfi que j'ay remarqué dans le Code fur
ce titre.

La legitimation par fubfequent mariage rend les enfans nez 7
auparavant femblables en toutes chofes à ceux qui font nez
dans ce fubfequent mariage , comme il a efté jugé par Arreft
du 30. May 1647. en forte que l'aifné eft capable du preciput
& du droit d'aîneffe , comme nous avons dit plus amplement
fur l'article 13. de la Coûtume de Paris.

Le fils naturel eftant mort avant le fubfequent mariage de fes 8
pere & mere , fes enfans nez en legitime mariage peuvent eftre
legitimez par le fubfequent mariage de leurs ayeul & ayeule , à
l'effet d'avoir les mefmes droits en leur fucceffion qu'auroit eu
leur pere s'il avoit vefcu , *argum. leg. fi filium. ff. de gradib. cognatio.*

Les enfans nez dans le concubinage ne font point legitimez
par un fubfequent mariage fait *in extremis ,* fuivant la Declaration du Roy Loüis XIII. de l'an 1639. article 6. verifié le 19.
Decembre enfuivant , en ces termes : *Nous voulons que la mefme peine ait lieu contre les enfans , qui font nez des femmes , que
les peres ont entretenuës , & qu'ils époufent lors qu'ils font à l'ex-
trémité de la vie.*

De cet article il s'enfuit , que fi le mariage avoit efté contracté
à l'extremité de la vie , la mort eftant furvenuë peu de jours
aprés par quelque accident , & non par maladie que le mary
auroit eu au temps du mariage , il ne laifferoit pas de valoir ;
comme fi un homme fe portant bien , contracte mariage avec
celle qu'il auroit euë pour concubine , & dont il auroit eu des enfans , qui auroit efté tué le lendemain ou quelques jours aprés,

Tome II.   R tel mariage ne passeroit pas pour estre fait *in extremis*, parce que l'Ordonnance se doit entendre des mariages contractez par ceux qui sont malades de maladie mortelle, comme il a esté jugé par Arrest du 8. Juillet 1675. conformément aux Conclusions de Monsieur l'Advocat General de Lamoignon.

Quoy que cette Ordonnance ne parle que des peres, lesquels estant à l'extremité de leur vie par quelque maladie mortelle, épousent celles dont ils ont eu des enfans, & ne parle point au cas de ces mariages contractez à l'extremité de la vie des femmes qui ont esté entretenuës : cependant elle se doit estendre à ce cas quoy que non exprimé, parce qu'il y a parité de raison.

10 La legitimation par Lettres du Prince estoit autrefois fort usitée en France, & dans le Parlement de Paris, où les bastards legitimez par Rescrit du Prince estoient capables de succeder à leurs pere & mere & à leurs parens ; mais en quelques Parlemens, & principalement dans celuy de Paris & par les derniers Arrests les bastards sont declarez incapables de succeder quoy que legitimez par Lettres du Prince, & que les Lettres portent la clause de succession, laquelle est rejettée comme contraire aux bonnes mœurs & à l'honnesteté publique, attirant les hommes & les femmes dans la débauche.

Brodeau sur Monsieur Loüet lettre L, Chapitre 7. remarque les Arrests qui l'ont jugé ainsi.

Monsieur Pithou en ses Notes manuscrites sur l'article 117. de la Coûtume de Troyes, remarque un Arrest du 7. Juillet 1616. donné en la Chambre de l'Edit sur procés party, qui a jugé, qu'un fils legitime ayant consenty à la legitimation, que son pere avoit obtenuë par Lettres du Prince d'un fils naturel, estoit restituable aprés la mort de son pere contre ce consentement, & il fut declaré seul heritier.

Que si les enfans legitimez par Lettres du Prince ne succedent point à leurs pere & mere, ils ne succedent point aussi par consequent à leurs collateraux.

CHAPITRE II.

De la legitimation par testament.

L'Empereur dans ce Chapitre a introduit une autre maniere de legitimer les enfans, lors que le pere n'a pû contracter mariage avec celle dont il a eu des enfans, & qu'il n'a pû facilement obtenir des Lettres de legitimation ; sçavoir le testament dans lequel il declare qu'il veut & entend que ses enfans naturels soient legitimes, & qu'ils luy succedent. En ce cas aprés la mort du pere les enfans obtiennent du Prince des Lettres de legitimation sur la disposition de leur pere ; pourveu qu'il n'y ait point d'enfans legitimes ; de sorte que cette legitimation est fondée, tant sur la disposition du pere que sur le benefice du Prince.

Et pour rendre les enfans legitimes par ce moyen il faut qu'ils y consentent, parce que *nemini invito beneficium confertur ;* ainsi de plusieurs enfans naturels quelques-uns peuvent estre legitimez par ce moyen, & d'autre non, suivant la disposition de ce Chapitre, duquel est tirée l'Authentique *item sine legitimis. C. eod. tit.*

AUTHENTIQUE *item sine legitimis. C. de natural. liber.*

Item sine legitimis decedens, in testamento scribens velle se naturales filios fore legitimos successores, licentiam habeat, ut post mortem ejus filii Principi supplicent, testamentum ostendentes, & Principis & legis dono fiant heredes ; si tamen filii voluntatem patris amplectantur. Quod generaliter observatur ; sed si alii quidem volunt legitimi fieri, alii non volentes fiant, cæteri in jure naturali remaneant.

Nous ne trouvons point que cette maniere ait esté autrefois usitée en France.

CHAPITRE III.

L'Empereur dans ce Chapitre dit que par le droit ancien l'adoption eſtoit une maniere de legitimer les enfans par la Conſtitution d'Anaſtaſe, *l. 6. C. de natural. liber.* mais que l'Empereur Juſtin l'a abrogée par ſa Conſtitution *l. legem eod. tit.* & qu'il veut que cette Conſtitution demeure dans ſa force & vertu ; la raiſon de l'Empereur Juſtin eſt que *nimis indignum eſt, & nimis impium flagitiis præſidia quærere.*

CHAPITRE IV.

De ceux qui peuvent Contracter mariage ſine dotalibus inſtrumentis.

L'Empereur dans ce Chapitre défend aux perſonnes illuſtres de contracter mariage *abſque dotalibus inſtrumentis*, de ſorte que le ſubſequent mariage eſtant contracté autrement, ne pourroit pas produire la legitimation des enfans, par la raiſon qu'on pourroit facilement trouver des témoins qui dépoſeroient que le mariage auroit eſté contracté, *cùm forſan audiverant virum magis amoris furore quàm maritali affectu concubinam vocaſſe dominam.*

A l'égard des autres perſonnes, il leur permet de contracter mariage *abſque dotalibus inſtrumentis*, pourveu qu'ils aillent trouver le Recteur de l'Egliſe, & que pardevant luy ils declarent en preſence de trois Clercs au moins, qu'ils contractent mariage ; & que cette declaration ſoit enregiſtrée dans les Regiſtres de l'Egliſe : Voyez la Novelle 117. chap. 4.

L'Empereur excepte les ruſtiques & les ſoldats, leſquels ſont exempts de ces formalitez, voulant qu'ils puiſſent contracter mariage valablement ſans écrit, que leurs enfans nez de tels mariages ou auparavant, ſoient legitimes, *ſintque filii legitimi, qui patrum aut mediocritatem, aut militares, aut ruſticas occupationes & ignorantias adjuvent.*

Ce Chapitre eſt inutile en France.

CHAPITRE V.

De ceux qui ont juré fur les faints Evangiles de prendre une femme en mariage.

Si divinis tactis Evangeliis juraverit quis in domo privata aliquam uxorem fore.

IL arrivoit fouvent que des particuliers juroient fur les Evangiles , qu'ils prenoient & retenoient en leurs maifons des femmes pour leurs legitimes époufes , & que par aprés ils les chaffoient de leur maifon avec leurs enfans , ce qui fembloit trop rigoureux ; c'eft pourquoy l'Empereur deffend de les chaffer, mais de les retenir : & qu'en cas qu'elles foient fans dot , elles puiffent prendre la quarte fur les biens de leurs maris.

Ce Chapitre eft inutile en France.

CHAPITRE VI.

Des enfans nez ex damnato coïtu.

De filiis ex damnato coïtu.

L'Empereur dans ce Chapitre défend , que les enfans nez *ex damnato coïtu* , tels que font ceux qui font nez d'un incefte ou d'un adultere , foient legitimez par une des manieres fufdites , *neque participanda eis ulla clementia eft ; fed fit fupplicium etiam hoc patrum , ut agnofcant , quia neque quicquam peccatricis concupifcentiæ eorum habebant filii.* Voyez la Novelle 89. *cap. ult.*

Il n'y a en France que le fubfequent mariage qui puiffe legitimer les enfans , mais pour cét effet il faut que le mariage foit legitime , autrement il ne peut pas operer la legitimation , & que les pere & mere qui contraſtent un mariage legitime, ayent pû eftre joints par mariage au temps de la conception des enfans , comme il a efté dit cy-deffus.

R iij

PARAPHRASE

DE JULIEN.

CONSTITUTIO LXVII.

CCXLI. Quomodo filii naturales legitimi fieri poſſunt.

S*I quis cum libera muliere conſuetudinem habeat non affectio-*
ne maritali , & ex ea liberos naturales fecerit , eoſque velit
filios legitimos & in poteſtate ſua habere : liceat ei cum matre eo-
rum dotalia inſtrumenta componere. Nam filii , qui anteà natu-
rales erant , poſt compoſitionem dotalium inſtrumentorum , ſui &
in poteſtate patris efficiuntur, ſive poſteà nati filii vivant , ſive
mortui ſint , ſive omninò nullus alius procreatus eſt , ſicut in
Inſtitutis & in Codice dictum eſt. Quòd ſi ante , quàm dotalia
inſtrumenta fiant , mater concuba deceſſerit , velit autem pater
naturalis filios ex ea ſuſceptos legitimos habere : adeat Imperato-
rem cum precibus , & expoſcat , ut ſibi liceat legitimum nomen
eis imponere , & natalibus ſuis eos reſtituere , quemadmodum li-
bertini natalibus reſtituuntur , Principe enim adnuente ſupplica-
tionibus patris , neceſſe eſt , ut liberi legitimi fiant , quamvis do-
tale inſtrumentum nullum cum matre eorum jam mortua com-
poſitum ſit. Idem dicimus , & ſi filios naturales pater diligat,
matrem autem odio habeat : quia in corpore ſuo peccavit. Nam
ſi ea cauſa ſit , & nolit cum ea nuptias contrahere : licebit ei
prædicto modo filios naturales legitimos ſibi facere. Item ſi liberi
naturales matrem ſuam celaverint , nec dotalibus inſtrumentis
cum ipſa factis , in poteſtate patris efficiantur, & uſusfructus
rerum ad eos pervenientium patri adquiratur : Si talis dolus factus
fuerit, liceat patri prædicto modo preces Imperatori porrigere ,&
filios legitimos facere , & in poteſtate ſua eos redigere. Eadem
dicimus & ſi juſta cauſa dotalia inſtrumenta impediat. Pone enim
patrem naturalem Diaconum , vel Presbyterum factum eſſe , ut

ducere non poſſit uxorem. Quòd ſi pater non potuit in antefatis caſibus Imperatori ſupplicare : liceat ei in teſtamento ſuos legitimos ſucceſſores ſibi ſcribere filios naturales : ut tamen illi poſt mortem parentes ſupplicent Imperatori , & teſtamentum patris oſtendant , & principe adnuente in tantùm capiant paternam hereditatem , in quantum ſcripti ſunt : aliter enim legitimo nomine non fruantur. Hæc autem omnia , quæ modo diſta ſunt , tunc habeant locum , cùm nulla alia legitima proles , vel anteà , vel poſteà patri ſubſit. Legitimis enim filiis natis non aliter naturales legitimi fiunt , niſi dotalia inſtrumenta pater cum matre eorum confecerit.

CCXLII. Quomodo legitimi fieri non poſſunt.

Filios naturales anteà quidem licebat patribus legitimos ſibi per adoptionem efficere : ſed divi Juſtini Conſtitutio hoc prohibuit, quam noſter Imperator in ſuo ſtatu manere jubet.

CCXLIII. Qui ſine dotalibus inſtrumentis nuptias contrahere non poſſunt.

Nemo dignitate decoratus ſenatoriâ ſine dotalibus inſtrumentis, & antenuptias donatione matrimonium contrahat. Alioquin filii qui ex tali copulatione procreati fuerint , non erunt legitimi , ſed magis naturales. Alii autem qui militiis honeſtioribus decorantur, vel negotiationibus , vel quibuſdam artibus laudabilibus prædiſti ſunt , & ſine dotalibus inſtrumentis & antenuptias donatione copulentur, ſed non citra ſcripturæ cautelam. Debent enim hoc ipſum defenſori Eccleſiæ vel Oratorii dicere (ut) & ille adhibeat tres vel quatuor clericos ad teſtimonium , & conſcribatur cartula, qua declaretur dies & tempus , quo Imperatore, & conſule vel menſe convenerint ille & illa , in illo Oratorii loco & copulati ſunt , & ſubſcribant defenſor & Clerici. Et ſi quidam velint chartulam accipere vel ambo , vel unus ex his , præſtetur eis, quòd ſi nolint : deponatur in ſanſto Oratorio , ut poſtea ſi opus fuerit , producatur ad probationem nuptiarum , ut etiam proles , ex hac copulatione procreata legitimo nomine perfruatur. Sin autem viliſſimi homines matrimonium contrahere velint : liceat eis & ſine ſcriptura hoc facere. Idem dicimus de ruſticis hominibus , & de militibus , qui in armis occupati ſunt.

CCXLIV. Idem.

Si quis divinis tactis scripturis juraverit mulieri legitimam
se eam uxorem habiturum , vel si in Oratorio tale sacramentum
dederit : sit illa legitima uxor , quamvis nulla dos , nulla scriptu-
ra alia interposita sit , & si liberos non habuerit , mortuo marito
quartam partem substantiæ ejus accipiat , secundùm Constitutio-
nem nostri Imperatoris. Et si eam de domo ejecerit , quamvis sine
repudio hoc fuerit : quartam partem substantiæ ejus exigat. Quòd
si liberos procuraverit legitimi esse videantur ; & si aliis nuptiis
contractis legitimos filios pater habuerit : omnes simul legitimi
nomen habebunt.

CCXLV. Qui sint legitimi filii, vel naturales, vel neutrum eorum , idest ex damnata copulatione.

Ergo siquidem ex hujusmodi matrimoniis nascuntur , legitimi
erunt. Sin autem aliter filios aliquis habuerit , naturales erunt:
& tam ex testamento quàm ab intestato Patri naturali suc-
cedunt secundùm observationem Constitutionum Principis nostri,
scilicet si non ex damnata copulatione nati sunt. Tales enim li-
beri neque legitimi , neque naturales appellantur : nec omnino
patri succedunt.

La Novelle 75. *de appellationibus Siciliæ* est inutile en France.

TITRE V.

Hæc Cô-
stitutio
interpre-
tatur
priorem
Constitu-
tionem :
& de iis
qui in-
grediuntur Monasterium ; & de substantiis eorum , & ex quo tempore oporteat eam valere.

Constitution servant d'interpretation à la Novelle de Mo-
nachis, touchant ceux qui entrent dans les Monasteres,
& de leurs biens, & de quel temps cette Constitution
commence à valoir.

NOVELLE

NOVELLE LXXVI.

CEtte Novelle confiſte dans une Preface & un Chapitre ; elle ſert d'interpretation à la Novelle 5. *cap. illud,* ainſi qu'il eſt marqué dans ce titre : Dans ce Chapitre l'Empereur ordonne que les biens de ceux qui entrent dans des Monaſteres, appartiennent au Convent dés l'entrée, à moins qu'ils n'en ayent diſpoſé auparavant, excepté la quatriéme partie qui doit eſtre reſervée aux enfans : Dans la Preface de cette Novelle 75. l'Empereur ordonne que la Novelle 5. *cap. illud,* n'aura ſon effet que pour ceux qui ſont entrez dans des Monaſteres aprés qu'elle a eſté publiée, & non pour ceux qui y ſont entrez auparavant ; voulant que ceux qui y ſont entrez aprés, puiſſent diſpoſer de tous leurs biens, ou de partie d'iceux, à leur volonté; parce que *communis eſt legum natura, ut non præteritis, ſed futuris formam dent negotiis.*

De cette Novelle a eſté tirée l'Authentique *Ingreſſi. C. de ſacroſanct. Eccleſ.*

AUTHENTIQUE *Ingreſſi.* C. *de ſacroſanct. Eccleſ.*

Ingreſſi Monaſteria, ipſo jure ſe ſuaque dedicant Deo : Nec ergo de his teſtantur, utpotè nec domini rerum.

Le droit de ſucceder que les Loix Romaines ont accordé aux Moines, a duré pendant pluſieurs ſiecles aprés la mort de Juſtinien : Par les Conſtitutions Canoniques ce droit a eſté confirmé aux Moines, & à leurs Monaſteres ; le Pape Innocent III. *cap.* 8. *ext. de probatio.* decide que ſi celuy qui a receu un heritage avec ſubſtitution à d'autres, au cas qu'il meure ſans enfans, fait en ſuitte profeſſion Religieuſe, la ſubſtitution n'a point lieu, & l'heritage demeure au Monaſtere : *Si rogatus reſtituere totam hereditatem eo ſine libris decedente, intret Monaſterium, evaneſcit fideicommiſſum, & hereditas applicatur fiſco.*

Les Abbez de l'Ordre de Ciſteaux obtinrent du Pape Innocent IV. le pouvoir de ſucceder à tous les heritages auſquels ſuccederoient leurs Religieux s'ils eſtoient encore dans le ſiecle: *devotionis veſtræ precibus inclinati, autoritate vobis præſentium*

Tome II.   S

indulgemus , ut possessiones & talia bona , mobilia & immobilia,
exceptis feudalibus , quæ personas fratrum ad Monasteria vestra
à sæculo fugientium , & professionem facientium in eisdem , si
remansissent in sæculo ratione successionis , vel quocumque alio
justo titulo contigissent , petere ac retinere liberè valeatis , contra-
riâ consuetudine non obstante.

Les Dominicains & les Francifcains demanderent à Clement
IV. la mefme grace qu'Innocent IV. avoit accordée à ceux de
Cifteaux, remontrant à ce Pape en l'an 1265. qu'en divers endroits les Evefques, les Clercs & les Laïcs s'oppofoient à eux
comme à des gens morts au monde , pour les empefcher de
fucceder.

Ce Pape leur accorda le droit de pouvoir fucceder, non pas
à l'effet de poffeder des fonds & des heritages , mais de les vendre , & d'en employer les deniers pour leurs befoins & neceffitez.

Dans plufieurs Royaumes on commençoit à contefter aux
Religieux le droit de fucceder à leurs parens , nonobftant le
droit commun & la faculté qui leur en eftoit accordée par les
Papes : On s'oppofa vigoureufement en France à cette pretention , & on declara nuls & abufifs les Refcrits obtenus du Pape
par quelques Religieux , portant pouvoir de fucceder & de
tefter, comme remarque Brodeau fur Monfieur Loüet, lettre R.
chap. 41.

Philippes le Bon Duc de Bourgogne , permit que dans la Coûtume de Bourgogne , qui fut redigée & publiée par fon autorité
en l'année 1459. il fût porté par l'article dernier du titre des
Succeffions , qu'à l'égard des Religieux de l'Ordre de Cifteaux,
qui difoient avoir privilege & ufance de pouvoir fucceder à
pere & à mere , & autres collateraux , il en feroit informé , pour
aprés en eftre ordonné par le Duc ce qu'il appartiendroit. Mais
parce que dés lors les Moines de Cifteaux , ny les autres , ne
fuccedoient point en France , par une regle & une maxime generale du Royaume , c'eft pourquoy cette difpofition eft demeurée fans execution , & les Religieux n'ont point fuccedé
depuis dans cette Province , ny dans les autres Provinces du
Royaume ; & quant aux Religieux de Cifteaux , voicy ce qu'en
écrit Chaffanée fur l'article 14. du titre des Succeffions de ladite
Couftume : *Cifiercienfes Religiofi comprehenduntur effe fub con-*
fuetudine generali Franciæ ; quia fi fuccederent , annihilatio tem-

poralitatis in Republica , cum semper Religiosi traherent ad se temporalia ; eo quòd succederent Laïcis , & Laïci eis non succederent , sed eorum Ecclesiæ & Monasteriis , unde nulla æqualitas observaretur.

Du Moulin dans sa Note sur cét article dit , *hæc sententia vicit, rejecto ubique prætenso privilegio Cisterciensium.*

L'ancienne Coustume de Paris redigée en l'année 1510. portoit ces termes : *Religieux & Religieuses Profez ne succedent à leurs parens, ne le Monastere pour eux.* Presque toutes les Coûtumes de France , depuis redigées & reformées , ont pareillement exclus les Religieux Profez de pouvoir succeder , ny le Monastere pour eux ; c'est une regle qui a esté depuis inviolablement observée. Le Lecteur peut voir ce que j'ay dit sur cét article de nostre Coustume.

PARAPHRASE
DE JULIEN.

CONSTITUTIO LXX.

CCLVI. De Constitutione Imperatoris , quæ loquitur de substantiis monachorum vel ascetriarum.

S Cimus in superioribus Constitutionem esse relatam , qua cavetur , ut qui quæve monasterium intrant (manendi causâ) videantur substantias suas Monasterio consecrasse : nam ante introitum liberam habent facultatem , quomodo voluerint , bona sua disponere ; postquam autem intraverint , talem licentiam non habeant , quamvis liberos habeant. Sed ea Constitutio , quæ de hoc jure loquitur , ex suis temporibus valet. Nam si antequàm ipsa introducatur , factus est aliquis monachus , vel facta est mulier monacha , nihil ad eum vel ad eam pertinet , ergo habeant liberam facultatem qualiter voluerint sua negotia disponendi , & post memoratam constitutionem. Dat. Id. Oct. Imp. Dn. Justin. PP. Aug. ann. XI. Johanne C. Cons. Ind. XI. S ij

TITRE VI.

Ut non
luxurien-
tur ho-
mines
contra
naturam,
nec ju-
rent per
capillos
Dei aut
aliquid
hujuf-
modi,
neque
blafphe-
metur in
Deum,
Qui défend la luxure contre nature, & de jurer par les cheveux de Dieu, ny de faire quelque autre ferment femblable, ou de blafphemer.

NOVELLE LXXVII.

CEtte Novelle qui eft digne d'un Empereur Chreftien, con-tient une Preface & un Chapitre: Dans la Preface Juftinian dit, qu'il n'a point d'autre application que de faire en forte que fes Sujets vivent felon Dieu, & qu'ils trouvent en Dieu la mife-ricorde qu'ils recherchent, *quoniam & Dei mifericordia non per-ditionem, fed converfionem & falutem vult, & delinquentes, qui corriguntur, fufcepit Deus ; propter quod nos omnes invitamus Dei timorem in fenfibus accipere, & invocare ejus placationem ; & novimus quia omnes, qui Dominum diligunt, & mifericordiam ejus fuftinent, hoc faciunt.*

Et dans le Chapitre premier il dit, qu'il y a des hommes lef-quels *diabolicâ inftigatione comprehenfi,* font adonnez au peché contre nature, aufquels il enjoint de fe retirer de ce vice, qui a fait perir des Villes entieres avec les Habitans par une jufte colere de Dieu, comme nous apprenons du Chapitre 19. de la Genefe, verfet 24.

Il défend auffi de jurer par les cheveux ou par la tefte de Dieu, ou de faire d'autres femblables blafphemes ; que ces crimes font fouvent la caufe que Dieu envoye la famine, les maladies conta-gieufes, & les tremblemens de terre ; ordonnant que fi aprés cet-te deffenfe ils perfiftent dans leur crime, outre qu'ils fe rendent indignes de la mifericorde de Dieu, ils foient condamnez au dernier fupplice, qui eft la mort ; car fi ceux qui proferent des injures contre les hommes font puniffables de quelques peines, quels fupplices ne doivent point fouffrir ceux qui prononcent des blafphemes contre Dieu ? *Si enim contra homines factæ blaf-*

phemiæ impunitæ non relinquuntur ; multo magis qui ipſum Deum blaſphemant , digni ſunt ſupplicia ſuſtinere.

Le crime de ſodomie eſt le plus abominable de tous les crimes, deteſté par l'Apoſtre dans l'Epiſtre aux Romains, où il en parle en ces termes : *Nam fœminæ illorum immutaverunt naturalem uſum , in eum uſum qui eſt contra naturam. Similiter autem & maſculi, reliƐto naturali uſu fœminæ , exarſerunt in deſideriis ſuis ad invicem, alius in alium, maſculus in maſculos, turpitudinem ſeu fœditatem operantes & perpetrantes ; & præmium dedecoris ſui in ſemetipſos recipientes.*

Ce crime dans l'ancienne Loy eſt puny de mort , *Levit. cap.* 20. *qui dormierit cum maſculo coïtu fœmineo , uterque operatus eſt nefas , morte moriatur ; ſit ſanguis eorum ſuper eos.* Paul 1. ad Corinth. cap. 6.

La cohabitation avec les beſtes n'eſt pas moins condamnable & prohibée par la Loy de Dieu , Levit. 18. *Cum omni pecore non coïbis , nec maculaberis cum eo : mulier non ſuccumbet jumento , nec commiſcebitur ei ;* & au Chapitre 20. il commande, que l'animal & celuy qui a commis le crime avec luy , ſoient brûlez enſemble.

Ces crimes en France ſont punis du feu, nous en avons veu de noſtre temps pluſieurs exemples , & nos Auteurs en rapportent des Arreſts plus anciens.

A l'égard du blaſphême , nos Rois en ont fait pluſieurs Ordonnances ; le Roy à preſent regnant , a fait pluſieurs Edits & Declarations qui confirment les Conſtitutions des Rois ſes predeceſſeurs, contre les blaſphemateurs.

Voyez mon Praticien, où toutes ces Ordonnances & Declarations ſont rapportées.

PARAPHRASE
DE JULIEN.

CONSTITUTIO LXXI.

CCLVII. De his, qui per capillum Dei, aut per caput jurant, vel alio modo blasphemiâ contra Deum immortalem utuntur.

SI quis per capillum Dei vel caput juraverit, vel alio modo blasphemiâ contra Deum usus fuerit, officio Præfecti urbis ultimo supplicio subjiciatur. Si quis autem sciens talem hominem non manifestaverit, non est dubium quin divinâ condemnatione similiter coërcebitur: ipse quoque Præfectus urbis, si neglexerit, post Dei judicium etiam nostram indignationem timeat.

TITRE VIII.

Apud quos oportcat caulas dicere Monachos & afcetrias,

Pardevant quels Juges se traitent les affaires des Moines.

NOVELLE LXXIX.

CEtte Novelle consiste en une Preface & trois Chapitres; dans la Preface l'Empereur rapporte pour motifs de sa Constitution, que plusieurs voulant poursuivre des Moines & des Religieux pardevant des Juges Seculiers, ils envoient des Sergens ou Huissiers, dans le dessein de les tirer en jugement, & par ce moyen ils font une injure considerable aux lieux pieux & de sainteté, dans lesquels ils sont enfermez.

Ce qui donne occasion à l'Empereur d'ordonner dans le Chapitre premier, que les Moines & les Reclus ne seront plus poursuivis pardevant les Juges Seculiers, mais pardevant l'Evesque du lieu, voulant que le Monastere nommât des Abbez ou des Apocrisaires, ou des Syndics, pour comparoistre devant l'Evesque qui doit juger avec modestie & charité ; en sorte que la connoissance en doit estre entierement ostée aux Juges Seculiers.

Dans le Chapitre deuxiéme, l'Empereur veut que cette Ordonnance soit observée dans tous les autres Dioceses. Le Chapitre troisiéme défend aux Juges Seculiers de connoistre des causes des Moines sous peine de nullité, de privation de leurs Charges, & d'une amende de dix livres d'or ; & contre les Huissiers ou Sergens d'estre emprisonnez.

Dans l'Epilogue, l'Empereur ordonne que cette Constitution soit gardée à l'égard des Religieux, & Religieuses qui ne demeurent pas dans des Convents ; & il declare avoir fait d'autres Loix touchant les Clercs.

Cette Novelle deroge à la Loy *omnes* 33. *C. de Episcop. & Cleric.* qui est des Empereurs Leon & Anthemius, par laquelle ils défendent que les causes des Clercs & des Moines soient traitées ailleurs que pardevant le Gouverneur de Province.

De cette Novelle a esté tirée l'Authentique *Causa. C. de Episcop. & Cleric.*

A U T H E N T I Q U E *causa. C. de Episcop. & Cleric.*

Causa quæ fit cum Monacho vel cum muliere qualibet in Monasterio consistente, non apud judicem civilem ventiletur, sed apud Episcopum, qui de personæ præsentia quod convenit, statuet; sive per Abbatem vel Antistitem, vel per alios hoc fieri debeat, qui secundum legem rem disponat & sacras regulas, salva debita personæ reverentia. Si verò contrà fiat, pœnæ, quæ statutæ sunt, imminebunt ; judex enim, qui de his sententiam proferre præsumpserit, ab administratione depulsus tanquam divinitati contumeliam faciens, pœnâ decem librarum auri unà cum officio suo multabitur, sacratissimo nostro Ærario inferenda ; decanis detrudendis ; de cætero nullam exactionem facere permittendis.

Nous apprenons par cette Constitution que dans l'Orient

les Evefques connoiffoient feuls des caufes des Religieux, parce que les affaires s'y traitoient d'une maniere fainte & Sacerdotale ; l'embarras , la diffipation , le tumulte , les chicanes , les animofitez , les longueurs , & tous les autres inconveniens des Tribunaux feculiers en eftoient bannis : de forte que ceux aufquels la profeffion femble défendre de plaider, pourroient neanmoins y plaider.

Nous apprenons auffi de faint Gregoire *lib.* 11. *epift.* 11. que cet ufage eftoit obfervé dans l'Italie , & que les Religieux & les Clercs ne pouvoient eftre pourfuivis que pardevant l'Evefque; *quia verò pervenit ad nos , Clericos aliafque civitatis ac Parochiæ tuæ religiofas perfonas , ab aliis conveniri , fieri hoc prohibemus de cætero , & neque Clericum tuum , neque Monachum , vel quamlibet aliam civitatis religiofam perfonam Parochiæ tuæ communi à quoquam , vel ad alterius volumus judicium exhiberi. Sed fi quis contra hujufmodi perfonas cujuflibet negotii movere voluerit quæftionem , fraternitatem tuam noverit adeundam. Aut fi fortè , ut affolet , aliqua illis quolibet modo fuerit nata fufpicio , & electorum defideraverint fortaffe judicium , fub tua executione eligendi fas habeant cognitores , quatenus hoc modo amififfe jurifdictionem , nec actor apud fufpectum litigando videatur præjudicium fuftinemus. Oportet ergo ut fraternitas tua erga Monafteria civitatis Parochiæ qui fuæ omnefque fubjectos Paftorali cura diligenter invigilet , & de vita actuque eorum fit omnino follicita , &c.*

Ce mefme Pape *lib.* 6. *epift.* 36. écrit à l'Evefque de Syracufe de defcendre luy-mefme fur les lieux , pour terminer le procés qui eftoit entre deux Abbez , touchant les bornes de leurs poffeffions , fans bleffer la Loy de la prefcription de quarante ans: *ne Religioforum virorum corda fecularium rerum contritio , à mutua , quod abfit , charitate disjungat , magna eft follicitudine ftudendum , ut facillimum finem res poffit in altercationem deducta percipere.*

Ce mefme Pape *lib.* 7. *epift.* 33. manda à l'Evefque de Squillaci , de rendre à un Monaftere les terres dont l'Abbé luy avoit fait don , parce qu'il n'avoit pû le faire.

Ce Pape *in lib.* 7. *epift.* 66. declare que c'eft l'Evefque feul qui doit fe charger de tous les procés des Monafteres , pour les en décharger: *cognovimus etiam quòd Monafteria fervorum Dei , vel etiam fœminarum pro fuo quifque libitu & diverfarum caufarum executione*

executione perturbet : Quod omnino non gratè suscipimus. Episcopi loci ipsius, sub cujus degunt moderamine, curæ sit, eorum causas utilitatesque disponere. Valde enim est incongruum, ut omisso eo, alius quilibet eorum se causis admiserat.

Ce que ce mesme Pape dit *lib.* 8. *epist.* 43. est remarquable, que la charité des Evesques doit les engager à procurer la paix & la tranquillité aux Religieux, en les déchargeant de l'embarras des affaires : *Hortamur ut fraternitas vestra ità se erga exteriores utilitates Monasterii, ubicunque necesse fuerit, & causas exhibeat, ut conversantes ibidem magnum in vobis subsidium, sicut decet, inveniant, & nullius rei eas necessitas deprimat ; quatenus enim vobis providentibus, omnis eis fuerit amota necessitas, in Oratione Dei & laudibus assiduè securâ valeant mente persistere.*

Cette Jurisprudence estoit aussi observée en France que les causes des Moines & des Clercs se traitoient pardevant l'Evesque seul à l'exclusion des Juges Seculiers.

Voyez la Novelle 83. où cette matiere est plus amplement traitée.

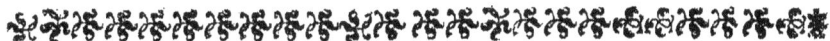

PARAPHRASE

DE JULIEN.

CONSTITUTIO LXXIII.

CCLXIV. Si quis in jus vocare Monachum vel sanctimonialem conatus sit.

SI quis cum Monachis vel sanctimonialibus habeat litigium, non audeat Monachum vel sanctimonialem in asceterio vel Monasterio constitutum vel constitutam ad civilem judicem accusare vel trahere ; sed magis adeat civitatis Episcopum. Ille enim existimabit, ut cum repræsentari principalis persona debeat, an per ἡγέμενον, vel Apocrisarium defendi, cum omni scilicet honesta-

Tome II.   T

te ,*ita ut Episcopum legibus & canonibus consentaneam sententiam proferat.*

CCLXV. Ut hæc Constitutio ad curam Magistratuum & Episcoporum pertineat.

Hanc Constitutionem omnes Præfecti Prætoriorum custodiant, & præfecti utriusque Romæ, & Præter populi & provinciarum Præsides, & omnes Episcopi, & curent citius & Monachorum & sanctimonialium lites dirimere.

CCLXVI. De Temeratoribus hujus Constitutionis.

Si quis hanc Constitutionem violaverit ,in Magistratu quidem positus , decem librarum auri pœnâ multabitur , & Magistratu careat : executor autem litium constitutus in Decanicis Ecclesiarum recludatur competentes pœnas luiturus , & posteà non concedatur ei officium executoris habere.

CCLXVII. Quorum hæc Constitutio interest.

Hæc autem Constitutio teneat in Monachis ; item in sanctimonialibus , quamvis ipsæ in Monasterio vel asceterio non degant ; de Clericis enim aliæ leges positæ sunt.

La Novelle 80. *de Quæstore* est inutile en France.

※※※※※※※※※※※※※※※※※※※※※

TITRE X.

Constitutio,quæ dignitatibus & Episcopatu filium liberat patriâ potestate,

Qui ordonne que les Dignitez & l'Episcopat, delivrent le fils de la puissance paternelle.

NOVELLE LXXXI.

L'Empereur dans la Preface de cette Novelle ordonne Premierement, que ceux qui sont élevez à la dignité de

Patrice, foient délivrez de la puissance paternelle.

Le Patriciat chez les Romains estoit une dignité sans fonction ; *Hotoman in l. 3. C. de Consul.* dit, que le Patriciat estoit le Consulat honoraire : Que les Patrices estoient comme les Princes du Senat, qui avoient auparavant passé dans les grandes Magistratures ; ou tels qu'estoient pendant la Republique Romaine ceux qui avoient esté Consuls, Preteurs & Ediles ; de forte que quand il est dit dans la Loy 3. C. *de Consulib.* que le Patriciat a la préséance sur tous les autres honneurs, ce n'est pas à dire que ce fut la premiere Charge de la Magistrature, vû que ce n'estoit pas une charge ; Cassiodore *in form. Patriciat.* dit que le Consulat precedoit le Patriciat.

Les Patrices estoient appellez *quasi communis Reipublicæ patres*, selon quelques Auteurs, *Suid.* & selon l'Empereur Justinien *erant quasi Principis patres*, §. *filius familias. Institut. quib. mod. jus patr. potest. solvit.*

Ces Patrices estoient differents de ces Patrices qui estoient des Nobles Romains, qui estoient enfans des Senateurs ; *hac ætate, antiquissimæ cujusque Senatoriæ familiæ liberi, Patricii appellantur*, dit Tite-Live.

La raison pour laquelle l'Empereur veut que cette dignité décharge de la puissance paternelle, est renduë dans cette Preface, parce que premierement, *non decens putavimus, ut hos, quos nos in officium Patrum provehimus nostrorum, hi sub aliena sint potestate.* En second lieu, *si emancipationis actio dudum quidem, & per eas quæ nuncupantur legis actiones, facta cum injuriis & alapis liberabat eos hujusmodi vinculis*; & c'est une raison prise, *à minori ad majus* ; sçavoir que si l'emancipation qui se faisoit *cum injuriis & alapis*, c'est à dire d'une maniere injurieuse à l'emancipé, estoit capable de le décharger de la puissance paternelle, *quomodo futuri essent codicilli omnium honestissimi dati à præsidente universis imperio, non eos posse patriâ potestate liberare?*

L'Empereur par l'emancipation qui se faisoit *cum injuriis & alapis*, entend celle qui se faisoit par trois ventes & trois affranchissemens pardevant le Preteur *per vindictam* ; c'est à dire avec un coup de baguette que l'Huissier qui alloit devant le Preteur donnoit sur la teste de celuy qui estoit emancipé, & le faisoit tourner devant le Preteur, & par ce moyen il acqueroit la liberté ; & c'est de cette maniere d'émanciper les enfans

qu'il faut entendre Perfe , lors qu'il dit dans fa cinquiéme
Satyre :

Quibus una Quiritem

Vertigo facit.

l'Empereur Juftinien dans fa Conftitution qui eft en la Loy
derniere, C. *de emancipatio. liber.* abroge toutes les formalitez
anciennes requifes pour l'emancipation, comme inutiles & fu-
perftitieufes, *cùm infpeximus in emancipationibus vanam obfervationem cuftodiri , & venditiones in liberas perfonas figuratas ,
& circumductiones inextricabiles & injuriofar hapifmata , quorum
nullus rationabilis invenitur exitus.*

En fecond lieu l'Empereur ordonne que les Confuls ordinaires , exerçans la Charge de Confuls , & les Confuls honoraires ;
c'eft à dire qui font Confuls fans fonction , *per Confulares codicillos ,* font delivrez de la puiffance paternelle.

En troifiéme lieu , que les Prefets des Pretoires , & les Maiftres de la milice foient auffi delivrez de la puiffance paternelle
par ces Charges.

En quatriéme lieu , que toute Charge & Dignité capable de
décharger de la charge de Decurion , delivre auffi de cette puiffance.

La raifon pour laquelle ces charges & ces dignitez emanci-
pent , eft tirée *à minori ad majus ;* fçavoir que fi l'Empereur a
ordonné que les efclaves qui feront élevez par leur merite à quelque charge publique avec la connoiffance de leurs maiftres ,
font delivrez *ipfo jure* de leur puiffance, & foient rendus ingenus , *l.* 6. C. *qui milit. poff. vel non poff.* n'eft-il pas jufte que ceux
qui ont merité quelqu'une de ces dignitez fufdites , foient auffi
délivrez de la puiffance de leur pere ?

Dans le Chapitre deuxiéme , il eft ordonné que les enfans
emancipez par cette illuftre maniere ne perdent rien des droits
d'agnation , comme perdent ceux qui font emancipez par les
autres manieres , mais que tous leurs droits leur foient confervez,
en forte qu'ils fuccedent à leur pere comme heritiers fiens , &
qu'au temps de la mort de leur pere , leurs enfans rentrent dans
leur puiffance , comme fi ces enfans emancipez eftoient toûjours
demeurez dans la puiffance de leur pere.

Dans le Chapitre troifiéme, l'Empereur ordonne en dérogeant à la Loy *Sacrofanctæ.* C. *de Epifc. & Cleric.* que la dignité Epifcopale délivre *ipfo jure* de la puiffance paternelle, parce

que *qui omnium funt fpirituales patres , quomodo fub aliorum poteftate confiftant?*

De cette Novelle a efté tirée l'Authentique *fed Epifcopalis.* **C.** *de Epifcop. & Cleric.*

AUTHENTIQUE *fed Epifcopalis.* C. *de Epifcop. & Cleric.*

Sed Epifcopalis dignitas folvit jus patriæ poteftatis , ficut etiam & confularis & præfectura facrorum prætoriorum & urbicaria & Magifterium militare ; & omnis dignitas valens liberare à Curia , liberat à patria poteftate. Cum hoc quodcumque cingulum fuæ poteftatis præmium honoratis præftet. Ita tamen , ut filii eorum recidant in poteftatem , acfi contigiffet eos morte parentum, & non ex præfenti lege fuæ poteftatis fieri.

La puiffance paternelle s'éteint dans les païs de droit écrit par les grandes dignitez, comme chez les Romains ; mais elle ne s'éteint pas par la charge de Confeiller au Parlement, au Parlement de Tholoze, comme remarque Defpeiffes au titre des Teftamens Section 1. nomb. 17. ainfi fuivant l'ufage de ce Parlement, les enfans quoy que Confeillers ne peuvent point tefter. Mais les Avocats & Procureur Generaux de ce Parlement fortent par ces Charges hors la puiffance de leur pere, comme remarque le mefme Auteur, *num.* 18. & Rebuffe *Concord. tit. de elect. derog. in verbo , Regium Advocatum. verf. trigefimum.*

Mais dans la France Couftumiere la puiffance paternelle ne produifant pas les mefmes effets que dans les païs de droit écrit , & ne confiftant que dans le refpect que les enfans ont pour leur pere, elle ne s'éteint par aucun moyen : Voyez mes Inftitutes du Droit François, fur le titre *quib. mod. jus patr. poteft. folv.*

PARAPHRASE
DE JULIEN.

CONSTITUTIO LXXV.

CCLXXX. Quomodo jus poteftatis diffolvitur.

Non folùm Patriciatus dignitas nexibus paternis filiumfa-
miliàs liberat : fed etiam ceteræ dignitates ,quæ curiali con-
ditione liberare homines folent : veluti ſi Conful defignatus fue-
rit , ſi ex Confule codicillos accipiat, ſi præfectoriis Magiſtratibus
in ipfo actu fungatur ; pone enim præfectum urbis vel præfectum
prætorio factum fuiffe , vel Magiſtratum militum. Sequatur au-
tem eos & peculium , quòd filiifamiliàs conſtituti habebant.

CCLXXXI. De legitimis perfonis.

Quiex dignitate paterfamiliàs ſit , legitima jura intacta ha-
beat in familia fua. Ideóque liberi ejus , quos habuit dum filius-
familias erat , poſt mortem patris ejus in ipſius tranſeunt pote-
ſtatem.

CCLXXXII. Ut Epifcopatûs honor jus poteſtatis
diffolvat.

Si filiusfamiliàs Epifcopus fuerit factus : ex ipfa confecratione
pater familias erit. Hæc autem conſtitutio etiam in illis locum ha-
bet , qui eo tempore , quo prolata eſt , in dignitatibus antefatis
poſiti fuerant. Dat. xv. Kal. April. Conſt. Imp. Dn. Juſtin. PP.
A. Arione 11. C. Conf.

TITRE XI.

Des Juges, & qu'il est deffendu de prendre des Arbitres avec serment, de s'en rapporter à leur jugement, &c.

NOVELLE LXXXII.

L'Empereur traite dans cette Novelle consistant en une Preface & quatorze Chapitres, plusieurs choses touchant les Juges qui ne peuvent point s'appliquer à nostre Jurisprudence : Nous obſerverons feulement ce qui est porté par le Chapitre 11. concernant les Arbitres.

De Judicibus, & ut nullatenus cū jurejurado eligatur aliquis judex, quod permaneat eiſ & ut ad appellationes accipiant modis omnibus judices, &c.

CHAPITRE XI.

Qu'on ne doit convenir d'Arbitres que par compromis, & non par serment.

L'Empereur dans ce Chapitre deffend de convenir d'Arbitres par ſerment, c'eſt à dire, que ceux qui conviennent d'Arbitres, jurent qu'ils s'en tiendront à leur jugement, mais ſeulement qu'ils conviennent d'Arbitres ſous quelque peine, de ſorte que les parties ſont obligées d'acquieſcer au jugement des Arbitres, ſinon & en cas d'appel par l'une d'icelles, elle ſoit tenuë de payer à l'autre la peine portée par le compromis ; & l'Empereur oblige les Juges de tenir la main que la peine ſoit payée.

Ut arbitri per compromiſſum, non per ſacramentum aſſuſmantur.

Par le droit du Code *l. 4. C. de recept. arbitr.* les compromis eſtans faits *præſtito juramento*, les parties ne pouvoient point ſe pourvoir par appel contre la Sentence du Juge, & en cas d'appel la partie adverſe pouvoit oppoſer à l'appellant l'action *in factum*, ou la condiction *ex lege*, §. 4. *d. l. 4.* ce que l'Empereur a abrogé par cette Novelle; par la raiſon que ſouvent les parties conviennent d'Arbitres qui ne ſont pas capables de décider leurs differends, ainfi elles fe trouvent lezées, & veulent fe pourvoir contre, fans faire reflexion au ferment qu'elles ont prefté qu'elles y acquiefceroient.

Que fi l'Arbitre a rendu un Jugement injufte à deffein de favorifer l'une des parties, il doit craindre d'en eftre puny de Dieu, qui eft le vangeur des crimes; & que s'il le fait par ignorance, fon jugement ne peut nuire aux parties ny à l'une d'icelles; ce qu'il faut dire auffi au cas qu'il l'ait fait à deffein, parce que par cette Conftitution la voye d'appel eft permife aux parties qui fe trouvent lezées par le jugement des Arbitres; ce qui auroit lieu mefme, quoy que les parties fe fuffent obligées par ferment, dautant que l'Empereur a abrogé l'obligation du fermēt.

De ce Chapitre a efté tirée l'Authentique *Decernit. C. de recept. arbitr.*

AUTHENTIQUE *Decernit. C. de recept. arbitr.*

Decernit jus novum nullum fic fieri poffe arbitrum, ut cum facramenti religione judicet; fed pœnam ftatuat, quâ præftitâ liceat à judicatis recedere. Si contrà hoc judicatum fuerit, judex qui malè judicat, fi dolo facit, pœnam à Deo expeĉtet: fi ignorantiâ, nihil præter facramentum ei erit, neque litigatores rurfus damno afficientur.

Par le Droit Canonique *cap. 2. ext. de arbitr.* les parties peuvent convenir d'Arbitres *cum juramento*, mais nous ne fuivons point en France cette difpofition, & ce ferment n'y eft point en ufage; la ftipulation d'une peine y eft receuë contre les contrevenans aux jugemens des Arbitres, & en payant la peine il eft permis d'en appeller, fuivant l'Ordonnance du Roy Loüis XII. à Lyon, au mois de Juin 1ʃ10. article 34. en ces termes: *Toutes parties qui compromettront en Arbitres, arbitrateurs, ou amiables compofiteurs, & chacun d'eux avec adjonĉtion de peines, aprés que la Sentence fera donnée par lefdits Arbitres, arbitrateurs & amiables compofiteurs, la partie pretendant eftre grevée, pourra recourir au Juge ordinaire: Et fi par le Juge ordinaire la Sentence arbitrale ou d'amiables compofiteurs eft confirmée, en ce cas ne fera receuë partie à appeller de la Sentence, finon en payant prealablement la peine appofée en arbitrage; fauf toutefois à icelle peine recouvrer, s'il eft dit en fin de caufe.*

Cette

Cette Ordonnance a esté corrigée par celle du Roy François II. donnée à Fontainebleau au mois d'Aoust 1560. en ces
termes : *Desirans singulierement oster & abreger les procez , la
longueur desquels ruine & détruit nos Sujets ; confirmons & au-
torisons tous Iugemens donnez sur les compromis des parties , encore qu'en iceux compromis n'y eut aucune peine apposée , voulans qu'ils ayent telle force & vertu que les Sentences données par
nos Juges : Et que contre iceux nul soit receu appellant , que prealablement ils ne soient entierement executez , tant en principal &
dépens , qu'en la peine , si peine y auroit esté apposée , sans esperance
d'icelle peine recouvrer , ores que la Sentence fût infirmée en tout
ou en partie : Et sera ledit appel desdits Arbitres ou arbitrateurs
relevé en nos Cours Souveraines , sinon qu'il fût question de choses
dont les Juges Presidiaux peuvent juger en dernier ressort ; auquel cas sera l'appel relevé pardevant eux.*

Il y a eu depuis l'Ordonnance donnée à Paris au mois de
Janvier 1619. laquelle en l'article 152. porte : *L'Ordonnance
sur le fait du mois d'Aoust 1560. sera suivie , & conformément
à icelle les executions des Sentences arbitrales renvoyées aux Juges
ordinaires , & les appellations desdites Sentences arbitrales aux
Juges Presidiaux , pour ce qui est de leur pouvoir ; & pour ce qui
excedera , aux Cours de Parlement , si ce n'est que par les compromis les parties se soient soûmises pour l'appel à nos Parlemens:
& ne pourront lesdites appellations estre receuës que le jugement
ne soit entierement executé , & la peine payée si elle est stipulée,
à peine de nullité des Arrests donnez au contraire de la disposition presente.*

Cette restriction à l'égard des Juges Presidiaux , n'a point
esté verifiée par la Cour ; c'est pourquoy l'appel des Sentences arbitrales en tous cas & sans distinction , a toûjours esté relevé aux Cours Souveraines , en sorte neanmoins que lesdites
Sentences sont executées selon leur forme & teneur , par le Juge
ordinaire ou Royal , & que la peine stipulée par leur compromis
soit prealablement payée par l'appellant , sans esperance de la
repeter , quoy qu'il gagne en cause d'appel , ainsi qu'il a esté
jugé par les Arrests. Voyez touchant les Arbitres , ce que nous
avons dit sur le Digeste & sur le Code au titre *de recept. arbitr.*

PARAPHRASE
DE JULIEN.

CONSTITUTIO LXXVI.

CCLXXXIII. De Judicibus.

EOs *Judices, quos divæ memoriæ Zenonis Constitutio* Μα ιντ͂ᾶς *vocat, in nostra re præesse non concedimus, sed alios juaices nostrâ electione fieri jubemus : Et elegimus Anatolium virum spectabilem fisci Patronum factum, & Flavianum virum clarissimum fisci Patronum constitutum, & Alexandrum & Stephanum & Memettem facundissimos Advocatos, & Alexandrum alterum, & Victorem & Theodorum Quyzicenum, & viros Scholasticos. Ex Patriciis autem elegimus Platonem virum gloriosissimum, & Victorem virum eminentissimum, & Socratem virum gloriosissimum, Marcellum virum magnificum, qui justitiâ præcellit, & Appione Scholastico Consiliario justissimo utitur.*

CCLXXXIV. Idem.

Et Judices quidem post Magistratus populi Romani istos esse sancimus : Et causas, quas ad eos mittimus, volumus judicare. Si quis autem Magistratus constitutus judicem dare maluerit, non habeat licentiam ad alium causas suas delegare, nisi ad prædictos eloquentissimos & gloriosissimos viros, ad suos Consiliarios. Ita tamen, ut ubi Consiliariis suis delegat causas, ipse sententiam dicat.

CCLXXXV. Idem.

Sedere autem Judices volumus in Basilica à manè usque ad vesperam secundùm solitum morem : Et lites dirimere non solùm futuras, sed etiam eas, quæ apud diætetas inchoatæ sunt.

CCLXXXVI. De provocationibus.

Si provocatio porrecta fuerit judici : Siquidem in ea causa, quam non delegavimus, appellatio exerceatur, aut in commune procerum, aut secundùm morem apud alios ex quantitate scilicet litis habita differentia. Sin autem magistratus ei causam delegaverit : appellatio apud eum exercebitur.

CCLXXXVII. De Jurisdictione Judicum.

Judices usque ad trecentos solidos more quidem ὠ϶ϙσημειώϭεως lites audiant ; sed tamen sententiam in scriptis dicant, & provocationes condemnato non denegent nisi fortè ter appellare aliquis maluerit, vel contumaciter in absentia fuerit. Nam & tertia provocatio illicita est : & contumaces condemnati appellare non possunt.

CCLXXXVIII. De provocationibus & reparationibus.

Si provocatio in hac civitate judici porrecta fuerit, usque ad duos menses induciæ præstentur, & post duos menses statuti legibus dies suos peragant cursus, nullâ reparatione in hujusmodi provocationibus locum habente.

CCLXXXIX. De sportulis & officio judicum.

Nemo sportulas vel Judiciorum impensas ampliores exigat, quàm nostra constitutione cautum est : alioquin pœnas patiatur legitimas. Unusquisque autem judex habet duos exceptores, & executores fideles & probatos ,ut nulla ab eis astutia vel proditio fiat. Ideóque periculo officialium vel Scholarium, sive Clericorum eligantur : ut si quid peccaverint, illi detrimenta læsis hominibus resarciant. Magistratus autem competentes aditi damnum exigi jubeant : Et judices, si malitiosè versatos exceptores & executores senserint, removeant eos, & alios probatos electione & periculo Scholarum sive scriniorum, sive officialium accipiant.

CCXC. De Judicibus mortuis.

Si quis autem desierit judex esse, alius judex in locum ejus constituatur nostrâ jussione, atque electione.

CCXCI. De salariis judicum.

Uuusquisque judex ab utraque parte binos solidos in litis contestatione accipiat, & binos in termino litis : nisi fortè litigium motum intra centum solidos sit. Si enim intra centum solidos fuerit : nihil accipiat. Habeant autem singuli judices ex his octo, quos constituimus, binas libras auri de publico à mensa præfecti Prætorio. Omnibus autem personis privilegia in sumptibus litium præstita maneant inconcussa.

CCXCII. De definitivis sententiis.

In definitiva sententia judex debet definire quid fieri oportet de impensis, quas altera pars ab adversario suo passa est. Et si quidem jurejurando terminare quantitatem sumptuum judex æstimaverit, faciat taxationem, & secundum quod is, qui vicit, juraverit, non ultra taxationem sic adversarium ejus condemnet. Sin autem propter varietatem litis in nullos sumptus condemnare alterutrum eorum voluerit, & hoc arbitrio ejus ponatur.

CCXCIII. De legibus judicialibus.

Omnia, quæ de provocationibus, vel recusationibus, & ut viginti dierum post admonitionem reus inducias habeat, & si quid aliud judiciale constituimus, in sua firmitate permaneat.

CCXCIV. Ut Arbitri per compromissum, non per sacramentum assumantur.

Nemo cum jurejurando judicem cum adversario suo accipiat. Talia enim arbitria nullius momenti sunt. Sin autem cum compromisso pœnali aliquis judicem elegerit : res cauta erit. Duorum enim alterum necesse est fieri, vel sententiam judicis impleri, vel si hoc is, qui condemnatus est, recusaverit, pœnam compromissi præstari. Magistratus autem reipublicæ si interpellati fuerint, curent, ut pæna compromissa exacta ab eo, qui obtemperare arbitrio noluerit, adversario ejus restituatur. In summa autem dicimus posthac licitum non esse, ut cum sacramento litigatorum arbiter eligatur. Et siquidem sponte sua contrarius sententiam dixerit: ipse Deo rationem daturus est. Sin autem per imprudentiam aliquid non justè judicaverit: hoc partibus nocere prohibemus: omnia autem cætera jura, quæ de compromissariis vel de aliis arbitris cum non sacramento receptis à veteribus legibus vel à nobis introducta sunt, in sua firmitate innovata permaneant.

CCXCV. De provocationibus & retractationibus.

Omnes autem judices provocationes sibi porrectas suscipiant, nisi forte præfectus prætorio sit. Nam in hac sede jus retractationis integrum custodiri præcipimus.

CCXCVI. De diversis Rescriptis, & de provocationibus.

Omnes autem lites secundùm leges & constitutiones dirimantur: quamvis jussio nostra vel Pragmatica Sanctio contrarium statuerit: Et provocationes sibi porrectas admittant, in his scilicet causis, in quibus provocare licitum est.

CCXCVII. De relationibus.

Si quid dubium judicibus videatur: hoc ad nostram Majestatem referant, & competens responsum mereantur.

TITRE XII.

Et Cleri-
ci apud
proprios
Episco-
pos pri-
mū con-
venian-
tur, &
posthac
apud ci-
viles ju-
dices.

*Qui ordonne que les Clercs doivent estre poursuivis premie-
rement pardevant leurs Evesques Diocesains, & aprés
pardevant les Juges seculiers.*

NOVELLE LXXXIII.

SOMMAIRE.

Ette Novelle consiste en une Preface & un Chapitre : Dans
la Preface l'Empereur dit avoir ordonné dans une autre
Loy, qui est la Novelle 79. *apud quos oport. cau. dic. Monach.*
que les Moines ne pourroient point à l'avenir estre poursuivis
ailleurs que pardevant leurs Evesques Diocesains ; que le mesme
privilege luy a esté demandé par Menas Patriarche de Constantinople, pour les Clercs & Ecclesiastiques, de faire terminer
leurs differends pour causes pecuniaires, c'est à dire, pour toutes matieres civiles, excepté les actions criminelles, par l'Archevesque ou l'Evesque Diocesain, & ce par Sentences arbitrales
entre les parties & sans écrit, à moins que les parties ne consentent qu'ils rendent des Sentences redigées par écrit.

Que si pour quelque cause l'Archevesque ou l'Evesque ne
peut point terminer le differend des parties, soit à raison de la
nature de l'action, ou parce qu'il y auroit quelque autre empeschement, en ce cas l'Empereur permet de recourir pardevant
les Juges seculiers, lesquels doivent décider les differends

promptement, *ut non propter hujufmodi caufas facris amovean-*
tur obfequiis, &c.

Que fi les Clercs font pourfuivis pour crimes civils & non
Ecclefiaftiques, l'accufation doit eftre portée pardevant les
Juges competans en la ville de Conftantinople, & dans les Provinces pardevant les Gouverneurs, & doit eftre mife à fin dans
deux mois, & non par delà.

Que fi le Juge eftime que l'accufé merite quelque punition,
il doit eftre degradé de fa dignité Sacerdotale par l'Évefque Diocefain; aprés quoy il peut eftre condamné à la peine à laquelle
il aura efté condamné.

Que s'il s'agit d'un delit Ecclefiaftique, comme d'herefie,
ou d'autre femblable delit, qui merite une cenfure Ecclefiaftique & une amende, c'eft à l'Evefque feul d'en connoiftre à
l'exclufion du Juge feculier, *cùm oportet talia Ecclefiacè exa-*
minari & emendari animas delinquentium per Ecclefiafticam
mulctam fecundum facras & divinas regulas, quas etiam noftræ
fequi non dedignantur leges, &c.

De cette Novelle a efté tirée l'Authentique *Clericus quoque.*
C. *de Epifcop. & Cleric.*

AUTHENTIQUE *Clericus quoque.* C. *de Epifcop. & Cleric.* 2

Clericus quoque in lite pulfatus pecuniariâ caufâ prius apud
Epifcopum conveniatur, per quem fine damno caufa decidatur.
Quòd fi natura caufæ, vel alia ratio faciat ut negotium apud
eum decidi non poffit, per civilem procedat judicem, obfervatis
Clericorum privilegiis; nec mora circa talia fiat. Sed in civili
crimine civilis profit judex, ut lis ultra duos non egrediatur men-
fes; nec tamen puniatur, etiam fi reus fit inventus, priufquam
per Epifcopum facerdotio fpolietur. Si verò crimen fit Ecclefiafti-
cum, Epifcopalis erit examinatio & caftigatio.

Cette Conftitution a efté corrigée depuis par celle de l'Empereur Frideric, portant pour titre *de ftatut. & confuetudinib.*
contra livert. Ecclefiæ, §. *ftatuimus, collatio.* 10. *conftitut. fin.*
par laquelle cét Empereur deffend que les Ecclefiaftiques foient
traduits pardevant les Juges feculiers, tant en caufes criminelles
que civiles, contre les Conftitutions Imperiales & les fonctions
canoniques: Voulant que le demandeur qui auroit fait au con-

traire, soit décheu de son action & de son droit, que le jugement soit nul, & le Juge privé de son Office : & que le Juge qui
auroit refusé de rendre la Justice aux Clercs & personnes Ecclesiastiques, aprés trois sommations, soit décheu de sa Jurisdiction.

3 *Statuimus , ut nullus Ecclesiasticam personam in criminali
quæstione vel civili trahere ad judicium seculare præsumat, contra Constitutiones Imperiales & canonicas sanctiones. Quòd si
actor fecerit , à jure suo cadat ; judicatum non teneat , & judex
ex tunc potestate judicandi privetur. Sancimus etiam , ut si quis
Clericis vel Ecclesiasticis personis justitiam denegare præsumpserit , tertiò requisitus , Jurisdictionem suam amittat.*

4 Nous apprenons de saint Gregoire *lib. 5 . epist. 11.* que les Evê-
ques dans l'Italie decidoient les differends des Ecclesiastiques,
comme ceux des Religieux, au moins dans les affaires pecuniaires & mobiliaires ; car à l'égard des fonds que les Eglises posse-
doient, il y avoit des OEconomes ou des Syndics, ou des Apocrisaires qui en avoient l'administration, & en prenoient la défense pardevant les Juges Seculiers.

Ce Pape *lib. 9 . epist. 32.* écrit que ceux qui avoient quelque
contestation à former contre les Clercs & les Religieux, devoient se pourvoir pardevant l'Evesque du Diocese pour la terminer, ou par luy-mesme ou par des Juges par luy subdeleguez,
ou obligeant les parties d'élire des arbitres, & les y contraignant
par ses Officiers ou Appariteurs, *si quis contra quemlibet Clericum causam habuerit , Episcopum ipsius adeat , ut aut ipse co-
gnoscat , aut antè ab eo judices deputentur ; aut si fortè ad arbitros eundum est , partes ad eligendum judicem ab ipso executio de-
putata compellat.* Que s'il y avoit quelque differend entre l'Evê-
que & un Clerc, en ce cas ce mesme Pape vouloit qu'il fût terminé par son Nonce, & non autrement, afin que la Jurisdiction
des Evesques fut conservée : *Si quis modò vel Clericus , vel Laïcus contra Episcopum causam habuerit , tunc te interponere de-
bes , ut inter eos aut ipse cognoscas , aut certè te admonente sibi
judices eligant. Nam si sua unicuique Episcopo Jurisdictio non
servetur , quid aliud agitas , nisi ut per nos , per quas Ecclesiasti-
cus custodiri debuit ordo , confundatur ?*

5 Cette Jurisprudence s'observoit aussi en France, & les Clercs
ne pouvoient point estre poursuivis ailleurs que pardevant leur
Evesque, ny mesme porter aucun differend contre des Laïques,

comme

comme nous apprenons de plusieurs Conciles tenus en France ; celuy d'Agde Can. 312. défend aux Clercs d'intenter procés pardevant les Juges Seculiers, sans la permission de leur Evesque : *Clericus ne quemquam præsumat apud sæculorum judicem Episcopo non permittente pulsare : sed si pulsatus fuerit, respondeat, non proponat ; nec audeat criminale negotium in judicio seculari proponere. Si quis verò Secularium per calumniam Ecclesiam aut Clericum fatigare tentaverit, & victus fuerit ab Ecclesiæ liminibus & à Catholicorum communione, nisi dignè pœnituerit, arceatur.*

Le Concile III. d'Orleans défendit aux Laïques de faire assigner les Clercs pardevant le Juge Seculier sans le consentement de l'Evesque : parce qu'il sembloit que les Evesques devoient estre informez des procés qui devoient estre intentez par des Clercs, ou contre des Clercs, pour les empescher.

Le Concile IV. d'Orleans défend la mesme chose ; & que si un Laïque avoit un procés contre un Clerc, le Juge Seculier n'en pouvoit point connoistre, qu'estant assisté d'un Prestre ou de l'Archidiacre, à moins que les parties ne consentissent d'estre jugées par le Juge Seculier seul.

Le Synode d'Auxerre frappe d'Anatheme le Juge qui entreprendroit sur la personne d'un Clerc sans le consentement de l'Evesque.

Le Concile I. de Mâcon can. 1. de l'an 581. permet aux Juges Royaux de saisir les Clercs coupables d'homicide, de larcin ou de malefice : mais le Concile V. de Paris can. 4. défendit absolument aux Juges d'entreprendre de faire le procés aux Clercs sans y appeller l'Archevesque ou l'Evesque.

Le Roy Clothaire II. confirma ce Concile, défendant au Juge Royal de juger les procés des Clercs en matiere Civile ; & ordonnant que pour les procés Criminels, le jugement se rendît par le Juge Civil & par le Juge Ecclesiastique ensemble.

Le Concile de Rheims tenu l'an 630. can. 6. & 7. défend sous peine d'excommunication aux Juges Seculiers, de faire le procés aux Clercs sans la permission de l'Evesque.

Que si les Clercs estoient dans le sixiéme & septiéme siecle exempts de la Jurisdiction des Juges Seculiers, les Evesques devoient joüir avec plus de raison de ce Privilege : Le Concile V. d'Orleans can. 17. ordonna que ceux qui auroient quelque contestation avec un Evesque, ou avec les Officiers de son Egli-

Tome II.   X

se, auroient premierement recours à luy-mesme, afin que par la mesme charité qu'il juge les autres, il soit arbitre de son propre differend, & juge équitable de sa propre cause. Et si l'Evesque refusoit de faire Iustice, il falloit la demander au Metropolitain, & au refus du Metropolitain il falloit addresser ses plaintes aux Evesques de sa Province.

Le Concile I I. de Lyon can. 1. ordonne, que si deux Evesques d'une mesme Province estoient en procés, ils devoient s'en rapporter au Iugement de leur Metropolitain, & des autres Evesques de la Province. Et s'ils estoient Evesques de deux differentes Provinces, ils devoient faire terminer leur differend par les deux Metropolitains.

Le Concile I I. de Tours can. 2. obligea les Evesques qui auroient quelque contestation, de choisir de part & d'autre quelques Prestres pour la decider.

Les Evesques ne pouvoient pas mesme estre jugez pour crimes capitaux que par d'autres Evesques assemblez. Gregoire de Tours *lib.* 10. *cap.* 19. rapporte que le Roy Childebert fit arrester prisonnier Gilles Archevesque de Rheims pour crime de leze-Majesté au premier chef, il estoit accusé de l'avoir voulu assassiner : les autres Evesques en firent leur plainte au Roy, ce qui obligea le Roy de le renvoyer, *tunc ab aliis Sacerdotibus increpatus Rex, cur hominem absque audientia ab urbe rapi, & in custodiam retrudi jussisset, permisit eum ad urbem suam reverti.*

Le Concile s'assembla pour luy faire son procés, les autres Evesques ayant obtenu sa grace du Roy, ils le déposerent, & le releguerent à Strasbourg.

Pretextat Archevesque de Roüen s'accusa luy-mesme du mesme crime, le Roy Chilperic le fit juger par le Concile, & il ne fut condamné qu'à l'exil, *Gregor. lib.* 5. *cap.* 19.

Cette Jurisprudence s'est observée en France dans les siecles suivans, en sorte que par le Decret de l'Assemblée generale de Melun 1579. tous les Clercs furent obligez de terminer leurs procés pardevant les Evesques, ou des Arbitres choisis par les parties dans les Synodes, avec défenses de se pourvoir pardevant les Juges Seculiers; voicy comment le Concile de Bourges de l'an 1584. en parle, *si quando illis litigandi necessitas incubuerit, non pertrahat Clericus Clericum ad judicium saeculare, sed tantùm ad Episcopale ; ne eorum dedecus laicis sit scandalo, sed cau-*

se componantur : qui contra fecerint , legitimis pœnis subja-ceant.

Alexandre III. remarque dans une lettre écrite au Roy Loüis VII. que les Empereurs & les Rois qui l'avoient precedé, avoient toûjours fait obferver cette regle, que les Clercs pour crimes ne pouvoient eftre pourfuivis que par les Juges d'Egli-fe; *& Reges Francorum hoc fanxerunt , ut hi quibus à Clericis injuria irrogatur , eos apud Ecclefiafticos judices debeant folum-modo convenire. Id ipfum præfertim fupra his quorum injuria in-frà facros Ordines peragitur , de confuetudine Regni tui ufque ad hæc tempora accepimus obfervatum, Append. 2. Epift. 77.* du Chefne tome 4. pag. 617.

Ce Pape fit fulminer une excommunication dans le Concile III. de Latran en l'année 1179. contre les laïques qui feroient affigner les Ecclefiaftiques pardevant leur Tribunal. D'autres Conciles qu'il feroit trop long de rapporter en ce lieu, firent la mefme chofe.

L'Empereur Charlemagne *in Capit. lib. 5. cap. 225.* avoit dé-fendu, *ne quis auderet Clericum aut Monachum vel fanctimo-nialem feminam ad civile judicium accufare , fed ad Epifcopum:* Quant aux affaires civiles il avoit ordonné que fes Clercs & les Laïcs pourroient demander le renvoy de toute caufe devant l'Evefque, *lib. 6. cap.* 281. Sous les Rois fes fuccefleurs, les Jurif-dictions Ecclefiaftiques connoiffoient de toutes caufes & pro-cés, tant entre Laïcs qu'Ecclefiaftiques: Les Juges Ecclefiafti-ques connoiffoient de toutes caufes perfonnelles, réelles & mix-tes: par le Chapitre *licet. de foro compet.* aux Decretales qui fu-rent publiées en l'année 1223. les Juges Ecclefiaftiques fe difoient Juges des Laïcs , *in cafu negligentiæ judicum fæcularium.* Ils connoiffoient des caufes des veuves, des pupilles & autres per-fonnes, dont l'Eglife fembloit devoir par charité prendre la pro-tection, *cap. ex parte. ext. eod. tit.*

L'ufurpation des Iuges d'Eglife fur les Iurifdictions Seculieres 6 augmentant tous les jours, donna lieu aux Cours Souveraines & aux autres Juges Royaux, & aux Seigneurs du Royaume de fe plaindre, & les Rois furent obligez de mettre des bornes à l'am-bition des Juges Ecclefiaftiques, qui commençoient de tirer pro-fit de leurs Jurifdictions, & par ce moyen préjudicioient aux droits du Roy.

Le Roy François I. par l'article 1. de l'Edit de 1539. défend expreſſement à tous ſes ſujets de faire citer ou convenir les Laïcs pardevant les Juges d'Egliſe és actions pures perſonnelles ſur peine de perdition de cauſe & d'amende arbitraire.

Et par l'article 2. il défend à tous Juges Eccleſiaſtiques de bailler ou délivrer aucunes citations verbalement ou par écrit, pour faire citer les purs Laïcs en matiere d'actions pures perſonnelles, ſur peine d'amende arbitraire.

Et par l'article 4. la Juriſdiction Eccleſiaſtique eſt conſervée dans la connoiſſance des matieres de Sacremens & autres pures ſpirituelles & Eccleſiaſtiques, contre les Laïcs ſelon la forme du droit : & par le meſme article il eſt porté, que les Clercs mariez & non mariez, faiſans & exerçans eſtats ou negociations, pour raiſons deſquels ils ſont tenus & ont accoutumé de répondre en Cour Seculiere, ſeront tenus de répondre en Cour Seculiere, tant en matiere civile que criminelle, ainſi qu'ils ont fait par cydevant.

Les deux premiers articles de cette Ordonnance, nous font connoiſtre que juſques au Roy François I. les Juges Eccleſiaſtiques connoiſſoient de toutes cauſes de procés, tant entre Laïcs qu'Eccleſiaſtiques ; mais c'eſtoit par uſurpation, veu qu'il y avoit des anciennes Ordonnances qui défendoient aux Juges d'Egliſe d'en connoiſtre ; ainſi par l'Ordonnance de Iean donnée à Paris en Ianvier 1355. la connoiſſance du fait & execution des teſtamens a eſté ſoûmiſe à la Iuriſdiction Royale ; & par celle du Roy Charles VI. du mois de Mars 1371. il a eſté défendu aux Officiaux de connoiſtre en matieres réelles.

Et par l'article 4. nous voyons que les Clercs quoy que décheus du privilege Clerical par une profeſſion ou un eſtat contraire à celuy de Clerc, ne laiſſoit pas de joüir du privilege de ne pouvoir eſtre pourſuivis que pardevant le Iuge d'Egliſe ; mais que c'eſtoit une uſurpation.

L'Ordonnance de Moulins en l'article 39. eſtablit la diſtinction du cas privilegié & du cas non privilegié en matiere criminelle, en ces termes : *Pour obvier aux difficultez qui ſe ſont preſentées en la confection des procés criminels des perſonnes Eccleſiaſtiques, meſme pour le cas privilegié, ordonnons que nos Juges & Officiers inſtruiront & jugeront en tous cas les delits privilegiez contre les perſonnes Eccleſiaſtiques, auparavant que de faire aucun delaiſſement ou renvoy d'icelles perſonnes à leur Juge d'Egliſe pour le délit commun. Lequel délaiſſement ſera fait à la charge de tenir priſon pour la peine du délit privilegié, où elle n'auroit eſté ſatisfaite, & dont répondront les Officiers de l'Eveſque en cas d'élargiſſement par eux fait avant la ſatisfaction de ladite peine.*

Nonobſtant la Remonſtrance du Clergé ſur cet article, le Roy Charles IX. confirme cette Ordonnance par l'article 11. de celle d'Amboiſe de l'an 1572. en ces termes : *à ce que pour la difference des Juriſdictions, la pourſuite des crimes ne ſoit retardée, nous en confirmant le 39. article de noſtre Edit de Moulins ſur le Reglement en cas privilegiez, Ordonnons à nos Juges & Officiers, inſtruire & juger en tous cas les delits privilegiez contre les perſonnes Eccleſiaſtiques, auparavant que faire aucun délaiſſement d'iceluy à leur Juge d'Egliſe pour le délit commun.*

L'Ordonnance de Moulins en l'article 40. reſtraignoit encore conſiderablement la Juriſdiction Eccleſiaſtique, en ce qu'il porte *que nul ne joüiroit, ſoit pour délaiſſement aux Juges d'Egliſe, ou pour autre cauſe, s'il n'eſt conſtitué aux Ordres ſacrez, & pour le moins Souſdiacre, actuellement reſidant & ſervant aux Offices, Miniſteres, & Benefices qu'il tient à l'Egliſe.*

Mais par la Declaration ſur cet Edit, le Roy ajoûta, *les Ecoliers actuellement étudians & ſans fraude, & auſſi tous Clercs Beneficiers :* & par l'Edit de l'an 1571. il eſt porté que *ceux qui ſervent actuellement à l'Egliſe, joüiront du privilege de Clericature & Tonſure ; & les Preſtres & autres promeus aux Ordres ſacrez, ne ſeront executez en cas de crime & condamnation de mort ſans degradation.*

L'Ordonnance de Melun du Roy Henry III. de l'an 1580. porte en l'article 22. que *l'inſtruction des procés criminels contre les perſonnes Eccleſiaſtiques pour les cas privilegiez, ſera faite conjointement tant par les Juges deſdits Eccleſiaſtiques, que par nos Juges, & en ce cas ſeront ceux de noſdits Juges qui ſeront commis pour cet effet tenus aller au Siege de la Juriſdiction Eccleſiaſtique.*

Cét article eſt obſervé en France, en ſorte neanmoins que ces deux Iuges doivent chacun rendre leur Sentence ſeparement, comme il eſt remarqué par Tournet en ſes Arreſts lettre I, Chapitre 67.

Que ſi l'Eccleſiaſtique avoit eſté jugé par le Iuge d'Egliſe

X iij

feul, & condamné pour le delit commun, ayant fatisfait à la condamnation, il peut eftre repris par le Iuge Seculier, & par luy condamné derechef pour le cas privilegié : & quoy qu'il eut efté renvoyé abfous par le Iuge d'Eglife, le Iuge Seculier pourroit encore luy faire fon procés pour le cas privilegié, comme il a efté jugé par Arreft du 20. Ianvier 1604. rapporté par Tournet lettre P, Chapitre 191.

Par delit privilegié on entend celuy pour raifon duquel l'Ecclefiaftique eft fujet à la Iurifdiction Laïque ; & par delit commun on entend celuy dont le Iuge d'Eglife a connoiffance. Quelques-uns ont pretendu que mal à propos le delit dont le Iuge Seculier peut feul connoiftre, eft appellé privilegié ; & que le delit dont le Iuge d'Eglife connoift, eft dit delit commun ; par la raifon que par delit privilegié nous entendons celuy dont la connoiffance appartient par un privilege fpecialement accordé aux Ecclefiaftiques, au Iuge d'Eglife, de mefme que par le delit militaire & privilegié, on entend celuy dont le Iuge militaire peut feul connoiftre, & hors lequel le Iuge ordinaire peut connoiftre de tous delits commis par des Soldats. Ainfi le delit Ecclefiaftique, & qui doit eftre jugé par le Iuge Ecclefiaftique, doit eftre appellé privilegié ; & le delit qui doit eftre jugé par le Iuge Seculier, doit eftre nommé delit commun. Neanmoins d'autres eftiment, & avec raifon, que le delit dont la connnoiffance appartient au Iuge Royal eft appellé privilegié, parce que la Iurifdiction Ecclefiaftique ayant efté établie tant pour les caufes Civiles que pour les Criminelles en faveur des Ecclefiaftiques, & les Iuges d'Eglife ayant ufurpé fur les Iuges Seculiers, de juger de tous les crimes dont les Ecclefiaftiques pouvoient eftre accufez, la Iurifdiction Ecclefiaftique a efté reftrainte par les Ordonnances, lefquelles ont excepté les cas Royaux, qui font appellez delits privilegiez, c'eft à dire, exempts de la Iurifdiction Ecclefiaftique, attribuez à la connoiffance du feul Iuge Royal.

Ces cas font le crime de leze-Majefté divine & humaine, l'homicide de guet-à-pens, le vol de nuit fur les grands chemins, le port d'armes défenduës, la force & la violence publique, & generalement tous les crimes qui fe commettent contre le bien public, & que le Roy a intereft de faire punir pour l'exemple & la feureté de fes fujets.

Les delits communs au contraire, font tous les autres crimes & delits, qui regardent l'intereft des particuliers, comme le larcin, l'homicide, les outrages, les excés & injures, l'adultere & autres semblables.

Les delits purement Ecclesiastiques sont la simonie, la confidence, le sacrilege commis sans violence, & autres semblables, qui sont contre les Saints Decrets & Constitutions Canoniques : comme aussi tous les crimes qui se commettent par les Ecclesiastiques, tant en obmettant ce qui est de leur devoir, qu'en faisant ce qui leur est défendu par les Canons.

De ce qui a esté dit cy-dessus, il s'ensuit que nos Ordonnances sont plus favorables à la Iurisdiction Ecclesiastique pour le criminel, que la Novelle 83. de l'Empereur Iustinien, puis que ces Ordonnances permettent aux Iuges Ecclesiastiques de connoistre de tous les crimes que peuvent commettre les Ecclesiastiques, excepté les delits privilegiez ; & que par cette Novelle la Iurisdiction Ecclesiastique est restrainte à la connoissance seulement des crimes Ecclesiastiques.

PARAPHRASE

DE JULIEN.

CONSTITUTIO LXXVII.

CCXCVIII. Si quis in jus vocare Clericum maluerit tam in pecuniaria, quàm in criminali causa.

SI quis cum clerico litigium habuerit : siquidem de causa pecuniaria, adeat priùs Episcopum, cujus judicio Clericus suppositus est. Ille enim sine damno, sine dilatione competentem finem liti impositurus est. Sin autem voluerit Episcopus litem dirimere: tunc ad civiles judices disceptatio causæ perveniat. Ubi autem Episcopus causam dirimere vult : sine scriptura omnia procedant, & definitiva sententia sine scriptis ab eo producatur : nisi fortè partes voluerint, ut in scriptis ea inferatur. Quòd si de criminali causa litigium emerserit, tunc competentes judices in hac civitate vel in Provinciis interpellati consentaneum legibus ter-

minum causis imponant : Ita tamen ut disceptatio litis duorum mensium spatium non excedat à litis contestatione numerandum. Non aliter autem puniatur clericus, nisi obnoxius repertus sacerdotio nudatus fuerit ab Episcopo suo vel Clericatûs honore. Sin autem crimen Ecclesiasticum est : tunc secundùm Canones ab Episcopo solo causæ examinatio & pœna procedat, nullam communionem cum aliis judicibus in hujusmodi causis habentibus.

CCXCIX. De Judiciis.

Si quæ lites jam contestatæ sunt in Judiciis civilibus, secundùm priora jura suum finem expectent. Omnia autem privilegia, quæ data sunt à nobis sacrosanctis Ecclesiis, & religiosis Episcopis, & clericis, sive monachis, maneant immutabilia.

TITRE XIII.

De consanguineis & uterinis fratribus.

Des freres consanguins & uterins.

NOVELLE LXXXIV.

SOMMAIRE.

Cette

CEtte Novelle confifte feulement dans la Preface & deux Chapitres : Dans la Preface l'Empereur nous enfeigne, 1 que les freres font ou confanguins ou uterins ; que les confanguins font ceux qui font nez d'un mefme pere & d'une mefme mere en legitime mariage ; ou qui font nez d'un mefme pere, quoy que de diverfes meres : Ceux qui font nez d'un mefme pere & d'une mefme mere , font auffi appellez *fratres germani.*

Les uterins font ceux qui font nez d'une mefme mere , mais 2 de deux peres differens ; comme lors que celle qui a des enfans d'un premier mariage , convole en fecondes nopces dont elle a auffi des enfans ; les enfans du premier font freres uterins aux enfans du fecond lit , *& vice verfâ.*

On peut avoir des freres germains , des freres confanguins & des freres uterins , comme dans l'efpece que propofe l'Empereur dans cette Preface ; fçavoir un homme ayant des enfans d'un premier mariage convole en fecondes nopces , dont il a d'autres enfans , en fuite il paffe à un troifiéme mariage ; aprés fa mort fa veuve paffe en d'autres nopces , & a d'autres enfans ; dans ce cas les enfans du troifiéme mariage du pere font confanguins aux enfans du premier & fecond lit , & freres germains aux autres enfans de ce troifiéme lit , & freres uterins aux enfans nez du fecond mariage de leur mere : Un de ces enfans du troifiéme lit du pere eft decedé fans enfans ; ce qui a donné lieu à cette queftion , fçavoir fi tous les freres du deffunt, germains, con- 3 fanguins & uterins , devoient eftre admis enfemble à fa fucceffion?

Dans le Chapitre premier , l'Empereur dit qu'ayant recherché dans toutes les Loix anciennes & dans celles qu'il a établies, il n'y a point trouvé cette queftion decidée , ny aucune decifion qui puiffe fervir pour la decider , & qu'ainfi il fe trouve obligé d'en faire une Loy precife ; & pour cét effet confiderant , qu'entre les freres du defunt dans l'efpece propofée , il y en avoit 4 quelques-uns qui n'avoient que les droits de cognation , que l'Empereur avoit rendu legitimes , en appellant à la fucceffion d'un frere decedé fes freres confanguins & fes freres uterins enfemble , par la Loy derniere §. *fed nec. C. de legitim. heredib.* & qu'il y avoit d'autres freres dont les droits eftoient legitimes, *aliis hoc ipfo legitima.* Que quelques-uns des freres du défunt luy

estoient joints de parenté par la ligne paternelle seulement, *com-munciabant aliquid ei circa paternam prolem* ; d'autres luy estoient joints par ligne maternelle ; & que d'autres avoient droit en sa succession tant par la nature que par la Loy, en ce qu'ils estoient nez de mesme pere & de mesme mere que luy ; & dautant que le défunt pouvoit en faisant un testament délivrer ses freres du procez dans lequel ils se trouvent engagez, & qu'il ne l'a pas fait, c'est pourquoy l'Empereur dit avoir esté obligé de faire cette Constitution, par laquelle il prefere les freres joints *ex du-*
5 *plici latere*, à ceux qui ne sont joints que d'un costé, parce que *duo vincula fortiora sunt unico* ; ce qui estoit ordonné auparavant par la Loy derniere *C. commun. de successio.* & au defaut de freres joints des deux costez, il appelle ensemble à la succession du défunt les freres consanguins & uterins, parce que les droits d'agnation & de cognation estant égalez par le droit nouveau, & l'Empereur ayant abrogé toute la difference que le droit ancien avoit introduit, il n'y a plus de raison qui donne la preference aux uns au préjudice des autres.

Et l'Empereur ordonne que cette Constitution ait lieu au cas que le pere n'eut contracté que deux mariages, parce que cette espece n'est point differente de celle qui a donné lieu à la Constitution ; sinon qu'en celle-cy il y a des freres consanguins des deux premiers mariages, & en l'autre il n'y en a que du premier.

Cette Novelle en cette partie est contraire à l'ancien droit, par lequel les freres estoient admis à la succession de leur frere ou autre parent, sans avoir égard à la prerogative du double lien, suivant la Loy 2. §. *hereditas. ff. de suis & legit. heredib. l. 1. §. proximum. §. gradatim. ff. unde cognati. l. 1. C. de legit. heredib.*

Dans le Chapitre second l'Empereur ordonne, que si le défunt n'a point laissé de freres germains, mais seulement des freres consanguins & des freres uterins, sa succession soit partagée
6 selon les anciennes Loix qui sont renfermées dans le Code, qui sont *l. de emancipatis. C. de legit. heredib. d. l. ult. C. commun. de succeß. & l. quæcumque. C. de bon. quæ lib.* par lesquelles les freres consanguins & uterins succedent aux biens de leur pere ou de leur mere, suivant la regle

　　　Maternis cedant materna, paterna paternis;
7 C'est à dire, que les freres consanguins succedent seuls à leur

frere dans les biens qui luy font venus de fon pere ; & les freres
uterins luy fuccedent aux biens qui luy font écheus de fa mere
à l'exclufion des freres confanguins. Mais dans les autres biens
les freres confanguins & uterins fuccedent également.

De cette Novelle a efté tirée l'Authentique *Itaque mortuo,*
C. *commun. de fucceffio.*

AUTHENTIQUE *Itaque mortuo* C. *commun. de fucceff.* 8

*Itaque mortuo patrefamilias , fi filius decedat inteftatus fine
liberis , relictis fratribus & fororibus , aliis confanguineis , aliis
uterinis , & quibufdam ex utroque parente conjunctis, in eos folos
tranfmitti hereditatem qui ex utroque parente connexi funt.*

Les Couftumes de France font differentes fur cette queftion; 9
les unes preferent les freres & fœurs germains , qui font joints des
deux coftez , aux autres freres & fœurs qui ne font joints que du
cofté du pere , ou du cofté de la mere.

D'autres au contraire ne confiderent que la proximité du degré,
& appellent également les freres & fœurs , foit qu'ils foient joints
des deux coftez , ou d'un feulement ; avec la diftinction neanmoins des propres paternels & maternels, lefquels font affectez
à la ligne, par la regle *paterna paternis , materna maternis ,* qui
eft une des plus confiderables du droit coûtumier.

D'autres comme mitoyennes admettent conjointement les uns
& les autres, avec cette difference, que les confanguins & uterins n'ont qu'une demie portion ; & les germains, c'eft à dire
ceux qui font joints des deux coftez, ont une portion entiere.

La Couftume de Paris n'a point d'égard au double lien , fuivant l'article 34. en ces termes : *Freres & fœurs , fuppofé qu'ils
ne foient que de pere ou de mere , fuccedent également avec les autres freres & fœurs de pere & de mere , à leur frere ou fœur , aux
meubles , acquefts & conquefts immeubles.*

Et en l'article fuivant, elle ajoûte: *Ce que deffus a lieu aux
oncles & autres parens collateraux , qui ne font joints que d'un
cofté.*

La Couftume de Troyes eft contraire en l'article 93. en ces
termes : *En fucceffion échéant de ligne collaterale , freres de pere
& de mere font preferez , quant aux biens meubles , debtes &
conquefts immeubles demeurez du deceds de leur frere ou fœur*

trépassez, contre le frere ou la sœur paternels seulement, & leur
competent & appartiennent pour le tout lesdits biens, meubles &
conquests.

Cette Couftume & autres qui preferent la prerogative du
degré, ne donnent que les meubles, acquefts & conquefts, à
ceux qui font joints par le double lien, & non les propres, fuivant la Note de Maiftre Charles du Moulin fur l'article 90. de
la Couftume de Dreux, en ces termes : *hic §. fallit in herediis,*
in quibus non attenditur duplicitas utriufque vinculi per §. 86.
fuprà eodem.

La Couftume de Rheims en l'article 311. donne cét avantage aux freres joints des deux coftez, qu'ils ont la moitié de
tous les meubles, acquefts & conquefts, parce qu'ils font joints
du cofté paternel, & la moitié de l'autre moitié defdits meubles, acquefts & conquefts, parce qu'ils font joints du cofté
maternel.

Dans les Païs de droit écrit on fuit la difpofition de cette
Novelle, & le Parlement de Paris le juge ainfi pour les Païs
qui font de fon reffort : Brodeau fur Monfieur Loüet, lettre S. nombre 17. remarque un Arreft du dixiéme Juin 1604.
par lequel tous les biens tant meubles qu'immeubles de défunt
Guyon Guymier, frere germain de Geneviéve Guymier, furent adjugez à ladite Guymier, à l'exclufion des autres freres
& sœurs conjoints feulement d'un cofté, fans diftinction des
meubles, & immeubles acquefts ou propres.

10   On demande fi au defaut de la Couftume il faut fuivre la
difpofition du droit Romain ? Cette queftion s'eftant prefentée,
la caufe fut appointée au Confeil par Arreft du 6. May 1608.
remarqué par Brodeau *loco citato.*

Mais depuis cette queftion a efté decidée par Arreft du 16.
Avril 1622. remarqué par le Grand fur l'article 93. de la Coûtume de Troyes, par lequel en confirmant la Sentence du Bailly
de Bar-fur-Seine, les oncles & tantes, freres & sœurs du défunt
joints d'un cofté feulement, ont efté admis également à la fucceffion avec les neveux joints des deux coftez : ce qui avoit
auffi efté jugé dans la Couftume de Vitry, par un autre Arreft
du 24. Avril 1615. fur un appel du Prevoft de Paris, aprés en
avoir demandé l'avis aux Chambres.

PARAPHRASE
DE JULIEN.

CONSTITUTIO LXXVIII.

C C C. De fucceffionibus quæ ab inteftato fratribus
deferuntur.

SI quis decefferit fine liberis, & fine patre, & fine matre, fratres ejus ab inteftato fucceffionem ipfius capere velint. Sin autem juris diverfi fint, & quidam ex his fuerint confanguinei, non autem ex eadem matre nati, & alii appareant ejufdem patris & ejufdem matris progeniti, ipfi aliis anteponantur fratribus; nam & anteriores leges quodammodo hoc fieri præcipiunt, nam illis cautum eft, ut fi pater meus defuncta forte matre meâ aliam uxorem duxerit, & liberos habuerit, deinde ex nuptialibus lucris, vel aliis, quæ acquifitionem effugiunt, emolumentum uni ex his contigerit, & mortuus fuerit : ut anteponantur mihi fratres ipfius, qui non folùm confanguinei funt, fed ex eodem ventre nati, ex quo & ipfe progenitus eft. Hæc autem conftitutio non folùm in præfentibus cafibus teneat, fed etiam in præteritis, nifi judiciali calculo vel amicali compofitione fopita funt.

La Novelle 85. *de armis*, qui défend aux particuliers de faire des armes & d'en vendre, eft inutile en France.

Ut diffe-
rentes
Iudices
audire
interpel-
lantium
allega-
tiones,
cogantur
ab Epif-
copis hoc
agere, &
ur quan-
do in fuf-
picionem
habuerint judicem, pariter audiat caufam & civitatis Episcopus ; & de cautela alia , quam omnino oportet
Episcopum agere.

TITRE XV.

*Que les Evesques peuvent contraindre les Juges Secu-
liers de rendre Justice aux particuliers, & que lors
que les parties ont un Juge suspect, l'Evesque de la
Ville peut assister avec luy au jugement du procés; &
d'une autre précaution dont l'Evesque doit se servir.*

NOVELLE LXXXVI.

PAr cette Novelle qui consiste dans une Preface & neuf
Chapitres, l'Empereur ordonne, que si le Iuge est negligent
de rendre la Iustice, les parties le somment de les juger; & en cas
de refus aprés cette sommation, ils aillent trouver l'Evesque du
lieu, pour avertir ou faire avertir le Iuge de juger le procés; &
en cas que l'avertissement fait par l'Evesque ou de la part de l'E-
vesque n'ait rien fait auprés du Iuge, l'Evesque doit en écrire à
l'Empereur, pour le faire condamner aux peines qu'il merite
par sa contumace.

Cette Novelle est inutile en France.

La Novelle 87. *de mortis causa donatione Curialium*, qui re-
straint la faculté de disposer de ses biens en la personne des Decurions, est pareillement inutile, & sans aucune application à nôtre Iurisprudence.

❀❀❀❀❀❀❀❀❀❀❀❀❀❀❀❀❀❀❀❀❀❀❀❀❀❀❀❀❀

TITRE XVII.

Du dépoſt, des dénonciations, des locataires des maiſons,
& de la ſuſpenſion de l'adminiſtration des vivres
publics.

NOVELLE LXXXVIII.

SOMMAIRE.

IL s'agit dans cette Novelle des dénonciations ou défenſes qui 1
ſe font aux dépoſitaires de rendre & reſtituer les dépoſts dont
ils ſe font chargez, à ceux qui diſtribuent les vivres publics ; &
aux locataires des maiſons de payer les loyers par eux deus des
maiſons qu'ils tiennent à titre de loyer.

La prohibition qui ſe fait aux dépoſitaires eſt, traitée dans le
Chapitre premier de cette Novelle, & les défenſes qui ſe font aux
locataires & à ceux qui diſtribuent les vivres publics, font le ſujet
du Chapitre deuxiéme & dernier.

Dans le Chapitre premier, il dit que ſi quelqu'un prend à titre 2
du dépoſt de l'or ou quelque autre choſe mobiliaire, ſous certaines charges & conditions leſquelles ſoient accomplies par le
dépoſant, le dépoſitaire eſt tenu de reſtituer les choſes qui luy

ont esté dépofées, *conditionibus femel impletis* : ce qui a lieu
mefme au cas que quelque autre que le dépofant luy fift défenfes de reftituer le dépoft, par la raifon que le dépoft eft favorable, & que les Empereurs ont introduit plufieurs privileges en
faveur du dépofant pour la reftitution d'iceux ; & qu'il n'eft pas
3 jufte d'inquieter celuy qui en eft chargé, & que le dépofant merite de joüir des privileges accordez au dépoft. Mais parce qu'il
pourroit arriver que le dépoft feroit perdu, pendant les défenfes faites au dépofant : l'Empereur veut que la perte tombe fur celuy qui a fait les défenfes, & mefme qu'il foit tenu de payer les
4 interefts des chofes dépofées, non feulement fi c'eft de l'or ou
de l'argent ; mais auffi de quelque chofe que ce foit, eu égard à
l'eftimation, à compter lefdits interefts du jour de la prohibition, *ut hoc timore ftultorum fimul & perverforum maligné verfan-
di in depofitionibus homines ceffent.* Nous obferverons en interpretation de cette Novelle

Premierement, que quoy que dans le commencement de ce
Chapitre l'Empereur ordonne la reftitution du dépoft au cas
que le dépofant ait fatisfait aux charges & conditions du dé-
5 poft, neanmoins le dépofitaire ne feroit pas moins tenu de le reftituer, quoy qu'elles ; ne fuffent point accomplies, *l. 1. §. penult.
ff. depof.* le Jurifconfulte dans ce §. dit que quoy que le dépofant foit convenu que le dépoft fera reftitué aprés fa mort, toutefois il le peut repeter auparavant *mutatâ voluntate.* Cependant dans la mefme Loy au §. 22. où il eft dit, que *non femper
videri poffe dolo facere eum, qui repofcenti non reddat ; quid enim,
fi in Provincia res fit, vel in horreis, quorum aperiendorum con-
demnationis tempore non fit facultas ? vel conditio depofitionis non
extitit.*

Pour folution il faut dire que quand la condition regarde l'intereft du dépofant, le dépofitaire ne peut pas refufer la reftitution du dépoft, quoy que la condition ne foit pas accomplie,
comme fi le dépofant charge le dépofitaire de luy rendre le dépoft lors qu'il fera de retour d'un voyage qu'il a deffein d'entreprendre : il eft fans doute qu'auparavant fon retour, avant
mefme fon départ, ou pendant fon abfence, il peut pourfuivre
la reftitution du dépoft contre le dépofitaire. Mais fi la condition regarde l'intereft du dépofitaire, ou d'un tiers, le dépofitaire n'eft point tenu de le reftituer jufqu'à ce que la charge ou la
condition foit accomplie.

Exemple

Exemple d'une condition au profit du dépofitaire : fi le dépofant doit une fomme d'argent au dépofitaire, & qu'il luy donne
en dépoft quelque chofe, à la charge qu'il ne fera point tenu de
luy en faire la reftitution qu'il ne luy ait payé ladite fomme,
ou qu'il n'ait payé pareille fomme au creancier du dépofitaire, il
eft fans doute que cette condition doit eftre accomplie auparavant que le dépofitaire puiffe eftre contraint de reftituer le dépoft.

Voicy un exemple du dépoft fait avec une charge au profit 6
d'un tiers : Je dois cent à Titius, & Cajus m'en doit deux cent par
fon obligation ; fi je dépofe entre les mains de Mevius en prefence de Titius l'obligation de Cajus, à la charge que Mevius ne
me la rendra point, que je n'aye fatisfait Titius de la fomme que
je luy dois, je ne peux pas pourfuivre Mevius pour la reftitution
de cette obligation que je ne juftifie auparavant du payement
fait à Titius ; par la raifon que Titius pourra agir contre Mevius pour fes dommages & interefts, pour m'avoir reftitué l'o-
bligation de Cajus, qui luy fervoit de feureté pour la fomme que
je luy devois, *argum. l. 5. C. depof.* & c'eft ainfi qu'il faut entendre
le Chapitre premier de cette Novelle.

En fecond lieu, que les privileges accordez par les Empereurs
au dépoft font

Le premier; que l'action de dépoft eft infamante, *l. 20. C. depof.*

Le deuxiéme, qu'on n'admet point de compenfation en matiere 7
de depoft, *l. ult. C. de compenf. & l. penult. C. depof.*

Le troifiéme, que le privilege du dépoft eft plus fort que tous les
autres privileges, fuivant la Loy 7. §. *quoties. ff. depof.* où il eft
dit qu'en cas de banqueroute des Banquiers, les dépofans font
preferez ; ce qui eft confirmé par noftre ufage ; car fi un Notaire
par exemple fait banqueroute, & que l'argent qui luy aura efté
depofé par quelqu'un fe trouve en nature, & qu'il foit conftant
que ce foit celuy mefme qui a efté dépofé, tous les autres creanciers privilegiez, foit fur la Charge, ou mefme d'autres dépofitaires dont l'argent auroit efté detourné, ne pourroient pas pretendre exercer leur privilege fur cét argent : c'eft ainfi qu'il faut
entendre l'article 182. de la Coûtume de Paris, qui porte, que
*auffi n'a lieu la contribution en matiere de dépoft, fi le dépoft fe trou-
ve en nature.*

Le quatriéme, que l'exception *non numeratæ pecuniæ* n'eft
point receuë contre une reconnoiffance de dépoft, *l. 4. §. 1.*

Tome II.   Z

C. *de non numerata pecunia.*

Le cinquiéme eſt dans ce Chapitre, en quoy il déroge au droit commun, par lequel il eſt permis au creancier de ſaiſir & arreſter les deniers deus à ſon debiteur, entre les mains du debiteur de ſon debiteur, & luy faire défenſes d'en vuider ſes mains juſques à ce qu'autrement il en ſoit ordonné par Juſtice; & par le moyen de telle ſaiſie & arreſt, le debiteur ne peut pas eſtre contraint de payer à ſon creancier ſur peine de payer deux fois; quoy que le creancier offre de luy bailler caution pour ſon indemnité, & de le défendre & prendre ſon fait & cauſe contre le ſaiſiſſant, & le garantir de tout évenement, *l. ult. ff. de lege commiſſ. l. 21. heres. ff. ad SC. Trebellian. l. 27. ff. de conſtit. pecun. l. 4. C. quæ res pign. oblig. poſſ.*

En troiſiéme lieu, que la Loy 11. C. *depoſ.* traite des défenſes faites au dépoſitaire de reſtituer le dépoſt : dans cette Loy l'Empereur Juſtinien ordonne que nonobſtant les ſaiſies & arreſts, & défenſes faites au dépoſitaire de reſtituer le dépoſt, il ſoit neanmoins contraint de le reſtituer au dépoſant, en donnant par le dépoſant au dépoſitaire une caution pour ſa ſeureté envers le creancier ſaiſiſſant.

Cette Loy n'eſt pas abrogée par cette Novelle 88. comme quelques Interpretes ont crû, eſtimant que cette Novelle abroge les ſaiſies & arreſts, & défenſes de reſtituer qui ſe faiſoient ou pouvoient ſe faire au dépoſitaire; car puis que cette Novelle défend de faire telles ſaiſies & arreſts ſur les peines y portées; parce que c'eſt une maxime receuë dans les Loix prohibitives, que *prohibitio rei ſive aǎtûs præciſa, reddat aǎtum ipſo jure nullum,* & que *prohibitio, quæ vel pœnam, vel aliud remedium adverſum facientem, habeat conjunǎtum, non reſcindat, nec annullet aǎtum, l. 1. ff. de feriis, l. 1. §. 4. ff. quando appell. ſit.* & par conſequent puis que l'Empereur dans cette Novelle impoſe une peine contre celuy, qui auroit fait défenſes au dépoſitaire de reſtituer le dépoſt au dépoſitaire, il s'enſuit que la ſaiſie & arreſt, & prohibition de reſtituer ſe peuvent faire. D'ailleurs il ſe pourroit faire que la ſaiſie & arreſt fût bien fondée, comme ſi elle eſtoit faite par celuy qui auroit un privilege ſur la choſe, comme ſi elle luy avoit eſté donnée en gage, & qu'elle luy eut eſté volée, en ce cas il eſt certain qu'il auroit droit de ſuite ſur icelle, qu'il la pourroit ſaiſir & arreſter entre les mains de celuy à qui le maiſtre l'auroit dépoſée, & luy faire défenſes de la luy rendre, mais qu'elle luy fût renduë pour luy fervir de gage comme auparavant ; par la raifon que le gage imprime un droit réel fur la chofe donnée à ce titre, *l. 17. ff. & l. 18. C. eod. tit. & l. 2. C. fi unus ex pluribus.*

C'eft le fentiment de Giphanius fur la Loy 11. C. *depof.* & de **8** Cujas *in d. Novel.* que cette Novelle n'abroge point cette Loy, mais que l'Empereur ne fait qu'impofer des peines à ceux qui empefchent la reftitution des dépofts par les faifies & arrefts, & défenfes faites aux dépofitaires de les reftituer.

Cette Novelle n'eft point d'ufage en France, car il eft certain que les chofes dépofées peuvent eftre faifies & arreftées entre les mains des dépofitaires par les creanciers du dépofant, & qu'au préjudice des défenfes, les dépofitaires ne peuvent pas les reftituer aux dépofans fur peine de payer deux fois : Que fi les faifies font faites fans caufe legitime : comme fi c'eft en vertu d'une dette, & que la dette foit mal fondée, ou non juftifiée, le faififfant eft condamné aux dépens, dommages & interefts du dépofant, & au cas que la chofe fût perie pendant la faifie, ou qu'elle eût receu quelque diminution ou déterioration, la perte ou la diminution retomberoit fur le faififfant; & fi c'eftoit de l'argent, dans les dommages & interefts, on mettroit les interefts à compter du jour de la faifie ; ce qui ne doit pas recevoir de difficulté.

Dans le Chapitre deuxiéme *in princip.* l'Empereur défend de **9** faire faifir & arrefter les loyers des maifons deus par les locataires; ou de faire faifir les vivres entre les mains de celuy qui eftoit prepofé pour les diftribuer à ceux qui eftoient couchez fur l'État pour les recevoir ; fur les peines declarées cy-deffus, au cas de la faifie & arreft des chofes dépofées entre les mains des dépofitaires.

Cette Conftitution n'a pas lieu en France, pour les loyers des maifons, qu'il eft permis à tout creancier de faifir & arrefter pour quelque caufe que ce foit ; que fi elle eft declarée non jufte & non legitime, le faififfant eft condamné aux dépens.

Quant à la defenfe de faifir les vivres, elle eft inutile, furquoy voyez le titre au Code *de annonis civilibus.*

De cette Novelle a efté tirée l'Authentique *fed jam cautum* **10** *eft. Cod. depof.*

Z ij

AUTHENTIQUE *Sed jam cautum. C. depof.*

11   *Sed jam cautum eft , ne quis extrinfecus depofitario interdicat depofiti reftitutionem ; qua fubfecuta depofitor poffidens pulfari po-terit ab eo qui interdicit.*

  Si contrà factum fuerit , damnum quodcumque acciderit ei qui vim paffus eft , præftabitur ab eo qui interdixit ; nec non de tertia centefimæ ufurarum nomine , ex quo facta eft hujufmodi conte-ftatio.

  Quibus pœnis fubjacet , qui vel inquilino dationem penfionum , vel publicæ perfonæ panis interdicit adminiftrationem.

PARAPHRASE
DE JULIEN.

CONSTITUTIO LXXXI.

CCCVII.   De rebus difpofitis , & de his qui denuntiant , ut depofita non reddantur.

QUidam Titio depofuit pecuniam vel alias res fub aliquibus conditionibus , ut fi impletæ fuerint , reddatur ei depofitum : deinde implevit , & depofitarius nihil reddere vult. Jubet confti-tutio teneri eum , quia conditionibus impletis res depofitas redde-re debet. Sed & fi venerit aliquis , & denuntiaverit depofitario , ne aliquid reddat , nihil hoc ei , qui depofuit , noceat. Quidquid enim damni poft talem denuntiationem vel fortuito cafu depofi-tis rebus contigerit , hoc ad eum qui denuntiavit , pertinet , ut depofitori indemnitas conferuetur. Hoc ampliùs pecunia depofita erat , & eam reddi quifpiam denuntiatione prohibuit , ex eo tem-pore cogendus eft tertiam centefimæ ufurarum nomine depofitori præftare ufque eò , donec reddatur pecunia.

CCCVIII. De his , qui denuntiant , ut civiles annonæ ,
vel penſiones non ſolvantur.

Si quis vel civiles annonas dari prohibuerit alicui , cujus ſe
creditorem dicit eſſe : vel ſi denunciaverit inquilinis , ne penſio-
nes præſtent : quidquid damni ex hoc domini ſenſerint , is qui
denuntiavit , reſarcire cogatur. Hoc amplius pecuniæ , quam
prohibuit dari , uſuram præſtet tertiam centeſimæ. Et nemo dicat,
quòd poteſt dominus cautionem defenſionis Inquilinis dare, & pen-
ſionis poſt denuntiationem exigere. Defenſio enim ſine fidejuſſore
omnino idonea non eſt , & non facilè eſt fidejuſſorem omnibus in-
venire.

SEPTIÉME COLLATION.

TITRE PREMIER.

Par quels moyens les enfans naturels deviennent heritiers
ſiens , & de leur ſucceſſion teſtamentaire , ou
ab inteſtat.

Quibus modis naturales efficiuntur ſui , & de eorum ex teſtaméto. ſive ab inteſtato ſucceſſione,

NOVELLE LXXXIX.

PREFACE ET CHAPITRE PREMIER.

CEtte Novelle conſiſte en une Preface & quinze Chapitres,
dans leſquels il ne s'agit que de la legitimation des enfans
naturels , & de leur ſucceſſion.

Dans la Preface l'Empereur dit , que dans l'ancienne Juriſprudence il n'y avoit aucunes Loix touchant les enfans naturels : mais qu'il y a des Conſtitutions ſur ce ſujet dans le Code
Theodoſien , qui eſt le premier qui a eſté fait après la mort

Z iij

de l'Empereur Constantin ; que les autres Empereurs en ont fait d'autres depuis ; que quelques-uns ont permis aux peres & meres de laisser quelque chose à leurs enfans naturels, sçavoir les Empereurs Arcadius & Honorius dans les Loix 2. & 3. *generaliter de naturalib. liber.* que d'autres ont introduit des moyens pour legitimer les enfans naturels, & pour les rendre capables de succeder à leur pere ; que d'autres ont aussi permis de legitimer les petits enfans, c'est à dire, les enfans des enfans naturels : Que plusieurs questions se sont presentées pardevant l'Empereur touchant les enfans naturels, qu'il a renfermé plusieurs Constitutions des Empereurs dans son Code, au titre *de naturalib. liber.* & dans les Institutes au titre *de hereditatib. quæ ab intest. deferunt.* §. 1. *& tit. de nupt.* §. *ult.* qu'il a fait aussi plusieurs Constitutions qui sont mises sous les susdits titres, & d'autres qui ont esté mises sous plusieurs titres des Novelles, *tit. de incest. nupt.* §. *penult. & de triente & semis.* §. *ult. & ut liberi de cætero.* §. *si quis. & quibus mod. natur. effic. legit.* & parce que toutes ces Loix sont dispersées en plusieurs endroits, il trouve à propos de les reduire sous un mesme titre.

Dans le Chapitre premier l'Empereur dit, qu'entre les hommes les uns sont libres & legitimes, sçavoir ceux qui sont nez en legitime mariage ; d'autres ne sont ny libres ny legitimes, mais ils le deviennent, & d'esclaves ils sont rendus libres, & de naturels legitimes : Il y en a d'autres qui sont naturels, qui sont neanmoins capables de quelques successions ; & d'autres lesquels ne doivent point estre estimez naturels, parce qu'ils en sont indignes.

Dans cette Novelle l'Empereur fait voir qui sont les enfans naturels, & par quels moyens ils sont legitimez, quelles sont leurs successions, quelle a esté la jurisprudence ancienne, & combien elle leur a esté desavantageuse, & quelle a esté celle que l'Empereur a introduite en leur faveur, & qui sont ceux qui meritent d'estre appellez de ce nom. Dans les commencemens du monde, lors qu'on ne se servoit point encore de Loix écrites, tous les enfans naissoient libres & ingenus, & la nature n'en connoissoit point d'autres ; *quod attinet ad jus civile, servi pro nullis habentur, non tamen & jure naturali ; quia quod ad jus naturale attinet, omnes homines sunt æquales,* dit Ulpian *in l.* 32. *ff. de R. I.* mais les guerres, les procez, les convoitifes, & les autres paffions, ont bien changé cét ordre naturel. Les guerres ont introduit les fervitudes & captivitez; la perte ou le defaut de chafteté a donné l'origine aux enfans naturels : mais la Loy pour reparer ces defordres, a trouvé une infinité de moyens pour rendre la liberté aux efclaves; & les Conftitutions Imperiales ont fait rentrer dans les voyes legitimes ce qui avoit efté fait contre la difpofition des Loix : *Primis namque parentibus primi filii, fimiliter autem legitimi à natura fiebant : bella verò & lites atque libidines & concupifcentiæ caufam depofuerunt ad aliud fchema. Servitutem namque invenit bellum ; naturales autem caftitatis cafus ; lex autem tempus hujufmodi delicta curans, libertatem fervis mollita eft ; & nullum de his tractavit, modos introducens dena millia : Imperatoriæ verò Conftitutiones aperuerunt iis, quæ non rectè facta funt ad jus legitimum vias,* dit l'Empereur dans ce Chapitre.

Ceux qui font nez d'un legitime mariage, font les heritiers legitimes de leurs peres & meres, & autres afcendans : mais pour la preuve des nopces legitimes, l'Empereur dans la Novelle 74. chap. 4. & 5. a diftingué entre les perfonnes illuftres, ceux qui font d'une mediocre condition, & ceux qui font de la plus baffe.

Les Loix ont introduit les moyens par lefquels les fucceffions des perfonnes legitimes font deferées, & ceux par lefquels les enfans naturels deviennent legitimes.

CHAPITRE II.

De la legitimation per oblationem Curiæ.

Dé primo legitimationis modo per Curiæ dationem.

L'Empereur traite de ce premier moyen de legitimation dans ce Chapitre & dans les fuivans, jufqu'au Chapitre 8. Ce moyen a efté introduit par l'Empereur Theodofe, & voyez ce qu'en ordonne l'Empereur Juftinian, fçavoir :

Premierement, que celuy qui a des enfans naturels, qu'il veut rendre legitimes, foit qu'il foit dans l'ordre des Decurions ou non, & qu'il ait des enfans legitimes, ou qu'il n'en ait point, il peut faire prefenter tous fes enfans à cét Ordre, ou quelques-uns feulement ; ou que par fon teftament il declare, qu'il veut que fes enfans entrent dans cét Ordre ; foit mefme que les enfans naturels s'y prefentent , pourveu que dans ce cas il n'y ait aucuns enfans legitimes , ceux qui y font prefentez dans l'un & l'autre cas , font rendus legitimes.

En fecond lieu , que les enfans ainfi legitimez fuccedent à leur pere , foit en vertu de fon teftament , ou *ab inteftat* ; mais le pere ne peut donner à un enfant ainfi legitimé , qu'autant que celuy de fes enfans legitimes moins prenant peut prendre en fa fucceffion , *cap.* 3. *hic.*

En troifiéme lieu , que par cette maniere les enfans font rendus legitimes à l'égard de leur pere feulement , & non à l'égard des autres afcendans du cofté paternel , ny des collateraux ; car entre les enfans ainfi legitimez , & tous autres parens que le pere, il n'y a aucun droit de fucceffion , fi ce n'eft par teftament, *d. cap.* 3. §. 1.

En quatriéme lieu , que fi celuy qui eft ainfi prefenté a des enfans legitimes qui foient auffi dans l'ordre , ils fuccedent à leur pere ; & s'ils ne font point Decurions , une portion des biens du pere doit appartenir à l'ordre , Novelle 37. & le refte aux enfans qui ne font point dans l'ordre , *cap.* 5. *hic.*

Que s'il n'a point d'enfans , les trois quarts de fes biens appartiennent à l'Ordre , & le refte aux heritiers teftamentaires ou legitimes , *d. cap.* 5.

Il y a encore d'autres difpofitions dans les Chapitres 6. & 7. concernant ce moyen de legitimer les enfans , qu'il feroit trop long de rapporter en ce lieu , cette maniere de legitimer les enfans eftant inconnuë en France.

CHAPITRE VIII.

De la legitimation des enfans per inftrumenta dotalia.

LE deuxiéme moyen de legitimer les enfans naturels , eft le fubfequent mariage des peres & meres.

L'Empereur dit qu'il a inventé ce moyen , neanmoins par la Loy 5. *C. de naturalib. liber.* il paroift que c'eft l'Empereur Conftantin qui en eft l'autheur , mais Juftinian l'a augmenté.

L'Em-

L'Empereur veut que celuy qui épouse *confeĉtis dotali-* *bus inſtrumentis* , une affranchie, avec laquelle il peut contraĉter un mariage legitime , rende legitimes par ce moyen les enfans naturels qu'il avoit eu auparavant , quoy que les enfans qu'il au-roit eu de ce mariage ſoient decedez, ainſi qu'il eſt dit dans la Novelle 74. Ce qui a lieu par conſequent à l'égard des enfans conceus *ante dotalia inſtrumenta* , & nez *poſt dotalia inſtrumenta,* c'eſt à dire qu'ils naiſſent legitimes , & ne ſont pas legitimez par ce moyen, parce qu'ils ſont legitimes *ipſo jure;* l'Empereur voulant que quand il s'agit de l'intereſt des enfans, on conſi-dere ou le temps de la conception , ou celuy de leur naiſſance, ſelon qu'il leur eſt plus avantageux ; *cùm enim dubitatur utrum oporteat conceptûs , an partûs reſpici tempus , ſancimus ut non tempus conceptûs , ſed partûs inſpiciatur , propter filiorum utilita-tem. Si verò contigerit tales aliquas excogitari circumſtantias caſuum , in quibus eſt utilius conceptionis tempus quàm partûs ; tempus illud valere præcipimus , quod utilius ſit naſcenti.*

De cette déciſion il ſemble qu'on doive conclure , que ſi l'en-fant eſt conceu au temps qu'il y avoit empeſchement au ma-riage de ſes pere & mere, & qu'il ſoit né au temps que l'em-peſchement a ceſſé , l'enfant eſt rendu legitime par un ſubſe-quent mariage , quoy que les Loix ne permettent point la legitimation par ce moyen , que quand au temps de la naiſſan-ce de l'enfant, le mariage a pû eſtre contraĉté; par la raiſon que l'enfant n'eſt rendu legitime que par une fiĉtion par laquel-le on feint que l'enfant eſt né en legitime mariage : Or cette fiĉtion ne ſe pourroit pas faire, s'il y avoit pour lors un empeſ-chement au mariage ; comme ſi la mere a conceu l'enfant pen-dant l'abſence de ſon mary, & que ſon mary ſoit decedé *medio tempore* entre la naiſſance de l'enfant & ſa conception : dans ce cas on peut dire auſſi , que cette fiĉtion ne peut avoir lieu, veu que non ſeulement on doit feindre , que l'enfant eſt né en legitime mariage, mais auſſi qu'il y eſt né , ſuivant la Loy *Pau-lus. ff. de ſtatu homin.*

Neanmoins on peut dire , que cette Novelle ſe doit enten-dre *in cauſis favorabilibus* , dans leſquelles les enfans ont inte-reſt d'eſtre reputez nez au temps de leur conception , pourveu qu'il n'y ait aucune raiſon legitime qui empeſche cette fiĉtion; comme quand il s'agit de la liberté de celuy qui eſt *in utero*, ou quand il s'agit de ſçavoir dans le cas de cette Novelle , ſi celuy qui eft conceu *ante dotalia inftrumenta*, & qui eft né aprés, eft legitime *ipfo facto*, ou s'il eft feulement legitimé ; mais quand il eft queftion de l'eftat & de la qualité de celuy qui eft conceu en adultere, fa naiffance arrivée pendant le mariage de fes parens, ne peut rendre fa conception legitime, elle demeu-re adulterine, & le fait reputer adulterin. Voyez cette que-ftion traitée dans la Jurifprudence du Code, fur le titre *de natu-ralib. liber.*

Les Interpretes & les Docteurs eftiment, que le mariage fubfequent, quoy que fait par les peres & meres *in articulo mor-tis*, eft valable pour rendre les enfans legitimes, parce que le mariage peut eftre contracté *ufque ad extremum vitæ fpiritum*, de mefme que jufqu'à ce temps on peut faire des vœux, *cap. 17. ext. de regular.*

Quant à ce qu'on objecte, qu'on ne peut faire un Acte dans un temps auquel il prend fin, lors qu'il eft fait auparavant; on'répond que cela eft vray lors que *actus in id tempus con-fertur*, *l. 51. ff. de ufufr.* car il y a grande difference entre *con-ferre matrimonium in tempus mortis*, en forte qu'il ne foit va-lable qu'au temps de la mort, & le contracter au temps de la mort : Au premier cas, le mariage ne feroit pas valable, par la raifon qu'il feroit contre la nature du mariage qui fe diffoud par la mort, de vouloir qu'il ne fut valable qu'en ce temps: mais il n'y a aucune raifon qui empefche que le mariage ne puiffe eftre contracté au temps de la mort, auquel les contrac-tans font encore capables de donner leur confentement; ce qui fuffit pour la fubftance de ce contrat, *l. 6. ff. de liber. & pofth.* Mais pour cét effet, il faut que celuy qui eft *in articulo mortis*, foit fain d'entendement, & dans fon bon fens, autrement il fe-roit incapable d'y confentir ; & partant il n'y auroit point de mariage.

On fuivoit autrefois en France le fentiment des Docteurs & des Canoniftes, & il y a des Arrefts remarquez dans les Arrefts de Monfieur le Preftre, Centurie 2. chap. 11. qui l'ont jugé ainfi. Mais depuis l'Ordonnance du Roy Loüis XIII. de l'annee 1639. article 6. le mariage fait *in extremis* n'eft plus capable de legi-timer les enfans naturels : ils font bons *in foro confcientiæ*, à l'effet de décharger la confcience de celuy qui a entretenu le concubinage avec une femme, à l'effet de luy rendre en quel-que façon l'honneur qu'il luy a ofté ; mais quant aux effets civils , tel mariage n'eſt pas capable de rendre cette femme habile à joüir des effets d'un mariage contraƈté ſelon les Loix ; ainſi il n'y a ny dot , ny doüaire , ny communauté, & les enfans ſont incapables de ſucceder à leur pere & à leur mere , & meſ-me de ſucceder les uns aux autres , ou à leurs autres parens , n'y ayant aucune difference entre ces enfans , nonobſtant le ſubſe-quent mariage de leurs pere & mere , & les autres enfans natu-rels , qui ne ſont point legitimez.

Cét article eſt conceu en ces termes : *Nous voulons que la meſme peine ait lieu contre les enfans , qui ſont nez des femmes que les peres ont entretenuës , & qu'ils épouſent lors qu'ils ſont à l'extremité de la vie.*

De cét article il s'enſuit , que ſi le mariage avoit eſté con-traƈté pendant la ſanté des contraƈtans, & que la mort fût ſur-venuë par aprés , par quelque accident ou malheur impréveu, il ſeroit valable , & produiroit la legitimation des enfans ; parce que cette Ordonnance ne ſe doit entendre que des mariages faits par ceux qui ſont malades de la maladie mortelle dont ils de-cedent.

On pretend que cét article doit eſtre étendu aux mariages contraƈtez dans le declin de l'âge , par ceux qui ayant veſcu toute leur vie dans le concubinage , épouſent celles avec leſ-quelles ils ont demeuré dans le deſordre ; cependant l'Ordon-nance ne parle que de ceux qui ſont contraƈtez *in extremis,* par ceux qui ſont aƈtuellement malades de maladies mortel-les , & qui ont trait à la mort. Il y a un Arreſt dans la ſeconde partie du Journal du Palais , donné en l'Audiance de la grand' Chambre , dn 22. Decembre 1672. par lequel un mariage con-traƈté dans un âge fort avancé , par un maiſtre avec ſa ſervante, avec laquelle il avoit veſcu dans le concubinage , a eſté declaré nul , quoy qu'il n'y eût point de preuve de maladie : L'Arreſt rendu conformément aux concluſions de Monſieur l'Avocat General Talon.

CHAPITRE IX.

De la legitimation par Lettres du Prince.

De tertio modo legitimationis per Principis refcriptum.

LEs enfans font legitimez par Lettres du Prince, fuivant cet-te Novelle & la Novelle 74. *fuprà*, où le Lecteur aura recours.

Il y a un quatriéme moyen de legitimer les enfans *per filii nominationem*, dont eft fait mention dans la Novelle 117.

Il y avoit autrefois un cinquiéme moyen, qui eftoit l'adoption; mais par le Chapitre 11. de cette Novelle 89. & par la Loy 7. *C. de natural. liber.* l'Empereur l'a abrogé.

CHAPITRE XII.

De la fucceffion des enfans naturels.

De fucceffione omnium naturalium filiorum.

L'Empereur dans ce Chapitre *in princip.* dit, que les Empe-reurs Valens, Valentinian & Gratian, ont efté les premiers Empereurs qui ont efté favorables aux enfans naturels ; il entend la Conftitution qui eft dans le Code Theodofien, *lib.* 4. *tit.* 6. par laquelle ces Empereurs ont voulu, que fi le pere des enfans naturels a d'autres enfans legitimes, il peut laiffer à fes enfans naturels & à leur mere, un douziéme feulement de fes biens, & rien davantage : Ces Empereurs permettent au cas qu'il n'y ait aucuns enfans ny legitimes ny naturels, de donner à la con-cubine feulement un vingt-quatriéme de fes biens. Que fi ceux qui ont des enfans naturels n'en ont aucuns legitimes, & n'ont ny pere ny mere, ils leur permettent de leur donner un quart de leurs biens pour eux & leur mere ; voulans que tout ce qu'ils auroient receu de leur pere par quelque maniere que ce foit, foit imputé fur cette portion qu'ils leur auroient laiffée, en forte que le refte des biens appartienne aux enfans legitimes.

Dans le §. 1. l'Empereur dit avoir permis au pere de donner à fes enfans naturels, au cas qu'il n'en ait aucuns legitimes, la

moitié de tous ses biens, au lieu du quart, par la Loy *humani-*
tatis. C. de naturalib. liber. par la raison qu'il arrivoit souvent
que ceux qui ne pouvoient pas donner à leurs enfans naturels,
instituoient d'autres personnes à la charge de leur restituer leur
succession aprés leur decrés ; ce qui donnoit souvent lieu aux
heritiers instituez de contrevenir à la volonté des testateurs, en
ne restituant pas leurs biens suivant leur intention à leurs enfans
naturels.

Dans le §. 2. l'Empereur dit, que pour oster toute occasion au
parjure, & pour ne défendre pas entierement à l'égard des enfans
naturels, ce qui est permis en faveur des étrangers & des personnes
inconnuës, il ordonne que le pere qui aura des enfans legitimes,
ne pourra donner à ses enfans naturels ou à sa concubine,
qu'un douziéme de ses biens, conformément à une autre Constitution
qui est en la Loy 2. *C. d. tit.* comme il est observé cy-dessus
dans le commencement de ce Chapitre. Voulant, que ce
qui seroit donné de plus, appartienne aux enfans legitimes : &
s'il n'y a point d'enfans naturels, qu'il ne puisse donner à sa concubine
que la vingt-quatriéme partie de ses biens.

Dans le §. 3. il ordonne qu'au cas qu'il n'y ait point d'enfans
legitimes, ny aucun des ascendans, ausquels la Loy oblige
de laisser la legitime, suivant le §. 1. *suprà , de triente &*
servis. qu'il sera permis au pere d'instituer heritiers ses enfans
naturels pour tous ses biens ; & de les diviser entre eux de la maniere
qu'il jugera à propos, soit par donations simples , ou
par donations à cause de nopces, pour cause de dot ou autrement.
Et par ce moyen ceux qui ont des enfans naturels n'auront besoin
d'aucunes personnes souvent disposées à l'impieté & au parjure,
pour transporter leurs biens à leurs enfans.

Que s'il y a des ascendans, l'Empereur veut qu'on leur laisse
leur legitime, permettant au pere de laisser tout le reste de ses
biens à ses enfans naturels.

Il faut observer que par la Constitution des Empereurs Arcadius
& Honorius qui est en la Loy 2. *C. dicto tit.* celuy qui avoit
sa mere ne pouvoit laisser qu'un douziéme de ses biens à ses enfans
legitimes ; mais par le paragraphe 3. de ce Chapitre l'Empereur
permet à celuy qui a ses pere & mere & autres ascendans, de
laisser tous ses biens à ses enfans naturels, deduite la legitime qui
doit estre donnée aux ascendans.

De ce Chapitre a esté tirée l'Authentique *Nunc soli. C. de tit.*

A a iij

AUTHENTIQUE *Nunc soli. C. d. tit.*

Nunc soli liberi naturales & legitimi ad hunc modum coarctant, non etiam mater.

C'eſt à dire qu'il n'y a que les enfans naturels & legitimes qui reſtraignent la liberalité du pere envers ſes enfans naturels, & qui l'empeſchent de leur laiſſer plus d'un douziéme de ſes biens ; & la mere n'a plus ce pouvoir, en conſequence de la Novelle 89. *cap.* 12. §. 3. par laquelle l'Empereur permet au pere de donner tous ſes biens à ſes enfans naturels en laiſſant la legitime à ſes aſcendans.

Ces mots *naturales & legitimi* ſe doivent entendre conjointement des enfans naturels & legitimes, c'eſt à dire qui ſont nez en legitimes mariages, à l'effet d'exclure les enfans adoptifs.

Dans le §. 4. l'Empereur veut que ſi celuy qui a des enfans naturels, n'a aucuns enfans legitimes ny deſcendans d'eux, ny femme legitime, & qu'il decede ſans avoir diſpoſé de ſes biens ; mais qu'il laiſſe des parens collateraux, ou un patron, ou le fiſc qui pretendent la poſſeſſion de ſes biens, & qu'il ait des enfans naturels, & une femme qui vive avec luy en qualité de concubine, en ce cas les enfans naturels prennent un ſixiéme des biens de leur pere, pour le partager avec leur mere, en ſorte que la mere n'ait qu'une pareille portion qu'un de ſes enfans ; & qu'au cas que le pere decedé n'ait point laiſſé de concubine, les enfans prennent pareillement un ſixiéme entier dans la ſucceſſion.

Dans le §. 5. l'Empereur dit, que ſi quelqu'un par un effet d'une concupiſcence immoderée, a pluſieurs concubines, dont il ait des enfans, il exclud ſes enfans & ſes concubines du benefice de cette Loy ; de meſme que celuy qui a une femme legitime, n'en peut pas avoir une autre pendant le premier mariage, ainſi celuy qui a une concubine & des enfans d'icelle, n'en peut point avoir d'autre ; & que les enfans nez d'une autre femme pendant le mariage legitime, ne ſont point legitimes, auſſi les enfans nez d'une ſeconde concubine *durante primo concubinatu*, ne doivent point eſtre appellez naturels, & ne peuvent rien pretendre dans ſa ſucceſſion inteſtate.

Dans le §. 6. l'Empereur veut, qu'au cas qu'il y ait des enfans legitimes, & que le pere n'ait rien laiſſé à ſes enfans natureïs, ils ne puiffent pretendre aucune portion dans fes biens ; à la charge neanmoins que les enfans legitimes font tenus de leur fournir des alimens qui doivent eftre reglez par l'avis d'un homme de bien, eu égard à la quantité des biens des enfans : *fecundum fubftantiæ menfuram à bono viro arbitratam ;* l'avis d'un homme de bien fe doit regler en ce cas comme dans les autres remarquez dans quelques Loix, *l. fin. in fine.* C. *de contrah. nupt. l. penult.* C. *in poffeff. legat. & l. 1. in princip. ff. de ufufr. quemad. cav.*

L'Empereur ordonne auffi que fi le pere a une femme legitime, & que pendant fon mariage il ait eu des enfans naturels d'une concubine decedée, ne laiffant aucuns enfans legitimes, comme il faut fuppofer ; ceux qui doivent fucceder au pere, font tenus de leur fournir des alimens.

A l'égard des petits enfans naturels, l'Empereur ordonne, que ce qu'il a déja étably à leur égard, par d'autres Conftitutions, foit gardé : Il entend la Loy 12. C. *de naturalib.* à laquelle il n'a point dérogé par le droit des Novelles.

Par cette Loy l'Empereur Juftinien decide & ordonne que fi il n'y a aucuns enfans legitimes, le pere peut donner à fes petits enfans naturels tous fes biens, mais que s'il y en a, il veut que ce qui a efté ordonné touchant les enfans naturels, foit auffi gardé à l'égard des petits enfans naturels ; fans que les petits enfans naturels en ce cas puiffent pretendre aucune portion dans la fucceffion legitime & inteftate de l'ayeul ou des autres afcendans.

Par la Loy *humanitatis.* C. *eod. tit.* qui eft du mefme Empereur, les enfans naturels ne pouvoient prendre par la liberalité de leur pere que la moitié de fes biens, au cas qu'il n'y eût aucuns enfans naturels ; & fur ce qu'on pretendoit que cette Conftitution fe devoit étendre aux petits enfans naturels, l'Empereur dans cette Loy 12. *eod. tit.* decide que non, permettant au pere de donner à fes petits enfans naturels tous fes biens generalement quelconques : la raifon de douter eftoit qu'il y avoit mefme raifon pour les petits enfans que pour les enfans ; mais la raifon de la decifion eft dans cette Loy en ces termes, *in filiis naturalibus relinqui Conftitutiones quantum voluerint, ideo prohibuerunt, quia vitium paternum refrænandum effe exiftimaverunt. In nepotibus autem non eadem obfervatio in præfatis fpeciebus cuftodienda eft, ubi legitima foboles minimè facit impedimentum.*

Dans le §. 13. l'Empereur ordonne que ce qu'il a étably dans le Chapitre 12. touchant les droits que peuvent pretendre les enfans naturels dans les biens de leur pere, soit pour les successions ou pour les alimens, ait lieu & soit observé à l'égard de leurs pere & mere & autres ascendans paternels, par la raison que *æqualis debet esse pietas, l. nam & si. ff. de inofficio. testam.*

Dans le Chapitre 14. l'Empereur dit avoir esté ordonné par quelques Constitutions, que le pere doit donner des curateurs à ses enfans naturels pour l'administration des biens qu'il leur donne ou qu'il leur laisse ; que ces curateurs doivent estre confirmez par le Magistrat ; & qu'il confirme ces Constitutions & dispositions par cette Novelle ; l'Empereur par la Loy derniere *Cod. de confirm. tut.* permet au pere de donner un tuteur à ses enfans naturels dans les biens qu'il leur laisse. Ce qui semble avoir esté observé avant cette Constitution par la Loy *naturali. 7. ff. eod. tit.* en ces termes : *naturali filio cui nihil relictum est, tutor frustrà datur à patre ; nec sine ea inquisitione confirmatur,* voulant que la mere administre la tutelle de ses enfans naturels, & qu'à l'égard de cette tutelle on y observe tout ce qui est ordonné à l'égard de la tutelle des enfans legitimes, ainsi qu'il a déja esté ordonné par la Loy 3. C. *quando mulier tutel. offic. fun. pot.*

Ce terme *curator* dans cette Novelle se prend pour le tuteur, comme dans plusieurs autres endroits du droit.

La raison pour laquelle le tuteur donné par le pere à son fils naturel, doit estre confirmé par le Juge, est parce que le droit que le pere a de donner des tuteurs à ses enfans legitimes, consiste dans la puissance paternelle ; *princip. Institut. qui testam. tut. dari poss.* delà vient que le pere n'en peut point donner à ses enfans émancipez ; or le pere n'a point ses enfans naturels en sa puissance, laquelle ne se constituë que par la procreation *in justis nuptiis* ou par la legitimation, & partant les enfans naturels ne peuvent point recevoir de tuteur par la disposition de leur pere ; neanmoins parce qu'on presume qu'il est avantageux aux enfans emancipez de recevoir un tuteur plûtost de la disposition de leur pere que de la Loy ou du Magistrat, estant censé ne leur donner pour tuteurs que des personnes éclairées & capables de cette fonction, & affectionnées pour leur interest, c'est pourquoy la Loy veut que quoy que ces tuteurs soient donnez *præter rationem juris,* neanmoins le Magistrat soit tenu de les confirmer

confirmer fans inquifition & recherche de vie, de mœurs & de facultez, comme fi en effet il les avoit donné luy-mefme. Par la mefme raifon, le Magiftrat eft tenu de confirmer le tuteur donné par le pere à fes enfans naturels.

CHAPITRE XV.

Les enfans inceftueux ne peuvent point demander des alimens à leurs parens.

Ut filii ex damnato coïtu nati, nec alimenta [à parêtibus confequantur,

L'Empereur dans ce Chapitre ordonne que les enfans qui font nez d'une conjonction inceftueuse & condamnée par les Loix, ne pourront eftre appellez naturels, & qu'ils ne pourront point demander des alimens à leurs pere & mere, & qu'ils feront privez du benefice accordé par cette Novelle aux enfans naturels ; en forte que les enfans ainfi nez ne peuvent point eftre legitimez fuivant la Novelle 74. chap. 6. Et dans ce mefme Chapitre l'Empereur abroge ce qui eft porté en la Loy 1. C. *de natural. lib.* nez de Senateurs, ou de ceux qui avoient des Charges confiderables, dont il eft fait mention dans cette Loy, & de femme d'une condition vile & abjecte, lefquels ils pretendoient legitimer ; voulant par cette nouvelle Conftitution qu'ils puiffent eftre legitimez : Voyez *infrà*, fur la Novelle 117. *cap.* 6. de laquelle eft tirée l'Authentique *Sed novo jure.*

Les enfans dont il eft parlé dans ce Chapitre font ceux, qui font nez *ex nefario, incefto, aut damnato coïtu :* les premiers font nez *ex afcetria, vel rapta,* felon Harmenopule *lib.* 6. §. 78. *afcetria,* c'eft à dire une Religieufe.

Les feconds font nez *ex ea quæ nos fanguine attingit ;* & les troifiémes, *ex conjunctione damnata à legibus,* comme d'un tuteur & d'une pupille, d'un affranchi & d'une patrone.

Des Chapitres 12. & 15. a efté tirée l'Authentique *Licet.* C. *de natural. lioer.*

Authentique *Licet de natural. liber.*

Licet patri fine legitima prole feu parente, cui relinqui neceffe eft, decedenti, naturalibus totam fubftantiam fuam vel inter

Tome II.   Bb *vivos largiri, vel in testamento transmittere. Quòd si parentes duntaxat ei supersint, legitimâ parte parentibus relictâ, reliquum inter naturales distribui permittitur. Ab intestato verò cùm desit soboles civilis, vel superfit conjux legitima, si naturales ex concubina extant, quæ sola fuerit ei indubitato affectu conjuncta, in duas paternæ substantiæ uncias succedant matri inter eos virilis portio, si superest, de suo : hujusmodi enim naturales filios pasci boni viri arbitrio est necesse ; sive legitimi extant & succedunt, sive conjuge vivâ quilibet alii sunt heredes. Hi ergo ex parentibus parem præstent, si opus sit, pietatem ; sed qui ex damnato sunt coïtu, omni prorsus beneficio secludantur.*

On demande si le Prince peut legitimer les enfans incestueux & adulterins ? La glose sur ce Chapitre *in verbo, participium,* tient l'affirmative ; ainsi selon le sentiment du Jurisconsulte Scevola *in l. 3. ff. de natalib. restituend.* l'Empereur peut accorder le droit d'ingenuité à ceux qu'il luy plaist.

On demande en second lieu, si ceux qui sont incestueux ou adulterins peuvent recevoir des donations qui leur sont faites par d'autres : le sentiment commun des Docteurs est pour l'affirmative ; par la raison qu'il n'est pas défendu par cette Novelle ny par aucune autre Constitution : or c'est une regle generale que tout est permis s'il n'est prohibé, *omnia licent, si non expressè prohibita sunt, l. necnon. §. quod eis. ff. ex quib. cauf. major.*

Par une Jurisprudence generalement observée en France, les bastards ne succedent point à leurs pere & mere, ny autres ascendans, ny à leurs autres parens collateraux ; & ils ne peuvent point pretendre aucune portion dans les biens de leurs peres & meres, quoy qu'il n'y ait aucuns enfans legitimes, non pas mesme quand leurs peres & meres n'auroient que le fisc pour successeur par droit de desherence : par la raison qu'on ne reconnoist point la parenté qui est entre les bastards & leurs peres & meres, comme estant prohibé par nos Loix.

Par cette raison les peres & meres ne succedent point à leurs enfans naturels, & ne peuvent rien prendre dans leurs biens par forme de legitime où elle est receuë, ny autrement.

Quant aux donations & dispositions entre-vifs ou testamentaires des peres & meres au profit de leurs enfans, nous observerons qu'il y a des Coûtumes qui les permettent : celle d'Auvergne Chapitre 14. article 47. porte, *en faveur & par contrat de mariage on peut faire toutes donations & dispositions par convenance de succeder, ou autrement, au profit de son bastard contractant mariage,* demptâ legitimâ.

Celle de Tours article 242. dit : *On peut donner à son bastard tant entre-vifs que par testament, la quatriéme partie de ses acquests à vie seulement, & tous ses meubles à perpetuité.*

Celle de Bretagne article 476. ne permet au pere de donner à son bastard que par usufruit seulement pour aliment, nourriture & entretenement.

Celle de Melun en l'article 298. permet aux bastards de recevoir par les testamens de leurs pere & mere & autres, pourveu que le don soit moderé.

A l'égard des autres Coûtumes, qui n'en parlent point, on distingue entre les bastards nez *ex soluto & soluta,* & ceux qui sont nez *ex nefario coïtu.*

A l'égard des premiers on a pretendu qu'ils estoient capables de toutes donations & dispositions, tant entre-vifs que testamentaires, particulieres & non universelles ; c'est le sentiment de du Moulin, lequel en sa Note sur l'article 12. de la Coûtume de Lisle en parlant des bastards, dit, *sed non incapax donationis vel legati particularis, non in fraudem ;* c'est à dire que les donations particulierement faites aux bastards, ne doivent pas absorber tous les biens du testateur en fraude de la Coûtume. Les Arrests ont diversement jugé cette question : Brodeau sur Monsieur Loüet lettre D. Chapitre premier, dit que les bastards autres qu'adulterins & incestueux, sont capables de toutes sortes de donations & dispositions universelles de tous biens sans rien reserver ; & il remarque plusieurs Arrests qui l'ont jugé ainsi : le premier a esté donné en la Coûtume d'Auxerre le 27. Mars 1584. prononcé en Robes Rouges : Le deuxiéme est du 5. Février 1614. Le troisiéme du 25. May 1618. Le quatriéme a esté donné en l'Audience de la Grand' Chambre le 9. Mars 1648. au Rôle de Paris, rapporté par du Fresne : Le cinquiéme du 8. Mars 1652. rendu sur les Conclusions de Monsieur l'Avocat General Talon, qui dit que les bastards estoient capables de toutes sortes de legs & de donations, sans que pour cet effet il fût besoin de lettres de legitimation. Le sixiéme a esté prononcé à huis clos le Samedy 17. Juillet 1655. conformément aux Conclusions de Monsieur l'Avocat General Bignon.

Les Arrrests rendus depuis ont changé cette Jurisprudence, & jugé que les bastards estoient incapables de dispositions universelles : Le premier a esté donné en l'Audience de la Grand' Chambre au Rôle de Paris, conformément aux Conclusions de Monsieur l'Avocat General Talon, qui dit qu'il y avoit lieu de remettre les choses dans les Regles en reduisant les legs universels faits aux bastards. Le deuxiéme a esté rendu en l'Audience de relevée le 26. May 1656. par lequel un legs fait par une femme à sa fille naturelle, de la somme de dix-huit mille livres, tous ses biens ne montans qu'à douze mille livres, fut reduit à la somme de huit mille livres.

Le troisiéme est du Jeudy 14. Juillet 1661. donné en l'Audiance de la Grand' Chambre, par lequel il a esté ordonné qu'un legs universel fait par une mere à sa fille naturelle, montant à soixante mille livres, seroit reduit à la somme de douze mille livres.

Le quatriéme est du 19. May 1663. donné en l'Audiance de la Grand' Chambre, par lequel un legs de six cens mille livres, fait par Monsieur Hinselin, Controlleur de la Chambre aux deniers à son fils naturel, a esté confirmé, conformément aux Conclusions de Monsieur l'Avocat General Bignon, qui dit que le legs estoit d'une somme considerable, mais que ce n'estoit qu'un legs particulier, duquel les Bastards estoient capables, le testateur ayant laissé beaucoup plus de biens.

On tient presentement au Palais, que les bastards ne font point capables de dispositions universelles, parce que c'est un titre d'honneur, dont ceux que la naissance couvre d'infamie, font incapables : & d'ailleurs pour détourner les hommes du concubinage en ne leur permettant pas de disposer de tous leurs biens au profit de leurs enfans naturels, *& ita ut potius legitimorum liberorum procreationi studeant*, le public ayant interest à la conservation des familles par le moyen des mariages legitimes.

Cette Jurisprudence s'observe aussi au Parlement de Tholose, comme nous apprenons de Monsieur d'Olive en ses questions livre 5. Chapitre 34. où il dit que la Coûtume de France detestant non seulement les accouplemens impudiques, mais reprouvant encore le concubinage, declare toutes sortes de baſtards incapables des ſucceſſions teſtamentaires & legitimes de leurs peres & meres, ſauf de pouvoir recueillir le fruit de quelque legs moderé pour le ſoûtien de leur vie : & c'eſt un droit inviolablement obſervé en nos Jugemens.

Pour ce qui eſt des baſtards inceſtueux & adulterins, le Parlement de Paris les a declarez indignes de toutes ſortes de donations & diſpoſitions faites à leur profit par leurs peres & meres : Bacquet au Traité de baſtardiſe, chap. 3. & Charondas ſur l'article 272. de la Couſtume de Paris, remarquent des Arreſts qui l'ont jugé ainſi.

Les Arreſts ont meſme declaré nulles les donations faites aux enfans legitimes des baſtards adulterins ou inceſtueux : Monſieur Pithou ſur l'article 117. de la Couſtume de Troyes, en remarque un donné en Robes rouges le 14. Aouſt 1570. Bacquet *loco citato*, chap. 4. en remarque un autre du 14. Aouſt 1579. Du Freſne en remarque un autre du Lundy 4. Aouſt 1625. au Rolle de Champagne, qui a jugé la meſme choſe.

Brodeau *loco citato* remarque un autre Arreſt donné en l'Audiance aux grands Jours de Poitiers, le 17. Octobre 1634. par lequel une donation d'heritages faite par un Preſtre à l'enfant de ſa fille naturelle, né en legitime mariage, a eſté declarée nulle.

Il y a un autre Arreſt qui a jugé le contraire, donné au Rolle de Paris le 21. Avril 1637. par lequel le legs univerſel fait par Maiſtre Paſquier le Cocq aux enfans de ſa baſtarde adulterine, a eſté confirmé : Mais il y avoit deux circonſtances particulieres ; l'une, que cette fille avoit eſté legitimée par Lettres du Prince, verifiées en la Chambre des Comptes, à la pourſuite de Maiſtre Paſquier le Cocq ſon pere naturel, du conſentement de ſa ſœur uterine, qui eſtoit heritiere preſomptive dudit ſieur le Cocq quant aux biens immeubles ; & l'autre, que par ſon Contrat de mariage elle avoit eſté declarée fille legitime, & en cette qualité dotée par ſon pere de la ſomme de quinze mille livres : Monſieur l'Avocat General Bignon avoit conclu contre la donation, eſtimant que ces particularitez n'étoient pas capables de donner atteinte à la regle & à la maxime établie par les Arreſts precedens : Ainſi cét Arreſt ne peut point eſtre tiré à conſequence.

Les autres Parlemens ſuivent la meſme juriſprudence : Automne ſur l'article 73. de la Couſtume de Bordeaux, remarque deux **Arrests** du Parlement de Bordeaux qui l'ont jugé de mesme : Le premier a esté rendu en l'Audiance l'an 1588. l'autre est du mois d'Aoust 1619.

Monsieur Mainard livre 6. chap. 13. Monsieur de la Roche-flavin livre 6. titre 40. articles 16. & 18. & titre 61. article 7. & Monsieur de Cambolas livre 1. chap. 1. remarquent quatre Arrests du Parlement de Tholoze qui ont jugé la mesme chose : Le premier est du premier Juin 1571. le deuxiéme du 4. Février 1572. le troisiéme du 23. Decembre 1583. & le quatriéme du 14. Avril 1620.

A l'égard de la question si les bastards peuvent demander des alimens à leur pere & à ses heritiers ? Monsieur Loüet lettre A. chap. 4. rapporte un Arrest donné au rapport de Monsieur Veau en la troisiéme Chambre des Enquestes, le 22. Avril 1575. dans l'espece d'un bastard à qui la mere avoit fait apprendre le mestier de Tailleur & fait passer Maistre, & qui aprés son deceds demande des alimens à ses heritiers ; par Arrest il en fut debouté.

Le mesme Auteur remarque un autre Arrest donné en l'Audiance de la grand' Chambre, le 20. Janvier 1605. qu'il dit avoir jugé la mesme chose.

Brodeau au mesme lieu cite un Arrest du 12. Février 1619. donné en l'Audiance de la grand' Chambre, sur un appel du Bailly de Roüen, evoqué & renvoyé au Parlement de Paris, par lequel la Cour condamnant les heritiers du sieur Hurtault Maistre des Comptes à Roüen, de fournir à son bastard âgé de vingt-deux ans, la somme de six cens livres, pour le faire recevoir Maistre, & jusqu'à ce luy adjuge cinquante livres de pension.

De ces Arrests on peut conclure, que les peres & meres sont tenus de fournir des alimens à leurs bastards, à moins qu'ils ne leur ayent fait apprendre mestier, & qu'ils les y ayent fait recevoir Maistres. Que si par leur propre industrie ils ont appris mestier, qu'ils soient parvenus à la Maistrise, & qu'ils soient en estat de pouvoir gagner leur vie, il semble qu'ils ne puissent rien demander à leurs pere & mere, attendu qu'ils n'ont pas besoin d'alimens, lors qu'ils sont en estat de gagner par leur travail les choses qui sont necessaires pour la vie ; neanmoins si les peres & meres ont des biens assez considerablement pour leur donner quelque chose pour un plus grand établissement, sans s'incommoder, le Juge pourroit les y obliger; ce qui dépend beaucoup des circonſtances: Ainſi par Arreſt du 24. Juillet 1657. la Cour condamna un pere naturel à donner la ſomme de huit cens livres en forme de dot à ſa fille naturelle, quoy qu'il luy eut fait apprendre le meſtier de Lingere quatre ans devant, & qu'il repreſentaſt qu'elle eſtoit en âge de gagner ſa vie, & qu'il eſtoit chargé d'enfans de deux lits.

Les autres Parlemens ont ſuivy la meſme Juriſprudence, par-ce qu'elle eſt fondée ſur une grande equité, & qu'autrement les enfans naturels pourroient eſtre à charge au public: Baſſet en ſes Arreſts, tome 2. livre 4. titre 12. chap. 1. rapporte un Arreſt du Parlement de Grenoble, donné le 7. Septembre 1672. au rapport de Monſieur de la Martilliere, par lequel l'heritier du pere a eſté condamné à fournir une penſion alimentaire à ſon baſtard pendant ſa vie.

Le Parlement de Provence a jugé la meſme choſe par deux Arreſts; le premier du 19. Juin 1662. donné en l'Audiance de la grand' Chambre, qui regle les alimens de l'enfant naturel, ſçavoir neuf livres par mois pour ſon entretien, juſqu'à ce qu'il ait atteint l'âge de ſept ans, douze livres juſqu'à quatorze; & condamne le pere de fournir huit cens livres aprés que ledit enfant aura atteint quatorze ans, tant pour luy faire apprendre meſtier, que pour tenir boutique. Cét Arreſt eſt rapporté par Boniface en ſes Arreſts, tome 2. part. 3. livre 1. titre 6. chap. 14. nombre 1.

L'autre eſt du Mardy 22. Juin 1666. par lequel Maiſtre Gaultier, Conſeiller Referendaire d'Aix, a eſté condamné à faire apprendre le meſtier de Chirurgien à ſon fils naturel, ſui-vant le choix qu'il avoit fait de cét employ, & juſqu'alors de luy fournir des alimens qui luy ſeroient neceſſaires: Cét Arreſt eſt rapporté par le meſme Auteur, tome 2. part. 2. livre 3. ti-tre 7. chap. 3. nombre 1.

On demande ſi l'ayeul eſt tenu de fournir des alimens au fils naturel de ſon fils? Cét Auteur *loco citato* chap. 2. nombre 1. rapporte un Arreſt du meſme Parlement, qui a adjugé à l'en-fant la ſomme de cinquante livres de proviſion ſur les biens du fils, & qu'en defaut de biens il y ſeroit pourveu: Ainſi cét Arreſt n'ordonna pas que l'ayeul à qui les alimens eſtoient de-mandez, eſtoit obligé d'en fournir.

Faber ſur le titre au Code *ne filius pro patre, definit.* 3. dit avoir efté jugé pour l'affirmative au Parlement de Savoye, *falvo jure imputandi in filij legitimam quicquid ejus nomine præftitiffet ; eâ fortaffis ratione quòd non tam in pœnam delicti, quam ad onerandam confcientiam , crimenque purgandum ea condemnatio fpectare videtur ,* dit cét Auteur.

À l'égard des baftards adulterins & inceftueux , quoy qu'incapables de toutes donations faites à leur profit par leurs peres & meres, neanmoins on les eftime capables de recevoir des alimens contre la difpofition du droit civil , conformément au droit canonique , *cap. cùm haberet. 5. ext. de eo qui duxit in matrim.*

Bacquet au traité du droit de baftardife , partie 1. chap. 3. remarque des Arrefts qui ont confirmé les legs & les donations faites aux baftards adulterins & inceftueux , lors qu'ils n'excedoient pas les alimens ; & quand la Cour les a trouvées exceffives , elle les a reduites *ad modum alimentorum.*

Il y en a eu depuis qui ont confirmé cette ancienne Jurifprudence ; le premier a efté rendu le Mardy de relevée treiziéme Mars 1646. par lequel un legs peu confiderable fait par Maiftre Charles le Chien , Preftre , à une fille , fut confirmé, fans s'arrefter à ce que Romain Flouret , fieur de la Foureftel, donataire du Roy , foûtenoit que la legataire eftoit fille du teftateur , & partant incapable de recevoir aucune chofe de fa liberalité.

Le fecond a efté donné en l'Audiance de la grand' Chambre, le Lundy troifiéme Février 1663. par lequel la Cour a maintenu les heritiers collateraux d'un defunt, en la poffeffion des biens de fa fucceffion , fans avoir égard à une donation , ny à un legs univerfel qu'il avoit fait au profit de fa fille baftarde adulterine ; neanmoins la Cour ordonna que fur les biens il feroit pris la fomme de trois mille livres , qui feroit mife entre les mains d'un notable Bourgeois , pour fervir à faire apprendre meftier à la fille.

PARAPHRASE

PARAPHRASE
DE JULIEN.

CONSTITUTIO LXXXII.

CCCIX. De liberis naturalibus.

HÆC Constitutio de liberis naturalibus loquitur: & dicit filios natos aut ingenuos & legitimos esse: aut ingenuos & naturales: aut naturales & servos, aut omnino nec naturales (nec legitimos) appellari. Eorum autem, qui naturales, ingenui, vel servilis conditionis sunt, aut legitimi posteà fiunt, aut in eodem statu manent.

Ingenui quidem atque legitimi filii nascuntur, qui ex legitimis nuptiis procreati sunt. Nuptias autem legitimas contrahi diximus aliter in personis senatoriis, aliter in vilissimis hominibus, aliter inter eos, qui mediastini status sunt. Successiones autem parentum ad legitimos filios variis pertinent modis, de quibus plenissimè Jurisconsulti & Constitutiones locuti sunt.

Naturales autem liberi, sive ingenui, sive servi, quibus modis posteà fiunt legitimi, & per quas vias succedunt parentibus, necessarium est exponere. Igitur si quis filios naturales Curiæ dederit: vel omnes, vel quosdam, vel unum ex his legitimos faciat secundùm divæ memoriæ Theodosii constitutionem. Idem juris est, si filiam naturalem curiali homini pater conjunxerit. Sed quia hæc pars & de successionibus, & de aliis multis dubietatem recipit, ordinarium est priùs eam plenissimè explanare. Igitur si quis naturalem filium vel naturales habuerit: Eumque, vel eos, vel quosdam, vel unum ex his legitimos facere voluerit, det eos Curiæ Civitatis, quamvis illustri dignitate decorati sunt, & fiunt legitimi, exceptis scilicet illis dignitatibus, per quas & si curiales à conditione relaxati fuissent. Dari autem eum curiæ oportet vel in spectaculo toto populo confidente, vel actis intervenientibus, vel in testamento suo, si ille non reclamaverit. Et

Tome II.   C c *hæc omnia procedunt, sive habeat legitimos filios pater, sive non. Sin autem post mortem patris naturalis spontaneâ voluntate sese Curiæ dare maluerit, non aliter audiatur, nisi nullum legitimum filium pater reliquit.*

Hæc autem quæ de Patre dicimus, obtineant & in avo & in proavo, & aliis hujusmodi personis. Sed siquidem ex Provinciali civitate oriundus est, is qui filium curiæ dare velit, in eadem civitate filium suum faciat curialem, sive ipse quoque pater curialis sit, sive non. Sin autem ex vico oriundus est, in ea civitate curialem faciat filium naturalem, cujus in territorio locus est: illo procul dubio observando, ut ubi quidem parens dat, non impediant legitimi filii. Ubi autem filius sese dare velit, impediatur legitimis filiis superstitibus. Sin autem parens vel Romanus sit, vel Bizantinus, liceat ei in qua voluerit Metropolitana civitate filios suos naturales curiæ dare. Eadem dicimus & si quis filiam suam curiali homini conjungere maluerit.

CCCX. Idem.

Si curialis naturales tantùm filios habuerit, liceat ei manumittere eos, & curiæ dare, & hoc modo legitimos facere. Ipsi quoque naturales liberi, si libertatem quoquo modo nanciscantur, mortuo patre nullis legitimis liberis superstitibus licentiam habeant curiæ se dare, & legitimum nomen mereri.

CCCXI. Idem.

Si naturalis filius Curiæ datus fuerit, legitimus patri successor ab intestato existat, & ex testamento capiat, quantum ei pater naturalis reliquerit, nisi forte legitimos filios anteà habuit. Tunc enim non plus habeat naturalis filius, quàm is, qui legitimus constitutus minimam habuit portionem. Et si quidem mortuo patre curialia munera habeat: & quod ei donatum vel relictum est, possideat, maneat securus. Sin autem res paternas velit respuere, ut curiali conditione liberetur, omnino non audiatur. Enimvero si ab initio curialem conditionem contempserit, posteà autem in possessione rerum paternarum vel omnium vel ex parte inventus fuerit; tunc curialis conditionis nexibus teneatur. Quæ diximus de masculis Curiæ datis, intelligenda sunt & de filiabus naturalibus, quæ Curialibus nupserunt.

CCCXII. Idem.

Filius Curiæ datus foli patri tantummodò legitimus fiat fuc-ceſſor, non etiam parentibus, vel liberis ipſius, vel adgnatis, vel cognatis ejus, niſi fortè ab aliquo ex his heres inſtituatur.

CCCXIII. Idem.

Si quis Curiæ datus & legitimus factus deceſſerit : ſiquidem habeat curiales legitimos liberos, ad ipſos fucceſſio ejus perveniat. Sin autem quoſdam curiales habeat, quoſdam à conditione liberatos: ad curiales quidem novem unciæ ſubſtantiæ ejus veniant, ad alios autem tres unciæ. Quòd ſi nullos liberos habeat : novem quidem uncias curia & publicus habeat, tres autem uncias vel heredes, quos in teſtamento ſuo ſcripſit, vel hi, qui ab inteſtato ad here-ditatem ejus vocantur. Sin autem ſcriptus heres vel non ſcriptus curiæ ſe dare maluerit, & hereditatem ipſius habere nullo modo prohibeatur, ſed habeat licentiam, ut cum curiali conditione no-vem uncias ad curiam & publicum pertinentes accipiat, ſcilicet ſi prius Imperatori ſupplicaverit, & hoc ipſum ei ab Imperiali numine conceſſum fuerit.

CCCIV. Idem.

Si quis naturales habuerit liberos, poſteáque decedens in teſta-mento ſuo curiæ eos dederit, & illi poſt mortem patris ſui natu-ralis conſenſerint, habeant novem uncias, qualitercumque diſtri-butionem earum pater inter eos fecerit : ita tamen, ut minus no-vem uncias non accipiant. Melius auem faceret pater, ſi totum aſſem eis relinqueret. Quòd ſi quidam ex his conſenſerint, quidam autem noluerint curiales eſſe : ad eos, qui conſentiunt, novem unciæ perveniant, tres autem unciæ ad eos devolvantur, quos teſtator voluit. Quòd ſi nullus ex naturalibus liberis curialem emplectatur conditionem, ad ipſam curiam novem unciæ perti-neant, ſcilicet ut ſecundùm noſtram conſtitutionem inter curiam & publicum novem unciæ dividantur. Sed & ſi quis nihil de na-turalibus liberis ſuis dixerit, ſed ſilentio eos præterierit, illi au-tem ſuâ ſponte noluerint curiæ nexibus eſſe ſubjecti, ut patris naturalis ſucceſſionem capiant : liceat eis hoc facere, ut novem ac-

cipiant uncias. Sed & si pater naturalis filium servum habuerit, eumque manumiserit , & curiæ dederit, novem uncias ei relinquere compellatur. Hoc amplius , & si tantum manumiserit eum, & post mortem naturalis patris curialis esse maluerit , nihilominus novem uncias accipiat. Idem dicimus , & si testator eum curiæ dederit in suo testamento. Omni enim modo qui curialia onera subire paratus est , novem uncias accipiat. Quòd si omnes naturales liberi curiales esse volunt, pro rata portione inter eos novem unciæ distribuantur.

C C C X V. Idem.

Zenonis divæ memoriæ constitutio , & Anastasii lex de naturalibus liberis posita , maneat secundùm sua tempora inconcussa. Sed & divi Justini constitutio in perpetuum maneat , quæ prohibet naturales liberos adoptionis modo legitimos fieri.

C C C X V I. Idem.

Si quis cum libera muliere consuetudinem habuerit , & ex ea naturales liberos procreaverit , posteà autem affectione intercedente dotalia instrumenta cum ea fecerit : dicimus liberos tam eos, qui ante instrumenta , quàm illos, qui posteà nati sunt , legitimos, & in potestate patris fieri , sive post instrumenta facta nati decesserint , sive omnino nati non fuerint , nullâ discretione habitâ, utrùm alia subsit legitima proles , an non ; sed & si quis conceptus ante instrumentum , posteà natus fuerit : Illud tempus , quo natus est , inspiciatur ut legitimus fiat , vel si prosit ei tempus conceptionis , illud tempus observetur.

C C C X V I I. Idem.

Si quis filios habuerit naturales , eorum autem mater mortua sit , ut dotalium instrumentorum compositio fieri non possit : vel si vivat quidem mater , sed ea digna matrimonio non sit : vel si celata fuerit , ut uxor non dicatur , pater autem filios suos legitimos facere velit , liceat & supplicare Principi hoc ipsum manifestare in precibus suis , ut Principe annuente status filiorum confirmetur , scilicet si in casibus legitima proles non subsit.

CCCXVIII. Idem.

Si pater naturalis dum vivit , præcedentes observationes non fecerit , ut filios suos naturales legitimos efficiat , componat testamentum , & in eo dicat se velle eos legitimos sibi successores existere. Et si hæc fecerit , liceat filiis hæc docere , & testamentum patris ostendere , & legitimam hereditatem ejus adipisci. Sic tamen , ut priùs Principi supplicare & hæc ipsa allegare debeant.

CCCXIX. Idem.

Hæc autem omnia toties locum habent , quoties & ipsi liberi naturales consentiunt. Si enim invitus nemo emancipatur, quanto magis non debet aliquis sui juris constitutus alienæ subjici potestati ? Quòd si quidam ex his voluerint , quidam autem noluerint : hi qui volunt , legitimi successores existant parenti. Illud autem certum est , quòd legitimis filiis superstitibus tempore quo pater moritur , naturalis filius legitimus nullo modo intelligitur , nisi vel curiæ datus est , vel dotalia instrumenta cum matre ipsius composita sunt. Nemini autem liceat filium naturalem adoptare , & eo modo legitimum facere.

CCCXX. Idem.

Si quis liberos naturales habuerit , siquidem legitimos eos prædictis modis effecerit ; ita & succedant , quemadmodum ex nuptiis lege cognitis procreati patribus sui succedunt. Sin autem naturales permanserint , siquidem legitima proles subsit : non liceat patri filiis naturalibus & matri eorum , idest concubinæ suæ , ultra unam unciam dare sive inter vivos , sive mortis causâ , ut semiunciam concubina habeat , semiunciam liberi. Si quid autem plus (ei) dederit , hoc habeant legitimi filii. Sed & si solam habeat concubinam , non plus ei , quàm semiunciam præstet; quòd si nullos filios legitimos habeat , liceat ei & in toto asse filios suos naturales heredes instituere : nisi fortè (pater naturalis) parentes habeat. Tunc enim parentibus legitimâ portione relictâ , reliquæ partes ad naturales filios transire possunt : eadem licentia patri præstanda , & si donatione vel alio quocumque titulo, vivus vel moriens substantiam suam naturalibus filiis præstare

Cc iij

*voluerit. Illo procul dubio observando , ut concubinam ille ha-
bere possit , qui uxorem non habet. Hæc autem toties teneant,
quoties naturalis pater vel testamento vel alio ultimo judicio
suam declaraverit voluntatem. Quòd si quis intestatus decesserit , & neque filios habuerit filiasve , neque nepotes aut neptes,
vel deinceps alias personas , habeat autem in domo sua concubinam liberam , ex qua etiam filios habuit , tunc etiam intestato
patre naturali mortuo duas uncias habeant dividendas inter eos
pro virili portione , ut mater eorum unius filii partem accipiat.
Et hæc ita se habeant, quamvis agnatus, vel cognatus , vel pa-
tronus , vel fiscus intestato defuncto patri naturali successerit.
Sed & si concubina antequam pater moriatur decesserit , nihilominus naturales filii duas uncias intestato patre mortuo integras
accipiant. Idem dicimus & si concubina separata est ab eo. Nemo
autem intelligat concubinam , quæ cum multis mulieribus concum-
bere cum aliquo solet. Nam quemadmodum qui legitimam uxorem habet , aliam habere durante eodem matrimonio non potest :
ita & qui unam concubinam habet , non potest alias eodem tempore habere. Nulla autem differentia est , utrùm masculi , an
fœminæ sint , qui quæve ex tali concubinatu progeniti vel pro-
genitæ sunt. Quòd si quis intestatus decesserit , & legitimos liberos reliquerit & naturales : nihil quidem naturales capiant,
alantur autem à fratribus suis , idest à legitimis filiis defuncti
secundùm substantiam , quæ ad eos pervenit ex patre , quemadmodum vir bonus existimaverit , idest viri boni arbitratu. Idem
juris est , & uxorem quidem habeat , liberos autem naturales
ex concubina , antè mortua , ut & ij alantur à successoribus
ejus. De nepotibus enim naturalibus ea , quæ constituimus in
Codice teneant.*

C C C X X I.　Idem.

*Sed quemadmodum liberis naturalibus consultum est , sic &
ipsi debent patribus suis naturalibus vicissitudinem dare & in
alimoniis & in successionibus , quemadmodum (in) ipsis filiis
constitutum est.*

C C C X X I I.　Idem.

Si pater naturalis aliquid dederit vel reliquerit filio , liceat

& præstare tutores vel curatores in iisdem rebus confirmandos:
liceat autem & matri tutelam filiorum naturalium suscipere , &
omnia facere , quæ in legitimis liberis facere solet.

CCCXXIII. Idem.

Hæc Constitutio non pertinet ad eos liberos , qui ex nefariis
procreationibus procreati sunt. Ideóque nec alimonia eis parentes
vel fratres (præstare) debent. Constantini autem divæ memo-
riæ lex ad Gregorium scripta penitus evacuatur.

TITRE II.

Des Témoins.

De Testibus,

NOVELLE XC.

SOMMAIRE.

CEtte Novelle contient une Preface & dix Chapitres, dans lesquels il n'est traité que des témoins.

1 L'Empereur dans la Preface, dit que la preuve par témoins a esté introduite pour avoir la connoissance des faits, & pour empescher que par la malice des hommes l'ordre des choses ne soit changé, en sorte qu'une bonne cause ne paroisse mauvaise, & que celuy qui doit gagner son procés ne le perde : car il arriv

tive fouvent que les parties alleguent des faits contraires à la verité, foit en fuppofant des faits qui ne font point arrivez, ou en déguifant & falfifiant ceux qui font veritables : c'eft pourquoy la preuve par témoins eft d'une grande utilité.

Cependant il dit, que conformément aux Legiflateurs qui 2 l'ont precedé, il n'a pas admis toutes fortes de perfonnes à fervir de témoins, mais que les défenfes & les prohibitions qui ont efté faites, ne fuffifent pas, & qu'il eft neceffaire d'y ajoûter autre chofe pour empefcher les faux témoignages. Il propofe enfuite la fauffeté des témoins à l'occafion d'un teftament qui fut découverte pardevant le Gouverneur de Bithinie : des témoins 3 avoient dépofé avoir efté prefens lors qu'une certaine femme avoit fait fon teftament, & qu'ils l'avoient veu écrire une croix à la fin de fon teftament pour fa fignature : cependant ils furent convaincus deux fois, & avoüerent qu'aprés la mort de celle dont on fuppofoit le teftament, un des témoins en luy tenant la main luy avoit fait écrire une croix à la fin du teftament au lieu de fa fignature, *quia cùm teftamentum fieret, & fuiffet defunta teftatrix, teftium quidam tenentes jam mortuæ manum, ita per chartam virgam factam, & ex latere ductam traxerunt, & fignum venerabile crucis videri fcripfiffe & defunctam præparaverunt.*

Pour l'intelligence de ce texte il faut obferver que l'ufage eftoit 4 à Conftantinople de commencer les teftamens & les actes par une croix, ainfi que remarque Godefroy, conformément à la Loy derniere §. 2. C. *de jure deliber.* Il eft certain auffi que ceux qui ne fçavoient pas écrire marquoient pour & au lieu de leur fignature, fur la fin de l'acte, une croix, un des témoins leur conduifant la main, fuivant la Novelle 73. chap. 8. & cette Novelle 90. *hic.* & c'eft en ce dernier fens qu'il faut entendre cette Preface, la fauffeté confiftant en ce que le teftament ayant efté écrit à l'infceu de la defunte, & aprés fon decés un des témoins luy ayant fait marquer une croix à la fin de ce teftament faux & fuppofé, & luy tenant la main, les témoins avoient dépofé qu'ils avoient veu la défunte foufcrire ledit teftament.

Cette fauffeté a donné lieu à l'Empereur de faire cette No- 5 velle Conftitution, concernant la maniere de dépofer par les témoins, de la maniere de les produire, & de l'état & de la condition de ceux qui peuvent fervir de témoins.

Dans le premier Chapitre l'Empereur ordonne principale- 6

Tome II.   D d

ment dans la ville de Conftantinople, que les témoins qui feront produits en jugement, foient de bonne reputation ; *bonæ opinionis esse oportet teftes, & aut carentes hujufmodi derogatione, per dignitatis, aut militiæ, aut divitiarum, aut officii caufam :* qu'ils foient exempts de tout foupçon, tels que font ceux qui font élevez à quelque dignité, ou qui font dans les troupes, ou qui font riches, ou qui ont quelque Charge, ou quelque employ, qui les faffe eftimer gens de bien, c'eft ainfi que ces termes font entendus par la glofe.

7   Godefroy donne un fens entierement contraire à cette interpretation, fçavoir que ceux là ne font pas exempts de foupçon qui font élevez à quelque dignité, qui font foldats, qui ont des richeffes, ou qui ont des Charges ; *Nimia dignitas, nimiæ divitiæ, nimium officium, feu nimia conjunctio teftibus fidem derogat.*

8   Il eft neanmoins facile de faire voir, que l'explication de la glofe eft jufte, qu'elle eft conforme au texte & à la raifon.

Premierement, la fidelité d'un homme qui eft élevé à quelque dignité, eft moins fufpecte, que de celuy qui eft d'une condition mediocre, *magis enim Decurioni creditur quàm plebeio, l.* 3. §. 2. *ff. de teftib.* par la raifon qu'on ne choifit ordinairement que des perfonnes honneftes pour les grandes dignitez, *l.* 2. C. *de dignitatib.*

9   En fecond lieu, on prefume qu'il y a plus de fidelité dans la perfonne de ceux qui font dans les troupes, que des autres, en forte mefme qu'on ajoufte foy quelquefois à la depofition d'un feul foldat, *l. non omnes.* §. *à barbaris. ff. de re milit.*

10   En troifiéme lieu, on ajoûte plûtoft foy à la depofition d'un homme riche, qu'à celle d'un homme pauvre, *argum.* §. *fin. Inftitut. de fufpect. tut. & l. fpadonem. §. fin. ff. de excufatio. tut. l.* 3. *in princip. ff. de teftib.*

En quatrième lieu, ceux qui ont des Charges, font auffi préfumez honneftes & integres ; ainfi on ajoûte foy quelquefois à la dépofition d'un feul Notaire, *l. fi quis Decurio. C. ad leg. Cornel. de falf. & Novel. de fide inftrument. §. fi verò nullus.*

En cinquiéme lieu, les termes qui fuivent font connoiftre, que c'eft là le veritable fens de ce Chapitre : *aut fi non tales confiftant, ex utroque tamen, quia fide digni funt, teftimonium perhibere :* l'Empereur ordonnant que fi les parties ne peuvent point produire pour la preuve du fait dont il s'agit, les témoins qui

foient de l'une des qualitez fufdites, on doit recevoir le témoignage de ceux qu'ils auront produit , au cas qu'ils foient reputez dignes de foy, c'eft à dire qu'il n'y ait rien qui les rende fufpeĉts.]

En fixiéme lieu , la Paraphrafe de Julien confirme l'explication de la glofe ; *Nullius recipiatur teftimonium , nifi ejus qui fit
bonæ opinionis ; vel quem dignitas commendat , &c.*

Dans ce mefme Chapitre , l'Empereur défend de recevoir le 11
témoignage des artifans dont les Arts & metiers font vils ; & tous
ceux qui font dans des conditions baffes & abjeĉtes ; mais feulement de ceux dont ont peut facilement faire voir la conduite.

Dans ce mefme Chapitre il ordonne que s'il eft neceffaire de 12
produire pour témoins des perfonnes inconnuës , & qui foient
de vile condition , fufpeĉtes de corruption, le Juge ne doit point
ajoûter foy à leur dépofition qu'il ne les ait fait appliquer à la
queftion pour en tirer la verité du fait, fuivant la Loy 21. §.2.
ff. de teftib. ce qui n'a lieu que quand il s'agit de faire preuve de
crimes publics.

Dans le Chapitre deuxiéme , l'Empereur dit qu'il y a long- 13
temps qu'il a ordonné que la preuve par témoins fût receuë pour
prouver le payement fait d'une fomme deuë par écrit ; fçavoir
par la Loy 18. C. *de teftib.* par laquelle l'Empereur requiert que le
payement ait efté fait en prefence de cinq témoins : par ce Chapitre il reforme cette difpofition , en ce qu'il ordonne que la dépofition des témoins ne fera point foy qu'ils n'ayent efté priez,
ainfi qu'il s'obferve dans les teftamens.

Ce qui a lieu pareillement , lors qu'aprés que le payement a 14
efté fait , le creancier declare en préfence de témoins qu'il a efté
payé de fon debiteur ; auquel cas les témoins doivent eftre priez :
& l'Empereur défend d'avoir égard au témoignage de ceux qui
dépoferont avoir entendu dire à quelqu'un qu'il a receu de fon
debiteur ce qu'il luy devoit , ou qu'il doit quelque fomme à
quelqu'un ; par la raifon que telle dépofition eft fufpeĉte de faux ;
en forte mefme que la feule prefence de deux Notaires fans é-
critures & fans témoins ne feroit pas fuffifante pour faire preuve d'un payement qu'on prétendroit avoir fait d'une fomme
deuë par écrit.

De ce Chapitre a efté tirée l'Authentique *Rogati. Cod. de
teftib.*

AUTHENTIQUE *Rogati. C. de testibus.*

15   *Rogati, ut in testamentis, non fortuiti, vel transeuntes ve-*
     niant. Idem est, si post solutionem rogati intersint confessioni
     creditoris, dicentis pecuniam sibi debitam solutam fuisse.

16   Ce Chapitre n'est point d'usage en France, où l'on ne peut
     point prouver par témoins le payement d'une somme deuë par
     écrit, quand mesme il ne s'agiroit que de la somme de cent li-
     vres : la raison est que la preuve testimoniale n'est point re-
     ceuë contre un acte écrit, autrement il seroit souvent inutile de
     prendre des promesses & des obligations des debiteurs ; le debi-
     teur doit s'imputer d'avoir payé sans tirer une quittance de son
     creancier : Il pourroit neanmoins y avoir des circonstances par-
     ticulieres qui pourroient faire juger au profit du debiteur.
        L'Ordonnance du mois d'Avril 1667. titre 20. article 2. qui
     permet la preuve par témoins de ce qui n'excede point la som-
     me de cent livres, n'est point contraire, veu qu'elle doit estre
     entenduë des sommes deuës dont il n'y a point de preuves par
     écrit ; mais comme la preuve par écrit est plus forte que la te-
     stimoniale, elle ne peut point estre détruite par la déposition
     de quelques témoins qui pourroient avoir esté gagnez : ainsi le
     Juge ne la doit point recevoir.

17   L'Empereur dans le Chapitre troisiéme, ordonne que la pre-
     sence d'un Notaire ne suffit pas pour faire preuve du payement
     d'une dette deuë par écrit, à moins qu'il n'y ait des témoins qui
     ayent esté priez pour servir de témoins, & qui ayent souscrit avec
     le principal débiteur.

18   Que si les témoins sont contraires dans leurs propres déposi-
     tions, ou contraires aux dépositions les uns des autres, le Juge
     y doit prendre garde, car les témoins qui sont contraires dans
     leurs propres dépositions, ne sont d'aucune consideration, *si ve-*
     raciora testificatis adversitates invenerint, ejiciant quidem testa-
     tiones, dit l'Empereur dans ce Chapitre ; ce qui est conforme à la
     Loy 2. & à la Loy 16. *ff. de testib.* Que si les témoins sont contrai-
     res les uns aux autres dans leurs dépositions, le Juge doit avoir
     égard au témoignage de ceux qui sont plus dignes de foy, ce
     qui est confirmé à la Loy 3. §. 2. *ff. d. tit.* & si le Juge découvre
     que les témoins sont contraires dans leurs dépositions par frau-

de, il les doit punir des peines qu'ils meritent, & mefme felon la Paraphrafe de Julien, ils doivent eftre appliquez à la queftion pour dire la verité du fait dont il s'agit.

Cette Novelle dans ce Chapitre decide une queftion contro- 20 verfée entre les Docteurs ; fçavoir fi un témoin fe trouvant contraire dans fes depofitions, on doit s'arrefter à la premiere ; par le Chapitre *Sicut nobis. ext. de teftib.* il femble que l'on ne doit point s'arrefter à la feconde dépofition : & Balde fur la Loy *gefta. C. de re judic.* tient qu'il ne faut ajoufter foy ny à la premiere, ny à la feconde, par la raifon que *qui inter fe diverfa teftimonia præbuerint, quafi falfum fecerint, &c.* comme il eft dit en la Loy *eos. ff. ad leg. Cornel. de falf.* on les doit confiderer comme fauffaires, & partant on ne doit point avoir d'égard à leur dépofition.

C'eft l'ufage de la France conformément à cette Novelle, 21 qu'on rejette la dépofition du témoin qui fe trouve contraire à luy-mefme, ou qui eft incertain dans fa dépofition ; & quand cette contrarieté fe fait par fraude, il eft condamné en une amende à l'arbitrage du Juge, en matiere Civile.

Par l'Ordonnance Criminelle, titre des recollemens & confrontations article 11. les témoins qui depuis le recollement retractent leurs dépofitions, ou les changent dans leurs circonftances effentielles, font pourfuivis & punis comme faux témoins.

Dans le Chapitre quatriéme & cinquiéme, l'Empereur défend 22 de produire dans un mefme procés des témoins aprés les avoir produits par trois fois, au cas que celuy qui les a produits, ait renoncé à les produire pour la quatriéme fois, & qu'il ait connoiffance de leur dépofition ; en forte mefme qu'en ce cas la quatriéme production des témoins ne luy feroit pas permife, quoy que l'Empereur luy en eut accordé la permiffion.

La raifon pour laquelle les témoins ne peuvent point eftre produits, aprés que celuy qui les a produits a eu connoiffance de leurs dépofitions, eft qu'il y a lieu de craindre, *ne teftes novos, vel etiam priores, fed reproductos informet atque inftruat, ut, quod prius dictum non eft, hoc fuppleat in gratiam producentis.*

Mais fi les dépofitions des témoins n'ont point efté communiquées à celuy qui les a produits ; il peut faire une quatriéme production, en prétant par luy ferment qu'il n'a point eu communication de l'Enqueste, ny pour luy ny pour son Avocat, son Procureur, ou autre personne ; & que ce n'est point par fraude ou mauvais dessein qu'il veut faire cette quatriéme production, mais parce qu'il n'a pû faire la quatriéme production aprés la sommation qui luy en avoit esté faite par le Juge ; auquel cas il la peut faire, sans que pour ce il soit besoin de Lettres du Prince ; à la charge de faire cette production dans un brief délay lequel doit estre prescrit par le Juge.

Que si aprés avoir produit une fois ou deux des témoins, il a pris communication de leurs dépositions, ou qu'il en ait eu connoissance par les reproches que la partie adverse auroit faite contre leurs dépositions, il ne luy est plus permis de faire une nouvelle production, mesme par Lettres du Prince.

La raison pour laquelle au cas susdit aprés le serment presté il peut faire une quatriéme production de témoins, est que *jurisjurandi religio omnem sinistram suspicionem abolet.* Cette Constitution s'entend *de eadem re & controversia, vel de eodem capite,* qu'il n'est pas permis de faire une quatriéme production de témoins touchant la mesme question, ou le mesme chef ; car s'il y en a plusieurs dans un mesme procés, il n'y a pas de difficulté de recevoir plus de quatre productions de témoins touchant differens chefs, c'est le sentiment de Gudelin, *de jure novis. lib. 4. cap. 10. num. 7.*

De ce Chapitre a esté tirée l'Authentique *At qui semel. C. de probatio.*

AUTHENTIQUE *At qui semel.* C. *de probatio.*

23   *At qui semel produxerit testes, aut bis, aut ter ; & testificata tractaverit, aut ab adversario hoc faciente disputationem accepit, & ex hoc testificata dederit, non habebit licentiam ulterius uti productione testium ; ex divina etiam jussione. Si verò hoc non egerit, tunc danda est quarta productio testium ; sacramento ab eo prius danda, quòd neque subtraxerit, neque percontatus est ipse testificationes, vel aliquis Advocatorum ejus, vel alius pro eo agens, nec per dolum, nec per machinationem, vel artem, quartam productionem testium petat fieri.*

24   En interpretation de cette Authentique on demande
Premierement, comment on peut connoistre qu'il y a une ou

plufieurs productions ? Les Docteurs ne conviennent pas ; les uns veulent qu'il y ait autant de productions, qu'il y a de témoins produits en differens temps ; comme fi j'en ay produit à huit huit heures du matin, & d'autres à deux heures apres midy , ce font deux productions differentes, quoy que faites en un mefme jour. D'autres prétendent qu'il faut confiderer les délais qui font accordez pour faire l'Enquefte , en forte que ce foit le mefme Magiftrat, quoy qu'il y ait plufieurs témoins produits en differens temps, pourveu que ce foit dans le mefme delay ; d'autres fuivent la Novelle de Leon & de Conftantin, qui veut que la difference des productions de témoins , fe confidere eu égard aux differens jours qu'elles fe font ; ainfi toutes les productions qui fe font en un mefme jour, ne font comptées que pour une.

En fecond lieu , pourquoy Irnerus a placé cette Authentique **25** fous le titre au Code *de probatio.* & non pas fous le titre *de teftibus* ; veu que felon le fentiment de la Glofe, de Bartole, & de plufieurs autres, il feroit plus à propos de l'inferer fous le titre *de teftibus* , veu qu'il ne s'agit pas de prouver, mais feulement fi celuy qui a déja produit des témoins , en peut encore produire d'autres, & dans quels cas il ne le peut pas.

Pour moy je ne trouve pas que cette Authentique ait pû juftement eftre inferée aprés la Loy 19. C. *de probatio.* comme a fait Irnerus : cette Loy decide que le défendeur eft tenu de prouver fon exception, aprés que le demandeur a prouvé fa demande ; d'où ceux qui défendent Irnerus concluent, que quoy que le demandeur ait prouvé fa demande par témoins , neanmoins le défendeur peut produire des témoins : il fuffit de lire cette Authentique pour connoiftre que ce n'eft point là le fens qu'on luy doit donner, puis qu'il s'agit non pas dela production des témoins faite par le défendeur, mais de celles qui font faites tant par le demandeur que par le défendeur.

Cette Conftitution n'eft point en ufage en France , l'Ordon- **26** nance du mois d'Avril de l'an 1667. au titre des Enqueftes prefcrit des regles pour les Enqueftes & pour l'audition des témoins ; par l'article 2. quand l'Enquefte eft faite au mefme lieu où le ju- **27** gement a efté rendu, qui ordonne l'Enquefte ou dans la diftance de dix lieuës, elle doit eftre commencée dans la huitaine du jour de la fignification du jugement faite à la partie , ou à fon Procureur , & parachevé dans la huitaine fuivante. Mais s'il y a

plus grande diftance, le delay eft augmenté d'un jour pour dix
lieuës ; neanmoins le Juge peut, fi l'affaire le requiert, donner une
autre huitaine pour la confection de l'Enquefte, fans que le delay puiffe eftre prorogé.

Aprés que le jugement portant permiffion de faire Enquefte,
eft rendu, les témoins doivent eftre affignez en vertu de l'Ordonnance du Juge commis pour faire l'Enquefte, à comparoir
le lendemain à telle heure du jour, pardevant telle Juge en fon
Hoftel, &c. pour prefter ferment & dépofer verité ; & en vertu
de la mefme Ordonnance, la partie adverfe doit eftre affignée pour voir produire & jurer les témoins fuivant l'article 5.

Les témoins doivent eftre entendus feparément & hors la prefence des parties, fans qu'il y ait autre perfonne que celuy qui
écrit la dépofition, par l'article 15.

Aprés que la dépofition du témoin eft achevée, le Juge doit
luy en faire lecture, & le fommer de declarer fi ce qu'il a dit
contient verité, & s'il perfifte il la luy doit faire figner ; & en
cas qu'il ne fçeût ou ne pût figner, il en doit faire mention fur
la minute & fur la groffe de l'enquefte, fuivant l'article 16.

Il doit faire écrire tout ce que le témoin veut dire touchant le
fait dont il s'agit, fans rien retrancher des circonftances : & fi
le témoin augmente, diminuë ou change quelque chofe en fa
dépofition, il doit le faire écrire par apoftils & renvois en la
marge, fuivant les articles 17. & 18.

Par l'article 24. les expeditions des enqueftes doivent eftre
delivrées aux parties à la requefte defquelles elles ont efté faites, & non aux autres parties ; & fi elles ont efté faites d'office,
elles doivent eftre delivrées feulement aux Procureurs Generaux
ou aux Procureurs du Roy fur les lieux, ou aux Procureurs Fif-
caux des Seigneurs à la requefte defquels elles ont efté faites.

L'Enquefte eftant parachevée, celuy à la requefte duquel elle a efté faite, doit donner copie du procés verbal à fa partie adverfe, pour fournir dans la huitaine par fa partie adverfe de reproches fi bon luy femble ; & dés qu'il a fourny de reproches,
ou qu'il y a renoncé, il peut demander copie de l'Enquefte ; &
fi celuy qui l'a faite, refufe de la luy bailler, l'Enquefte eft rejettée, & le Juge doit proceder au Jugement fans y avoir égard,
par les articles 27. & 29.

Par l'article 26. l'ufage ancien qui eftoit d'envoyer les expe-

diti ons

ditions des enquestes dans un fac clos & fcellé, mefmes celles qui avoient efté faites dans une autre Jurifdiction, eft abrogée; les publications & receptions d'enqueftes qui eftoient de droit ancien & ufitées chez les Romains, ainfi qu'il paroift par ce Chapitre, font auffi abrogées.

De ce qui a efté dit cy-deffus, il s'enfuit que l'on ne reçoit point en France plufieurs productions de témoins; que fi aprés l'enquefte faite on trouve à propos de faire oüir d'autres témoins, il faut obtenir un autre jugement qui permette de faire une nouvelle enquefte.

Dans le Chapitre cinquiéme, l'Empereur dit qu'il y a une Conftitution ancienne, qui eft la Loy *judices. C. de fide inftrument.* qui ordonne que les Juges peuvent commettre pour faire une enquefte, les Juges du lieu où les témoins ont leur domicile, & que les parties s'y tranfporteront pour la confection de l'enquefte, pour eftre l'enquefte rapportée au Juge qui l'a ordonnée, & eftre le procez jugé, *ut poftquam in locis opportunis fides inftrumento data, vel minus data fuerit, referatur negotium ad priorem judicem,* dit cette Loy.

Par cette nouvelle Conftitution l'Empereur confirme premierement cette regle; voulant que, foit que le procez fe pourfuive à Conftantinople, & que les témoins foient domiciliez dans un autre lieu, ou que le procez foit dans une Province, & les témoins à Conftantinople, cette regle foit gardée; par la raifon qu'il en rend, fçavoir *propter abundantiam probationum,* les preuves pourroient diminuer s'il eftoit neceffaire de faire venir les témoins de loin: mais il ajoûte, que la commiffion de faire l'enquefte doit eftre envoyée, non pas à toutes fortes de Juges, mais feulement ou au Défenfeur de la Ville, ou au Gouverneur de Province.

En fecond lieu, l'Empereur reftraint cette regle pour les caufes civiles feulement, & non pour les caufes criminelles, dans lefquelles il veut que le Juge qui connoift de l'accufation, entende luy-mefme les témoins; la raifon qu'il en rend eft, que *in criminalibus de magnis eft periculum, omnibus modis apud judices præfentari teftes, & quæ funt eis cognita, edocere. Vbi & tormentorum forfan erit opus, & aliis omnibus obfervationibus.*

De ce Chapitre a efté tirée l'Authentique *Apud eloquentiffimum. C. de fide inftrument.*

29 AUTHENTIQUE *Apud eloquentissimum.* C. *de fide instrument.*

Apud eloquentissimum aliquem Judicem vel Defensorem Civitatis, sive à Provincia in Provinciam, vel ab urbe in urbem, sive ab urbe in Provinciam hæc petantur. Sed hoc in civilibus tantummodo causis; nam in criminalibus testes apud judices repræsentandi sunt.

Producti dicant ea quæ sciunt, & posteà in hac civitate acta mittantur, & competenti calculo à judice causa terminetur. Idem jubet constitutio obtinere, & si in Provincia litigium fuerit motum, & testes in hac degerint civitate vel in alia provincia : actis enim intervenientibus apud quemvis eloquentissimum judicem testes producantur; vel si in alia civitate, vel in alia provincia testes sint, apud Defensorem acta consistant, & signata præstentur, vel ei qui produxit, vel adversario ejus, ne quasi excipienti denegetur iterum ei testes producendi licentia.

Hæc autem in pecuniariis causis obtineant; nam in criminalibus ipsæ personæ testium necessariæ sunt in præsentiâ.

30 Cette Constitution est d'usage, en ce qu'elle ordonne que l'enqueste soit faite pardevant le Juge du domicile des témoins; & pour cét effet si le Juge du procez est superieur, il commet purement & simplement sur la Requeste qui luy est presentée : Ainsi la Cour dit, *la Cour a commis le Bailly &c.* mais quand le Juge n'est pas inferieur, comme quand un Juge inferieur veut commettre un autre Juge superieur, dans l'Ordonnance au bas de la Requeste il met, que *l'interrogatoire sera fait par devant le Bailly de, &c. & à cét effet commission rogatoire sera expediée.* Par cette Commission le Juge est prié de proceder à l'interrogatoire, &c.

A l'égard des matieres criminelles, lors que le procez est fait ailleurs que pardevant le Juge où le crime a esté commis; comme quand le procez est fait à un Gentilhomme ou à un Ecclesiastique à la grand' Chambre du Parlement, les Chambres assemblées, l'information doit estre faite pardevant le Juge qui connoist du crime, & les témoins pour cét effet doivent estre assignez pardevant luy.

31 Dans le Chapitre sixiéme, l'Empereur défend aux esclaves de

fervir de témoins ; ce Chapitre eft inutile en France, où il n'y
a point d'efclaves, mais on peut appliquer cette Conftitution
aux Moines, lefquels ne peuvent point fervir de témoins dans
les affaires civiles, parce qu'ils font morts au monde, de mefme
que les efclaves, *l. fervitutem. ff. de R. I.* mais dans les matieres
criminelles, lors qu'il s'agit de crimes capitaux, ils y font receus, parce qu'il eft de l'intereft public, *ne delicta maneant impunita , l. 31. ff. ad leg. Aquil.* mais ils ne peuvent dépofer qu'a-
vec la permiffion de leur Superieur, *can. non dicatis. 12. quæft. 1.*
cependant le defaut de cette permiffion ne rendroit pas nulle la
dépofition.

Dans le Chapitre feptiéme, l'Empereur défend de recevoir
des témoins ennemis capitaux de la partie contre laquelle ils font
produits : l'inimitié capitale eft prefumée entre ceux contre lefquels on a un procez criminel dans lequel il y va de la vie ;
auquel cas l'Empereur ordonne, que le témoin foit rejetté.
Que s'il y a feulement procez en maticre civile entre le témoin
& la partie adverfe, on doit recevoir fa dépofition, fauf à recevoir les reproches de la partie adverfe contre ce témoin, pour
eftre examinez par le Juge eu égard aux circonftances, pour
fçavoir s'ils font affez forts pour rejetter fa dépofition.

La difpofition de ce Chapitre eft d'ufage en France, un procez criminel entre le témoin & la partie contre laquelle il eft
produit, eft une caufe fuffifante pour n'avoir aucun égard à fa
dépofition. Pareillement s'il y a un grand procez en matiere
civile, comme de tous les biens ou d'une grande partie, parce
que ces fortes de procez caufent ordinairement des inimitiez
mortelles entre les parties, fuivant le *§. 6. Inftitut. de excufatio.
tut. vel curat.*

Les reproches fournis contre les témoins doivent eftre jugez
avant le procez ; & s'ils font declarez pertinens & fuffifamment
prouvez, les dépofitions font rejettées, fuivant l'article 5. du
titre des reproches des témoins, de l'Ordonnance de l'an 1667.

En matiere criminelle, l'inimitié fondée fur une accufation
criminelle eft un reproche fuffifant pour rejetter la dépofition
du témoin ; mais s'il n'y a qu'un procez en matiere civile, c'eft
au Juge d'examiner les circonftances, pour voir s'il doit avoir
égard à fa dépofition.

Dans le Chapitre huitiéme, l'Empereur dit avoir fait une Loy
(laquelle ne fe trouve pas) par laquelle il eft ordonné, que ceux

qui ont servy de mediateurs entre les parties, ne peuvent point estre contraints de déposer pour l'une ou l'autre des parties; & par cette nouvelle Constitution, il ordonne que les mediateurs y pourront estre contraints, au cas que les deux parties y consentent, & partant si le mediateur est assigné pour estre témoin, il peut déposer, mais il ne peut pas y estre contraint; par la raison que dans les affaires civiles mesmes, les témoins peuvent estre contraints de venir déposer, *l.* 16. *&* 19. C. *de testib.* Nous en avons un titre dans les Decretales, *de testib. cogend.*

34　　C'est une difficulté entre les Docteurs, qui sont ceux que l'Empereur nomme mediateurs dans ce Chapitre: les uns estiment que ce sont les proxenetes ou entremetteurs, qui servent à faire reüssir les affaires entre les parties, lesquels ne peuvent point servir de témoins; car comme ils ont interest dans l'execution & l'accomplissement de l'affaire qui a causé le procez, leur déposition ne doit pas estre receuë.

Les autres entendent les sequestres des choses litigieuses; d'autres les arbitres & mediateurs qui se sont employez pour accommoder les parties: c'est le sentiment de Cujas sur l'autorité d'Harmenopule, *lib.* 1. *Epito. jur.*

35　　Accurse sur ce Chapitre, tient aussi que les tuteurs ou curateurs, & les Avocats, ne sont point obligez de déposer; ce qui est ainsi decidé par la Loy derniere C. *ff. de testib.* dont voicy la décision, suivant le sentiment de la glose de Godefroy & des autres Docteurs: ce qui est à remarquer, sçavoir que le client ne peut produire son Avocat ou son Procureur pour témoin contre sa partie adverse; ainsi le tuteur, le curateur, ou celuy qui
36　　fait les affaires d'autruy, ne peut point servir de témoin pour son pupille, son mineur, ou celuy dont il fait les affaires; mais que la partie adverse peut les produire pour témoins contre le client, le pupille, le mineur, ou celuy dont les affaires sont gerées: Voicy les termes de la Loy, *mandatis cavetur, ut Præsides attendant ne Patroni in causa cui patrocinium præstiterunt, testimonium dicant: quod & in executionibus negotiorum observandum est.*

Cujas sur la Loy *deferre.* 18. §. 8. *ff. de jure fisci,* interprete ainsi cette Loy, que l'Avocat ou le Procureur, & autres cy-dessus dénommez, peuvent estre contraints de déposer contre leur client, pour d'autres affaires que pour celles dans lesquelles ils luy ont presté leur ministere: cependant il n'y a pas d'apparen-

re de donner cette diſtinction à cette Loy, laquelle n'eſt fondée
ſur aucune autre.

Guy Pape *in q. 45.* dit que l'uſage du Parlement de Dauphiné
eſt conforme à la commune interpretation des Docteurs.

Robert en ſes Arreſts, livre 2. chapitre dernier, rapporte
un Arreſt du 18. Juin 1580. donné en l'Audiance de la grand'
Chambre, qui a jugé que l'Avocat y pouvoit eſtre contraint :
& il cite un autre Arreſt donné auparavant en la premiere Chambre des Enqueſtes, au profit de Dame Jacqueline Girard Dame
de Verrigny, du 5. Decembre 1579. qui avoit jugé la meſme
choſe. Automne ſur le titre *de teſtibus*, rapporte un Arreſt du
Parlement de Bordeaux du 6. Février 1607. C'eſt auſſi le ſentiment de Mornac.

Nonobſtant l'autorité de ces Arreſts & le ſentiment des Docteurs, pluſieurs eſtiment au Palais que les Avocats n'y peuvent
point eſtre contraints ; & c'eſt mon avis.

Dans le Chapitre neuviéme, l'Empereur ordonne que la par- 37
tie adverſe ſera avertie de l'enqueſte pour eſtre preſente à la dépoſition des témoins ; voulant qu'autrement l'enqueſte ſoit nulle,
& qu'en cas d'abſence aprés la ſommation, l'enqueſte ſoit valablement faite, & qu'elle ſoit en ſuite publiée ; par la raiſon que
celuy qui eſt abſent par ſa faute, eſt reputé preſent à ſon préjudice, & non pas pour en tirer de l'avantage.

Il ſemble que ce Chapitre, en ce qu'il ordonne que la partie 38
contre laquelle eſt ordonnée l'enqueſte, ſoit ſommée d'eſtre preſente à la dépoſition des témoins, eſt contraire au Chapitre quatriéme *ſuprà h. tit.* qui défend à la partie adverſe de faire enqueſte de ſa part, ayant eu connoiſſance de la dépoſition des témoins produits par la partie adverſe.

Les Docteurs font deux réponſes à cette objection : La premiere, que cette ſommation a lieu, & que l'enqueſte ſe fait en
preſence de la partie adverſe, lors qu'elle eſt faite auparavant
conteſtation en cauſe, & non quand elle ſe fait aprés ; ſurquoy
il faut obſerver, que l'enqueſte ne ſe fait ordinairement qu'aprés
conteſtation en cauſe, ſelon Bartole ſur l'Authentique *ſed & ſi
quis. C. de teſtib.* La raiſon eſt, que la production des témoins 39
eſt une eſpece de preuve, & par conſequent s'il y a quelque fait
avancé par le demandeur ou par le défendeur, pour ſoûtenir la
demande & la défenſe, il doit eſtre prouvé, & la preuve des faits
ſe fait ordinairement par enqueſte ; & la negation du droit du

demandeur & des défenses du défendeur, forment la contestation en cause : Ainsi la production des témoins ne se fait regulierement qu'après contestation en cause.

Neantmoins il arrive quelquefois, que l'enquefte se fait avant contestation en cause, sçavoir lors qu'on craint que par la longueur du temps les preuves ne déperissent, soit par la mort des témoins ou par leur absence, qu'ils ne perdent la memoire des faits sur lesquels on pretend les faire interroger, *l. fin. C. de usur. pupill. l. laudabile. §. quotiescumque. C. de Advoc. divers. judic. & l. in lege. ff. ad leg. Aquil. cap. significavit. 41. ext. de testib. & attestatio.*

Il y a encore un autre cas auquel l'enquefte se fait avant contestation en cause, sçavoir lors que le demandeur ne peut commencer son action que par la déposition des témoins, *l. publicati. 2. C. de testam. l. 1. & 2. C. de bonor. possess. secund. tabul. l. 2. ff. quemad. test. aper.*

Les enquestes estoient autrefois d'usage en France avant la contestation en cause pour les causes susdites, conformément au droit Romain ; ce qu'on appelloit enquefte d'examen à futur, parce que ces enquestes ne se faisoient que pour justifier la demande qu'on avoit dessein de former : mais par la nouvelle Ordonnance ces enquestes ont esté abrogées.

La deuxiéme réponse est que cette Novelle, en ce qu'elle dit que la partie adverse doit entendre la déposition des témoins, se doit entendre non pas de leur déposition, mais du serment qu'ils prestent auparavant devant le Juge, lequel precede leur déposition, *l. si quando. C. h. tit.* car les dépositions se font en secret en l'absence des parties, & mesme des témoins, tous les témoins deposent separément & en l'absence les uns des autres pardevant le Juge, comme remarque la glose ; ce qui est conforme au susdit Chapitre quatriéme.

De ce Chapitre a esté tirée l'Authentique *Sed & si quis. C. de testib.*

40   AUTHENTIQUE *Sed & si quis. C. de testib.*

Sed & si quis ab aliquo aliquid patiatur contra leges, aut aliter læsus, aut damnum patiens, & testes apud judicem producere voluerit, & eorum testimonia publicare, adversarius moneatur à judice, & sic eo præsente judex attestationes recipiat.

Quòd si venire noluerit, etiam eo absente attestationes accipiat; & perinde valebunt, ac si eo præsente receptæ fuissent, nec oppo- nere poterit, quòd ex una parte datæ sunt.

L'usage a toûjours esté en France d'interroger par le Juge les témoins separément & en l'absence des parties ; & par l'arti- cle 5. de l'Ordonnance du mois d'Avril 1667. titre des Enquestes, *les témoins doivent estre assignez pour déposer, & la partie adverse pour les voir jurer :* Ce qui est conforme à cette Novelle.

PARAPHRASE
DE JULIEN.

CONSTITUTIO LXXXIII.

CCCXXIV. De testibus.

NUllus recipiatur in testimoniū, nisi ejus qui sit bonæ opinionis, vel quem dignitas commendat, vel militia, vel vitæ honestas, vel artis laudabilis titulus, vel etiam aliorum testium vox de bona vita ejus consentiens. Aliàs autem testis si vilissimus in judicium productus fuerit, liceat judici si hoc æstimaverit, & tormentis eum subjicere, in hac quidem florentissima urbe per Prætoris offi- cium, in Provinciis autem per Defensorem Civitatis. Si quis autem scripserit se debere alicui pecuniam, posteà autem dicat se sine scriptis eam solvisse non audietur, quamvis testes produxerit, nisi secundùm observationem Constitutionis nostræ: sic tamen, ut testes duorum alterum dicant, vel quòd præsentibus ipsis, & ad hoc ipsum rogatis, debitor creditori pecuniam solvit, vel quòd ad hoc ipsum accepti audierunt creditorem dicentem pecuniam sibi solutam fuisse. Non enim admittimus testimonia eorum, qui di- cere solent transeuntes se audisse aliquem dicentem pecuniam sibi solutam esse. Sed nec tabulariorum præsentia sola sufficit, nisi testes quoque rogati subscripserint, & ipsa principalis persona si

*litteras sciat , suas depositiones per scripturam declaraverit , sci-
licet ut & in hoc casu si quidem bonæ opinionis testes inventi fuerint, recipiantur. Sin autem vilissimi homines , qui & pecuniâ
corrumpi facilè poterant , & pejerare non timebant , tunc tormentis subjiciantur. Sin autem testes contraria sibi dicant , oportet judicem si contrarietatem testimoniorum prospexerit in ipsis
constitutam , quæ totam causam continent , reprobare eos : plu-
rium autem & bonorum testimonia sequi : & eos , qui contraria
sibi dixerunt , si quidem per errorem cum venia dimittere : Sin
autem per astutias aliquas , tormentis subjicere.*

CCCXXV. Idem.

*Si quis in una eademque lite testes ter produxerit , & renun-
ciaverit testium productioni , & exceperit testimonia , vel ipsa
vel perscriptiones adversarii sui , posteà non concedatur quartam
productionem testium facere. Enimverò si non exceperit , neque
ipsa testimonia , neque perscriptiones adversarii sui , liceat ei quartâ uti productione testium : ita tamen , ut juret priùs , neque
se excepisse , neque (per) procuratorem suum , vel patronum, vel
alium hominem suum , nec aliquo dolo , vel arte , vel calliditate
quartam productionem desiderare. Hoc amplius; Aut si semel vel
bis produxerit testes , & renunciaverit productionibus , ac posteâ
velit producere , non audiatur , nisi in eo casu ubi neque testimonia excepit , neque perscriptiones adversarii sui , quamvis divina jussio dederit ei licentiam producendi.*

CCCXXVI. Idem.

*Antiquitùs est constitutum , ut si in hac florentissima civi-
tate litigium fuerit motum , & adhuc causâ pendente opus fuerit testium productione , testes autem in provincia degant , ut
illuc actis intervenientibus mittantur partes , sive procuratores
eorum , & apud Defensorem civitatis testes producti , dicant ea
quæ sciunt , & posteà in hac civitate acta mittantur , & competenti calculo à judice causa terminetur. Idem jubet constitutio
obtinere & in Provincia litigium fuerit motum , & testes in hac
degerint civitate vel in alia Provincia. Actis enim intervenientibus apud quemvis eloquentissimum judicem testes producantur:
vel si in alia civitate , vel in alia provincia testes sint , apud
Defen-*

Defenforem acta confiftant, & fignata præftentur, vel ei qui pro-
duxit, vel adverfario ejus, ne quafi excipienti denegetur iterum
& teftes producendi licentia; hæ autem in pecuniariis caufis obti-
neant. Nam in criminalibus ipfæ perfonæ teftium neceffariæ funt
(in præfentia.)

CCCXXVII. Idem.

Si teftis productus fervus effe dicatur, ille autem fe dicat li-
berum effe ; fi quidem ingenuum, fcribatur quidem teftimonium
ipfius, poftea autem fi probatus fuerit fervus, nullius momenti
eft. Sin autem libertinum fe effe dixerit, fi quidem inftrumentum
manumiffionis fuæ oftendit, dicat teftimonium. Sin autem in alio
loco dicat inftrumenta fui ftatûs habere, fcribatur quidem teftimo-
nium ejus. Poftea autem fi non produxerit inftrumenta, nullius mo-
menti fit.

CCCXXVIII. Idem.

Si quis dixerit teftem productum inimicum fuum effe, fi quidem
ex criminali caufa, omnino non dicatur teftimonium. Sin autem
alia occafione, dicatur quidem teftimonium ejus, fed præfcriptio ei op-
ponatur.

CCCXXIX. Idem.

Si quis mediatorem fe partium dixerit, ideóque fe non oportere
invitum teftimonium in alterutrum eorum dicere, illi autem con-
fenferint ut producatur : confequens eft, ut in hoc cafu etiam invi-
tus teftimonium dicat.

CCCXXX. Idem.

Teftium productio apud Judices, vel Defenfores, vel Magiftrum
cenfûs, non aliter valeat nifi præfente quoque adverfaria parte,
vel contumaciter non veniente, fcilicet ut & hîc falva perfcriptio
ei competat, quam opponendam exiftimaverit, contumaciter au-
tem non videtur abeffe qui ex neceffitate abfuit, fortè enim in-
tra fepta fanctorum fuerat.

CCCXXXI. Idem.

Omnino autem jura, quæ posita sunt, jam vel à retro Prin-
cipibus, vel à nobis de testibus, maneant intacta. Hanc autem
legem tenere volumus in futurum tempus.

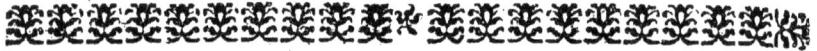

TITRE III.

Constitution par laquelle le mary estant poursuivy pour
la restitution de la dot de sa premiere femme, & de la
dot de sa seconde, la premiere femme ou les enfans nez
du premier mariage sont preferez ; & par laquelle si
le mary a refusé de recevoir la dot qui luy estoit of-
ferte par sa femme, ou par un autre en son acquit,
la donation n'a pas moins lieu aprés la dissolution du
mariage, que si elle avoit esté payée.

scripserit, dare viro, quæ scripta sunt; distulerit autem vir suscipere; soluto matrimonio exigi eum a
ea etiam conscriptam antenuptialem donationem.

NOVELLE XCI.

SOMMAIRE.

10. Quid, *lors que les meubles de la femme sont saisis par les creanciers du mary.*

11. *Si les enfans du premier lit sont preferez en repetition de la dot à la seconde femme.*

12. *Si les enfans du premier lit sont preferez pour leur doüaire à la seconde femme.*

13. *Si la femme a la donation à cause de nopces, quoy que le mary ait refusé la dot.*

14. Authentique dos data. |C. de donatio. ante nupt.

15. *Si la Constitution de dot emporte aussi celle de la donation à cause de nopces.*

16. *Augment de dot ce que c'est.*

CEtte Novelle contient deux chefs, comme il se void dans le titre ; le premier est traité dans la Preface & dans le Chapitre premier, & l'autre dans le second & dernier Chapitre.

L'Empereur dans la Preface, dit qu'une question s'est souvent presentée qui merite d'estre decidée par une nouvelle Constitution ; en voicy l'espece : Un homme decede laissant sa seconde femme vivante, & des enfans nez de la premiere, ayant receu la dot de l'une & de l'autre : La seconde femme pretendoit joüir du privilege accordé par l'Empereur aux femmes sur les biens de leurs maris pour la repetition de leur dot, soit qu'elles agissent par action personnelle ou par action hypothecaire *l. fin. C. qui potior. in pign. hab.*

Les enfans du premier lit s'opposoient à ce privilege, disant qu'ils agissoient aussi pour la repetition de la dot de leur mere ; qu'à la verité elle estoit bien fondée dans son privilege contre tous autres creanciers, mais non contr'eux, veu qu'ils joüissoient d'un pareil privilege.

On leur opposoit, que le privilege auroit appartenu à leur mere si elle avoit vescu, mais que ce privilege est personnel, & qu'ainsi il ne passe pas ny aux creanciers ny aux heritiers.

Ils repliquoient, que ce privilege ne passoit point aux creanciers, ny mesme aux heritiers étrangers, *l. 1. C. de privil. dot.* mais qu'il estoit accordé expressement aux enfans, *l. assiduis. §. except:s. C. qui potior. in pign. hab.*

La seconde femme ajoustoit, ce qui faisoit plus de difficulté, que son mary avoit dissipé entierement la dot de sa premiere femme ; auparavant qu'il eut convolé en secondes nopces avec elle. Et qu'ainsi il n'estoit pas juste, que n'ayant laissé dans ses biens que ce qu'il falloit pour le payement de sa dot, elle fut reduit-

te à la perdre ; & que ſes enfans du premier lit receuſſent le payement de la dot de leur mere ſur la dot qu'elle luy avoit apportée,
& ſans laquelle leur pere n'auroit laiſſé aucuns biens pour la recouvrer ny partie d'icelle.

A quoy les enfans du premier lit répondoient qu'ils eſtoient
fondez ſur la priorité de l'hypoteque ; *quoniam omnino rebus
exiſtentibus morientis hypothecæ , ſeniores potiores quàm ſecundæ
eſſent* ; & que l'hypoteque que leur mere avoit en mourant ſur
les biens de ſon mary, eſtant plus ancienne que la ſienne, ils devoient luy eſtre preferez, ſuivant la regle, *qui prior eſt tempore , potior eſt jure , l. 2. C. qui potior. in pign. hab.*

Que cette raiſon n'eſt d'aucune conſideration , parce que le
droit acquis à la premiere femme ſur les biens que le mary avoit
ou qu'il pouvoit avoir , pour la repetition de ſa dot , ne pouvoit
luy eſtre oſté ſans ſon fait, par un ſecond mariage par luy contracté ; ce privilege n'eſtant point reſtraint ſur les biens que
le mary a au jour de la diſſolution du premier mariage, mais
ſur tous les biens qu'il a pour lors & qu'il peut avoir par
aprés.

La difficulté ayant eſté ainſi propoſée dans la Preface, l'Empereur la decide dans le Chapitre premier, ſçavoir

Premierement , que ſi entre les biens délaiſſez par le mary il
ſe trouve quelque choſe en nature qui eut eſté apporté en dot par
la premiere ou par la ſeconde femme , en ce cas les enfans ou les
heritiers de la premiere femme reprendront ſans ſe ſervir d'aucun privilege , les choſes qui auroient eſté apportées par elle en
dot ; & pareillement la ſeconde femme reprendroit celles qu'elle
auroit auſſi données en dot à ſon mary , *l. 30. C. de jure dot.* Mais
que ſi les choſes ne ſe trouvent plus en nature , ou qu'il n'y en ait
que quelques-unes ſeulement ; ſoit que les deux femmes ſoient
vivantes , parce que le premier mariage auroit eſté diſſout par le
divorce , en ce cas la premiere a droit de repeter ſa dot , ſuppoſé que le divorce ſoit arrivé ſans ſa faute ; ſoit que les deux femmes ſoient decedées , & qu'il reſte des enfans de l'une & l'autre,
ou l'une d'icelle ſeulement : La premiere femme ou ſes enfans en
quelque degré , & de quelque ſexe qu'ils ſoient , au cas qu'elle
ſoit decedée , ſont preferez ſur les biens du mary pour la repetition de la dot , ou pour la repetition de ce qui manque de la dot,
l. ult. C. qui potior. in pign. hab. par la raiſon qu'au cas de deux
dettes creées en differens temps par actes publics & authentiques,

la plus ancienne eft preferée à l'autre, ainfi la dot de la premiere femme comme plus ancienne, doit eftre preferée à celle de la deuxiéme. Il faut neanmoins fuppofer que ces deux dettes ont efté creées avec ftipulation d'hypoteque, autrement ny l'une ny l'autre n'auroit droit de préference fur l'autre; par la raifon que l'hypoteque par le Droit Romain ne fe conftituë point par les feuls Actes publics, mais par la feule convention & ftipulation des parties, *l. 1. in princ. ff. de pignor. act. paffim. ff. & c. de pignor. & hypothec.* ainfi que nous avons dit ailleurs plus amplement. *Sicut enim fi duo debita publica fuiffent, neceffariò antiquum præponeretur pofteriori; ita & hic privilegia neceffarium eft priori doti dare priora; & ita fecundæ; & dotem non præponere doti, nec hypothecam hypothecis; fed quod antiquius eft tempore, amplius manere proprium robur habent, & privilegium. Tempore enim hypothecarum permutare, aut interimere, vel minuere nullomodo patimur.*

Ces termes *debita publica*, s'entendent felon la Glofe, Godefroy & quelques Docteurs, de deux dettes deuës par une mefme perfonne au fifc, c'eft à dire à deux differens Domaines, ce qu'on appelle *diverfæ fifci ftationes, l. 2. C. de folutio.* qui ont differens Fermiers; en ce cas le Domaine à qui la dette la plus ancienne eft deuë, eft preferé; mais cette interpretation ne me femble pas fi conforme au texte, qui ne parle point du fifc.

L'Empereur a fait cette Conftitution, non pas dans le deffein 2 de reformer le droit ancien, ou d'établir fur la queftion une nouvelle Ordonnance, puis qu'elle fe trouve decidée par les anciennes Loix qui font remarquées cy-deffus, mais afin de les confirmer dans une queftion qui avoit quelques circonftances partilieres.

De ce Chapitre a efté tirée l'Authentique *Si quis ex rebus. C. qui in potior. in pign. hab.*

Authentique *Si quid. C. qui patior. in pign. hab.*

Si quid ex rebus ipfius dotis appareat, mulieri cui & in rem 3 actio competit, vel filiis ejus fervetur; alioquin five fuperfint ambæ mulieres, five defuerint, five altera duntaxat extet, prior omnino, feu quælibet foboles ejus fuperior habeatur; novâ Conftitutione factum eft apertius.

4 Ce privilege est accordé non seulement aux enfans procréés du mariage, mais aussi à toutes sortes d'enfans de la premiere femme nez d'autres precedens mariages, qui demandent la restitution de la dot de leur mere; car ce privilege n'est pas accordé aux enfans, parce qu'ils sont nez de ce mariage, mais parce qu'ils sont enfans, & que la Loy leur accorde le mesme privilege qu'à leur mere, quand il s'agit de la repetition de sa dot.

Il est vray que dans ce Chapitre l'Empereur donne seulement ce privilege aux enfans de la premiere femme nez du premier mariage *prioris matrimonii filiis*, sans declarer si sous le nom d'enfans, les enfans d'un autre mariage y sont compris; & que dans la Loy derniere §. *exceptis*. en laquelle l'Empereur accorde ce privilege à la femme, il n'est fait mention que des enfans du premier mariage, & quand la Loy ne distingue point, nous ne devons point aussi distinguer, cependant il est certain que *filiorum appellatione, omnes qui ex nobis descendunt, continentur; etenim filios filiasve concepimus atque edimus ut ex prole eorum earumve diuturnitatis nobis memoriam in ævum relinquamus, l. liberorum. 220. in fine. ff. de V. S.*

C'est pourquoy le Jurisconsulte Irnerus qui a fait l'Authentique *si quid. C. qui potior. in pign. habent.* qui connoissoit fort bien l'intention de Justinien en cette Novelle, dit, *prior omnino, seu quælibet soboles ejus superior habeatur*; par ces mots *quælibet soboles ejus*, a entendu tous les enfans de la premiere femme, de quelque mariage qu'ils soient nez.

Pour expliquer nostre Jurisprudence sur la premiere partie de cette Novelle, nous observerons

5 Premierement, que dans les païs de droit écrit, soit qu'il y ait un contrat de mariage passé pardevant Notaires, ou autrement, la femme a droit de prendre les choses mobiliaires qu'elle a apportées en dot, au cas qu'elles se trouvent en nature; à l'égard de celles qui ne se trouvent point, la femme est preferée sur les biens de son mary à tous autres creanciers, quoy qu'anterieurs en hypotheque, conformément à la disposition du Droit Romain, comme il a esté jugé par plusieurs Arrests du païs de droit écrit, remarquez par Monsieur Mainard livre 7. chapitre 51. Par la Roche en ses Arrests livre 2. *in verbo*, mariages, tit. 4. article 19. d'où il s'ensuit que les enfans de la premiere femme jouïssent du mesme privilege contre la seconde femme qui agit en repetition

de dot fuivant la difpofition de cette Conftitution.

La femme exerce le privilege, non feulement fur les immeu- 6
bles de fon mary, mais auffi fur fes meubles ; parce que dans les
païs de droit écrit conformément à la difpofition du Droit Romain, *l. cum tabernam. ff. de pignor & hypoth.* les meubles ont fuite par hypoteque ; en forte mefme que pour la repetition de fa
dot elle eft preferée fur les meubles aux creanciers premiers faififfans, comme il a efté jugé par Arreft du Parlement de Paris
prononcé en Robes-rouges à la Pentecofte 1590. fur un appel
du Lyonnois, qui eft dans le païs de droit écrit.

En fecond lieu, que dans les Provinces de France qui fe re- 7
glent par Couftumes, la femme n'a aucun privilege fur les meubles de la communauté, en cas de déconfiture, mais qu'elle vient
comme les autres creanciers à contribution au fol la livre ; parce que dans la France Coûtumiere, excepté en quelques Coûtumes, les meubles n'ont point de fuite par hypoteque ; il y a quelque cas exceptez dans quelques articles de la Coûtume de Paris,
dans lefquels il y a preference fur les meubles, mais ce n'eft
pas icy le lieu de les expliquer, recours à mon Commentaire
fur l'article 171. de la Coûtume de Paris & autres fuivans.

En troifiéme lieu, que dans la France Coûtumiere au cas de 8
la communauté ftipulée par contrat de mariage, la femme ne reprend point les meubles qu'elle a apportez en mariage & mis
dans la communauté, quoy qu'ils fe trouvent en nature, parce
que tous les biens de la communauté appartenans au mary, la
femme en a perdu la proprieté dés qu'elle a contracté mariage, &
qu'elle les a apportez à fon mary, fuivant l'article 220. de la Coûtume de Paris.

Il faut excepter un cas qui eft lors qu'il y a convention por- 9
tée par le contrat de mariage, par laquelle il foit convenu & arrefté que les futurs conjoints payeront chacun leurs dettes contractées avant leur mariage, fi aucunes y a, & qu'inventaire
fera fait des biens meubles & effets mobiliaires de chacun d'eux,
auquel cas l'inventaire ayant efté fait, la femme en renonçant à
la communauté a droit de reprendre les meubles qu'elle a apportez en mariage, qui fe trouvent en nature, comme eftant fa
chofe qu'elle revendique ; mais fans la fufdite claufe elle ne feroit pas recevable de reprendre fes meubles qui feroient exi-
ftans & en nature, quoy qu'elle offrît de juftifier par témoins,

que lesdits meubles luy appartenoient ; par la raison qu'au moyen de la communauté, & de la renonciation à icelle faite par la femme, tous les meubles demeurent au mary ou à ses heritiers.

10 Pareillement, au cas de la susdite clause & d'inventaire fait des meubles de la femme, si les biens de communauté font faisis sur le mary, la femme peu agir en separation,& demander que les meubles qu'elle a apportez en mariage & qui sont en nature, luy soient rendus, ce qui ne luy peut estre refusé ; cette Jurisprudence est fondée sur l'article 222. de la Coustume de Paris, en ces termes : *combien qu'il soit convenu entre les deux conjoints, qu'ils payeront separement leurs dettes faites avant leur mariage, ce neantmoins ils en sont tenus, s'il n'y a inventaire préalablement fait : Auquel cas ils demeurent quittes, representant l'inventaire, ou l'estimation d'iceluy.* Pour plus grand éclaircissement, voyez mon Commentaire sur cet article.

11 En quatriéme lieu, que les enfans de la premiere femme nez du mariage ou d'un precedent, sont preferez pour la repetition de la dot de leur mere sur les biens immeubles de leur pere ou du second mary de leur mere, à sa seconde femme, par la raison de la priorité de l'hypoteque, ce qui ne souffre point de difficulté : mais sur les meubles de la seconde communauté, ils y viennent à déconfiture avec la seconde femme, pourveu que dans le contrat du second mariage, la susdite clause n'y soit point inserée, suivie d'un inventaire legitimement fait ; auquel cas la seconde femme leur seroit preferée sur les meubles qu'elle auroit apporté en mariage, qui auroient esté inventoriez, & qui se trouveroient en nature.

12 Les enfans du premier lit seroient aussi preferez à la dot de la seconde femme sur les biens immeubles de leur pere, pour leur doüaire ; & sur les meubles qu'il auroit laissé au jour de son trépas, ils y viendroient avec la seconde femme à contribution au sol la livre en cas d'insuffisance.

13 L'Empereur dans le Chapitre second pour la décision de la seconde question, dit que si une femme doit à son mary la dot qu'elle luy a promis en mariage, & qu'elle luy en offre le payement, ou celuy qui auroit promis la dot pour elle & en son nom, soit quelqu'un de ses proches, ou quelqu'autre personne, & que la dot soit profectice, ou adventice ; & que le mary, ou son pere, ou son ayeul, ait refusé d'en recevoir le payement, & que de la part

part de la femme foit contefté, offrant de faire le payement de la dote promife, ou mefme plus grande, & en cas qu'elle foit mobiliaire, comme fi elle confifte en argent comptant, & qu'elle en faffe la confignation, ainfi qu'il s'obferve en pareil cas, ou chez un Notaire, ou dans les Temples, où fe faifoient ordinairement les confignations & dépofitions, *l. acceptum. C. de ufur.* ou qu'elle faffe ladite confignation par autorité de Juftice, & que le mary nonobftant la dénonciation qui luy en auroit efté faite, foit refufant de la recevoir; en ce cas on ne peut pas refufer à la femme, avenant la diffolution du mariage, de luy donner la donation à caufe de nopces, fous pretexte qu'elle n'auroit pas payé la dot qu'elle auroit promife, & qu'ainfi elle ne pouvoit point pretendre la donation à caufe de nopces, conformément à la Novelle *2.cap. ult.* d'où eft tirée l'Authentique *Sed quæ nihil. C. de pactis conv.* par la raifon qu'en rend l'Empereur, que *qui dare voluit, dum perceptionem recufat is, qui fufcipere poftulatur, proximus eft danti; ficut enim nifi dederit, per dilationem dotis negationem ei antenuptialis donationis inferimus; ita vel fi voluerit dare, & perceptionis ex ftudio recufaverit perceptionem, damus ei antenuptialis donationis, matrimonio foluto, petitionem; licet dotem propter juris caufam non intulerit.*

Ainfi on ne peut point imputer le defaut d'accompliffement d'une condition, lors que celuy qui avoit intereft qu'elle ne fût pas accomplie, en a empefché l'accompliffement, fuivant la Loy 161. *ff. de R. I.*

De ce Chapitre a efté tirée l'Authentique *Dos data. C. de donatio. antenuptias.*

AUTHENTIQUE *Dos data. C. de donatio. ante nupt.*   14

Dos data donationem propter nuptias meretur; præterea fi pars mulieris dotem folvere fit parata, cùm ex diverfo recufetur, & mulier hoc conteftetur, cumque fit res mobilis, fignaculo impofito recondat, aut ingrediens judicium hoc petat fieri, ut parti viri denuntietur; & fic nequaquam declinanda eft donationis exactio. At fi per dilationem dos viro non detur, etiam donatio prorfus denegetur.

La Loy 20. *Cod. d. tit.* aprés laquelle cette Authentique eft inferée, ordonne que la dot & la donation *propter nuptias* iront *paribus paſſibus;* & cette Authentique décide deux choſes : La premiere , que la dot merite une donation à cauſe de nopces, égale, c'eſt à dire, que la femme doit emporter ſur les biens du mary une portion égale à ſa dot, ce qu'on appelle donation à cauſe de nopces : D'où il s'enſuit que ſans dot, la femme ne peut point pretendre la donation à cauſe de nopces.

15   Ce qui donne lieu aux Docteurs de traiter cette queſtion ; ſçavoir ſi par la conſtitution de dot, la donation à cauſe de nopces eſt auſſi conſtituée *ipſo jure*, en ſorte qu'elle compete à la femme en cas de ſurvie, ſans qu'il ſoit beſoin d'en faire demande? Quelques-uns pretendent que la femme en doit faire la demande , & ils fondent leur opinion ſur la Loy 20. *C. d. tit*. où il eſt dit, que la femme peut agir pour ſe faire conſtituer une donation *propter nuptias*, ce qui ne ſeroit pas neceſſaire ſi elle eſtoit conſtituée *ipſo jure :* C'eſt le ſentiment de Perezius ſur ce titre au Code *num.* 8.

Ceux qui tiennent l'opinion contraire , ſe fondent ſur ce que la donation eſtant égalée à la dot , la conſtitution de dot emporte la conſtitution de la donation *propter nuptias*, en ſorte qu'où il y a une dot , il y a une donation à cauſe de nopces ſemblable ; & où il n'y a point de dot, il n'y a point auſſi de donation à cauſe de nopces.

La deuxiéme partie de cette Authentique eſt traitée aſſez amplement ſur le Chapitre 2. de cette Novelle , d'où elle eſt tirée.

16   Dans quelques endroits du Païs de Droit écrit, l'augment de dot qui a eſté introduit au lieu de la donation à cauſe de nopces, conſiſtant dans la moitié ou dans le tiers de la dot , ſelon l'uſage des lieux, eſt acquis de plein droit à la femme ſans ſtipulation expreſſe, eu égard à la dot, au cas qu'elle ait eſté actuellement payée ; & en quelques endroits cét augment eſt reglé ſuivant la dot promiſe : mais eſtant payée , il eſt certain que par toutes les Provinces de Droit écrit l'augment de dot eſt deû à la femme ſans ſtipulation ; de meſme que dans la France coûtumiere le doüaire coûtumier eſt deû à la femme , quoy qu'il n'en ait point eſté fait mention dans le Contrat de mariage, & meſme qu'il n'y ait point eu de Contrat ; en ſorte neantmoins que ſi par le Contrat de mariage il y a un doüaire prefix ſtipulé , il exclud la femme de pouvoir demander le doüaire coûtumier , comme dans la Couſtume de Paris , ſuivant l'article 261. Dans quelques autres Couſtumes , la femme a

le choix du doüaire prefix ou du coûtumier , quoy que par
fon Contrat elle ait un doüaire prefix.

PARAPHRASE
DE JULIEN.

CONSTITUTIO LXXXIV.

CCCXXXII. Ut dos prioris uxoris præferatur doti fecundæ
uxoris , five ipfâ , five liberis ejus agentibus.

QUædam mulier , Titia nomine , Mævio copulata eſt , & dotem
dedit , & liberos ab eo procreavit. Poſteà mortuâ Titiâ
Mævius fecundam uxorem duxit Semproniam , & mortuus eſt.
Quæritur utrùm liberi prioris uxoris dotem matris fuæ priùs re-
cipere debeant , an magis fecunda uxor in dote fua validiora jura
prætenderit , & ita diſtinguimus , ut ſi quidem res dotales exiſtant
ſive priores ſive poſteriores ſint , omnimodo eas dominus vindicare
poteſt. Sin autem vel confumptæ funt vel diminutæ , præferan-
tur fecundæ mulieris liberi ex priore matrimonio nati : vel etiam
ipfa prima uxor , ſi fortè repudio primæ nuptiæ folutæ funt.
Idem dicimus , ſi liberi fecundæ mulieris cum priore uxore vel
liberis ejus litigent. In fumma enim dicimus , priori matrimonio
hypothecarum privilegia validiora præſtamus , ubi ipfa mulier
agit vel liberi ejus ex eo matrimonio nati. Liberorum autem ap-
pellatione omnes defcendentes perfonas complectimur , quod non
per innovationem à nobis introductum eſt , fed magis per inter-
pretationem priorum conſtitutionum.

CCCXXXIII. Si per maritum ſteterit , quominus dos ei
promiſſa præſtetur.

Si mulier dotem pro fe promiferit , vel alius pro ea , ſive pro-
fectitiam , ſive adventitiam. Poſteà autem vel ipfa mulier vel

promiſſor dotis paratus ſit, id quod promiſit dare, & hoc ipſum
teſtatione complectatur, vel obtulerit res vel depoſuerit : ſi mo-
biles ſint, vel in judicio ex una parte judicem adeat, & miſſis
ab ea hominibus maritus diſtulerit dotem accipere, poſteáque ſo-
lutum matrimonium fuerit : ſic intelligatur maritus quaſi dotem
accepiſſe. Ideóque ſi quid de ante nuptias donatione accipere mu-
lierem oporteat : hoc omnimodo accipiat, quamvis nullam dotem
dederit : quia per maritum ſtetit, quominus eam ſuſciperet.

❦❦❦❦❦❦❦❦❦❦❦❦❦❦

TITRE IV.

De im-
menſis
donatio-
nibus in
filios fac-
tis,

Des Donations immenſes faites aux enfans.

NOVELLE XCII.

SOMMAIRE.

CEtte Novelle confiste dans une Preface & un Chapitre: 1
Dans la Preface, l'Empereur dit qu'il a augmenté confiderablement la falcidie, c'est à dire, la legitime des enfans; car
quoy que la falcidie se prenne proprement pour le quart que
l'heritier a droit de prendre sur les biens du testateur qui absorbe
tous les biens en legs, neanmoins quelquefois ce mot se prend
pour la legitime des enfans, comme dans cette Preface; car l'Empereur n'a pas augmenté la falcidie, mais il a augmenté la legitime des enfans par la Novelle *de triente & semisse.*

La raison de cette augmentation, qui est de la moitié ou du 2
tiers des biens, eu égard au nombre des enfans, est parce que, dit
cét Empereur, *quod nimis inæquale est, non valdè placet nobis;*
sed oportere quidem præponi filios, quos pater voluerit, non tamen
in totum minui aliis, ut importabilis sit eis imminutio.

Dans le Chapitre 1. il dit qu'il veut que la Novelle 18. touchãt
l'augmentation de la legitime des enfans, ait lieu, en sorte que
si quelqu'un fait une donation immense à quelques-uns de ses
enfans, il est obligé dans la disposition de sa succession de laisser
à chacun de ses enfans leur legitime, eu égard aux biens qu'il 3
avoit au tẽps des dorĩtions immenses qu'il avoit faites à ses autres
enfans; & par ce moyen les enfans ne peuvent pas se plaindre,
ayant dans ses biens ce qui est ordonné par la Loy: Ils ne peuvent pas aussi se plaindre que ces donations soient inofficieuses,
si depuis qu'elles ont esté faites les biens de leur pere soit d'autant augmenté qu'il avoit de biens lors qu'il a fait les donations
qui avoient pour lors absorbé tous ses biens; c'est ainsi qu'il faut
entendre ces termes, *in tantum autem auctâ quantitate quan-*
tum habuit substantia patris, antequam donationibus exhauri-
retur.

Les enfans qui ont receu les donations immenses, ne peuvent
pas se tenir aux avantages qui leur ont esté faits, & s'abstenir de
la succession de leur pere; mais aussi ils ne peuvent pas estre contraints de se porter heritiers de leur pere, mais ils sont obligez
de fournir à leurs freres leur legitime qui leur est laissée par la
Loy, ou le supplément d'icelle, en consequence des avantages
qui leur ont esté faits: De sorte qu'il est permis au pere, qui n'a
pas une égale amitié pour tous ses enfans, d'avantager les uns
plus que les autres, pourveu qu'il ne préjudicie point à la por- 4
tion que l'Empereur veut estre laissée aux autres enfans.

G g iij

5　　Cette faculté de se tenir par les enfans aux avantages à eux faits par leurs peres & meres, en renonçant à leur succession, est plus ancienne que cette Novelle; elle est prise de la Constitution des Empereurs Diocletian & Maximian, en la Loy *ex causa. 25. C. famil. ercisc.* en laquelle ils disent en parlant de la succession de l'ayeul, *ex causa donationis, vel aliunde tibi quæsita, si avi successionem respuerit, conferre fratribus compelli non potes ;* C'est aussi la disposition de la Loy derniere *C. de collatio. dot.* & elle ajoûte, que non seulement le mary retiendra la dot, si elle luy a esté payée, mais aussi qu'il pourra poursuivre les freres de sa femme pour en avoir le payement, au cas qu'elle ne luy ait pas esté payée, de mesme qu'une autre dette.

6　　La donation est reputée immense lors qu'elle empesche que les autres enfans ne puissent pas avoir leur legitime.

L'Empereur ordonne que cette disposition soit gardée en faveur des enfans qui rendent à leur pere les respects qu'ils luy doivent, & non pour les autres qui luy ont donné quelque juste cause d'ingratitude, & par consequent d'exheredation, à l'égard desquels les Constitutions faites touchant les enfans ingrats, doivent estre observées, ainsi qu'il est ordonné par cette Novelle *in fine.*

De cette Novelle a esté tirée l'Authentique *Unde & si parens. C. de inofficio. testam.*

7　　A U T H E N T I Q U E *Unde & si parens. C. de inofficio. testam.*

Unde & si parens in quemdam liberorum, vel in quosdam donationem immensam fecerit, quisque tantum feret ex hereditate nomine falcidiæ, quantum poterat ante donationem deberi : Licet autem ei qui largitatem meruit, abstinere ab hereditate, dummodo suppleat ex donatione, si opus sit, cæterorum portionem.

8　　Cette Authentique pouvoit estre mise sous le titre au Code *de inofficiosis donatio.* neanmoins parce que dans plusieurs Loix du titre au Code *de inofficioso testam.* il est decidé, que la legitime doit estre laissée par les peres & meres à leurs enfans, sans qu'ils la puissent charger d'usufruit, ny d'aucune autre charge; c'est pourquoy cette Authentique, qui porte que les donations immenses faites par le pere à ses enfans, sont sujettes à la legitime des enfans , ou au fupplément d'icelle , eft mife à propos fous le titre *de inoffic. teftam.*

La difpofition de cette Novelle eft obfervée dans les Païs 9 de Droit écrit , où les peres & meres peuvent avantager quelques-uns de leurs enfans autant qu'il leur plaift , foit par donations entre-vifs , ou par derniere volonté , pourveu que la legitime foit gardée aux autres enfans. C'eft auffi la difpofition expreffe de la Coûtume de Paris. Par l'article 304. de cette Coûtume, *les enfans* 10 *venans à la fucceffion de pere ou mere , doivent rapporter ce qui leur a efté donné , pour avec les autres biens de ladite fucceffion eftre mis en partage entr'eux , ou moins prendre :* Et par l'article 307. il eft porté , *que celuy auquel on auroit donné , fe voudroit tenir à fon don , faire le peut , en s'abftenant de l'heredité , la legitime refervée aux autres.*

Ainfi par cette Couftume les peres & meres peuvent avantager ceux qu'il leur plaift de leurs enfans autant qu'ils veulent , pourveu qu'ils laiffent la legitime aux autres : Maiftre Charles du Moulin fur l'article 17. nomb. 4. de l'ancienne Couftume , eftoit d'avis que la faculté de repudier la fucceffion , en fe contentant de la chofe donnée , fans eftre tenuë de la rapporter , n'avoit lieu qu'au cas que la donation fût pure & fimple ; mais que fi elle eftoit faite *nominatim* en avancement d'hoirie , le donataire eftoit obligé de fe porter heritier , fi mieux n'aimoit rendre aux autres heritiers ou creanciers du défunt , ce qui luy avoit efté donné.

L'opinion de ce Docteur n'a pas efté fuivie , car cette queftion s'eftant prefentée , par Arreft du 29. Aouft 1571. donné au rapport de Monfieur Angenouft , la Cour a jugé , que le fils pouvoit fe tenir aux avantages par luy receus , en renonçant à la fucceffion du donateur , fon pere ou fa mere ; & c'eft fur cét Arreft , que cét article a efté ajoûté à la reformation de la Coûtume , pour avoir lieu fans préjudice de ce qui s'eftoit obfervé par le paffé , comme il eft porté par le Procez verbal de la Coûtume ; & ce mefme article 307. a efté ajoûté à la reformation de celle de Rheims , & de quelques autres.

Nous avons quelques Couftumes qui ont une difpofition con- 11 traire , & qui ne permettent pas que les enfans puiffent fe tenir aux avantages qui leur ont efté faits , voulant qu'ils rapportent , quoy qu'ils renoncent à la fucceffion ; les Couftumes de Normandie , d'Anjou , & quelques autres , en difpofent ainfi : Celle

de Normandie en l'article 434. porte, *Le pere & la mere ne peuvent avantager l'un de leurs enfans plus que l'autre, soit de meubles ou d'heritages, parce que toutes donations faites par le pere
ou la mere à leurs enfans, sont reputées comme avancement d'hoirie, reservé le tiers en Caux.*

Ces Coustumes ont eu en veuë de garder l'égalité entre les
enfans, & d'empescher que les uns ne soient plus avantagez que
les autres; mais celle de Paris & les autres qui luy sont conformes, n'ordonnent l'égalité qu'entre les enfans qui viennent à la
12 succession de leur pere ou de leur mere; & dautant qu'elles permettent aux enfans de conserver les avantages qui leur sont faits
en renonçant aux successions, il est facile aux peres & meres de
faire des avantages à quelques-uns de leurs enfans, & de causer
une inégalité tres-grande entr'eux, reduisant les autres à leur
legitime.

13 Il est d'un usage incontestable par toute la France, que les
enfans exheredez ne peuvent point demander leur legitime, par
la raison que la legitime ne se peut demander que par ceux qui
sont heritiers; mais on demande si ceux qui sont exheredez peuvent demander des alimens? Voyez *infrà* sur la Novelle 118.

PARAPHRASE
DE JULIEN.
CONSTITUTIO LXXXV.

CCCXXXIV. De immodicis & inofficiosis donationibus.

*SI pater filios habuerit duos pluresve, & uni ex his donare
suas res voluerit: non liceat ei ultra bessem substantiæ suæ donare, vel ultra dimidiam secundùm numerum liberorum, ut &
cæteri liberi modis omnibus legitimam portionem, idest, falcidiam accipiant, quam haberent si tertiam partem vel dimidiam
eo tempore acciperent antequam donatio facta sit. Scilicet nisi ingrati fuerint. Nam si probatæ sunt ingratitudinis causæ, legibus pristinis subjiciantur.*

TITRE

TITRE V.

Des *Appellations.*

NOVELLE XCIII.

CEtte nouvelle Conftitution confifte dans une Preface & un Chapitre, dans la Preface l'Empereur dit qu'un certain Avocat luy avoit donné occafion de faire cette Ordonnance ; en ce que par la Loy derniere §. 4. C. *de tempor. appellat.* les appellans qui demeurent deux ans fans pourfuivre leur appel, ou qui ne le font pas juger, font deboutez de leur appel, & la Sentence paffe en force de chofe jugée, & doit eftre mife à execution nonobftant l'appel. Un certain nommé Hefichius avoit efté condamné par le jugement d'un Juge inferieur dont il avoit interjetté appel pardevant le Prefet du Pretoire d'Orient, Juge Souverain & fans appel ; & pendant l'appel, les parties avoient figné un compromis, & s'eftoient rapporté de leur differend à quelques Arbitres dont ils eftoient convenus, & avoient fait quelques procedures pardevant eux, & les avoient difcontinué en forte que les deux années s'eftoient paffées fans que le differend fût terminé par les Arbitres, ny l'appel jugé, & en confequence l'intimé pretendoit que la Sentence devoit fortir fon effet, ayant paffé en force de chofe jugée, faute par l'appellant d'avoir pourfuivy le jugement de fon appel.

Sur cette efpece l'Empereur decide dans le Chapitre de cette Novelle, que le laps du temps de deux ans ne confirme point la Sentence dont l'appel a efté interjetté, & ne la fait point paffer en force de chofe jugée, en forte que l'appellant peut pourfuivre fon appel pardevant le Juge d'appel, quelque temps qu'il fe foit paffé pendant que le differend eftoit pendant pardevant les Arbitres ; n'eftant pas jufte que l'intimé qui a luy-mefme confenti à terminer le procés par Arbitres, impute fur l'appellant le temps qui s'eft paffé depuis le compromis fait entr'eux ; *qui femel judices alios elegit, non eft juftum, ut taciturnitatem culpet ejus, qui proptereà læfus eft : quia iis, quæ gefta funt, de*

Tome II.   Hh

electione judicum credidit , & ideò non eſt executus , neque com-
plevit litem illic , eo quòd apud judices illos non ſit exercitum ne-
gotium ; mais au cas que les parties ayent retiré le pouvoir qu'-
ils avoient donné aux Arbitres , & que depuis il ſe ſoit paſſé deux
années , *appellatione non repetitâ* , ſans reprendre l'appel , en ce
cas l'appel eſt peri , ainſi qu'il eſt porté dans la fin de cette
Novelle.

De cette Novelle a eſté tirée l'Authentique *ſi tamen.* C. *de tem-*
porib. appellatio.

Authentique *Si tamen.* C. *de temporib. appellatio.*

Si tamen in medio cauſæ apud judicem appellationis , vel mo-
tæ vel non motæ aliqui eligantur arbitri ; & proptereà biennium
tranſeat intra quod oporteat appellationem finiri , & per quamli-
bet occaſionem ad judicem appellationis cauſa revertatur , non læ-
datur ex curſu temporis ſed exerceatur , & terminum legitimum
ſuſcipiat , etſi decies millies quàm biennii tempus tranſierit , niſi
biennium ceſſerit , poſtquam arbitrium fuerit deſertum.

Nous n'obſervons point en France la diſpoſition du Droit
Civil , qui preſcrit deux années pour faire juger les appellations des jugemens rendus par les Juges inferieurs , en ſorte
qu'elles ſe pourſuivent pendant quelque temps que ce ſoit , pourveu que la peremption d'inſtance ne ſoit point acquiſe : mais
conformément à cette Novelle nous obſervons qu'on ne peut
point oppoſer la peremption d'inſtance , à celuy qui n'a fait aucunes procedures pendant que le procés eſtoit à juger par l'arbitre , le procés eſtant en état de la part de l'appellant ; ce qui eſt
fort juſte en ce que l'on ne peut rien imputer en ce cas à la faute
& à la negligence de l'appellant.

PARAPHRASE
DE JULIEN.

CONSTITUTIO LXXXVI.

CCCXXXV. Si appellatione introducta compromissarium arbitrum litigatores elegerint.

SI quis appellaverit, & appellatione introductâ apud præfectum prætorio, vel apud quemvis alium judicem compromissarios arbitros elegerit cum adversario suo : non sit exclusus venire iterum ad appellatorium judicium, quamvis biennium fuerit transactum, quòd si postquam à compromissario recessum est, biennium transierit : priorem calculum firmum esse, & appellatorium judicium non exerceri ; cætera autem omnia jura, quæ de provocationibus posita sunt, in suo robore maneant.

TITRE VI.

Constitution par laquelle la mere peut gerer la tutelle de ses enfans, quoy qu'elle soit leur debitrice ou leur creanciere ; & n'est point obligée de prester serment qu'elle ne convolera point en secondes nopces.

Ut sine prohibitione matres debitrices & creditrices tutelam gerant mij

borum, neque jusjurandum præstent quòd non venient ad secunda vota,

Hh ij

NOVELLE XCIV.

SOMMAIRE.

CEtte nouvelle Constitution contient deux parties, la premiere est traitée & decidée dans la Preface & le Chapitre premier, & l'autre dans le deuxiéme & dernier Chapitre.

1 Dans la Preface l'Empereur dit avoir fait une Ordonnance touchant la tutelle & curatelle des enfans mineurs, qui est la Novelle *ut hi qui oblig. perhib. se hab. res min.* par laquelle il défend à ceux qui sont debiteurs ou creanciers de mineurs, d'accepter leur tutelle ou leur curatelle, *ne forsan in potestate rerum factus, agat aliquid circa minorem malignitatis;* & cette Novelle est confirmée par cette presente Constitution; mais parce que dit l'Empereur dans le Chapitre premier, la tutelle est accordée aux meres par les anciennes Loix, non pas du Digeste, mais 2 du Code, *l.* 2. & 3. C. *quan. mul. tut. offic. fun. pot.* & *Novel. de nupt.* §. *si verò, collat.* 4. & *sup. quib. mod. natur. effic. legit.* §. *penult.* & que les meres se trouvent generalement comprises comme tous les autres tuteurs dans la disposition de la Novelle *ut*

hi qui oblig. perhib. il veut & ordonne par cette Novelle 94. qu'-
les en foient exceptées.

L'intereft des mineurs a efté la caufe pour laquelle l'Empe- 3
reur a fait défenfes aux creanciers & aux debiteurs des mineurs
d'accepter leur tutelle ou curatelle, mais cette raifon ceffe en la
perfonne de la mere, & d'autres perfonnes comme font l'ayeul
paternel ou maternel felon les Docteurs, parce que *illam naturæ* 4
amor pius circa filios, fine fufpicione facit quam plurimùm, illis
(extraneis fcilicet) *nullam habentibus ad filios favoris necefi-*
tatem, recté non eft matribus derogandum, dit l'Empereur, c'eft
pourquoy il ordonne qu'il leur fera permis d'accepter la tutelle de leurs enfans fuivant & conformément aux fufdites Conftitutions, fans craindre à l'avenir celle qui défend aux creanciers
& aux debiteurs de prendre la tutelle des mineurs dont ils font
creanciers ou debiteurs, ainfi qu'il s'obfervoit à leur égard, auparavant cette nouvelle Conftitution *ut qui oblig. perhib.* Ce
qu'il veut avoir lieu par quelque caufe & raifon que les meres
foient creancieres ou debitrices de leurs enfans, *five dotes, five*
fponfalitiæ largitates exigantur, five alia debita habeant, five
matres ad minores, five minores ad matres ex paternis forfan occa-
fionibus, aut etiam ex propriis, &c.

L'Empereur ordonne que cette Conftitution foit pareillement gardée à l'égard de la tutelle des enfans naturels.

De ce Chapitre a efté tirée l'Authentique *ad hæc.* C. *quando*
mul. tut. offic. fun. pot.

AUTHENTIQUE *Ad hæc.* C. *quando mul. tut. offic. fun.*
pot.

Ad hæc & fi debitum inter ipfam & filios quoquomodo ver- 5
titur, tutela materna non ideo minus admittitur, debito in fua
natura durante. Poteft etiam mater naturalium filiorum tute-
lam agere, omnia agens quæcumque in legitimis definita funt
filiis.

Cette Novelle eft obfervée dans les païs de droit écrit, où les 6
meres peuvent accepter les tutelles de leurs enfans, quoy qu'elles foient creancieres ou debitrices de leurs enfans ; c'eft le fentiment de Defpeiffes au titre des Tuteurs & Curateurs, Section 4.
nomb. 40. de Mafuer au mefme titre nomb. 30. de Ranchin *quæft.*

7   Dans la France Coûtumiere on ne fait pas de difficulté de donner la tutelle ou la curatelle des mineurs à ceux qui font leurs
creanciers ou leurs debiteurs ; par la raison que les tuteurs font
obligez de faire un inventaire en presence d'un legitime contra-
dicteur, qui est un subrogé tuteur ; ainsi on ne presume pas que
le tuteur ou le curateur puisse facilement détourner les pieces
& instrumens qui concernent sa dette ou sa creance envers les pupilles ou les mineurs.

8   L'Empereur dans le Chapitre deuxiéme, reforme la Loy 2.
au Code *quan. mul. tut. offic. fung. potest*, qui ordonne que si les
meres veulent avoir la tutelle de leurs enfans, elles doivent préter serment qu'elles ne convoleront point en d'autres nopces ;
& par cette nouvelle Constitution il ordonne que la tutelle soit
deferée à la mere selon disposition des Loix & des Ordonnances
en renonçant par elles au Senatusconsulte Velleïan, & à tout
autre secours, dont autrement elles pourroient se servir contre
leurs enfans ; & en renonçant en jugement aux secondes nopces,
mais à la charge que dés qu'elles auroient convolé en secondes
nopces, elles seroient dépoüillées de la tutelle, & seroient sujettes
aux mesmes peines que si elles avoient fait serment qu'elles ne
contracteroient point d'autre mariage, *semel in judicium menti-
ta, & præponens propriæ confessioni, & depositioni secundas
nuptias.*

L'Empereur ne declare point à quelle peine la mere est sujette
en se remariant lors qu'elle a la tutelle de ses enfans : Voyez *suprà*,
la Novelle *de nuptiis. §. fin autem.* 40.

Pour connoistre la raison du changement de la Jurisprudence
établie par les Empereurs Valentinian, Theodose & Arcade en
la Loy 2. C. *quando mul. tut. offic. fun. pot.* il faut observer que
ces Empereurs avoient obligé les meres qui vouloient parvenir
à la tutelle de leurs enfans, à prester serment qu'elles ne se rema-
riroient point, parce qu'ils croyoient que par la crainte d'un parjure, les meres qui auroient pris la tutelle de leurs enfans, n'auroient garde de convoler en secondes nôces pendant cette tutelle,
& qu'ainsi les enfans en recevroient l'avantage qu'ils pretendoient
leur procurer, en empeschant par ce moyen les secondes nopces
de leur mere, lesquelles sont toûjours tres-préjudiciables aux
enfans, & principalement à ceux qui sont encore en tutelle.

9   L'avantage que ce serment sembloit procurer aux enfans ne

donnoit pas lieu de croire, qu'il pût eftre abrogé; cependant l'Empereur Juftinien en décharge les meres qui prennent la tutelle de leurs enfans; par un motif de pieté & de Religion, car ayant obfervé que les meres ont prefque auffi fouvent méprifé la crainte & le refpeét du ferment qu'elles avoient prefté, en contraétant des fecondes nopces, & tombé dans le parjure, qu'elles ont prefté ce ferment, il a crû que luy-mefme qui fouffroit ces parjures fi frequens, en eftoit la caufe en ne les empefchant pas; car quoy qu'il s'en trouve quelques-unes qui ne fe remarient point, neantmoins on ne doit point donner occafion de parjure & d'impieté aux autres; & puis que les Loix ne fcnt établies que pour ce qui arrive le plus ordinairement, & non pour les chofes qui arrivent rarement, *l. nam ad ea. ff. de leg. & Senatufc.* c'eft pourquoy il a crû qu'il n'eftoit pas à propos d'expofer au parjure prefque toutes les meres qui prennent la tutelle de leurs enfans. *Quia verò multam habemus formidinem, ne facilè jusjurandum per magnum Deum detur, & hoc prævaricetur; proptereà credimus oportere & hanc emendare legem, quæ vult matres dum fuorum filiorum curam gefturæ funt, jusjurandum jurare, quòd ad fecundas nuptias non venient; & toties fcimus prævaricatam legem, & jusjurandum perjurum datum, quoties penè datum eft; ut peccatum apertiffimum effet, quia hoc intulimus jusjurandum ad prævaricandum. Non enim eo quòd aliquæ fervaverunt jusjurandum, proptereà oportet & eas quæ exhonorant eum, habere occafionem impietatis in Deum: nam quod rarò fit, ficut etiam vetus fapientia docet, non obfervant Legiflatores, fed quod fit plerumque, & refpiciunt & medentur.*

De ce Chapitre a efté tirée l'Authentique *Sacramentum. C. quan. mul. tut. offic. fun. pot.*

A U T H E N T I Q U E *Sacramentum. C. quan. mul. tut. offic. fun. pot.*

Sacramentum quidem non exigitur, fed contraétis fecundis nu- 10 *ptiis expelli eam à tutela convenit, falvâ minoribus omni aliâ, prout juris eft, cautelâ.*

La tutelle eft déferée aux meres prefque par toute la France 11 fans renoncer aux fecondes nopces, dautant que cette renonciation ne produit aucun effet; Imbert dans fon Enchiridion *in verbo*, tutelle, *Boër. Decif.* 124. *num.* 13. Ranchin *ad cap.*Ray-nutius *in verbo, qui cum alia. num.* 98. Bugnion en ses Loix abro-gées *lib.* 1. *cap.* 104. *Boër. loco citato*, remarque un Arrest du Par-lement de Bordeaux du 27. Juillet 1522. qui l'a jugé ainsi, Papon en ses Arrests, livre 15. titre des Tuteurs, article 3.

PARAPHRASE
DE JULIEN.

CONSTITUTIO LXXXVII.

CCCXXXVI. Si mater filiorum suorum tutelam gubernare maluerit.

SI mater marito (suo) defuncto filiorum suorum tutelam gu-bernare maluerit : renunciet secundis nuptiis in judicio sine ju-rejurando, res autem suas impuberi filio suo obliget : atque ita tu-tela ei committatur sive creditrix sit filii sui, sive debitrix. Idem & in filiabus dicimus. Hæc autem observare procuret tam Præ-fectus urbis, quàm Prætor : & in Provinciis Præsidis : & dili-genter inventaria conscribantur, & scribâ præsente & aliis pu-blicis personis secundùm consuetudinem : & satisdationes idoneæ exigantur, ut res salva pupillis fiat.

La Novelle 95. *de administratoribus*, est inutile en France.

TITRE

TITRE VIII.

Des Huiſſiers, des demandeurs originaires, & de ceux qui ſont incidemment demandeurs.

De exe-
cutori-
bus,& de
iis qui
conve-
niuntur,
& recon-
veniun-
tur,

NOVELLE XCVI.

SOMMAIRE.

CEtte Novelle contient deux parties : La premiere eſt traitée dans la Preface & le premier Chapitre ; & l'autre dans le Chapitre deuxiéme.

Dans la premiere partie, qui eſt inutile en France, il eſt or-donné qu'on ne peut point aſſigner perſonne pardevant le Iuge

1 du domicile du défendeur, qu'on ne donne caution au défendeur & à l'Huiſſier, de tous dépens, dommages & intereſts envers eux, au cas que la cauſe ne ſoit conteſtée dans deux mois;
parce qu'auparavant il arrivoit ſouvent que l'action eſtant intentée, eſtoit delaiſſée & non pourſuivie par le demandeur, ce qui
cauſoit ſouvent des dommages au deffendeur, en ce qu'auparavant la conteſtation en cauſe, le demandeur & le défendeur
eſtoient obligez de conſigner l'argent pour le jugement du procez, entre les mains des Huiſſiers qui donnoient les aſſignations,
& partant la conſignation eſtant faite, & le demandeur delaiſſant
l'action commencée, la ſomme conſignée par le défendeur
eſtoit perduë, & le demandeur & l'Huiſſier la partageoient entr'eux, comme il eſt obſervé dans la Preface de cette Novelle.

L'Empereur dans le deuxiéme Chapitre dit, qu'il s'eſt preſenté une conteſtation pardevant luy, qui merite d'eſtré decidée
par une Loy generale: Un particulier avoit fait aſſigner pardevant un Iuge ordinaire, celuy qui luy devoit quelque ſomme
d'argent; le demandeur ſe trouvoit reciproquement redevable
envers le défendeur de quelque autre ſomme, & pour cét effet
le défendeur le fait aſſigner pardevant un autre Iuge, en ſorte
que l'un & l'autre eſtoient demandeurs & défendeurs, & par ce
moyen leur conteſtation ne pouvoit point finir; parce que *cum
voluiſſet aliquis propriam movere litem, repentè is, qui ex diverſo convenerat apud alium judicem trahebat eum, apud quem ipſe
ſortitus fuerat judicem; & alterutros pertrahentes, immortali-
ter permanſerunt litigantes.*

C'eſt pourquoy l'Empereur ordonne, que le Iuge pardevant
2 lequel le défendeur ſera aſſigné, ſera Iuge auſſi de la reconvention, quoy qu'il ne fût pas le Iuge du domicile du demandeur; & au cas que le défendeur ne veüille pas l'avoir pour Iuge
de la reconvention, il peut dans vingt jours accordez pour la
conteſtation en cauſe, le recuſer, & en demander un autre qui
connoiſſe de l'un & de l'autre differend: & s'il a laiſſé paſſer
ce delay de vingt jours ſans recuſer ce Iuge, & que neanmoins
il veüille pourſuivre ſon action pardevant le Iuge du domicile du demandeur, ou pardevant le Iuge ordinaire qui en
doit connoiſtre, il eſt obligé d'attendre que la demande du
demandeur ſoit entierement terminée par un jugement: Aprés
quoy, & non auparavant, il pourra reprendre & pourſuivre
la ſienne.

De ce Chapitre a efté tirée l'Authentique-*Et confequenter.*
C. *de fententiis & interlocut.*

AUTHENTIQUE *Et confequenter.* C. *de fententiis &*
interlocut.   3

Et confequenter ego ab aliquo conventus , fi viciffim ipfum pul-
fare velim , ftatim quidem non licet nifi apud eundem judicem.
Qui fi difpliceat intra viginti dies recufari poteft , aliufque me-
reri , apud quem curfus utrumque negotium ventiletur. Alioqui
lite contra me motâ prius ventilatâ & terminatâ , tunc demum
& ego admittar.

Pour mieux entendre ce qui concerne cette deuxiéme partie,
il faut obferver que par le droit ancien la reconvention avoit
lieu, quand l'action du défendeur eftoit la défenfe contre l'action
premierement intentée , & qu'elle fe pourfuivoit pardevant un
Juge qui eftoit le Juge ordinaire du demandeur & du défendeur.
L'Empereur Juftinian en la Loy 14. C. *de fentent. & interlocut.*
declare avoir augmenté le droit de la reconvention; par la raifon
que par le droit ancien la reconvention avoit lieu pardevant un
mefme Juge, qui eftoit le Juge ordinaire des parties , quoy qu'il
fût Iuge incompetant pour l'action du défendeur , à raifon de la
quantité de la fomme demandée par le défendeur ; parce que la
reconvention le rendoit Iuge d'un differend , dont autrement il
n'auroit pû connoiftre.

Mais lors que le Iuge de l'action du demandeur eftoit incompetant pour connoiftre de l'action intentée par le deffendeur
contre le demandeur, *ratione perfonæ* , c'eft à dire , parce qu'il
n'eftoit pas fon Iuge ordinaire , il ne pouvoit point en connoiftre
par le moyen de la reconvention , par le droit ancien , *l.* 11. *ff.*
de Jurifdict. mais l'Empereur par cette Loy 14. l'a rendu competant pour cét effet , *hoc enim bono publico refpondet & æquum*
eft , ut cujus in agendo actor obfervat arbitrium , eum habere &
contra fe judicem in eodem negotio non dedignetur , d. l. 14.
L'Empereur dans ce Chapitre ordonne , que fans avoir égard à
l'incompetance , tant de la matiere , que de la perfonne , le Iuge
de la demande du demandeur foit auffi Iuge de la reconvention,
fi ce n'eft au cas que le défendeur le recufe , fuivant ce qui a
efté dit cy-deffus.

5   La reconvention a lieu, quoy que le demandeur foit privilegié, *l. 2. §. 5. ff. de judic.* Ainfi le Clerc qui a affigné un Laïc
pardevant le Iuge feculier, peut eftre pourfuivy en reconvention
pardevant le mefme Iuge, quoy qu'il foit privilegié, *cap.* 10.
6 *extrà, de judic.* & qu'en matiere perfonnelle il ne foit point obligé de répondre pardevant un autre Iuge que pardevant le Iuge
Ecclefiaftique, *cap. 12. extrà de foro compet.* par la raifon que le
Iuge feculier en ce cas eft devenu competant pour connoiftre de
l'action perfonnelle intentée contre l'Ecclefiaftique, en vertu de
la difpofition de la Loy, & non pas par celle de l'homme.

7   La reconvention n'a point lieu dans les actions poffeffoires,
parce qu'il ne peut point y avoir de compenfation : Or la reconvention n'eft permife pardevant le mefme Iuge, qu'afin que s'il
fe trouve que l'un & l'autre foient debiteurs & creanciers, la
compenfation de la moindre fomme foit faite avec la plus grande, jufqu'à concurrence ; ce qui ne peut avoir lieu ny au poffef-
foire, ny au petitoire intenté pour chofes differentes.

8   Elle n'a pas lieu auffi en matiere criminelle, à moins que le
crime ne foit pourfuivy civilement pour les dommages & interefts, auquel cas il peut y avoir reconvention, à l'effet d'admettre compenfation des dommages & interefts, fuivant le fentiment des Docteurs.

9   En caufe d'appel on ne reçoit point auffi la reconvention,
par la raifon que la reconvention *eft mutua actio :* Or l'appel
n'eft pas mis au nombre des actions, *l. 178. §. 2. ff. de V. S.*
l. 25. & 37. ff. de O. & A. puis qu'elle eft jugée ; & l'appellant ne fe plaint que de l'injuftice de la Sentence, *l. 11. ff. de*
appell.

10   La reconvention doit eftre intentée auparavant conteftation
en caufe, fuivant cette Conftitution de l'Empereur, & aprés elle
n'eft plus admife.

11   La Glofe remarque fort bien, que Julien dans fa Paraphrafe
s'eft trompé, lors qu'il parle d'accufation, veu que cette Conftitution ne parle point de crime, mais feulement de la reconvention, laquelle n'a lieu qu'en action civile ; ces termes de ce Chapitre *libelli datio,* & le delay de vingt jours ; ne peuvent avoir
leur application qu'à l'action civile, & non à l'action criminelle ;
c'eft pourquoy Irnerius a fort bien commencé l'Authentique
& confequenter, en ces termes, *Ego ab aliquo conventus, fi vi-*
ciffim ipfum pulfare velim.

Voicy quelle eſt noſtre Juriſprudence touchant la reconven- 12
tion ; l'article 106. de la Couſtume de Paris porte : *Reconvention*
en Cour laye n'a lieu , ſi elle ne dépend de l'action , & que la de-
mande en reconvention ſoit la deffenſe contre l'action premierement
intentée ; & en ce cas le deffendeur par le moyen de ſes deffenſes ſe
peut conſtituer demandeur.

De cét article il s'enſuit premierement , que la reconvention a
lieu en Cour Eccleſiaſtique , en ſorte que ſi un Clerc fait aſſigner
un Clerc d'un autre Dioceſe pardevant l'Official du deffendeur,
le deffendeur peut uſer de reconvention contre le demandeur ;
quoy que cét Official ne ſoit pas le Juge Eccleſiaſtique du de- 13
mandeur : ce qui eſt fondé ſur la diſpoſition du Droit Canonique , & qui n'a pas lieu ſeulement par le droit pardevant les
Juges ordinaires Eccleſiaſtiques , mais auſſi pardevant les Juges
deleguez , *cap.* 1. *ext. de mut. petitio.*

Quoy que la reconvention ait lieu en Cour & Juriſdiction Ec- 14
cleſiaſtique , neantmoins elle ne ſe peut point étendre à toutes
eſpeces de demandes que le deffendeur pourroit faire contre le
demandeur ; car elle n'auroit pas lieu au cas que le Juge d'Egliſe
ne fût pas Juge competant pour en connoiſtre. Il en faut dire
de meſme à l'égard des perſonnes , & partant ſi j'ay fait aſſigner
un Eccleſiaſtique pardevant le Juge d'Egliſe , & qu'il uſe de reconvention contre moy , & que ce Juge l'ordonne , je peux en
appeller comme d'abus , parce que le Juge d'Egliſe n'eſt pas Juge
competant pour connoiſtre des actions intentées contre les Seculiers ; c'eſt l'eſpece d'un Arreſt donné en l'Audiance , le ſixiéme
Février 1562. cité par Charondas ſur l'article 106. de la Coûtume de Paris ; par lequel il dit , que la Cour jugea avoir eſté
mal & abuſivement ordonné par l'Official de Soiſſons , qui avoit
condamné l'appellant à proceder pardevant luy , & deffendre ſur
la reconvention d'un Preſtre intimé dans l'eſpece ſuivante : l'appellant l'avoit fait aſſigner pardevant le Juge d'Egliſe , pour
eſtre payé de certaine ſomme qu'il luy avoit preſtée ; le deffendeur dit , que le demandeur avoit tenu ſes terres à ferme pour
certain prix , dont il luy eſtoit redevable de plus grande ſomme que celle qui luy eſtoit demandée , & par le moyen deſdites
deffenſes il ſe conſtituoit demandeur ; le demandeur ſoûtint, qu'il
n'eſtoit pas tenu de répondre ſur cette demande , & le Juge d'E-
gliſe ayant ordonné qu'il procederoit ſur icelle , il en avoit interjetté appel.

15 En second lieu, la reconvention par cét article de noſtre Coûtume n'a lieu dans la Juriſdiction ſeculiere, que quand elle dépend de l'action premierement intentée, & qu'elle eſt formée pour ſervir de deffenſes à cette action; autrement & ſi la reconvention eſtoit une action differente, & qui ne fût point dépendante de la premiere, elle ne ſeroit point receuë: Comme ſi Titius me fait aſſigner pour me voir condamner à luy payer une ſomme en vertu de ma promeſſe, & qu'il ſoit convenu avec moy de me payer des dommages & intereſts faits par luy de ne pas faire quelque choſe à mon profit dans un certain temps, m'ayant fait aſſigner pardevant le Juge de mon domicile, il ne peut pas uſer de reconvention pardevant le meſme Juge pour ſe voir condamner à mes dommages & intereſts, au cas que ce ne ſoit pas auſſi ſon Juge; par la raiſon que l'action que je peux intenter contre luy, ne dépend pas de celle qu'il a déja intentée contre moy, & elle ne peut pas ſervir de deffenſes contre icelle. Mais ſuppoſé que le proprietaire pourſuive ſon locataire pour le payement des loyers par luy deûs, le locataire peut aſſigner le proprietaire en reconvention pour luy payer les reparations neceſſaires qu'il auroit faites en la maiſon; par la raiſon que ces reparations ſont les deffenſes dépendantes de l'action du proprietaire, lequel n'a droit de l'intenter pour le payement de ſes loyers, qu'en conſequence du loüage qu'il a fait de ſa maiſon au locataire; & c'eſt ce loüage qui a auſſi donné lieu aux reparations faites par le locataire, auſquelles le proprietaire eſtoit obligé; ainſi cette reconvention eſt juſte & bien fondée: C'eſt ce qui eſt fort bien expliqué par Maiſtre Charles du Moulin en ſa Note ſur cét article, en ces termes: *Reconvention* ou plûtoſt *non eſt reconventio, ſed exceptio, vel petitio ex natura actionis & inſtantiæ, & ab eadem inſtantia oritur, nec debet ejus continentia dividi.*

La raiſon pour laquelle la reconvention n'eſt point admiſe par cét article en Cour ſeculiere au cas propoſé, eſt que par ce moyen on préjudicieroit aux Juriſdictions des Juges ſeculiers, leſquelles ſont hereditaires & patrimoniales, pardevant leſquelles les actions ſe doivent intenter directement & non obliquement, par le moyen de la reconvention: mais parce que cette raiſon ceſſe à l'égard des Juriſdictions Eccleſiaſtiques, c'eſt pourquoy la reconvention y eſt receuë.

16 Quoy que pluſieurs Couſtumes ſoient en ce point conformes à celle de Paris, neanmoins la reconvention s'eſt introduite dans

es Jurifdictions feculieres, les Juges renvoyant le moins qu'ils peuvent les affaires qui fe prefentent pardevant eux ; car eftans Juges competans pour connoiftre de la demande principale, il emble jufte qu'ils puiffent auffi connoiftre de la demande incidente formée par le défendeur contre le demandeur, eftant de l'intereft public que plufieurs caufes foient terminées par un mefme jugement. Et c'eft à prefent l'ufage, pourveu que le Juge foit competant pour raifon de la matiere : Car par exemple, fi je fuis pourfuivy pardevant les Eleus par le Fermier du Domaine, pour certains droits qu'il pretend que je luy dois, & que je pretende qu'il me doit quelque fomme pour raifon d'un Bail à ferme qu'il avoit tenu de moy, il eft fans doute que je ne peux pas ufer de reconvention, parce que les Eleus ne peuvent point prendre connoiffance de ce Bail, elle appartient au Juge ordinaire.

J'ay veu ordonner la reconvention au Chaftelet de Roüen, quoy que le demandeur fût domicilié à Paris.

La reconvention n'a point lieu pardevant les Arbitres, parce que leur pouvoir eft borné & limité aux differends mentionnez dans les compromis dans lefquels ils font nommez, & il y auroit nullité du jugement pour le tout, s'ils avoient jugé de la reconvention, quoy qu'elle fût dépendante de l'action premierement intentée, *l. 21. §. fin. ff. de recept. arbitr. cap. cùm dilectis. 6. ubi glof. ext. eod. tit.* 17

Les Couftumes de Tholoze au titre *de reconventionibus*, portent : *Noverint &c. quòd Confuetudo eft Tholozæ, quòd fi reconventio proponatur poft litem conteftatam aliqua de confuetudine Tholozæ, non debet admitti, nifi ille qui reconventionem intendit, de reconventione fuerit proteftatus, vel eandem reconventionem incontinenti in ipfa litis conteftatione proponat.* 18

Item ufus & confuetudo eft Tholozæ, quòd cùm aliquis in Curia Confulum ex obligatione propria, vel ex jure fibi ceffo, agit in judicio contra aliquem cum publico inftrumento petens ab ipfo aliquam pecuniæ fummam feu quantitatem, & conftat vel per confeffionem, vel per probationem illa inftrumenta effe publica & vera fine exceptione idonea à reo propofita, aut probata, Confules præcipiunt reo, ut illud pecuniam actori perfolvat termino ab ipfis Confulibus conftituto. Quo lapfo illam fententiam feu præceptum exequuntur poft modum iidem Confules & diftingunt ; nifi effet à præcepto hujus rationabiliter appellatum, non obftante reconven-

tione ipfius rei propofita vel proponenda fine publicis inftrumentis de redubia & incerta, præftitâ tamen ab acto re coram Confulibus fidejufforiâ cautione ufque ad quantitatem quam petit : Idem actor de parendo juri adverfario fuper reconventione eorumdem Confulum.

PARAPHRASE
DE JULIEN.

CONSTITUTIO LXXXIX.

CCCXXXVIII. De in jus vocando.

NON *aliter ejus actori refpondeat libellum accufationis mittenti , nifi prius ille caverit reo atque litis executori , quòd intra duos menfes conteftationem litis apud judicem facturus fit; alioquin damnum in duplum fe reo reftituturum : cautio autem triginta fex folidorum quantitatem non excedat.*

CCCXXXIX. Idem.

Si quis ab aliquo fuerit accufatus , & voluerit ipfum actorem fuum accufare , apud eundem judicem hoc faciat. Nam apud alium judicem trahere eum non poteft. Quòd fi judex ei difpliceat , licebit ei recufare eum ante litis conteftationem in viginti dierum relaxamento : poft litis enim conteftationem recufare eum judicem non poteft , nec actorem in aliud judicium trahere.

TITRE

❧❧❧❧❧❧❧❧❧❧❧❧❧*❧❧❧❧❧❧❧❧❧❧❧❧

TITRE IX.

De l'égalité de la dot & de la donation à cause de nop-
ces & de l'augment de dot , & de la donation faite
à cause de nopces : du privilege de la dot, d'estre pre-
ferée à tous autres privileges, excepté le privilege des
creanciers sur la Charge : de la reversion de la dot au
pere de la fille, & de la constitution de la mesme dot
au second mary ; & du rapport de la dot, le mary
estant decedé insolvable pour la restitution d'icelle.

De æqua-
litate do-
tis &
propter
nuptias
donatio-
nis ; de
augmen-
to dotis
& ante
nuptias
donatio-
nis; & de
privile-
gio dotis,
quod a-
liis præ-
ponitur
privile-
giis ; & rursus

glis ; & ut excipiantur hoc privilegio creditores in emptione militiæ : & de dote remeante ad patrem ;
data pro eodem filia secundo viro , & de dotis collatione, inope marito moriente.

NOVELLE XCVII.

CHAPITRES I. & II.

SOMMAIRE.

CEtte Novelle confiste dans une Preface & six Chapitres, dans lesquels tous les Chefs mentionnez dans ce titre sont decidez : dans la Preface & dans le Chapitre premier , il est traité de l'égalité de la dot & de la donation à cause de nopces : & premierement dans la Preface l'Empereur dit que par une ancienne Loy, qui est la Loy *ex morte* 9. C. *de pact. convent. tam super dote*, qui est des Empereurs Leon & Anthe-

2 mius, les conventions touchant la dot & la donation à cause de nopces ont esté égalées, afin que les conjoints par mariage ne fussent pas plus avantagez l'un que l'autre d'une portion plus forte de la dot ou de la donation à cause de nopces , voulant que si le mary est avantagé d'un quart ou de la moitié de la dot, en cas qu'il survive sa femme , la femme soit avantagée de pareille portion de la donation à cause de nopces en cas qu'elle survive son mary ; cependant les avantages n'estoient pas toûjours égaux, quoy que le mary & la femme ne pussent prendre qu'une pareille portion dans la dot ou dans la donation à cause de nopces ; car la constitution de l'une & de l'autre pouvant estre inégale, l'avantage estoit aussi inégal ; la femme pouvoit par exemple constituer en dot douze mille livres, & le mary faire une donation à cause de nopces de huit mille livres, auquel cas si la convention estoit par le survivant de prendre la moitié, le mary auroit six mille livres en cas de survie, & la femme n'en auroit que quatre, ainsi l'avantage ne seroit pas égal.

3 Dans le Chapitre premier , l'Empereur en reformant cette disposition, ordonne que l'égalité de la dot & de la donation *propter nuptias* sera gardée, tant à l'égard de la constitution, que du gain de la dot & de la donation à cause de nopces : A l'égard de la Constitution de la dot & de la donation à cause de nopces, il ordonne que pareille somme sera constituée pour donation à cause de nopces, que celle donnée en dot, & non plus ou moins grande ; & partant si la dot consiste en deux mille livres, la donation à cause de nopces sera pareillement de deux mille livres : & s'il n'y a point de dot, il n'y a point aussi de donation à cause de nopces.

La raison est , que quoy que le gain soit stipulé pareil pour le survivant des conjoints , neanmoins en effet il y aura de l'inégalité, si la constitution de l'une ou de l'autre estoit plus ou moins grande, *æqualitas in verbis solis & literis puris, sed non in rebus ipſis quæretur*, comme il eſt dit dans la Preface *in fine ;* & dans ce Chapitre, *non aliter juſtitiæ & æquitatis ſervabitur ratio, ſi negotiativè alterutros circumveniant, & videantur quidem æquas facere ſtipulationes, pro vero autem inæqualis maneat effectus, non priùs quantitate datorum eâdem conſiſtente.*

Ce n'eſt pas que l'Empereur ait voulu par cette nouvelle Conſtitution empeſcher les futurs conjoints de ſe faire tels avantages qu'ils veulent par Contrat de mariage, par d'autres manieres legitimes, ſçavoir par donation , mais il n'a pas voulu, qu'en eſtabliſſant l'égalité des avantages entre les futurs conjoints, cette égalité ſervît à cauſer de l'inégalité entr'eux.

De ce Chapitre a eſté tirée l'Authentique *æqualitas.* C. *de paſtis convent.*

AUTHENTIQUE *Æqualitas.* C. *de paſtis convent.*

Æqualitas omnino ſervanda eſt in dote & in donatione antenuptiali ; non tantum in lucris exinde proventuris , ſed etiam in præſtatione & conſtitutione utriuſque. Augmentum quoque vel prorſus non fiat, vel ab utraque parte celebretur, pari ſcilicet quantitate ; ne vel eo modo ſubvertatur æqualitas.

Dans le Chapitre deuxiéme, qui traite de l'augment de dot & de la donation à cauſe de nopces : l'Empereur dit que luy & d'autres Empereurs ſes predeceſſeurs ont fait pluſieurs Conſtitutions touchant l'augment de dot, qu'il trouve à propos de reformer ; qu'il a donné un privilege à la dot, d'eſtre preferée à tous autres dettes & hypotheques, quoy qu'anterieures, *l. fin.* C. *qui potior. in pign.* & qu'il a permis aux conjoints par mariage, d'augmenter la dot & la donation à cauſe de nopces : & par cette nouvelle Conſtitution il ordonne:

Premierement, qu'il ſera permis à l'avenir aux conjoints par mariage d'augmenter la dot ou la donation à cauſe de nopces, mais également en ſorte que l'un ne faſſe pas l'augment ſans que l'autre le faſſe auſſi, comme il eſtoit permis autrefois par la Loy *ſi conſtante.* C. *de donatio. ante. nupt.* qui eſt de l'Empereur Juſtin, & que l'égalité ſoit conſervée pour la quantité de la dot & de la donation à cauſe de nopces, ſuivant la Conſtitution de l'Empereur Juſtin *in d. l. ſi conſtante.*

En ſecond lieu, afin que l'augment ſoit veritable, réel & effe-

&tif, & que par un augment de dot suppofé, les creanciers du mary ne foient point fraudez, la femme ufant du privilege qui luy eft accordé pour la dot, l'Empereur ordonne que fi le mary & la femme ont des immeubles, l'augment de la dot & de la donation fe faffe en immeubles, afin qu'on puiffe juftifier & fans fraude, ce qui a efté conftitué en dot ou pour donation à caufe de nopces par le contrat de mariage, & en quoy confifte l'augment de la dot & de la donation à caufes de nopces.

Que la femme doit faire fon augment de dot en immeubles, pour avoir un privilege & une preference à tous autres creanciers, pour repeter fon augment de dot, qui ne puiffe point luy eftre contefté; mais qu'à l'égard du mary il peut conftituer fon augment de donation à caufe de nopces en effets mobiliaires, comme en argent comptant ou autres chofes équivalentes; parce que par ce moyen il n'y a aucune lezion ou fraude à craindre pour les creanciers du mary, dautant que la femme furvivant n'a point de privilege fur les heritiers du mary anterieurs à la donation à caufe de nopces, lors qu'elle n'agit que pour l'exaction d'icelle, § *quia enim. Novel. de privil. dot. hæret. mul. non præf.*

Que fi la femme a des immeubles, & qu'elle conftitue en meubles fon augment de dot, elle n'a aucun privilege fur les creanciers du mary pour la repetition d'iceluy, mais feulement pour la repetition de la dot conftituée par le contrat de mariage; par la raifon que l'Empereur en rend, *quod ab initio factum eft, in toto fine fuspicione eft; quod autem poftea machinatum eft contra creditorem, hoc ipfo introducit meditationem; & lædi homines ex dato à nobis dotibus privilegio, nullo volumus modo.*

Que fi le mary n'a aucuns creanciers, la femme peut conftituer fon augment de dot en argent comptant, pourveu que l'egalité foit confervée pour l'augment de dot & de la donation à caufe de nopces; car en ce cas n'y ayant pas lieu de craindre la fraude des creanciers, il n'y a pas auffi de caufe pour empefcher que l'augment de la dot foit conftitué en argent comptant.

De ce Chapitre a efté tirée l'Authentique *fed jam neceffe. C. de donatio. ante nuptias.*

AUTHENTIQUE *Sed jam neceſſe.* C. *de donatio.* ante *nuptias.*

Sed jam neceſſe eſt , ſi alia pars augmentum præſtat , alteram quoque partem incrementum ; & ſiquidem in alieno ære impediatur , in rebus quibuſlibet præcedat augmentum. At ſi debitor ſit , ne fraudis erga creditores ſuſpicio ſubeſſe poſſit , omnino res immobiles incremento dotis proficiant. Si enim mulier immobilis ſubſtantiæ domina res immobiles in augmentum dederit , in hac parte dotis nullo utetur adverſus alios creditores privilegio. 7

Le premier Chapitre de cette Novelle n'eſt d'aucun uſage 8 dans la France Coûtumiere, où le mary peut conſtituër à ſa femme tel doüaire qu'il luy plaiſt, ſans avoir égard à la quantité de la dot qu'elle luy a apportée , en ſorte que l'égalité ordonnée par l'Empereur entre la dot & la donation à cauſe de nopces , n'eſt point gardée entre la dot & le doüaire ; & meſme c'eſt le ſentiment des Docteurs , & l'uſage, que le doüaire eſt deû à la femme quoy qu'elle n'ait point payé à ſon mary la dot qui luy avoit eſté promiſe ; c'eſt l'avis de Bacquet au Traité des Droits de Juſtice Chapitre 15. nombre 64. parce que le doüaire Couſtumier eſt deu à la femme par la diſpoſition de la Coûtume ; & le doüaire prefix luy eſt accordé par le mary purement & ſimplement, & non ſous condition que la dot luy ſera payée ; & ſi la dot n'eſt pas payée , le mary n'a que l'action pour en avoir le payement contre ceux qui l'ont promiſe ; cet Auteur remarque un Arreſt du dernier Juin 1556. qui l'a jugé ainſi.

Ce meſme Auteur au nombre 65. dit que quand le doüaire eſt 9 prefix , pluſieurs eſtiment qu'il ne ſe peut demander , lors que la dot n'a pas eſté payée ; & que ſi elle l'a eſté en partie, le doüaire prefix ne doit eſtre payé qu'à proportion de ce qui a eſté payé de la dot , ſoit la moitié , le tiers ou le quart ou autre portion ; par la raiſon que le doüaire prefix ſe conſtituë ordinairement à proportion des deniers dotaux, ſçavoir à raiſon du tiers de la dot.

Et cet Auteur eſt d'avis, que quand la femme a promis la dot à ſon mary , ou qu'elle eſt ſeule & unique heritiere de celuy qui l'a promis , ſoit pere , mere , frere ou autre parent , ou eſtranger , le doüaire ne luy ſoit payé qu'à raiſon du payement de la dot; parce que, dit cet Autheur, la femme aprés la mort de son mary demandant son doüaire, l'heritier du mary luy demandera le payement de la dot qu'elle avoit promis ; & qu'en tout cas l'heritier pourra demander compensation du doüaire jusques à la concurrence de la somme qui sera deuë par la femme pour sa dot.

C'est la disposition de la Coustume de Blois en l'article 190. que le doüaire est deu, quoy que la femme n'ait rien porté en dot; *doüaire preferit est dû du jour du trépas dudit défunt , & doüaire Coustumier est dû du jour qu'il est requis & demandé , & non plûtost ; & est dû ledit doüaire , posé que la femme n'ait rien porté avec son mary ,* ainsi qu'il est porté par cet article.

Du Moulin en sa note sur cet article, est d'avis que si la femme a promis dot & qu'elle ne l'ait pas apportée, elle ne peut point pretendre doüaire, *nisi dotem promiserit ,* dit ce Docteur, *& fefellerit , Authent. sed quæ nihil. C. de pact. convent. Stephan. Bertrand. consil. 24. lib. 1. consil. 120. viso consultationis lib. 3. Guid. Pap. decis. Delphin. 274. secus judicatum est Senatusconsultis ; nec obstat Iustiniani Novella 91. quæ est de lucro donationis propter nuptias , non de dotalitio ; & decisio Guid. Pap. est de hypobolo seu augmento dotis ,* dit Ragueau ensuite de cette note. C'est aussi l'avis de Chopin sur le titre des Doüaires de la Coûtume de Paris nomb. 4.

Charondas en ses Réponses livre 2. réponse 63. dit qu'il a esté jugé contre la femme au cas du doüaire prefix par Arrest du 25. Janvier 1559. entre la veuve de Monsieur de la Motte Conseiller au Grand Conseil & ses enfans ; mais que le contraire a esté jugé pour la femme qui demandoit un doüaire Coustumier, par Arrest du 6. Février 1563. parce que la femme le peut avoir *etiam indotata* en vertu de la disposition de la Coustume.

Que neanmoins on peut dire le semblable du doüaire prefix, lequel n'est pas promis à la femme à cause de sa dot, mais à cause du mariage, & au lieu du doüaire Coustumier.

Ce mesme Auteur sur l'article 247. & les deux suivans, cite un autre Arrest pour la veuve d'un nommé Puissart du 19. Juin 1557. qui luy ajugea le doüaire prefix , sauf aux heritiers & aux creanciers de son défunt mary , qui estoient en cause, à se pourvoir contre les heritiers du pere de la veuve , à la succession duquel elle avoit renoncé , pour raison de ce qu'il avoit promis à sa fille en mariage.

Monſieur Auzanet en ſa note ſur l'article 247. de la meſme Couſtume, dit qu'encore que la femme ait promis dot, *& feſellerit*, neanmoins la fraude ne nuit point aux enfans, qui n'en ont point eſté participans; ny meſme à la femme, laquelle ſouvent eſt mariée par ſes parens, & trompée elle meſme la premiere, & que la dot & le doüaire n'ont rien de commun.

C'eſt à preſent le ſentiment commun du Palais, que quoy que la femme n'ait rien apporté en dot, ſoit qu'elle ait promis quelque ſomme ou non, ou autre pour elle, neanmoins elle prend ſon doüaire prefix ou Couſtumier, ſelon qu'il luy eſt permis par ſon contrat de mariage.

A l'égard du deuxiéme Chapitre, il eſt obſervé dans les païs de droit écrit, mais dans la France Couſtumiere il faut obſerver:

Premierement, que par la Couſtume de Paris, & par l'uſage 10 preſque general de la France Coûtumiere, la dot de la femme peut augmenter, veu que tout ce qui échet à la femme pendant le mariage, eſt reputé dotal, & partant augmente ſa dot, quoy que ce ſoient des ſommes de deniers, au cas que par le contrat il ſoit ſtipulé que ce qui écherra à la femme luy ſortira nature de propre; auquel cas la femme a la meſme hypotheque pour la repetition de ces deniers, que pour les ſommes qu'elle a apporté en mariage, & elle eſt preferée meſme au doüaire des enfans, quoy qu'il ait ſon hypoteque par la meſme cauſe & le meſme titre qui eſt le contrat de mariage, comme il a eſté jugé par Arreſt que j'ay remarqué dans mon Commentaire ſur l'article 237. de la Couſtume de Paris *gloſe* 1. *num.* 127.

A l'égard du doüaire, le prefix ne peut point eſtre augmenté 11 par le contrat de mariage, & meſme au cas qu'il ne fût pas ſi fort que le Couſtumier, le mary ne peut pas accorder le Couſtumier à ſa femme au lieu du prefix; parce que les clauſes des contrats de mariages, ne peuvent point eſtre changées à l'avantage ou au prejudice de l'un des conjoints ou de leurs heritiers, ou d'autres. Mais le doüaire Couſtumier reçoit augmentation pendant le mariage par la ſeule diſpoſition de la Couſtume & ſans le fait & la volonté des parties, ſçavoir lors que pendant le mariage il échet au mary des heritages qui ſont ſujets à ce doüaire, ſuivant l'article 248. de la Couſtume de Paris.

CHAPITRE III. & IV.

Du privilege de la dot, & des creanciers sur les Charges.

SOMMAIRE.

1 L'Empereur dans le Chapitre troisiéme dit, que quelquefois les creanciers posterieurs en hypoteques, sont preferez à ceux dont l'hypoteque est plus ancienne, en consequence des pri- vileges qui leur sont accordez ; tel qu'est le privilege de celuy qui a presté ses deniers pour bastir ou reparer un vaisseau ; ou pour bastir une maison, ou pour l'acquisition d'une maison, ou quelqu'autre chose ; ausquels cas ceux qui ont prêté leurs de- niers pour les causes susdites, sont preferez à tous autres creanciers quoy qu'anterieurs en hypotheque.

2 Que ces privileges ont donné lieu à une question, sçavoir si la femme qui a hypoteque pour la repetition de sa dot, peut pretendre la preference sur un creancier de son mary poste- rieur en hypoteque audit contrat de mariage, sous pretexte que la chose sur laquelle il demanderoit cette preference, auroit esté achetée de ses deniers ou reparée ; ou si au contraire la femme luy seroit preferée pour la repetition de sa dot.

3 Qu'il n'y a pas lieu de preferer la femme à ces creanciers, quoy que fondée sur les privileges susdits, par la raison que si les fem- mes

mes qui peuvent faire un gain honteux & deshonneste en se prostituant, preferent de vivre honnestement dans le mariage, & par ce moyen donnent & transportent leurs biens à leurs maris, sans en tirer aucun avantage lors que leurs maris vivent dans le desordre & sans conduite, il n'est pas juste qu'elles puissent recevoir du dommage dans leurs biens pour raison d'aucuns privileges accordez à d'autres creanciers : *Videbamus enim (quæ causæ absurditas est) quia aliquis quidem fornicantibus mulieribus ex proprio corpore advenit quæstus, & vivent ex hoc quæstu ; adversantibus autem, & quæ semetipsas atque substantiam ad virum introducunt, non solùm nullus sit quæstus à viris malè exigentibus, sed etiam minuantur, & spes eis nulla sit secundum hoc. Unde volumus ut si quis domum renovasset, aut etiam agrum emisset, non possit talia privilegia mulieribus opponere : infirmitatem namque muliebris naturæ satis novimus ; & quia facilè circumventiones fiunt adversus eas ; minui autem eis dotem nullo sinimus modo. Sufficit enim quòd à lucris cadunt, & si prior antenuptialis donatio inveniatur, & sufficiens quoddam extet eis ex hoc damnum ; non etiam eos volumus & circa ipsam dotem periculum sustinere.*

Dans le Chapitre quatriéme, l'Empereur ordonne que ceux qui avoient presté leurs deniers pour l'acquisition de quelques Charges, soient preferez sur ces Charges à tous autres creanciers, sous deux conditions neanmoins : La premiere, qu'il soit declaré que la Charge a esté achetée des deniers du creancier qui les a prestez pour cét effet : La deuxiéme, que le creancier ait stipulé une preference & hypoteque privilegiée à tous autres creanciers, auquel cas seulement ce creancier est preferé à la femme ; car en ce cas on n'admet point la preuve par témoins, & on n'ajoûte foy qu'au Contrat passé en presence de témoins & avec leurs signatures ou souscriptions. La raison est, que l'écriture privée ne peut point estre valablement opposée à un tiers, *l.* 5. *& seqq.* C. *de probatio.* autrement on pourroit facilement tromper les anciens creanciers par des antidattes qui se peuvent faire sous signature privée sans témoins.

De ces deux Chapitres a esté tirée l'Authentique *Quo jure,* C. *Qui potior. in pign. habent.*

Authentique *Quo jure.* C. *Qui potior. in pign. habent.*

5 *Quo jure utatur & adversus eos qui personali privilegio ut muniuntur, veluti quorum pecunia res emptæ sunt, sive refectæ, nisi qui novâ Constitutione sunt excepti, sicut qui emendæ militiæ causâ marito in scriptis mutuarunt.*

Cette Authentique a esté mise en suite de la Loy 11. C. *qui potior. in pign. hab.* dans laquelle il est decidé, que la femme est preferée lors qu'elle agit en repetition de dot, à tous les creanciers de son mary, quoy qu'ils soient fondez en hypoteque anterieure à celle de la femme ; & par cette Authentique l'Empereur confirme cette Constitution, voulant qu'elle soit mesme preferée aux creanciers qui ont presté leurs deniers pour l'acquisition ou la reparation de la chose dont il s'agit, excepté lors qu'il s'agit de l'acquisition d'une Charge, suivant ce qui est decidé par une Constitution nouvelle, qui est cette Novelle au Chapitre 4.

6 C'est une maxime generalement receuë en France, conformément à la disposition du Droit Romain, que les creanciers qui ont presté leurs deniers pour l'acquisition d'une chose, ou pour la reparation d'icelle, sont preferez à tous autres, quelque privilege & hypoteque qu'ils ayent, mesme à la femme agissant pour la repetition de sa dot ; en quoy nous ne suivons pas la disposition de cette Novelle, & de l'Authentique *quo jure* qui en est tirée : mais pour acquerir cette preference, il faut qu'il soit fait mention dans le Contrat d'acquisition & la quitance du vendeur, que la chose a esté achetée des deniers du creancier ; autrement quoy qu'il fût constant que le prix de l'acquisition eut esté payé des deniers du creancier, neanmoins si dans le Contrat de constitution ou dans l'obligation il n'estoit point porté que le prest avoit esté fait pour cét effet, & que dans la quitance du vendeur il n'estoit point porté que le prix auroit esté payé des deniers du creancier, en ce cas il ne seroit point preferé aux autres creanciers ; par la raison que le privilege ne vient pas à *re,* mais à *conventione* ; ce qui a esté jugé ainsi par plusieurs Arrests : Monsieur Loüet lettre H. chap. 21. en rapporte trois.

Le premier est de l'an 1592. donné au rapport de Monsieur Alluye, le Parlement seant à Tours, par lequel il a esté jugé, que pour avoir hypoteque fur un heritage acheté des deniers de celuy qui prefte les deniers, il faut ftipuler que l'heritage luy fera obligé & hypotequé.

Le deuxiéme eft du mois de Septembre 1605. donné au rapport de Monfieur le Preftre.

Et le troifiéme eft du 19. Juillet 1606. au rapport de Monfieur Courtin en la grand' Chambre, qui a jugé, que quoy qu'il parût que le fonds avoit efté acheté des deniers dotaux, par la proximité des dattes des contrats & quitances, neanmoins parce que le contrat ne faifoit aucune declaration que le fonds avoit efté acheté des deniers dotaux, il fut jugé que la femme n'avoit aucune preference aux creanciers anterieurs hypotequaires.

Pour acquerir une hypoteque privilegiée fur une Charge par le creancier, des deniers duquel elle a efté acquife, il faut obferver les mefmes formalitez, fçavoir que par le Contrat de conftitution ou la promeffe du debiteur, il foit declaré que la fomme luy a efté preftée pour employer au payement, &c. & que dans la quitance que le debiteur tirera du vendeur de l'Office, du prix par luy payé, que le prix payé procede des deniers de la conftitution d'un tel jour, à l'effet que l'Office foit & demeure par privilege fpecial obligé & hypotequé, tant au principal qu'arrerages de ladite rente, pour plus grande feureté, à l'acquereur de ladite rente.

CHAPITRE V.

Que la dot qui a efté donnée par un pere à fa fille, luy foit confervée au cas qu'elle paffe en fecondes nopces.

Ut eadẽ quantitas dotis in fecundis nuptiis filiæ à patre cõ .crvetur,

SOMMAIRE.

L'Empereur dans ce Chapitre dit avoir fait une Constitution, qui est la Loy au Code *de rei uxor. actio. §. accedit.* par laquelle la dot donnée par le pere à sa fille emancipée ou en sa puissance, retourne au pere avenant la dissolution du mariage, en sorte que pour la repeter il a l'action *ex stipulatu*, avec cette difference neanmoins, que si la fille est en sa puissance, il peut par cette action repeter la dot qu'il a donnée à sa fille, sans stipulation de retour, mais il ne la peut intenter que du consentement de sa fille & conjointement avec elle, parce que cette action est commune au pere & à la fille, *l. uni. §. extraneum. C. de rei uxor. actio. l. 34. §. gener. ff. sol. matrim.* Mais si la fille est emancipée, le pere ne peut repeter la dot qu'il a donnée à sa fille, qu'au cas qu'il en ait stipulé la reversion, autrement cette action appartient à la fille à l'exclusion du pere, *l. si cum dotem. 22. §. eo autem. & l. Titia. 34. ff. sol. matrim.* l'Empereur dit que cette Constitution a donné lieu à une question, sçavoir si la dot estant retournée au pere par le deceds de son gendre, le pere peut diminuer cette dot, au cas que sa fille passe en secondes nopces : Que cette question s'estoit presentée dans cette espece : Un pere avoit constitué en dot à sa fille trente livres d'or, le mariage estant dissous par la mort du gendre, & la dot par consequent estant retournée au pere, la fille voulant en suite convoler en secondes nopces, le pere ne luy vouloit plus donner en dot que quinze livres d'or, par la raison qu'elle avoit gagné quinze livres d'or par le moyen de la donation à cause de nopces qui luy avoit esté faite par son premier mary, en sorte qu'elle n'avoit pas moins en dot dans son second mariage, qu'elle avoit eu dans son premier ; sçavoir quinze livres d'or des biens de son pere, & pareille somme du gain qu'elle avoit fait de la donation à cause de nopces.

L'Empereur ordonne que la dot de la fille ne pourra estre

diminuée en aucune maniere par le pere, n'eſtant pas juſte que
la diſſolution du mariage de la fille puiſſe donner occaſion au
pere de diminuer les avantages qu'il a fait à ſa fille en faveur de
mariage, au cas qu'elle convole en d'autres nopces : *Non juſtum*
igitur exiſtimavimus hoc eſſe, &c. tanquam ſtuduerit pater læ-
dere filiam. Quid enim egiſſet, ſi non contigiſſet ſecundis eam
nuptiis copulari, &c. quod autem ex largitate paterna datum eſt,
manente integro. Ce qui eſt fondé ſur ce que la dot eſt le propre
patrimoine de la fille, quoy qu'elle ſoit en la puiſſance de ſon
pere, *l.* 3. §. *ergo. ff. de minor. l.* 4. *ff. de collatio. l. pater.* 14. *in*
princip. ff. ad leg. falcid. C. *viri.* §. 14. C. *de rei uxor. act.* &
c'eſt une alienation que le pere a faite d'une partie de ſes biens,
comme il eſt dit au commencement de ce Chapitre. Ainſi ſuivant la regle *id quod noſtrum eſt, non poteſt nobis invitis detrahi*
vel imminui, l. id quod. ff. de R. I. le pere ne peut pas diminuer
la dot de ſa fille.

L'Empereur excepte, au cas que les biens du pere ne ſoient
pas diminuez par quelque malheur ; auquel cas la dot de la fille
pour ſon ſecond mariage, n'eſt que de ce que le pere peut conſtituer en dot à ſa fille, eu égard aux facultez qui luy reſtent:
la raiſon eſt, que le pere n'eſt obligé que de conſtituer une dot
à ſa fille ſelon ſes facultez, *l.* 60. *l.* 69. §. *gener. ff. de jure dot.*
l. 43. *ff. de legat.* 3. Ainſi lors que les biens du pere ſont diminuez, il n'eſt pas tenu de luy conſtituer en dot pour un ſecond
mariage qu'autant qu'il peut, ſelon ſes facultez.

De ce Chapitre a eſté tirée l'Authentique *Sed quamvis.* C.
de rei uxor. actio.

AUTHENTIQUE *Sed quamvis.* C. *de rei uxor.* actio.

Sed quamvis dos poteſtatis ſive pactionis jure ad patrem re-
deat ; non tamen licet ei filiâ denuò nubente deminuere priorem
dotis menſuram, niſi fortè ſubſtantia ſua decreſcat aliquâ fortui-
tâ clade. Tunc enim amplius ſecundo marito in dotem præſtare non
cogitur, niſi quantum facultates ejus patiuntur.

Ces termes de cette Authentique *ſive poteſtatis, ſive pactio-*
nis jure, ſignifient que la dot retourne au pere au cas de la diſſolution du mariage de ſa fille, par deux moyens : Le premier eſt

la puiſſance paternelle au cas que la fille ſoit ſous la puiſſance paternelle, auquel cas le pere a l'action *ex ſtipulatu* ſans ſtipulation de retour ; mais ſi la fille eſt émancipée, le pere n'a point d'action pour repeter la dot , à moins qu'il n'ait ſtipulé la reverſion.

5 Au Parlement de Tholoze les enfans ne ſortent point de la puiſſance de leur pere par le mariage , comme il a eſté jugé par pluſieurs Arreſts de ce Parlement ; ainſi la diſtinction que nous avons remarquée cy-deſſus , de la dot conſtituée par le pere à ſa fille en puiſſance ou emancipée touchant l'action pour la repetition d'icelle , y eſt obſervée , & la diſpoſition de ce Chapitre y eſt en uſage, ainſi que nous apprenons de Monſieur Mai-
6 nard , *lib. 2. deciſ.* 90. *& ſeqq.* & de Monſieur Dolive en ſes Arreſts , livre 3. chap. 30. en ſorte qu'il n'eſt pas au pouvoir du pere de diminuer la conſtitution de dot qu'il auroit faite à ſa fille en faveur d'un premier mariage , lors qu'aprés la diſſolution d'iceluy elle paſſe à de ſecondes nopces.

7 On demande ſi la dot conſtituée par le pere à ſa fille non émancipée , en faveur d'un mariage qui ne ſeroit point enſuivy, demeure acquiſe à la fille, en ſorte qu'il ne ſoit pas au pouvoir du pere de la revoquer , ou de la diminuer , pour un autre mariage : Cette queſtion n'eſt pas ſans difficulté ? Pour la fille on dit , que quoy que le mariage ne ſoit pas enſuivy , neanmoins cette conſtitution ſubſiſte en ſa force & demeure acquiſe à la fille, parce que quoy que la fille ſoit en la puiſſance de ſon pere, toutefois la dot eſt reputée ſon propre patrimoine , & une alienation d'une partie de ſes biens que fait le pere en faveur de ſa fille;
8 qu'il y a grande difference entre la dot conſtituée par le pere, & celle qui eſt conſtituée par un étranger ; qu'au premier cas *nuptiis non ſecutis* , la conſtitution de dot devient nulle & ſans effet, *tanquam cauſâ non ſecutâ* , à moins qu'il n'apparoiſſe clairement que le conſtituant ait eu deſſein d'en gratifier abſolument la fille ; mais qu'à l'égard de la conſtitution de dot faite par le pere , il y a lieu de croire que le pere ne l'a faite que pour s'acquiter du devoir auquel le droit naturel l'engage, & qu'en fa ſant cette conſtitution il a plus conſideré ſa fille que le futur mariage. Ainſi cette conſtitution ſubſiſtant par une autre conſideration que le mariage , elle n'eſt point aneantie par le defaut d'accompliſſement d'iceluy , *pater dotem promittendo pro filia, donare intelligitur filiæ , ut officio ſuo ſatisfaciat , ideo abſolutè*

donatio videtur filiæ facta , & non reftringitur ad matrimonium, dir *Decius confil.* 35.

On dit au contraire contre la fille , que le pere & le fils , ou la fille en puiffance, font reputez la mefme perfonne, en forte que le pere ne peut point faire de donations valables aux enfans qu'il a dans fa puiffance, par la raifon que le droit ne les diftingue point, & que pour rendre une donation valable, il faut que le donateur & le donataire foient perfonnes diftinctes & feparées; que le pere acquerant par les enfans qu'il a en fa puiffance, il ne peut pas leur faire des donations valables, *l.* 2. *& ibi glof. C. de inoffic. donatio. l. donationes.* 25. *C. de donatio. inter. vir. & uxor.* que neanmoins ces donations font reputées donations à caufe de mort, afin que fi elles ne peuvent pas valoir comme donations entre-vifs à caufe de la puiffance paternelle , elles puiffent eftre faites au temps du deceds du donateur, auquel cette puiffance qui fervoit d'empefchement ceffe, & devient aneantie; *d. l.* 2. *C. de inoffic. donat.* Que le pere peut auffi conftituer une dot à fa fille qu'il a en fa puiffance, en faveur d'un futur mariage; que c'eft la confideration du mariage qui fait valoir cette conftitution , laquelle autrement feroit nulle & fans effet; que fans le mariage il n'y a point de dot , ainfi cette conftitution peut eftre revoquée par le pere, ou par luy diminuée en cas d'un fecond mariage; car lors que le mariage a efté contracté & confommé, la diffolution qui furvient ne peut point changer la nature de la dot, & quoy qu'elle retourne au pere par le moyen de cette diffolution, ce retour ne change point la qualité de la dot, & n'empefche pas qu'elle ne demeure toûjours le propre patrimoine de la fille, *redit dos cum fua caufà , fcilicet ut ea vel alii marito dari poffit , l. fi focius.* 81. *ff. pro focio.* Sur ces raifons de part & d'autre, par Arreft du Parlement de Tholoze du 3. Septembre 1637. rapporté par Monfieur Dolive *loco citato*, il a efté jugé au profit des heritiers du pere, qu'il avoit pû revoquer la dot conftituée à fa fille *nuptiis non fecutis*, & la reduire à fa legitime, ou luy laiffer certaine fomme pour tout droit de legitime & de portion hereditaire.

Ce mefme Auteur dit avoir efté jugé auparavant par Arreft du 13. Juillet 1638. au profit des creanciers du pere, qu'une donation par luy faite à fa fille en faveur d'un mariage qui ne s'étoit point enfuivy , ne pouvoit valoir que comme donation à caufe de mort, qui ne peut faire préjudice aux creanciers.

Les Provinces de France qui se reglent par Coustumes, ne suivent point la disposition de ce Chapitre, dautant que le mariage estant un moyen de mettre les enfans hors la puissance de leur pere, & les enfans pouvans mesme acquerir pour eux, quoy qu'ils soient sous la puissance de leur pere, les constitutions de dot faites par les peres à leurs filles, sont des donations entre-vifs que les peres ne peuvent point revoquer ny diminuer par quelque maniere que ce soit, en sorte qu'avenant la dissolution du mariage, l'action pour repeter la dot & pour les autres conventions matrimoniales, appartient à la fille seule, sans que le pere y puisse rien pretendre : mais lors que la dot est promise en faveur d'un mariage qui n'a point esté contracté, la constitution est nulle & sans vigueur, & la fille avenant le deceds du pere ne la peut point pretendre sur ses biens, quoy qu'elle renonçast à sa succession : la raison est, que la cause de cette constitution cessant, qui est le mariage, l'effet ne peut point subsister, & c'est nostre usage.

CHAPITRE VI.

De colla- tione do- tis.

Du rapport de la dot.

SOMMAIRE.

L'Empereur dans ce Chapitre dit, que cette question s'est presentée ; sçavoir si la fille est tenuë de rapporter à la succession de son pere ou de sa mere, ou moins prendre, la dot qui avoit esté donnée à son mary par son pere ou par sa mere, au cas que son mary soit decedé insolvable. Pour la decision il ordonne que si le mary est solvable, & que ses biens soient suffisans pour l'exaction de la dot, elle soit tenuë de la rapporter,

ou

ou moins prendre; mais que s'il eſt inſolvable, & que ſon mary
ſoit tombé dans le deſordre, ſa femme eſtant hors la puiſſance
de ſon pere & en majorité, & que faute d'avoir pourſuivy ſa
repetition de ſa dot, elle l'ait perduë par l'inſolvabilité ſur-
venuë de ſon mary, elle eſt obligée de la rapporter en la ſucceſſion de ſon pere, ou moins prendre; & elle ne ſeroit pas recevable d'y rapporter une action inutile & ſans effet, parce que **2**
ſibi ipſi culpam inferre debet, cur mox viro inchoante malè ſub-
ſtantiâ uti, non percepit & non auxiliata eſt ſibi; ſic enim habi-
tura erat in collationis ratione proprias res undique, & ſine dimi-
nutione.

Que ſi la fille eſt en la puiſſance de ſon pere, & que la fille
ne pouvant point agir pour la repetition de ſa dot, elle l'ait
ſommé de pourſuivre la repetition d'icelle, ou de luy permettre
de la repeter, & qu'il l'ait refuſé, & que par ce moyen la dot
ſoit perduë par l'inſolvabilité du mary, en ce cas la perte ne
tombe point ſur la fille, laquelle eſt recevable de rapporter en
la ſucceſſion de ſon pere, l'action pour la repetition de la dot,
quoy qu'inutile & ſans effet : avec cette diſtinction neanmoins,
que ſi la dot eſt mediocre, la perte au cas ſuſdit ne tombe point
ſur la fille, & elle n'eſt point obligée d'en faire le rapport à la
ſucceſſion de ſon pere, mais que ſi elle eſt conſiderable, elle eſt
tenuë de la rapporter; la raiſon eſt, que lors que la dot eſt forte,
la fille qui eſt en la puiſſance de ſon pere, peut agir pour la repetition d'icelle, au cas que ſon pere refuſe de luy donner ſon conſentement; & partant ſi faute d'avoir pourſuivy la reſtitution de
ſa dot, elle la perd, elle eſt obligée de la rapporter toute entiere en la ſucceſſion de ſon pere, ſans qu'elle puiſſe oppoſer qu'elle n'a pû en pourſuivre la repetition ; *tunc per ſemetipſam filiam*
movere, & non habere occaſionem eo quòd non potuerit movere, &
ſibimet auxiliari, & futuræ læſionis ex inopia viri admittere
metum.

Cette diſpoſition touchant le rapport a lieu, ſoit qu'il s'agiſſe
de la ſucceſſion du pere ou de la mere, ou de quelqu'un des
aſcendans, ainſi qu'il eſt dit dans la fin de ce Chapitre. C'eſt
une queſtion entre les Docteurs, quelle dot eſt reputée conſide- **3**
rable ? Cujas ſur cette Novelle tient que *dos magna intelligitur,*
quæ eſt centum librarum auri; & Accurſe eſtime que *dos magna*
dicitur ſecundum qualitatem perſonarum, argum. l. 6. ff. de jure
dot.

De ce Chapitre a esté tirée l'Authentique *Quod locum habet.*
C. *de collationibus.*

AUTHENTIQUE *Quod locum habet.* C. *de collationibus.*

4 *Quod locum habet , five pars viri fit idonea , five mulieri poffit
imputari , quare marito ad inopiam vergente ex lege Juftiniani
etiam conftante matrimonio non exegerit dotem. Quod ei licet,
cùm & fui juris fit , & legitimæ ætatis , & cum mater obtulerit
dotem , & pater ei confentiat agenti : his ceffantibus , folam actionem (licet inanem) conferens , partem ex hereditate feret ; hoc,
cùm dos parva fit ; fed dotem magnam , quæ conferri fperatur,
invito etiam patre filiæ exigere poteft. Hæc obfervantur , ubicumque collationis ratio emergit , etiam fi avita fit fucceffio.*

Cette Authentique a esté inferée au Code aprés la Loy *dotis.* 5.
de collatio. Dans cette Loy il est decidé , que quoy que pendant
le mariage la femme n'ait pas droit de pourfuivre la repetition
de fa dot contre fon mary , neanmoins elle n'est pas obligée de
la rapporter en la fucceffion de fon pere ; & par cette Authentique il est decidé , que le rapport de la dot a lieu en deux cas:
Le premier est , lors que le mary est folvable & fuffifant pour le
payement de la dot ; l'autre est , lors que le mary eftant tombé
dans le malheur de fes affaires , la femme a esté negligente de
demander la repetition de fa dot , & que par fa faute elle en a
fouffert la perte : Orfuivant cette Authentique , la femme a droit
de repeter fa dot lors qu'elle est emancipée ou hors de la puif-
5 fance paternelle , & qu'elle est majeure de vingt-cinq ans , & lors
que la dot a esté conftituée par la mere , & que le pere a confenty que fa fille pourfuivît la repetition de fa dot. Surquoy il faut
obferver, que ces termes *& cùm mater dotem obtulerit*,ont esté mis
mal à propos dans cette Authentique , veu qu'il n'en est fait aucune mention dans ce Chapitre , & ce feroit une erreur de dire,
que le confentement du pere feroit neceffaire à la fille pour repeter la dot conftituée par fa mere , veu que cette dot n'est pas
profectice : C'est le fentiment de la glofe , que ce confentement
n'est pas requis en ce cas ; & celuy de Julien dans fa Paraphrafe,en
ces termes: *Statim adverfus eam & conftante matrimonio dotis actionem movere,& res dotales côfequi.Nam & propter nuptias donationis res etiam conftante matrimonio vindicare poteft , fi viderit*

maritum ad paupertatem inclinantem, scilicet si non minor erat mulier materfamilias viginti quinque annis. Sin autem filiafamilias fuerat, debet patri suo dicere, ut cum eo agat; & si quidem egit, salva res est: Sin autem patre agere supersederit, inopia mariti ipsi & coheredibus ejus imponatur, & habeant omnes communiter actiones contra maritum; & quod potuerint consequi, in commune deducatur. Hæc autem dotis mea sunt, quoties dotis quantitas ampla non sit. Si enim ampla fuerit, etiam cessante patre, liceat filiæfamilias constante matrimonio contra maritum dotis actionem movere; & si non moverit, ad ipsam futuri temporis periculum spectet. Ea autem obtinere volumus in omnibus personis, in quibus collatio dotis denique, sive filiabus, sive neptibus, & deinceps personis volentibus hereditatem amplecti tam patris sui quàm matris, avi vel aviæ, & superiorum personarum.

La disposition de cette Authentique est observée dans les Païs de Droit écrit, mais dans les Provinces de la France coûtumiere on tient pour maxime que cette Authentique n'y a pas lieu, & que la fille est obligée de rapporter à la succession de ses pere & mere, la dot qu'elle en a receu, quoy qu'elle soit perie par le mauvais ménage du mary; soit qu'elle accepte la communauté, ou qu'elle y ait renoncé aprés le deceds du mary, ou qu'elle soit separée de biens, & qu'elle n'ait pû repeter sa dot à cause de son insolvabilité : Monsieur Loüet lettre A. chap. 54. rapporte un Arrest donné en la cinquiéme Chambre des Enquestes, au rapport de Monsieur Gelas, le 30. Avril 1605. qui a obligé la fille au rapport, & declara qu'elle n'estoit pas recevable de rapporter seulement l'action qu'elle avoit contre son mary. Cét Arrest est aussi rapporté par Chenu, Centurie 2. quest. 62. ce qui a lieu quoy que la fille soit mariée mineure, parce que dans la France coûtumiere les enfans sortent de la puissance paternelle par le mariage : Ainsi la fille mariée devient capable d'intenter toutes actions sans le consentement de ses pere & mere, pour la repetition de ses deniers dotaux, en se faisant autoriser par Justice, & partant elle est responsable de leur perte, parce qu'elle luy appartient, & que *res perit suo domino.*

PARAPHRASE
DE JULIEN.

CONSTITUTIO XC.

CCCXL. De exæquatione dotis , & propter nuptias donationis.

DOnationum quæ propter nuptias fiunt , parem volumus esse quantitatem doti mulieris. Item pacta & stipulatio in dote & propter nuptias donationes modo pari componantur. Hoc autem capitulum in futuro quoque tempore teneat.

CCCXLI. Quandò licet mulieri dotem suam augere.

Si mulier dotem suam augere maluerit , non aliter hoc facere possit , nisi maritus quoque propter nuptias donationem pari quantitate augere paratus sit. Quòd si creditores maritus habeat : augere mulier dotem suam debet in rebus immobilibus. Quòd si res mobiles dederit : sciat se privilegium dotis juribus mariti sui non habituram. Sin autem nullum creditorem maritus habeat eo tempore , quo dotem suam mulier augebat : habeat privilegium quod dotibus in hypothecaria actione præstitum est.

CCCXLII. De privilegiis dotis.

Sæpissimè relatum est eum , qui pecuniam præstat ad aliquam comparandam rem , vel renovandam , vel faciendam , validiora jura in hypothecis habere in ipsa re , quàm priores creditores : sed hæc in dotibus non observentur. Nam dotem præcipimus ei quoque præferri , qui posteà pecuniam dedit marito ad aliquam rem comparandam vel renovandam , vel etiam faciendam.

CCCXLIII. De privilegio creditoris , qui militiæ caufâ marito mutuavit.

Si quis marito mutuam pecuniam dederit militiæ caufâ , & inter eos fuerit paƐtum , ut in cafu militiæ creditor anteriora jura aliis creditoribus habeat : id quod aƐtum eƒt , teneat , ut etiam doti talis creditor præferatur. Si tamen hoc & in fcriptis procef-ferit , & teſtium habeat fubfcriptiones , & ex ipfa veritate confir-metur.

CCCXLIV. Ut eadem quantitas dotis filiæ in fecundis nuptiis à patre confervetur.

Si quis pro filia fua dotem genero dederit , verbi gratiâ , tri-ginta librarum auri : poſteà genero defunƐto , & dote ad eum reverfâ filiam velit alii copulare. Prohibetur minorem quanti-tatem dotis nomine pro ea præſtare , quamvis eſſe priore matri-monio lucrata eſt filia ab antenuptias donatione quindecim libras auri : nifi forte pater probaverit fortuito quodam cafu fubſtan-tiam fuam deminutam fuiſſe.

CCCXLV. De collatione dotis.

Quædam mulier defunƐto patre fuo exigebatur , ut dotem fuam conferret , fi velit hereditatem paternam fufcipere : dicebat autem inopem eſſe maritum fuum , & nihil ab eo exigi poſſe. Contradice-batur ei , quòd oporteret inopiam mariti ad damnum ipſius reci-pere. Quæſitum eſt quid juris fit ? Et dicimus , fi quidem mulier fui juris erat , culpam ejus eſſe : quia poterat eo tempore quo vi-derat maritum fuum pauperiorem , ſtatim adverfus eum & con-ſtante matrimonio dotis aƐtionem movere , & res dotales confequi : nam & propter nuptias donationis res etiam conſtante matrimonio, vindicare poteſt , fi viderit maritum ad paupertatem inclinantem, fcilicet fi non minor erat mulier, materfamilias viginti quinque annis. Sin autem filia familias fuerat : debet patri fuo dicere, ut cum eo agat : & fi quidem egit , falva res eſt. Sin autem pater agere fuperfederit , inopia mariti ipfi & coheredibus ejus impo-natur , & habeant omnes communiter aƐtiones contra maritum: & quod potuerint confequi , in commune deducatur. Hæc autem toties vera sunt , quoties dotis quantitas ampla non sit. Si enim ampla fuerit : etiam cessante patre liceat filiæ familias. Constante matrimonio contra maritum dotis actionem movere. Et si non moverit , ad ipsam futuris temporis periculum spectet. Ea autem obtinere volumus in omnibus personis , in quibus Collatio dotis exigitur sive filiabus , sive neptibus , & deinceps personis volentibus hereditatem amplecti tam patris sui , quàm matris , avi vel aviæ , & superiorum personarum.

TITRE X.

Neque virum , quod ex dote est , neque mulieré ex sponsalitia largitaté lucrum propriü habere . sed servare dominium suis filiis, vel si ad secundas nuptias non veniant,usu folo in lucro cösistente, & ut ex repudio transigentes nuptias , lucrantes aut dorem , aut antenuptias donatio-

Que le gain de la dot ou de la donation à cause de nopces fait par le survivant des conjoints , doit estre reservé aux enfans issus du mariage , quoy que mesme le survivant ne passe point en secondes nopces , l'usufruit à luy reservé sa vie durant : Et que le mariage estant dissous par un divorce , celuy des conjoints qui gagne la dot ou la donation à cause de nopces , n'en peut joüir que par usufruit sa vie durant , estant obligé d'en reserver la proprieté aux enfans communs , & de leur fournir cependant des alimens ; Et au cas que le mariage soit dissous volontairement , & de gré à gré, la proprieté de ce qui est laissé à l'un des conjoints des biens de l'autre , doit estre laissée aux enfans , & l'usufruit au pere ou à la mere , à la charge de fournir des alimens aux enfans communs par leurs pere & mere.

nem , & ipsis similiter dominium servent filiis ; usum habente personâ cogendâ filios alere. Si verò bonâ gratiâ solvantur nuptiæ , & videantur occasione damni detinere quædam ; & hac arte perimenda, quæ detinentur , & filiis serventur.

NOVELLE XCVIII.

SOMMAIRE.

L'Empereur dans la Preface & le Chapitre premier de cette Novelle ordonne, que le survivant des conjoints soit tenu de reserver aux enfans issus du mariage, le gain de la dot ou de la donation à cause de nopces, qu'il auroit fait à cause du predeceds de l'autre des conjoints, soit que le survivant passe en secondes nopces, ou qu'il demeure en viduité, l'usufruit neanmoins reservé au survivant pendant sa vie : ce que l'Empereur veut estre observé de quelque maniere que le mariage soit dissous par la mort de l'un des conjoints, ou par autre maniere.

Cette Novelle déroge à la Novelle 22. chap. 20. §. 1. & à la Loy 5. §. 2. *C. de secund. nupt.* par lesquelles les gains nuptiaux appartenoient entierement au survivant, en sorte qu'il en pouvoit disposer à sa volonté au préjudice de ses enfans, pourveu qu'il ne convolast pas en secondes nopces, auquel cas suivant la Novelle 22. il n'avoit que l'usufruit dans les gains nuptiaux, la proprieté en estant reservée à ses enfans.

Cette Novelle a esté abrogée en partie par la Novelle 127. par laquelle l'Empereur a ordonné, qu'au cas que le survivant ne passe point en secondes nopces, il prenne en pleine proprieté dans ces gains nuptiaux, une portion semblable à celle de chacun de ses enfans. Voyez cette Novelle *infrà.*

Du Chapitre premier de cette Novelle 98. a esté tirée l'Authentique *Uxore mortuâ. C. de secund. nupt.*

2   AUTHENTIQUE *Uxore mortuâ. C. de secund. nupt.*

Uxore mortuâ , quod vir ex dote lucratur , filiis communibus omnimodo refervatur quantum ad proprietatem , ufufruétu patri conceffo. Idem eft ex parte mulieris fi lucretur ex fponfalitia largitate. Item fi aliter matrimonium folvatur , fuper ufdem lucris loquitur hæc eadem Conftitutio.

Dans le Chapitre deuxiéme, il veut que fi les conjoints par ma-riage ont diffous leur mariage de gré à gré & d'un commun con-sentement , foit par tranfaction ou autrement , au cas qu'il n'y 3 ait aucuns enfans iffus du mariage , les gains nuptiaux appartien-nent en pleine proprieté à celuy des conjoints à qui par la tran-faction ils auront efté accordez : mais que s'il y a des enfans, la proprieté leur en foit refervée, & l'ufufruit à celuy des con-joints à qui ils auront efté donnez ; à la charge cependant de fournir des alimens aux enfans , du revenu de ces gains nup-tiaux. Mais parce qu'il pourroit arriver que par l'accord ou la tranfaction faite entre les conjoints touchant leur divorce , ils pourroient convenir que le mary reprendra la donation à caufe de nopces , & la femme fa dot , en forte neanmoins que l'un don-neroit à l'autre quelque autre chofe , dans le deffein de fruftrer les enfans de la proprieté de cét avantage , comme n'eftant point partie de la donation à caufe de nopces ou de la dot , l'Empe-reur ordonne que neanmoins la proprieté en foit refervée aux enfans , & l'ufufruit au pere ou à la mere : *Sic abftinebunt omni vitio ; fic omni defiderio irrationabili , fic nec inviti , nec fponte fuis nocebunt filiis , fed erunt temperati , maximè quidem circa fuam caftitatem ; deinde etiam ejus matrimonii affectum , quem competens eft habere eos , qui femel conjunéti funt alterutris. Res eft & caftitate plena, & bonis moribus congrua , & paterno mater-noque affeétu plena , &c.*

4 La Novelle 127. comme dérogeant à cette Novelle 98. eft obfervée dans les Païs de Droit écrit , eftant favorable aux en-fans , *quomodo juftum eft eos , qui in folis filiis legitimis moriun-tur, non fervare eis lucra ex mortuis eorum parentibus , fed aliis ea tranfmittere ? fcilicet quid erit pretiofius filiis parentibus non ingratis ,* dit l'Empereur dans la Novelle 98. *in præfat. in fine.*

Dans

Dans la France coûtumiere nous ne fuivons point la difpofition de la Novelle 127. par la raifon que l'Edit du Roy François II. appellé l'Edit des fecondes nopces, y déroge. Dans
le fecond chef, il défend aux femmes qui fe remarient, de faire
part à leurs nouveaux maris des dons & des liberalitez qu'elles
ont receuës de leurs premiers; il porte la mefme défenfe à l'é-
gard des hommes qui fe remarient: D'où il s'enfuit, que fi le furvivant des peres & meres ne paffe point en fecondes nopces, il
peut difpofer au profit de qui il luy plaift de fes enfans, ou
mefme d'étrangers, des dons & liberalitez qu'il aura receu du
predecedé, foit par donation faite par Contrat de mariage, ou
par derniere volonté, dans les Couftumes qui le permettent,
par la raifon que l'Edit défendant la difpofition de ces dons &
liberalitez au cas des fecondes nopces, il la permet tacitement
au cas que le furvivant demeure en viduité, parce que ce cas fe
doit regler felon le droit commun de nos Couftumes, qui eft
que chacun peut difpofer de fes biens à fa volonté, à moins qu'il
n'en foit prohibé: Or les dons & liberalitez faites par le predecedé au furvivant, appartiennent en pleine proprieté au furvivant; & partant il en peut difpofer au profit de qui il luy plaift,
en laiffant la legitime à fes enfans.

※※※※※ ※※※※※※※※ ※※※※※※※※ ※※※※※※ ※※※※※

PARAPHRASE
DE JULIEN.

CONSTITUTIO XCI.

CCCXLVI. Ut proprietas dotis, vel ante nuptias donationis
mortua alterutra perfona filiis communibus confervetur.

SI maritas mortua uxore, vel uxor marito defuncto dotem
vel ante nuptias donationem lucratus lucratave fuerit,
modis omnibus proprietatem liberis fuis ex ipfo matrimonio (natis)
confervent, ufumfructum autem nuptialium lucrorum habeat,

ipse vel ipsa sive ad secundas migraverit nuptias sive non. Idque obtineat in omnibus matrimoniis, quæ posthac fuerint dissoluta quocumque modo : vel si anteà quidem soluta sunt, sed adhuc in suspenso causa est alterutra persona vivente. Si enim ambæ mortuæ sunt, heredibus earum hæc constitutio non prosit, sed veteribus legibus subjiciantur. Cùm autem dominium rerum liberorum esse cœperit, sive migraverit ad secundas nuptias, sive non, ea jura locum habere certum est, quæ de his rebus posita sunt, quarum proprietatem liberi lucrati sunt parentibus suis secundas contrahentibus nuptias.

CCCXLVII. Ut repudio vel bona gratia soluto matrimonio id quod ab alterutra persona lucrata est, filiis suis conservet, & de alendis liberis à parentibus suis.

Si repudio misso matrimonium solutum sit culpa uxoris vel mariti, & vel ille dotem vel illa propter nuptias donationem lucratus lucratave fuerit : liberis quidem statim competat proprietas, uxori vel marito rerum ususfructus. Ea autem persona quæ usumfructum habet, liberos alere debet. Sed si bona gratia matrimonio soluto, quasi transactionis nomine alterutrum persona aliquid acceperit : nihilominus ejus proprietatem quidem liberi habeant, parens autem usumfructum.

TITRE XI.

De duobus reis promittendi,

Des Coobligez.

NOVELLE XCIX.

SOMMAIRE.

L'Empereur dans le Chapitre de cette Novelle ordonne, que si le creancier envers lequel plusieurs particuliers s'obligent, ne declare point qu'ils luy sont obligez solidairement, un seul pour le tout, ils ne sont obligez que chacun pour leur part & portion : mais que si la clause de l'obligation solidaire est inferée dans le Contrat, elle doit estre gardée ; non pas que d'abord le creancier puisse poursuivre solidairement & pour toute la dette celuy qu'il voudra des coobligez, mais il doit intenter son action contre tous pour leur part & portion, au cas qu'ils soient solvables, & qu'ils soient presens.

Que si quelques-uns sont insolvables en tout ou en partie, ou qu'ils soient absens, ceux qui sont solvables sont tenus de payer en leur nom les parts & portions de ceux qui sont insolvables, sans que les conventions particulieres faites entre les coobligez puissent préjudicier à la solidité portée par le Contrat au profit du creancier.

Que si les coobligez sont presens dans le lieu, le Juge ordinaire connoistra de l'execution de l'obligation contre eux, & rendra une seule Sentence : Que si l'action est intentée contre les coobligez pardevant un Juge pedanée, & non pardevant un Magistrat, il doit sous l'autorité du Magistrat contraindre les coobligez de se trouver pardevant luy pour répondre au creancier, & pour connoistre si tous les coobligez sont solvables, pour en cas d'insolvabilité de l'un d'eux, ordonner ce que de raison : C'est ainsi que Julien dans sa Paraphrase interprete cette Novelle, & ce sens paroist plus juste & plus conforme au texte

que l'Authentique d'Irnerius, en ces termes: *Quod fiet per admi-*
nistratorem, si judex sit delegatus.

De cette Novelle a esté tirée l'Authentique *Hoc ita. C. de*
duobus reis.

2   A U T H E N T I Q U E *Hoc ita. C. de duobus reis.*

Hoc ita, si pactum fuerit speciale, unumquemque teneri in
solidum, & si alter inops sit in solidum, vel in partem, ut id
saltem ab altero petatur; vel si absens sit: cùm enim ambo ad-
sunt, per judicem producuntur, negotiumque communiter exami-
natur, & sententia communiter infertur. Quod fiet per admini-
stratorem, si judex sit delegatus. Sin autem non convenerint
specialiter, ex æquo sustinebunt onus: sed & si convenerint, ut
uterque eorum sit obligatus, si ambo præsentes sint, & idonei,
simul cogendi sunt ad solutionem.

Pour une plus grande intelligence de cette Authentique & de
la Novelle dont elle est tirée, il faut observer la Jurisprudence
ancienne & les changemens qui sont arrivez sur cette matiere.

3   Nous avons remarqué sur le titre *de duobus reis constituend.*
au Digeste, que par le droit ancien quand deux ou plusieurs
s'estoient obligez & avoient promis de payer une mesme somme,
chacun d'eux pouvoit estre contraint par le creancier de payer
toute la dette, suivant la Loy 2. *ff. de duob. reis.* C'est aussi la
disposition de la Loy 1. & de la Loy 2. *C. de duob. reis.*

4   L'Empereur Adrien par sa Constitution dans la Loy derniere
C. de constit. pecun. ordonne, que lors qu'il y a plusieurs fidejusseurs ou mandateurs obligez conjointement pour un mesme
debiteur, au payement d'une mesme somme, au cas que l'un des
fidejusseurs ou mandateurs soit seul poursuivy par le creancier
pour payer toute la dette, il puisse demander que l'action soit
divisée entre tous les fidejusseurs, à l'effet de payer chacun sa
portion égale de la dette, pourveu qu'au temps de l'action tous
les fidejusseurs ou mandateurs soient soivables; & c'est ce qu'on
appelle le benefice de division.

5   L'Empereur Justinien a introduit un autre benefice en faveur
des fidejusseurs & mandateurs, en la Novelle 4. de laquelle est
tirée l'Authentique *præsente. C. de fidejussor.* par lequel il a ordonné, que les fidejusseurs ne peuvent estre contraints au paye-

ment de la dette pour laquelle il s'eſt obligé, qu'en cas d'inſolvabilité du principal debiteur, en ſorte que le creancier doit diſ-
cuter le principal debiteur avant que de contraindre le fidejuſſeur
au payement. Ce benefice eſt appellé le benefice de diſcuſſion
& ordre.

L'Empereur Juſtinien a étendu par cette Novelle 99. aux **6**
coobligez, le benefice de diviſion que l'Empereur Adrien n'a-
voit introduit que pour les fidejuſſeurs & mandateurs; voulant
que l'un des coobligez avec la clauſe de ſolidité, eſtant pourſuivy pour le payement de la ſomme entiere, il puiſſe demander
la diviſion de l'action, contre tous les coobligez, au cas qu'ils
ſoient ſolvables & preſens au lieu où l'action eſt intentée : Ainſi
l'Empereur a derogé à la Loy 1. & 2. au Code *de duob. reis*, qui
permettent au creancier de pourſuivre celuy qu'il veut des coobligez ſolidairement ; c'eſt pourquoy l'Authentique *hoc ita.*
a eſté miſe aprés la Loy 2. & commence ainſi : *Hoc ita, ſi pactum*
fuerit ſpeciale, &c.

La ſolidité ſtipulée par un creancier ſemble luy eſtre inutile, **7**
puis qu'aux termes de cette Novelle il ne peut pas pourſuivre
ſolidairement celuy qu'il veut des coobligez, & que s'il le fait,
celuy qu'il pourſuivra ſolidairement, peut demander la diviſion
de l'action : Neanmoins cette ſtipulation n'eſt pas ſans effet,
puiſque par le moyen d'icelle, au cas que quelques-uns des coobligez ſoient inſolvables, le creancier a droit de repeter de ceux
qui ſe trouvent ſolvables, les parts & portions des inſolvables,
aprés diſcuſſion faite de leurs biens; & que ſans cette ſolidité
il n'auroit aucun recours pour les parts des inſolvables contre
les autres.

Ce benefice de diviſion ceſſe en trois cas : Le premier eſt, **8**
lors que les coobligez ont renoncé à ce benefice, car chacun
pouvant renoncer aux droits introduits en ſa faveur, *l. penult.*
C. de pact. la renonciation à ce benefice reduit tous les coobligez
à la diſpoſition du droit ancien, par lequel les coobligez ſolidairement pouvoient eſtre contraints au payement de toute la
ſomme.

Le deuxiéme eſt en cas d'abſence de l'un des coobligez, ſuivant cette Novelle, à cauſe de la difficulté de la diſcuſſion.

Le troiſiéme eſt en cas d'inſolvabilité d'un des coobligez, auquel cas les autres ſont obligez de payer ſa part.

Cujas & quelques autres Docteurs ont pretendu que cette **9**

Novelle n'a point abrogé la disposition du droit ancien touchant les coobligez , & qu'elle n'a lieu qu'au cas des coobligez qui sont fidejusseurs l'un pour l'autre à cause de la solidité , en sorte que s'ils sont simplement coobligez sans estre fidejusseurs , ils ne peuvent point se servir du benefice de cette Novelle , laquelle conformément à la Constitution de l'Empereur Adrien , n'accorde le benefice de division qu'au fidejusseur , & non à ceux qui sont seulement coobligez ; & l'Empereur Justinien par cette Novelle 99. veut , que si les coobligez solidairement sont declarez dans l'Acte de l'obligation fidejusseurs l'un pour l'autre pour la part & portion dont chacun d'eux est tenu , ils puissent se servir du benefice de division & l'opposer au creancier , ayant esté introduit en faveur des fidejusseurs ; de sorte que s'ils ne sont point fidejusseurs l'un pour l'autre , ils peuvent estre contraints solidairement , ainsi qu'il s'observoit auparavant cette Novelle. Donellus, Perezius, Julian l'Antecesseur & autres sont de cét avis, par les raisons suivantes.

10   La premiere est tirée de l'inscription Grecque de cette Novelle , qui porte : περὶ ἀλληλεγγύων , c'est à dire , *de duobus reis qui vice mutuâ fidejussores sunt accepti* , car ce mot ἀλληλέγγυοι signifie *mutui fidejussores* , du mot ἀλλήλως , *invicem* , *mutuò* , & ἔγγυος , *fidejussor, sponsor.*

La deuxiéme , parce que l'Empereur dans la Preface de cette Novelle fait mention de la Novelle 4. *de fidejussorib.* Ainsi il y a lieu de croire qu'il a voulu aussi traiter dans cette Novelle 99. des fidejusseurs.

La troisiéme est tirée de l'autorité d'Harmenopule , *lib. 3. tit.* 6. §. 11. & d'Haloander , lesquels interpretent le titre de cette Novelle *de duobus reis invicem fidejubentibus.*

11   D'autres sont d'avis contraire , & c'est l'opinion que j'estime plus conforme à l'esprit de l'Empereur ; sçavoir Giphan. sur la Loy 2. au Code *de duob. reis* , Rittershus, part. 3. chap. 6. Wesembec. sur le titre au Digeste *de duob. reis* , *num.* 7.

Premierement , parce que ce terme ἀλληλέγγυοι ne signifie pas seulement ceux *qui vice mutuâ fidejusserunt* , mais aussi ceux qui sont simplement coobligez ; dautant que l'obligation des coobligez produit le mesme effet que celle des fidejusseurs , & que les coobligez sont tacitement reputez fidejusseurs l'un pour l'autre , pour la part l'un de l'autre.

En second lieu , parce que cette Novelle accorde en termes

exprés le benefice de division à ceux qui sont solidairement obligez, sans qu'il soit requis qu'ils soient fidejusseurs l'un pour l'autre; car auparavant ce benefice n'estoit accordé qu'aux fidejusseurs par l'Empereur Adrien, & par l'Empereur Justinien aux
coobligez *qui pecuniam pro aliis simul constituissent,* & non à
d'autres coobligez, *l. ult. C. de constit. pecun*. & par cette Novelle 99. l'Empereur a donné ce benefice à tous coobligez solidairement, soit qu'ils fussent fidejusseurs ou coobligez simplement, pour argent qu'ils auroient emprunté, *aut pro constituta
pecunia*. Ainsi le premier fondement de ceux qui tiennent l'opinion contraire, est inutile & sans effet.

A l'égard de la seconde raison, on répond que l'Empereur ne
fait mention de la Novelle 4. dans la Preface de cette Novelle 99.
qu'en disant qu'il a fait plusieurs Constitutions touchant les
fidejusseurs, & qu'il trouve occasion de faire une nouvelle Constitution touchant les coobligez, lesquels en effet sont reputez
fidejusseurs l'un pour l'autre, lesquels sont obligez solidairement.

Quant à la troisiéme, on répond que les raisons rapportées
cy-dessus, qui prouvent clairement que cette Novelle se doit
entendre *de duobus correis* simplement, sont plus fortes que l'autorité tirée du sentiment de quelques Docteurs.

Le Stile des Notaires, qui est presque universel par toute la 12
France, qui porte dans les obligations où plusieurs s'obligent,
qu'ils s'obligent solidairement un seul pour le tout, renonçans
aux benefices de division, discussion & ordre, rend la disposition de cette Novelle inutile, en sorte qu'en vertu de cette clause
le creancier peut s'adresser solidairement pour le tout, à celuy
des coobligez qu'il veut : mais cessant cette clause, c'est une
question sçavoir si l'obligation contractée par plusieurs conjointement, sans la clause de solidité, les rendroit obligez solidaire- 13
ment; & si la clause de solidité estant inferée dans le Contrat sans
la renonciation aux susdits benefices, un des coobligez poursuivi
solidairement pourroit se servir du benefice de division, au cas
que tous les coobligez fussent solvables au temps de l'action intentée, conformément à cette Novelle.

A l'égard de la premiere question, Monsieur Bouguier lettre O. chap. 3. remarque deux Arrests qui ont jugé que l'obligation estoit solidaire, & que l'un d'eux pouvoit estre poursuivy
& condamné pour le tout.

Le premier a esté prononcé le sixiéme Aoust 1622. au rapport de Monsieur Damours, en un procez de Commissaire, entre un nommé Richard, demandeur en recours, en vertu d'un Bail judiciaire fait à trois conjointement, & une nommée de Voloy, défenderesse; par lequel il fut jugé, qu'il pouvoit s'adresser solidairement pour le payement du Bail, montant à la somme de deux cens soixante-seize livres, contre ladite de Voloy, comme heritiere de sa mere, qui s'estoit renduë Fermiere judiciaire avec deux autres, quoy qu'elle pretendît n'en estre tenuë que pour un tiers; ce qui a esté jugé conformément à la disposition du Droit, *l. 9. ff. de duob. reis. §. ex his obligationibus. Institut. eod. tit.* où il est dit, que la solidité a lieu mesme dans les autres Contrats que dans le prest, *in emptione, venditione, locatione, conductione, &c.*

L'autre a esté donné le mesme jour au rapport de Monsieur Bouguier, par lequel les nommez Estourneau & Nivelet furent condamnez solidairement au payement de la somme de neuf cens livres, parce qu'ils s'estoient tous deux obligez conjointement au payement d'icelle.

Bouvot en ses Arrests, tome 2. *in verbo* Detteurs, quest. 17. remarque un Arrest du Parlement de Dijon du 29. Juillet 1611. qui a jugé au contraire, que lors que plusieurs se sont obligez conjointement sans faire mention de la solidité, ils ne sont point tenus solidairement, mais seulement chacun pour sa part & portion.

Plusieurs mesme estiment, que ceux qui se sont obligez solidairement, sans avoir renoncé au benefice de division, peuvent l'opposer au cas qu'ils soient poursuivis solidairement: C'est le sentiment de Masuer au titre des Obligations ch. 29. nomb. 23. de Bouvot *loco citato*, quest. 4. de Bacquet au traité des droits de Justice, chap. 21. nomb. 219. Papon en ses Arrests, livre 10. titre 4. art. 25. remarque un Arrest du Parlement de Paris du 16. Juillet 1514. qui a jugé la mesme chose.

14. C'est à present le sentiment commun des Docteurs, & l'usage du Chastelet de Paris & du Palais, nonobstant les Arrests contraires rapportez cy-dessus, que l'obligation n'est point solidaire, à moins que la clause de solidité ne soit inferée dans le Contrat; auquel cas mesme le coobligé poursuivy solidairement peut opposer le benefice de division, à moins qu'il n'y ait renoncé expressément, conformément à la disposition de cette

Novelle,

Novelle ; par la raiſon qu'on preſume, que les coobligez n'ont pretendu s'obliger que chacun pour portion égale de la dette & non pour plus, le creancier devant s'imputer s'il n'a pas inſeré dans le contrat la clauſe de ſolidité, avec la renonciation expreſſe au benefice de diviſion, *l. ſtipulatio.* §. *alteri. ff. de V. O. l. 172. ff. de R. J.*

PARAPHRASE
DE JULIEN.

CONSTITUTIO XCII.

CCCLVIII. De (duobus) reis promittendi.

SI qui rei promittendi fuerint , ut alter pro altero fidejubeat invicem : ſiquidem additum non fuerit , ut unuſquiſque ex his in ſolidum teneatur : tunc pro portione ſua ſit obligatus : ſin autem additum ſit , ut ſinguli in ſolidum teneantur : ſi quidem omnes vel quidam ex his ſolvendo ſint, & præſentes fuerint , in ipſos actio competat : onus autem inopiæ promiſſoris vel abſentiæ præſentes & locupletes promiſſores ſuſtineant. Jubemus autem eos qui præſto ſunt, à competente judice compelli communiter agenti ſtipulatori reſpondere : ut ibi cognoſcatur ſi locupletes ſint , an non , ut communiter condemnentur , & qui ſolvendo ſunt , onera inopiæ aliorum ſuſtineant. Quòd ſi judex aditus Magiſtratus non eſt , per competentem Magiſtratum hoc impetret. Hæc autem in futuris caſibus obtineant.

HUITIEME COLLATION.

TITRE PREMIER.

Du temps de la somme promise en dot, non payée.

NOVELLE C.

De temâ
pore non
folutæ
pecuniæ
fuper
dote:

SOMMAIRE.

foit pardevant Notaires, avec declaration de la numeration réelle & actuelle.

17. *Lors qu'il y a terme de payer la dot, de quel jour commence la prescription contre l'action pour le payement.*

18. *Quid, fi le mary eft mineur.*

19. *Si la prescription de dix ans introduite contre l'action pour le payement de la dot, a lieu dans les Couftumes, où la prescription dure trente ans.*

CEtte Novelle confifte dans une Preface & deux Chapitres, prefcrivant le temps dans lequel le mary doit faire demande de la dot qui luy a efté promife ; dans la Preface l'Empereur dit avoir abbregé le temps d'oppofer l'exception *non numeratæ pecuniæ,* ainfi par le Droit ancien, le debiteur pouvoit oppofer à fon creancier cette exception pendant cinq années ; mais l'Empereur a voulu qu'elle fût oppofée dans deux ans, & non aprés, *tit. Inftitut. de literar. obligatio. & l.* 14. C. *de non numer. pecun.*

Autrefois le mary pouvoit oppofer l'exception *dotis non numeratæ,* pendant le mariage, dans quelque temps que ce fût, & mefme dans un an continu aprés la diffolution d'iceluy, foit par mort ou par divorce, *l. ult.* C. *de dote cauta non numer.*

Dans le Chapitre premier pour la reformation de cette Jurifprudence, l'Empereur ordonne, que fi le mariage dure feulement deux ans, & mefme moins, fans recevoir le payement de la dot promife, le filence du mary ne puiffe point luy eftre oppofé ny à fes heritiers, comme ayant receu la dot qui luy avoit efté promife, mais qu'il la puiffe demander dans un an aprés la diffolution du mariage ; par la raifon que le peu de durée du mariage femble engager de donner au mary un an aprés la diffolution d'iceluy pour faire demande de la dot. Mais fi le mariage dure plus de deux ans, mais moins de dix années, l'Empereur accorde au mary pendant le mariage, la faculté de pouvoir pourfuivre le payement de la dot, ou de partie d'icelle, au cas qu'il en eût déja receu une partie ; & au cas qu'il ait intenté fon action, il tranfmet le droit de la pourfuivre à fes heritiers, & d'exiger le payement de la dot, faute de juftifier par la femme qu'elle luy auroit efté payée. Et au cas que le mary n'ait point fait fa demande pendant le mariage, l'Empereur dans le Chapitre deuxiéme donne trois mois au mary & à fes heritiers, pour demander le payement de la dot. Mais si le mariage dure plus de dix ans, & que pendant ce temps le mary n'ait point fait demande de la dot, il n'a aucun droit de la demander; non pas que cette fin de non recevoir qui est oppofée en ce cas à l'action du mary, foit introduite comme une peine, mais pour mettre en feureté aprés ce temps, ceux qui auparavant pouvoient eftre inquietez pour le payement de la dot; car aprés avoir laiffé paffer un temps fi confiderable fans avoir fait demande de la dot, le mary eft cenfé vouloir que luy ou fes heritiers en faffent la reftitution.

Le laps de ce temps de dix ans produit la fin de non recevoir contre le mary, foit que le mariage foit diffous par la mort de la femme, ou par le divorce, foit que la femme, ou fon pere, ou tout autre ait conftitué fa dot : par la raifon que ce temps eft jugé fuffifant au mary pour faire demande de la dot.

2   L'Empereur dans ce Chapitre explique comment la demande doit eftre formée par le mary, à l'effet de la faire paffer à fes heritiers; il ne fuffit pas que la plainte du mary foit faite verbalement, mais il faut qu'elle foit faite par écrit; & fi elle eft faite en jugement, elle doit eftre fignifiée à la femme ou à celuy qui a promis la dot.

Dans le Chapitre deuxiéme, l'Empereur fait deux exceptions à la regle contenuë dans le Chapitre premier.

3   La premiere eft, que ce qui a efté decidé dans le Chapitre premier, n'a lieu qu'au cas que le mary foit majeur, car s'il eft mineur au temps qu'il a contracté mariage, & encore dans l'âge de pouvoir obtenir la reftitution en entier, il a douze ans pour intenter fon action en demande de la dot, à compter du jour que le mariage a efté contracté; de forte que fi le mariage a efté contracté par un mary à l'âge de vingt-quatre ans accomplis, il peut jufques à trente-fix ans accomplis pourfuivre le payement de la dot; & s'il avoit efté contracté à quatorze ans accomplis, il pourroit en faire demande jufques à vingt-fix ans auffi accomplis. Et au cas que le mary decede dans ces douze années, fes heritiers n'ont qu'un an, à compter du jour de fon deceds, pour demander la dot qui luy avoit efté promife.

4   La deuxiéme exception eft, que fi les heritiers du mary qui n'a pas fait demande de la dot, font mineurs, foit que le mary fût majeur ou mineur, l'Empereur leur donne cinq ans pour en faire demande, fans avoir égard au temps que finit leur minorité.

On peut ajoufter une troifiéme exception ; fçavoir lors que le **5**
mary a confeffé avoir receu le payement de la dot promife, auquel cas il n'eft pas recevable d'en faire demande, parce qu'il
n'eft pas vray-femblable qu'il en ait donné quittance fans l'avoir
receuë, *l. in contractibus.* §. *ideoque.* C. *de non numer. pe-*
cun.

La difpofition de cette Novelle a lieu, lors que le mary a **6**
confeffé dans le contrat de mariage, avoir receu la dot, de mefme que l'exception *de non numer. pecun.* en forte que cette exception eftant oppofée dans le temps prefcrit par cette Novelle,
les heritiers de la femme font tenus de juftifier par d'autres
moyens que par la reconnoiffance du mary faite par le contrat de
mariage, le payement de la dot, *l.* 1. C. *de dote cauta non nu-*
mer.

On ne peut pas oppofer au mary, que par reconnoiffance par **7**
luy faite par le contrat de mariage, du payement de la dot, il
eft prefumé avoir voulu donner à fa femme la fomme qu'elle luy
avoit promife en dot, & qu'il a confeffé avoir receu ; par la raifon que, *in dubio donatio non præfumitur*, principalement dans
un cas auquel cette prefomption ne fe peut pas facilement induire de l'acte qui a efté paffé ; car fi le mary avoit voulu donner à fa femme par fon contrat de mariage, il le pouvoit faire
fans empefchement, puis qu'il eft permis aux futurs conjoints
de fe faire tels avantages qu'il leur plaift, par leur contrat de
mariage ; on doit donc croire que quand le mary a confeffé avoir
receu la dot de fa femme par fon contrat de mariage ; c'eft qu'il
fe perfuadoit qu'il la devoit recevoir inceffamment & fans delay.

Que fi par les circonftances il apparoiffoit que le mary eut eu
deffein d'exercer fa liberalité envers fa femme, en confeffant
avoir receu une dot qu'il n'auroit pas receuë en effet, & qu'il eût
perfeveré dans cette volonté jufqu'à la mort, telle donation feroit valable, & elle nuiroit aux heritiers du mary, lefquels oppo-
feroient inutilement l'exception *non numer. dot. l.* 2. C. *de dote*
cauta non numer.

C'eft une queftion ; fçavoir fi le mary ayant confeffé par fa **8**
quittance donnée pendant le mariage, avoir receu la dot, pourroit fe fervir de l'exception *non numer. dot.* Le fentiment commun eft pour l'affirmative, lors que le mary pendant le mariage
a donné quittance de la dot feulement promife par le contrat de

mariage, ainsi que nous avons observé au Code sur le titre, de *dote cauta non numer.*

Neanmoins si le mary avoit confessé avoir receu la dot dans le contrat de mariage, & que pendant le mariage il eut reconnu derechef l'avoir receuë, ces deux actes justifieroient suffisamment que le mary a esté payé de la dot, & il ne seroit pas recevable à opposer l'exception *non numeratæ dotis*, quoy que dans le temps accordé par cette Novelle.

Du premier Chapitre de cette Novelle ont esté tirées deux Authentiques; sçavoir l'Authentique *Hanc autem querelam.* C. *de non numer. pecun.*

AUTHENTIQUE *Hanc autem querelam.* C. *de numer. pecun.*

9 *Hanc autem querelam in scriptis fieri oportet, & si quis eam in judicio faciat, oportet eam mulieri, vel omni modo ei, qui dotem conscripsit innotescere.*

Cette Novelle en ce point n'a rien ajousté à la Loy 14. au Code *de non numer. pecun.* aprés laquelle l'Authentique *Hanc autem querelam*, a esté mise, ainsi qu'observe Bartole sur cette Loy.

L'autre Authentique est l'Authentique *Quod locum.* C. *de dote cauta non numer.*

AUTHENTIQUE *Quod locum.* C. *de dote cauta non numer.*

10 *Quod locum habet, si intra biennium solvatur matrimonium, si autem ultra biennium usque ad decimum annum extendatur; & ipsi marito & heredi ejus intra tres menses querela permittitur. Sed si decennium transcurrerit, omnino querela denegatur, permissâ restitutione in integrum præfinitâ; & specialiter si minor ætas interveniat.*

Du Chapitre deuxiéme a esté tirée l'Authentique *Si minor.* C. *de tempor. in integr. restitut.*

A U T H E N T I Q U E *Si minor.* C. *de tempor. in integr.*
reſtitut.

Si minor 25. *annis de dote cauta non numerata ſtatim non* 11
quæritur, reſtituitur eatenus, ut non tranſcendat à tempore nu-
ptiarum duodecimum annum. Eo quoque mortuo intra prædi-
ctum tempus, indulgetur annus heredi ejus. Sed ſi heres ſit mi-
nor majoris ſeu minoris defuncti, quinque annorum gaudeat ſpa-
tio, non expectato exitu ætatis ejus.

Cette Authentique a dérogé au droit du Code, par lequel la 12
preſcription de quatre ans court contre le mineur du jour de ſa
majorité, *l. ult.* C. *de temporib. in integr. reſtitut.*
Par ce meſme droit la reſtitution eſt accordée aux heritiers 13
de celuy qui la peut demander, ſuivant cette diſtinction : Ou le
mineur ſuccede au mineur ; ou le mineur ſuccede au majeur ;
ou le majeur ſuccede au mineur, ou le majeur eſt heritier du
majeur.
Au premier cas, lors que le mineur ſuccede au mineur, il peut
demander la reſtitution, ainſi que le défunt pourroit faire, dans
quatre ans, à compter du jour de ſa minorité, parce qu'en ce cas
la reſtitution luy eſt accordée *ex ſua perſona*, & non du chef du
défunt, *l.* 2. *l.* 5. §. 1. C. *d. tit. & l. interdum.* 19. *ff. de mi-*
norib.
Au deuxiéme, ſçavoir lors que le mineur ſuccede au majeur,
qui eſt decedé avant que d'avoir paſſé les quatre années pour
demander la reſtitution, il n'a pas plus de temps pour demander la reſtitution qu'il en reſtoit à celuy auquel il a ſuccedé, *l.* 5.
§. 2. C. *d. tit. & l.* 9. §. 1. *ff. de minorib.*
Au troiſiéme, lors que le majeur ſuccede au mineur, il a quatre ans entiers pour demander la reſtitution à compter du jour
de l'adition d'heredité, ou de la poſſeſſion des biens, parce qu'il
pourſuit en ce cas la reſtitution, non pas *ex ſua perſona*, mais *ex*
perſona defuncti, l. 4. & 5. *in fine. h. t. l.* 4. *ff. de integr. reſtit. l.*
minor, 18. *in fine. ff. de minorib.*
Au quatriéme, quand le majeur eſt heritier du majeur, pour
lors l'heritier n'a que le temps qui reſtoit à celuy auquel il a
ſuccedé, pour ſe faire relever contre ce qu'il a fait en minorité, *l.*
ult. C. *d. tit.*

On void que l'Empereur Juſtinien a eſtably un droit nouveau touchant la reſtitution des mineurs à l'occaſion de l'exception *non numeratæ dotis.*

14　L'exception *non numeratæ dotis* n'a point lieu en France, lors que le mary a donné quittance de la dot pardevant Notaires, qui declarent que la numeration en a eſté faite en leur preſence, ſoit que la quittance ait eſté donnée auparavant la celebration du mariage, enſuite du contrat qui en auroit eſté fait ; ou

15　que la quittance ait eſté donnée aprés la celebration du mariage, c'eſt le ſentiment de Rebuffe *in tract. de Chirograph. & ſchedul. recognitio. art.* 2. *num.* 59. de du Moulin ſur le titre au Code, *de non numer. pecun.* Bacquet au traité des Droits de Juſtice chap. 15. nombr. 65.

16　Que ſi le mary par ſa quittance avoit declaré avoir eſté payé de la dot, ſans que les Notaires fiſſent mention de la numeration réelle & actuelle, le mary pourroit en demander le payement, en juſtifiant par luy que la dot ne luy auroit pas eſté payée : & meſme ſi la quittance avoit eſté faite pendant le mariage, les

17　creanciers du mary aprés ſa mort, pourroient en conteſter le payement, & demander à juſtifier du contraire ; c'eſt le ſentiment commun des Docteurs, de Papon au traité des Notaires, de Bouvot *part.* 2. *in verbo,* vente à grace, *queſt.* 1. d'Autemne ſur la Loy 3. C. *de dote caut. non numer.* Baſſet en ſes Arreſts tome 1. livre 4. titre 5. Chapitre 2. rapporte un Arreſt du Parlement de Grenoble du premier Juillet 1615. qui a jugé, que le mary ayant donné quittance de la dot de ſa femme, doit en prouver le payement par les perſonnes, & les moyens par leſquels il l'a receu.

Ce qui ſeroit permis auſſi aux heritiers du mary ; par la raiſon que cette quittance ſeroit reputée un avantage indirect fait par le mary à la femme, ce qui eſt expreſſément prohibé par nos Couſtumes, parce que *qui non poteſt donare, non poteſt fateri;* Bacquet *loco citato num.* 66. dit que cette queſtion s'eſtant preſentée, il fut ordonné que les parties informeroient de leurs faits.

Cette diſtinction de la quittance de la dot donnée par le mary pardevant Notaires, avec declaration de la numeration des deniers, & de celle qui ne fait point mention de la numeration des deniers, eſt ſuivie par toute la France.

A l'egard

A l'égard de la quittance du mary donnée fous fignature privée, elle eft encore plus fufpecte, & peut par confequent eftre
conteftée par fes creanciers, ou par fes heritiers. Il peut mefme
en demander le payement, en juftifiant qu'il n'en a point efté
payé, au cas que la quitance ait efté donnée pendant le mariage ; car fi elle avoit efté donnée auparavant, comme il y auroit
lieu de prefumer qu'il auroit voulu faire un avantage à fa femme, il feroit mal fondé.

De ce qui a efté dit cy-deffus, il s'enfuit que cette Novelle
n'eft point en ufage en France. Quant au temps dans lequel le
mary doit faire fa demande de la dot, après lequel il eft reputé
l'avoir receuë, les Arrefts ont jugé qu'il n'avoit que dix ans, à
compter du jour de la celebration du mariage, parce qu'on prefume qu'ayant demeuré dans le filence pendant un fi long temps,
il en a efté payé : Monfieur Loüet & fon Commentateur, lett. D.
chap. 19. rapporte les Arrefts qui l'ont jugé ainfi.

Que fi par le Contrat de mariage il y a terme de payer la dot, 17
la prefcription de dix ans ne commence à courir que du jour de
l'échéance du terme, par la raifon que *contra non valentem agere*
non currit præfcriptio.

Lors que la fille fe marie elle-mefme en majorité, & promet
apporter en dot une fomme, on ne prefume pas du payement,
il doit eftre juftifié par la femme, ou par fes heritiers ; parce
qu'n'y ayant perfonne contre qui il puiffe dans les dix ans pourfuivre le payement de la dot, on ne peut rien imputer à fa negligence, on prefume qu'il l'ait receuë de celuy qui l'avoit promife ;
comme fi c'eft le pere ou la mere, le tuteur, curateur, ou un
étranger.

Cette prefomption cefferoit, au cas que celuy qui l'auroit promife eftoit devenu infolvable auparavant les dix ans ; car il n'y
auroit pas lieu de croire qu'il en auroit efté payé.

Quoy que le mary foit mineur au temps du mariage, neant- 18
moins s'il a laiffé paffer dix ans fans faire demande de la dot à
celuy qui la luy avoit promife, il eft prefumé en avoir receu
le payement, s'il ne juftifie du contraire.

La prefomption du payement après les dix ans, n'empefche
pas le mary de juftifier qu'il ne l'a pas receu ; auquel cas il n'en
feroit pas tenu.

On demande fi cette prefcription de dix ans a lieu dans les 19
Couftumes qui n'admettent que la prefcription de trente ans?

Tronçon fur l'article 113. de la Couſtume de Paris, tirent l'affirmative : Pour moy je fuis d'avis contraire, par la raifon que cette
prefcription n'eſt pas fondée fur les regles de la prefcription de
dix ou vingt ans, mais fur une prefomption du payement fait
au mary, pour empefcher qu'il ne foit payé deux fois de la meſme fomme, au préjudice des autres enfans des pere & mere qui
ont promis la fomme : ce qui eſt une raifon aſſez forte pour
rendre cét ufage commun dans toutes les Couſtumes renfermées
dans l'étenduë du Parlement de Paris, qui a confirmé cette
Novelle par pluſieurs Arreſts.

PARAPHRASE

DE JULIEN.

CONSTITUTIO XCIII.

CCCXLIX. De dote cauta (vel adſcripta) & non
numerata.

*SI mulier pro ſe dotale inſtrumentum conſcripſerit, vel pater
vel quivis alius pro ea ; poſteáque vel repudio vel morte
ſolutum fuerit matrimonium : ſiquidem antequàm biennii tempus impleatur, liceat marito vel heredibus ejus non numeratæ
pecuniæ dotis intra annum ex tempore ſoluti matrimonii numerandum querimoniâ uti. Quòd ſi ſupra duos annos (intra decennium tamen) matrimonium ſolutum fuerit : intra tres menſes
maritus vel heredes ejus eâdem querimoniâ utentur. Decennio
autem completo, modis omnibus, ſi nullâ querimoniâ uſus eſt,
videatur dotem accepiſſe. Et ſiquidem minor vigintiquinque annis
maritus ſit ; non pluſquàm duodecim annos in reſtitutione habeat.
Sin autem intra hoc tempus deceſſerit, heredes ipſius unum annum habeant, ſi legitimæ ætatis ſint : Sin autem minores fuerint, quinquennium habent nullâ diſcretione interpoſitâ utrùm
is qui deceſſit, minor fuerit, an major vigintiquinque annis.*

Ille autem debet non numeratæ dotis querimoniis uti , qui ſcriptus eſt dotem ſuſcepiſſe , ſive legitimam habeat ætatem , ſive minor ſit , ſecundùm ſua tempora negotium dirimatur. Querimoniam autem fieri oportet non nuda denuntiatione , ſed in ſcriptis. Quòd ſi in judicio inſtruatur , oportet omnimodò mulierem certiorare : alioquin ſi eam non certioraverit vel parentem ipſius : nihil videbitur maritus egiſſe.

C C C L. De poteſtate Conſtitutionis in tempore.

Hæc conſtitutio ad futura matrimonia pertinet ; nam in his , quæ adhuc conſtant , illa præcipimus obſervari , ut ſiquidem reſiduum decennium ſit , vel non minus biennio , id tempus habeat in querimoniam quæ ei & tranſmiſſionem præſtat. Sin autem minus biennio reſiduum tempus fuerit , vel fortè tranſactum eſt totum decennium , tunc ipſi quidem biennium habeant , heredes autem eorum tres menſes , poſtquàm nuptiæ ſolutæ fuerint.

Les Novelles ſuivantes juſques à la Novelle 106. ne ſont point d'uſage en France , & n'y peuvent recevoir aucune application ; c'eſt pourquoy nous paſſerons à la Novelle 106.

T I T R E   VII.

Des intereſts maritimes.

NOVELLE   CVI.

POur entendre ce qui eſt porté par cette Novelle il faut obſerver , que par le droit ancien il eſtoit permis au creancier de ſtipuler tels intereſts maritimes qu'il pouvoit avec ſon debiteur , en ſorte qu'ils n'eſtoient point reductibles aux intereſts reglez pour les autres affaires , ainſi que nous apprenons de Paul, *lib.* 2. *ſentent. tit.* 14. où il dit : *Trajectitia pecunia propter periculum creditoris , quamdiu navigat navis , infinitas uſuras recipere poterat.* Mais l'Empereur Juſtinien par ſa Conſtitution *in l.* 26. C. *de uſur.* a défendu de ſtipuler des intereſts maritimes plus forts que pour les autres affaires : ce qu'il a changé depuis par cette Novelle 106. par laquelle il a permis de stipuler des intelrests plus forts ; mais par sa Novelle 110. il a rétably la Jurisprudence établie par la Loy 26. *C. de usur.* C'est pourquoy Irnerius n'a point fait d'Authentiques tirées de ces deux Novelles ; par la raison que la Novelle 110. abroge la Novelle 106. & rétablit la Jurisprudence du Code sur cette matiere, suivant la Paraphrase de Julien.

Quoy que les stipulations & conventions qui portent interest pour prest d'argent, soient défenduës en France, neanmoins non seulement les interests ordinaires ne le sont pas lors qu'il s'agit du commerce sur mer, mais aussi il est permis d'en stipuler de plus forts ; & c'est ce qu'on appelle prester son argent aux grosses & hautes avantures.

P A R A P H R A S E

DE JULIEN.

CONSTITUTIO XCIX.

CCCLX.

ITA Constitutio de nautico fœnore loquitur, & est pro non scripta, quia ab alia posteriore Constitutione penitùs deleta est, quasi non scripta nec promulgata esset.

TITRE VIII.

Des Teſtamens imparfaits faits par les peres entre leurs enfans, & du partage de leurs biens du conſentement de leurs enfans.

De teſta‑
mentis
imper‑
fectis à
parentibus
in filios
factis, &
de divi‑
ſione re‑
rum à
filiis co‑
ram pa‑
rente; &
de ejus
facultati‑
bus facta
& ſub‑
ſcriptas

NOVELLE CVII.

SOMMAIRE.

1. *Que les dernieres diſpoſitions des peres entre leurs enfans doivent eſtre executées, quoy qu'imparfaites.*
2. *Pourquoy.*
3. *Comment elles doivent eſtre faites pour eſtre valables.*
4. *Si la datte eſt neceſſaire.*
5. *Si on peut ſe ſervir de chiffres dans ces diſpoſitions.*
6. *Si le pere peut dans une diſpoſition imparfaite, faire des legs à des étrangers.*
7. *Authentique* quod ſine. C. de teſtament.
8. *Si le teſtament du pere entre ſes enfans, eſt valable ſans*

9. *témoins.*
9. *Si le teſtament du pere eſt valable, lors qu'il eſt imparfait* ratione voluntatis.
10. *Si le teſtament du pere eſt valable entre ſes enfans naturels, quand il eſt imparfait.*
11. *Si cette Novelle a lieu à l'égard du teſtament imparfait de l'enfant, fait entre ſes pere & mere.*
12. *Si cette Novelle eſt gardée dans les Païs de Droit écrit.*
13. *Si elle a lieu à l'égard des teſtamens des autres aſcendãs.*
14. *Si cette Novelle eſt obſervée dans le Païs coûtumier.*

IL eſt traité dans cette Novelle, qui conſiſte en une Preface & trois Chapitres, des Teſtamens imparfaits faits par les peres entre leurs enfans, & du partage que les enfans font des biens de leur pere, de ſon conſentement.

Dans la Preface, l'Empereur dit que par une Loy faite par l'Empereur Conſtantin, qui eſt la Loy derniere *Cod. famil. erciſc.*

il eſt ordonné que les dernieres diſpoſitions faites par les peres entre leurs enfans doivent eſtre executées : & que par la Conſtitution de l'Empereur Theodoſe, qui eſt dans la Loy *hac conſultiſſima. C. de teſtament.* cè qui avoit eſté ordonné par celle de l'Empereur Conſtantin pour les teſtamens des peres entre leurs enfans, a eſté étendu aux teſtamens des meres, & des autres aſcendans de l'un & de l'autre ſexe.

Par ces Loix il eſt ordonné, que les teſtamens des peres & meres, & autres aſcendans entre leurs enfans, quoy qu'ils ſoient imparfaits, que ce ne ſoient que des codicilles, ou autres diſpoſitions ſous ſignature privée, ſans y avoir gardé aucunes ſolemnitez, ſont obſervées entre les enfans, de meſme que les teſtamens des ſoldats, *l. 1. §. 1. ff. de teſtam. milit.* pourveu qu'on y

2 puiſſe deviner la volonté & l'intention du défunt ; par la raiſon que les Loix preſument que les ſentimens des peres & meres ſont toûjours juſtes envers leurs enfans, *pater optimum conſilium pro liberis ſuis capere intelligitur, cum nullus ſit affectus, qui paternum vincat, l. 22. §. ult. ff. ad leg. Jul. de adulter. l. fin. in princip. C. de curatorib. furio.* C'eſt pourquoy ces Loix ne confirment ces dernieres diſpoſitions des peres & meres & autres aſcendans, qu'entre leurs enfans, & non à l'égard de perſonnes étranges ; à l'égard deſquelles ſi elles ne ſont reveſtuës des ſolemnitez & formalitez requiſes, elles ſont nulles & de nul effet.

3 Dans le **Chapitre** premier, l'Empereur dans le deſſein de reformer cette Juriſprudence, ordonne que celuy qui veut faire un teſtament entre ſes enfans, ſçachant lire & écrire, doit premierement declarer le temps de ſon teſtament de ſa propre main, c'eſt à dire, qu'il le datte *appoſito die & Conſule*, ou au cas qu'il ſoit écrit d'une main étrangere, il le doit ſouſcrire & ſigner ; en ſuite écrire le nom de ſes enfans de ſa propre main, & écrire entierement par des lettres & des caracteres ordinaires, les portions de ſa ſucceſſion qu'il laiſſe à chacun d'eux, & non par des chiffres & autres caracteres extraordinaires, afin que ſi ſa diſpoſition eſt ſans ſolemnitez, elle ſoit claire & ſans obſcurité.

4 La raiſon pour laquelle la datte eſt neceſſaire dans ces teſtamens, eſt afin que ſi un pere en laiſſoit pluſieurs, on pût reconnoiſtre le dernier ; en ſorte que quoy qu'il n'y eût qu'un ſeul teſtament, s'il eſtoit ſans datte il ſeroit nul, faute d'y avoir obſervé cette formalité requiſe par le droit nouveau.

5 L'Empereur défend de ſe ſervir de chiffres & d'abreviations

dans ces teſtamens, quoy que tres-favorables, dont les Anciens ſe ſervoient dans leurs écritures, comme *ſigla* pour *ſingula,* & de chiffres pour exprimer les nombres, au lieu de les écrire entierement, afin d'éviter les fraudes qui ſe peuvent commettre par ce moyen.

Ces notes & abbreviations ſont défenduës par le meſme Empereur dans les Loix, *de emendat. Codic.* dans les autres teſtamens faits par d'autres que par les peres entre leurs enfans, *l. ſed cum paterno. §. ult. ff. de bonor. poſſeſſ.* excepté dans les teſtamens des ſoldats, *l. Lucius. ff. de teſtam. milit.*

Que ſi le pere veut faire le partage de ſes biens entre ſes enfans par ſon teſtament, ou de quelque partie de ſes biens, ou faire quelques inſtitutions, il doit les declarer nettement, afin qu'il ne laiſſe aucun ſujet de conteſtation entre ſes enfans.

Que ſi le teſtateur veut faire des legs & des diſpoſitions au profit de ſa femme, ou de quelques autres perſonnes étranges, elles doivent eſtre écrites de ſa main, & en preſence de témoins, pour eſtre valables. 6

De ce Chapitre a eſté tirée l'Authentique *Quod ſine ſubſcriptione.* C. *de teſtament.*

AUTHENTIQUE *Quod ſine ſubſcriptione.* C. *de teſtament.* 7

Quod ſine ſubſcriptione ita procedit, ſi parens litteras edoctus manu propriâ, non ſignis, ſed litterarum conſequentiâ declaret & tempus, & liberorum nomina; item & unciarum numerum, ſcilicet ſigna rerum ſpecialium; in quo & aliis legari & fideicommitti, & libertas relinqui poteſt.

Les Docteurs traitent pluſieurs queſtions en interpretation de cette Authentique. 8

La premiere, ſi le teſtament du pere entre ſes enfans eſt valable, lors qu'il eſt fait ſans témoins? Julius Clarus §. *teſtamentum, quæſt.* 14. Fachin. *lib.* 4. *cap.* 1. Gail *lib.* 2. *obſervat.* 112. *num.* 8. *in princip.* & autres, tiennent que les témoins ne ſont point neceſſaires dans ces teſtamens, & fondent leur opinion ſur trois Conſtitutions.

La premiere eſt celle de Conſtantin en la Loy derniere C *famil. erciſc.* en ces termes, *etiamſi ſolemnitate legum hujuſmodi diſpoſitio fuerit deſtituta,* leſquels excluent toutes ſolemnitez & formalitez, & par confequent celle des témoins.

La deuxiéme eft celle de Theodofe, en la Loy *hac confultif. fima.* §. *ex imperfecto*, en ces termes, *ex imperfecto teftamento voluntatem tenere defuncti nifi inter folos liberos , &c.* ce qui exclud la folemnité des témoins, de mefme que toutes les autres, puis qu'il eft dit expreffément, qu'un teftament imparfait eft valable *inter liberos.*

La troifiéme eft celle de Juftinien dans cette Novelle, au commencement du Chapitre premier , où il n'eft point fait mention de témoins ; & en la fin de ce Chapitre les témoins font feulement requis lors que le teftateur a fait quelques difpofitions au profit de perfonnes étranges ; d'où il s'enfuit qu'ils ne font pas neceffaires lors que le teftament n'eft fait qu'entre les enfans.

Que fi les témoins eftoient neceffaires dans ces teftamens, ils ne feroient pas entierement deftituez de formalitez , & s'ils eftoient requis ce ne feroit que *ad probationem*, & non pas *ad folemnitatem :* Mais puifque ces teftamens fe prouvent affez par la propre écriture des teftateurs , ou par leur fignature, il n'eft pas befoin de les faire en prefence de témoins.

Cujas Confultation premiere , & quelques autres , font d'avis contraire , eftimans que les témoins font neceffaires dans ces teftamens, parce que *nec teftamentum dici poteft illud , cui defunt teftes ;* que quoy que les Empereurs Conftantin & Theodofe ayent declaré dans leurs fufdites Conftitutions, que le teftament du pere fait entre fes enfans eft valable, fans aucune formalité, cela ne fe doit pas entendre, en forte qu'il puiffe eftre fait fans témoins ; de mefme que quand on dit que *fideicommiffa fola nutu relinqui poffunt* , ce n'eft pas à dire pour cela, qu'ils puiffent eftre laiffez fans témoins , *l. & in epiftola. C. de fideicommiff.*

Le fentiment de Fachin eft plus conforme à l'efprit de l'Empereur Juftinien.

9 La deuxiéme, fi un teftament fait par un pere entre fes enfans, eft valable lors qu'il eft imparfait *ratione voluntatis.*

C'eft le fentiment commun des Docteurs , que quand les Loix fufdites declarent valable le teftament du pere entre les enfans, quoy qu'imparfait, cela s'entend du teftament imparfait *ratione folemnitatum* , & non pas *ratione voluntatis ;* comme fi un pere avoit commencé d'inftituer quelques-uns de fes enfans , & que voulant inftituer les autres il feroit decedé, en ce cas il eft vray de dire qu'il a commencé fon teftament , mais il n'eft pas vray

qu'il

qu'il l'ait fait, en forte que les enfans inftituez ne pourront rien pretendre dans les biens de leur pere & mere de fon teftament ; & c'eft ainfi que la Loy derniere, C. *famil. ercifc.* en ces mots, *five inceptum, neque impletum fit teftamentum*, fe doit entendre, conformément au fentiment du Jurifconfulte Jabolenus, *l. fi quis. ff. de teftament.*

Oldradus *confil.* 119. pretend mefme que f'un pere avoit écrit fon teftament de fa propre main entre fes enfans, & qu'il eut ordonné de faire venir un Notaire & des témoins, pour declarer en leur prefence fa volonté, & qu'auparavant qu'ils fuffent arrivez, il fût decedé, le teftament feroit non valable : c'eft auffi l'avis de Covarruv. *in cap. relatum.* 1. *Ext. de teftament.*

Cette opinion eft fondée principalement fur la Loy *quoties. ff. de legat.* 3. en ces termes : *quoties quis exemplum teftamenti præparat, & antequam teftetur, moritur, non valet, antequam teftetur ;* c'eft à dire, *antequam teftibus adhibitis & vocatis fuam declaret voluntatem.* Et fur la Loy *ex ea fcriptura, ff. de Teftam. ex ea fcriptura quæ ad teftamentum faciendum parabatur, fi nullo jure teftamentum perfectum effet, nec ea, quæ fideicommifforum verba habent, peti poffunt.*

L'opinion contraire eft mieux fondée, parce que dans la Loy derniere, C. *famil. ercifc.* il eft declaré que la volonté du pere doit eftre executée, *quocumque modo fcripturæ, quibufcumque verbis vel indiciis inveniatur relicta.*

Quant à la Loy *quoties.* elle fe doit entendre des difpofitions qui requierent des folemnitez & formalitez.

La troifiéme, fi ce qui eft decidé dans ce Chapitre peut eftre étendu au teftament noncupatif ? Plufieurs tiennent l'affirmative, pourveu que le teftament foit paffé en prefence de deux témoins, mafles ou femelles, priez, ou fortuitement furvenus chez le teftateur ; c'eft le fentiment de Perezius fur le titre au Code, *de teftam. num.* 28. & d'autres. Neanmoins la Novelle 18. chap. 7. & cette Novelle 107. ne font mention que du teftament écrit, & ne parlent point du teftament noncupatif, en forte qu'il n'y a pas lieu d'étendre la difpofition de l'un à l'autre, & c'eft le fentiment que je crois qu'il faut fuivre.

La quatriéme, fi ce Chapitre a lieu à l'égard du teftament fait par un pere entre fes enfans naturels : l'opinion commune eft pour la negative ; par la raifon que cette difpofition a efté introduite tant en faveur des peres que des enfans, pour empécher qu'aprés la mort de leur peré ils ne tombent dans des contestations & des procés touchant la succession & validité de son testament ; or les enfans naturels ne succedent point à leur pere, ainsi la disposition favorable des Loix pour les enfans, ne s'étend point aux enfans naturels.

11 La cinquiéme, si ce qui est decidé dans ce Chapitre du Testament du pere entre ses enfans, doit estre estendu au testament fait par un enfant entre ses pere & mere : Anton. de Butrio *consil.* 15. *num.* 1. *& seq.* tient l'affirmative ; par la raison que *correlativorum eadem est ratio :* cependant cette raison n'est pas valable, dautant que souvent ce qui est fait pour un des correlatifs n'a pas lieu pour l'autre ; par exemple la mere est tenuë de doter sa fille lors que le pere n'a pas de biens pour luy constituer une dot, & neanmoins si la mere veut se remarier & qu'elle n'ait point de biens pour donner en dot ; ses enfans ne sont pas tenus de luy donner une dot.

12 Les Parlemens de Droit écrit ont suivy la disposition de cette Novelle ; Automne sur l'article 54. de la Coustume, de Bordeaux, remarque des Arrests du Parlement de Bordeaux, qui ont declaré valables les testamens des peres faits entre leurs enfans quoy qu'imparfaits, & mesme sans témoins.

Le Parlement de Tholose reçoit aussi ces testamens, quoy qu'imparfaits, mais l'usage s'y est introduit de les faire en la presence de deux témoins, ainsi que nous remarquons dans Monsieur Mainard livre 5. Chapitre 13. livre 8. Chapitre 8. & dans Monsieur de Cambolas livre 5. Chapitre 29.

Monsieur le Prestre Centurie 2. Chapitre 70. rapporte un Arrest donné au Parlement de Paris en l'Audiance de la Grand' Chambre le 24. Juillet 1601. dans Coustume d'Auvergne Païs de Droit écrit, qui a declaré valable le testament du pere écrit de sa main & sans témoins.

Monsieur de Cambolas *loco citato*, & Monsieur Dolive en ses Arrests livre 5. Chapitre 1. rapportent un Arrest du mesme Parlement du 16. May 1632. qui a jugé, que le privilege attribué aux testamens faits par les peres entre leurs enfans, ne doit pas seulement avoir lieu à l'égard des testamens par écrit, mais aussi à l'égard des testamens noncupatifs.

Automne sur l'article 54. de la Coustume de Bordeaux, rapporte aussi un Arrest du Parlement de Guyenne prononcé en Robes rouges le 9. Avril 1598. qui a aussi confirmé le testament d'un pere, quoy qu'il n'euſt point eſté redigé par écrit.

Ces Arreſts ont eſté rendus contre la diſpoſition des Novelles ſuſdites, la raiſon eſt que dans ces Parlemens, l'uſage s'eſt introduit de faire rediger par écrit par un Notaire les teſtamens noncupatifs, au meſme temps qu'ils ſont prononcez par les teſtateurs ; ainſi il ſemble que ces teſtamens ſon teſtamens écrits.

La faveur de ces teſtamens ne s'eſtendroit pas aux enfans naturels, ce qui ne peut faire aucune difficulté en France, où l'on ne reconnoiſt point les enfans qui ſont hors le mariage.

Le teſtament des enfans en faveur de leurs pere & mere ne joüit pas auſſi du meſme privilege, neanmoins quelques-uns veulent que la faveur des pere & mere au cas que l'enfant teſtateur n'eut point d'enfans, ny freres ny ſœurs, ſoit de quelque conſideration pour faire valoir un teſtament imparfait fait en leur faveur, puis que par la diſpoſition du droit un teſtament imparfait, fait au profit des heritiers à inteſtat, fait neanmoins en la preſence de cinq témoins, caſſe un premier teſtament fait au profit de perſonnes eſtranges, quoy que ſolemnel, *l. hac conſultiſſima.* §. *ſi quis.* C. *teſtament.* Deſpeiſſes au titre des Succeſſions, Section 4. nombr. 84. dit avoir eſté jugé au Parlement de Tholoſe par un Arreſt ſans datte, qu'un teſtament fait par un fils au profit de ſon pere eſtoit valable, quoy qu'il n'eût eſté fait qu'en la preſence de deux témoins.

Pour moy je n'eſtimerois pas qu'il fallût s'écarter des regles & de la diſpoſition du droit dans ce cas, quoy que les peres & meres ſoient tres-favorables, par la raiſon que les privileges ne ſouffrent point d'extenſion de perſonnes à autres.

C'eſt l'uſage des Parlemens de Droit écrit que non ſeulement le pere mais auſſi la mere & les autres aſcendans peuvent faire des teſtamens entre leurs enfans ſans ſolemnité ; ce qui a eſté jugé par l'Arreſt de 1632. du Parlement de Tholoſe, rapporté cy-deſſus, fait par une mere entre ſes enfans. 13

Dans le païs Couſtumier on n'a point reçeu les teſtamens des peres entre leurs enfans ſans les ſolemnitez requiſes par les Coûtumes des lieux où ils ſont faits ; & tel eſt l'uſage de ce Parlement ; il eſt vray que Monſieur le Preſtre *loco citato* remarque un Arreſt donné en ce Parlement en la 5.Chambre des Enqueſtes le Lundy 27. Aouſt 1607. en la Couſtume de Berry, qui a declaré valable le teſtament olographe d'un pere entre ſes enfans, 14

fait fans témoins, quoy que cette Couftume requiert dans les teftamens olographes la prefence de témoins ; mais par l'article 8.
du titre des teftamens, les difpofitions faites entre les enfans, ou
pour caufes pitoyables font exceptées, aufquelles les difpofitions
du droit Civil & Canonique font gardées ; & par confequent
cette Couftume permet aux peres de faire des teftamens entre
leurs enfans, fans les folemnitez requifes dans les autres
teftamens.

Tefta-
mentum
conditum
inter li-
beros li-
cet im-
perfectû,
ita de-
mum rû-
pitur per
fecunoû,
fi teftator
defignat
expref-
fim curâ
feptem
teftibus
adhibitis
nulle va-
lere pri-
mû quod
fecerit,&
aliud fo-
lemne
condidit
fcriptis
vel fine
fcriptis.

CHAPITRE II.

*Le Teftament fait par le pere entre les enfans, eft caffé
par un fecond teftament, lors qu'il declare expreffement en prefence de fept témoins qu'il le revoque, &
qu'il en fait un autre folemnel par écrit ou noncupatif.*

SOMMAIRE.

1. *Comment le teftament du pere
eft caffé par un teftament fait
aprés.*

2. *Difference entre le teftament
imparfait fait par le pere,
& le teftament militaire.*

3. *Si pour revoquer par le pe-*

*re fon teftament fait entre fes
enfans, il faut une revocation
expreffe.*

4. *Authentique hoc jure. C.
de teftament.*

5. *Arreft du Parlement de Tholofe qui a jugé la queftion.*

L'Empereur dans ce Chapitre ordonne de quelle maniere un
teftament fait par un pere entre fes enfans, peut eftre caffé
par un autre teftament pofterieur : Premierement c'eft une regle certaine de droit, que les teftamens font infirmez par d'autres teftamens pofterieurs ; mais pour cet effet il faut que les teftamens pofterieurs foient folemnels, parce qu'eftant nuls, ils ne
pourr ient produire aucun effet, ny par confequent caffer un
premier teftament qui feroit valablement fait, §. 2. *Inftitut.quib.
mod. infir. teftam.* Il femble que le teftament fait par le pere entre fes enfans eftant imparfait, il puiffe eftre caffé par un fecond
teftament quoy que non folemnel ; neanmoins l'Empereur dans

ce Chapitre, ordonne que ce teſtament ne peut eſtre caſſé que par un autre teſtament ſolemnel, écrit ou noncupatif.

Cependant ſelon le ſentiment de Balde & des autres Docteurs, ſi le teſtament poſterieur eſt fait auſſi entre les enfans, & qu'il leur ſoit favorable, il caſſe le premier, quoy que le ſecond teſtament ſoit ſans les ſolemnitez requiſes, *l.* 21. §. *ſi quis autem.* C. *de teſtam.* par la raiſon que ce Chapitre ſe doit entendre du teſtament fait au profit de perſonnes eſtranges, & non pas en faveur des enfans.

Il faut obſerver icy une difference conſiderable entre le teſta- **2** ment militaire & le teſtament du pere entre ſes enfans, ſçavoir que ſe teſtament du pere entre ſes enfans a un plus grand privilege que celuy qui eſt fait par un ſoldat ; parce que le teſtament militaire eſt caſſé par un autre teſtament militaire quoy qu'imparfait & fait ſans aucunes ſolemnitez, *l. ejus militis.* §. *ſi vaſſus.* *l. in fraudem.* §. *ſicut. ff. de teſtam. milit.* & que le teſtament du pere entre ſes enfans n'eſt point caſſé que par un autre teſtament ſolemnel ; ce qui eſt ainſi ordonné par l'Empereur en faveur des enfans.

Il ne ſuffit pas que le teſtament poſterieur ſoit ſolemnel pour **3** caſſer le teſtament fait par le pere entre ſes enfans, quoy qu'imparfait, il faut encore que le pere dans ce ſecond teſtament declare expreſſement qu'il revoque tous autres teſtamens qu'il auroit fait auparavant, & principalement à celuy qu'il auroit fait entre ſes enfans, laquelle revocation expreſſe n'eſt point neceſſaire pour caſſer d'autres teſtamens.

De ce Chapitre a eſté tirée l'Authentique *Hoc inter.* C. *de teſtament.* .

AUTHENTIQUE *Hoc inter.* C. *de teſtament.*

Hoc inter liberos teſtamentum ita infirmatur, ſi parens ſeptem **4** *teſtibus adhibitis declaret, ſe nolle tale teſtamentum valere, & aliam diſponat voluntatem vel in teſtamento perfecto, vel in non ſcripta perfecta voluntate.*

L'Arreſt du Parlement de Tholoſe du 15. May 1632. rap- **5** porté cy-deſſus, a jugé que le teſtament ſolemnel d'une mere fait entre ſes enfans, avoit pû eſtre revoqué par un ſecond teſtament imparfait, fait en la preſence ſeulement de quatre témoins ; dans le premier la mere avoit inftitué également fes enfans, & par le deuxiéme elle avoit inftitué fa fille aifnée heritiere univerfelle, & avoit laiffé à fa puifnée une fomme par forme de legs, pour luy fervir de legitime ; & d'ailleurs le dernier ne contenoit qu'une dérogation à tous autres teftamens, fans parler de celuy qu'elle avoit fait entre fes enfans. Ce qui marque que le Parlement de Tholofe fuit l'opinion de quelques Docteurs, qui eftiment, que le teftament fait entre enfans peut eftre revoqué par un teftament non folemnel, lors qu'il eft fait auffi entre les enfans.

Si pater bona divifit inter filios, & filii in divifione fcripferunt, & promiferunt eam ratam habere, vel fimpliciter eam fcripferunt; aut etiam folus pater divifioné factam inter liberos fcripfit manu propriâ, rata debet haberi hæc divifio.

CHAPITRE III.

Le partage fait par le pere entre fes enfans écrit par les enfans, ou qu'ils auroient promis d'entretenir, ou que le pere a écrit de fa main, doit eftre entretenu.

SOMMAIRE.

1. *Si pour rendre valable un teftament fait par un pere entre fes enfans, il faut que le pere & les enfans le fignent.*
2. *Authentique* fi modo. C. famil. ercifc.
3. *Si la mere & les autres afcendans peuvent faire partage entre leurs enfans.*
4. *Si le partage fait par le pere feroit valable au cas qu'il eût paffé quelques-uns de fes enfans.*
5. *Si le partage peut eftre inégal.*
6. *Les partages faits par les peres & meres entre leurs enfans font favorablement reçûs en France.*
7. *Difpofition des Couftumes fur ce fujet.*
8. *Quid, dans les Couftumes qui n'en parlent point.*
9. *Si on peut préjudicier au droit d'aîneffe.*

1 L'Empereur dans ce Chapitre ordonne, que fi le pere fait un partage de fes biens entre fes enfans, foit qu'il l'ait figné feul, ou qu'il l'ait fait figner par fes enfans, il foit bon & valable, & executé fans qu'il foit befoin d'autre formalité.

Ce partage se fait sans forme de testament, suivant ce Chapi- 2
tre, qui est conforme à la Novelle 18. *chap.* 7. & de ce Chapitre 3. ou du Chapitre 7. de la Novelle 18. a esté tirée l'Authentique *Si modò subjiciatur. C. famil. ercisc.*

AUTHENTIQUE *Si modò subjiciatur. C. famil. ercisc.*

Si modò subjiciatur huic scripturæ, vel ipsius parentis, vel om-
nium inter quos fit partitio, liberorum subscriptio.

Cette Novelle ne s'entend pas seulement du pere, mais aussi 3
de la mere & des autres ascendans, lesquels peuvent faire partage de leurs biens pendant leur vie entre leurs enfans, aussi l'Empereur ne parle pas du pere seulement, mais il dit : *novimus ali-*
quos divisiones facientes inter proprios filios ; & mesme quand il
auroit parlé seulement du pere, il y auroit lieu d'étendre sa
constitution à tous les ascendans parce qu'il y a parité de raison.

On demande si le partage seroit valable au cas que le pere eut 4
passé quelques-uns de ses enfans ? L'affirmative semble veritable,
par ces termes de cette Authentique, *vel omnium ;* & d'ailleurs
parce que les enfans qui sont preterits, peuvent demander leur
legitime. Neanmoins l'opinion contraire est mieux fondée, par
la raison que ce qui seroit introduit en faveur des enfans, cau-
seroit du préjudice à quelques-uns, & tel partage seroit inoffi-
cieux, & comme tel il seroit nul & sans effet.

C'est le sentiment de Jul. Clarus *lib.* 3. §. *testamentum. q.* 24. 5
que le partage peut estre inégal, de mesme que le pere peut dans
son testament laisser à ses enfans des portions inégales dans ses
biens. La Loy 11. *C. famil. ercisc.* qui porte, *inter filios & fi-*
lias bona intestatorum parentum pro virilibus portionibus æquo
jure dividi oportere, explorati juris est, n'est pas contraire à
cette resolution ; dautant qu'elle se doit entendre lors que le pere n'a point fait de partage entre ses enfans.

Les partages faits par les peres & meres entre leurs enfans, sont 6
favorablement receus en France, parce que les peres & meres sont
considerez comme juges & arbitres entre leurs enfans, *sapiens*
dominabitur filiis stultis, & inter fratres hereditatem dividet,
dit Salomon Proverb. *cap.* 17. *vers.* 2.

Quelques Coûtumes parlent du partage que les peres & meres 7 peuvent faire entre leurs enfans. Celle de Bourgogne titre des Succeſſions article 6. & 7. permet aux peres & meres de faire partage de leurs biens entre leurs enfans, ſous deux conditions : La premiere, que le partage ſoit fait vingt jours avant le deceds, & l'autre, que la legitime ſoit laiſſée aux enfans, autrement le partage ſeroit nul, mais ſi le partage eſt fait au deſir de cette Couſtume, les enfans ne le peuvent pas conteſter.

Par celle d'Amiens article 49. le partage peut eſtre fait par les peres & meres, ſans le conſentement de leurs enfans ; c'eſt auſſi la diſpoſition de celle de Peronne, Mondidier & Roye, article 107. qui requiert, que la legitime ſoit laiſſée aux enfans dans les partages des peres & meres.

Celle de Nivernois titre 34. article 17. declare auſſi valable le partage fait par les peres & meres entre leurs enfans, & ſur cet article du Moulin a fait un Apoſtille en ces termes, *ſalvâ tamen legitimâ reſpectu deſcendentium juxta leg. ſi cogitatione C. famil. erciſc. & ſup. tit.* des Donations.

Coquille ſur cet article, dit que dans ce partage il n'eſt pas neceſſaire que l'égalité y ſoit ſi proportionnement gardée, comme ſi les coheritiers partageoient entr'eux de gré à gré, meſme en la Couſtume de Nivernois, qui permet aux peres & meres d'avantager aucuns de leurs enfans, ſauve la legitime des autres.

8 Dans les autres Couſtumes qui n'en parlent point, comme dans celle de Paris, il faut que le partage ſoit du conſentement des enfans ; c'eſt à dire que tous les enfans ſoient parties & ſouſcrivent au partage, auquel cas ils ne peuvent point le conteſter.

Et quoy que les enfans ne l'ayent point ſigné, neanmoins s'il a eſté executé, les enfans ou quelques-uns d'iceux n'y peuvent point contrevenir.

9 Dans les Couſtumes où les peres & meres peuvent faire partage de leurs biens entre leurs enfans ſans leur conſentement, la legitime reſervée, il n'eſt pas permis de prejudicier aux droits & prerogatives d'aîneſſe, comme il a eſté jugé par pluſieurs Arreſts rapportez par Brodeau ſur Monſieur Loüet lettre P, Chapitre 24. par la raiſon que le droit d'aîneſſe a eſté introduit pour la conſervation des Maiſons Illuſtres ; ainſi les peres & meres n'y peuvent point prejudicier par leurs conventions particulieres.

PARAPHRASE

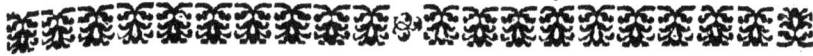

PARAPHRASE
DE JULIEN.

CONSTITUTIO C.

CCCLXI. De voluntatibus parentum in diftributione patrimonii faciendis.

*SI quis inter liberos fuos ultimam voluntatem componere ma-
luerit, imprimis tempus confcribat, poftea autem nomina liberorum fuorum fuâ manu: & unciarum quantitates, ex quibus
eos heredes inftituit, non per numerorum notas : fed ita, ut per
litteras numerus exprimatur. Sed & fi res aliquas liberis fuis
relinquere velit, aut ex rebus certis quofdam de liberis fuis heredes inftituere malit : dicat rerum demonftrationes, & manu propriâ fignificet, ut nulla poftea dubitatio inter liberos fiat. Sin
autem extraneis perfonis vel uxori fua legata vel fideicommiffa
relinquere velit : Et hoc manu propria fcribat, & ante teftes nun-
cupet ; & valeat quod ita aftum eft, quamvis cæteras teftamentorum obfervationes non habeat. Et fiquidem in ea perfeveraverit
voluntate : nihil ampliùs quæratur. Sin autem dixerit aliquis
teftatorem pœnituiffe, non aliter audiatur, nifi probaverit de-
funftum, poftea feptem teftibus præfentibus dixiffe priorem voluntatem fuam velle fe irritam effe, & fortè eam rupiffe : pofte-
rius autem teftamentum, vel in fcriptis vel fine fcriptis, compofitum validum effe.*

CCCLXII. Idem.

*Quia autem fcimus quofdam rerum fuarum inter liberos pro-
prios diftributionem facere, & fub eadem liberos quoque eorum
fubfcribere : hoc quoque validum fit fecundùm noftræ Conftitutionis obfervationem, quam de hujufmodi diftributionibus promul-*

gavimus. Sed & fine subscriptione liberorum ipse parens subscribat : & omnia per subscriptionem suam manifesta faciat. Id quoque ratum habebitur quod jam antefatâ constitutione continetur : hæc autem lex in his casibus locum habebit, quos postea moveri contigerit.

TITRE IX.

Des Reſtitutions.

NOVELLE CVIII.

SOMMAIRE.

IL s'agit dans cette Novelle , qui consiste en une Preface &
deux Chapitres , de la restitution qui se fait par la volonté
du testateur au temps de la mort de celuy qui est chargé de la
faire : Dans la Preface l'Empereur propose cette espèce , qui a
donné lieu à la Constitution : Un particulier institué ses enfans
ses heritiers , & voulant leur substituer par une substitution reciproque, ceux d'entr'eux qui decederoient sans enfans, il ordonne
que s'il arrive que quelqu'un de ses enfans, qui sera un de ses
heritiers , decede sans enfans, il soit obligé de restituer aux autres enfans vivans , ou aux enfans de ceux qui seroient decedez,
tout ce qui se trouvera luy appartenir au temps de sa mort des
biens du testateur , excepté sa legitime , déchargeant ses enfans
de l'obligation de donner caution pour la seureté des choses sub-
stituées. Le testateur estant mort laissant deux enfans, dont l'un
avoit des enfans & l'autre n'en avoit point ; celuy qui en avoit
fait défenses à celuy qui n'en avoit point , de joüir des biens qui
luy avoient esté laissez par le testateur , sous pretexte qu'il n'a-
voit point d'enfans : Celuy qui n'avoit point d'enfans , employe
pour réponse à la pretention du demandeur , les termes du testament de son pere , sçavoir que *tout ce qui se trouveroit luy appartenir au jour de son deceds , des biens de son pere , seroit restitué
à ceux qui auroient des enfans :* Ainsi selon cette disposition , il
a droit de joüir pendant sa vie des biens à luy delaissez par son
pere , *nullâ prohibitione de eorum gubernatione illatâ ei.*

L'Empereur avant que de rendre sa décision sur cette contestation , propose l'opinion de Papinian & de l'Empereur Marc;
que Papinian estimoit que dans l'espece proposée l'alienation
des biens pouvoit estre faite, pourveu que ce fût sans dessein de
rendre inutile le fideicommis , *l. Titius. ff. ad SC. Trebellian.*
& que l'Empereur Marc estoit d'avis qu'il falloit examiner selon
le sentiment d'un homme de bien, s'il avoit fait l'alienation pour
cause necessaire , ou à dessein de rendre le fideicommis nul & sans
effet.

Dans le Chapitre premier l'Empereur ordonne , que s'il s'agit
d'un fideicommis universel dont on soit chargé , ce qui a esté

étably auparavant par d'autres Loix & Constitutions, soit gardé & observé touchant la restitution de ce fideicommis, §. 7. *Institut. de fideicommiss. heredit. & tot. tit. ff. & C. ad SC. Trebellian. Novel.* 39. mais que si c'est un fideicommis particulier, tel qu'est celuy dont il s'agit dans l'espece proposée, & que le testateur n'oblige à restituer que les choses qui se trouveront en la possession de celuy qui est chargé de restitution au jour de son deceds, en ce cas il ordonne que l'heritier chargé de cette restitution pourra aliener jusqu'aux trois quarts de sa succession, estant obligé de laisser au moins le quart d'icelle au fideicommissaire, sans qu'il en puisse disposer par donation ou autrement, à dessein de rendre le fideicommis inutile & sans effet pour le fideicommissaire.

2   L'Empereur propose dans ce Chapitre des cas esquels l'heritier chargé de restituer les biens dans l'espece proposée, peut aliener par delà les trois quarts.

Le premier est pour cause de dot, soit pour la restitution d'une dot, dont l'heritier seroit chargé suivant la glose, ou pour la constitution d'une dot pour une fille ou pour une petite fille, au cas que celuy qui seroit chargé de restituer n'eût pas d'autres biens pour la constituer.

Le deuxiéme est pour une donation à cause de nopces, & ce en faveur de mariage.

On demande si la dot estoit éteinte par la dissolution du mariage, sçavoir si ce qui auroit esté constitué en dot, seroit sujet à restitution : la glose tient que non, *argum. seq. mulier.* §. 4. *ff. ad SC. Trebellian.*

Le troisiéme est pour la redemption des Captifs, & ce par une raison de pieté qui doit estre preferée à toute autre consideration.

Le quatriéme est pour des alimens, au cas que celuy qui est chargé de restitution n'en puisse point avoir d'ailleurs ; parce que l'on presume que telle a esté la volonté du testateur, lors qu'il a chargé son heritier de restituer ce qui se trouveroit luy appartenir au jour de son deceds.

Hors ces trois cas ou exceptions, l'Empereur veut & ordonne que l'heritier soit tenu de restituer au jour de son deceds le quart de la succession au fideicommissaire : Que s'il se trouve avoir aliené une partie de cette quatriéme partie de la succession, & qu'il ait des biens pour en restituer le supplément, l'Empereur veut qu'il y foit contraint.

Dans le Chapitre deuxiéme, l'Empereur au cas que l'heritier 3
ait difpofé de ce quart, & qu'il n'ait aucuns biens fur lefquels
le fideicommiffaire puiffe le reprendre , donne & accorde au
fideicommiffaire l'action réelle & hypotecaire contre les acquereurs & poffeffeurs des chofes fujettes à cette reftitution , à l'effet que par l'action réelle il puiffe contre eux repeter le fideicommis , ainfi que l'Empereur avoit fait autrefois en faveur des legataires , *l. 1. C. commun. de legat.* leur accordant l'action réelle
pour la repetition des legs qui leur font laiffez , & obligeant
ceux qui en font chargez de bailler bonne & fuffifante caution,
à moins que les teftateurs ne les en ayent déchargez , comme dans
l'efpece propofée.

Dans la fin de cette Novelle , l'Empereur ordonne que fa
Conftitution ait lieu non feulement dans l'efpece propofée, qui
eft des enfans chargez les uns envers les autres d'une fubftitution reciproque , mais auffi au cas des autres heritiers , foient parens ou étrangers chargez de pareille fubftitution.

De cette Novelle a efté tirée l'Authentique *Contra cùm ro-*
gatus fuerit. C. ad SC. Trebellian.

AUTHENTIQUE *Contra cùm rogatus fuerit. C. ad* 4
SC. Trebellian.

Contra cùm rogatus fuerit quis , ut fine liberis decedens , quod
tunc ex hereditate fupererit , reftituat , vel aliis hujufmodi fidei-
commiffi verbis gravatus , quartam inftitutionis fideicommiffario
reftituere cogitur. Super hoc igitur , & cautionem , nifi à defuncto
remiffa fit , exponet quòd fi contingat eam diminui , aut ex ipfius
fubftantia fuppletur , aut eâ deficiente , in rem actione & hypo-
thecaria fideicommiffario uti promittitur adverfus rerum accepto-
res. Ex caufa tamen dotis , feu propter nuptias donationis , feu
captivorum redemptionis , vel fi non habeat unde fecerit expen-
fas , hujus quartæ permittitur diminutio.

Pour une parfaite intelligence de cette Novelle & de l'Authentique qui en eft tirée , nous obferverons que les teftateurs char-
gent fouvent leurs heritiers , & mefme les fideicommiffaires , de
reftituer leur fucceffion ou partie d'icelle , ou quelques chofes

particulieres, à d'autres, *tot. tit. ff. C. de Inftitut. de fideicom̃miffar. hæredit.*

Un heritier eft prié de reftituer par un teftateur, ou purement, ou d'un jour certain ou incertain, ou fous condition, §. *imprimis verf. & liber. eft. Inftitut. de fideicommiff. heredit.*

Un heritier eft chargé de reftituer *purè*, lors que le teftateur n'a appofé un jour ny condition à la reftitution du fideicommis, par exemple, *je prie Titius mon heritier de rendre ma fucceffion à Caïus;* auquel cas la reftitution doit eftre faite aprés la mort du teftateur dés l'adition d'heredité.

Ex die lors que l'heritier eft chargé de reftituer dans un certain temps, comme dans un an, auquel cas il n'eft pas obligé de reftituer que le jour ne foit écheu ; car fi on en demandoit auparavant la reftitution, on luy demanderoit plus qu'il ne feroit tenu de reftituer, *plus enim tempore peti poteft.*

Sub conditione, lors que le teftateur a chargé fon heritier de reftituer fous une condition, comme s'il fe marie, auquel cas il n'eft point tenu de reftituer avant l'évenement de la condition; ce qui eft dû fous condition n'eft pas proprement dû, *fed fpes eft debitum iri*, on efpere qu'il fera dû par l'évenement de la condition, §. *omnis ftipulatio. &* §. *fub conditione Inftitut. de V. O.*

6　　De quelque maniere que le fideicommis foit, & qu'un heritier foit chargé de reftitution, il ne peut point aliener les chofes qui y font fujettes, *l. fin. C. commun. de legat. junctâ Authent. res quæ.*

Lors que la reftitution doit eftre faite *purè*, celuy qui eft chargé de la faire ne peut aucunement aliener les chofes fujettes à reftitution, en forte que l'alienation qui en feroit faite ne feroit pas capable de transferer le domaine des chofes alienées, *tot. tit. C. de reb. alien. non alienand.* Il ne peut point auffi les engager ou hypotequer, ou les charger d'aucun droit réel, comme d'une fervitude, d'une rente fonciere, ou autre femblable; parce que fous le titre d'alienation, font comprifes toutes fortes de charges réelles.

Il faut dire la mefme chofe du fideicommis à reftituer *die certo;* par la raifon que la reftitution eft certaine, quoy que differée dans un jour certain, en forte qu'en ce qui regarde l'alienation il n'y a point de difference entre le fideicommis laiffé *puré*, & celuy qui eſt laiſſé *ex die certo.*

Il n'en eſt pas de meſme du fideicommis laiſſé ſous une con- 7 dition, car il peut eſtre aliené juſqu'à l'évenement d'icelle; mais l'alienation eſt renduë nulle dés que la condition eſt arrivée, de meſme que ſi elle n'avoit point eſté faite, *l. ult. §. ſin autem. C. commun. de legat.* mais l'acquereur a ſon recours contre ſon vendeur, pour recouvrer le prix qu'il en a payé, & pour ſes dommages & intereſts, *d. l. ult.*

Ainſi pendant l'évenement de la condition l'alienation demeure en ſuſpens, en ſorte que ſi la condition arrive, elle eſt nulle dés ſon commencement; & ſi elle n'arrive point, elle eſt valable, comme ſi le teſtateur n'avoit point chargé ſon heritier de reſtitution.

Le fideicommis laiſſé *ex die incerto* eſt ſemblable à celuy qui eſt laiſſé ſous condition, car un jour incertain eſt reputé une condition, *l. ſi poſt mortem.* 68. §. 1. *ff. de legat.* 1. *l.* 30. *ff. eod. tit. l.* 75. *ff. de conditio. & demonſtratio.*

L'heritier peut eſtre prié de reſtituer ſimplement toute la ſuc- 8 ceſſion, ou ſeulement ce qui ſe trouvera appartenir à l'heritier au jour de ſon deceds : Au premier cas, il ne peut rien aliener des biens de la ſucceſſion, excepté le quart qu'il a droit d'en diſtraire, ſi c'eſt un heritier étranger; & ſi c'eſt un enfant, il peut diſtraire & retenir le tiers ou la moitié, eu égard au nombre des enfans, ſuivant la Novelle 18.

Que ſi la legitime n'eſt pas ſuffiſante pour la conſtitution de dot ou pour la donation à cauſe de nopces, l'heritier peut retenir autant qu'il en faut pour conſtituer une dot ou une donation à cauſe de nopces ſuffiſante, eu égard à la qualité des perſonnes, ſuivant la Novelle 39. & l'Authentique *res quæ C. commun. de legat.* Voyez *ſuprà* cette Novelle.

Que ſi la reſtitution ne ſe doit faire par l'heritier qu'au temps de ſa mort, des biens ſeulement qui ſe trouveront luy appartenir pour lors, il n'en peut aliener que juſqu'au quart, lequel il doit laiſſer au fideicommiſſaire, ſuivant cette Novelle 108.

Auparavant cette Novelle, l'heritier chargé de reſtituer au 9 cas qu'il mourût ſans enfans *reſiduum hereditatis*, pouvoit valablement aliener tous les biens de l'heredité, parce que ce fideicommis contient tacitement cette condition, *ſi nihil ſupererit, nihil reſtituat*; & l'alienation eſtoit valable, pourveu qu'elle fût faite ſans deſſein de rendre inutile le fideicommis; ainſi il falfoit faire eftimer *arbitratu boni viri , quo animo* l'alienation avoit eſté faite, ce qui cauſoit matiere de procez & de conteſtation; c'eſt pourquoy l'Empereur Juſtinien a trouvé à propos de décider cette eſpece par une jurifprudence certaine.

Si l'heritier n'a rien aliené au jour de ſon deceds des biens du défunt , tous les biens appartiennent au fideicommiſſaire, excepté le quart qui doit demeurer dans la fucceſſion de l'heritier, à la déduction neanmoins des fruits des biens hereditaires perceus par l'heritier , leſquels doivent eſtre déduits ſur la quarte, *argum. l. 22. §. 2. ff. ad SC. Trebellian.*

10 On demande ſi l'heritier au cas propoſé peut aliener juſques aux trois quarts des biens du défunt ſans cauſe legitime, en ſorte que l'alienation puiſſe eſtre imputée à un deſſein formé de rendre inutile le fideicommis ? Cette queſtion partage les Docteurs, quelques-uns diſtinguent entre l'alienation frauduleuſe faite *divertendi fideicommiſſi causá ,* eſtimant qu'en ce cas elle eſt nulle ; & celle qui n'apparoiſt pas frauduleuſe, voulant qu'en ce cas elle ſoit valable : C'eſt le ſentiment de Menochius *lib. 4. in 2. part. præfumpt.* 188. *num.* 12. *& conſil.* 334. *num.* 60.

L'opinion de ceux qui eſtiment que ſans diſtinguer ſi l'alienation eſt frauduleuſe, faite *fideicommiſſi intervertendi causá ,* ou ſi elle eſt ſincere & ſans deſſein de fraude, l'alienation eſt valable, me ſemble mieux fondée, dautant que l'Empereur en cette Novelle declare que l'heritier eſt maiſtre des trois quarts de l'heredité pour en joüir, uſer & diſpoſer à ſa volonté, à la charge de rendre ce qui ſe trouvera des biens hereditaires au fideicommiſſaire , il n'y a pas lieu de douter qu'il n'en puiſſe diſpoſer à ſa volonté, & que le fideicommiſſaire ne peut pas conteſter l'alienation qu'il en auroit faite , pourveu qu'il puiſſe prendre le quart deſdits biens ſelon cette Novelle ; dans laquelle l'Empereur défend expreſſément à l'heritier de donner & diſpoſer par autres fortes de diſpoſitions ou alienations le quart qu'il reſerve au fideicommiſſaire , luy permettant de diſpoſer des autres parties à ſa volonté , *aliis omnibus in ejus poſitis poteſtate , & licentiam habere cum iis , ſicut voluerit uti , quemadmodum perfectis dominis competit.*

11 A l'égard des enfans qui font ceſſer la condition *ſi ſine liberis,* il faut obſerver que tous les enfans tant du premier degré que des autres degrez inferieurs, ſoit qu'ils ſoient deſcendus par maſles ou par filles, font ceſſer cette condition, *l.* 1. *C. de conditio. inſert. l.* 84.

l. 84. *ff. de V. S.* Un enfant feul fait ceffer cette condition, *l.* 148. *ff. eod. tit.* où le Jurifconfulte dit, *non eft fine liberis, cui vel unus filius unave filia eft ; hæc enim enunciatio* habet liberos, non habet liberos, *femper plurativo numero profertur, ficut & pupillares & codicilli.*

Les enfans legitimes feulement, & ceux qui font legitimez par fubfequent mariage, font ceffer cette condition ; parce que les enfans legitimez par fubfequent mariage, font femblables à ceux qui font nez legitimes, *cap. tanta. Ext. qui filii fint legit.*

On demande fi l'heritier peut aliener jufques aux trois quarts 12. de l'heredité par difpofition de derniere volonté, ou s'il ne le peut que par actes entre-vifs ? C'eft le fentiment commun que l'heritier ne peut point difpofer des biens fujets à reftitution, par ordonnance de derniere volonté, la raifon eft, que l'Empereur veut que l'heritier reftituë au fideicommiffaire ce qui fe trouvera à luy appartenant au jour de fon deceds, des biens du teftateur : Or les dernieres volontez ne peuvent avoir leur effet qu'aprés la mort du teftateur, auquel temps le fideicommiffaire eft déja faifi de la proprieté des chofes fujettes à reftitution, & partant les difpofitions qu'il en auroit faites par teftament ne peuvent point valoir au préjudice du droit déja acquis du fideicommiffaire. C'eft le fentiment de Peregrinus en fon traité *de fideicommiff. artic.* 40. de Cujas fur la Loy *Titius. ff. ad S̆C. Trebell.* de du Moulin fur Alexandre *lib.* 7. *confil.* 16. & de Menochius *lib.* 4. *præf.* 188.

C'eft une queftion fi l'heritier ayant vendu un bien de la fucceffion, & du prix de la vente ayant acquis un autre heritage, 13. cét heritage eft fujet à reftitution ? Cette queftion fe trouve décidée par la Loy 70. §. *ult. ff. de legat.* 2. & par la Loy 72. *eod. tit.* Le §. dernier de la Loy 70. eft en ces termes : *Cùm autem rogatus quicquid ex hereditate fupererit poft mortem fuam reftituere, de pretio rerum venditarum alias comparat, diminuiffe, quæ vendidit, non videtur.* La raifon eft, qu'il n'a point diminué les biens de l'heredité, parce que les chofes qu'il a acquifes font reputées hereditaires, *juris fictione videntur ex hereditate fupereffe*; & comme dit Godefroy fur ce §. *hereditarias res non deminuit qui ex earum pretio alias comparavit* ; & fuivant la Loy *pater. ff. de adimend. leg. diminutum non eft, quod in corpus patrimonii verfum eft.* Et fuivant la Loy 71. *ff. de legat.* 2. c'eft une efpece d'échange qui fe fait par l'heritier, lors que du prix de la vente d'une

Tome II.　　　　　　　　　　　S f

chose hereditaire il en acquiert une autre , en sorte que celle qu'il a acquise est subrogée au lieu & place de celle qu'il a venduë.

On oppose au contraire deux Loix : La premiere est la Loy *sed etsi.* §. 1. *ff. de petit. heredit.* qui porte : *eum qui hereditatem ad alium pertinentem bonâ fide possidet , si rem hereditariam distraxit , & ex pretio aliam comparaverit , restituere vero heredi, qui agit adversus eum petitione hereditatis , debere pretium , quod redegit ex re hereditaria , non rem comparatam ex pretio.* Or dans le §. dernier de la Loy 70. *ff. de legat.* 2. il est dit , que l'heritier est tenu restituer la chose achetée du prix de la vente de la chose hereditaire : Ainsi ce sont deux décisions contraires & opposées.

14 Pour la conciliation de ces Loix , Accurse dit que dans l'espece de la Loy *sed etsi.* §. 1. l'heritier avoit acquis *nomine hereditario ,* & que dans l'espece de la Loy 70. *in fine. ff. de legat.* 2. l'heritier a acquis *suo nomine.* Cette distinction est rejettée par Bartole ; cependant Cujas l'approuve si elle est prise dans ce sens, sçavoir si *bonæ fidei possessor vel heres ex pretio rei hereditariæ rem sui causâ comparaverit , ut rem verteret in suum patrimonium , d. l. sed etsi.* §. 1. *non quòd hereditati ea res utilis aut necessaria esset , tum in petitionem hereditatis vel fideicommissi venire pretium , non rem comparatam ex pretio. Et sic in lege seq. h. t. si ex pretio rei hereditariæ venditæ heres proprios creditores dimiserit , procul dubio pretium cadit in fideicommissum: sed si rem ex pretio comparatam verterit in hereditatem , si interfuerit hereditatis eam comparari , atque adeo hereditatis gratiâ comparata fuerit ex pretio rei hereditariæ , tum verum est , rem comparatam, non pretium venire in petitionem hereditatis vel fideicommissi, quasi permutatione factâ rei hereditariæ cum alia re , & altera re submissa in locum alterius.*

15 La deuxiéme est la Loy *cùm pater.* §. *dulcissimis. ff. de legat.* 2. dans laquelle le Jurisconsulte décide , que si le testateur legue à ses freres ses biens maternels , il n'est pas censé leur leguer les biens acquis *ex pecunia materna.* A quoy on répond , que dans l'espece de cette Loy le testateur a pretendu leguer seulement à ses freres les biens qu'il avoit communs avec eux , & qui estoient provenus du costé maternel , ainsi qu'il paroist par cette Loy au §. *dulcissimis ;* & non les biens acquis de l'argent provenu de la succession maternelle , lesquels n'estoient pas communs avec le

teftateur & fes freres , parce que *communia non funt* , *quæ ex pecunia communi comparantur* , *l.* 4. *C. commun. utriufque judic.*

La conciliation de Cujas me femble jufte , par la raifon que *res empta ex mea pecunia* , *non eft mea* , ainfi que nous avons montré ailleurs plus amplement ; de forte que fi l'acquifition n'a pas efté faite par l'heritier *nomine hereditatis* , *fed fuo* , les chofes acquifes luy appartiennent, à la charge de rendre au fideicommiffaire le prix de la vente des chofes hereditaires , dont il fe trouve avoir profité par l'employ qu'il en a fait.

La difpofition de cette Novelle eft en ufage dans les Païs de Droit écrit , où le Droit Romain eft obfervé comme Loy : mais dans la France coûtumiere , où la diftraction de la quarte falcidie & trebellianique eft inconnuë , il eft fans doute qu'elle n'y eft point gardée.

PARAPHRASE

DE JULIEN.

CONSTITUTIO CI.

CCCLXIII. De fideicommiffariis hereditatibus.

S I quis heredem fcripferit , *& rogaverit eum id quod ex hereditate fupererit* , *tempore mortis fuæ aliis reftituere* , *novem quidem uncias ex hereditate fcriptus heres habebit* , *ita ut quoquo modo noluerit eis utetur. Tres autem uncias generali fideicommiffario reftituere cogatur* , *ut nullo modo eas diminuat : nifi vel dotis nomine* , *fi aliam fubftantiam non habeat* , *vel redemptionis Captivorum caufâ : vel fi egeftate laborans ex ipfis tribus unciis vivere fperaverit. Quòd fi aliam fubftantiam habens tres iftas uncias diminuat : repleatur id quod diminutum eft ex ipfius proprio patrimonio. Sin autem fubftantia quidem ejus nulla pareat: tres autem uncias confumpferit habens aliud unde viveret : liceat* *de fideicommissario in rem agere & hypothecariâ actione, ut res pro rata trium unciarum evincatur. Ideóque conveniens est, ut scriptus heres generali fideiçommissario cautionem præstet de tribus unciis restituendis : nisi fortè testator hujusmodi satisdationem sive cautionem specialiter (non) concesserit. Hæc autem Constitutio locum habet non solùm in futuro tempore, sed etiam in omnibus causis, quæ adhuc pendent. Pendere autem (adhuc) causa videtur, si nondum scriptus heres decesserit. Nulla autem discretio personarum sit. Nam & in liberis & in cognatis, & in extraneis ea lex locum habebit.*

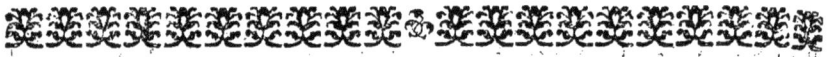

TITRE X.

Que les Privileges de la dot ne sont point accordez aux femmes heretiques.

NOVELLE CIX.

L'Empereur comme veritablement Chrestien, exclud les femmes heretiques des privileges accordez aux dotes des femmes, sçavoir la tacite hypoteque sur les biens des maris qui les ont receuës, & la preference à tous autres creanciers des maris, quoy qu'anterieurs en hypoteque, voulant qu'elles en soient privées tant qu'elles persevereront dans l'heresie : mais qu'elles en joüissent si-tost qu'elles seront rentrées dans le sein de l'Eglise.

Les heretiques selon cét Empereur, dans la Preface de cette Novelle, *sunt qui diversæ hæresis sunt, nec membrum sanctæ Dei Catholicæ & Apostolicæ Ecclesiæ, in qua omnes concorditer sanctissimi Episcopi & totius orbis terrarum sunt Patriarchæ, &c. qui non sunt ortodoxi, & qui contra ortodoxam fidem credunt, novasque fingunt sectas, l. 2. & 12. C. de hæretic.* & qui ne reçoivent point la sainte Communion dans l'Eglise Catholique.

L'Empereur fait mention dans cette Preface de quelques heresies ; comme celle des Nestoriens, qui nioient que JESUS-CHRIST fût Dieu ; celle d'Eutichés, qui nioit deux natures

en JESUS-CHRIST aprés son Ascension ; celle des Acephaliens, qui n'admettoient qu'une nature en JESUS-CHRIST,
&c.

De cette Novelle a esté tirée l'Authentique, *Item privile-*
gium. C. *de hæretic.*

AUTHENTIQUE *Item privilegium.* C. *de hæretic.*

Item privilegium dotis, quo mulier creditoribus tempore prio-
ribus anteponitur ; nec non de tacitis hypothecis, & alia omnia
mulieribus à lege data, clauduntur his, quæ Catholicam non par-
ticipant communionem.

Auparavant que par les soins de nostre Grand Monarque l'Heresie de Calvin eut esté extirpée, cette Novelle n'estoit point
en usage en France, les heretiques y joüissans de tous les droits
& privileges des Catholiques, ce qui leur avoit esté accordé
par les Edits de pacification dans des temps difficiles ; mais
nostre Grand Roy a bien fait voir qu'ayant surmonté tous ses
ennemis, il pouvoit bien chasser de la France l'Heresie des Cal-
vinistes, qui avoit fait de grands progrez dans le Royaume.

PARAPHRASE
DE JULIEN.

CONSTITUTIO CII.

CCCLXIV. De hæreticis.

NUllus hæreticus militet, vel curas publicas gerat. Hæreticos autem dicimus & Nestorianos, & Eutychianistas, & Acephalos, qui Dioscori & Severi superstitionem secuti sunt, à quibus Manichæi & Apollinarii sacrilegia renovata sunt, & omnino eos, qui non communicant in Ecclesia, hæreticos vocamus,

quamvis nomen Christianorum usurpant, ut tamen Orthodoxi plusquàm hæretici juris habeant, sciendum est mulieribus hæreticis privilegia in dotibus vel propter nuptias donationibus, hypothecarumque tacita dedimus, denegare, & omnes hujuscemodi prærogativas, sin autem pœnitentiam egerint, & in ea perseveraverint, non eæ careant beneficiis nostris. Eáque observare procurent non solùm religiosissimi Episcopi, sed etiam Magistratus & judices omnes, sive majores sive minores.

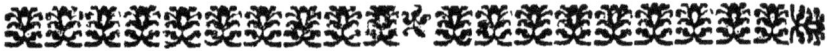

TITRE XI.

Des interests maritimes.

NOVELLE CX.

L'Empereur par cette Novelle abroge la Novelle 106. rétablissant la Jurisprudence du Code qu'il avoit changée par cette premiere Novelle ; Voyez *suprà* cette Novelle.

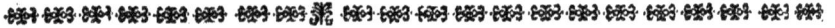

TITRE XII.

Qui rétablit la prescription de cent ans accordée aux lieux pieux.

NOVELLE CXI.

SOMMAIRE.

L'Empereur dit que la nouvelle Conftitution qui eft la Loy 23. C. *de facrof. Ecclef.* par laquelle il a donné ce privilege à tous les lieux faints & religieux, que les biens & droits qui leur appartiennent, ne peuvent eftre prefcrits que par cent ans, luy femble digne de correction : que cette Conftitution a donné lieu à une infinité de procés qui n'ont pû eftre terminez à l'avantage des Eglifes & lieux pieux, faute de preuve aprés un fi long-temps ; *quoniam per tantum faeculi magis, quàm temporis fpatium, nec documentis integritas, nec actis fides, nec aetas valet teftibus fuffragari.* [1]

Voicy quelle a efté la caufe pour laquelle l'Empereur a introduit la prefcription centenaire en faveur des Eglifes & des lieux pieux, ainfi que nous apprenons de Suidas *in Lexico, in verbo, Prifcus Emefenus.* Il y avoit dans la ville d'Emefe un certain Patrice nommé Mammian qui avoit inftitué pour fon heritiere l'Eglife d'Emefe. Les Adminiftrateurs d'icelle firent faire à un nommé Prifcus, homme fçavant à contrefaire les écritures, quantité de fauffes obligations, faites par plufieurs particuliers, au profit de Mammian, par lefquels ils promettoient de luy rendre l'argent qu'il leur avoit donné en dépoft. [2]

Ce Prifcus contrefit la fignature d'un certain Notaire, fort employé à recevoir les contrats, Actes & inftrumens qui fe faifoient par les Citoyens, & mit ces fauffes obligations entre les mains de ces Adminiftrateurs, lefquels pourfuivirent ceux fous le nom defquels elles eftoient faites au profit de Mammian ; mais parce que les fcelerats manquent ordinairement de la prudence neceffaire pour l'execution de leurs deffeins criminels, ces OEconomes ne furent pas affez prudens pour réüffir dans leurs entreprife, car Prifcus n'avoit pas pris garde qu'en donnant des dattes à ces obligations, telles qu'il luy plut, les actions qui en pouvoient provenir eſtoient preſcrites, & n'eſtoient plus dans le temps d'eſtre intentées, en ſorte que ces OEconomes n'eſtoient plus recevables de pourſuivre les pretendus debiteurs en vertu de ces obligations ; ce qui les obligea de recourir à un autre artifice & d'employer les largeſſes pour donner l'execution à leur deſſein. Ils ſe tranſportent en la ville de Conſtantinople, auprés de Tribonian, qui eſtoit connu pour avoir l'autorité de faire telles Loix qu'il vouloit, & d'abroger auſſi celles qu'il luy plaiſoit, par le pouvoir qu'il avoit ſur l'eſprit de Juſtinien, que l'on pretend n'avoir ſçû ny lire ny écrire ; & par ſon moyen, & par les ſommes qu'ils luy donnerent, cet Empereur fit la Loy derniere C. *de ſacroſ. Eccleſ.* par laquelle il ordonna que l'Egliſe joüiroit à l'avenir de la preſcription de cent ans, & que ces droits & actions ne ſeroient plus bornez par l'eſpace de trente ou quarante années ; & que toutes les actions réelles ou perſonnelles de l'Egliſe ne ſeroient preſcrites que par cent ans, *qui longiſſimus eſt vitæ humanæ terminus.*

Mais parce que cette nouvelle Conſtitution auroit eſté ſans effet pour le deſſein de ces Adminiſtrateurs, s'ils n'avoient fait declarer par l'Empereur qu'elle auroit lieu, non ſeulement pour les actions & droits qui ſeroient pourſuivis à l'avenir, mais auſſi pour ceux qui eſtoient déja commencez, ce qui fut ajouſté par une clauſe inſolite & extraordinaire dans la fin de cette Conſtitution en ces termes, *hæc autem omnia obſervari ſancimus & in his caſibus, qui vel poſteà fuerint nati, vel jam in judicium deducti ſunt.*

3   L'Empereur a depuis confirmé ce privilege accordé aux Egliſes d'Orient, par ſa Novelle 9. & l'a eſtendu aux Egliſes d'Occident, voulant que toutes les Egliſes de ſon Empire joüiſſent du meſme privilege, & qu'on ne leur pût oppoſer que la preſcription centenaire, & meſme qu'aux lieux pieux & religieux, comme ſont les Monaſteres & les Hôpitaux.

Mais l'Empereur a trouvé à propos de reformer cette nouvelle Juriſprudence, & de retourner à l'ancienne, reconnoiſſant par l'experience que ce qu'il avoit jugé utile, eſtoit neanmoins inutile & prejudiciable, comme il arrive ſouvent, que *ſæpe benè cogitata malè eveniunt, & in medicamentis quoque morborum uſu venit, ut quæ ægroto maximè profutura putantur, ea ipſa maximè noceant.*

4   Cette Novelle 111. a eſté confirmée par la Novelle 131.
chap. 6.

chap. 6. dans laquelle l'Empereur veut & ordonne que les Eglises
& les lieux saints & religieux joüiront de la prescription de
quarante ans seulement, pour toutes les choses & les droits qui
peuvent leur appartenir, mesme pour l'exaction des legs, & la
demande des successions qui pourroient leur avoir esté laissées.

L'Empereur dans cette Novelle 111. declare qu'il ne pretend rien innover pour la prescription de trente ans, & autres,
comme celle de trois ans, competantes aux particuliers, pour les
droits & actions qui leur appartiennent.

De cette Novelle 111. & du Chapitre 6. de la Novelle 131.
a esté tirée l'Authentique *Quas actiones.* C. *de sacrosanct.*
Ecclef.

AUTHENTIQUE *Quas actiones.* C. *de sacrosanct. Ecclef.*

Quas actiones àliàs decennalis, aliàs vicennalis, aliàs tricenna- 4
lis præscriptio excludit, hæ, si loco religioso competant, quadra-
ginta annis excluduntur ; usucapione triennii vel quadriennii
præscriptione in suo robore durantibus ; solâ Romanâ Ecclesiâ
gaudente centum annorum spatio vel privilegio.

Ces Novelles qui abrogent la prescription de cent ans pour 5
les Eglises, donnent lieu à une grande question entre les Docteurs,
sçavoir si elle a aussi esté abrogée à l'égard de l'Eglise Romaine?
Quelques-uns estiment, que l'Eglise Romaine n'est point comprise dans ce changement de Jurisprudence, & que le privilege de
la prescription de cent ans, luy doit estre conservé, Irnerius a
esté de cet avis, ayant mis de son chef à la fin de cette Authentique ces termes, *solâ Romanâ Ecclesiâ gaudente centum annorum*
spatio vel privilegio.

D'autres au contraire, & c'est la commune opinion, veulent 6
qu'elle y soit comprise : Giphanius sur la Loy 23. C. *de sacro-*
sanct. Ecclef. Cujas *observ. lib.* 5. *cap.* 5. & Ritterhusius *part.*
11. *cap.* 1. cette opinion est fondée sur les raisons suivantes.

La premiere que cette Novelle 111. & la Novelle 131. chapitre 6. ayant abrogé la prescription centenaire en faveur de
toutes les Eglises, & n'ayant point excepté l'Eglise Romaine,
il y a lieu de dire que l'intention de l'Empereur n'a pas esté de
l'excepter ; ainsi Irnerius n'a pas eu raison d'inferer dans l'Au-

thentique *quas actiones*, la claufe fufdite qui excepte l'Eglife Romaine, dautant que les Authentiques eftans des Sommaires ou
Extraits des Novelles dont elles font tirées, elles doivent eftre
conformes aux Originaux, & ne doivent rien contenir qui ne fe
trouve dans ces Novelles, autrement il doit eftre rejetté.

La deuxiéme, que Julien l'Anteceffeur qui eftoit contempo-
rain avec Juftinien, n'excepte point l'Eglife Romaine dans fa
Paraphrafe fur ces deux Novelles, ce qu'il n'auroit pas oublié,
fi en effet l'Empereur avoit eu deffein de l'excepter.

La troifiéme, que Gregoire le Grand *lib.* 1. *Regeft. Epift.* 9.
qui occupa le Siege de Rome peu de temps aprés Juftinien, &
qui avoit une connoiffance parfaite des Novelles de Juftinien,
puis qu'il les cite en plufieurs endroits, veut la prefcription de
quarante ans puiffe eftre oppofée à l'Eglife Romaine.

Gratian a inferé le texte de Gregoire le Grand dans fon decret *can.* 2. *volumus. cau.* 16. *q.* 4. *Si Monaſterium fines, de quibus caufatio mota eft, inconcuſſos quadraginta annis poſſediſſe re-
pereris, nullam deinceps, etiam fi quid facræ Romanæ Eccleſiæ
competere potuit, patiaris fuſtinere calumniam; fed quietem illorum inconcuſſam omnibus modis procurare, &c.* Si Gregoire le
Grand avoit eftimé que l'Empereur Juftinien eût voulu excepter l'Eglife Romaine, & la faire joüir de la prefcription centenaire, il n'auroit pas manqué d'en faire mention, mais il fçavoit
bien que cette prefcription avoit efté entierement abrogée par
ces deux Novelles, qui fe trouvans pofterieures à la Novelle 9.
& à la Loy 23. *Cod. de facrofanct. Ecclef.* qui ont eftably cette
prefcription, il y a lieu de dire qu'elle a efté entierement abrogée.

Nous voyons mefme que les termes de la Paraphrafe de Julien
fur la Novelle 131. chap. 6. ont efté inferez dans le droit Canonique, *can. ult. cau.* 16. *q.* 4.

Neanmoins les Papes ont depuis accordé cette prefcription à
l'Eglife Romaine, *can. ult. cau.* 16. *q.* 3. *cap.* 13. *ad Audient.
& cap.* 14. *& cap.* 17. *Ext. præfcriptio. cap.* 2. *de præfcript.
in* 6.

L'Authentique *quas actiones*, dans laquelle Irnerius a inferé
ces termes, *ufucapione triennii, vel quadrienii præfcriptione in
fuo robore durantibus*, donne lieu à une autre queftion; fçavoir
fi l'Eglife n'a pas plus de droit que les particuliers pour la prefcription de trois ans des meubles, & de celle de quatre ans à l'é-
gard du fifc, au cas que le fifc vende une chofe qui appartienne

à l'Eglife, *l.* 2. C. *de quadri. præfcript.* car les fufdites Novelles n'en font point mention, en forte que Irnerius a auffi inferé cette claufe de fon chef.

Plufieurs Canoniftes tiennent que l'on ne peut oppofer à l'Eglife que la prefcription de quarante ans dans ces deux cas, c'eft le fentiment de Panorme fur le Chapitre 1. *Ext. de in integr. reftitut.* la raifon eft que les fufdites Novelles ordonnent qu'on ne pourra oppofer contre l'Eglife, que la prefcription de quarante ans, & par confequent il n'y a pas lieu de diftinguer entre les meubles & les immeubles, autrement au cas des meubles & droits mobiliaires, l'Eglife n'auroit pas plus de privilege que les particuliers; & cependant l'Empereur donne indiftinctement à l'Eglife la prefcription de quarante ans.

Ceux qui tiennent l'opinion contraire répondent, que quoy 7 que l'Empereur donne generalement & indiftinctement à l'Eglife la prefcription de quarante ans, neanmoins elle doit eftre reftrainte pour les immeubles, & non pour les meubles, par la raifon qu'il y a grande difference entre les meubles & les immeubles, & que la prefcription de trois ans, ne fe trouve point abrogée par aucune Loy en faveur de l'Eglife.

Pour moy j'eftime que l'Eglife doit joüir de la prefcription quadragenaire, tant pour les meubles que pour les immeubles, par la raifon que par la Loy 23. C. *de facrof. Ecclef.* l'Empereur a donné aux Eglifes & aux lieux pieux le privilege de la prefcription de cent ans, tant pour les immeubles que pour les meubles, comme il paroift par ces termes de cette Loy *in princip. Sancimus, fi aliquis aliquam reliquerit hæreditatem, vel legatum, vel fideicommiffum, vel donationis titulo aliquid dederit, vel vendiderit, five facrofanctis Ecclefiis, &c. eis fit longæva exactio, nullâ temporum folitâ præfcriptione coarctanda* : or un legs d'une fomme d'argent eft une chofe mobiliaire, & neanmoins l'Empereur accorde aux Eglifes par cette Loy la prefcription de cent ans, & par confequent cette prefcription ayant efté changée en celle de quarante ans, il faut dire qu'elle a lieu tant pour les meubles que pour les immeubles, nonobftant l'opinion contraire: On peut ajoûter que Julien n'auroit pas manqué d'excepter les meubles appartenans à l'Eglife, lefquels fe prefcriroient par trois ans, ce que n'ayant point fait, il eft à prefumer que c'eftoit l'intention de l'Empereur qu'ils ne puffent eftre prefcrits que comme les immeubles.

8 La prescription de quarante ans est receuë dans toute la France en faveur de l'Eglise, la Coustume de Paris en l'article 123. y est expresse en ces termes, *& par quarante ans contre l'Eglise,* & celle de Bourbonnois article 22. & autres.

On pretend que toutes les Communautez & Corps approuvez dans le Royaume, joüissent de la prescription de quarante ans, c'est le sentiment de Monsieur Auzanet en sa note sur le mesme article de la Coustume de Paris.

9 L'Ordre des Chevaliers de Malthe & les Religieux de Saint Denys en France, pretendent joüir de la prescription de cent ans, le procés verbal de la Coustume de Paris sur l'article 12. & 123. contient leur opposition, pretendant que par un privilege special, confirmé par les Rois de France, & les Arrests du Parlement de Paris, on ne peut prescrire contre eux que par cent ans, & qu'ils joüissent du mesme privilege que l'Eglise Romaine; Messieurs les Commissaires Deputez par le Roy pour la reformation de la Coustume leur donnerent acte de leur opposition, pour se pourvoir ainsi qu'ils aviseroient.

Brodeau sur l'article 123. nomb. 8. dit que touchant la prescription centenaire pour l'Ordre de Malthe, il y avoit eu un Arrest d'appointé au Conseil, donné peu de temps auparavant la reformation de la Coustume, du 21. Janvier 1580. sur un appel des Conseillers du Tresor pour la succession des terres de Pregent de Bidoux, Chevalier dudit Ordre, Grand Prieur de saint Gilles, & Bernardin du Baux, aussi Chevalier, adjugée à Messire Guillaume de Saux de Tavannes, Marechal de France, donataire du Roy; & en la Plaidoirie de la cause fut rapportée la Bulle du Pape Clement VII. qui avoit esté Chevalier dudit Ordre, du 22. Juillet 1523. portant qu'aucune prescription ne pourroit courir contre cet Ordre moindre de cent ans à l'*instar* de l'Eglise Romaine; laquelle Bulle a esté verifiée aux Parlemens de Tholose & de Provence, aux années 1527. & 1578. sur les Lettres Patentes du Roy Henry III. du 20. Septembre 1578. mais non au Parlement de Paris.

Henris en ses Arrests tome 1. Livre 4. question 81. remarque un Arrest du 27. Aoust 1622. qui a jugé en faveur de l'Ordre, & c'est l'avis de cet Auteur.

Par un autre Arrest du 6. Aoust 1667. rapporté dans le 3. tome du Journal des Audiances, il a esté jugé que la prescription de plus de cent ans, n'avoit pas lieu contre l'Ordre de Malthe dans la Couſtume d'Auvergne pour la quotité du cens.

Par Arreſt du 17. Septembre 1677. rendu au grand Conſeil, il a eſté jugé qu'un tiers acquereur pouvoit preſcrire contre cét Ordre par cent ans : l'Ordre avoit produit quinze Arreſts rendus à ſon profit , mais la partie adverſe avoit produit dix Arreſts contradictoires du grand Conſeil ; le premier du 10. Octobre 1670. au profit de Meſſire Henry de Guenaud , contre le Commandeur de Beauvais ; le ſecond rendu au rapport de Monſieur le Gras, au mois d'Aouſt 1675. au profit du Marquis de Laudriere , contre le Commandeur de Paullac. Tous ces Arreſts ſont remarquez dans le troiſiéme Tome du Journal des Audiances , livre 11. chapitre 36. & la partie adverſe pretendoit qu'ils avoient eſté rendus ſur des circonſtances particulieres.

Monſieur Auzanet ſur l'article 124. de la Couſtume de Paris, dit que les Bulles ſur leſquelles les Religieux & Abbé de ſaint Denis & l'Ordre de Malthe , pretendent joüir de la preſcription de cent ans , n'ont jamais eſté receuës en France pour ce qui dépend du temporel ; & dit qu'il a veu celle de l'Ordre de Malthe accordée par le Pape Clement VII. qui a eſté verifiée au Parlement de Provence , & que nonobſtant icelle par Arreſt donné au Parlement de Paris en la premiere Chambre des Enqueſtes', au rapport de Monſieur de Villautray, il fut jugé que la preſcription de quarante ans eſtoit ſuffiſante contre cét Ordre.

PARAPHRASE
DE JULIEN.

CONSTITUTIO CIV.

CCCLXVI. De Præſcriptione centum annorum ſublata, quæ ſanctis Eccleſiis & aliis locis venerabilibus competebat.

Jubemus , ut in negotiis quæ antehac triginta annorum removebat exceptio , nunc venerabilibus Eccleſiis vel Monaſteriis

*& Xenodochiis , necnon Orphanotrophiis , ac Brephotrophiis , &
Ptochiis quadraginta annorum protelatio conferatur , salvâ scilicet inter alias personas & causas virtute , quam semper tricenna-
lis sibi præscriptio vindicavit : quoniam hanc decem annorum ad-
jectionem religiosis locis præstamus , ut personales & hypotheca-
riæ actiones in tanto tempore propagentur ; annali autem excep-
tioni , vel triennii , vel aliis hujusmodi exceptionibus non deroge-
tur. Hæc autem Constitutio & in præteritis temporibus locum
habet ; nisi quædam causæ amicali transactione vel judiciali sententiâ sopitæ sint. Dat. Kal. Jun. CP. Imp. Dn. Justin. PP.
anno xv. Basilico V. C. Cos.*

TITRE XIII.

*Des droits litigieux , & de la caution qui se doit donner
par le demandeur de payer la dixiéme partie des dépens
du procez , en cas qu'il succombe.*

NOVELLE CXII.

SOMMAIRE.

rera dans l'inftance. *doit rendre fa Sentence , fi*
13. *Dans quel temps le Juge* | *le demandeur ne compare.*

CEtte Novelle eft divifée en une Preface & trois Chapitres: Dans le premier, il eft traité des chofes litigieufes : Dans le deuxiéme , de la caution que les demandeurs font tenus de donner , de payer la dixiéme partie des dépens du procez au cas qu'ils fuccombent , & que les défendeurs foient renvoyez abfous: Et dans le troifiéme , dans quel temps le Juge doit rendre fa Sentence contre le demandeur , qui ne compare pas en jugement.

Pour entendre ce qui eft decidé par cette nouvelle Conftitution dans la Preface & dans le Chapitre premier , il faut obferver (ainfi que nous avons expliqué dans la Jurifprudence du Digefte **1** fur ce titre) que les Loix Romaines empefchent & défendent l'alienation des chofes & droits litigieux ; en forte que fi une chofe litigieufe a efté alienée , on oppoferoit à l'acquereur qui en pretendroit le domaine & la proprieté , l'exception appellée *exceptio litigiofi :* & la chofe feroit remife & rétablie dans le mefme eftat qu'elle feroit fi elle n'avoit point efté alienée , & le procez feroit continué entre ceux entre lefquels il auroit commencé touchant cette chofe , *l.* 2. *C. de litigio.*

La raifon pour laquelle l'alienation des chofes litigieufes eft **2** prohibée , eft parce que par l'alienation les droits de l'une des parties font transferez en la perfonne de l'acquereur , & par ce moyen la partie adverfe en peut recevoir un préjudice notable, en ce qu'on luy peut oppofer un adverfaire puiffant , & beaucoup plus à craindre par fon credit & fon autorité , que celuy qui a fait l'alienation.

Mais parce qu'il y avoit quelque difficulté fçavoir quelles chofes eftoient reputées litigieufes , l'Empereur le décide dans ce **3** Chapitre , voulant qu'une chofe foit eftimée litigieufe, de la proprieté de laquelle il y a conteftation entre celuy qui s'en pretend le proprietaire & le poffeffeur , par une convention judiciairement faite , ou par Requeftes prefentées au Prince & enterinées par le Juge , & fignifiées à la partie adverfe. La chofe eft appellée litigieufe *à lite ;* d'où il s'enfuit qu'il doit y avoir procez pour rendre une chofe litigieufe , & que pour cét effet il faut qu'il y ait conteftation en caufe , car jufques-là *lis pendere non dicitur , l.* 1. *ff. & l.* 2. *C. h. t.* en forte qu'une fimple défenfe faite au poffeffeur de ne pas vendre une chofe , ne la rend pas litigieufe.

L'Empereur ne parle dans ce Chapitre que de la chofe laquelle eft pourfuivie par action réelle ; & partant lors que la conteftation eft formée pour quelque droit réel fur la chofe , elle n'eft pas renduë litigieufe , mais feulement le droit qui eft pretendu fur icelle , felon le fentiment des Docteurs , de Bartole & autres, fur la Loy 1. & 2. C. *h. tit.* ce qui femble fans difficulté.

De cette partie de ce Chapitre a efté tirée l'Authentique *Litigiofa.* C. *de litigiofis.*

4 AUTHENTIQUE *Litigiofa.* C. *de litigiofis.*

Litigiofa res eft , de cujus dominio caufa movetur inter petitorem & poffefforem , judiciariâ conventione , vel precibus Principi oblatis , & judici infinuatis , & per eum futuro reo cognitis.

5 Il y a certains cas efquels l'alienation des chofes litigieufes eft permife ; comme pour caufe de dot , de donation à caufe de nopces , de tranfaction , de partage , de legs & de fideicommis, *l. ult.* C. *h. t.*

A l'égard de la chofe litigieufe leguée , il faut obferver que par la Loy 3. C. *h. t.* l'heritier du teftateur eftoit obligé de pour-
6 fuivre & faire juger le procez à fes perils & fortunes ; mais que par cette Novelle en ce Chapitre , l'Empereur a ordonné que l'heritier du teftateur pourfuivroit le procez , en forte que s'il obtenoit gain de caufe , il feroit tenu de faire la délivrance de la chofe leguée au legataire , & que s'il perdoit le procez , le legataire ne pourroit rien pretendre ; par la raifon que l'on prefume que le teftateur ne luy a legué que l'évenement du procez. Et dautant que le gain & la perte du procez le regarde principalement & non l'heritier , c'eft pourquoy il eft permis au legataire d'intervenir en l'inftance , pour empefcher la collufion entre l'heritier & la partie adverfe.

De ce Chapitre a efté tirée l'Authentique *Nunc fi heres.* C. *de litigiof.*

7 AUTHENTIQUE *Nunc fi heres.* C. *de litigiof.*

Nunc fi heres in lite victor extiterit , rem ipfam , cujus dominus

minus esse apparet, legatario præstet; qui nihil consequitur, cùm heres victus fuerit, cùm litis eventus ei videatur relictus. Igitur liti adesse potest, ne colludatur.

L'Empereur dans la fin de ce Chapitre décide, qu'un procez 8 touchant l'hypoteque ne rend pas litigieuse la chose sur laquelle elle est pretenduë, en sorte que le debiteur ou proprietaire de la chose hypotequée, peut valablement l'aliener, en payant par luy à ses creanciers hypotequaires, les sommes qui leur sont deuës sur le prix provenant de la vente : & au cas qu'il ne les ait pas payé, ils peuvent le pourfuivre par action personnelle pour en estre payez, ou pourfuivre par action réelle l'acquereur de la chose qui leur a esté hypotequée, à l'effet de la vendre pour estre payez de leur dû, suivant la Loy *distractis.* 14. C. *de pignor.*

Cette Loy a esté confirmée par l'Authentique *Hoc ita.* C. *de pignoribus.*

AUTHENTIQUE *Hoc ita.* C. *de pignoribus.*

9

Hoc ita, si debitor ei non satisfaciat ex pretio rei venditæ, quod ut fiat, permittitur ei vendere.

Le titre *de litigiosis* n'est point d'usage en France ; ainsi ce 10 qui est decidé dans ce Chapitre est inutile, si ce n'est en ce que l'Empereur décide, que si un testateur a legué une chose litigieuse, le legataire ne peut rien pretendre contre l'heritier, au cas qu'elle soit évincée, & il n'en peut point demander l'esti- 11 mation, ainsi qu'il s'observoit par le droit du Code, *l.* 3. C. *de litigios.* Ce qui paroist juste & bien fondé, dautant que le testateur estant incertain si la chose luy appartient, ou non, on ne peut pas appliquer la distinction de l'Empereur en la Loy 10. C. *de legat.* sçavoir que quand le testateur a legué une chose qu'il sçavoit estre à autruy, son heritier est tenu de l'acheter du proprietaire au cas qu'il consente à la vente, & que si le proprietaire ne la veut pas vendre, l'heritier est tenu de luy en payer l'estimation ; & quand le testateur a legué une chose qu'il croyoit estre à luy, l'heritier n'est point tenu de l'acheter, ny d'en payer l'estimation en cas de refus fait par le proprietaire de la vendre:

La raison est, que lorsqu'une chose est en litige, il est incertain qui en est le proprietaire; c'est pourquoy on doit presumer que le testateur a seulement voulu leguer le droit qu'il avoit en la chose : Ainsi lors que le testateur a legué une chose laquelle se trouve avoir esté venduë au jour de son deceds, ou qui ne se trouve plus dans sa succession, le legs est nul, *l.* 71. *ff. de legat.* 1. Pareillement si le testateur legue ce qui luy est dû par Titius, & que Titius ne luy doive rien, le legs est nul, *l.* 75. §. 1. *ff. eod. tit.*

12   Dans le Chapitre deuxiéme de cette Novelle, l'Empereur veut que le demandeur ne soit pas écouté, qu'il n'ait auparavant donné caution qu'il demeurera en l'instance jusques à la fin du procez, & qu'il payera la dixiéme partie des frais du procez.

Ce Chapitre est inutile en France, où cette caution n'est point en usage, & où suivant l'Ordonnance, celuy qui perd son procez est condamné à tous les dépens de l'instance, à moins qu'il n'y ait lieu de les compenser, ou pour le tout, & le Juge prononce *dépens compensez*, ou en partie, & pour lors le Juge condamne l'une des parties à une partie des dépens, comme à la moitié, au tiers, ou plus, ou moins.

13   Dans le troisiéme Chapitre, l'Empereur veut que si le demandeur ne compare, il puisse estre adjourné par le défendeur avec la permission du Juge, & qu'au cas qu'il ne compare aprés trois defauts obtenus contre luy, & aprés avoir laissé passer une année entiere sans comparoir, le Juge doit rendre sa Sentence, & décider la contestation conformément à la disposition des Loix.

Ce Chapitre n'est point aussi d'usage en France : Sur quoy voyez le nouveau Praticien touchant les delais, les congez & defauts.

PARAPHRASE
DE JULIEN.

CONSTITUTIO CV.

CCCLXVII. De litigiosis.

R*Es mobiles vel se moventes vel immobiles litigiosas volumus*
appellari, quarum de dominio apud Judicem inter actorem
& possessorem quæstio orta est, aut judiciali admonitione, aut per
preces Imperatori porrectas, & apud judicem intimatas, ac per
ipsam (judicem) adversario litigatori manifestatas. Nam secun-
dùm talem distinctionem & constitutionem nostram intelligi volu-
mus, in qua cautum est de sciente vel ignorante emptore. Si quis
autem pluribus heredibus derelictis decesserit, & illi cum aliis
hereditariis rebus rem litigiosam diviserint, id quod factum est
lege reprobatur. Non enim rectè alienatio videtur esse inter co-
heredes facta divisio. (Non enim alienat qui dividit.) Si quis
autem litigiosam rem legaverit eventum litis videatur legasse: ut
siquidem heres vicerit; legatum accipiat legatarius : Sin autem
victus fuerit, nihil accipiat. Ideóque libera licentia legatario
datur adesse in judicio, ut nulla negligentia vel collusio ab herede
committatur. De hypothecis autem quæstio rem litigiosam non fa-
cit. Nam & si specialiter hypothecæ nomine res obligata est: ta-
men vendere eam debitor non prohibetur ; ita tamen ut ex quan-
titate pretii creditori debitum persolvatur : aut si hoc factum
non fuerit, licebit creditori hypothecariam movere actionem ; &
rem sibi suppositam vindicare, donec satisfiat, scilicet ut credito-
ribus anteriora jura habentibus secundùm priores leges temporum
prærogativæ serventur. Ex his apparet multò minùs litigiosam rem
vocari, eam quæ generaliter hypothecarum titulo obligata est.

CCCLXVIII. De interlocutionibus judicum , per quas accu-
fati rei conveniri jubentur , & (de) fatisdationibus reorum,
& de decima parte litis.

*Si judex aliquem teneri voluerit , talem conditionem in fua
interlocutione debet inferere , ut non aliter accufationibus libellus
reo detur , vel fportulæ ab eo exigantur : nifi priùs actor in libello fubfcripferit , vel fuâ manu , vel per tabularium , & monumentis intervenientibus fidejufforem præftet idoneum periculo officii promittentem , quòd actor & obfervabit in judicio , & exer-
cebit fuas actiones. Et fi poftea oftendatur litem injuftè moviffe,
fumptuum nomine decimam partem dabit quantitatis , quæ libello comprehenfa eft, ut eam is qui accufatus fuerit , accipiat.
Sin autem dicat fe non habere fidejufforem , fanctis Evangeliis
propofitis , juret quòd non poteft dare fidejufforem , ac poftea juratoriæ cautioni committatur , in qua promittere debet ea quæ fuprà
fcripta funt (implere : quòd fi alio modo factum fuerit , nullum
refponfum dare litis executori reum concedimus. Et fi adverfus
ea factum fuerit : judex quidem cum officio fuo denarum librarum auri pœna multetur. Executor autem litis publicatione fubftantiæ fuæ punitus in exilium per quinquennium mittatur. Pœnæ
autem ex hac lege irrogatæ , periculo Comitis rerum privatarum
fifco noftro inferantur. Quidquid autem ex hac illicita conventione detrimenti reus paffus eft , refarciatur (ei) ex fubftantia
actoris periculo judicis ejus , à quo executor miffus eft. Excipi-
mus autem ab hujufmodi pœnis illa litigia , quæ ex confenfu litigatorum in judiciis ventilantur.*

CCCLXIX. Si admonito reo actor judicium deferuerit.

*Si quis per judicialem admonitionem vel preces Imperatori por-
rectas , & apud judicem intimatas , ac per eum adverfario mani-
feftatas , & fub legitima difceptatione judicis factas reum illiga-
verit : non liceat ei recedere à judicio , & negotium fufpenfum
deferere. Quòd fi hoc fecerit actor : liceat reo petere à judice apud
quem lis conteftata eft , ut admoneatur actor , ut (vel) veniat
in judicium , vel procuratorem legitimum mittat. Quòd fi nec ipfe
venerit , nec procuratorem miferit , vocetur per tria edicta per in-
tervallum in fingulis non minus triginta dierum. Nam ordina-*

rios judices non solùm præconiis, sed etiam propositionibus édicto-
rum absentes partes vocari jubemus. Proponendi autem edicta
licentiam & illis judicibus damus, qui ex principali jussione facti
sunt judices : hæc si litis contestatio facta est. Sin autem sola ad-
monitio & precum intimatio atque manifestatio facta est tantum,
deinde actor deseruerit negotium ; liceat reo similiter judicem adire,
& parere (ab eo) ut tria edicta proponantur. Et si propositis
eis actor neque venerit, neque procuratorem legitimum miserit :
habeat inducias unius anni. Et si non venerit, licentiam judici
damus & ab una parte reo solo præsente litem audire, & legibus
consentaneum calculum proferre. Quòd si intra prædictum annum
pervenerit, & suas actiones exercere maluerit : non ante eum sus-
cipiat judex, quàm impensas reo præstaverit : Ita tamen, ut à
judicio iterum non recedat. Alioquin si hoc fecerit, & annus
transactus sit, careat actionibus suis. Illam autem regulam quâ
cautum est, neminem invitum agere compelli ; tunc locum habere
volumus, cùm res integra est, & actor adversarium suum teneri
non fecit. Hanc autem Constitutionem in his casibus volumus ob-
servari, qui nec judiciali sententiâ, nec amicali compositione vel
aliâ legitimâ decisione sopiti sunt. Dat. IV. *Id. Sept. CP. Imperii*
Domini Justiniani PP. Aug. anno XV. *Basilio* V. *C. Cos.*

La Novelle 113. *in medio litis non fieri sacras formas, aut sa-*
cras jussiones ; & la Novelle 114. *Ut divinæ jussiones subscriptio-*
nem habeant gloriosissimi Quæstoris, sont inutiles en France.

* * *

TITRE XVI.

En cause d'appel on doit suivre les Loix qui estoient en vi-
gueur au temps du jugement dont est appel, & non
celles qui ont esté faites depuis. Et des autres Chefs
contenus sous ce Titre.

Ut cum de appellatione cognoscitur, secundum illas leges debeat judicari, quæ tempore latæ sententiæ obtinebant : non secundū eas, quæ postea promulgatæ sūt, & de aliis Capitulis.

Vu iij

NOVELLE CXV

CHAPITRE I.

CE Titre est divisé en une Preface & six Chapitres. Dans la Preface & le Chapitre premier, l'Empereur décide la question, sçavoir si au cas qu'aprés une Sentence dont est appel, les Loix qui avoient lieu au temps du jugement, ayent esté changées, reformées ou corrigées, on doit suivre les anciennes ou les nouvelles, & il décide qu'il faut juger selon les anciennes Loix : car quoy que les Loix perdent leur force dés que d'autres sont établies qui y dérogent, *l. ult. ff. de legib.* neanmoins les anciennes qui estoient encore en vigueur au temps de la Sentence renduë, conservent encore leur force pendant l'appel, & jusqu'au jugement de l'appel ; la raison est, qu'en cause d'appel il s'agit sçavoir, si la Sentence a esté bien ou mal renduë : Or on doit juger que la Sentence a esté bien renduë, si elle a esté renduë selon les Loix qui avoient lieu pour lors, & non selon celles qui ont esté établies aprés ; car puis qu'elles ne l'estoient pas pour lors, le Juge ne devoit & ne pouvoit pas y conformer son jugement.

Cette décision a lieu tant dans les appellations, que dans les autres moyens, par lesquels on peut se pourvoir contre les Sentences pour les faire casser.

CHAPITRE II.

De his qui post renuncia-tionem adversa-riorum se alle-gationes habere dicunt,

De ceux qui aprés que leur partie adverse a declaré ne vouloir plus se servir de nouveaux moyens, declarent qu'ils en ont d'autres à proposer.

L'Empereur dans ce Chapitre dit, qu'il arrive souvent que des plaideurs par malice, aprés que leur partie adverse a declaré n'avoir plus d'autres moyens à proposer que ceux qu'elle a déja alleguez, & aprés que le temps pour justifier leurs pretentions est passé, disent qu'ils ont de nouveaux moyens, afin de prolonger & differer le jugement du procez ; c'eſt pourquoy l'Empereur ordonne, que celuy qui pretend avoir de nouveaux moyens, ait un mois ſeulement pour les propoſer ; & qu'en cas qu'il demande encore aprés un autre delay, le Juge luy accorde un autre mois ; que s'il en demande encore, il luy en ſoit donné un troiſiéme pour tout delay & prefixion : Aprés quoy, le Juge doit rendre ſa Sentence.

CHAPITRE III.

Des cauſes legitimes pour leſquelles les enfans peuvent eſtre exheredez.

Quæ ſinſ
juſtæ ex-
hereda-
tionis li-
berorum
cauſæ.

SOMMAIRE.

1   CE Chapitre traite des causes pour lesquelles les enfans peuvent estre exheredez, en reformant sur ce sujet l'ancienne Jurisprudence; & pour sçavoir ce que l'Empereur a introduit de nouveau par cette Constitution, il faut observer quel estoit l'ancien Droit.

2   Premierement, avant cette Constitution les causes d'exheredation estoient incertaines, & il dépendoit *ex judicis arbitrio,* de juger si les causes qu'on alleguoit estoient justes & legitimes, ou non.   En

En second lieu, auparavant cette Conſtitution il n'eſtoit pas neceſſaire au teſtateur de declarer les cauſes pour leſquelles il exheredoit ſes enfans, ou quelqu'un d'iceux ; ce qui eſtoit fondé ſur l'autorité de ſa puiſſance paternelle, *arg. l.* 11. *ff. de liber. & poſthum.* ſi l'exheredé ne juſtifioit que le teſtateur n'avoit eu aucune cauſe legitime pour l'exhereder, à quoy il eſtoit receu, *l.* 28. *C. de inofficio. teſtam.*

Toutefois avant cette Novelle, lors que le pere avoit enoncé la cauſe de l'exheredation, l'heritier eſtoit tenu de la prouver, *l. ult. C. de ſecund. nupt. l.* 22. *l.* 30. *verſ. ſi tamen. C. de inofficioſo teſtam.*

En troiſiéme lieu, les enfans ne pouvoient combattre un teſtament par la plainte d'inofficioſité, lors qu'ils avoient receu quelque choſe de leur pere, à quelque titre que ce fût, mais ils pouvoient demander le ſupplement de leur legitime, au cas que ce qu'ils en avoient receu, ne valut pas leur legitime. L'Empereur a ordonné par cette nouvelle Conſtitution.

Premierement, que les peres & meres ne puſſent point exhereder leurs enfans que pour les cauſes legitimes, qu'il a enoncées & declarées, ſpecialement dans cette Conſtitution ; car ayant obſervé qu'il y avoit differentes cauſes d'exheredation dans pluſieurs Loix, dont quelques-unes ne luy paroiſſoient pas ſuffiſantes pour donner lieu à l'exheredation, & que d'autres qui eſtoient juſtes & legitimes, avoient eſté omiſes, il avoit jugé à propos de declarer les cauſes juſtes & legitimes, pour leſquelles les peres, meres & autres aſcendans, puſſent exhereder leurs enfans ; voulant & ordonnant qu'on ne pût les exhereder que pour les cauſes qui y ſont enoncées.

En ſecond lieu, que le teſtateur declarât expreſſement les cauſes d'exheredation, & qu'elles fuſſent juſtifiées par l'heritier inſtitué dans le teſtament ; & faute par luy d'eſtre prouvées, l'exheredation ſeroit nulle & ſans effet, & le teſtament caſſé par la plainte d'inofficioſité quant à l'inſtitution d'heritier.

En troiſiéme lieu, que pour empeſcher les enfans de ſe plaindre contre le teſtament, il faut que la legitime leur ſoit laiſſée à titre d'inſtitution, en ſorte que le teſtament peut eſtre caſſé pour cauſe de preterition, quoy que le teſtateur leur ait laiſſé la valeur de leur legitime, & meſme plus, à titre de legs ou de fideicommis.

Du commencement de ce Chapitre a eſté tirée l'Authentique *Non licet.* C. *de liver. præterit.*

A U T H E N T I Q U E *Non licet.* C. *de liber. præterit.*

3 *Non licet parenti aliquem ex liberis exheredare vel præterire, nisi is probetur ingratus, & ingratitudinis caufas nominatim inferat teftamento. Caufæ verò ingratitudinis novâ Conftitutione expreffæ funt quatuordecim.*

Cette Authentique nous marque conformément au commencement de ce Chapitre 1. la prohibition generalement faite aux peres & meres d'exhereder leurs enfans ou les paffer fous filence. 2. L'exception, qui eft que l'exheredation eft permife pour caufe legitime d'ingratitude. 3. Que les caufes d'ingratitude doivent eftre inferées dans le teftament. 4. Qu'il n'y a que quatorze caufes pour lefquelles les enfans peuvent eftre exheredez.

4 Il y a deux défauts dans cette Authentique ; le premier, que conformément à la fin de ce Chapitre, elle devoit contenir cette claufe, que l'heritier eft tenu prouver les caufes d'exheredation contenuës dans le teftament, ou une d'icelles.

Le deuxiéme, que ce qui eft laiffé à titre de legs ou de fideicommis, ou par donation entre-vifs ; foit qu'il égale la legitime ou non, ou mefme qu'il l'excede, n'exclud pas la plainte d'inofficiofité ; les termes de ce Chapitre dans le commencement y font exprés ; *nec fi per quamlibet donationem vel legatum, vel fideicommiffum, vel alium quemlibet modum eis dederit legitimam debitam portionem.*

5 Ces termes ne permettent pas de douter que ce qui eft laiffé à d'autre titre que d'inftitution, n'exclud pas la plainte d'inofficiofité. Cependant Irnerus a inferé dans l'Authentique *Noviffimâ* tirée de la Novelle 18. C. *de inofficio. teftam.* une claufe contraire à la decifion de ce Chapitre, en ces termes : *Noviffimâ lege cautum eft, ut fi quatuor fint filii vel pauciores, ex fuftantia deficientis, triens, fi plures fint, fervis debeatur eis quoquo relicti titulo, &c.* & c'eft une des erreurs d'Irnerus.

6 En interpretation du commencement de ce Chapitre, on demande fi la preterition des enfans faite par le pere pour des caufes juftes & legitimes eft valable, de mefme que l'exheredation

cette queſtion eſt défenduë de part & d'autre par lesDocteurs, les uns eſtimans que la preterition eſt nulle, & que le teſtament eſt pareillement nul : d'autres au contraire eſtant d'avis que le teſtament eſt valable, & la preterition auſſi valable, en juſtifiant par l'heritier teſtamentaire des cauſes pour leſquelles elle a eſté faite, enoncées dans le teſtament.

La premiere opinion eſt fondée ſur le §. 1. *Inſtitut. de exhe‑redat. liberor.* en ces termes : *Qui filium in poteſtate habet, curare debet, ut eum heredem inſtituat, vel exheredem nominatim faciat. Alioqui ſi eum ſilentio præterierit, inutiliter teſtabitur : Adeo qui‑dem ut ſi vivo patre filius mortuus ſit, nemo heres ex eo teſta‑mento exiſtere poſſit ; quia ſcilicet ab initio non conſtiterit teſta‑mentum.*

Sur la Loy *inter cætera. ff. de liber. & poſthum.* & ſur la Loy *filio præterito. ff. de injuſto rup.* où il eſt decidé que le teſta‑ment eſt nul, dans lequel le fils n'eſt pas inſtitué, ou n'eſt pas exheredé nommément; or l'Empereur Juſtinien n'a point corrigé ces anciennes Loix par cette nouvelle Conſtitution, où il dit, *ſancimus non licere penitus patri vel matri, &c. ſuum filium vel filiam vel cæteros liberos præterire aut exheredes facere in ſuo te‑ſtamento, &c. niſi forſan probabuntur ingrati, & ipſas nominatim ingratitudinis cauſas parentes ſuo inſeruerint teſtamento :* d'où il s'enſuit que la preterition du fils faite par le pere dans ſon te‑ſtament quoy que pour des cauſes legitimes, nommément ex‑primées.

Pour l'opinion contraire, on dit que dans cette Novelle l'Em‑pereur défendant aux peres & meres de paſſer leurs enfans ſous ſilence, ou de les exhereder ſans cauſe legitime, exprimée dans leur teſtament, & prouvée aprés leur deceds par leur heritier te‑ſtamentaire, fait connoiſtre qu'il veut & entend qu'ils puiſſent eſtre paſſez ſous ſilence ou exheredez, au cas qu'ils ayent don‑né des cauſes juſtes & legitimes à leurs peres & meres, de leur pre‑terition ou exheredation ; & partant que le teſtament valût dans lequel le pere auroit paſſé ſon fils ſous ſilence, y ayant declaré la cauſe de ſa preterition.

On peut ajouſter, que quand le pere declare qu'il paſſe ſon fils ſous ſilence, parce qu'il l'a battu ou maltraité, ou qu'il l'a vou‑lu tuer, il l'exherede en effet, & cette preterition vaut autant que l'exheredation, n'eſtant pas neceſſaire pour faire une exhe‑redation, de ſe ſervir du terme exhereder, mais il ſuffit de ſe ſer‑

vir de termes équivalens, felon la Loy 3. C. *de liber. præterit.* qui contient en ces termes le refcrit de l'Empereur Antonin : *fi quis filium proprium ita exheredaverit, ille filius meus alienus meæ fubftantiæ fiat, talis filius ex hujufmodi verborum conceptione non præteritus, fed exheredatus intelligitur : cùm enim manifeftiffimus eft fenfus teftatoris, verborum interpretatio nufquam valeat, ut melior fenfu exiftat.*

Il eft encore certain que cette Novelle abroge les Loix anciennes qui ordonnoient la nullité des teftamens à caufe de la preterition des enfans, puis que cette Novelle porte expreffement qu'il n'eft pas permis aux peres & meres de paffer fous filence leurs enfans, ou de les exhereder fans caufe legitime, *ergo* par argument tiré *à contrario fenfu*, elle leur permet de le faire, lors qu'ils ont une caufe legitime, & qu'ils obfervent ce que l'Empereur ordonne dans cette Conftitution.

Cette opinion eft plus conforme à l'efprit de cette Novelle ; quant à ce que ceux qui font de fentiment contraire, alleguent que ce Chapitre fe doit entendre de la preterition des enfans faite par la mere, ou par le pere qui n'a pas dans fa puiffance celuy qu'il paffe fous filence ; on répond que l'Empereur ne diftingue point, & qu'il decide generalement que la preterition & exheredation des enfans faite par les peres & meres & autres afcendans, eft valable, au cas qu'elle foit fondée fur des caufes legitimes, & partant il ne faut point diftinguer ; car fi ce qui eft dit de la preterition ne s'entend pas de celle que le pere peut faire des enfans qu'il a en fa puiffance, on pourroit conclurre qu'il pourroit les paffer fous filence, quoy qu'ils ne luy en euffent point donné de caufes legitimes, & qu'il n'en eut fait aucune mention dans fon teftament. Et puis que cette difpofition fe doit entendre tant du pere que de la mere & des autres afcendans, on ne doit pas douter qu'il ne leur foit permis de paffer fous filence leurs enfans, ou de les exhereder en obfervant les formalitez prefcrites par l'Empereur.

7 Quoy que cette Novelle decide generalement que la legitime doit eftre laiffée à titre d'heritier, fans diftinguer entre le pere & les autres afcendans, neanmoins les Docteurs traitent cette queftion ; fçavoir, fi le teftament du pere eft valable au cas qu'il laiffe la legitime à un de fes enfans *abfque titulo heredis* : Accurfe *in Authent. noviffima. C. de inoffic. teftam. in verbo, titulo,* tient l'affirmative, par les raifons fuivantes.

La premiere, que le teſtament du pere fait entre ſes enfans quoy que ſans les ſolemnitez requiſes, eſt valable, *l. hac conſultiſſima.* §. *ex imperfecto.* C. *de teſtam.* d'où il s'enſuit que cette formalité de laiſſer la legitime *inſtitutionis titulo,* n'eſt pas neceſſaire.

La deuxiéme, que dans le Chapitre *Raynutius. Ext. de teſtam.* un teſtament fait par un pere dans lequel il laiſſe à un de ſes enfans ſa legitime *titulo legati,* eſt declaré valable.

La troiſiéme eſt que Bartole ſur la Loy 1. *num.* 62. C. *de ſacroſanct. Eccleſ.* tient qu'un teſtament fait *ad pias cauſas* eſt valable, dans lequel la legitime eſt laiſſée aux enfans *abſque titulo inſtitutionis,* par la raiſon que les teſtamens faits *ad pias cauſas,* ne requierent point les ſolemnitez neceſſaires aux autres.

Et partant la legitime peut eſtre laiſſée de meſme aux enfans dans un teſtament fait entr'eux, puis que ſuivant la Loy *hac conſultiſſima.* les teſtamens faits par les peres entre leurs enfans ſont valables, ſans aucunes ſolemnitez.

Coyarruvias *in cap. Raynutius.* §. 1. *num.* 2. *Ext. de teſtam.* tient l'opinion contraire, laquelle me ſemble mieux fondée : par la raiſon que l'Empereur dans cette Novelle ordonne generalement & indiſtinctement que les enfans ſoient inſtituez ou exheredez pour des cauſes legitimes, ou que dans le teſtament de leurs peres & meres ils reçoiveut leur legitime *titulo inſtitutionis ;* d'où il s'enſuit que l'Empereur doit eſtre entendu, tant du teſtament ſolemnel fait par le pere, que de celuy que le pere fait entre ſes enfans ſans ſolemnitez.

Quant à ce qu'on dit que le teſtament fait par le pere entre ſes enfans, eſt valable ſans ſolemnitez, cela s'entend des ſolemnitez intrinſeques au teſtament, comme d'eſtre fait en preſence de ſept témoins qui ſont priez pour cet effet, que les témoins & le teſtateur appoſent leurs cachets, &c. mais non pas qu'un enfant puiſſe eſtre reduit à ſa legitime, à moins qu'elle ne luy ſoit laiſſée à titre d'heritier, ainſi qu'il eſt generalement & indiſtinctement ordonné par cette nouvelle Conſtitution.

On demande ſi le teſtament peut eſtre caſſé, parce que le pere aura laiſſé à ſon fils dans ſon teſtament, à titre d'heritier, moins que ſa legitime ? La raiſon de douter eſt que l'Empereur ordonne que les peres & meres laiſſent la legitime à leurs enfans à titre

X x iij

d'heritiers, d'où il s'enfuit que s'ils leur ont laissé moins, ils n'ont pas satisfait à l'Ordonnance de l'Empereur, puis que moins que la legitime n'est pas la legitime ; ainsi il semble que le testament puisse estre cassé par la plainte d'inofficiosité.

L'opinion commune des Docteurs est que le testament est valable, & qu'il ne peut estre combattu par la plainte d'inofficiosité, mais que les enfans peuvent demander le supplément de leur legitime, conformément aux Loix du Code, *l.* 30. *& l.* 36. C. *de inoffic. testam. &* §. *sed hæc ita. Institut. eod. tit.* que l'Empereur n'a point reformée par cette Novelle, en sorte qu'en ce point elles y demeurent en leur force & vigueur.

9   Les Docteurs font encore une question, sçavoir si par le Droit du Digeste, la legitime devoit estre laissée à titre d'heritier pour exclure la plainte d'inofficiosité ? Quelques-uns ont estimé que par ce droit la legitime devoit estre laissée à ce titre, Jason *in l. cætera. num.* 10. *ff. de liber. & posthum. & in Authent. Novissima.* C. *de inoffic. testam.* Clarus *in* §. *testamentum quæst.* 38. Graff. *in d.* §. *testamentum. quæst.* 35. *num.* 4. font de cet avis, fondé sur la Loy *inter cætera. ff. de liber. & posthum.* sur la Loy derniere, & sur la Loy *ita tamen.* §. *si quis rogatus. ff. ad Trebellian.*

. Mais l'opinion contraire est la plus commune, & la mieux fondée ; la Loy *Papinianus.* §. *si quis. ff. de inoffic. testam.* y est expresse en ces termes : *si quis mortis causâ donaverit filio quartam partem ejus quod ad eum esset perventurum, si intestatus pater decessisset, rectè eum testatum censeo.* Corasius *in l. filium, num.* 82. C. *famil. ercisc.* prouve cette opinion par plusieurs autres textes.

Il faut dire aussi que le droit du Code est conforme en ce point à celuy du Digeste, suivant la Loy *scimus.* §. *generaliter.* C. *de inoffic. testam.*

Pour achever l'interpretation du commencement de ce Chapitre, nous proposerons les questions suivantes.

10   La premiere, si les enfans doivent laisser la legitime à leurs peres & meres à titre d'institution : Bartole sur l'Authentique *Novissima.* C. *de inoffic. testam.* tient que non ; par deux raisons : La premiere, que la legitime des parens se doit regler selon celle du Patron, laquelle ne se doit pas laisser à titre d'institution, *l.* 1. §. 1. *ff. si quis à parente. fuer. manum.*

La deuxiéme, qu'auparavant cette Novelle il n'eſtoit pas neceſſaire de laiſſer la legitime aux peres & meres à titre d'inſtitution ; or ce droit ancien ne ſe trouve point changé par cette Novelle, & partant elle peut eſtre laiſſée par quelqu'autre titre que ce ſoit.

On dit au contraire, & c'eſt l'opinion commune des Docteurs ſur l'Authentique *Noviſſima*, de Jaſon & autres, qu'en ce point il n'y a point de difference entre la legitime des enfans, & celle des peres & meres, parce que dans le Chapitre ſixieme de cette Novelle où l'Empereur en nce les cauſes, pour leſquelles les peres & meres peuvent eſtre exheredez par leurs enfans, il declare qu'il veut que ce qu'il a ordonné dans les precedens Chapitres pour les teſtamens des peres & meres envers leurs enfans, ait lieu pour les teſtamens des enfans envers leurs peres & meres, *juſtum autem proſpeximus, & è contrario de liberorum teſtamentis hæc eadem cum aliqua diſtinctione diſponere*, & il eſt dit enſuite dans le meſme Chapitre, qu'il n'eſt pas permis aux enfans d'exhereder leurs peres & meres ſans juſte cauſe ; mais qu'ils doivent eſtre inſtituez, & partant le teſtament eſt nul, dans lequel ils n'auront point eſté inſtituez, quoy que par le meſme teſtament leur legitime leur ait eſté laiſſée par un autre titre.

Pour moy j'eſtime cette opinion bien fondée ; dautant que ſi les peres & meres doivent eſtre inſtituez ou exheredez par l'une des cauſes enoncées dans le Chapitre ſixiéme de cette Novelle, & qu'autrement le teſtament ſoit nul ; il eſt vray de dire que les peres & meres n'ont point eſté inſtituez, lors que l'enfant ne leur a laiſſé qu'une partie de ſes biens à titre de legs ou à autre titre que d'inſtitution, & partant ils peuvent en pourſuivre la caſſation.

La deuxiéme queſtion eſt, ſi l'heritier eſt tenu prouver toutes 11 les cauſes d'exheredation enoncées dans le teſtament, ou ſi il ſuffit d'en prouver une ou quelques-unes ſeulement : Le ſentiment commun des Docteurs eſt, qu'il ſuffit de prouver une des cauſes enoncées dans le teſtament ; ce qui eſt fondé ſur le §. dernier du Chapitre troiſiéme de cette Novelle en ces termes : *ſive igitur omnes memoratas ingratitudinis cauſas, ſive certas ex his, ſive unam quamlibet parentes in ſuo teſtamento inſeruerint, & ſcripti heredes nominatam vel nominatas cauſas, vel unam ex his veram eſſe monſtraverint, &c.*

La troiſiéme queſtion eſt, ſi les peres & meres peuvent exhere- 12 der leurs enfans pour d'autres caufes que pour celles qui font énoncées dans cette Novelle : Quelques-uns tiennent que non, parce que l'Empereur défend aux peres & meres d'exhereder leurs enfans pour d'autres caufes que celles qui font enoncées dans cette Conftitution, *ut præter ipfas nulli liceat ex alia lege ingratitudinis caufas opponere, nifi quæ in hujus Conftitutionis ferie continentur.*

13 D'autres, & c'eft l'opinion commune, eftiment que l'exheredation feroit valable ; par la raifon que fuivant la Loy *non pof. funt. ff. de legib. non poffunt omnes articuli figillatim aut legibus, aut Senatufconfultis comprehendi, fed cum in aliqua caufa fententia eorum manifefta eft ; is qui jurifdiʄtioni præeft ad fimilia procedere, atque ita jus dicere debeat :* que où il y a parité de raifon, on doit fe fervir de la mefme decifion par une jufte & équitable interpretation *l. 6. §. 1. ff. de V. S.* l'exheredation eft la peine d'une efpece de delit commis par les enfans, car les peines font établies plus ou moins grandes felon la qualité des delits, & partant l'exheredation doit avoir lieu, lors que les enfans ont commis un delit envers leurs peres & meres qui merite cette peine ; comme fi le fils avoit trahi fa Patrie, ou commis un crime de leze-Majefté ; auquel cas quoy que ces caufes ne foient pas comprifes dans cette Novelle, neanmoins il y a lieu de dire qu'elles donnent lieu aux peres & meres de l'exhereder ; parce que ces delits les concernent, & mefme plus que ceux qui regardent directement leurs perfonnes, puis que nous fommes nez pour fervir noftre Prince & noftre Patrie ; car prefque dans ces cas il eft permis au pere de tuer fon enfant, & à l'enfant de tuer fon pere, fuivant la Loy 35. *ff. de relig. & fumpt. funer.*

On peut dire avec plus de raifon, que le pere peut exhereder fon enfant, ou l'enfant fon pere : *minimè majores lugendorum putaverunt eum qui ad patriam delendam, & parentes & liberos interficiendos venerit ; quem fi filius patrem, aut pater filium occidiffet fine fcelere, etiam præmio afficiendum omnes conftituerunt,* dit le Jurifconfulte en cette Loy.

Il eft difficile que l'exheredation ait lieu pour l'une des deux caufes, par la raifon que ceux qui en font convaincus, font punis de mort, avec confifcation de biens.

14 Que fi le fils avoit tué fon ayeul paternel ; il ne faut pas douter que le pere ne le pût exhereder, quoy que cette caufe ne foit pas nommément exprimée dans cette Novelle ; par la raifon que

que c'eſt une injure aſſez atroce faite au pere par ſon fils : *Item*, ſi le fils tuoit la ſeconde femme de ſon pere.

La quatriéme queſtion eſt, ſi l'heritier ne pouvoit pas prou- 15 ver les cauſes d'exheredation énoncées dans le teſtament, il ſe- roit recevable d'en prouver quelques autres de celles contenuës dans cette Novelle, non exprimées dans le teſtament : L'opi- nion commune des Docteurs eſt, que non ; parce que l'Empe- reur dans le Chapitre 3. de cette Novelle, ordonne pour rendre valable une exheredation, qu'elle ſoit fondée ſur des cauſes juſtes & legitimes énoncées dans le teſtament, & en ſuite prouvées par l'heritier teſtamentaire, en ſorte que l'Empereur requiert deux conditions qui doivent eſtre accomplies ; ſçavoir que les cauſes ſoient énoncées dans le teſtament, & qu'elles ſoient prouvées par l'heritier ; & partant l'une d'icelles ceſſant, il n'y a point d'exheredation.

La cinquiéme queſtion, ſi l'exheredation ne peut eſtre faite 16 que par teſtament, & non par codicille, ou par autre acte : c'eſt une regle certaine en Droit, que comme l'inſtitution ne peut eſtre faite que par teſtament, auſſi l'exheredation qui eſt con- traire à l'inſtitution, & qui oſte à l'enfant heritier ſien par le droit naturel & par la Loy, les biens de ſon pere, ne peut eſtre fai- te que par teſtament, §. 2. *Inſtitut. de codicill. & hac Novell.* cap. 3.

Cette queſtion s'eſt preſentée, ſçavoir ſi l'exheredation ne peut 17 eſtre faite que par teſtament ; ainſi elle peut eſtre faite par acte paſſé pardevant Notaires : Tronçon ſur l'article 299. de la Coûtume de Paris, remarque un Arreſt donné en la grand' Cham- bre, du Jeudy 29. Janvier 1625. en la Couſtume de Chartres, entre les enfans de Pierre de Villiers Procureur au Preſidial de Chartres, & Michel de Villiers ſon fils exheredé ; par lequel la Cour a jugé, que l'exheredation des enfans faite par leurs peres & meres, par acte paſſé pardevant Notaires, contenant les cau- ſes d'exheredation, eſtoit valable.

Du Freſne rapporte un autre Arreſt donné auſſi en l'Audian- ce de la grand' Chambre, le huitiéme Juin 1638. qui a jugé la meſme choſe. La raiſon eſt, qu'il ne ſeroit pas juſte d'aſſujettir la vangeance legitime d'un pere à des formalitez d'un teſtament ; de ſouſtraire le coupable à la punition qu'il merite par ſes deſ- obeiſſances, envers celuy auquel il eſt redevable de ſa naiſ- ſance.

Les Ordonnances qui permettent aux peres & meres d'exhe. reder leurs enfans pour mariage contracté sans leur consente. ment, ne les obligent point de le faire par testament, & partant ils le peuvent faire par quelque acte que ce soit, pourveu qu'il contienne expressément les causes d'exheredation, & qu'elles soient justifiées.

Ce qui a encore esté jugé par l'Arrest de Lescot, remarqué cy-aprés.

18 Les quatorze causes de l'exheredation des enfans sont conte. nuës dans ce Chapitre & dans les deux suivans, sçavoir onze dans le Chapitre 3. deux dans le Chapitre 4. & la quatorziéme dans le Chapitre 5.

Ces causes sont contenuës dans ces vers :

> *Bis septem causis exheres filius esto ;*
> *Si patrem feriat , vel maledicat ei :*
> *Carcere detrusum si negligit , ac furiosum ,*
> *Criminis accuset , aut paret insidias :*
> *Si dederit gravia sibi damna , nec hoste redemit ,*
> *Testari prohibet , aut dat arena jocum :*
> *Si pravos sequitur , vel amat genitoris amicam ;*
> *Non orthodoxus , filia quando coit :*

La premiere cause est , si le fils met la main sur son pere ; comme s'il luy a donné un soufflet , ou quelque coup par mépris : non seulement pour cette cause le fils peut estre exheredé, mais aussi il peut estre condamné à mort , selon l'Exode *cap.* 21. *qui percusserit patrem suum aut matrem , morte moriatur.*

La deuxiéme , si le fils a fait une injure atroce à son pere : L'injure dont il est parlé dans ce Chapitre s'entend de l'injure verbale & réelle ; la verbale est lors que le fils a dit des paroles injurieuses à son pere : la difficulté est , sçavoir quelle injure est atroce ; c'est suivant le sentiment des Docteurs , celle qui *contumeliam continet & contemptum, l. 1.ff. de injur.* Ce qui dépend des circonstances que le Juge doit examiner.

L'injure réelle est celle qui se fait *aliquo facto vel actu interveniente ;* comme si le fils a frappé son pere , ou s'il a épousé une fille deshonneste , & qui cause du deshonneur à la famille.

La troifiéme, fi le fils a accufé fon pere de crime capital, ex-cepté le crime de leze-Majefté , ou de trahifon contre la Pa-trie.

La quatriéme , s'il s'affocie avec les gens de mauvaife vie, comme font les voleurs & les brigands ; & pour cét effet il faut que la focieté foit contractée par quelque commerce infame & défendu par les Loix , *Novel.* 22. §. 3. *& l.* 9. §. 4. *ff. ad leg. Jul. de adulter.*

La cinquiéme , fi le fils a dreffé des embufches à la vie de fon pere , quoy qu'il n'ait point executé fon deffein parricide , *tot. tit. ff. de leg. Pomp. de parricid.* parce que dans les grands crimes il fuffit d'avoir eu intention de les commettre , & que l'intention ait efté accompagnée de quelque execution.

La fixiéme , fi le fils commet un incefte avec la femme en fe-condes nopces de fon pere , ou avec fa concubine : La raifon eft, que c'eft une injure atroce.

La feptiéme , fi le fils a efté le delateur de fon pere , & que par fa dénonciation il luy ait caufé une perte confiderable.

La huitiéme , fi le pere eftant en prifon pour dettes , fon fils ait refufé de luy fervir de caution pour l'en faire fortir ; mais parce que les femmes ne peuvent pas s'obliger pour d'autres, l'Empereur declare que cette caufe n'a lieu que pour les mafles, & non pour les femmes.

Toutes les caufes fufdites font d'ufage en France, excepté la fixiéme en ce qui concerne l'habitude du fils avec la concubine de fon pere : car le concubinage eftant prohibé par les loix du Prince, & eftant contre les bonnes mœurs , il ne peut point don-ner occafion au pere d'exhereder fon fils , veu qu'il ne pourroit fonder l'exheredation que fur fa turpitude & fur fa mauvaife conduite.

Pour ce qui eft de la huitiéme , elle pourroit avoir lieu en France au cas que le fils eût des biens confiderables , & que les dettes du pere pour lefquelles il feroit détenu en prifon , ne fuf-fent pas d'une fi grande confequence , que le fils ne pût s'obliger pour fon pere fans s'expofer à une perte notable ; car pour lors ce feroit une grande ingratitude au fils , pour laquelle il meri-teroit d'eftre puny de l'exheredation. Mais fi les dettes font grandes , & que le fils ne les pût pas payer facilement fans s'in-commoder beaucoup & fa famille , je n'eftimerois pas que le pere pût prendre de là occafion d'exhereder fon fils.

Y y ij

La neuviéme, fi le fils a empefché par force & violence fon pere de tefter ; en forte neanmoins que par aprés il ait fait fon teftament, il peut l'exhereder.

Que fi le pere eft decedé fans avoir tefté, parce qu'il en auroit efté empefché par fon fils, & que ceux qui devoient feuls fucceder au pere *ab inteftat*, ou conjointement avec celuy qui a empefché fon pere de tefter ; ou ceux qu'il vouloit inftituer fes heritiers, ou faire fes legataires, ou ceux qui par cette prohibition ont fouffert quelque dommage, ayant approuvé l'action du fils, l'Empereur ordonne qu'en ce cas on fuive les Loix qui ont efté faites auparavant, c'eft à dire les Loix qui refufent toutes actions à celuy qui a empefché quelqu'un de tefter, & qui ordonnent que la portion qui luy appartient dans la fucceffion du défunt, foit deferée au fifc ; *l. 1. in princ. ff. fi quis aliq. teft.*

Quant à ceux qui pourroient avoir intereft que le défunt eut tefté, comme les legataires, aufquels le teftateur auroit legué dans le commencement de fon teftament qui fe trouveroit imparfait, parce qu'il auroit efté empefché de l'achever, ils n'ont pas moins de droit de demander la délivrance de ces legs, parce que *factum cuique fuum, non alteri nocere debet, l. fi qui dolo.* §. 1. *ff. fi quis aliq. teft.* ce qui a efté reformé par la Novelle 134. chap. 3. dans laquelle il eft decidé que celuy qui a empefché quelqu'un de tefter, eft tenu au double envers ceux qui y avoient intereft.

Cette caufe n'auroit pas lieu en France, ainfi que j'ay obfervé fur le titre *fi aliquem tefta. prohib. ff.*

La dixiéme, fi le fils s'eft affocié contre la volonté de fon pere, avec des Gladiateurs ou des Comediens, & qu'il ait continué cette profeffion, à moins que fes parens n'en fuffent ; car en ce cas fon pere ne pourroit pas pretendre qu'il luy auroit fait injure & à fa famille, *mores quos quis in fe approbat, in liberis reprobare non poteft ;* un fourbe n'a rien à reprocher à un trompeur, *fi duo dolo malo fecerint, invicem de dolo non agent, l. fi duo. ff. de dolo.*

20   La onziéme, fi le pere ayant voulu marier fa fille, ou fa petite fille, & luy donner une dot fuivant fes facultez, elle auroit preferé de mener une vie infame & luxurieufe, conformément à la Loy 19. C. *de inofficio. teftam.* Que fi la fille eftant parvenuë à l'âge de vingt-cinq ans, & fes pere & mere ayant differé de la

marier; elle s'eſt abandonnée, ou qu'elle ſe ſoit mariée avec un homme libre, quoy que ſans le conſentement de ſon pere, en ce cas le pere ne peut pas l'exhereder; parce que, dit l'Empereur, *non ſuâ culpâ, ſed parentum id commiſiſſe cognoſcitur,* §. 11. *híc.*

Au premier cas de ce §. le pere peut exhereder ſa fille, parce qu'elle n'a aucune cauſe legitime de ſa mauvaiſe conduite, & que l'injure qu'elle fait à ſon pere ne luy peut point eſtre imputée; & l'exheredation ſeroit valable, ſoit que la fille fût mineure ou majeure, ayant commencé ſa mauvaiſe vie depuis que ſon pere auroit voulu la marier, conformément aux termes exprés de ce §.

Mais parce qu'il ne ſeroit pas juſte que le pere punît ſa fille d'une injure qu'elle luy auroit faite, dont il ſeroit luy-meſme la cauſe, l'Empereur défend au pere de l'exhereder au ſecond cas.

Sçavoir lors que les pere & mere d'une fille ont differé de la marier juſques à vingt-cinq ans, & qu'aprés ce temps *in ſuum corpus peccaverit,* ou qu'elle ſe ſoit mariée ſans leur conſentement; d'où il s'enſuit que ſi elle a failly auparavant vingt-cinq ans, parce que ſes pere & mere ne luy auroient pas donné un mary, ſes pere & mere ont juſte cauſe de l'exhereder : car quoy qu'une fille ſoit nubile à douze ans accomplis, neanmoins ſes pere & mere ne ſont pas tenus de la marier dés ce temps, l'âge de vingt-cinq ans eſtant celuy où la paſſion de l'amour eſt la plus violente; c'eſt pourquoy l'Empereur veut, que ſi à cét âge la fille a peché contre ſon honneur, elle ne puiſſe eſtre exheredée.

Ces termes *in ſuum corpus peccaverit,* s'entendent ſelon le ſentiment commun des Docteurs, non pas d'une vie ſcandaleuſe, mais ſeulement lors que la fille a eu quelque habitude honteuſe ſecretement & en cachette : C'eſt l'opinion de Godefroy en ſa note ſur ce §. *híc aliud nihil eſſe puto, quam meretricio more vivere. Eò igitur adducor, ut credam filiam majorem viginti quinque annis patre ceſſante ei conditionem quærere, non ob id exheredari poſſe, quòd in ſuum corpus peccaverit, fortè ſemel, aut aliquoties, clam tamen; aliud verò fore, ſi palam turpiter vivat & flagitioſe, l. 19. C. de inoffic. teſtam.*

Quelques Docteurs entendent ces termes d'une vie honteuſe, ſcandaleuſe & publique, & pour laquelle le pere ne peut pas exhereder fa fille ; & j'eftime cette opinion mieux fondée, parce que la deuxiéme partie de ce Chapitre eft une fuite ou une exception de la premiere. Dans la premiere, il eft dit que le pere peut exhereder fa fille lors que *neglectâ conditione honeftâ turpem & flagitiofam vitam elegit :* Dans la deuxiéme, il excepte lors que *pater ipfe ad ejufmodi vitam filiæ caufam dedit.* •

22 De ce §. il femble qu'on puiffe conclure, que les enfans qui fe marient fans le confentement de leurs pere & mere puiffent eftre exheredez ; car l'Empereur décidant que le pere qui n'a pas voulu marier fa fille ayant vingt-cinq ans, ne peut pas l'exhereder pour s'eftre mariée fans fon confentement, on peut tirer cét argument *à contrario*, que le pere peut exhereder fa fille qui fe marie fans fon confentement, lors qu'il n'a pas refufé de luy donner un mary fortable à fa condition, & felon fes facultez. Cependant c'eft une queftion entre les Docteurs ; plufieurs eftiment que les enfans peuvent eftre exheredez pour cette caufe, quoy qu'ils contractent des mariages convenables à leur condition, en confequence feulement du mépris qu'ils font de leurs peres & meres dans une affaire d'une fi haute importance, où il s'agit de leur donner des heritiers.

C'eft le fentiment de Paul de Caftres fur la Loy *fi filiam. C. de inoffic. teftam.* de Godefroy fur la Loy 25. *ff. de ritu nuptiar.*

Cette opinion eft fondée fur ce §. & fur la Loy 3. §. *fi emancipatus. ff. de bonor. poffeff. contra Tab.* en ces termes : *Nam etfi ignominiofam duxerit uxorem filius, ut dedecori fit tam ipfi , quam patri talem mulierem habere , dicemus & ex ea natum ad bonorum poffeffionem avi admitti, cùm poffit avus jure fuo uti , eumque exheredare.*

23 On voit que dans l'ancien Teftament les enfans ne fe marioient pas fans le confentement de leurs peres & meres : Ifaac fut marié du confentement de fon pere Abraham, *Genef.* 24. Jacob du confentement de fon pere Ifaac, *Genef.* 28. *verf.* 6. que Manue confentit aux nopces de fon fils Samfon, *Jud.* 14. *verf.* 5. Par la Loy divine il eftoit défendu aux peres de marier leurs filles aux Cananéens, *Deuter. verf.* 3. & partant les enfans ne pouvoient pas fe marier fans leur confentement, *Exod.* 22. *num.* 30. 2. *Samuel.* 1. *Corinth.* 9. *Tertullia. ad uxor. in fine. Ambrof. in lib. de Patriarchis* 32. q. 2. c. *honorantur. Auguftin. Epift.* 233.

D'autres tiennent que les enfans ne peuvent eftre exheredez pour avoir contracté mariage fans le confentement de leurs pere

& mere, que lors que le mariage fait injure à leurs pere & mere, & à leur famille. C'est le sentiment de Balde *Novel. de dote , in part.* 6. *privil.* 16. *num.* 6. & sur la Loy *nec filium.* C. *de nupt.* sur la Loy *si pater.* C. *de sponsalib.* de la Glose *in cap. de raptoribus.* 36. *quæst.* 1. Ce sentiment a pour fondement ces termes, *nam etsi ignominiosam duxerit uxorem , &c.* de la Loy 3. §. *si emancipatus. ff. de honor. possess. cont. tabul.*

D'autres estiment indistinctement, que les enfans ne peuvent point estre exheredez pour cette seule cause, d'avoir contracté mariage sans le consentement de leurs peres & meres ; & c'est l'opinion commune des Docteurs & Canonistes, de Decius sur la Loy *nuptias. ff. de R. I.* de Fachin. *lib.* 3. *cap.* 44. de Jason sur l'Authentique *Sed si post.* C. *de inofficio. test.* d'Abbas , d'Hostiensis & autres , sur le chap. 1. *Ext. de sponsalib.* de Covarruvias *in Epitome de sponsalib. in* 2. *par. cap.* 3. §. 8. *num.* 5.

Cette opinion est fondée sur ce que l'Empereur défend dans le Chapitre 3. de cette Novelle , d'exhereder les enfans pour d'autres causes que pour celles qui y sont énoncées : Or il n'y est point fait mention de cette cause, & par consequent elle ne peut point servir de cause aux peres & meres pour exhereder leurs enfans : il est sans doute que c'est un manque de respect deû aux peres & meres , pour lequel ils peuvent reduire leurs enfans à leur legitime , mais non pas les priver entierement de leur succession.

Quant à la décision de cette Novelle à l'égard de la fille qui se marie sans le consentement de son pere , qui auroit voulu la marier suivant sa condition & ses facultez ; c'est un cas particulier, qui ne peut estre étendu aux autres enfans.

Et quoy que dans l'ancien Testament les enfans ne se mariassent pas ordinairement sans le consentement de leurs peres & meres , neanmoins nous avons plusieurs exemples de ceux qui se sont mariez sans ce consentement , & leurs mariages estoient valables ; & il n'est point fait mention qu'ils ayent esté privez des successions de leurs peres & meres ; les enfans d'Esaü estoient legitimes , quoy qu'il se fût marié sans le consentement de son pere , *Genes.* 36. Liran. *in Genes.* 28. Tobie se maria aussi sans le consentement de ses pere & mere , *Tob.* 7.

La Loy 3. §. *si emancipatus ,* se doit entendre eu égard au droit ancien, par lequel les peres pouvoient exhereder leurs enfans sans aucune cause, *princip. Institut. de exheredat. liber.*

24 Cette opinion eſtant communément receuë, a donné lieu à une autre queſtion, ſçavoir ſi le pere peut eſtre contraint de doter ſa fille qui s'eſt mariée ſans ſon conſentement : Les Docteurs ſont partagez ſur cette queſtion, & ſont de divers ſentimens.

Les uns eſtiment que le pere ne peut point y eſtre contraint, Bartole *in l. obligamur. ff. de O. & A.* Alexand. *in conſil.* 33. *lib.* 4. ſont de cét avis, par les raiſons ſuivantes.

La premiere, que le pere eſt tenu de doter ſa fille, *ut poſſit nubere,* parce qu'autrement elle ne pourroit pas trouver facile- ment à ſe marier : Or celle qui eſt déja mariée n'a pas beſoin de dot pour trouver un mary, & partant ſon pere ne peut pas eſtre contraint de la doter.

La deuxiéme, que la dot eſt donnée à la femme pour luy ſer- vir d'alimens, *l. ſi quis à liberis. ff. de agnoſc. & alend. liber.* Or celle qui eſt mariée n'a pas beſoin d'alimens, puiſque ſon mary eſt tenu de luy en fournir ; & partant ſon pere n'eſt pas tenu de la doter.

La troiſiéme, que le mariage peut eſtre ſans dot, en ſorte que le mary ne peut pas faire divorce avec ſa femme, parce qu'elle n'auroit point de dot ; & par conſequent il n'y a aucune raiſon qui puiſſe obliger le pere de doter ſa fille en ce cas.

La quatriéme, que la fille qui ſe marie ſans le conſentement de ſon pere, luy fait une injure conſiderable ; & partant il n'eſt point obligé de la doter.

Quelques-uns tiennent au contraire, que le pere eſt tenu de doter ſa fille ; Balde, Angel. Paul de Caſtres, Decius ſur la Loy *nuptias. ff. de Reg. I.* Jaſon *in Authent. res quæ. C. commun. de legat.* Abbas *in cap.* 1. *Ext. de ſponſalib.* ſont de cét avis ; & ils ſe fon- dent ſur ce que le pere eſt tenu de marier ſa fille & de la doter, *l. qui liberos. ff. de ritu nuptiar.* en ces mots, *coguntur in matri- monium collocare & dotare,* ce ſont deux obligations differentes ; d'où il s'enſuit que le pere eſtant déchargé de l'une, ſçavoir de marier ſa fille, il eſt toûjours obligé par l'autre, qui eſt de la doter.

D'autres font cette diſtinction, que ſi la fille eſt mariée à un homme qui ſoit indigne d'elle, le pere n'eſt pas tenu de la doter ; *ſecus* ſi elle épouſe un homme qui ſoit d'une condition convena- ble à la ſienne : Covarruvias *in Epito. de ſponſalib. in 2. par. c. 3. §. 8. num.* 7.

Et d'autres eſtiment generalement & indiſtinctement que le pere

pere eſt tenu de doter ſa fille, ſoit qu'elle ſe ſoit mariée *indigno,* *vel digno ;* par la raiſon que par cette Novelle l'Empereur ne permet pas au pere d'exhereder ſa fille pour s'eſtre mariée ſans ſon conſentemeut, hors le cas qui y eſt decidé ; or un pere eſt te-nu doter ſa fille, ſoit qu'elle ſoit riche, & qu'elle ait des biens d'ailleurs, à elle appartenans, *l. ult.* C. *de dot. promiſſ.* & quoy qu'elle ſe ſoit mariée ſans dot, neanmoins cela n'empeſche pas que le pere ne ſoit tenu de s'acquitter de ſon devoir, *d. l. ult.* C. *de dot. promiſſ.*

De ce §. a eſté tirée l'Authentique *Sed ſi poſt.* C. *de inoſſic. teſtam.*

AUTHENTIQUE *Sed ſi poſt.* C. *de inoſſic. teſtam.*

Sed ſi poſt 25. *annos te differente filiam marito copulare , ea* **25** *in ſuum corpus peccaverit ; vel ſine conſenſu tuo marito ſe libero tamen copulaverit , eam exheredare non potes.*

Cette Novelle a confirmé la Loy 14. C. *d. tit.* qui eſt des Empereurs Diocletian & Maximian, qui permet au pere d'ex-hereder ſa fille, *quæ turpiter & cum flagitioſa fœditate vivit,* mais avec la diſtinction ſuſdite, laquelle eſt fondée ſur une gran-de raiſon & equité.

Ce ſeroit en France une cauſe d'exheredation ſi une fille me- **26** noit une vie ſcandaleuſe, ſe proſtituant & s'abandonnant publi-quement ; & meſme pour cet effet ſes pere & mere & autres pa-rens pourroient la faire enfermer dans un Convent deſtiné pour recevoir les filles qui ſe gouvernent mal. Mais ſi une fille avoit eu ſeulement quelque habitude vicieuſe avec une perſonne, ce ne ſeroit pas un ſujet legitime pour l'exhereder.

Le mariage contracté par les enfans ſans le conſentement de leurs pere & mere, eſt une juſte cauſe pour les exhereder, ſuivant les Ordonnances.

Voiez la Juriſprudence du Digeſte ſur le titre *de ritu nuptiar.* ce que nous expliquerons plus amplement dans la troiſiéme Partie des Inſtituts du Droit François.

Ce qui a eſté jugé ainſi par pluſieurs Arreſts, & notamment par Arreſt ſolemnel rendu en la premiere Chambre des Enqueſtes, au rapport de Monſieur du Fos, en l'année 1683. conformément aux ſuſdites Ordonnances, par lequel les exheredations d'André Lescot faites par ses pere & mere ont esté confirmées, pour s'estre marié sans leur consentement : J'avois écrit au procés pour Monsieur Godefroy Maistre des Comptes, & leMarquis de Neufville son gendre, au profit desquels l'Arrest a esté rendu.

27　La douziéme cause est dans le §. 12. scavoir lors que le pere ou la mere ou quelqu'un des ascendans est devenu furieux, & que ses enfans ou quelqu'un d'iceux, ou que ses parens collateraux, au défaut d'enfans, ait negligé d'en prendre soin, s'il revient dans son bon sens, il les peut exhereder & priver de sa succession, comme ingrats, & indignes de la recueillir.

Que si un étranger par commiseration envers celuy qui seroit tombé dans la fureur, aprés avoir sommé & interpellé ses enfans ou ses plus proches parens, d'en avoir soin, qu'ils l'eussent negligé, & qu'ensuite il l'eut retiré dans sa maison, & qu'il en eut pris soin jusques à sa mort, luy fournissant toutes les choses necessaires ; en ce cas l'Empereur ordonne qu'il soit admis à sa succession, à l'exclusion de ses enfans ou de ses parens collateraux, & sans avoir égard au testament, dans lequel il auroit institué un heritier ; voulant neanmoins que le testament conserve sa force pour les autres chefs qu'il contient.

De ce §. a esté tirée l'Authentique *Liberi furiosi. C. de Episcop. audient.*

A U T H E N T I Q U E　*Liberi furiosi. C. de Episcop. audient.*

28　*Liberi furiosi, qui curam ejus negligunt præbere, tam exheredatione digni sunt, quàm aliis pœnis legitimis. Nam si quis alius attestatione ad eos missá, cùm adhuc negligant, in domum suam eum susceperit, & procuraverit ; ex hoc erit ejus successor legitimus, licet testatus esset etiam in liberos forté ; manentibus tamen aliis testamenti capitulis. Eâdem pœnâ parentibus imponendâ, siquidem de liberis in furore constitutis curare neglexerit.*

Cette Authentique a esté inserée au Code *de Episcop. audient.* aprés la Loy *tam dementis* 28. avec laquelle neanmoins elle n'a pas beaucoup d'application ; car par cette Loy il est decidé que les enfans d'un furieux ou de celuy qui est en demence peuvent contracter mariage ; & dans ce §. l'Empereur punit les enfans & les parens qui ont abandonné celuy qui estoit fu-

rieux , & qui n'en ont pas pris le foin auquel ils eftoient
obligez.

Ce feroit fans doute une caufe legitime d'exheredation , fi les
enfans avoient abandonné leur pere , lequel feroit tombé dans la
fureur , qu'ils ne luy euffent pas fourny les chofes neceffaires,
foit qu'il eût des biens pour lors & qu'ils s'en fuffent emparez,
ou qu'aprés eftre revenu dans fon bon fens , il en eût acquis ;
car ce feroit une tres-grande ingratitude , pour laquelle mefme le donateur pourroit revoquer la donation qu'il auroit
faite.

A l'égard des parens collateraux , je n'eftimerois pas qu'ils
y fuffent fi étroitement obligez , mais s'ils n'avoient pas eu
foin de leur parent dans cette maladie , eftant devenu capable
de difpofer de fes biens , il pourroit en difpofer à leur prejudice , fuivant & conformément à la difpofition de la Couftume, &
non autrement.

Quant à ce que l'Empereur dit d'un étranger qui auroit receu
en fa maifon le furieux & qui en auroit eu foin, cette difpofition
n'auroit pas lieu en France , il pourroit feulement demander
d'eftre rembourfé de tous les frais & dépenfes qu'il auroit faites,
& mefme payé de fes falaires ; ce qui feroit reglé eu égard aux
circonftances des perfonnes & autres.

La treiziéme eft dans le §. 13. fçavoir fi les enfans negligent de
racheter leur pere ou leur mere ou quelqu'un de leurs afcendans,
qui feroit captif chez les ennemis ; ils peuvent eftre par luy exheredez au cas qu'il forte de captivité : Que s'il decede en captivité , l'Empereur veut qu'ils foient privez de fa fucceflion , &
qu'elle foit appliquée à l'Eglife de la Ville où il a pris naiffance , pour enfuite eftre employée à la Redemption des Captifs.

Que fi celuy qui eft decedé captif chez les ennemis n'ayant
point d'enfans , fes plus proches parens collateraux ont negligé de le racheter , l'Empereur veut qu'ils foient privez de fa
fucceflion , & mefme quoy qu'il les eût inftitué fes heritiers
dans fon teftament fait auparavant fa captivité , pour eftre appliqué à l'Eglife de la Ville où il auroit pris naiffance , & eftre
enfuite employé à la redemption des captifs , afin que *unde illi*
à fuis non funt redempti , aliorum redemptio procuretur ; & ipfo-
rum quoque animæ ex hac caufa piiffima fubleventur.

L'Empereur veut que cette peine ait lieu pareillement con-

Z z ij

tre l'estranger institué heritier dans le testament fait auparavant la captivité, au cas qu'il eut connoissance qu'il y avoit esté constitué heritier ; par la raison que c'est une grande ingratitude de laisser dans la captivité celuy qui nous a honoré du titre de son heritier.

30 Cette peine est ordonnée contre ceux qui ont accomply leur 18. année ; sans que dans ce cas ont ait égard à la minorité.

Que si au temps de la captivité le fils est mineur de dix-huit ans, & que son pere soit délivré avant qu'il ait passé sa dix-huitiéme année, il ne peut pas estre exheredé ; mais si pendant la captivité de son pere, il a accomplit cet âge, & que par negligence il ait laissé son pere en captivité, pouvant l'en délivrer, il peut estre par luy exheredé au cas qu'il en soit delivré.

Et parce que pour la redemption des captifs, il faut avoir de l'argent comptant, l'Empereur permet à celuy qui a l'âge de dix-huit ans accomplis, d'emprunter de l'argent & d'obliger ses biens tant meubles qu'immeubles, soit à luy appartenans, ou appartenans à celuy qui est en captivité, sans que les contrats qui pourroient estre faits pour cet effet, puissent estre infirmez, soit par celuy qui les a faits, ou par celuy pour la redemption duquel ils ont esté faits ; *quoniam in prædictis omnibus quæ pro captivorum redemptione data, vel expensa probabuntur, contractus hujusmodi tanquam à persona suæ potestatis, & legitimæ ætatis factos, ita firmos esse decernimus; nullo eis, qui cum hujusmodi personis in memoratis causis, quo prædictum est modo, contraxerint, præjudicio generando; necessitatem scilicet habente eo, qui ex captivitate redierit, tales contractus ratos habere, & eis tanquam suis debitis obligari.*

Ainsi dans ce cas qui est favorable, le mineur peut vendre & engager ses biens sans y observer les formalitez requises par les Loix : & celuy qui n'est pas proprietaire d'une chose, la peut valablement aliener & hypotequer.

De ce §. a esté tirée l'Authentique *Si captivi.* C. *de Episcop. & Cleric.*

AUTHENTIQUE *Si captivi.* C. *de Episcop. & Cleric.*

31 *Si captivi alicujus liberi seu cognati redemptionem ejus neglexerint, non solum exheredari possunt, sed etiam lege denegatur*

eis fucceffio : & fi fuerint fcripti heredes , tantùm valeat tefta-
mentum in aliis capitulis. Hæc ergo fucceffio defertur Ecclefiæ
civitatis ejus , expendenda fcilicet in captivorum redemptionem.
Multo magis fi extraneos inftituerit , qui redimere fuperfedeant.
Excipitur minor 18. annis. Qui autem redimere ftudent , fi pro-
prias non habeant pecunias , fuper quibuflibet rebus ipfius in eam
caufam rectè contrahunt , etiamfi minores 25. annis fint , majo-
res tamen 18. qui tamen pro majoribus 25. hîc accipiuntur. Et
captivi fi reverfi fuerint , coguntur habere ratum contractum.
Eadem pœna eft parentum , fi redemptionem neglexerint libero-
rum.

Les Docteurs fur cette Authentique eftendent la difpofition de
cette Novelle à celuy qui eft detenu prifonnier, eftimant que le
fils peut eftre exheredé pour n'avoir pas délivré fon pere de prifon , lors qu'il y a efté mis pour dettes , & non pour delit, *Bald.*
Caftrenf. & alii.

Cette caufe d'exheredation n'eft pas d'ufage à caufe de la difficulté qu'il y a de racheter les captifs qui font pris par les In-
fideles : Neanmoins fi un étranger avoit payé le rachat du captif au refus fait par fes plus proches parens de le faire , ils pourroient par luy eftre exheredez , & mefme fes enfans ; puis que ce
feroit la plus grande ingratitude que les enfans pourroient commettre envers leurs peres & meres & autres afcendans.

La quatorziéme & derniere caufe d'exheredation contenuë
dans le §. 14. eft lors que le fils a quitté ou n'eft pas dans la
Religion Catholique , & qu'il eft hors la fainte Eglife , *in qua*
omnes Beatiffimi Patriarchæ unâ confpiratione , & concordiâ fi-
dem rectiffimam prædicant , & fanctas quatuor Synodos , Nicæ-
nam , Conftantinopolitanam , Ephefinam primam, & Chalcedonen-
fem amplecti , feu recitare nofcuntur.

Dans ce §. l'Empereur défend aux peres & meres des enfans
Catholiques, qui font Heretiques ou de la Secte des Neftoriens,
ou de celle des Acephaliens , d'inftituer pour leur heritier d'autres que leurs enfans ; & au cas qu'ils n'ayent point d'enfans,
d'inftituer d'autres que leurs plus proches parens Catholiques.

Que fi entre les enfans il y en a de Catholiques , & d'autres
Heretiques, l'Empereur ordonne que tous les biens du pere appartiennent aux enfans Catholiques, quoyque le pere eût autre-

Z z iij

ment difposé de fes biens par fon teftament. Et s'il arrive dans la fuite que ceux qui eftoient Heretiques, rentrent dans le fein de l'Eglife, il ordonne que leur part & portion dans la fucceffion de leur pere leur fera reftituée par leurs freres & fœurs Catholiques, fans neanmoins leur reftituer les fruits perceus *medio tempore.*

L'Empereur défend aux freres & fœurs Catholiques l'alienation des parts & portions de la fucceffion paternelle ou maternelle, appartenante à ceux qui font Heretiques, jufques à ce qu'ils foient decedez, auquel temps il ordonne que la proprieté incommutable appartienne à ceux qui font Catholiques, au cas que ceux qui font Heretiques, foient decedez dans l'Herefie.

Que fi tous les enfans font Heretiques, il ordonne que les biens de leurs pere & mere appartiennent à leurs parens de la Religion Catholique : & s'ils n'ont laiffé aucuns enfans ny parens de la Religion Catholique, il ordonne que fi celuy de la fucceffion duquel il s'agit, eftoit Clerc, fes biens appartiennent à l'Eglife de la Ville où il avoit fon domicile; & que faute par cette Eglife de s'emparer de ces biens en vertu de cette Conftitution dans le temps d'un an, ils appartiennent au fifc; & que s'il eftoit Laïc, fes biens foient confifquez.

L'Empereur declare enfuite que cette Conftitution eft fans déroger aux autres qui ont efté faites auparavant, en faveur de ceux qui font Catholiques, & qui fuivent les quatre Conciles OEcumeniques.

De ce §. a efté tirée l'Authentique *Idem eft.* C. *de hæretic.*

AUTHENTIQUE *Idem eft.* C. *de hæretic.*

33 *Idem eft de Neftorianis & Acephalis ; quia fi quis ex his liberos habet Ecclefiæ fanctæ communicantes, his folis ex teftamento vel ab inteftato hereditatem tranfmittere poteft. Si verò permixti funt, portio infidelium interim refideat penes Orthodoxos : ipfis, fi converfi fuerint, reftituenda quidem, fed abfque ratione fructuum & adminiftrationis. Permanebit autem apud Orthodoxos, fi ipfi perfeverent in nequitia. Si autem omnes liberi perverfi fint, vocantur agnati rectæ fidei : quibus non inventis, fi Clericus fuerit, ab Ecclefiâ intra annum admittatur ; quo tranfacto, fi non fuerit Clericus, fuccedat fifcus.*

L'Herefie n'eftoit pas autrefois en France une jufte caufe d'exheredation, parce que par les Edits de Pacification il y avoit liberté de confcience, mais à prefent un pere pourroit valablement exhereder fes enfans qui feroient Heretiques, veu que nôtre Grand Monarque a extirpé prefque entierement dans le
Royaume l'Herefie des Calviniftes, & qu'il ne les y veut point
fouffrir.

Dans la fin de ce §. l'Empereur declare qu'il veut & entend 34
que les exheredations des enfans faites par les peres & meres,
foient valables, pour les caufes enoncées dans le Chapitre troifiéme de cette Novelle, foit que leurs peres & meres les ayent
toutes rapportées dans leur teftament, ou quelques-unes d'icelles, ou une feulement, & que les heritiers teftamentaires les ayent
prouvées, ou une feulement: Voulant que faute d'obferver ces
formalitez, c'eft à dire que les caufes d'exheredation foient expreffement declarées dans le teftament, & enfuite juftifiées par
l'heritier teftamentaire, l'exheredation foit nulle & ne puiffe
nuire ny préjudicier aux enfans; & que le teftament foit infir-
mé en ce qui regarde l'inftitution d'heritier, & non pour tous
les autres chofes qu'il contient, comme font les legs, les fideicommis, les libertez données aux efclaves, les dations de tutelles
& autres; voulant qu'à leur égard le teftament foit executé felon
fa forme & teneur.

Cette difpofition eft contraire au Droit ancien du Digefte & 35
du Code, par lequel le teftament eftant caffé pour quelque
caufe que ce fût, il eftoit nul entierement, & pour tous les chefs
qu'il contenoit, *l.* 8. §. *ult. l.* 17. *qui repudiantis.* §. *cùm contra.*
l. 28. *cùm mater. in fine. ff. de inofficio. teftam. l. liberi.* 28. C. *eod.*
tit. l. 17. *filio. ff. de injuft. rup. l.* 8. §. *ult. ff. de bonor. poffeff. con. ta-*
bul. l. 1. C. *de pofthum. hered.*

La raifon de cette ancienne Jurifprudence eftoit, que ce qui
procede d'une mefme volonté, doit eftre reglé d'une mefme maniere, & ne peut point eftre divifé, en forte qu'une partie foit
executée, & l'autre non: c'eft fur ce fondement que les Loix ont
decidé que l'heritier ou legataire ne peut point accepter une
partie de la fucceffion ou du legs, & abandonner l'autre par
quelque raifon d'intereft.

Par cette Jurifprudence l'inftitution eftant nulle, le teftament
ne pouvoit fubfifter pour les autres chefs, par la raifon de la

Loy cùm principalis. ff. de R. J. cùm principalis caufa non cón-fiftit , plerumque nec ea quidem quæ fequuntur , locum ha-bent.

La raifon de cette nouvelle Conftitution eft, parce que le deffein de l'Empereur eftoit d'empefcher les exheredations des enfans , que les peres & meres faifoient fouvent injuftice & fans caufe legitime , & dautant que le défaut du teftament ne provenoit que de l'inftitution, le teftateur ayant inftitué celuy qu'il ne devoit pas inftituer, & n'ayant pas inftitué ceux que le devoir de pieté obligeoit d'inftituer ; & le teftateur n'ayant point manqué contre les devoirs de la pieté par les legs & les autres chefs contenus dans fon teftament , y ayant lieu de prefumer , que quand mefme il auroit inftitué fes en-fans pour fes heritiers, il auroit fait les mefmes difpofitions, c'eft pourquoy l'Empereur ordonne que le teftament eftant caffé en ce qui regarde l'inftitution, il ne laiffe pas de valoir quant aux autres chefs.

De la fin de ce §. a efté tirée l'Authentique *Ex caufa.* C. *de liber. præterit.*

AUTHENTIQUE *Ex caufa.* C. *de liber.præterit.*

36   *Ex caufa exheredationis vel præteritionis irritum eft te-ftamentum quantum ad inftitutiones ; cætera namque firma per-manent.*

La difpofition de ce §. *in fine* a lieu dans les Païs de Droit écrit , mais dans la France Couftumiere , où l'inftitution d'he-ritier n'eft point en ufage , les teftamens eftant caffez pour caufe d'exheredation des enfans fans caufe legitime , ils font nuls entierement , fi ce n'eft à l'égard des legs pieux , faits pour le repos de l'ame du défunt , pourveu qu'ils foient modi-ques , & qu'ils n'abforbent pas les biens du défunt , ou une grande partie d'iceux.

CHAPITRE

CHAPITRE IV.

Des caufes pour lefquelles les enfans peuvent exhereder leurs peres & meres.

Quæ fint juftæ caufæ parentũ exhere- dationis,

L'Empereur dans ce Chapitre défend aux enfans d'exhereder leurs peres & meres, ou autres afcendans, fi ce n'eft par tefta- ment, & fans y avoir declaré les caufes de l'exheredation, lef- quelles foient juftifiées par l'heritier teftamentaire aprés le deceds du teftateur.

L'Empereur rapporte huit caufes pour lefquelles les peres & meres peuvent eftre exheredez par leurs enfans.

La premiere, fi les peres & meres ont caufé la mort de leurs enfans, foit en les accufant de crime capital, excepté pour crime de leze-Majefté.

La deuxiéme, s'ils ont attenté à leur vie, par poifon, ou autrement.

La troifiéme, fi le pere a eu habitude criminelle avec fa bru, ou avec la concubine de fon fils.

La quatriéme, s'ils ont empefché leurs enfans de tefter des biens dont ils pouvoient difpofer, fuivant ce qui a efté ordon- né à l'égard des enfans, qui empefchent leurs peres & meres de tefter.

La cinquiéme, fi le mary ou la femme ont attenté à la vie l'un de l'autre, leurs enfans peuvent priver de leur fucceffion celuy de leurs pere & mere qui a voulu attenter à la vie de l'autre.

La fixiéme, fi les pere & mere n'ont pas eu foin de leur enfant, qui eftoit tombé en démence.

La feptiéme, fi les pere & mere ont negligé de racheter leur enfant qui auroit efté pris par les ennemis, fuivant ce qui a efté ordonné contre les enfans qui commettent cette ingratitude en- vers leurs pere & mere.

La huitiéme, fi les pere & mere font heretiques, auquel cas l'Empereur veut qu'on obferve ce qu'il a ordonné lors que les enfans font heretiques.

Dans la fin de ce Chapitre l'Empereur ordonne, que fi l'ex- heredation n'eft pas faite avec les formalitez prefcrites pour

Tome II.   A A a

celle des enfans, elle foit nulle, & que le teftament foit nul feu-lement quant à l'inftitution, & non quant aux autres chefs qui y font contenus.

De ce Chapitre a efté tirée l'Authentique *in teftamento.* C. *ad SC. Tertullian.*

AUTHENTIQUE *In teftamento.* C. *ad SC. Tertullian.*

In teftamento quoque non licet liberis parentes excludere, nifi jufta caufa exheredationis inferatur, qui feptenario numero novâ Conftitutione diftribuitur; alioquin refcinditur teftamentum circa inftitutionem; nam in cæteris perfeverat.

Irnerus dit dans cette Authentique, qu'il n'y a que fept cau-fes, pour lefquelles les peres & meres peuvent eftre exheredez par leurs enfans; cependant les huit rapportées cy-deffus y font enoncées, & elles font comprifes en ces vers:

1. *Si capitis natum pater accufaverit.* 2. *Ejus*
    Aut vitæ infidias clamve palamve ftruat.
3. *Si vetuit cupidum fecreta noviffima mentis*
    Prodere; 4. *Nec veritus fit temerare nurum.*
5. *Si pater & genitrix fibi fata fcelefta minentur.*
    6. *Fulcra nec ad nati claufa furentis eant.*
7. *Filius auxilio fi non patris hoftica linquit*
    Limina. 8. *fi genitor numen inane colat.*

La raifon pour laquelle il y a moins de caufes pour l'exhere-dation des peres & meres, que pour celle des enfans, eft felon les Docteurs, que les enfans doivent plus à leurs peres & meres, ainfi les enfans peuvent plus facilement donner des caufes d'exhe-redation à leurs parens, que les parens à leurs enfans.

La difpofition de ce Chapitre eft obfervée dans les Païs de Droit écrit, pour les caufes d'exheredation y contenuës, qui font receuës dans le Royaume; parce que dans ces Païs les peres & meres fuccedent à leurs enfans decedans fans enfans, en forte qu'ils ne les peuvent point paffer fous filence; ils font tenus de les inftituer & leur laiffer leur legitime à titre d'inftitution, ainfi que nous avons remarqué dans le Digefte, au titre *de inoffic. teftam. & fuprà,* Novelle 18.

Dans la France coûtumiere, les enfans ne font point tenus de laiffer la legitime à leurs peres & meres,ainfi qu'il a efté jugé par plufieurs Arrefts rapportez par Monfieur Loüet & fon Commentateur, lett. L. chap. 1. Ce qui ne reçoit plus de difficulté.

Par la Couftume de Paris, les peres & meres fuccedent à leurs enfans decedans fans enfans, aux meubles, acquefts & conquefts immeubles; & dans les chofes par eux données à leurs enfans, fuivant les articles 311. & 313.

A l'égard des meubles, acquefts & conquefts immeubles, il eft certain que les enfans en peuvent difpofer par derniere volonté, fans rien laiffer à leurs peres & meres, fuivant l'article 292. de la Couftume, qui porte : *Toutes perfonnes faines d'entendement, âgées & ufans de leurs droits, peuvent difpofer par teftament & ordonnance de derniere volonté, au profit de perfonne capable, de tous leurs biens, meubles, acquefts & conquefts immeubles, & de la cinquiéme partie de leurs propres heritages, & non plus avant, encore que ce fût pour caufe pitoyable.*

Cét article eft generalement & indiftinctement conceu, & il ne fe trouve point reftraint par aucun autre en faveur des peres & meres.

Pour ce qui eft des chofes données par les peres & meres à leurs enfans, les Arrefts ont jugé que dans la France coûtumiere ils n'appartenoient aux donateurs que par droit hereditaire, c'eft à dire, que le pere qui avoit donné une chofe à fon enfant, ne pouvoit la prendre qu'en qualité d'heritier; & partant fi c'eft un immeuble, le fils en peut difpofer jufques au quint, les quatre autres quints appartenans au pere qui en avoit fait la donation, fuivant l'article 295. qui permet à ceux qui peuvent tefter, de difpofer par dernière volonté du quint des propres : Or les immeubles donnez par les peres & meres à leurs enfans, prennent la nature des propres en leurs perfonnes, & partant les enfans en peuvent tefter du quint. A l'égard des quatre autres quints, ils ne peuvent leur eftre oftez que par une exheredation fondée fur une caufe jufte & legitime; auquel cas ils doivent eftre laiffez aux plus proches parens de la ligne, par la regle *paterna paternis.*

CHAPITRE V.

Ut non liceat creditori heredes defuncti pro debito mo-lestare ante no-vem dies

Par lequel il est défendu aux creanciers d'un défunt de pour-suivre ses heritiers auparavant le neuviéme jour.

L'Empereur dans sa Novelle 60. de laquelle a esté tirée l'Au-thentique *Item qui domum* , avoit défendu expressément aux creanciers d'entrer dans la maison de leur debiteur estant malade d'une maladie mortelle , pour le vexer & le tourmenter & ceux qui estoient auprés de luy : mais parce que cette Constitution ne concernoit que le temps de la maladie qui precedoit imme-diatement la mort du debiteur, & n'empeschoit pas les creanciers de poursuivre rigoureusement ses heritiers dés le moment de sa mort , & qu'ils n'avoient pas le temps de respirer, c'est pour-quoy il fit cette Constitution , par laquelle il donna aux heri-tiers neuf jours de temps, à compter du jour du deceds , pen-dant lesquels ils ne pourroient estre poursuivis par les heritiers du défunt ; voulant que cette Constitution ait lieu pareillement à l'égard du survivant des conjoints.

L'Empereur défend de poursuivre les heritiers du défunt pen-dant ce temps , par quelque maniere que ce soit ; en sorte nean-moins que l'on ne leur pourroit point opposer la prescription qui auroit esté accomplie pendant ce temps.

De ce Chapitre a esté tirée l'Authentique *Sed neque* C. de *sepul. viol.*

AUTHENTIQUE *Sed neque* C. de *sepul. viol.*

Sed neque ante novem dies ab obitu numerandos , ulla prorsus fiat molestia adversus quemlibet ex persona defuncti. Si qua enim cautio , si quid simile fiat , inutile erit : ex hac nullo præjudicio creditori generando.

Ce Chapitre n'est point d'usage en France : Par l'article 1. du titre 7. de l'Ordonnance du mois d'Avril 1667. l'heritier a trois mois depuis l'ouverture de la succession pour faire l'inventaire, & quarante jours aprés pour deliberer ; & par l'article 5. du mesme titre, la veuve qui eſt aſſignée en qualité de commune, a le meſme delay pour faire inventaire & déliberer : ce qui s'obſervoit ainſi auparavant cette Ordonnance. Pendant ce temps l'heritier preſomptif ne peut point eſtre contraint de payer les dettes du défunt ; mais s'il s'eſt porté heritier pur & ſimple, il peut y eſtre contraint, ſans qu'il y ait aucun delay pour en faire le payement.

Par l'article 167. de la Couſtume de Paris, qui contient une regle preſque generale en France, il eſt porté : *Obligation paſſée par le mary, ou Sentence contre luy donnée, aprés le trépas dudit mary, ne ſont executoires ſur les biens de la veuve, ny des heritiers dudit défunt, avant que tels ſoient declarez ; & pour ce faire les faut appeller.*

Suivant cét article les creanciers ne peuvent pas commencer par l'execution des obligations contre les heritiers de l'obligé, avant qu'elles ſoient declarées executoires contre eux. Voyez mon Commentaire ſur cét article de noſtre Couſtume.

CHAPITRE VI.

De l'argent que quelqu'un a promis payer pour un autre.

POUR entendre la déciſion de ce Chapitre, il faut ſçavoir que ce que les Juriſconſultes appellent *conſtitutum*, eſt un pacte ou une ſimple convention par laquelle on promet de payer ce qu'on doit déja par une ſimple convention, ou ce qu'un autre doit auſſi par un ſimple pacte : d'où il s'enſuit que cette convention eſt ſans ſtipulation, autrement ce ſeroit un contrat.

Neanmoins ce pacte eſt different des autres pactes, en ce que ce pacte produit une action qui eſt appellée *actio conſtitutoria, vel actio de conſtituta pecunia, l.* 15. 20. 24. *& paſſim. ff. de conſtit. pecun.* La raiſon eſt, que ce pacte ſe fait ſur une obligation precedente, en ſorte qu'on ne le conſidere pas comme un ſimple pacte, *quod ad aliam obligationem accedit ;* c'eſt pourquoy quoy que le pacte ne produiſe qu'une exception, neanmoins ce pacte produit une action.

La ſtipulation eſt un contrat de droit civil, & le conſtitut eſt un pacte introduit par le droit Pretorien : la ſtipulation ſe fait par interrogation & réponse, & le constitut par une simple promesse sans l'interrogation ; & mesme si l'interrogation precedoit, on ne presumeroit pas que les parties eussent dessein de stipuler.

Le Constitut suivant cette Novelle & le Chapitre, se fait de quatre manieres : La premiere, lors que quelqu'un promet de payer ce qu'il doit, ou ce qui est dû par un autre, en ces termes: *satisfaciam tibi, quod ego tibi debeo, vel Titius tibi debet.*

La deuxiéme en ces termes *satisfiet à me, ab illo, & illo, verbi gratia, à me, à Titio, & Caïo.*

La troisiéme en ces termes, *satisfiet tibi*, sive, *erit tibi satisfactum aut à me, aut à Titio.*

La quatriéme, par ce terme *satisfiet.*

La premiere maniere ne reçoit point de difficulté ; & celuy qui a promis, est tenu payer la somme promise, & qui est deuë, *qui constituit se soluturum, tenetur, sive adjecit certam quantitatem, sive non ; nam ea intelligitur quantitas sive summa, quæ est in obligatione priore, quam quis constituit, l. qui autem. 14. in princip. ff. de pecun. constit.*

Quoy que ce pacte ne soit point en usage en France, de la maniere qu'il l'estoit chez les Romains, neanmoins il peut recevoir quelque application dans nostre Jurisprudence ; & nous pouvons prendre celuy *qui constituit*, pour un répondant, qui promet payer à quelqu'un ce qu'un autre luy doit, & s'il promet en ces termes, *je vous réponds pour un tel de ce qu'il vous doit,* ou *je promets vous payer ce qu'un tel vous doit*, en ce cas le répondant doit payer la somme qui estoit deuë au creancier ; que s'il estoit dû plusieurs sommes & pour diverses causes, il est certain que le répondant n'est obligé qu'à celle pour laquelle il a voulu répondre : ce qui dépend beaucoup des circonstances, lors que le répondant n'a point declaré pour quelles sommes il répondoit ; car si le creancier poursuit son debiteur pour une somme, quoy qu'il luy en doive d'autres, & que quelqu'un réponde pour luy en cette maniere, *je promets vous payer ce qu'un tel vous doit*, le creancier ne peut pas demander au répondant les autres sommes qui luy seroient deuës par le debiteur ; par la raison que l'obligation du répondant a relation à la somme qui estoit demandée par le creancier au debiteur, & non à toutes celles qui luy estoient deuës.

Au second cas, si ceux que celuy qui a répondu, a declaré répondre conjointement avec luy, n'y consentent expressément, le répondant n'eft tenu que pour fa part : Par exemple, un debiteur doit trois cens livres à fon creancier, & je réponds ainfi au creancier, *nous vous répondons pour Sempronius, Caïus, Titius, & moy ;* fuppofé que Caïus & Titius ne parlent point & ne declarent pas expreffément qu'ils répondent, ils n'y font point obligez, fuivant la Loy *qui tacet. ff. de R. I. qui tacet, non utique fatetur, fed tamen verum eft eum non negare :* Or pour s'obliger il faut un confentement exprés, excepté dans certains cas : & pour lors je ne fuis obligé que pour un tiers, fçavoir pour la fomme de cent livres ; il y a dans cette efpece trois obligations, l'une utile de celuy qui a répondu, & les deux autres inutiles pour les deux autres qui n'ont point parlé, parce qu'il n'y a point d'obligation fans confentement, *l. in omnibus.* 55. & *l.* 57. *ff. de O. & A.* & parce qu'on ne peut point s'obliger *alium daturum vel facturum, §. fi quis alium. Inftitut. de inutilib. ftipulat. & l. inter.* 83. *in princip. ff. de V. O.* l'obligation utile n'eft pas rendue nulle par celle qui eft inutile, parce que *utile per inutile non vitiatur, argum. l.* 1. *§. fed fi mihi. ff. eod. tit.* c'eft pourquoy le répondant eft obligé, non pas *in folidum,* mais feulement pour fa part & portion ; ce qui eft conforme à noftre ufage.

Au troifiéme cas, fi je dis *la fomme qui vous eft deuë, vous fera payée, ou par moy, ou par Titius,* au cas que Titius qui n'y auroit pas confenty, ne veüille pas payer fa part, je fuis tenu de la payer toute entiere : La raifon eft, que quand je promets payer la fomme ou Titius, je m'oblige à la payer *in folidum,* au cas que Titius ne la paye pas entierement ou en partie, comme s'il n'avoit point efté fait mention de Titius ; ainfi la particule disjonctive *aut,* & la particule conjonctive *&* mife au fecond cas, produifent des effets differens.

Au quatriéme cas, celuy qui a dit au creancier *on vous payera,* n'eft pas obligé de luy payer ce qui luy eft dû ; la raifon eft, que quand on ne declare point qui doit payer, perfonne n'eft obligé : il faut dire la mefme chofe lors qu'on dit *Titius vous payera,* parce qu'on n'oblige point un autre fans fon confentement, & qu'on ne s'oblige point auffi lors qu'on dit qu'un autre donnera ou fera, *§. verfâ vice.* 21. *Inftitut. de inutil. ftipulatio.*

Il faut obferver fuivant le fentiment des Docteurs, que celuy qui a promis pour un autre, a droit de fe fervir du benefice d'ordre & de difcuffion, *argum. l.* 4. *§.* 1. *& Authent. præfente.*

C. *de fidejuffor.* à moins qu'il n'y ait renoncé ; ce que j'eftime fans difficulté.

Cette nouvelle Conftitution n'a rien changé de l'ancienne Jurifprudence, elle n'a fait qu'expliquer les cas & les manieres par lefquelles on pouvoit promettre de payer une fomme déja deuë, ou par foy, ou par un autre ; auffi l'Authentique *fi quando.* qui en a efté tirée, a efté inferée au titre du Code *de conftituta pecun.* aprés la Loy 1. laquelle décide, que celuy qui a promis payer au creancier ce qui luy eft dû par fon debiteur, peut en eftre pourfuivy, ou fes heritiers aprés fon deceds.

AUTHENTIQUE *Si quando. C. de conftit. pecun.*

Si quando quis pro fe, vel pro alia perfona pecuniam fe folvere conftituerit, vel fpoponderit, fic dicens, fatisfaciam tibi, tenetur pro quantitate quam promifit.

Sin autem fic dixerit, fatisfiet à me, & ab illo, & illo, illis quidem, quos nominavit, non confentientibus, folus pro rata tantùm portione perfolvet.

Sin autem dixerit, fatisfiet, verbo imperfonaliter prolato non tenebitur.

Sin autem fic dixerit, erit tibi fatisfactum, aut à me, aut ab illo, illo quem nominavit, non confentiente, folus in folidum tenebitur.

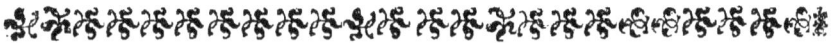

PARAPHRASE
DE JULIEN.

CONSTITUTIO CVII.

CCCLXXI. Si qua nova lex per porrectam provocationem promulgetur.

SI contra fententiam provocatio porrecta fuerit, & pofteà lex nova fit promulgata, deinde judices appellationis dubitent quomodo

quomodo caufam definirent utrum fecundùm leges quæ pofitæ erant rei judicatæ tempore, an fecundùm legem, quæ poſteà fecundùm innovationem introducta eſt, æquum nobis videtur illas obferva-ri leges quæ tempore judicii valebant, quamvis lex poſtea lata re-trorfum fe retulit. Idque non folùm in provocationibus jubemus ob-tinere, fed etiam in retractationibus vel in relationibus, ubi judi-ces poſtquàm litigatores allegationibus renuntiaverint, ignorantes quid ſtatui oportet, noſtram interrogant pietatem.

C C C L X X I I. De his, qui poſt renuntiationem adverfario-rum habere fe dicunt allegationes.

Sunt quidam malitiofi litigatores, qui poſt renuntiationem ad-verfariæ partis & tempora probationum ſtatuta, dicunt tamen ipfi aliquas habere fe allegationes, ut nullus fcilicet liti terminus im-ponatur. Ideoque jubemus unum menfem ei ad inducias dari : & jubeatur à judice, ut quod vult dicat. Et ſi dicat fe iterum dila-tione opus habere, præſtetur ei menfis fecundus, quo completo, ſi iterum dilationem petat, ad vincendam malitiam ejus, tertius menfis præſtetur ; quo completo, ſi nihil dixerit, omnibus modis judex legitimam fententiam dicat.

C C C L X X I I I. Quæ funt caufæ juſtæ liberorum exheredationis.

Neque pater aut mater, neque avus vel avia, neque proavus aut proavia, liberos fuos præteritos vel exheredatos in fuo te-ſtamento faciant : quamvis per donationem vel per fideicommif-miſſum vel alium modum legitimam portionem eis dereliquerint: niſi fortè ingrati probentur, & ipfas ingratitudinis caufas paren-tes proprio infcripferint teſtamento.

Caufæ autem ingratitudinis juſtæ funt hæ.

Si quis parentibus fuis audaces manus imponat.

Si gravem atque inhoneſtam contumeliam eis faciat.

Si in criminalibus caufis accufator contra parentes fuos extite-rit, exceptis infidiis adverfus Principem vel Rempublicam.

Si cum maleficis quaſi maleficus converfetur.

Si vitæ parentum fuorum per venenum vel alio modo infidiari tentaverit.

Si novercæ fuæ vel concubinæ patris fe turpiter mifcuerit.

Tome II.   B B b

Si calumniator contra parentes filius fiat : & per delationem suam gravissimum damnum eis inflexerit.

Si inclusus in carcere parens liberos suos vel unum ex his, qui ad successionem ejus ab intestato vocantur, rogaverit, ut in fidem suam ipsum recipiant , & illi vel ille noluerint fidejubere, sive pro persona, sive pro debito, in quantum idoneus esse is, qui rogatus est, probetur. Hoc autem quod de fidejussione diximus, ad masculos (tantùm) liberos pertinere volumus.

Item si convictus fuerit filius prohibuisse parentes suos testamentum facere : siquidem ei posteà potuerint testamentum ordinare : liceat eis propter hanc causam exheredare eum. Sin autem ipsâ prohibitione decesserint , omnes sibi heredes futuri, vel legatarii, vel alii qualemcumque læsionem passi secundùm priora jura suas adversum eum exerant actiones.

Item si contra voluntatem parentum filius cum arenariis aut mimis conversetur, & in hac professione permanserit : nisi forte & parentes ipsius arenarii vel mimi fuerint.

Item si pater quidem vel avus, filiam suam, vel neptem marito voluerit collocare : & illa non consenserit, sed turpiter (cum alio) vivere malit. Sin autem filia xxv. *annorum ætatis facta, à parentibus suis marito non sit copulata, & ex hoc contigerit eam in corpore suo peccasse, vel sine consensu parentum marito, libero tamen, se conjunxisse : hoc nolumus ad ingratitudinem filiæ reputari.*

Item si furioso parenti liberi curam non adhibeant : sed alii cognati, qui ab intestato vocantur. Si quidem resipuerit, liceat ei si velit, inofficiosos liberos (ingratos) in suo scribere testamento. Sin autem in ipso furore decesserit, & liberis nullam curam adhibentibus unus ab extraneis, vel his qui ab intestato vocantur, misericordiâ ductus, curare eum voluerit, testatione in scriptis utatur ad eos, qui ex testamento vocantur ante furorem forte composito: vel ad eos, qui ab intestato existunt, ut curam adhibeant furioso. Sin autem & post hujusmodi testationem in eadem negligentia perseveraverint ; & extraneus in sua domo furiosum susceperit, & impensis suis usque ad mortem ejus curam fuisse probatus fuerit : ipsum, quamvis extraneus sit, ad successionem furiosi sancimus pervenire, refutatâ institutione testamenti ejus & heredibus scriptis, utpote indignis repellendis, ceteris videlicet capitulis testamenti in sua firmitate duraturis.

Item si unus ex parentibus in captivitate sit : & liberi ejus vel

unus ex his non curaverit eum redimere : ſi quidem redierit ille
ab hoſtibus, liceat ei inofficioſos liberos & ingratos in ſuo ſcribere
teſtamento. Sin autem apud hoſtes deceſſerit, & omnes liberi ejus
redemptionem facere contempſerint; omnes res ipſius Eccleſiæ civitatis addicantur (de) qua oriundus eſt, inventario ſcilicet cum
publica teſtatione faciendo, ut nihil ex ſubſtantia ejus pereat : ſic
tamen, ut omne quod ex hac cauſa ad Eccleſiam pervenerit, in redemptionem captivorum expendatur.

Et generaliter dicimus, quotiens aliquis ex his qui ab inteſtato vocantur ad ſucceſſionem ejus, qui in captivitate eſt, non curaverit eum redimere : nullatenus ei heres exiſtat. Et ſi teſtamento
heres ſcriptus eſt, ante captivitatem fortè compoſito, ſimiliter ab
hereditate repellatur, ceteris teſtamenti capitulis valituris, ſub-
ſtantiâ (ſcilicet) ſimiliter (ut ſuprà diximus) Eccleſiæ addicen-
dâ civitatis, unde captivus oriundus fuit ; & ad nihil aliud procedente, niſi ad captivorum redemptionem : Et ſi extraneus heres
ante captivitatem ſcriptus eſt : & ille ſciens ſe heredem ſcriptum
non curaverit eum redimere : ſimili pœnâ adficiatur, quam in illis perſonis volumus obtinere, qui octavum decimum annum ſuæ
ætatis impleverint. Ubi autem pro redemptione captivorum neceſ-
ſarium ſit pecuniam dari, facultatem habeat, ſi prædictæ ætatis
ſit, mutuam pecuniam ſumere, & res mobiles vel immobiles obligare, hypothecæ titulo ſive ſuas proprias habeat, ſive illius qui in
captivitate tenetur. Tales enim contractus, qui in redemptionem
captivorum in prædictis caſibus fiunt, valere volumus, quaſi ſui
juris & legitimæ ætatis fuiſſet is, qui contraxiſſet. Redempto autem à captivitate neceſſitas imponitur ratum contractum habere:
& id quod dedit creditor, ei perſolvere, & quaſi ſuo debito reſpondere atque obligari.

Item ſi parens liberos ſuos vel unum ex his hæreticum habeat :
ipſe verò Orthodoxus conſtitutus, liceat (ei) eos vel eum in teſtamento ſuo exheredare : quoniam non minima hæc cauſa ingratitudinis eſt. Orthodoxos autem dicimus eos, qui communicant in ſa-
croſancta Eccleſia Catholica, in qua omnes Patriarchæ una con-
ſpiratione & concordiâ colliguntur, & quatuor ſancta Concilia
prædicantur Nicænum, Conſtantinopolitanum, Epheſinum primum, & Chalcedonenſe. Hæreticos autem dicimus eos, qui Ca-
tholicis non communicant, quibus connumerari neceſſe eſt Neſto-
rianos atque Acephalos. Sed ut plenius de hac parte loquamur,
ſciendum eſt, non poſſe hæreticos parentes, ſi Orthodoxos liberos

habeant, alios quàm ipsos heredes instituere : vel liberis non ex-tantibus cognatos suos Catholicos, scilicet heredes instituant. Quòd si ex liberis superstitibus alii quidem orthodoxi, alii autem hære-tici appareant : omnem substantiam parentis ad orthodoxos perve-nire volumus, ut fratres eorum hæretici, si in eodem errore per-severaverint usque ad mortem, nihil omninò accipiant : Sed mor-tuis eis sine pœnitentia liceat orthodoxis partes eorum alienare. Sin autem pœnitentiam egerint : portiones suas capiant sine fructi-bus tamen medii temporis. Et sine ulla de administratione rerum molestia. Quòd si omnes hæretici fuerint : alii autem cognati defun-cti orthodoxi existant, ipsi liberis anteponantur in successione, quòd si & ipsi hæretici fuerint : Si quidem is, qui defunctus est, ha-bitum Clerici habeat, Ecclesiæ civitatis in qua domicilium habuit, substantia ejus deferatur : Sic tamen, ut si intra annum non vin-dicaverint Ecclesiastici, hujusmodi personarum patrimonia ad fis-cum nostrum devolvantur. Sin autem Laïci fuerint ; sine ulla dis-cretione res eorum fisci juribus vindicentur : quod non solùm si te-stamento scripto hæreticus decesserit, locum habere sancimus : sed etiam si intestatus defunctus sit, omnibus scilicet legibus valituris, quæ contra Hæreticos & Nestorianos atque Acephalos, & omnes qui non communicant Catholicæ Ecclesiæ positæ sunt.

CCCLXXIV. De inofficioso testamento.

Sive igitur omnes prædictas causas, sive unam ex his, paren-tes in suo scripserint testamento, & filios suos exheredaverint : si quidem scripti hæredes probaverint causam ingratitudinis veram esse, valeat testamentum. Sin autem probare non potuerint, insti-tutiones eorum infirmentur, & parentum hæreditatem filii ab intestato venientes, ex æquis portionibus capiant, legata autem, vel fideicommissa, vel libertates, vel tutorum dationes, vel alia legibus cognita capitula in testamento conscripta valeant, & ut sola institutio heredum tollatur, hæc de testamentis parentum constituimus : modò videamus, de testamento liberorum.

CCCLXXV. Quæ sunt justæ causæ parentum exheredationis.

Sancimus itaque non licere liberis parentes suos præterire, vel alienos à substantia sua quocumque modo facere : nisi specialiter caufas teftamentis fuis infcripferint, quas expofituri fimus, id eft, fi vitæ parentes liberorum infidiarentur, excepto crimine majeftatis. Si venenis aut fufurris magicis vitæ eorum infidianretur: Et hoc ipfum probatum pofteà fuerit. Si pater cum nuru fua vel concubina filii fui commixtus fuerit. Si parentes liberos fuos teftamenta facere prohibuerint, in his rebus in quibus teftari poffunt. Quæ autem diximus de parentibus, in hoc cafu fimiliter teneant. Si maritus uxori fuæ venenum dederit five ut occidatur, five ut ejus cognofcat crimen: vel è contrario fi uxor marito dederit hujufmodi venenum: Et moveatur quidem inter eos crimen publicum, & competenti vindictâ tale facinus remedium capiat: liberis autem liceat, ei qui tale aliquid perpetraverit, nihilominus relinquere.

Item fi furiofus filius, vel quæcumque perfona liberorum fit in furore, eadem teneant quæ fuprà de furiofis parentibus diximus. Item fi unus ex liberis in captivitate fit, eumque parens non redemerit: eadem teneant quæ de parentibus captivis fuprà conftituimus.

Item fi filius orthodoxus fuerit, & parentem fuum fenferit Hæreticum effe: eadem jura teneant, quæ fuprà de parentibus diximus. Si igitur liberi omnes iftas caufas vel unam ex his contra fuos parentes fcripferint, & hæredes eorum omnes, aut certas, aut unam ex his probaverint: teftamentum in fuo robore permanere præcipimus. Enimverò fi hæc non fuerint obfervata, teftamentum quidem refutetur: jura autem ab inteftato fucceffionis locum habeant legatis fcilicet & fideicommiffis & libertatibus & tutorum dationibus, & aliis capitulis in teftamento confcriptis in fua firmitate durantibus, quidquid autem huic Conftitutioni in aliis legibus contrarium inveniatur: hoc irritum atque inutile fit. Et hæ quidem exheredationis & præteritionis pœnæ, quantum (pertinet) ad ingratitudinis caufas adverfus prædictas perfonas difpofitæ funt. Siquæ autem ex his ad crimina referuntur, non prohibemus cæteris pænis fubjici eos, qui obnoxii fuerint reperti. Si qui autem heredes fcripti ex certis rebus juffi fuerint, ut nihil amplius quærerent: in hoc cafu hoc tantum jubemus fieri, ut fi quid eis defit, ad legitimam portionem hoc quidem repleatur: teftamentum autem non refcindatur.

CCCLXXVI. Ut non liceat creditori debitore suo mortuo ante novem luctuosos dies aliquem molestare propter hoc quod defunctus debebat.

Si quis in quacumque causa obnoxium habuerit aliquem, & il-
le decesserit : non liceat ei neque parentes defuncti, neque liberos,
neque uxorem neque agnatos, neque cognatos, neque heredes, neque
fidejussores ejus convenire vel molestare, vel in judicium vocare an-
tequam novem dies luctuosi transeant. Sin autem ante prædictos
dies contra aliquid fecerit, & vel permissionem vel cautionem vel
fidejussionem ab eis acceperit, omnia irrita sint. Post novem tamen
dies, si quas sibi competere putaverit actiones, eas exerceat, nul-
lâ temporali præscriptione vel aliâ allegatione legitimâ ex hac die-
rum transactione creditori generandâ.

CCCLXXVII. De constituta pecunia.

Si quis alicui constituerit, dicens; satis tibi facio : in quanti-
tatem quam dixerit, modis omnibus obligetur, ut debitum sol-
vat. Si quis autem constituerit, dicens, tibi satis erit : non tenebi-
tur : quia impersonaliter locutus est. Quod si quis dixerit, erit
tibi satis à me, & ab illo, & illo : *eis quidem, quos nominavit,*
non consentientibus non præjudicat, sed neque pro ipsis obligetur;
sed pro rata parte debiti tenetur. Sin autem ita dixerit : Erit satis tibi à me, vel ab illo, vel illo : *illis quidem non præjudicet :*
ipse autem in toto debito teneatur. Si quas autem adversus eos sibi
competere putavit actiones, eas moveat, & auxilio juris perfrua-
tur. Hæc autem omnia in his causis sancimus obtinere, quæ non-
dum judiciali calculo vel amicali compositione, finitæ sunt. Dat.
Proconf. Bellissarii.

La Novelle 116. *Ut neque miles, neque fœderatus observetur*
domui privatæ aut possessioni alicujus, est inutile en France ; elle défend aux particuliers de retenir dans leurs maisons ou heritages ; les soldats, & ceux qui sont alliez au peuple Romain, leur
commandant de les en chasser, afin qu'ils aillent rendre le service qu'ils doivent à la Republique. Il y a des Ordonnances sur
le fait de l'art militaire qu'il seroit inutile de rapporter en ce lieu;

TITRE XVII.
NOVELLE CXVII.

Par laquelle il est permis à la mere & à l'ayeule, & aux autres ascendans, de disposer du reste de leurs biens aprés avoir laissé la legitime à leurs enfans, &c.

CEtte Novelle est divisée en quinze Chapitres, qui traitent de matieres differentes, c'est pourquoy nous les expliquerons tous separement.

Ut lideat matri & aviæ, & aliis parentibus post legitimam partem liberis derelictã; quomodo voluerint, residuam facultatem suan disponere, & alia capitula plura,

CHAPITRE I.

Si quelqu'un institue un fils de famille, afin que son pere ne jouisse pas des biens de la succession pendant sa vie.

Si quis filium familiashe redem instituerit,ut pater ipsius usumfructum hereditatis non habeat.

L'Empereur dans ce Chapitre permet à la mere, à l'ayeule & aux autres ascendans, de donner par actes entre-vifs ou par derniere volonté le reste de leurs biens à ceux qu'il leur plaist de leurs enfans; aprés avoir laissé la legitime aux autres, sous cette condition que si les enfans qui reçoivent cette liberalité, sont en la puissance de leur pere, l'usufruit ne luy en appartienne point; par la raison que le donateur pouvant donner ses biens, la legitime reservée à ses enfans, à une personne étrangere, auquel cas le pere n'en pût pretendre aucun droit sur iceux, il peut aussi les donner à celuy de ses enfans qu'il luy plaist, à la charge & condition qu'il n'en aura point l'usufruit.

L'Empereur permet aux enfans ausquels ces biens seront donnez, d'en pouvoir disposer à leur volonté & de la maniere qu'il leur plaira, au cas qu'ils ayent accomply vingt-cinq ans.

Que si les enfans donataires de ces biens sont mineurs, les donateurs peuvent choisir quelles personnes ils veulent pour l'administration d'iceux, jusques à ce que les donataires soient parvenus à leur majorité : en sorte mesme que la mere ou l'ayeule du vivant de son mary, peut faire administrer les biens qu'elle auroit donnez à quelques-uns de ses enfans, par qui elle voudroit ; ou en prendre elle-mesme l'administration.

Que si le donateur ou la donatrice n'a commis à personne l'administration des biens qu'il auroit donnez, ou que celuy qu'il auroit choisi pour cet effet, ait refusé de les regir & administrer, ou qu'il soit decedé auparavant que les enfans soient parvenus à leur majorité, l'Empereur ordonne que le Juge choisisse un curateur pour en prendre soin, en donnant par luy bonne & suffisante caution.

La disposition de cette Novelle en ce Chapitre, n'a lieu que lors que les biens ont esté laissez sous cette condition, que le pere n'auroit pas l'usufruit dans ces biens, car autrement les Loix qui donnent l'usufruit dans les biens adventices de leurs enfans, seroient gardées & observées.

Aprés avoir exposé ce qui est contenu dans la disposition de ce Chapitre, nous observerons :

Premierement, que les peres & meres & autres ascendans, ne peuvent disposer de leurs biens par derniere volonté au préjudice de la legitime de leurs enfans, laquelle est reglée par la Novelle 18. *de triente & semisse ;* & que la legitime leur doit estre laissée *titulo institutionis,* par la Novelle 115. chap. 3. & que les peres & meres & autres ascendans, peuvent disposer au profit de personnes étranges, capables de recevoir, du reste de leurs biens, la legitime laissée à leurs enfans.

En second lieu, que par le droit ancien tout ce que les enfans de famille acqueroient, excepté le pecule castrense & quasi castrense, appartenoit à leur pere en pleine proprieté, *jure patriæ potestatis ;* mais que par le droit nouveau *l. 6. in princip. C. de bon. quæ liber.* au §. 1. *Instit. per quas person.* l'Empereur a reservé la proprieté des biens adventices aux enfans, & l'usufruit aux peres, en consequence de la puissance paternelle ; & par cette Novelle, chap. 1. ce mesme Empereur a donné la pleine proprieté des biens adventices aux enfans estant dans la puissance de leur pere ; par la raison que chacun peut apposer telle condition à sa liberalité qu'il luy plaist ; ce qui a esté ainsi étably par l'Empereur

non

non in odium patris , & dans le deſſein de le priver de l'uſufruit qui luy appartient dans les biens adventices de ſes enfans qu'il a dans ſa puiſſance, mais parce qu'on preſume qu'autrement le donateur n'auroit pas exercé ſa liberalité envers ſes enfans, en ſorte que l'ancien droit pouvoit porter un notable préjudice aux enfans, ſans que le pere en pût profiter.

C'eſt la raiſon pour laquelle les peres & meres qui marient leurs enfans, peuvent par leurs contrats de mariage appoſer telles conditions qu'il leur plaiſt à leur liberalité : Par exemple, ils peuvent ſtipuler que les ſommes de deniers qu'ils donnent, ſortiront nature de propre à la future épouſe & aux ſiens de ſon eſtoc , coſté & ligne ; & que ſi elle decede ſans enfans, la ſomme qu'ils luy donnent, leur retournera. Ils peuvent appoſer d'autres clauſes & conditions que nous avons remarquées ſur l'art. 93. de la Couſtume de Paris , où le Lecteur aura recours.

Pareillement quoy que par la diſpoſition du Droit coûtumier les immeubles donnez aux conjoints par mariage pendant leur mariage , excepté ceux qui leur ſont donnez en ligne directe, tombent dans la communauté , neantmoins ceux qui donnent, peuvent convenir que les immeubles qu'ils donnent à l'un des conjoints, ſeront propres au donataire : C'eſt la diſpoſition expreſſe de l'article 246. de la Couſtume de Paris , qui ſert de regle aux autres Couſtumes dans ce cas.

En troiſiéme lieu , les enfans qui ſont en la puiſſance de leur pere, ne peuvent teſter que du pecule caſtrenſe ou quaſi caſtrenſe ; ce qui donne lieu de douter, ſi par cette Novelle l'Empereur a pretendu permettre aux enfans de famille de teſter des biens adventices qui leur ſont laiſſez, à condition que leur pere n'en joüiroit point par uſufruit. Dans ce Chapitre l'Empereur permet aux enfans auſquels ces biens leur ſont laiſſez ſous la ſuſdite condition, d'en diſpoſer *quo velint modo ;* voicy les termes, *licet ſub poteſtate ſint , licentiam habeant quo volunt modo diſponere ;* d'où pluſieurs Docteurs tirent cette conſequence, que les fils de famille peuvent diſpoſer par teſtament, parce que qui dit *de toute maniere ,* n'en excepte aucune : & partant ils peuvent diſpoſer de ces biens par teſtament, autrement ce ſeroit apporter une reſtriction à cette déciſion generalement & indiſtinctement conceuë.

Cette opinion eſt encore confirmée par la Loy *cùm non ſolùm* §. *filiis autem.* C. *de bonis quæ liber.* en laquelle l'Empereur dit, que le fils de famille ne peut pas tefter des biens dans lefquels le pere a l'ufufruit ; d'où il s'enfuit qu'il peut tefter de ceux dont le pere ne joüit point par ufufruit : *filiis autem familias in his duntaxat cafibus, in quibus ufusfructus apud parentes conftitutus eft, donec parentes vivunt, nec de ufdem rebus teftari permittimus, neque citra voluntatem eorum quorum in poteftate funt, ulla licentia eis concedenda dominium rei ad eos pertinentis alienare, vel hypothecæ titulo dare, vel pignori affignare*, dit l'Empereur dans ce §.

Nonobftant l'autorité de plufieurs Docteurs, j'eftime que le fils de famille ne peut point tefter des biens adventices, par la raifon que ces textes fur lefquels ils fe fondent, ne peuvent point fervir de fondement à leur opinion : Par la Loy des douze Tables & par toutes les Loix pofterieures, la faculté de tefter n'a efté accordée qu'aux peres de famille, & non aux fils de famille, *ii qui alieno juri fubjecti funt, teftamenti faciendi jus non habent, princip. Inftitut. quib. permiff. non eft*: D'où il s'enfuit, que cette faculté ne leur peut eftre accordée que par une difpofition expreffe, veu que les Loix confervent leur force & leur vigueur jufqu'à ce qu'elles foient abrogées par des Loix contraires, ou par un ufage contraire, §. *penult. Inftitut. de jure natur. gent. & civ.*

A l'égard du §. *filiis autem.* de la Loy *cùm non folùm.* laquelle eft de l'Empereur Juftinien, on n'en peut pas induire que les fils de famille peuvent tefter des biens adventices dont les peres n'ont pas la joüiffance, parce que c'eft un argument tiré *à contrario fenfu*; & quand l'Empereur dit dans ce §. que les fils de famille ne peuvent tefter ny aliener, ou hypotequer leurs biens dans lefquels les peres ont l'ufufruit, fans leur confentement, c'eft pour nous marquer que les enfans ne peuvent rien faire au préjudice de l'ufufruit qui appartient à leur pere dans ces biens : ils n'en peuvent pas tefter, non feulement à caufe du droit que le pere a fur ces biens, mais auffi parce que les fils de famille ne peuvent point faire de teftament, *l. 3. l. 11. C. qui teftam. facere poff. l. 3. C. de patr. poteft.* Et à l'égard des biens qui appartiennent en pleine proprieté aux enfans, ils n'en peuvent pas auffi difpofer par teftament, parce qu'ils ne peuvent tefter que des biens caftrenfes ou quafi caftrenfes, n'y ayant aucune Loy qui leur en accorde la faculté contre la difpofition des Loix anciennes ; & il feroit abfurde d'établir la dérogation à une Loy, par un argument tiré *à contrario ſenſu* d'une Loy poſterieure.

La Novelle 117. *d. cap.* 1. n'eſt pas un plus ſolide fondement à cette opinion, & meſme elle fait voir que l'Empereur n'a jamais accordé la faculté de teſter des biens adventices aux fils de famille : elle ſe doit reſtraindre aux moyens d'aliener qui ſont permis aux fils de famille, & non à ceux dont ils ne ſe peuvent pas ſervir, comme eſt le teſtament ; autrement il s'enſuivroit que les enfans pourroient teſter de ces biens, & cependant qu'ils n'en pourroient teſter qu'aprés avoir accomply leur vingt-cinquiém année, ce qui ſeroit abſurde ; car l'Empereur ne permet pas aux fils de famille de pouvoir diſpoſer de ces biens *quo velint modo,* que *ſi perfeⅭtæ ſint ætatis* ; ce qui fait connoiſtre que l'Empereur n'a pas pretendu parler du teſtament, puiſque ceux qui ont la faculté de teſter, peuvent teſter dés qu'ils ſont parvenus à leur puberté, parce qu'il y a grande difference entre les dernieres volontez & les diſpoſitions par aⅭtes entre-vifs ; que par les dernieres volontez, ceux qui les font ne ſe dépoüillent pas euxmeſmes de leurs biens, ils n'en privent que leurs heritiers, & par les diſpoſitions faites entre-vifs on s'en prive ſoy-meſme ; c'eſt pourquoy les mineurs ne peuvent point diſpoſer de leurs biens entre-vifs, quoy qu'ils puiſſent teſter dés qu'ils ont accomply douze ou quatorze ans.

Voyez ſur la Novelle ſuivante, chap. 2. les cas eſquels le pere n'a point l'uſufruit des biens adventices de ſes enfans.

En quatriéme lieu, que le curateur ſe donne aux biens, en ſorte qu'il ſe donne aux enfans qui ſont en la puiſſance de leur pere, au cas de ce Chapitre, & autres ſemblables.

De ce Chapitre a eſté tirée l'Authentique *Excipitur.* C. *de bonis quæ liber.*

Authentique *Excipitur.* C. *de bonis quæ liber.*

Excipitur quod eis datur vel relinquitur ab aliquo parentum, conditione hac adjeⅭtâ, ne ad patrem perveniat uſusfruⅭtus.

Cette Authentique a eſté miſe aprés la Loy 6. C. *de bon. quæ liber.* par laquelle l'uſufruit des biens adventices des enfans appartient au pere, & parce que cette Novelle au Chapitre 1. eſt une des exceptions de cette Loy, c'eſt pourquoy l'Authentique qui en a eſté tirée porte *Excipitur &c.*

La difposition de ce Chapitre eft obfervée dans les Païs de Droit écrit, mais dans la France coûtumiere elle n'a point d'application à noftre Jurifprudence, parce que les peres n'ont point leurs enfans dans leur puiffance, & nous ne diftinguons point differentes efpeces de biens des fils de famille ; ceux qui ont des biens à eux appartenans, en peuvent difpofer quand ils font parvenus à l'âge requis par la Couftume de leur domicile.

Que fi quelqu'un donne des biens à un enfant ayant encore pere & mere, fon pere en eft l'adminiftrateur legitime, & il eft obligé d'en rendre compte à fon enfant, quand il fera parvenu à l'âge pour le recevoir, à moins que le donateur n'en donne l'adminiftration à un autre, ce qu'il peut faire. Que fi le fils donataire eft en tutelle, le tuteur eft tenu de fe charger de l'adminiftration des biens donnez à fon pupille.

CHAPITRE II.

De eo qui in aliquo inftruméto nominatus eft filius.

De celuy qui a efté appellé du nom de fils dans quelque Acte.

L'Empereur dans ce Chapitre ordonne, que fi celuy qui a un enfant d'une femme libre, avec laquelle il pourroit contracter mariage, nomme cét enfant fon fils ou fa fille, fans ajoûter ce terme *naturel* dans un Acte public, ou fous fignature privée écrite de fa main & fignée de trois témoins dignes de foy, cét enfant foit reputé legitime, & joüiffe des mefmes droits que les Loix donnent aux enfans legitimes, *ex hoc enim & cum eorum matre monftratur legitimum habuiffe matrimonium, ut neque ab ea pro nuptiarum fide alia probatio requiratur.*

Que fi le pere a nommé ainfi un de fes enfans, tous les autres nez de la mefme femme font rendus legitimes.

De ce Chapitre a efté tirée l'Authentique *Si quis liberos. C. de natural. lib.*

A U T H E N T I Q U E *Si quis liberos. C. de natural. lib.*

Si quis liberos habere naturales ex muliere libera, quæ uxor ei poterat effe, dicat in inftrumento five publicè, five propriâ manu conscripto habente subscriptionem trium testium fide dignorum ; sive in testamento , sive in gestis monumentorum , hos suos esse , nec adjecerit , naturales , hujusmodi filii ei legitimi successores erunt.

Et si uni ex multis filiis testimonium quodlibet ex prædictis modis præbuerint , cœteris ex eadem muliere natis ad legitima jura sufficiet.

Cette maniere de legitimer les enfans n'a jamais esté en usage en France.

CHAPITRE III.

De la femme qui se marie absque dotalibus instrumentis.

L A décision de ce Chapitre est , que les mariages contractez *absque dotalibus instrumentis ,* c'est à dire , sans Contrat de mariage, qui contienne la constitution de dot & les clauses touchant la dot , sont valables , & les enfans qui en sont issus sont legitimes , de mesme que ceux qui sont issus des mariages faits *cum dotalibus instrumentis ,* en sorte que les enfans issus d'un tel mariage , & ceux qui seroient issus d'un mariage contracté *cum dotalibus instrumentis ,* succedent également à leur pere ; par la raison que le veritable mariage *constat ex affectu.*

Ce Chapitre est inutile en France , où les mariages ne sont point reputez legitimes, s'ils ne sont celebrez en face d'Eglise, ainsi que nous avons dit ailleurs.

CHAPITRE IV.

Que les nopces des personnes illustres doivent estre celebrées cum dotalibus instrumentis.

L 'Empereur dans ce Chapitre ordonne , que pour la validité des mariages contractez entre les personnes illustres,ils soient faits *cum dotalibus instrumentis ,* quoy que les autres personnes les puissent contracter *solo affectu*, ainsi qu'il est decidé dans le Chapitre precedent.

De ce Chapitre a esté tirée l'Authentique *Maximis. C. de nupt.* & l'Authentique *Sed novo jure. C. de naturalib. liber.*

AUTHENTIQUE *Maximis. C. de nuptiis.*

Maximis decorati dignitatibus usque ad illustres, non nisi dotalibus instrumentis conscriptis, rite contrahunt nuptias; licet antè contractas retineant; exceptis barbaris reliqui omnes affectu solo rectè contrahunt matrimonium.

AUTHENTIQUE *Sed novo jure. C. de natural. liber.*

Sed novo jure hujusmodi mulieres cum omnibus hominibus contrahere nuptias possunt, etiam cum prædictis magnis dignitatibus, dum tamen dotalia instrumenta super hoc conficiantur ab illustribus. Reliqui verò citra eos, qui majoribus decorati sunt dignitatibus, solo affectu nuptias contrahere possunt, dum tamen liberæ sint, cum quibus licet nuptias contrahere.

Ce Chapitre est inutile en France.

CHAPITRE V.

Ut cùm matrimonium est sine dote, & conjux superstes inops, mortui quartam partem accipiat,

Par lequel lors qu'un mariage est sans dot, si le survivant des conjoints est pauvre, il prend la quatriéme partie des biens du predecedé.

L'Empereur dans ce Chapitre dit, qu'il a fait autrefois une Loy, par laquelle il est ordonné *ut si quis uxorem aliquando sine dotalibus acceperit, cum affectu solùm nuptiali, & hanc sine causa legibus agnita projecerit, accipere eam quartam partem substantiæ ejus :* c'est la Novelle 53. chap. 6. Et que par une autre Constitution, qui est la Novelle 74. il a ordonné, *si quis indotatam uxorem per affectum solum acceperit, & usque ad mortem cum ea vixerit, præmoriatur, accipere similiter & eam quartam illius substantiæ portionem ; ita tamen, ut non transcendat hoc centum librarum auri quantitatem.* Et dans le Chapitre 5. de cette Novelle 117. l'Empereur ordonne en reformant ces deux Conſtitutions, que les enfans nez de mariages contractez *ſine dote*, ſont legitimes, & ſuccedent à leur pere, & que la femme qui aura ſurveſcu ſon mary, au cas que ſon mary predecedé ait trois enfans vivans, ou moins, d'elle, ou d'une autre femme legitime, prenne la quatriéme partie de ſes biens. Que s'il a laiſſé plus de trois enfans, elle prenne dans les biens de ſon mary une portion égale à celle de chacun des enfans du défunt, pour en joüir ſeulement par uſufruit ſa vie durant, la proprieté reſervée aux enfans qu'elle auroit eu en legitime mariage avec le défunt: Que ſi elle n'a point d'enfans, l'Empereur ordonne que la pleine proprieté de cette portion appartienne à la femme ſurvivante.

Que ſi la femme eſt repudiée ſans cauſe legitime par ſon mary, l'Empereur ordonne qu'elle prenne la portion qu'elle prendroit au cas de ſon predeceds.

Dans la fin de ce Chapitre, l'Empereur défend au mary ſurvivant de prendre dans les cas ſuſdits aucune portion dans les biens de ſa femme : cependant pluſieurs Docteurs ſont d'avis contraire, eſtimans que la diſpoſition de ce Chapitre doit eſtre obſervée également pour la femme que pour le mary, Accurſe *in d. Authent.* 7. *in verbo, dote, & in l. licet. C. de jure dot.* Balde, Cynus, Salycet & autres, ſont de cét avis.

Deux conditions ſont requiſes afin que la femme par cette Novelle prenne une portion dans les biens de ſon mary predecedé.

La premiere, que le mariage ſoit *ſine dote*, parce que la femme aprés la mort de ſon mary reprend ſa dot ; ainſi elle n'a pas beſoin de l'avantage que la Loy luy donne au cas qu'elle ſoit *ſine dote*, & ſans biens.

L'autre eſt, que le mary ſoit decedé riche, & que la femme ſurvivante ſoit pauvre.

On demande premierement, qui eſt celuy qui eſt reputé riche: ſuivant le ſentiment des Docteurs il faut s'en rapporter à l'arbitrage d'un homme juſte, *Bartol. l. ad Authent. præterea. C. unde vir & uxor.*

En ſecond lieu, ſi la diſpoſition de ce Chapitre a lieu lors que la dot eſt modique, de meſme que s'il n'y en avoit point ? Les Docteurs tiennent l'affirmative, lors que la dot n'eſt pas ſuffiſante pour fournir des alimens à la femme ; en ſorte neanmoins que dans ce cas on impute la dot de la femme ſur la portion qu'elle a droit de prendre : C'eſt le ſentiment des Docteurs.

En troiſiéme lieu, ſi cette Conſtitution a lieu, & ſi la femme prend cette quatriéme portion dans les biens de ſon mary, au cas qu'il n'ait laiſſé aucuns enfans, mais ſeulement des aſcendans, ou des collateraux ? Les Docteurs ſur l'Authentique *Prætereà.* tiennent l'affirmative.

En quatriéme lieu, ſi la proprieté de cette portion appartient à la femme, au cas que les enfans qui eſtoient vivans au temps de la mort du pere, meurent auparavant la femme ? Quelques-uns eſtiment que la femme n'en a que l'uſufruit, parce que les en-fans en avoient la proprieté acquiſe auparavant leur deceds ; & partant ils l'ont tranſmiſe à leurs heritiers.

D'autres tiennent au contraire, que la femme en a la pleine proprieté ; par la raiſon que les enfans n'ont jamais eu droit de proprieté en cette portion, & que *ab initio* la femme en a eu la proprieté, à la charge de la reſerver aux enfans au cas qu'ils fuſ-ſent vivans au jour de ſon deceds ; c'eſt le ſentiment d'Irnerus en l'Authentique *Præterea.* qui eſt cy-aprés, en laquelle il ajoûte, *ut tamen ejuſdem matrimonii liberis proprietatem ſervet, ſi exti-terint. His verò non extantibus, vel ſi nullos habuerit, potitur etiam dominio.* D'où il s'enſuit que la proprieté de cette portion luy appartient dés la mort de ſon mary, autrement elle ne la pourroit pas reſerver à ſes enfans.

Cette opinion eſt confirmée par l'exemple de la femme qui convole en ſecondes nopces, laquelle eſt tenuë reſerver aux en-fans iſſus du premier mariage, la proprieté des biens qui luy viennent de la liberalité de ſon premier mary : mais s'ils prede-cedent, elle en retient la proprieté, laquelle paſſe à ſes heritiers ; *l. fœminæ. §. illud. in fine. C. de ſecund. nupt.*

On ajoûte, que la femme ſuccede en la portion qui luy eſt donnée par la Loy dans les biens de ſon mary, conjointement avec les enfans, s'il y en a : & partant elle eſt déchargée de l'obligation de leur en reſerver la proprieté s'ils decedent : c'eſt un avantage que l'Empereur a voulu donner aux enfans, & par conſequent s'ils decedent, cét avantage ceſſe, & la femme re-tient la pleine proprieté de cette portion, comme ſi dés la mort du mary il n'y avoit point d'enfans.

De ce Chapitre a eſté tirée l'Authentique *Prætereà. C. unde vir & uxor.*

AUTHENTIQUE *Prætereà. C. unde vir & uxor.*

Prætereà fi matrimonium fit abfque dote, conjux autem præmoriens locuples fit, fuperftes verò laboret inopiâ; fuccedit unà cum liberis communibus alteriufve matrimonii in quartam, fi tres fint, vel pauciores. Quòd fi plures fint, in virilem portionem; ut tamen ejufdem matrimonii liberis proprietatem fervet, fi extiterint: his verò non extantibus, vel fi nullos habuerit, potietur etiam dominio, & imputabitur legatum in talem portionem.

Cette Novelle en ce Chapitre n'eft point en ufage dans les Païs de Droit coûtumier, où le furvivant des conjoints ne prend rien des biens du predecedé que par convention portée par Contrat de mariage, ou par difpofition & ordonnance de derniere volonté, dans les Couftumes qui permettent aux conjoints de s'avantager pendant le mariage; ce qui eft expreffément défendu par celle de Paris, articles 280. & 282.

CHAPITRE VI.

De l'Ordonnance de Leon & de Conftantin.

L'Empereur dans ce Chapitre confirme la Conftitution de l'Empereur Leon, laquelle eft dans la Loy 9. *C. de paĉtis dotalib. de æquali lucro dotis & propter nuptias donationis inter virum & uxorem;* & il abroge les Conftitutions de Conftantin & de Martian, *l.* 1. *C. de natural. liber.* qui défendent les nopces entre une femme de baffe condition & un homme illuftre; l'Empereur permettant dans ce Chapitre, que les nopces foient contraĉtées entre toutes perfonnes libres, ou *fub inftrumentis dotalibus, vel folo affeĉtu;* fçavoir *cum dotalibus inftrumentis,* lors qu'il s'agit de nopces entre perfonnes élevées aux grandes dignitez, & des femmes d'une mediocre condition; & à l'égard des nopces entre les autres perfonnes, il ordonne qu'elles pourront eftre contraĉtées *folo affeĉtu, abfque dotalibus inftrumentis,* fuivant l'Authentique *Sed novo jure,* mife cy-devant, aprés le Chapitre 4.

Ce Chapitre eft inutile en France.

CHAPITRE VII.

Soluto
per repu-
d-ü ma-
trimo-
nio,quo-
modo &
apud quê
liberi a-
lantur,

Aprés le divorce , qui des conjoints doit estre chargé de nourrir les enfans communs issus de leur mariage.

L'Empereur dans ce Chapitre ordonne , qu'en cas de divorce entre le mary & la femme, si le pere a donné lieu à la separation , & que la mere ne convole point en secondes nopces , les enfans soient nourris & élevez chez la mere , aux frais & dépens du pere. Mais si la cause du divorce est imputée à la mere, les enfans soient nourris & élevez chez le pere , & par ses soins.

Mais parce qu'il peut arriver , que le pere soit incapable de l'éducation de ses enfans , & qu'il n'ait pas des biens suffisans pour cét effet, que la mere au contraire soit riche, l'Empereur ordonne que les enfans soient commis à la conduite de la mere, & qu'elle soit chargée de leur fournir des alimens ; parce que *quemadmodum filii locupletes coguntur matrem egentem alere , ita justum esse decernimus & à matre locuplete filios pasci.*

L'Empereur ordonne encore , que cette disposition faite de la mere & des enfans qui sont dans l'indigence, c'est à dire, que si la mere est dans l'indigence, elle soit nourrie par ses enfans ; & au contraire , elle ait lieu à l'égard des autres enfans & des ascendans.

De ce Chapitre a esté tirée l'Authentique *Si pater. C. divortio facto, apud quem liberi, &c.* laquelle a esté mise aprés la Loy unique de ce titre , par laquelle les Empereurs Diocletian & Maximian ordonnent, qu'au cas du divorce le Juge regle *utrum apud patrem , an apud matrem filii morari ac nutriri debeant.*

AUTHENTIQUE *Si pater. C. divortio facto , apud quem liberi , &c.*

Si pater causam divortii præstiterit , apud matrem ad secundas nuptias non venientem liberi nutriantur patris expensis. Si verò contrà , tunc apud patrem , matris locupletis expensis : nisi pater minus idoneus sit ; tunc enim apud matrem locupletem nutriantur : Nam quemadmodum locupletes filii matrem alere coguntur

egentem , ita juſtum decernimus , & à matre filios paſci.
Quod de matre , & filiis in digentibus diſtum eſt , hoc quoque
in omnibus aſcendentibus perſonis utriuſque naturæ decernimus
obſervari.

En cas de ſeparation de corps & d'habitation ordonnée entre
le mary & la femme, au cas qu'il y ait des enfans communs iſſus
de leur mariage, le mary & la femme contribuent aux frais de
leur nourriture ; quelquefois le Juge ordonne que les fils ſeront
élevez chez le pere, & les filles chez la mere, pourveu qu'elle
ſoit d'une bonne conduite, autrement le Juge ordonne qu'elles
ſeront élevées chez des parens dont les parties conviennent, ou
qu'elles ſeront miſes en penſion dans un Convent : Pareillement
ſi le mary n'eſt pas d'une vie honneſte & reglée, le Juge ordonne qu'ils ſeront mis en penſion chez un parent ou quelque
autre perſonne, ou dans un College ; ce qui dépend des circonſtances de l'âge, de la condition, & des biens des perſonnes.

CHAPITRE VIII.

Des cauſes legitimes pour leſquelles le mary peut faire
divorce.

De juſtis
divortio-
rũ cauſis
marito
permiſſis,

L'Empereur dans ce Chapitre rapporte les cauſes pour leſquelles le mary peut repudier ſa femme & gagner ſa dot en
pleine proprieté, au cas qu'il n'y ait point d'enfans iſſus du mariage ; & s'il y en a, en leur reſervant la proprieté d'icelle.

La premiere, ſi la femme n'a pas découvert ceux qui entreprenoient contre la vie du Prince, en ayant connoiſſance ; par
la raiſon que c'eſt un crime de leze-Majeſté, *reos majeſtatis non*
indicare, l. 5. §. 6. *C. ad leg. Jul. Majeſt. l. un. C. de fal. mon. l. ult.*
C. de malefic.

Que ſi le mary n'a pas denoncé ce ſecret qui luy avoit eſté
découvert par ſa femme, elle peut le faire ſçavoir à l'Empereur,
afin que ſon mary ne prenne point occaſion du ſilence de ſa femme de la repudier.

Cette cauſe n'eſt pas d'uſage en France, car ſi la femme n'a-
voit pas découvert la convention faite contre le Prince, elle ſe-

roit criminelle de leze-Majesté, & punie de mort, & ses biens confisquez au Roy.

La deuxiéme, si la femme est coupable d'adultere, & que le mary l'en ait convaincuë, en ce cas il peut la repudier, & retenir sa donation à cause de nopces, & prendre la dot de sa femme, & en outre une partie de ses biens paraphernaux, égale à la troisiéme partie de sa dot, pour en joüir en pleine proprieté, au cas qu'elle n'ait point d'enfans : mais si elle a des enfans communs issus de leur mariage, l'Empereur ordonne au mary de leur reserver la proprieté de sa dot, & ses biens paraphernaux.

L'Empereur ordonne pour la punition de l'adultere, c'est à dire, de celuy qui a commis adultere avec la femme d'un autre, que sa femme prenne la donation à cause de nopces qu'il luy auroit faite, avec sa dot ; & au cas qu'elle ait des enfans communs issus du mariage, qu'elle joüisse seulement par usufruit, de la donation à cause de nopces, & qu'elle leur en reserve la proprieté ; & en outre, l'Empereur donne aux enfans du mary la pleine proprieté des autres biens de leur pere : & au cas qu'il n'y ait point d'enfans, la pleine proprieté de la donation à cause de nopces appartient à la femme, & ses autres biens sont confisquez suivant la disposition des anciennes Loix ; ce qui a esté corrigé par la Novelle 134. §. *fin.* par laquelle les biens de ceux qui sont condamnez pour quelque crime, sont laissez à leurs heritiers. Voyez *infrà* la peine de l'adultere, en la Novelle 134. chap. 10.

Par la Constitution de l'Empereur Alexandre, qui est en la Loy 11. *C. de adulter.* un mary qui vouloit accuser sa femme d'adultere, ne pouvoit pas la retenir chez luy ; ce qui s'observoit ainsi dans le droit ancien, *l.* 2. §. 2. *l.* 26. & *l.* 29. *ff. eod. tit.* par la raison que le mary auroit paru coupable de son crime *eo ipso videretur lenocinii crimen contrahere ;* mais cette Jurisprudence a esté changée par cette Novelle *hoc cap.* par laquelle le mary doit auparavant accuser sa femme d'adultere, & luy envoyer les causes du divorce ; c'est pourquoy l'Authentique *Sed novo jure,* qui a esté tirée de ce Chapitre, est conceuë en ces termes :

AUTHENTIQUE *Sed novo jure.*

Sed novo jure potest ; & si accusatio vera esse ostendatur, tunc repudium mittere debet , & in scriptis eam accusare debet. Si verò illatam adulterii accusationem maritus non probaverit , illis subiiciatur suppliciis, quæ esset passura , si accusatio comprobata fuisset.

La troisiéme , si la femme a dressé des embusches à la vie de son mary , ou si sçachant les embusches qui estoient dressées par d'autres à sa vie , elle ne luy a pas découvert.

La quatriéme , si la femme boit & mange avec des étrangers, ou va aux bains avec eux , contre la volonté de son mary.

La cinquiéme , si elle demeure hors la maison de son mary contre sa volonté, si ce n'est chez ses pere & mere , ou autres ascendans.

La sixiéme , si elle se trouve dans les jeux du Cirq , & aux spectacles publics , à l'insçeu ou contre la volonté de son mary.

Dans la fin de ce Chapitre, l'Empereur ordonne que s'il arrive, qu'un mary chasse sa femme de sa maison pour autres causes que pour celles mentionnées dans ce Chapitre , & qu'elle soit obligée de coucher ailleurs que chez ses parens , parce qu'elle n'en auroit point, le mary n'auroit pas raison de la repudier, parce qu'il auroit luy-mesme donné lieu à ce que sa femme auroit esté obligée de faire.

Toutes les caus ... noncées cy-dessus ne sont point en usage en France , où le divorce n'est point receu, comme par le Droit Romain : le divorce y causoit la dissolution du mariage , qui n'estoit consideré que comme un contrat civil ; mais parce que nous tenons , que le mariage est un Sacrement, qui ne se peut dissoudre que par la mort de l'un des conjoints , il n'y a aucun cas auquel le divorce soit permis ; *quos Deus conjunxit , homo non separet ;* cependant on a introduit la separation de corps & d'habitation, par laquelle les Juges ordonnent que le mary & la femme demeureront separez de biens & de corps, ou d'habitation : c'est à dire , qu'il n'y aura plus de communauté de biens entr'eux, en sorte que le mary est tenu rendre la dot de sa femme à ses pere & mere , si elle en a , ou la déposer jusqu'à ce qu'on ait trouvé un employ, & la femme demeure hors la maison de son mary où il luy plaist ; & cette separation est poursuivie non pas par le mary, mais par la femme, en consequence des mauvais traitemens qu'elle reçoit de luy, comme il sera remarqué cy-aprés. Ainsi toutes les causes rapportées cy-dessus, pour lesquelles le mary peut faire divorce avec sa femme , sont inutiles ;

neanmoins pour caufe d'adultere le mary pourfuit crimineſſe-ment ſa femme pour la faire punir de la peine introduite par Juſtinien en la Novelle 134. & cette peine emporte ſeparation de corps & d'habitation. Voyez le Chapitre de cette Novelle.

Pareillement ſi la femme avoit attenté à la vie de ſon mary, & qu'elle en fût convaincuë, le Juge pourroit ordonner qu'elle ſeſoit miſe dans un Convent pour y paſſer le reſte de ſes jours, au moins pendant la vie de ſon mary, à moins qu'il ne voulût la reprendre ; ce qui dépend des circonſtances.

CHAPITRE IX.

De juſtis divortii cauſis mulieri ſonceſſis,

Des cauſes pour leſquelles la femme peut faire divorce avec ſon mary.

LEs cauſes pour leſquelles la femme peut faire divorce avec ſon mary, & ce faiſant reprendre ſa dot & gagner la donation à cauſe de nopces qui luy a eſté faite par ſon mary, pour joüir par uſufruit de cette donation, & en reſerver la proprieté à ſes enfans, ſont celles qui ſuivent :

La premiere, s'il a attenté à la vie de l'Empereur, ou entre-pris quelque choſe contre l'Eſtat, ou qu'ayant ſçeu l'entrepriſe qui eſtoit faite, il n'ait pas voulu la découvrir.

La deuxiéme, ſi le mary a attenté à la vie de ſa femme, ou qu'il ne luy ait pas découvert les embuſches qui luy eſtoient dreſſées par d'autres.

La troiſiéme, ſi le mary a fait ſes efforts pour débaucher ſa femme, *& eam adulterandam aliis tradere.*

La quatriéme, ſi le mary a accuſé ſa femme d'adultere, & qu'il n'ait pû l'en convaincre ; auquel cas la femme peut faire divorce avec ſon mary, reprendre ſa dot, & gagner la donation à cauſe de nopces ; & ſi elle n'a point d'enfans iſſus de ce mariage, elle peut prendre dans les autres biens de ſon mary, le tiers de la donation à cauſe de nopces, pour en joüir en pleine proprieté : & ſi elle a des enfans, elle n'en joüit que par uſufruit : & pour peine de la fauſſe accuſation, le mary eſt puny des meſmes peines auſquelles la femme auroit eſté condamnée, ſi l'accuſation avoit eſté juſtifiée.

La cinquiéme , si le mary retient chez luy une autre femme avec laquelle il ait habitude ; ou mesme s'il a un commerce ordinaire avec une autre femme dans une autre maison , pour lors la femme peut faire divorce , aprés avoir fait avertir son mary une fois ou deux de finir ce commerce.

De ce Chapitre a esté tirée l'Authentique *Sed novo jure. C. de repud.*

AUTHENTIQUE *Sed novo jure. C. de repud.*

Sed novo jure vir , qui sine causa hoc fecerit , ex alia substantia sua etiam constante matrimonio tantum dabit uxori , quantum tertia pars facit antenuptialis largitatis : sed patrimonium ob id non solvitur.

Toutes les causes du divorce énoncées dans ce Chapitre , ne sont point d'usage en France pour obtenir par la femme la separation de corps & d'habitation , il n'y a que celle-cy , sçavoir lors que le mary a attenté à la vie de sa femme , ou qu'il l'a mal-traitée outrageusement , & que ses sevices ont continué plusieurs fois ; c'est au Juge d'en juger suivant les circonstances , & de n'ordonner pas facilement cette separation, qui donne quelque atteinte au mariage , & qui donne lieu au mary à vivre dans la débauche.

Le commerce que le mary auroit avec une autre femme, ne seroit pas une cause suffisante à la femme pour demander cette separation.

CHAPITRE X.

Par lequel la dissolution des mariages est défenduë par le seul consentement , sans une juste cause.

L'Empereur dans ce Chapitre défend de dissoudre les maria-ges sans une cause legitime, ainsi qu'il s'estoit observé jusques à cette Ordonnance, à moins que la dissolution ne se fit du consentement des conjoints , dans le dessein de vivre dans la chasteté : voulant que si le mariage estoit dissous sans cause

Ut non liceat consensu matrimonium dissolvere , nisi ex causa probabili.

legitime, les conjoints fuſſent obligez de conſerver à leurs enfans la dot & la donation à cauſe de nopces.

Que ſi la diſſolution a eſté faite pour vivre dans la continence, & qu'il arrive qu'un des conjoints tombe dans l'incontinence, ou qu'il contraĉte un autre mariage, il ordonne que s'il y a des enfans iſſus du mariage, ſes biens leur ſoient donnez : & en cas qu'ils ſoient encore mineurs, ils ſoient élevez & nourris par celuy de ſes pere & mere qui n'aura point contrevenu à cette Ordonnance.

Que ſi les pere & mere y ont contrevenu, leurs biens appartiennent à leurs enfans, pour eſtre regis & gouvernez par un curateur, en cas qu'ils ſoient encore mineurs : & s'il n'y a point d'enfans, leurs biens ſont confiſquez.

Auparavant cette Conſtitution il eſtoit permis au mary & à la femme de diſſoudre leur mariage d'un commun conſentement ſans aucune cauſe legitime ; ce qui s'obſervoit ainſi chez les Hebreux, par la raiſon que le mariage eſtant contraĉté par le ſeul conſentement des parties, il devoit eſtre diſſous de la meſme maniere, à l'exemple des autres mariages qui ſe contraĉtent par la ſeule convention des parties, *l. nihil eſt tam. ff. de R. I. & §. ult. Inſtitut. quib. mod. diſſol. oblig.*

L'Empereur Theodoſe en la Loy *C. de repud.* permet à la femme de convoler en ſecondes nopces aprés l'an de la diſſolution du mariage faite d'un conſentement reciproque, ou ſelon les Juriſconſultes *bonâ gratiâ ;* ce qui ayant eſté abrogé par l'Empereur Juſtinien, l'Authentique *Quod hodie C. de repud.* tirée de ce Chapitre, a eſté miſe avec raiſon aprés cette Loy.

AUTHENTIQUE *Quod hodie. C. de repud.*

Quod hodie non licet, niſi caſtitatis concupiſcentiâ hoc fiat, tam dote, quàm antenuptias donatione filiis conſervatis. Quæ ſi alias poſteà nuptias contrahere, vel luxurioſè vivere inveniatur, liberis tradendæ ſunt earum facultates, delinquentibus earum proprietatem amittentibus. Filiis autem non extantibus, fiſco applicantur. Et qui talia deliquerint, legitimis ſubiiciantur pœnis.

Les ſeparations de corps & d'habitation ne ſe peuvent point faire en France ſans connoiſſance de cauſe, & ſans information, autrement telles ſeparations, quoy qu'ordonnées par le Juge, ſeroient nulles & ſans effet.

CHA-

CHAPITRE XI.

Dans quel temps il est permis à la femme de se remarier aprés l'absence de son mary, pour cause d'expedition militaire.

L'Empereur par sa Constitution Novel. 22. chap. 14. avoit permis à la fin de se remarier aprés dix ans d'absence de son mary, abrogeant par cette Novelle l'Ordonnance de l'Empereur Constantin, *l. 7. C. de repud.* qui luy permettoit aprés quatre ans d'absence de convoler en d'autres nopces ; mais par cette Novelle 117. chap. 11. il défend expressement aux femmes de se remarier pendant l'absence de leurs maris, quelque longue qu'elle soit, quoy qu'elles ne reçoivent aucunes nouvelles d'eux : & au cas que la femme ait receu la nouvelle de la mort de son mary, il ne luy permet pas de se remarier que sa mort ne soit certifiée avec serment par les Chartulaires du Regiment, ou par le Tribun ; aprés quoy elle doit encore attendre une année entiere auparavant que de contracter un autre mariage. Que si sans cette formalité elle convole en d'autres nopces, elle & son second mary sont declarez coupables d'adultere.

Que si celuy qui a affirmé avec serment la mort du mary, a fait un faux serment, il est chassé de la milice & dépoüillé de sa Charge, & en outre condamné de payer au premier mary dix livres d'or ; & le premier mary peut reprendre sa femme s'il veut.

L'Authentique *hodie* tirée de ce Chapitre a esté mise aprés la Loy 7. *C. de repud.* laquelle est de l'Empereur Constantin.

AUTHENTIQUE *Hodie. C. de repud.*

Hodie quantiscumque annis maritus in expeditione manserit, mulier sustinere debet, licet neque literas, neque responsum ab eo acceperit. Sed si mortuum audiverit, non prius nubat, quàm per se, vel per alium, eum sub quo militabat, adiens interrogavit, si pro veritate mortuus est; ut apud gesta deponatur cum jurejurando, si mortuus sit; quo subsecuto, post annum nubat. Si verò præter hæc nupserit, tam ipsa quàm qui eam duxerit, veluti adulteri puniantur. Sed qui juraverit, si falsò jurasse convinca-

Tome II.   E E e

tur , militiâ nudatus , decem libras auri solvat ei quem mortuum
esse mentitus est ; eo licentiam habente , si voluerit , suam uxorem
recipiat.

Cette Novelle a esté depuis abrogée par la Novelle 140. mais
elle n'est pas de Justinien, elle est de l'Empereur Justin.

Le Droit Canonique s'est en ce point conformé à cette derniere Constitution , voulant que ny le long temps , ny l'âge,
ny la condition des mariez , puissent servir d'excuse & de cause
legitime à l'un des conjoints pour se marier avant la mort de
l'autre , ou d'avoir receu des nouvelles certaines de sa mort ;
ainsi qu'il est decidé par le Chapitre *in præsentia Ext. de sponsa.*
lib. & matrim. §. dominus. Ext. de secund. nupt. dans lequel nous
voyons que des jeunes femmes aprés sept années entieres de
l'absence de leurs maris , prierent leur Evesque Diocesain d'im-
petrer de sa Sainteté la permission pour elles de se remarier ; le
Pape Clement III. declara par son Rescrit, que quoy que *pro ju-*
venili ætate & fragilitate carnis nequeant continere , tamen quan-
tocumque annorum numero elapso , viventibus maritis , non posse
eas ad aliorum consortium Canonicè convolare , donec certum nun-
tium recepissent de ipsorum morte.

La glose du Chapitre *quoniam. Ext. de sponsal. & matrim. in*
verbo , præsumatur , dit que la certitude de la mort se tire des pre-
somptions violentes , *putà ,* si le mary estoit vieil , s'il a esté veu
au jour de la bataille , & que depuis on n'en ait point entendu parler; ce qui dépend des circonstances, selon le sentiment de Covarruvias 2. *part. cap.* 6. *num.* 4.

CHAPITRE XII.

Ex qui-
bus cau-
sis matri-
monium
sine pœ-
na solva-
tur.

Des causes pour lesquelles la dissolution du mariage est permise du consentement des conjoints.

DAns ce Chapitre, l'Empereur ajouste trois causes pour lesquelles les conjoints peuvent dissoudre leur mariage.

La premiere est l'impuissance du mary pendant trois ans, suivant la Novelle 22. Chapitre 6. de laquelle a esté tirée l'Authentique *Sed hodie non biennium.* Voyez *suprà ,* cette Novelle.

La deuxiéme, lors que le mary & la femme confentent de fe retirer du monde & d'entrer dans un Convent.

La troifiéme eft la captivité de l'un des conjoints, fuivant la mefme Novelle *cap.* 7. *vide.*

Pour ce qui concerne noftre Jurifprudence fur ce Chapitre, Voyez ce qui eft remarqué fur la Novelle 22. chap. 6. & 7.

CHAPITRE XIII.

Si la femme veut faire divorce avec fon mary fans caufe legitime.

Si mulier fine jufta caufa marito fuo repudium miferit,

L'Empereur dans ce Chapitre, ordonne que fi la femme fait divorce avec fon mary, fi ce n'eft pour une des caufes énoncées dans les Chapitres precedens de cette Novelle, elle foit privée de fa dot, pour en joüir par le mary fa vie durant, & en referver la proprieté aux enfans iffus du mariage ; ou en pleine proprieté, au cas qu'il n'y ait point d'enfans.

La Paraphrafe de Julien explique clairement ce Chapitre.

CHAPITRE XIV.

Si un mary a fuftigé fa femme avec des verges.

Si quis uxorem fuam flagellis caftigaverit,

L'Empereur dans ce Chapitre ordonne que fi le mary fuftige fa femme à coups de verges, fans une des caufes pour lefquelles le divorce eft permis, il foit tenu pour reparation de cette injure, de luy donner de fes propres biens la valeur du tiers de la donation à caufe de nopces en pleine proprieté, & cette caufe ne feroit pas fuffifante pour le divorce.

Ce feroit une jufte caufe à la femme pour demander feparation de corps & d'habitation d'avec fon mary, s'il l'avoit outragée & fuftigée de verges fans fujet ; car fi elle luy en avoit donné fujet, comme fi elle eftoit coupable d'adultere, elle auroit bien merité cet outrage, en forte que je n'eftimerois pas qu'elle pût pourfuivre fa feparation, puis que mefme pour ce fujet le

mary pouvoit la faire condamner aux peines portées par la Novelle 434.

<hr>

CHAPITRE XV.

Si un mary soupçonne quelqu'un d'avoir habitude avec sa femme.

L'Empereur dans ce Chapitre, permet au mary qui aura denoncé à quelqu'un qu'il soupçonnera d'avoir habitude avec
sa femme, par trois dénonciations differentes, en presence de
trois personnes dignes de foy, qu'il cesse de la voir & frequenter,
de le tuer au cas qu'il le trouve avec elle dans sa maison ou
dans celle de sa femme, ou dans celle de son adultere, ou dans les
cabarets.

Mais s'il les trouve ensemble ailleurs en presence de trois témoins dignes de foy, il peut les poursuivre criminellement, &
faire condamner l'adultere aux peines deuës à ce crime, comme
estant presumé en estre coupable.

Que s'ils sont trouvez ensemble dans l'Eglise, le mary peut
les mettre à la garde du Défenseur de l'Eglise ou des Clercs d'i-
celle, & faire demander par le Juge ordinaire à l'Evesque du
Diocese, qu'il ait à les luy envoyer pour les punir selon la rigueur des Loix faites contre les adulteres, sans qu'ils puissent pretendre trouver un azile assuré dans l'Eglise ou dans les lieux saints
pour éviter la peine deuë à leur crime; *non enim debent hujusmodi personæ in venerabili loco neminem habere, quem ipsi per
scelus proprium despexerunt; nam si eos qui alibi rapinas mulierum, aut adulteria committunt, & ad Orationum domos confu-
giunt, ab eis vindicari nostræ leges non sinunt; quomodo illis qui
in Ecclesia tale scelus studuerunt perpetrare, permittimus aliquod
auxilium ex Ecclesiasticis terminis inveniri? Sed omnibus modis
judicibus eos tradi, & pœnam sustinere qua digni sunt, qui san-
ctissima loca violare præsumant. Quis enim ibi delinquit, ubi sa-
lutem petat?*

Et dans la fin de ce Chapitre l'Empereur ordonne, que si quelqu'un trouve sa femme, ou sa fille ou sa petite fille, ou sa fian-
çée, dans une Eglise ou en un lieu saint, avec celuy qu'il soup-

çonneroit avoir habitude avec elle, aprés luy avoir fait les dénonciations fufdites, il les mette à la garde du Défenfeur de l'Eglife ou des Clercs d'icelle, jufques à ce qu'ils foient mis entre les mains du Juge pour leur eftre fait leur procés, & d'eftre condamnez felon les Loix pour caufe d'adultere.

L'Empereur Conftantin par fa Conftitution, qui eft en la Loy 30. *C. de adulter.* permet feulement au mary à l'exclufion de tout autre, d'accufer fa femme d'adultere, lors qu'il la foupçonne de ce crime; par la raifon que c'eft à luy principalement à qui il appartient de vanger ce crime ; *in primis maritum genitalis tori vindicem effe oportet ; cui quidem & ex fufpicione ream conjugem facere licet ;* & cette Novelle en ce Chapitre, confirme cette Loy, & luy donne mefme une plus grande étenduë, en ce qu'elle permet au mary de pourfuivre comme adultere de fa femme, celuy qu'il en peut foupçonner par les circonftances, parce qu'il eft difficile *dolorem fuum temperare,* felon la Loy *fi adulterium.* 38. §. 8. *ff. de leg. Jul. de adulter.*

De ce Chapitre a efté tirée l'Authentique *Si quis ei. C. ad leg. Jul. de adulter.*

AUTHENTIQUE *Si quis. C. ad leg. Jul. de adulter.*

Si quis ei quem fufpectum habet de fua uxore, ter in fcriptis denunciaverit fub præfentia trium teftium fide dignorum, & poft invenerit eum convenientem uxori fuæ in domo fua, vel uxoris vel adulteri, vel in popinis, aut in fuburbanis ; fine periculo eum perimat. Si alibi inveniat, tribus teftibus convocatis tradat eum judici, qui nullâ aliâ ratione quæfitâ habet puniendi licentiam. Si tamen in facro Oratorio colloqui inveniantur, poft tres, ut dictum eft, denuntiationes, licet marito utrafque perfonas Defenfori Ecclefiæ tradere, aut aliis Clericis, ut ad eorum periculum divifim ifti ferventur, donec judex cognofcens hoc, mittat Epifcopo civitatis, quatenus ei ifti tradantur, ut debeant fubire tormentum, ut nuntietur per eum ad Præfidem Provinciæ, qui fecundum leges pænam imponet legitimam.

Cette Conftitution n'a point lieu en France, les denonciations qui y font portées, ne font point d'ufage, & fi un mary avoit tué l'adultere de fa femme, quoy qu'il juftifiât qu'il eut commis ce crime avec elle, ne feroit pas moins puniſſable de mort, que s'il avoit tué une autre perſonne ; fi ce n'eſt quil eût tué l'adultere & ſa femme dans le meſme temps, pris en flagrant delit, auquel cas le crime feroit remiſſible, mais il faudroit des Lettres du Prince, leſquelles il obtiendroit facilement, pour la raiſon qu'on ne peut pas moderer les tranſports qu'une juſte douleur inſpire.

PARAPHRASE
DE JULIEN.

CONSTITUTIO CVIII.

CCCLXXVIII. Si quis filiumfamilias heredem inſtituerit, ut pater ipſius uſumfructum hereditatis non habeat : Et de donationibus, & de aliis liberalitatibus eodem modo in filiumfamilias factis, & de Curatoribus rerum.

SI mater, vel avia, vel quicumque parens filium ſuum heredem ſcripſerit, ex parte legitima, liceat ei nepotibus vel neptibus, ab eo procreatis, & omnibus deinceps perſonis aliam ſubſtantiam ſuam totam vel partem eis donare vel relinquere liberis ſub hoc modo & conditione, ut pater eorum in his rebus nec uſumfructum, nec ullam omninò habeat communionem, quòd ſimiliter obtinere jubemus, & ſi extraneus filiofamiliàs extraneo reliquerit, aut donaverit ſub eodem modo & conditione. Et ſi quidem ipſi qui alieni juris ſunt, viceſimum quintum annum egreſſi fuerint, licentiam habeant quo voluerint modo res ſibi donatas adminiſtrare : Sin autem adhuc minores ſint, per quem velit teſtator vel donator, adminiſtrari res debent. Licentiam autem habeat teſtator vel donator matri vel aviæ filiifamilias adminiſtrationem credere, quamvis maritos habeant : Si tamen & ipſæ adminiſtrationem receperint. Quòd ſi teſtator vel donator vel omninò adminiſtrationem non dederint : vel dederint quidem, ille *autem vóluerit vel non potuerit, vel antè mortuus fuerit : tunc competens judex curatorem eis dare cum idoneo fidejuſſore debet, ut curator res eorum adminiſtret & conſervet eis, donec legitimæ ætatis fiant. Nam in his caſibus volumus uſumfructum patrem habere, in quibus nulla talis conditio impoſita eſt.*

CCCLXXIX. De eo, qui filius ab aliquo inſtrumento nominatus eſt.

Si quis aliquem in inſtrumento quòd idoneos tres habeat teſtes, vel in teſtamento, vel in monumentis publicis filium ſuum nominaverit, neque addiderit utrùm naturalem an legitimum : videatur eum legitimum dixiſſe, & nulla ab eo alia probatio exigatur : Sed rebus paternis potiatur, & proficiat matri ſuæ, ut etiam illa videatur patri ejus legitima uxor fuiſſe : Et ſi fratres habeat ex eadem matre progenitos, ipſis quoque ejuſdem teſtimonii defenſio proſit.

CCCLXXX. De muliere, quæ ſine dotalibus inſtrumentis maritata eſt : & de filiis ex tali matrimonio natis.

Si quis ſine dotalibus inſtrumentis maritali affectióne uxorem duxerit : & ex ea liberos habuerit, ac poſteà ſecundas contraxerit nuptias, & ex eo quoque matrimonio filios procreaverit : utraque progenies ſimiliter ad patris hereditatem vocetur. Et ex diverſo, ſi quis cum dotalibus inſtrumentis nuptias celebraverit, & liberos habuerit, poſteáque ſine ſcriptis affectione ſolâ matrimonium contraxerit, & ex eo habuerit liberos : ſimiliter omnes ad paternam ſucceſſionem vocabuntur.

CCCLXXXI. De nuptiis.

Illuſtres homines, & qui ſuprà eos ſunt, ſine dotalibus inſtrumentis matrimonia non contrahant. Quòd ſi ante dignitatem ſine ſcriptis uxorem duxerint, maneat & poſt dignitatem legitima copulatio, & liberi procreati legitimi ſint, exceptis tantummodò Barbaris dignitate decoratis. His enim ſub noſtra ditione conſtitutis propter ſimplicitatem eorum damus licentiam & nudâ affectione nuptias facere, cæteris autem noſtris ſubjectis licebit & ſine dotalibus inſtrumentis ſolâ adfectione nuptias facere, ut ex hoc ma-

trimonio nati liberi legitimi sunt. Legibus nostri principis cautum est, ut si quis sine scriptis uxorem habuerit, eamque sine causa repudiaverit: ut quartam partem suæ propriæ substantiæ ei daret, & quarta pars centum librarum auri quantitatem non excedat. Eademque statuta sunt, & usque ad mortem mariti in eodem habitu matrimonii perseveraverit: in utroque autem casu liberi procreati ad legitimam patris hereditatem vocentur, mulier autem in utroque casu, siquidem usque ad tres liberos maritus ejus reliquerit, sive ab ea, sive ab alia uxore natos, quartam ipsam portionem accipiat. Sin autem ultra tres habuerit: tantum ipsa habeat, quantum ex liberis defuncti unius accepturus est: ita tamen ut usumfructum quidem ejus portionis ipsa habeat: proprietatem autem liberis lex conservet, qui ex ipso matrimonio nati sunt. Quòd si liberos non habeat, jure quoque dominii portionem eandem mulier capiat. Ea autem quæ sine causa repudiata est, in ipso tempore repudii, prædictam capiat portionem. Sed in talibus casibus volumus maritum quartam partem ex bonis uxoris suæ sibi vindicare.

CCCLXXXII. De Leonina & Constantiniana lege.

Leonis divæ memoriæ Constitutio in omnibus obtineat casibus, qui præsenti constitutione non continentur. Constantini autem piissimi constitutionem, quæ ad Gregorium rescripta est, & interpretationem ejus, quam divus Marcianus scripsit, exponens quæ sunt viles mulieres, quas copulare maritis quibusdam dignitatibus decoratis Constantiniana lex prohibebat, nullo modo valere concedimus: sed facultatem præstamus tales mulieres ducere, etiam eis, qui magnis dignitatibus lætantur; dotalibus tamen instrumentis compositis. Si autem non magnas dignitates habent, non solùm in scriptis, sed etiam sine scriptis, maritali tamen affectione hujusmodi mulieres ducant si modò liberæ sunt, & matrimonium earum licitum est.

CCCLXXXIII. De liberis ex eo matrimonio natis, quod repudio solutum est, quemadmodum alantur.

Si quando matrimonium solutum fuerit, dissidium hujus liberis ex eo procreatis non noceat, sed habeant integra jura hereditatis parentum capiendæ, & sine ulla dubitatione alantur ex

paterna

paterna fubftantia, & fiquidem pater caufam divortii dedit, &
mater ad fecundas nuptias non migraverit : apud matrem alantur
fumptibus patris. Si autem probatum fuerit caufam diffidii ma-
trem dediffe, apud patrem alantur, & maneant liberi. Sin au-
tem pater inopiâ laboraverit, mater autem eorum locuples eft:
apud matrem alantur, ipfâ fumptus liberis fuis adminiftrante,
quemadmodum liberi locupletes matrem fuam egentem alere cogun-
tur. Quod & in omnibus parentibus, & liberis invicem obtinere
jubemus.

CCCLXXXIV. De repudiis à marito mittendis.

Anteriores quidem Conftitutiones de pluribus caufis faciunt com-
memorationem, quorum fingulæ fi interceff erint, caufam repudii
juftam præftabant. Sed nos præfenti lege certas & pauciores cau-
fas enumeraturi fumus, quas folas volumus ad repudii juftam oc-
cafionem fufficere. Et maritus quidem juftas caufas repudii, ut
dotem uxoris lucretur, confervanda quidem liberis ex eodem ma-
trimonio natis rerum proprietate, vel fi liberi non fint, etiam do-
minis earum fibi vindicando, tales habet. Si contra Imperatorem
quibufdam aliquid molientibus mulier confcia fuerit, & marito
fuo non manifeftaverit; fin autem maritus hoc ab uxore fua fibi in-
dicatum tacuerit, liceat mulieri per qualemcumque perfonam hoc
ad Imperatorem referre, ut vir ex hac caufa nullam inveniat oc-
cafionem repudii. Si de adulterio maritus putaverit uxorem fuam
poff e convinci, prius debet infcriptiones deponere vel contra mu-
lierem, vel adverfus adulterum. Et fi talis accufatio vera com-
probata fuerit, tunc repudio miff o habere maritum non folùm pro-
pter nuptias donationem, fed etiam dotem : & fi liberos non ha-
beat, tantum capere ex alia fubftantia mulieris, quantum pars
tertia dotis facit, ut dominio ejus addicatur non tantùm dos, fed
etiam pæna quam nos conftituimus. Si enim liberos habeat ex eo
matrimonio, jubemus & dotem fecundùm leges. Et aliam fubftan-
tiam mulieris liberis confervari : Sic deinde adulterum legitimè
convictum cum muliere puniri : & fi quidem habeat adulter uxo-
rem, capere eam dotem fuam & propter nuptias donationem : Sic
tamen, ut liberis fuperftitibus ufumfructum quidem donationis
mulier habeat, proprietatum autem liberi fecundùm leges lucren-
tur: quibus donamus ex noftra manfuetudine etiam aliam adulteri
patris fubftantiam : nullis autem extantibus liberis dotis quidem

cum donatione propter nuptias facta pleno jure mulier habeat, aliam autem substantiam adulteri mariti fisco nostro secundùm veteres leges vindicamus, item si quocumque modo vitæ mariti insidiaretur, vel aliis hoc facientibus conscia marito non manifestavit: vel nolente marito conviviis extraneorum converfetur, vel cum masculis laverit. Item si nolente marito extra domum manferit, nisi fortè apud parentes fuos. Si in circo vel theatro vel arena perveniat spectaculi caufa, ignorante vel prohibente marito. Sin autem contigerit aliquem fine ulla caufa ex his quas diximus, fuam uxorem propriâ domo expellere, ut illam non habentem parentes apud quos pervenire possit, ex necessitate foris per noctem manferit: jubemus nullam marito fieri facultatem propter ipsam caufam repudium mittere mulieri.

C C C L X X X V. De repudiis ab uxore mittendis.

Caufas autem propter quas justè potest uxor marito repudium mittere, & dotem fuam capere, & ante nuptias donationem fimiliter exigere, dominio rerum fcilicet liberis confervando, vel eis non extantibus etiam dominio apud mulierem refidente, eas folas esse conftitrimus. Si contra Imperatorem ipfe aliud molitus fit, vel aliis hoc molientibus, confcius non manifestaverit hoc Imperatori, aut per fe, aut per aliam quamcumque perfonam. Si vir vitæ mulieris quocumque modo infidiatus fuerit: vel fi aliis hoc facientibus confcius non manifestaverit mulieri, & fecundùm leges eam non vindicaverit. Si caftitati mulieris infidiatus fuerit: vel fi aliis eam in adulterio prodere conatus fuerit. Item si maritus de adulterio infcriptionem pofuerit, & adulterium probare non potuerit: liceat mulieri volenti vel propter hanc caufam repudium mittere marito, & fuam recipere dotem & donationem propter nuptias: & propter hanc calumniam, fi liberos non habeat ex eodem matrimonio, tantum capiat jure dominii ab alia mariti fubftantia, quantum tertia pars ante nuptias donationis facit. Si enim liberos habeat, jubemus omnem mariti probatam fubftantiam liberis confervari, fcilicet his firmiter permanfuris quæ de donatione propter nuptias aliis legibus continentur, fic tamen, ut etiam illis pœnis maritus fubjiciatur, fi adulterii accufationem non probaverit, quas mulier paffura effet fi convicta fuiffet. Si in eadem domo in qua mulier cum ipfo habitat, contemnens eam, cum alia muliere conveniatur in domo manens, vel in eadem civitate degens in alia domo cum alia

muliere frequenter manens convincatur : Et semel & bis crimina-
tus, vel per parentes suos, vel parentes mulieris, vel per alias ido-
neas personas hujusmodi turpitudine non abstinuerit ; liceat mulie-
ri, & ob hanc causam dissolvere nuptias, & recipere dotem quam
dedit, & ante nuptias donationem. Et pro hac injuria tertiam
partem æstimationis quam propter nuptias donatio facit ex alia
mariti substantia capere : Sic tamen, ut si liberos habeat usum tan-
tum mulier habeat, ante nuptias donationis & penè tertiæ portio-
nis dominio scilicet communibus liberis conservando. Si enim libe-
ros non habeat ex eodem matrimonio, dominium rerum ei conce-
dimus.

CCCLXXXVI. Non liceat consensu matrimonium solvere, nisi ex causa probabili.

Nulli liceat consensu matrimonium solvere : nisi fortè castitatis
amore hoc fecerint. Sed si hujusmodi personæ liberos habeant : tam
dotem quàm donationem propter nuptias liberis custodiri præcipi-
mus. Sin autem post solutum matrimonium per consensum castita-
tis velamine factum inventi fuerint vel nuptias contrahentes, vel
alias turpiter viventes, vel unus ex his hoc faciens repertus fuerit :
Si quidem liberi extent, ipsi capiant dotem, & ante nuptias dona-
tionem, & dominium substantiæ illius personæ quæ hoc perpetrasse
convicta fuerit ; sin autem liberi imperfectæ ætatis sint, ali eos &
res eorum administrari ab ea vel ab eo parente jubemus, qui quæve
huic legi nihil contrarium fecit : sin autem ambo parentes tali de-
licto tenentur, utriusque parentis substantia liberis addicatur, ad-
ministrationem eis imperfecta ætate constitutis à competenti judice
deputari disponimus. Liberis autem nullis extantibus substantiam
delinquentis personæ publicis rationibus vindicari sancimus, & le-
gitimis pœnis subjicimus. Aliter enim distinctionem nuptiarum fie-
ri ex consensu nulla ratione concedimus.

CCCLXXXVII. De uxoribus militum.

Jubemus uxores militum sive in expeditionibus degentium, sive
in militiis, sive milites sint, sive fœderati, sive scholares, sive aliâ
qualicumque armatâ militiâ decorati, expectare quantoscumque
annos in expeditione fuerint, & si nullas litteras, nullum respon-
sum à notis suis receperint. Sin autem talis mulier maritum suum

defunctum audierit, non liceat ei statim ad alias nuptias pervenire, *nisi prius pervenerit aut per se, aut per parentes suos, aut per aliam* *qualemcumque personam ad priores numeri & chartularios scrinii,* *in quo maritus ejus militabat : & vel Tribunum, si præstò sit, in-* *terrogaverit, si reverâ defunctus est maritus ipsius, & illis san-* *ctis Evangeliis propositis sub fide monumentorum deponant, si re-* *verà maritus mortuus est, & postquam hæc fecerit, & exceperit* *mulier monumenta pro testimonio pudoris sui, expectet unius anni* *spatium, & postquàm transierit, liceat ei legitimas contrahere* *nuptias. Quòd si contra hanc observationem mulier ausa sit nu-* *bere, & mulier & ipse qui eam duxit uxorem, ut adulteri pu-* *niantur. Quòd si qui sub fide gestorum deposuerunt, convicti postea* *fuerint falsas depositiones dixisse : ipsi quidem militiâ suâ nu-* *dati decem auri librarum pœnâ compellantur præstare ei, quem* *falsò dixerunt decessisse. Ipse autem si velit, licentiam habeat uxo-* *rem suam recipere. Quòd si scholaris sit ille, de cujus morte dubita-* *tio est, de Primatibus scholæ & Actuario : Sin autem fœde-* *rati, de ordine prædictam depositionem uxorem ejus jubemus ca-* *pere : hisdem ipsis custodiendis & in aliis omnibus, qui ad ar-* *matam militiam referuntur.*

CCCLXXXVIII. Ex quibus causis matrimonia sine pœna solvuntur.

Sunt quædam causæ, ex quibus matrimonia sine pœna solvun- *tur, veluti si maritus misceri mulieri suæ non potuerit : si ma-* *ritus vel uxor religiosam vitam & solitariam elegerit : si in* *captivitate ad certum tempus tenti fuerint. De quibus tribus ca-* *sibus ea firma esse jubemus, quæ superius nostris legibus continen-* *tur. Omnes igitur antefatas causas, quæ nostrâ hac lege conti-* *nentur, sufficere jubemus ad solutionem matrimoniorum, alias* *autem omnes cessare præcipimus, ut nullam aliam causam posse* *matrimonia solvere, sive nostris, sive veteribus cognita legibus* *est, nisi nominatim in hac constitutione inventa fuerit.*

CCCLXXXIX. Si mulier marito suo sine justa causa repudium miserit.

Si mulier marito suo sine justa causa repudium miserit, & in *hac impia voluntate perseveraverit : dotem quidem ipsius maritus*

habeat , proprietatem rerum dotalium communibus liberis referva-
turus. Sin autem liberos non habeat , ipfe eam lucretur. Muliere
autem periculo judicis huic caufæ Præfidentis religiofiffimo Antiftiti
tradatur ejus Civitatis , in qua communiter domicilium habebant.
Epifcopus enim curabit in Monafterio eam immittere, & ibi degere
ufque ad diem mortis fuæ. Et fi quidem liberos habeat , beffem
quidem fubftantiæ ejus ipfi capiant : tertiâ autem portione Mona-
fterium pofcatur jure dominii : Sin autem nullos liberos habeant,
fed parentes ; ipfi quidem tertiam partem accipiant , Monafterium
autem beffem : nifi forte mulier in poteftate parentis conftituta
confenfu ejus repudium fine caufa miferit , tunc enim nihil ex filiæ
patrimonio parentem fperare oportet , fed omnia Monafterium ca-
piat. Quod fimiliter procedere debet , & fi nullos neque liberos , ne-
que parentes habuerit. Sin autem judex apud quem convicta eft
mulier fine caufa repudium mififfe , non tradiderit eam civitatis
Epifcopo , ut immittatur in Monafterium : fiquidem in hac floren-
tiffima Civitate Magiftratus fit : ipfe quidem xx. *libras auri pœnæ*
nomine dabit , officium autem ejus alias x. *Quod fi Provincialis*
fit Magiftratus , & præcepta noftra neglexerit : ipfe quidem x. *li-*
bras auri pœnæ nomine præftabit , officium autem ejus v. *Sin au-*
tem judex fit non Magiftratus : ipfe quidem x. *libras auri præfta-*
bit ; miniftri autem ejus v. *iftæ autem pœnæ per Comitem rerum*
privatarum & fcholam Palatinorum fifcalibus rationibus inferan-
tur. Sed & fi maritus fine caufa repudium miferit uxori fuæ ,
reddat ei dotem & propter nuptias donationem, & extrinfecus ex
fubftantia fua tantum ei præftet , quantum tertia pars propter
nuptias donationis facit. Et fiquidem habeat liberos ex eodem ma-
trimonio natos : ipfa quidem totum habeat : liberis autem pro-
prietatem cuftodiat tam donationis quàm pœnæ. Sin autem nullos
liberos habeat , tunc & proprietatem omnium rerum prædicta-
rum lucrabitur.

CCCXC. Si quis uxorem fuam flagellis caftigaverit.

Si quis uxorem fuam flagellis vel lignis caftigaverit fine aliqua
earum caufa , quæ contra mulierem ad diffolvendum matrimonium
fufficit : pro hac contumelia convictus maritus tantum præftet
mulieri ex fubftantia fua , quantum tertia pars propter nuptias
donationis facit.

CCCXCI. Si quis suspicatus fuerit de aliquo velle eum pudori uxoris suæ illudere.

Si quis suspicatus fuerit de aliquo velle eum pudori uxoris suæ illudere , liceat ipsi marito testationem in scriptis habitam ad suspectum hominem mittere , & ei ter denunciare per ipsas testationes idoneos testes continentes , ne cum uxore sua inveniatur. Et si post tres testationes in scriptis habitas & idoneos homines habentes invenerit eum , quem contestatus est , cum uxore sua vel in sua domo , vel in domo mulieris , vel in domo illius adulteri , vel in popina , vel in proastio : liceat marito sine ullo periculo suis manibus eum occidere. Sin autem in alio loco eum deprehenderit cum uxore sua colloquium habentem , convocatis tribus idoneis testibus , per quos possit probare apud judicem invenisse eum cum uxore sua colloquium habentem , tradat eum judici. Si judex invenerit post tres testationes suspectum hominem collocutum mulieri fuisse , nullo alio exquisito , quasi adulterum puniat : marito autem liceat contra suam uxorem qualiter voluerit , secundum legis crimen exequi.

CCCXCII. Si post tres contestationes invenerit maritus uxorem suam in sancto loco cum suspecto homine colloquium habentem.

Si post tres contestationes invenerit maritus uxorem suam in sancto loco cum suspecto homine colloquium habentem , tradat ambos Ecclesiæ Defensori , vel aliis clericis , ut separati custodiantur , periculo Defensoris vel Clericorum , ut aditus judex mittat ad religiosum civitatis Episcopum , & auctoritate ipsius accipiat eos , & pœnis contra adulteros positis utrosque afficiat , nullo alio requisito , nisi quod post tres contestationes inventus sit cum muliere locutus. Est autem justissimum neque adulterum , neque raptores mulierum , sanctorum septis vindicari & multo magis , si de ipso adulterio intra sanctos alienæ mulieri locutus est. Et generaliter definimus , si quis invenerit uxorem suam , vel filiam , vel neptem , vel nurum cum aliquo colloquium habentem , & suspicatus fuerit turpitudinis causa eos convenisse , liceat etiam hoc tradere vel Defensori Ecclesiæ , vel aliis hujusmodi Ecclesiæ Clericis , periculo eorum separatim custodiendos , donec judici innotesceret ,

& ille secundùm leges personas acceperit , & causam discusserit,
quæ omnia hujus constitutionis capitula valere sancimus tam in
futuro tempore , quàm in præterito , nisi judiciali calculo vel
amicali compositione causæ decisæ sunt.

NEUVIEME COLLATION.

TITRE PREMIER.

NOVELLE CXVIII.

Des heritiers à intestat , & du Droit des Agnats abrogé.

De here-
dibus ab
intestato
venien-
tibus , &
de Agna-
torum
jure su-
blato,

CEtte nouvelle Constitution contient deux Parties , dans la
premiere l'Empereur abrogeant le droit ancien pour les successions , établit des regles differentes de celles qui s'observoient
auparavant pour les successions des descendans , des ascendans
& des collateraux , ce qu'il execute dans les trois premiers Chapitres : & dans la deuxiéme partie il abroge la difference que le
droit ancien avoit établi entre l'agnation & la cognation , ce qui
est traité dans les Chapitres 4. & 5.

CHAPITRE I.

De la succession des descendans.

1 L'Empereur dans ce Chapitre, ordonne que les descendans de celuy qui decede intestat, luy succedent à l'exclusion de tous autres parens collateraux, de quelque sexe & en quelque degré que soient les decendans, & soit qu'ils decendent par mâles ou par filles, ou qu'ils soient en la puissance du défunt au jour de son deceds, ou qu'ils soient émancipez.

Et mesme quoy que le défunt fût au jour de son deceds en la puissance de son pere, neanmoins ses enfans, fils ou filles, ou petits enfans ou petites filles, ou autres descendans succedent à leur pere, à l'exclusion de leur ayeul dans la puissance duquel il estoit, excepté dans les choses, que les enfans acquierent à leur pere *jure patriæ potestatis*; car l'Empereur veut que l'usufruit qui est accordé au pere dans certains biens appartenans aux enfans qu'il a dans sa puissance, luy soit conservé.

L'Empereur ordonne que les petits enfans, soient fils ou filles, enfans d'un fils ou d'une fille, succedent à leur ayeul ou ayeule, au lieu & place de leur pere ou de leur mere qu'ils auroient survescu, & qu'il permet la mesme portion dans la succession de leur ayeul ou ayeule, que leur pere ou leur mere auroit prise, si son deceds n'estoit pas arrivé, *tantum de hereditate morientis accipientes partem, quanticumque sint, quantum eorum parens si viveret, habuisset; quam successionem in stirpes vocavit antiquitas :* cette succession qui se fait des petits enfans & autres ascendans, par representation, est appellée succession par souches.

2 Pour connoistre en quoy cette Constitution a reformé l'ancienne

tienne Jurifprudence touchant la fucceffion des defcendans , il faut obferver, que par la Loy des douze Tables les enfans defcendans des filles , ne prennent aucune part dans la fucceffion de leurs afcendans , par la raifon que par cette Loy on ne pouvoit fucceder que par le droit de fuité ou d'agnation : or les enfans defcendans des filles n'avoient ny l'un ny l'autre, & partant ils ne pouvoient point fucceder, §. 15. *Inftitut. de hereditatib. quæ ab inteft. deferunt.* Mais par la Conftitution des Empereurs Valentinien , Theodofe & Arcade, *l.* 4. C. *de fuis & legit. heredib.* les defcendans *ex filia* ont efté admis à la fucceffion de leur ayeul avec leurs oncles & tantes , *cum diminutione tertiæ partis ejus portionis , in qua parenti fuccederet , fi viveret.* Et lors que le défunt avoit laiffé des petits enfans & autres defcendans par filles , & des parens collateraux par ligne mafculine , par la Conftitution des mefmes Empereurs les agnats fuccedoient en la quatriéme partie de la fucceffion du défunt , qu'ils eftoient à fes defcendans par filles, fuivant la Loy 4. *C. Theodof. de legit. heredib.* ce que l'Empereur Juftinien abrogea par fa Conftitution , *l.* 12. *C. de fuis & legit. heredib.* voulant que les defcendans fuccedaffent à leur ayeul ou ayeule, ou autre afcendant, à l'exclufion des agnats; & depuis par cette nouvelle Conftitution, il a entierement ofté & abrogé la difference qui eftoit entre le droit d'agnation & de cognation , déferant la fucceffion des afcendans à leurs defcendans , fans aucune difference de degré & de fexe; c'eft pourquoy l'Authentique *In fucceffione* , qui a efté tirée de ce Chapitre premier, a efté inferée à propos aprés la Loy 12. *C. de fuis & legit. heredib.*

AUTHENTIQUE *In fucceffione.*

In fucceffione mortui patrisfamilias , five filiifamilias liberi ejus fi funt , omnibus aliis prælati fuccedunt. Primi quidem gradiis æqualiter fuccedunt ; nepotes & ulteriores in ftirpes ; non diftinguendo fexum vel jura poteftatis , fed folâ naturali caufâ infpectâ.

Cette Authentique contient quatre parties.

Dans la premiere, les defcendans font preferez à tous autres, parce que la raifon naturelle, *quæ tanquam lex tacita liberis parentum hereditales adiicit , l.* 7. *ff. de bon. damnator. & parentibus*

convenit, ut quos in hanc lucem multis miseriis expositos procura-
rint, præsidio bonorum munitos relinquant, l. 50. §. 2. ff. de bon.
libert. & suivant la Loy 13. *C. de legit. heredib. votum parentum est,*
ut bona sua ad suos liberos perveniant.

4 Dans la deuxiéme, les descendans succedent *in stirpes*, lors
qu'ils sont dans le deuxiéme ou autre degré inferieur, quoy
qu'ils soient tous dans le mesme degré; ainsi les petits enfans succedent par souches & par representation de leur pere, en sorte
que tous les enfans d'un fils ou d'une fille, ne prennent tous ensemble que la mesme portion que leur pere ou leur mere auroient
pris, si le pere ou la mere avoient vescu; la raison est, que les
successions ne se partagent par testes & non par souches, qu'entre ceux qui y viennent *proprio suo jure*, & non entre ceux qui
n'y viennent que *jure alieno & per repræsentationem*, §. 6. *Insti-*
tut. de hereditat. quæ ab intest. defer.

5 La representation a lieu à l'infiny entre les descendans, selon
la commune opinion; quelques-uns estimant au contraire, que
la representation ne s'étend pas par delà les enfans des petits
enfans, fondans leur opinion sur le §. *cùm filius. Institut. de he-*
redit. quæ ab intest. defer. où l'Empereur ne parlant que *de nepo-*
tibus & pronepotibus, semble borner & restraindre la representation aux petits enfans & aux enfans des petits enfans; mais cette
opinion est mal fondée, par la raison qu'outre que la Constitution de l'Empereur se doit étendre à tous les descendans, y
ayant parité de raison, c'est qu'aprés avoir parlé des petits enfans & de leurs enfans, il ajoûte *& alias deinceps personas*, en
sorte qu'il ne peut y avoir difficulté que la representation n'ait
lieu à l'infiny entre tous les enfans & descendans en ligne directe.
La representation n'est autre chose que le droit que les parens plus
éloignez ont d'estre admis à la succession avec d'autres plus proches; car selon l'ordre naturel, quand il s'agit de la succession
legitime d'un défunt, son plus proche parent doit la recueillir à
l'exclusion de tous les autres plus éloignez: mais la faveur de la
ligne directe a introduit la representation, pour admettre les
plus éloignez avec les plus proches, afin de prendre pareille
portion que leur pere eut pris s'il eut vescu; ce qui est clairement expliqué par l'Empereur au §. *cum filius. d. tit. si ex duo-*
bus filiis nepotes neptesve existant, ex uno duo, ex altero tres aut
quatuor, ad unum vel dimidia pars pertineat, ad tres vel qua-
tuor altera dimidia.

Dans la troifiéme, les defcendans fuccedent aux afcendans *fine fexûs differentia*, conformément à la Loy des douze Tables, en ce point, que l'Empereur avoit déja confirmée par la Loy penultiéme *C. de legit. heredib.* en ces termes: *Lege* XII. *Tabular. benè humano generi profpectum eft, quæ unam confonantiam tam in maribus quàm in fœminis legitimis, & in eorum fucceffionibus; necnon & in liberis obfervandum effe exiftimavit, nullo difcrimine in fucceffionibus habito, cùm natura utrumque corpus ediderit, ut maneat fuis vicibus immortale, & alterum alterius auxilio egeat, & uno femoto, & alterum corrumpatur, &c.* On pretend que c'eftoit la Loy *Voconia, ut ex Paul.* 4. *fentent.* 8. §. 3. qui avoit introduit cette difference entre les mafles & les filles, touchant les fucceffions; ce que l'Empereur abroge par cette Conftitution, tant pour les fucceffions directes que pour les collaterales, *cùm enim & ad ipfarum mulierum fucceffionem mafculi jure agnationis vocantur, quis patiatur earum quidem hereditatem ad eos legitimo jure deferri, ipfas verò nec invicem fibi, nec mafculis eodem jure poffe fuccedere, fed propter hoc folùm puniri, quòd fœminæ natæ funt, & paterno vitio, fi hoc vitium eft, prolem innocentem gravari?* dit l'Empereur dans la mefme Loy.

Dans la quatriéme, les enfans fuccedent également, foit qu'ils foient en la puiffance de leur pere, ou qu'ils foient émancipez; veu que par le droit ancien les enfans perdoient le droit d'agnation par l'émancipation, & ils eftoient reputez étrangers, en forte qu'ils eftoient exclus de la fucceffion de celuy en la puiffance duquel ils eftoient, *princip. Inftitut. de legit. agnat. fucceff. & princip. Inftitut. ad SC. Tertull.* Le Preteur pour moderer la rigueur de cette Jurifprudence, accorda la poffeffion des biens aux enfans émancipez; mais l'Empereur par cette nouvelle Conftitution leur a donné le droit de fucceder, fans que pour parvenir aux biens de leurs afcendans, ils ayent befoin du fecours du Preteur.

La premiere partie de ce Chapitre eft fuivie prefque par toute la France, les enfans fuccedent également *ab inteftat* à leurs peres & meres eftans au premier degré, fans aucune diftinction de fexe; c'eft la difpofition expreffe de la Couftume de Paris, en l'article 302. qui porte une exception pour les fiefs & autres biens nobles tenus en franc-aleu, dans lefquels les aifnez mafles ont un preciput & droit d'aifneffe; ce qui eft obfervé dans toutes les Couſtumes : Il y a quelques Couſtumes où les aiſnez emportent la plus grande partie des biens , & les cadets & les filles n'en ont qu'une petite partie , comme nous avons dit ailleurs plus amplement.

7 Les enfans ſuccedent auſſi *in ſtirpes* par repreſentation de leurs pere & mere , & la repreſentation a lieu à l'infiny , ſuivant l'article 319. de la Couſtume de Paris , en ces termes : *En ligne directe repreſentation a lieu infiniment , & en quelque degré que ce ſoit ;* nous apprenons des formules de Marculphe , *lib.* 2. *cap.* 10. que la repreſentation n'eſtoit point receuë en ligne directe , par la Loy Salique.

8 Dans ce Chapitre un ayeul maternel voyant que ſes petits enfans nez de ſa fille , eſtoient exclus de ſa ſucceſſion par le predeceds de leur mere , il les rappella , à la charge de rapporter à ſa ſucceſſion tout ce que leur mere avoit receu de luy en mariage, voicy les termes de cette Formule : *Dulciſſimis nepotibus illis, ille dum & peccatis meis facientibus genitrix noſtra filia mea illa, quod non optaveram tempore naturæ ſuæ complente ab hac luce diſceſſit : Ego verò penſans conſanguinitatis caſum , dum & per legem cum cæteris filiis avunculis veſtris in alode mea accedere minimè poteratis , dein per hanc Epiſtolam meam , dulciſſimi nepotes , volo ut in omni alode mea poſt diſceſſum meum , ſi mihi ſuperſtites fueritis , hoc eſt dum terris , domibus , mancipiis , vineis , ſylvis , campis , pratis , paſcuis , aquis , aquarumve decurſibus , mobilibus , immobilibus , peculio utriuſque ſexûs majore vel minore , & quodcumque dici poteſt ; quicquid ſuprà dicta genitrix veſtra , ſi mihi ſuperſtes fuiſſet , de alode mea recipere potuerat, vos contrà avunculos veſtros filios meos præfatam portionem recipere faciatis , &c.*

Paſquier en ſes Recherches de la France , livre 4. chap. 18. nous enſeigne que tel eſtoit l'ancien uſage : Nous en avons pluſieurs exemples dans les Hiſtoriens , il y en a dans la ſucceſſion de nos Rois ; l'Empereur Charlemagne avoit deux enfans , Pepin qui eſtoit l'aiſné , & Loüis le Debonnaire ſon puiſné. Pepin deceda du vivant de l'Empereur ſon pere , & laiſſa un fils nommé Bernard : Loüis le Debonnaire ſucceda à la Couronne de France , & Bernard eut pour tout partage l'Italie , comme remarque Chopin ſur le titre des Succeſſions de la Couſtume de Paris, *num.* 2. & 3.

Il y a un autre exemple en la ſucceſſion de Robert d'Artois, qui avoit fon fils Philippe, qui fut Conneſtable de France : Ce fils fut tué en une bataille contre les Turcs, delaiſſant Robert fon fils, lequel fut exclus de la fucceſſion de Robert fon ayeul au Comté d'Artois, qui fut adjugé à Mahaut d'Artois ſa tante, femme d'Othelin Comte de Bourgogne.

Par la meſme raiſon Robert Comte de Flandre ayant eu deux enfans, Loüis fils aiſné & Robert puiſné, voyant que Loüis fon fils aiſné eſtoit infirme, & qu'il pouvoit mourir avant luy, pour conſerver ſes biens au fils de ſon aiſné qui eſtoit mort avant ſon pere, voulut revenir contre ſa renonciation : mais le fils de l'aiſné fondé en la renonciation de Robert ſon oncle, & par la faveur qu'il eut au Parlement, ayant épouſé Marguerite de France, fille du Roy Philippes le Long, fut maintenu dans la ſucceſſion de ſon ayeul.

La meſme difficulté s'eſtant preſentée pour le Duché de Bretagne, Jeanne la Boiteuſe fille de Gilles de Bretagne, fut admiſe au Duché par repreſentation de ſon pere, à l'excluſion du Comte de Montfort ſon oncle : Mais le Comte de Montfort n'en voulut pas demeurer à ce qui avoit eſté ordonné par la Juſtice, il ſe fit droit par les armes, & emporta par force ce qu'il ne pouvoit avoir par raiſon.

Cujas au titre *de feudis lib.* 2. *tit.* 11. dit, que c'eſt une grande queſtion ſi les petits fils enfans des freres font exclus du droit d'aîneſſe par leur oncle frere de leur pere ; que par le droit des gens l'aiſné ſuccede au Royaume à l'excluſion de ſes puiſnez ; mais que la difficulté eſt grande, ſçavoir ſi le fils aiſné de l'aiſné exclud ſon oncle frere de ſon pere, de la ſucceſſion du Royaume ; qu'on ne manque pas d'exemples pour juſtifier que l'oncle a eſté exclus par le neveu fils de l'aiſné : *Si exemplis, non legibus, certare licet, non defunt exempla, quibus oſtendatur patruum excludi : mortuo Edoardo Rege Angliæ relictis filiis tribus, Joanne, Hemone, Thoma, & ex primogenito primoque mortuo filio Edoardo nepote Richardo, Richardus prælatus eſt patrúis. Joanne item Duce Britanniæ mortuo ſine liberis, cùm eſſet quæſtio de ſucceſſione Ducatús inter Joannem Comitem Montisfortis fratrem Ducis tertiogenitum & filiam fratris ſecundogeniti Guidonis Vicecomitis Lemovicum, quæ nupſerat Carolo Bleſenſi, filio Comitis Bleſenſis & Margaritæ ſororis Philippi Valeſii Regis Francorum, & Carolus niteretur moribus Britanniæ, qui volunt fratrem primogenitum præferri, poſt eum ſecundogenitum admitti, deinde tertio-*

genitum , & uxorem suam diceret repræsentare secundogenitum, ex quo erat nata, atque ideo præferri eam debere tertiogenito; vicit Carolus judicio Philippi & Senatusconsulto. Sed utraque successio tristes eventus habuit , nam & Richardus Regno pulsus est ab Henrico Duce Lenclastri , & Carolus Blesensis viginti annis post adjudicationem Ducatûs bello superatus & occisus est à filio Joannis Comitis Montisfortis ; ac post re transactâ cum vidua Joannes judicio Caroli V. recepit Ducatum , retinuitque sine controversia ulla.

10   On demande sçavoir si les enfans de celuy qui est incapable de succeder , comme le condamné à mort , de la fille qui a renoncé par son Contrat de mariage , ou de l'enfant exheredé, ou de l'enfant qui a renoncé à la succession de son pere , peuvent succeder à leur ayeul par representation?

11   La premiere question ne fait pas de difficulté , & on ne doute point que les enfans du condamné à mort ne soient capables de leur chef de succeder à leur ayeul, par la raison que le condamné à mort est reputé mort dés le moment de sa condamnation, en sorte que ses enfans entrent en sa place & en son degré, pour recueillir la succession de leur ayeul : Elle se trouve jugée par plusieurs Arrests, que j'ay remarquez en mon Commentaire sur l'article 319. de la Coustume de Paris.

    La deuxiéme question est traitée dans la Jurisprudence du Code sur le titre *de pactis.*

    La troisiéme est aussi traitée au Code sur le titre *de inofficioso testam.* où le Lecteur aura recours.

12   A l'égard de la quatriéme , qui est si les enfans de celuy qui a renoncé à la succession de son pere , peuvent la recueilllir par representation , semble estre decidée par le premier Chapitre de cette Novelle, en ces termes : *Si quem descendentium filios relinquentem mori contigerit , illius filios aut filias , aut alios descendentes in proprii parentis locum succedere , tantum de hereditate morientis partem, quantum eorum parens , si viveret , haberet.* L'Empereur dans ce Chapitre suppose que le pere soit decedé, afin que les enfans viennent à la succession de leur ayeul. C'est le sentiment de du Moulin en sa note sur l'article 241. de la Coutume du Maine , laquelle admet la representation à l'infiny en toutes successions directes & collaterales ; *repræsentatio nunquam est de persona viventis , tantùm de parente mortuo naturaliter vel civiliter , l. si qua pœna. ff. de his qui sui vel alieni. Itaque matre*

repudiante , filii ejus non poffunt venire per repræfentationem, etiam in linea recta ; fed benè venient ex fuccefforio edicto fi fint proximiores in gradu , vel æquè propinqui cum aliis fuccedentibus vel repræfentantibus concurrendo.

C'eft auffi le fentiment de Tiraqueau au traité du droit d'accroiffement , queftion 40. nomb. 119. *licet nepos in fucceffione avi fuccedat in locum patris, ex eo tamen non fequitur, quòd fuccedat ex perfona patris , tanquam ex jure tranfmiffo ; fed illud tantùm quòd fuccedit in gradum paternum , ex propria tamen perfona atque jure proprio , tanquam nepos , non tanquam repræfentans filium , cùm ipfi filio nunquam fuerit delata hereditas.*

La raifon eft, que la perfonne vivante remplit fon degré , & partant elle ne peut eftre reprefentée ; car comme le reprefentant n'exerce que les droits du reprefenté, & ne peut avoir plus d'avantage que luy, de mefme que le ceffionnaire ne peut avoir plus de droit que fon cedant ; celuy qui a renoncé eft inhabile à recueillir la fucceffion au moyen de fa renonciation ; ainfi fes enfans qui viendroient à la fucceffion par reprefentation, auroient la mefme inhabilité : celuy qui a renoncé ne peut point venir à la fucceffion, parce que *ipfo jure* fa part & portion eft acquife par droit d'accroiffement à ceux qui font faifis de la fucceffion par la difpofition de la Loy ; & de cette regle, *le droit & part de l'enfant qui s'abftient & renonce , accroift aux autres enfans heritiers*, laquelle eft contenuë en l'article 310. de la Couftume de Paris ; & conformément à cette autre regle , *le mort faifit le vif, fon hoir plus proche & habile à luy fucceder*, contenuë en l'article 318. de la mefme Couftume, fuivant la Loy *fi ex pluribus. ff. de fuis & legit. heredib.* & la Loy *Si totum. ff. de acquir. vel omitt. heredit.*

Lors que le pere eft decedé, l'enfant fuccede à fon ayeul en fon lieu & place, reprefentant fa perfonne , pour prendre telle part & portion qu'il auroit prife s'il avoit vefcu ; celuy qui a renoncé s'eft contenté des avantages qui luy avoient efté faits par fon pere, & fa place eftant occupée, fes enfans ne peuvent pas la remplir : les avantages faits à celuy qui renonce, luy tiennent lieu de fa portion hereditaire, & partant fes enfans font exclus de la fucceffion de leur ayeul ; ce qui auroit lieu mefme, quoy que la renonciation fût faite par le pere purement & fimplement , fans avoir receu aucun avantage de fon pere , foit entre-vifs ou par derniere volonté , parce que *non datur repræsentati̇o vi̇venti̇s.*

Pontanus fur les articles 138. 139. & 140. de la Couſtume de Blois , eſt de cét avis , & il reſout une objeĉtion qu'il fait contre cette opinion ; *non obſtat quod nepos , qui eſt in ſequenti gradu, ad ſucceſſionem avi tranſmittatur per ſucceſſorium ediĉtum , quod locum habet quando mater morte , repudiatione , vel exheredatione excluditur à patris ſucceſſione , l. ſi is qui. in princip. ff. de inoffic. teſtam. l. 1. §. quibus ex ediĉto. ff. de ſucceſſ. edic. & l. ult. C. eod. tit. quia eo caſu jus accreſcendi potius eſt ſucceſſorio ediĉto , l. 1. & l. meminimus. C. de legit. heredib.*

C'eſt le ſentiment de Monſieur Loüet & de Brodeau , lettre R.. chap. 41. que les petits enfans ne peuvent point venir à la ſucceſſion de leur ayeul , leur pere ou leur mere y ayant renoncé; ce qui a lieu , ſoit en ligne direĉte , ou en collaterale , où la repreſentation eſt admiſe ; ce qui a eſté jugé ainſi par pluſieurs Arreſts : Chopin ſur le titre des Succeſſions de la Couſtume de Paris , en rapporte un du 21. Janvier 1595. donné en la Couſtume de Poitou , où la repreſentation a lieu , en la premiere Chambre des Enqueſtes , aprés avoir demandé l'avis aux Chambres , au rapport de Monſieur le Roy , qui a adjugé à l'oncle la ſucceſſion du frere à l'excluſion du neveu , enfant de la ſœur, laquelle avoit renoncé.

Cét Auteur dit que la meſme choſe s'eſtant preſentée en la Couſtume de Berry , la Cour appointa les parties au Conſeil, par Arreſt du 31. Juillet de la meſme année 1595. Tournet, Tronçon & Ricard ſur l'article 310. de la Couſtume de Paris, remarquent deux Arreſts qui ont jugé la meſme choſe pour la ſucceſſion en ligne direĉte , que quand le fils renonce à la ſucceſſion de ſon pere , le petit fils par droit d'accroiſſement ou de repreſentation *vel jure ſuo* , n'eſt pas recevable au lieu de ſon pere, à demander la ſucceſſion ; le premier eſt du onziéme Decembre 1612. ſur un appel du Lieutenant de Soiſſons ; le ſecond du premier Juillet 1614.

Brodeau *loco citato* en rapporte un autre donné en la Chambre de l'Edit , le 8. Juillet 1641.

14　La queſtion eſt plus difficile , ſçavoir ſi tous les enfans du premier degré eſtant vivans & ayant renoncé à la ſucceſſion de leur pere , leurs enfans viennent à la ſucceſſion de leur ayeul par repreſentation & par ſouches , ou s'ils n'y viennent que par teſtes,

teftes , de mefme qu'en collaterale lors qu'il n'y a que des neveux qui apprehendent la fucceſſion de leur oncle , quoy qu'enfans de pluſieurs freres & fœurs , ils y viennent tous également,
& ne prennent pas plus les uns que les autres.

Cette queſtion s'eſt preſentée en la troiſiéme Chambre des
Enqueſtes , & par Arreſt donné en la Couſtume de Paris , au
rapport de Monſieur Portail , le premier Avril 1686. il a eſté
jugé , que les petits enfans fuccedoient par ſouches & par repreſentation ; parce que par l'article 319. de la Couſtume de Paris,
repreſentation a lieu à l'infiny en ligne directe. La raiſon de
l'Arreſt eſt , que quoy que l'enfant ne vienne pas comme exer-
çant les droits de ſon pere , comme il feroit , ſi le pere eſtoit decedé , neanmoins venant à la fucceſſion de ſon ayeul , quand il
y vient aprés ſon deceds dans le cas propoſé , ce ne peut eſtre
qu'en repreſentant ſon pere , & eſtant en ſon lieu & place.

CHAPITRE II.

De la fucceſſion des aſcendans.

SOMMAIRE.

CE Chapitre qui traite de la succession des ascendans, se peut diviser en trois parties.

Dans la premiere, l'Empereur expose le droit des ascendans, lors qu'ils se trouvent seuls à recueillir les biens de leur enfant decedé.

La deuxiéme regarde la succession des ascendans, lors qu'ils concourent avec les freres & sœurs de l'enfant decedé.

Et la troisiéme regarde l'abrogation de la difference qu'il y avoit auparavant du sexe & de la suite.

1　Pour ce qui regarde la premiere partie, l'Empereur ordonne que si quelqu'un decede sans enfans & descendans en ligne directe, laissant ses pere & mere ou autres ascendans, & des collateraux, les ascendans soient admis à sa succession à l'exclusion des collateraux, excepté les freres & les sœurs de l'enfant decedé.

Il est juste que les ascendans succedent à leurs enfans, non pas par la mesme raison que les enfans succedent à leurs ascendans; la Loy défend la succession des ascendans à leurs enfans, *ex communi parentum voto*, les ascendans ayans une inclination naturelle de laisser leurs biens à leurs enfans, sçachans que par l'ordre de la nature ils doivent mourir auparavant eux, *l. 7. ff. unde liberi, l. fin. §. cumque ff. commun. de succeß. §. & primus. Institutio. de heredit. quæ ab intest. defer.*

Mais les ascendans sont admis *ad luctuosam liberorum hereditatem*; lois qu'il arrive que *turbato mortalitatis ordine* les enfans

predecedent leurs pere & mere & autres afcendans, pour les con-
foler de la perte qu'ils font, *ad quem fummus mœror ex morte*
alterius venit, ad eundem fummum fucceffionis honorem pertinere
oportet, dit Ciceron *pro Quintio*. Et comme dit l'Empereur *in*
l. fin. C. commun. de fuccef. pater fui filii non gratam hereditatem
relictam, fed trifte lucrum fibi lugeat acquifitum.

Les enfans font redevables à leurs parens, non feulement de
leur vie, mais auffi de leurs biens & de leur fortune, c'eft pourquoy il eft jufte *ut iterum eò redeant, quò promanarunt;* c'eft
pour ces raifons que la rigueur de la Loy des douze Tables, qui
privoit la mere de la fucceffion de fes enfans, a efté corrigée par
les Loix qui ont efté faites depuis, *l. 2. C. ad SC. Tertull.*

Par ce Chapitre l'Empereur a admis les pere & mere con- 2
jointement à la fucceffion de leur enfant, preferablement & à
l'exclufion des autres afcendans; voulant que quand il s'agit de
recueillir la fucceffion d'un enfant, les afcendans les plus proches en degré foient preferez fans aucun droit de reprefentation,
lequel n'a point lieu en ligne directe afcendante; parce qu'il
feroit abfurde & contraire à l'ordre de la nature, que les afcendans reprefentaffent leurs enfans pour venir à la fucceffion d'un
de leurs enfans decedez; la nature fubroge les enfans au lieu &
place de leurs pere & mere, pour prendre dans la fucceffion d'un
de leurs afcendans la mefme portion que leur pere ou leur mere
auroit prife, fi fon deceds n'eftoit point arrivé auparavant;
mais non pas au contraire, *argum. leg.* 15. *ff. de inoffic. teftam.*

Ainfi par cette Conftitution les pere & mere excluent l'ayeul 3
& l'ayeule & autres afcendans, & ils prennent une portion égale,
c'eft à dire, la moitié de la fucceffion, lors qu'il n'y a point de
freres & de fœurs qui concourent avec eux, comme il fera dit
en la deuxiéme partie; en forte que par cette Novelle l'Empereur a corrigé le droit qui s'obfervoit pour lors, par lequel le
pere excluoit la mere, *l.* 2. §. *obiicitur. ff. & l.* 2. *C. ad SC.*
Tertullian.

Il faut dire auffi fuivant cette Conftitution, que le pere ou
la mere exclud les autres afcendans, de quelque degré & fexe
qu'ils foient, par la prerogative du degré.

Que fi les pere & mere font decedez, les autres afcendans
qui font dans le degré le plus proche, font preferez aux autres qui font dans un degré plus éloigné; que fi plufieurs afcen- 4
dans fe trouvent dans un mefme degré, ils partagent ainfi la fuc-

ceſſion ; que ceux du coſté paternel en prennent la moitié, &
ceux du coſté maternel l'autre, en ſorte que s'il n'y a que l'ayeul
paternel & l'ayeul maternel, l'ayeul paternel prend la moitié
de la ſucceſſion, & l'autre moitié eſt deferée à l'ayeul & ayeule
maternels, laquelle ils partagent entr'eux également.

Puiſque la ſucceſſion ſe partage ainſi entre les aſcendans qui
ſont par delà le premier degré, il s'enſuit qu'on ne diſtingue
point entre les biens paternels & maternels, & que la regle *pa-*
5 *terna paternis, materna maternis,* n'a point lieu en cette ſucceſſion, & que ſi l'enfant decedé laiſſe pour ſes heritiers ſon ayeul
paternel & ſon ayeul maternel, & s'il n'a laiſſé que des biens
paternels, à luy écheus par la ſucceſſion de ſon pere, ou qui
luy auroient eſté donnez par luy, neantmoins l'ayeul maternel
en prendra la moitié ; c'eſt la commune opinion des Docteurs,
par la raiſon qu'où la Loy ne diſtingue point, nous n'y devons
point apporter de diſtinction ; les termes de cette Conſtitution ſont conceus generalement & ſans diſtinction, *medieta-*
tem verò reliquam à matre aſcendentes, quantoſcumque eos inve-
niri contigerit, & ex æquo inter eos hereditas dividitur. Or la ſucceſſion comprend tous les biens de quelque genre, nature & qualité qu'ils ſoient ; & puiſque cette Conſtitution n'excepte point
les biens qui viennent d'une ligne, il ne les faut point excepter ;
que ſi on admettoit cette exception, il ne ſeroit pas vray que
le plus proche des aſcendans excluroit les deſcendans, puiſque
dans les biens d'une ligne ceux qui ſeroient de cette ligne, quoy
que plus éloignez, ſeroient preferez aux plus proches.

Il eſt inutile d'objecter la Loy 13. §. 2. C. *de legit. heredib.*
parce qu'elle ne ſe doit entendre que des freres, entre leſquels
s'obſerve la Loy *paterna paternis, materna maternis ;* touchant
laquelle voyez le Chapitre ſuivant.

6   C'eſt une queſtion ſçavoir ſi le pere qui ſuccede à ſon fils
dans ſa puiſſance avec la mere, retient l'uſufruit de la portion
qui échet à la mere, ou s'il prend ſeulement la moitié des biens
en pleine proprieté, l'autre moitié eſtant deferée à la mere auſſi
en pleine proprieté, ſans charge d'uſufruit ? Il ſemble que la
mere prend la moitié de la ſucceſſion en pleine proprieté ; par
la raiſon que l'Empereur dans ce Chapitre ordonne, que la ſucceſſion ſoit partagée également entr'eux, ſans excepter l'uſufruit
qui appartenoit au pere dans les biens de ſon fils au jour de ſon
deceds ; & partant il n'y a pas lieu de l'excepter.

Neanmoins l'opinion contraire, qui eſt ſuivie par la plus grande partie des Docteurs, eſt la mieux fondée ; l'Empereur le decide expreſſément en faveur du pere en la Loy derniere. *C. ad SC. Tertullian.* en ces termes : *Sin verò defuncta perſona in ſacris patris conſtituta deceſſerit ; pater quidem uſumfructum, quem & vivente filio habebat, teneat, donec vivat, incorruptum ; mater verò, quia tunc uſumfructum habere vivente patre non poteſt, totum apud patrem conſtitutum, unà cum fratribus defunctæ perſonæ ad proprietatem vocetur.* Or cette deciſion n'a point eſté abrogée par cette Novelle, & partant elle demeure en ſa force & vertu, veu que l'uſufruit ne s'éteint point par la mort du proprietaire ; mais ſeulement par celle de l'uſufruitier, *l. 3. C. de bon. quæ liber. & §. fungitur. Inſtitut. de uſufr.*

Quant à ce qu'on pourroit objecter ce qui eſt porté dans ce Chapitre 2. de cette Novelle 118. que les freres & ſœurs du défunt concourans avec les pere & mere, le pere ne peut point pretendre l'uſufruit en leur portion qui leur échet, à raiſon de la puiſſance paternelle, on répond que cette diſpoſition n'a lieu que quand il s'agit d'acquerir par le pere l'uſufruit en la portion de la ſucceſſion de ſes enfans, laquelle échet à ſes enfans qu'il a en ſa puiſſance, duquel il eſt privé par la raiſon, que par cette Conſtitution il ſuccede à ſes enfans en une portion de ſes biens en pleine proprieté ; mais elle n'a pas lieu pour luy faire perdre l'uſufruit qu'il avoit déja acquis dans les biens de ſes enfans au jour de ſon deceds.

On demande premierement ſi les freres & ſœurs du défunt excluent les ayeuls & ayeules, & autres aſcendans ? Quelques-uns tiennent l'affirmative, comme Chaſſanée ſur la Couſtume de Bourgogne, *lib.* 7. §. 6. *verſic. ſed adverte*, & quelques autres : mais l'opinion contraire eſt mieux fondée ; elle eſt ſuivie par Bartole, Paul de Caſtres, Salicet & autres ; c'eſt la diſpoſition expreſſe de cette Novelle en ces termes : *ſi verò cum aſcendentibus inveniuntur fratres, aut ſorores, ex utriſque parentibus conjuncti defuncto, cum proximis gradu aſcendentibus vocabuntur :* Or par ce terme *parentes* on entend les peres & meres & autres aſcendans, *argum. leg. 1. in princ. l. 10. §. 7. ff. de gradib. cognatio.* & ceux qui ſont les plus proches en degré, s'entend de ceux d'entre les aſcendans qui ſont les plus proches, ſoit qu'ils ſoient en pareil degré que les freres, ſçavoir au ſecond, comme l'ayeul, oü en degré plus éloigné comme le bifayeul, appellé par les Jurifconfultes *proavus.*

La raifon de douter qui a fervi de fondement à Chaffanée, eft que le frere joint des deux coftez concourant avec le pere, exclud l'ayeul, & partant lors qu'il fe rencontre feul il exclud auffi l'ayeul: mais la confequence n'eft pas bonne; par la raifon que le frere joint des deux coftez n'exclud l'ayeul, que parce qu'il concourt avec le pere, & que proprement ce n'eft pas le frere qui exclud l'ayeul, mais le pere, comme eftant dans un degré plus proche; & que le frere a droit de fucceder avec le pere ou avec les autres afcendans, mais non pas d'exclure.

8   On demande en fecond lieu, fi les freres joints feulement d'un cofté, font exclus par les peres & meres, ou par les autres afcendans; ou s'ils ont droit de fucceder avec eux? Chaffanée *loco citato* tient, que les freres & fœurs joints feulement d'un cofté fuccedent avec les afcendans, conformément à la Loy derniere. *C. ad SC. Tertullian.* en ces termes : *fi quis vel fi qua matre fuperftite, & fratre vel legitimo, vel fola cognationis jura habente, inteftatus, vel inteftata decefferit, non excludi à filii fucceffione matrem, fed unà cum fratre mortui vel mortuæ, fi fuperftes, vel filius, vel privignus ipfius fit ad eam pervenire ad fimilitudinem fororum mortui vel mortuæ : ita tamen ut fiquidem folæ forores agnatæ vel cognatæ, & mater defuncti vel defunctæ fuperfint, pro veterum legum tenore dimidiam quidem mater, alteram verò dimidiam partem omnes forores habeant.*

Cette Novelle *d. cap.* 2. decide au contraire en termes exprés, que les freres joints des deux coftez feulement, fuccedent avec les afcendans les plus proches : *exceptis folis fratribus ex utroque parente conjunctis;* or l'exception confirme la regle dans les cas non exceptez, c'eft un avantage que l'Empereur a voulu accorder aux freres & fœurs joints des deux coftez, parce que *duo vincula fortiora funt unico,* & partant il n'y a pas lieu d'étendre cette difpofition aux freres & fœurs, qui ne font joints que d'un cofté.

Par cette Conftitution l'Empereur a rendu meilleure & plus avantageufe la condition des freres & fœurs joints des deux côtez; auparavant les freres & fœurs confanguins fuccedoient conjointement avec eux.   •

9   On demande en troifiéme lieu, fi les afcendans au deuxiéme ou autre degré plus éloigné, excluent les freres & fœurs joints

d'un cofté feulement ? L'opinion commune eft pour l'affirmative, fuivant ce qui a efté dit cy-deffus ; par la raifon que les afcendans qui fe trouvent les plus proches en degré , fuccedent conjointement avec les freres & fœurs qui font joints des deux côtez ; & par confequent ils excluent ceux qui ne font joints que d'un cofté , conformément aux termes de ce Chapitre : *fi verò cum afcendentibus inveniuntur fratres aut forores ex utrifque parentibus conjunčti defunčto , cum proximis gradu afcendentibus vocabuntur ;* d'où il s'enfuit que ceux qui ne font joints que d'un cofté , *cum proximis gradu afcendentibus non vocabuntur.*

On demande en quatriéme lieu , fi les enfans des freres fuccedent avec les afcendans , & comment , fi c'eft *in ftirpes* ou par teftes ? Voyez la Novelle 127. chap. 1. 10

Nous obferverons en ce lieu les cas aufquels les afcendans font privez de la fucceffion de leurs enfans, qui leur eft deferée par la Loy.

La premiere eft en la perfonne de la mere ou de l'ayeule , lors qu'elles ont laiffé paffer l'année fans demander un tuteur pour leurs enfans , *l. 2. §. fi mater. 23. ff. ad SC. Tertullian. §. fed quemadmodum. Inftitut. eod. tit.* par la raifon que c'eft une regle, que ceux qui efperent la fucceffion des pupilles , font tenus de leur faire pourvoir de tuteur , s'ils n'en ont point , finon ils font privez de leur fucceffion , *l. 2. §. Divus. ff. qui pet. tutor.* 11

La deuxiéme eft , lors que la mere ou l'ayeule, laquelle avoit prife la tutelle de fes enfans pendant fa viduité , paffe en fecondes nopces , auparavant que de leur avoir fait pourvoir de tuteurs , *Authent. eifdem pœnis. C. de fecund. nupt.*

Le troifiéme eft , lors que la mere ou l'ayeule a convolé en fecondes nopces avant l'an du düeil, *l. 1. & 2. C. de fecund. nupt.*

La quatriéme, lors que la mere a convolé en fecondes nopces , auquel cas elle perd la proprieté des gains nuptiaux, voyez *fuprà* la Novelle 2. & la Novelle 22.

A l'égard de la troifiéme & derniere Partie de ce Chapitre, l'Empereur abroge les differences qu'il y avoit par le droit ancien du fexe , & de fuité ; en forte que la mere fuccede avec le pere , ou l'ayeule avec l'ayeul , foit que l'enfant fût en la puiffance de fon pere ou de fon ayeul , ou qu'il fût émancipé , fi ce n'eft que le pere retient l'ufufruit des biens de fon enfant, ainfi 12 qu'il a efté remarqué en la premiere Partie.

De ce Chapitre a efté tirée l'Authentique *Defunĉto. C. ad SC.Tertullian.*

AUTHENTIQUE *Defunĉto. C. ad SC. Tertullian.*

13　*Defunĉto fine liberis filio parentes , fi foli funt , fuccedunt fal-*
vâ gradûs fui prærogativâ ; fi pari gradu funt , pariter fucce-
dunt ; paternis quidem dimidiâ , maternis verò aliâ dimidiâ de-
latâ , licet fit par eorum numerus. Sed fi cum parentibus fra-
tres utrinque defunĉto conjunĉti fuperfint , vocantur cum afcen-
dentibus gradu proximis , ita ut viriles portiones fiant , exclusâ
prorfus omni differentiâ fexûs & patriæ poteftatis , ubi nulla fe-
cundarum nuptiarum fit mentio.

14　Cette Authentique eft conforme au Chapitre d'où elle a efté
tirée, fi ce n'eft que l'Auteur des Authentiques y a ajoufté fur la fin
ces termes , *ubi nulla fecundarum nuptiarum fit mentio ;* c'eft à
dire , ainfi que quelques Doĉteurs l'interpretent , que dans le
Chapitre d'où cette Authentique eft tirée , il n'eft point fait
mention des fecondes nopces des pere & mere qui fuccedent à
leur enfant , & qu'ainfi les pere & mere qui ont fuccedé à leur
enfant , ne font point tenus de referver à leurs autres enfans la
portion qui leur eft écheuë de fes biens. Mais ce n'eft pas là le
veritable fens de l'Auteur ; il a voulu nous faire connoiftre que
les pere & mere fuccedoient à leurs enfans en pleine proprieté
lors qu'ils ne convoloient point en fecondes nopces , & que la
difpofition de cette Novelle au Chapitre 2. avoit lieu , lors qu'-
on ne faifoit point mention des fecondes nopces ; c'eft à dire ,
que le pere ou la mere furvivant n'avoit point convolé en fecondes nopces, auparavant ou aprés la fucceffion écheuë de quelques-uns de fes enfans , confo:mément à la Loy 5. *C. ad SC.*
Tertullian. à la Novelle 2. Chapitre 3. & à la Novelle 22.
Chapitre 26. & 46. & on ne peut point dire, que l'Empereur ait
voulu reformer les fufdites Conftitutions établies pour peine
des fecondes nopces au profit des enfans furvivans , autrement
il faudroit que l'Empereur l'eût declaré expreffément , ayant obmis le cas des fecondes nopces , parce qu'il l'avoit déja decidé
par d'autres Conftitutions anterieures. L'Empereur dans la Novelle 22. Chapitre 46. fe fert de cette diftinĉtion entre la fucceffion

ceſſion teſtamentaire & la ſucceſſion legitime ou à inteſtat. Que la mere peut eſtre inſtituée heritiere par ſes enfans , de meſme que toute autre perſonne, ſoit qu'elle ait convolé en ſecondes noces ou non. Qu'elle ſuccede auſſi à ſes enfans à inteſtat , avec cette difference qu'elle ne prend que l'uſufruit des biens qui proviennent du pere , & les autres biens ou partie d'iceux en pleine proprieté. Et la diſpoſition de ce Chapitre 2. doit eſtre entenduë avec cette diſtinction.

La ſucceſſion des aſcendans ſe regle autrement dans nos Couſtumes que par le Droit Romain ; par la Couſtume de Paris article 311. les pere & mere ſuccedent à leurs enfans , nez en loyal mariage , decedez ſans hoirs de leurs corps , aux meubles , acqueſts , & conqueſts immeubles ; & au défaut d'eux , l'ayeul ou l'ayeule & autres aſcendans ; à l'excluſion des freres & ſœurs du défunt , oncles , tantes & autres parens collateraux. **15**

Les meubles s'entendent de tous les effets mobiliaires, de quelque nature & valeur qu'ils ſoient , & de quelque coſté qu'ils procedent , parce que les meubles n'affectent point de ligne , comme il a eſté jugé par Arreſt du 14. Aouſt 1575. rapporté par Chopin ſur le titre de Succeſſion de la Couſtume de Paris, Chapitre 3. nomb. 6. par lequel il fut ordonné, que la mere ſuccederoit à ſon enfant dans les meubles qui luy eſtoient écheus de la ſucceſſion paternelle , quoy qu'elle ſe fût remariée , en ſorte que dans le Païs couſtumier on ne ſuit pas la diſpoſition des ſuſdites Novelles pour les meubles qui ſont écheus à l'enfant des biens du pere. **16**

Ces mots , *& en défaut d'eux l'ayeul ou l'ayeule & autres aſcendans ,* ont eſté ajouſtez à la reformation de la Couſtume ſur la Note de Maiſtre Charles du Moulin ſur l'article de l'ancienne Couſtume , en ces termes : idem , *de l'ayeul & ayeule , & tous deux ſont exclus par le pere ou la mere , recours à mon Commentaire ;* non pas pour faire ſucceder à l'avenir les ayeul & ayeule à leurs petits enfans , dans les biens meubles & acqueſts , mais pour ſervir d'interpretation , comme il eſt marqué dans le procés verbal , en ſorte que cette Juriſprudence s'obſervoit auparavant. Charondas en ſon Commentaire ſur l'article 315. dit, que l'ancien Droit de la France , eſtoit que les pere & mere ſuccedoient à leurs enfans legitimes , mourant ſans hoirs de leur corps , aux meubles , acqueſts & conqueſts immeubles ; & quant à l'ayeul ou ayeule , ou autres aſcendans, on a quelquefois douté : mais que par Arrest de la Cour du 7. Janvier 1556. confirmatif de la Sentence du Prevost de Paris, il a esté jugé pour l'ayeul & l'ayeule, au défaut des pere & mere, contre les freres & sœurs du défunt. Cet usage se void dans l'ancien Coustumier livre 2. titre de Succession où il est dit : Nota, *que le pere & la mere, ayeul ou ayeule, sont heritiers, & sont plus prochains que les freres du trépassé, quant aux meubles & conquests.*

Lors que nostre Coustume appelle les ayeuls & ayeules à la succession de leurs enfans, à l'exclusion des freres & sœurs du défunt, ou de ses oncles ou tantes, elle paroist fort rude & extraordinaire, & principalement quand il s'agit de la succession des Marchands, lesquels ont ordinairement tous leurs biens en marchandises & autres effets mobiliaires ; car par ce moyen il arrive souvent que les biens d'une famille passent dans une autre.

Cet article parle de l'ayeul & ayeule *per disjunctivam dictionem*, neanmoins ils sont appellez concurremment, en sorte que la disjonctive se prend en cet article pour la copulative.

La Coûtume en cet article appelle les ayeuls, ayeules & autres ascendans, au défaut des pere & mere ; ce qu'il faut entendre selon la prerogative du degré, c'est à dire, que les ayeuls & ayeules sont appellez à la succession de leurs petits enfans au défaut des pere & mere, & au défaut des pere & mere, ayeuls & ayeules, les bisayeuls & bisayeules, & ainsi des autres, selon la proximité du degré.

La Coûtume de Paris n'ordonne rien touchant la maniere de partager la succession du petit fils entre les ayeuls & ayeules ; l'avis de Monsieur Auzanet en sa Note sur le mesme article, est que la succession soit partagée par testes & non par souches, contre la disposition de cette Novelle, en sorte que si le petit fils a laissé son ayeul paternel, & ses ayeul & ayeule maternels, sa succession seroit partagée par tiers. Neanmoins les Coûtumes de Tours article 312. & de Lodunois Chapitre 29. article 14. suivent en ce point la Constitution de Justinien dans ce Chapitre.

La disposition de cet article a esté étenduë aux pays de droit écrit qui sont dans le ressort du Parlement de Paris, par deux Arrests remarquez par les Commentateurs de la Coûtume de Paris sur cet article : Le premier du 15. Février 1610. au rapport de Monsieur Ribier, en la cinquiéme Chambre des Enquestes, en-

tre Claudine Nugon & Antoinette Labron ; l'autre a esté donné
en l'Audiance de la Grand' Chambre le 20. Juillet 1620. entre
Antoine Refnel & Marie Lefcare, & il fut ordonné que l'Arreft feroit leu au Siege d'Aurillac, pour fervir de Loy à l'a-
venir.

Il y a encore un autre Arreft dans les Arreftez de la cinquiéme
Chambre des Enqueftes, donné le premier Février 1600. au rapport de Monfieur de Fortia, entre Mefmeflifron & Ifabeau Tre-
teau, appellans du Bailly de Beaujolois ou fon Lieutenant, d'u-
ne part, & Guillemette Bouchouë d'autre ; par lequel la Sentence du Bailly de Beaujolois, Païs de droit écrit, qui ajugeoit à
l'ayeule les biens meubles de fa petite fille à l'exclufion de la mere, a efté infirmée, la Cour jugeant, que la mere devoit fucceder
à tous les meubles de fa fille à l'exclufion de l'ayeule, felon la prerogative du degré.

Quand on dit que les pere & mere, ayeul & ayeule & autres afcendans, fuccedent à leurs enfans dans les meubles, cela s'entend
au cas qu'il n'y ait point de ftipulation & deftination qui les réa-
life & les rende propres par fiction, pour les faire parvenir à d'autres heritiers qu'aux heritiers des meubles, fuivant l'article 93. de
la mefme Coûtume.

La plus grande partie de nos Coûtumes fuivent la difpofition
de celle de Paris en cet article, quelques-unes ont des difpofitions
contraires, qu'il feroit trop long de rapporter en ce lieu, le Lecteur
aura recours à mon Commentaire.

Les pere & mere & autres afcendans ne fuccedent à leurs enfans 17
que dans les meubles & conqueffs immeubles à l'exclufion de
tous collateraux, mais non pas dans les propres, parce que par la
regle *paterna paternis, materna materna*, les biens propres appartiennent aux heritiers de la ligne, de forte que les plus proches
heritiers collateraux, quoy qu'en degré fort éloigné, eftant de la
ligne y fuccedent, à l'exclufion des pere & mere & autres afcendans qui ne font pas de la ligne ; c'eft la difpofition expreffe de
la Coûtume de Paris en l'article 312. qui porte : *En fucceffion
en ligne directe, propre heritage ne remonte ; & n'y fuccedent les
pere, mere, ayeul ou ayeule :* c'eft à dire, que les pere & mere &
autres afcendans ne fuccedent point à leurs enfans dans les propres venans d'une autre ligne.

La raifon de la difference entre les propres & les acquefts en 18
Païs Coûtumier, eft que les François ayant confideré que la con-

fervation des biens dans les familles, contribuoit confiderable-ment à l'aggrandiffement de l'Etat, ils ont voulu que les biens écheus aux enfans d'un cofté, ne paffaffent point par leur fuccef-fion dans une autre famille ; en forte que les heritages écheus à l'enfant par la fucceffion de fon pere, doivent appartenir à fes heritiers du cofté paternel, au défaut d'hoirs procréez de fon corps, à l'exclufion de fa mere, de fes afcendans maternels, & parens collateraux du cofté maternel ; ce qui s'eft introduit dans la fuite du temps contre la difpofition de la Loy Salique. §. 1. *tit.* 62. en ces termes : *Si quis homo mortuus fuerit, & filios non dimiferit, fi pater aut mater fuperfuerint, ipfi in hereditatem fuccedant, ideft, in alodem feu proprium.*

Cette regle a efté confirmée dans d'autres Coûtumes, qui n'en parlent point, par plufieurs Arrefts.

19		Cette regle fouffre plufieurs exceptions.

La premiere eft, lors que les pere & mere & autres afcendans font de l'eftoc & ligne, dont font écheus les heritages, comme remarque du Moulin fur l'article 4. du titre des Succeffions de la Coûtume d'Auvergne, où expliquant cette regle, *propre ne remon-te*, il dit, que cela s'entend lors que les pere & mere ne font pas de l'eftoc & ligne dont eft procedé l'heritage ; *fecus* s'ils font de l'eftoc & ligne, ils y fuccedent & excluent les collateraux. Et fur l'article 100. de la Coûtume de Montfort, il tient que les af-cendans qui font en ligne directe, d'où font venus les heritages, font preferez aux collateraux qui font de la ligne ; & que le con-traire eft une erreur. Sur l'article 107. de la Coûtume d'Artois, il dit que les heritages patrimoniaux ne remontent point, *ne labantur in diverfam lineam ; fecus fi parentes fint de linea & proximiores.*

C'eft fur ce mefme fondement, que fi l'ayeul a donné un he-ritage à fa petite fille, & que l'ayeul decede avant la petite fille decedée aprés fans enfans, la mere eft preferée à l'ayeul mater-nel, comme il a efté jugé par Arreft du 5. Janvier 1630. au rapport de Monfieur Thudert, remarqué par Brodeau fur Monfieur Loüet lettre P, nombre 47.

La deuxiéme exception eft, lors que les parens de la ligne man-quent, auquel cas par l'article 330. les propres appartiennent au plus prochain habile à fucceder de l'autre cofte & ligne, & le furvivant des pere & mere fuccede, quoy qu'il ne foit pas de la li-gne, à l'exclufion des parens du cofté & ligne ; parce que la regle qui dit que *propre ne remonte point* , ne s'entend que quand il y a des parens de la ligne d'où est venu l'heritage , pour empescher que les propres ne passent dans une famille étrangere au préjudice des parens de la ligne ; de forte que le pere feroit preferé dans les propres maternels au frere confanguin du défunt , parce que le pere est plus proche en degré que les freres & fœurs : Ce qui a esté jugé ainsi par plusieurs Arrests.

La troisiéme est , lors que le mary a donné par contrat de mariage à sa femme un heritage , & qu'aprés le deceds d'icelle cét heritage passe à ses enfans , & que les enfans decedent avant leur pere ; en ce cas le pere succede à cét heritage au dernier mourant de ses enfans , quoy qu'il ait esté fait propre naissant maternel en la perfonne des enfans : la raison est , que l'on confidere que le pere a esté donateur de l'heritage , & que *ratione originis* il est juste qu'il luy retourne , & qu'il n'ait pas le déplaisir de perdre les biens qu'il a donnez à sa femme , en la perdant & tous ses enfans , & de les voir passer à des étrangers.

Par la mesme raison la mere succede à son enfant en proprieté dans l'heritage qu'elle avoit mis en la communauté avec son mary par une convention portant ameublissement d'iceluy, lequel feroit écheu depuis à son enfant comme heritier de son pere , comme il a esté jugé par Arrest du 14. Aoust 1591. rapporté par Bacquet au Chapitre 21. nomb. 396. Ce qui a esté jugé ainsi par d'autres Arrests; & c'est une question qui ne souffre point à present de difficulté au Parlement de Paris.

Le quatriéme cas est en l'article 314. de la mesme Coustume, 20 par lequel le survivant des pere & mere joüit par usufruit des biens propres de son enfant dans le cas qui y est porté , en ces termes : *Les pere & mere joüissent par usufruit des biens delaissez par leurs enfans , qui ont esté acquis par lesdits pere & mere , & par le deceds de l'un d'eux , avenus à l'un de leursdits enfans ; encore qu'ils soient & ayent esté faits propres ausdits enfans. Au cas toutesfois que lesdits enfans decedent sans enfans & descendans d'eux , &c.* Orleans article 316. & Calais article 105. contiennent une semblable disposition.

Le cinquiéme cas est en l'article 315. de la mesme Coustume de Paris , qui prefere dans un cas les freres & fœurs des petits enfans decedez , aux ayeul & ayeule , & prefere les ayeul & ayeule à tous autres collateraux. Cét article est conceu en ces termes : *Si le fils fait acquisition d'heritages , ou autres biens immeubles , & il decede , delaiffant à fon enfant lefdits heritages; & ledit enfant decede après fans enfans & defcendans de luy , & fans freres & fœurs , l'ayeul ou l'ayeule fuccedent aufdits heritages en pleine proprieté , .& excluent tous autres collateraux.*

La Couftume d'Orleans en l'article 317. en difpofe de mefme.

Le fixiéme cas eft en l'article 313. en ces termes : *Toutesfois fuccedent és chofes par eux données à leurs enfans , decedans fans enfans & defcendans d'eux.* Par cét article les heritages donnez par les afcendans à leurs enfans , quoy qu'ils ayent efté faits propres en la perfonne des donataires , remontent à ceux qui les ont donnez par la mort des donataires, par droit de retour , auquel cas ce n'eft pas proprement remonter , mais retourner , fuivant la Note de Maiftre Charles du Moulin fur l'article 74. de la Couftume d'Artois , où il dit : *Excepté aux neveux de leur part , car ce n'eft pas remonter , mais retourner ,* l. un. §. pactus. ff. de pact. *les Couftumes* pingui folutà minervâ capiunt compofitum pro fimplici , *remonter pour monter.*

CHAPITRE III.

De la fucceffion des Collateraux.

De fucceffione ex latere venientium.

SOMMAIRE.

L'Empereur regle dans ce Chapitre la ſucceſſion collaterale, & il ordonne:

I. Que ſi le défunt n'a laiſſé ny enfans & deſcendans en ligne 1 directe nez en legitime mariage, ny aſcendans, ſa ſucceſſion appartienne à ſes freres & ſœurs joints du coſté paternel & maternel, à l'excluſion des freres & ſœurs joints d'un coſté ſeulement. Touchant la prerogative du double lien, voyez la Novelle 84.

II. Si le défunt n'a laiſſé pour proches parens que des freres & 2 ſœurs joints d'un coſté ſeulement, ils ſoient admis à ſa ſucceſſion, à l'excluſion de tous les autres parens collateraux.

III. Les neveux joints du coſté paternel & maternel ſuccedent 3 avec leurs oncles & tantes, auſſi joints des deux coſtez: mais les neveux ſuccedent par ſouches, & par repreſentation de leur pere ou de leur mere, en ſorte que les enfans d'un frere ou d'une ſœur ne prennent tous enſemble que la meſme portion que leur pere ou leur mere auroit priſe.

Cette repreſentation fait que les neveux joints des deux cô- 4 tez, ſont preferez en la ſucceſſion de leur oncle ou de leur tante, & en excluent les freres & ſœurs du défunt joints d'un coſté ſeulement, de meſme que leur pere ou leur mere auroit fait: Comme au contraire, le frere du défunt joint des deux coſtez, exclud les enfans d'un frere ou d'une sœur joints d'un costé seulement.

5 Ce droit de representation en collaterale est accordé seulement aux enfans des freres & des sœurs, & non à d'autres collateraux ; en quoy l'Empereur a corrigé le droit des Institutes, §. *hæc etiam in fine, de legit. agnat. succeff.* par lequel les neveux estoient exclus de la succession de leur oncle ou de leur tante, par leurs oncles ou leurs tantes, le droit de representation n'ayant pas lieu en collaterale.

6 Le droit de representation n'est accordé dans ce Chapitre, qu'aux enfans des freres & des sœurs ; & mesme il ne leur est accordé, que quand les neveux concourent avec leur oncle ou leur tante, en la succession de leur oncle ou de leur tante, & non lors que les neveux font seuls heritiers de leur oncle ou de leur tante.

7 Lors que les enfans des freres concourent avec leur oncle ou leur tante, & quelqu'un des ascendans, ils ne font point admis à la succession, quoy qu'ils soient joints des deux costez ; parce que l'Empereur ne leur accorde le droit de succeder par representation, que lors qu'ils concourent avec leur oncle ou leur tante, & non lors qu'il se trouve quelque ascendant, par lequel ils font exclus ; ce qui neanmoins a depuis esté reformé par la Novelle *Ut fratr. filii.*

8 Nous observerons en ce lieu que Haloander, Scrimger & Agilæus, dans la restitution du texte Grec des Novelles, ont inseré mal à propos ce terme ἀδελφίπαιδες, c'est à dire *fratrum liveri*, dans le Chapitre deuxiéme de cette Novelle 118. comme si l'Empereur avoit voulu, que les enfans des freres succedassent par souches avec leurs oncles & tantes & avec les ascendans du défunt ; ce qui est une erreur qui est claire & manifeste, puisque l'Empereur par la Novelle 127. chap. 1. admet les neveux à la succession de leur oncle par representation avec leur oncle ou leur tante, & les ascendans du défunt, en reformant la disposition du droit qui s'observoit auparavant, par cette Novelle 118.

IV. Les neveux joints des deux costez excluent les freres & sœurs, qui ne font joints que d'un costé.

9 V. Les neveux joints des deux costez excluent les oncles & les tantes du défunt, quoy qu'ils soient aussi joints des deux costez ; ce qui ne semble pas juste, veu que les oncles & tantes

& les neveux, font au troifiéme degré ; & puis qu'ils font dans un mefme degré, il paroift jufte qu'ils fuccedent conjointement. Mais la raifon de la Conftitution eft , parce que *filii fratrum finguntur hoc cafu effe fecundi gradûs , ut patruos excludant ,* & que la fucceffion eft plûtoft deuë aux defcendans qu'aux afcendans.

VI. Que fi le défunt n'a laiffé ny freres , ny fœurs, ny neveux, ny oncles , ny tantes, les autres parens plus proches font admis à la fucceffion fans avoir égard au fexe ; & s'ils font plufieurs dans le degré le plus proche , ils partagent la fucceffion par teftes & non par fouches , ou par reprefentation.

De ce Chapitre ont efté tirées trois Authentiques.

La premiere eft l'Authentique *Ceffante. C. de legit. heredib.* laquelle eft auffi en partie tirée de la Novelle 127. chap. 1.

AUTHENTIQUE *Ceffante. C. de legit. heredib.*　　11

Ceffante fucceffione lineæ defcendentis & ejus quæ fola fit afcendentis, vocantur primò fratres fratrifque præmortui filii in ftirpes. Dico autem de fratre ejufque fratris filiis , qui ex utroque parente contingunt eum , de cujus hereditate nunc agitur ; quæ perfonæ veniunt & fine defunctæ nunc perfonæ parentibus , & cum proximis gradu afcendentibus. Et quidem prædicti fratris filiis , etfi tertio gradu fit , præfertur fratribus defunctis , qui ex uno tantùm parente cognati funt. In hac fucceffione omnis differentia fexûs & emancipationis ceffat.

Cette Authentique fe peut divifer en quatre parties :

Dans la premiere , les freres du défunt joints des deux coftez, fe trouvant fans afcendans , font preferez à tous autres collateraux ; & ils fuccedent tous également, fans diftinction de biens paternels ou maternels , parce que leur condition eft égale , & ils ont tous les mefmes avantages. Sous le nom *de freres* font comprifes les fœurs, comme il arrive fouvent dans le Droit , *l.* 35. *ff. de pact. l. Lucius.* §. *quæfitum. ff. de legat.* 3.

Dans quelques Couftumes de France les freres & fœurs joints 12 des deux coftez, font preferez à ceux qui ne le font que d'un feulement, foit pour les meubles , acquefts & conquefts , & non pour les propres , fuivant la difpofition expreffe de quelques Couftumes, de faint Quentin article 50. & autres ; ce qui doit

avoir lieu dans celles qui n'en parlent point, fuivant la note de
Maiftre Charles du Moulin fur l'article 90. de la Couftume de
Dreux, en ces termes: *Sed fallit in herediis in quibus non atten-*
ditur duplicitas utriufque vinculi per §. 86. & fuprà eod.

Mais la Couftume de Paris ne fuit point la difpofition du
Droit Romain, en ce qui concerne la prerogative du double lien,
fuivant l'article 340. qui porte: *Freres & fœurs, fuppofé qu'ils*
ne foient que de pere ou de mere, fuccedent également avec les au-
tres freres & fœurs de pere & de mere, à leur frere ou fœur aux
meubles, acquefts & conquefts immeubles. Et l'article 341. de la
mefme Couftume porte: *Ce que deffus n'a lieu aux oncles & au-*
tres parens collateraux, qui ne font joints que d'un cofté. Touchant la prerogative du double lien, voyez ce qui eft écrit fur
la Novelle 84.

Dans la deuxiéme, les neveux fuccedent avec leurs oncles à
leurs tantes par reprefentation; ce que l'Empereur a introduit,
ne mors patris paternam portionem iis auferret & paternis daret,
atque ita cum fanguine amiffa bonorum etiam parte fraudaren-
tur.

Les neveux fuccedent auffi par reprefentation, lors qu'ils
concourent avec leurs oncles ou tantes, & avec les plus proches
afcendans du défunt; ce qui eft tiré de la Novelle 127. chap.
par laquelle l'Empereur a voulu, en dérogeant au Chapitre 2.
de cette Novelle 118. que les neveux fuccedaffent à leur oncle
par reprefentation avec leurs oncles & tantes, & les plus proches afcendans du défunt. Ce qui donne lieu à une queftion,
fçavoir fi les neveux concourans feulement avec les afcendans,
peuvent fucceder à leur oncle, lors qu'il ne fe rencontre ny oncle
ny tante du défunt ? La commune opinion eft, que les neveux
fuccedent conjointement avec les afcendans, parce qu'il n'y a
pas de raifon pourquoy ils fuccedent par reprefentation concourans avec leurs oncles ou leurs tantes & avec les afcendans
du défunt, & qu'ils en foient exclus lors qu'il ne fe rencontre
ny oncle ny tante: car les oncles & les tantes du défunt ne donnent aucun droit aux neveux pour fucceder, puis qu'ils l'ont
en vertu de la reprefentation, que l'Empereur leur accorde par
cette Novelle 118. chap. 2. & que fi l'Empereur par le mefme
Chapitre ne leur avoit pas ofté expreffément en leur accordant
le droit de fucceder par reprefentation, la faculté de fucceder,
lors qu'ils fe rencontrent avec leurs oncles & les afcendans du

défunt, ils auroient esté admis sans doute à la succession, parce que l'effet de la representation est de subroger le representant au lieu, place & droits du representé ; & puisque leur pere ou leur mere auroit succedé au défunt avec les ascendans du défunt, ses enfans en vertu du droit de representation, si l'Empereur ne les en avoit exclus expressément dans le Chapitre 2. de la No-velle 118.

La Coustume de Paris a suivy la disposition du Droit Romain, admettant la representation en faveur des neveux & niéces ve-nans à la succession de leur oncle ou de leur tante ; elle porte en l'article 320. *En ligne collaterale representation a lieu, quand les neveux ou niéces viennent à la succession de leur oncle ou tante, avec les freres & sœurs du decedé : Et audit cas de representation, les representans succedent par souches, & non par testes.*

La plus grande partie des Coustumes sont en ce point confor-mes à celle de Paris ; & il y en a peu qui y soient contraires, comme celles de Senlis, article 140. de Clermont article 155. & de Boulenois article 48. lesquelles n'admettent point de repre-sentation en collaterale.

C'est une grande question entre les Docteurs, sçavoir si les enfans des freres se trouvant seuls heritiers de leur oncle ou de leur tante, succedent par souches ou par testes, sans represen-tation ? Azo, Cynus, Odofred. Albericus, Castrensis, sur l'Au-thentique *Cessante* ; Balde, sur la Loy 1. §. *ult. ff. si pars heredit. pet. Aretin.* sur le §. *cùm filius. Institut. de heredit. quæ ab intest. deferunt. Hostiens. in sum. de success. ab intest.* §. *viso igitur. colum. ult. Zaz. singul. intellect. cap.* 7. *& consil.* 4. *lib.* 1. Covar-ruvias *de success. ab intest. num.* 8. Rebuff. *in proœm. Constitut. regiar. glos.* 5. *num.* 81. Hotoman. *illustr. quæstio. lib. cap.* 14. Cujac. *Consultat.* 4. *& lib.* 2. *feud. tit.* 11. *& in fragm. Vlpia. tit.* 26. §. 4. Duaren. *Consuet. feudor. cap.* 8. Minsinger. *observat. Centur.* 3. *cap.* 95. & plusieurs autres, ont estimé que la succession devoit estre partagée par testes entre les neveux.

Accurse sur l'Authentique *Cessante*, Bartole sur la Loy *post consanguineos.* §. *agnati. C. de legit. heredib.* sur le mot *in stirpes :* & sur la Loy 2. §. *hereditas. ff. de suis & legit. heredib.* Dynus, Angel. & autres, sur l'Authentique *Cessante*. Joan. Faber *in* §. *cæterum. Institut. de legit. agnat. success.* Guy Pap. *decis.* 134. Benedict. *in cap. Raynutius, in verbo, & uxorem, num.* 631. Alexander. *consil.* 29. *lib.* 5. §. 2. *num.* 4. *lib.* 4. Jason *consil.* 173.

num. 2. *lib.* 4. Bertrand. *consil.* 2. *lib.* 2. Ruinus *consil.* 8. *in fine,*
lib. 1. Boër. *consil.* 2. Socin *consil.* 74. *num.* 7. *& consil.* 104.
num. 29. *lib.* 1. & plusieurs autres, ont tenu l'opinion contraire,
estimans que la succession se devoit partager par souches.

Le sentiment d'Azo a esté suivy par les modernes, & avec
raison, parce que par le droit ancien les enfans des freres ne succedoient point par representation, comme il sera prouvé cy-
aprés : or ce droit ne se trouve point renfermé par le droit nouveau, & partant il doit demeurer en sa force & vigueur.

Premierement, par l'autorité d'Ulpian *in fragment. tit.* 26.
§. 4. en ces termes : *Agnatorum hereditates dividuntur in capita,*
velut si sit fratris filius & alterius fratris duo pluresve liberi,
quotquot sunt ab utraque parte persona, tot fiunt portiones, ut
singuli singulas capiant.

En second lieu, par l'autorité de Caïus *lib.* 2. *Institut. tit.* 8.
en ces termes : *Item si moriatur quis & de duobus germanis fra-*
tribus dimittat filios, dumtaxat masculos, & ex meo fratre dimi-
serit duos, & ex alio quatuor similiter masculos; omnes quidem
fratrum filii patruo suo intestato succedunt, sed non in stirpes,
sed in capita.

En troisiéme lieu, par la Constitution de l'Empereur Justinien *in l. penult. C. de legit. heredib.* en ces termes, en parlant
de la succession des neveux : *Illa procul dubio observando, ut*
successio non in stirpes, sed in capita dividatur.

Quant à la deuxiéme proposition, il est certain que cette ancienne Jurisprudence ne se trouve point abrogée, ny par cette
Novelle 118. ny par la Novelle 134. ny par autre Constitution ; ce qui se peut facilement justifier par la lecture de ces Novelles, qui n'en font point mention.

L'opinion d'Accurse & de ses sectateurs est fondée sur la
Novelle 118. chap. 2. par laquelle, comme il a esté dit cy-
dessus, les neveux sont preferez aux oncles & tantes du défunt,
quoy qu'ils soient en pareil degré : Or les neveux ne peuvent
exclure les oncles du défunt que parce qu'ils succedent par representation, & que par ce droit ils excluent les oncles du défunt,
comme auroit fait leur pere s'il avoit vescu ; d'où il s'ensuit, que
quand ils se trouvent seuls, ils doivent aussi succeder par souches,
& non par testes.

On dit pour réponse à cette objection, que la raison pour
laquelle les neveux excluent les oncles du défunt, n'est pas parce

qu'ils fuccedent par reprefentation, mais parce que *in pari gradu* les defcendans en collaterale doivent eftre preferez aux afcendans, *hereditas femper facilius ac proclivius defcendit quàm afcendit* : D'ailleurs, les termes qui fuivent de ce Chapitre détruifent cette objection, *fed & ipfis fratrum filiis hoc beneficium tunc conferri, quando cum patruis fuccedunt.*

En fecond lieu, ils difent que par cette Novelle 118. l'Empereur accorde aux neveux feulement, & à l'exclufion de tous autres, le droit de fucceder par reprefentation, & partant ils en doivent joüir, foit lors qu'ils concourent avec d'autres heritiers, ou lors qu'ils font feuls heritiers de leur oncle ou de leur tante.

On répond, que par les termes exprés de cette Novelle le droit de fucceder par reprefentation eft reftraint au cas feulement, que les neveux fuccedent avec leurs oncles ou leurs tantes; & parce que le droit de fucceder par reprefentation avec leurs oncles ou leurs tantes leur eft accordé par l'Empereur, on ne doit pas conclure qu'il leur appartienne dans tous les autres cas aufquels ils fuccedent : Au contraire, dautant que felon le droit ancien le droit de reprefentation n'avoit point lieu, c'eft pourquoy il ne peut eftre receu par le droit nouveau que dans les cas dans lefquels il a efté introduit expreffément.

En troifiéme lieu, que par cette Novelle 118. chap. 2. §. *fi verò*, l'Empereur ordonne que la fucceffion fe partage par teftes entre les autres collateraux aprés les freres & les enfans des freres; & partant le partage de la fucceffion fe doit faire par fouches entre les freres & fœurs & les neveux, & entre les neveux feulement.

Pour réponfe, on dit que la confequence n'eft pas jufte, & que quoy que la fucceffion fe partage par teftes entre les collateraux dans un degré plus éloigné que les neveux des freres, neanmoins le partage d'une fucceffion ne fe fait pas par fouches entre les neveux lors qu'ils fe trouvent feuls; parce que pour fucceder par reprefentation, il faut une difpofition expreffe qui déroge à l'ancien droit : Or l'Empereur n'ordonne point le partage de la fucceffion par fouches entre les neveux, lefquels fuccedent entr'eux fans oncles ny tantes; & partant en ce cas ils fuccedent par teftes.

En quatriéme lieu, les termes de l'Authentique *Ceffante.* font voir, que les neveux feuls doivent fucceder par reprefentation, *vocantur primò fratres , fratrifque præmortui filii in ftirpes* ; mais la réponfe eft facile ; fçavoir que les enfans des freres fuccedent par fouches , lors qu'ils fuccedent avec les freres & fœurs du défunt , & non autrement ; & que c'eft ainfi qu'il faut entendre cette Authentique , felon la Novelle d'où elle a efté tirée , & fi l'intention de l'Auteur des Authentiques avoit efté , que les neveux feuls fuccedaffent *in ftirpes ,* ce feroit une erreur dans lequel il feroit tombé.

L'opinion d'Azo eft confirmée , parce que le droit de reprefentation eft un moyen extraordinaire pour admettre à la fucceffion ceux qui en font éloignez par les plus proches parens du défunt ; & par confequent il n'eft pas neceffaire pour ceux qui y font admis de leur chef , *& ex propria perfona ,* comme font les neveux , lefquels comme plus proches parens fuccedent à leur oncle ou à leur tante , qui confequemment doivent fucceder *in capita ,* & non *in ftirpes* & par reprefentation.

Il eft vray que les petits enfans venans feuls à la fucceffion de leur ayeul , la partagent par fouches & par reprefentation , *Novel.* 118. *cap.* 1. mais il y a une tres-grande difference entre les defcendans & les collateraux ; fçavoir , que les enfans font reputez feigneurs & maiftres des biens de leurs pere & mere de leur vivant , c'eft pourquoy leurs enfans ne fuccedent que par reprefentation ; & cette raifon ceffe à l'égard des collateraux , aufquels la fucceffion de leurs proches parens n'eft point deüe.

14   Cette queftion a efté long-temps indecife en France , fi les neveux venans feuls à la fucceffion de leur oncle , fuccedent par fouches ? Rebuffe *in proœm. Conftitutio. regiar. glof.* 5. *num.* 81. & du Luc en fes Arrefts livre 8. titre 8. article 5. remarquent trois anciens Arrefts qui ont jugé felon le fentiment d'Azo contre la reprefentation ; le premier du 13. Mars 1522. entre Jean Camufat & la veuve de Nicolas Gaucher de Fay ; & l'autre du 23. Decembre 1526. entre René Collet & Marguerite de Quatrelivres : le troifiéme donné le dernier Juin 1540. entre Hilaire Paftoureau & Pierre le Sec , fur un appel du Bailly de Chartres. Et fur ces Arrefts l'article 321. a efté mis & ajoûté de nouveau à la reformation de la Coûtume de Paris , portant : *Mais fi les neveux en femblable degré viennent de leur chef , & non par reprefentation , ils fuccedent par teftes & non par fouches ; tellement que l'un ne prend plus que l'autre.*

Nous avons peu de Couftumes qui ne foient conformes à cel-

le de Paris; celle de Mons-en-Haynaut Chapitre 3. & du Duché
de Bourgogne Chapitre 7. article 18. admettent la representation en ce cas: Du Moulin qui admettoit la reprefentation, dit
en fa Note fur le mot *eftoc* dudit article de la Coûtume de Mons,
qui porte, *les patrimoines* d'oncle & tante fe doivent partir, s'ils
écheent à leurs neveux & niéces, par eftoc: *id eft, in ftirpes juxta*
opinionem Accurfii & communem, five Dyni, Bartol. Philippi
Cornei in Authent. Ceffante. C. de legit. hered. quæ eft vera &
communis fententia, maximè in feudis; Albert. Bru. Confil. 76.
inter confilia feudalia. Item Joan. Faber in §. cæterum. Inftitut.
de legit. agnat. fuccef. Jacob. Alvarot. cap. 1. *de fuccef. feudi in*
ufib. feudor. latè Stephan. Bertrand. Confil. 2. *vifo confutatio-*
nis lib. 1. *& latiùs Andr. Tiraquel. in tract. retr. proxim. §.* 11.
glof. 11. *dixi in annotat. ad Alexandr. Confil.* 55. *num.* 4. *l.* 4. *&*
ad Philipp. Dec.in l. 3. *c. unde legit. & plenè in Confuet. Parif.* §.
146. *quamvis aliter fcripferit Zazius in novis fuis intellect. ni-*
mium verbosè contra communem velitatus.

Dans la troifiéme partie les neveux font preferez aux oncles
& tantes du défunt, par les raifons remarquées cy-deffus.

On n'a pas fuivy en France la difpofition de cette Conftitution, qui prefere les neveux aux oncles; par l'article 339. il eft
porté, *l'oncle & le neveu d'un défunt, qui n'a delaiffé frere ny*
fœur, fuccedent également, comme eftant en mefme dègré; &
fans qu'audit cas il y ait reprefentation. Cet article a efté ajoûté à la reformation de la Coûtume fur l'avis de Maiftre Charles
du Moulin en fa Note fur l'article 153. de l'ancienne Coûtume,
en ces termes; *mais il viendroit en concurrence avec le neveu col-*
lateral du défunt: La raifon en eft renduë dans cet article, *com-*
me eftant en mefme degré, & fans qu'audit cas il y ait reprefen-
tation.

La raifon pour laquelle les enfans en quelque degré qu'ils
foient, font preferez aux collateraux, n'a pas lieu, lors qu'il s'a-
git d'une fucceffion collaterale, dans laquelle on n'a égard qu'à
la proximité du degré fuivant l'article 325. Et fi les freres &
fœurs & les neveux du défunt concourans enfemble, excluent
les oncles & les tantes du défunt, les neveux feuls n'ont pas le
mefme droit, il n'y a que les freres & les fœurs qui les excluent,
avec lefquels les neveux fuccedent par la faveur de la reprefentation, laquelle ceffant au défaut des freres & des fœurs, ils ne
peuvent pas exclure les oncles & les tantes du défunt; mais ils doi-

vent venir en concurrence & partager également en autant de portions qu'il y a d'oncles & de neveux.

Plusieurs Coûtumes sont conformes à celle de Paris, il n'y a
que celle d'Auxerre article 243. qui prefere les neveux & niè-
ces aux oncles & aux tantes du défunt ; tant pour les meubles,
acquests & conquests immeubles, que pour les propres, lors
qu'ils procedent de l'estoc & ligne des neveux & niéces.

15 Dans la quatriéme, les differences que le droit ancien avoit
établi, pour la diversité du sexe, & pour l'emancipation, sont
abrogées par ce Chapitre. Par la Loy des douze Tables, les sœurs
qui avoient le droit d'agnation estoient admises à la succession,
cum fratribus agnatis ; dans la suite elles succederent, *non jure
agnationis , sed jure consanguinitatis ;* §. 3. *Institut. de legit.
agnat. succesſ.* depuis l'Empereur Justinien rétablissant en ce
point la disposition de la Loy des douze Tables, les admit à la
succession de leur frere, *jure agnationis , non jure consanguinitatis;* & par cette nouvelle Constitution, chap. 3. il a abrogé & osté
toutes les differences qui estoient entre l'alienation & la cognation.

Les freres & les sœurs succedent également dans la plus grande partie de nos Coustumes sans aucune distinction, au moins
dans les biens roturiers ; c'est la disposition de l'article 240. de
celle de Paris ; dans les fiefs & francs-aleus nobles , le mâle exclud la femelle en ligne collaterale, lors qu'ils sont en pareil
degré, suivant l'article 25. il faut excepter, lors que la femelle
est plus proche en degré que le masle, auquel cas si le masle
vient par representation, il succede avec la femelle, & il ne l'exclud pas, comme quand les neveux concourent avec leur tante,
qui est le seul cas auquel la representation a lieu en collaterale
dans la Coustume de Paris, suivant l'article 223. mais où la representation n'a point lieu, la femelle plus proche exclud le mâle plus éloigné, si ce n'est en succession de propre, où le plus
éloigné estant en la ligne, est preferé au plus proche qui n'en
est pas.

La raison pour laquelle au cas de representation la tante succede avec le neveu, est que la tante vient de son chef à la succesſ-
sion, & que les neveux n'y viennent que par une faveur particuliere, & par une fiction qui les fait entrer au degré de leur pere, en sorte que par cette fiction ils ont droit de representer &
de succeder par ce moyen, mais non pas d'exclure.

A

A l'égard des émancipez, il faut obferver que par la Loy des douze Tables ils eftoient exclus des fucceffions, parce que cette Loy n'admettoit que deux ordres d'heritiers, fçavoir les heritiers fiens & les agnats : Or par l'émancipation le droit d'agnation eftoit éteint, & par ce moyen les émancipez ne fuccedoient point à leurs parens, eftant confiderez comme étrangers. Mais depuis par la Conftitution de l'Empereur Anaftafe ils eftoient admis à la fucceffion de leur frere, lors que par une claufe de l'émancipation, il leur eftoit accordé qu'ils pourroient fucceder, *l. 11. C. de legit. heredib.* mais avec quelque diminution de leur portion, §. 1. *Inftitut. de fuccef. cognatio.* par aprés l'Empereur Juftinien ordonna, qu'ils fuccederoient également avec les autres freres non émancipez ; ce qu'il étendit aux enfans des freres & des fœurs, *l. fin. §. 1. & 3. C. d. tit.*

On a fuivy en France cette Conftitution qui abroge toutes les differences du droit ancien entre les enfans en puiffance, & ceux qui eftoient émancipez, en ce qui concerne les fucceffions, en forte que les enfans émancipez ou non émancipez font également admis aux fucceffions tant directes que collaterales ; neanmoins la puiffance paternelle produit encore quelques effets que nous avons expliquez ailleurs, au moins dans les païs de Droit écrit.

La deuxiéme Authentique, eft l'Authentique *Poft fratres autem. C. d. tit.*

A U T H E N T I Q U E *Poft fratres autem. C. d. tit.*

Poft fratres autem ex utroque parente & eorum filios, admittuntur ex uno latere fratres fororefve ; cum quibus & filii eorum, fi qui ex iis jam deceferint. Hi autem fratrum filii, cùm pares fint defuncti fratribus, præferuntur procul dubio ejufdem defuncti patruis & aliis fimilibus ; & in fucceffionibus omnino ceffat fexûs & agnationis ratio.

Il eft traité dans cette Authentique de la fucceffion des freres & des neveux joints d'un cofté feulement : elle fe peut divifer en trois parties ; dans la premiere nous voyons que les freres joints d'un cofté feulement, & leurs enfans, fuccedent au cas que le défunt n'ait laiffé aucuns freres & fœurs joints des deux coftez, & que les enfans des freres & fœurs decedez fuccedent avec leurs oncles & tantes par reprefentation & par fouches.

18　Lors que le défunt n'a laiffé pour plus proches parens que des freres joints d'un cofté feulement, dont les uns font confanguins, & les autres font uterins, c'eft une queftion, comment ils fuccedent, s'ils fuccedent également, fans diftinction des biens paternels & maternels, ou fi les freres confanguins fuccedent dans les biens paternels à l'exclufion des freres uterins, & fi au contraire les freres uterins fuccedent aux biens maternels à l'exclufion des freres confanguins, partageans également tous les autres biens qui ne font point écheus au défunt, ny du cofté paternel ny du cofté maternel.

19　Plufieurs Docteurs admettent la fufdite diftinction, & la regle *paterna paternis, materna maternis* en ce cas ; c'eft le fentiment de Bartole fur l'Authentique *Itaque. C. commun. de fucceffio.* de Jafon fur la Loy *poft dotem. ff. fol. matrim.* de Covarruv. au titre *de fucceffio. ab inteft. num. 8.* de Cujas *confultat.23.* & quelques autres.

D'autres eftiment au contraire, que cette diftinction eft fans fondement, & que les freres confanguins & uterins partagent également & fans diftinction, tous les biens de la fucceffion du défunt.

La diftinction des biens paternels & maternels eft fondée fur la Loy *de emancipatis. C. de legit. heredib.* en ces termes : *exceptis maternis rebus, in quibus, fi de eadem mater, fratres vel forores fint, folos vocari oportet.*

Contre cette diftinction on oppofe cette Novelle *§. fi igitur.* où l'Empereur appelle les freres & fœurs joints d'un cofté feulement au défaut de freres & de fœurs joints des deux coftez, fans cette diftinction : *his autem non exiftentibus in fecundo ordine illos fratres ad hereditatem vocamus, qui ex uno parente conjuncti funt defuncto, five per patrem folùm, five per matrem.*

On répond à l'objection tirée de la Loy *de emancipatis. C. de legit. heredib.* que l'Empereur dans cette Loy n'ordonne pas que la fucceffion du frere decedé foit deferée à fes freres & fœurs, en forte que les freres confanguins prennent les biens qui luy étoient écheus du cofté de fon pere, & les uterins prennent ceux qui eftoient parvenus à luy du cofté de fa mere, mais il fuppofe qu'un particulier eft decedé, & qu'il a laiffé des freres confanguins, & des freres joints des deux coftez ; dans laquelle efpece il ordonne que les biens écheus au défunt du cofté maternel, ap-

partiennent aux freres & fœurs joints des deux coftez, à l'exclufion des freres confanguins.

Il eft certain que dans cette Loy il ne s'agit pas des freres
confanguins & des freres uterins, veu qu'au temps de cette Loy
les freres uterins ne fuccedoient pas avec les confanguins, lefquels fuccedoient comme agnats, dans le fecond ordre de fucceffion, duquel les uterins *qui erant tantùm cognati,* eftoient
exclus, & ils n'ont efté admis à la fucceffion avec les confanguins
que par la Loy *meminimus. C. eod. tit.* laquelle eft auffi de l'Empereur Juftinien, & pofterieure à la Loy *de emancipatis ;* cette
Loy *de emancipatis,* ayant efté publiée aprés le Confulat de Lam-
padius & d'Orefte *anno fecundo,* & la Loy *meminimus* a efté
publiée *Juftiniano* iv. *& Paulino Confulibus.*

La Loy *meminimus,* en ce qui concerne les freres uterins, eft
conceuë en ces termes : *Sed nec fratrem nec fororem uterinos
concedimus in cognationis loco relinqui : Cùm enim tam proximo
gradu funt, meritò eos fine ulla differentia, tanquam fi confanguinei fuerunt, cum legitimis fratribus & fororibus vocandos effe, fancimus, ut fecundo gradu conftituti, & legitima fucceffione
digni aliis omnibus, qui funt ulterioris gradûs, licet legitimi fint,
præcellant.*

Aprés avoir examiné les raifons & moyens de part & d'autre,
j'eftime que l'Empereur Juftinien par fa Conftitution en la Loy
de emancipatis, a voulu établir la regle *paterna paternis, materna maternis,* dans la fucceffion des freres & des fœurs, il n'y
a rien de plus formel & de plus exprés ; puis que l'Empereur
ordonne que les freres joints des deux coftez doivent prendre
les biens maternels, à l'exclufion des freres & fœurs joints du cô-
té paternel feulement. Que s'il n'a pas parlé des biens paternels,
c'eft que dans l'efpece dont il s'agiffoit il n'y en avoit point,
puis qu'il fuppofe que le pere eftoit vivant, lequel emportoit l'u-
fufruit des biens, la proprieté refervée aux freres & fœurs, fçavoir la proprieté des biens maternels aux freres & fœurs joints
des deux coftez, & la proprieté des autres biens aux freres confanguins ; car il n'y avoit point de freres uterins, & quand mefme il y en auroit, ils n'auroient pas fuccedé, fuivant ce qui a efté
dit cy-deffus.

Mais quoy qu'il paroiffe que l'Empereur ait voulu par cette
Conftitution établir la regle *paterna paternis, materna maternis,*
neanmoins il ne l'a point confirmée par cette Novelle, par la-

quelle fans avoir égard à cette diftinction de biens, il prefere la prerogative du double lien, & defere la fucceffion des freres & des fœurs aux freres & fœurs joints des deux coftez, à l'exclufion de ceux qui ne font joints que d'un cofté, foit paternel ou maternel, mefme pour les biens qui font écheus du cofté qu'ils font freres ou fœurs : Que fi l'Empereur avoit voulu garder cette diftinction de biens, il n'auroit pas manqué d'excepter de la prerogative du double lien, les biens qui feroient écheus du cofté duquel les freres & les fœurs feroient joints, en forte que les freres confanguins auroient efté admis à la fucceffion des biens paternels, conjointement avec les freres joints des deux coftez, & auroient efté exclus de tous les autres biens, tant maternels qu'autres.

20   La regle des propres, *paterna paternis, materna maternis,* eft une des plus anciennes du Droit François, elle precede la redaction des Couftumes, les Ordonnances de nos Rois, & mefme la Monarchie. Plufieurs pretendent qu'elle eftoit en ufage chez les Gaulois : Imbert en fon Enchiridion fur ces mots, *fuivent le branchage,* dit qu'elle a efté de fon temps obfervée en France : quelques-uns tiennent que Charlemagne en a efté l'Auteur ; mais felon du Moulin en fa Note fur l'article 24. de la Couftume de Sens, elle eftoit obfervée tres-long-temps auparavant, & cet Empereur l'introduifit dans la Saxe & dans la Hongrie. Ce mefme Auteur en fon Confeil 7. nomb. 48. dit, *Et prædicta Confuetudo, quòd heredia antiqua funt affecta lineæ feu gentilitati, fuit originalis Francorum & Burgundionum, & per Conftitutionem Caroli Magni primi Franciæ Imperatoris prorogata fuit etiam ad Saxones, ut teftatur Baldus Confil.* 174. *lib.* 15. *& dixi in tractatu contra abuf. in proœm. num.* 2.

21   Le defir de conferver les familles a efté la caufe de l'établiffement de cette regle ; elle empefche que les biens d'une famille ne paffent dans une autre par le moyen des fucceffions, & elle a efté fi generalement receuë, que la plus grande partie de nos Couftumes en font mention : celle de Paris en l'article 326. porte : *Et quant aux propres heritages, luy fuccedent les parens qui font les plus proches du cofté & ligne dont font avenus & écheus au défunt lefdits heritages, encore qu'ils ne foient plus proches parens du défunt ;* ainfi elle a lieu dans celles qui n'en parlent point, comme il a efté jugé par Arreft du 20. Juillet 1571. rapporté par Chopin fur ce titre de la Couftume de Paris, *num.* 6. par

lequel le Comté de Chasteauvilain a esté adjugé aux Davau-
gours , sieurs de Courtalain & Fervacques , cousins germains
d'Anne de la Baume Comtesse , & de son enfant , contre le sieur
d'Annebaut pere dudit enfant , aprés enquestes par turbes sur
l'usage du Bailly de Chaumont en Bassigny : & cét Arrest fut
leu & publié en l'Audiance du Bailliage de Chaumont , par Ordonnance de la Cour.

Ce mesme Auteur remarque un autre Arrest du mois d'Aoust
1576. donné au rapport de Monsieur de Champrond , pour un
nommé Coignet , contre Maistre Jean Loyseau Avocat en la
Cour , tuteur de ses enfans , qui estoient freres consanguins d'un
frere decedé , issus d'un premier mariage , au profit des cousins
maternels , ausquels les biens maternels & acquis par la mere ,
furent adjugez en la Coustume de Chartres , qui ne parle point
de cette regle.

Cette question s'étant depuis presentée en la quatriéme Chambre des Enquestes, en la mesme Coustume de Chartres, par Arrest
du onziéme Janvier 1583. la Cour a jugé la mesme chose.

Cette regle comme contraire au Droit Romain , ne s'observe 2 2
pas dans les Païs de Droit écrit, sinon en ce cas ; sçavoir lors que
les freres consanguins & uterins succedent à leur frere , auquel
cas la regle *paterna paternis* , *materna maternis* , est gardée ; les
Provinces de Droit écrit ayant en ce point suivy le sentiment des
Docteurs , qui estiment que l'Empereur a voulu par cette Novelle conserver la susdite regle déja introduite par la Loy *de
emancipatis. C. de legit. heredio.*

Il y a trois Arrests dans les Arrestez de la cinquiéme Cham-
bre des Enquestes , mis à la fin des œuvres de Monsieur le Prestre,
qui ont jugé que cette regle n'avoit point lieu dans les Païs de
Droit écrit : Le premier a esté donné au rapport de Monsieur
Fayet , l'an 1598. l'autre le huitiéme Mars 1609. au rapport de
Monsieur Crespin ; le troisiéme le 18. Février 1610. au rapport
de Monsieur Ribier , entre Claude Mignon , appellante d'une
Sentence donnée par le Bailly de Mascon ou son Lieutenant , &
Antoinette Labaron intimée ; qui a ordonné que la succession
de Benoiste du Pont de Vaux , petite fille desdites Mignon &
Labaron , ayeules paternelle & maternelle de ladite Benoiste , se
partageroit également entre lesdites ayeules , nonobstant que les
biens de ladite Benoiste luy fussent écheus du costé paternel.
La susdite regle n'est pas observée dans les Païs de Droit écrit :

neanmoins l'Edit des meres a esté fait pour empescher, que les biens paternels ne passassent à la mere, ou les biens de la mere au pere : Voyez *suprà* ce qui est dit de cét Edit.

Pour sçavoir quels biens sont reputez propres, & quels heritiers y succedent, & s'il faut estre descendu de l'acquereur des heritages qui ont esté faits propres : Voyez ce que nous avons écrit sur l'article 3 26. & suivans de la Coustume de Paris.

Dans la deuxiéme partie de cette Authentique, les neveux joints d'un costé seulement, succedent à l'exclusion des oncles du défunt, joints d'un costé seulement.

Dans la troisiéme, la difference du sexe & de l'agnation a esté abrogée, ainsi qu'il a esté dit cy-dessus.

La troisiéme Authentique est l'Authentique *Post fratres. C. eod. tit.*

23   AUTHENTIQUE *Post fratres. C. eod. tit.*

Post fratres fratrumque filios vocantur quicumque gradu sunt proximiores ; ut pares in gradu pariter admittantur, sublatâ differentiâ masculorum & fœminarum, sola namque cognatio spectatur in talibus ; fiet autem divisio in capita, & non in stirpes.

L'Auteur des Authentiques ayant proposé dans les Authentiques precedentes, comment se déferent les successions aux freres & aux neveux ; dans cette Authentique il explique comment elles sont deferées aux autres parens collateraux ; & pour cét effet il donne trois regles.

La premiere, que ceux qui sont les plus proches parens en degré de la personne du défunt, luy succedent à l'exclusion de tous les autres.

24   C'est une question entre les Docteurs, sçavoir jusqu'à quel degré les parens succedent ? Ce qui fait la difficulté est, que par le droit ancien ceux qui avoient le droit d'agnation, ne succedoient que jusques au dixiéme degré inclusivement, §. *ult. Institut. de successio. cognat.* & ceux qui n'avoient que la parenté sans ce droit, ne succedoient que jusqu'au sixiéme & septiéme degré, *d. §. fin. & l. 9. ff. unde cogn.* Quelques-uns ont pretendu que par le droit ancien on ne pouvoit point succeder en collaterale par delà le dixiéme degré, mais que par le droit des Novelles les parens estoient admis à la succession *in infinitum.* D'autres ont eſtimé, que meſme par le droit des Novelles on ne ſuccede point par delà le dixiéme degré.

Contre la premiere opinion on oppoſe le §. *cæterum, verbo, etſi longiſſimo gradu, Inſtitut. de legit. agnat. ſucceſſ.* & la Loy 2. §. 1. *ff. de ſuis & legit.* où il eſt dit; *deinceps cæteri, ſi qui ſunt, hinc orti in infinitum.* Et on répond, que le §. dernier *Inſtitut. de ſucceſſ. agnator.* ne peut pas ſervir de fondement à cette opinion; par la raiſon que s'il y eſt declaré qu'on ſuccede juſques au dixiéme degré, ce n'eſt que pour exemple, & que ceux qui ſont dans ce degré ſuccedent, mais non pas pour exclure ceux qui ſont dans un degré plus éloigné, lors qu'il n'y en a point dans un degré plus proche; que le dixiéme degré eſt un degré tres éloigné, & qu'il eſt difficile par delà de juſtifier ſa parenté, mais qu'en la juſtifiant on eſt admis à la ſucceſſion.

Contre l'autre opinion on dit, que par la Novelle 118. chap. 3. §. 1. on eſt admis à ſucceder en quelque degré que ce ſoit, par ces termes, *omnes deinceps à latere cognatos ad hereditatem vocamus;* & par ces termes du Chapitre 4. *omnes ſine qualibet hujuſmodi differentia.*

La plus grande partie des Docteurs modernes tiennent, que par le droit ancien, lequel n'a point eſté corrigé par les Novelles, on pouvoit ſucceder par delà le dixiéme degré; mais quoy qu'il en ſoit, les Reformateurs de noſtre Couſtume ſe ſont conformez à leur ſentiment, dans l'article 330. qui porte : *Et s'il n'y a aucuns heritiers du coſté & ligne dont ſont venus les heritages, ils appartiennent au plus prochain habile à ſucceder de l'autre coſté & ligne, en quelque degré que ce ſoit.*

C'eſt la diſpoſition expreſſe de pluſieurs autres Couſtumes, en ſorte que c'eſt un droit commun dans toute la France, à moins que la Couſtume n'y ſoit contraire, ſuivant la note de Maiſtre Charles du Moulin ſur l'article 316. de la Couſtume de Rheims, qui prefere les collateraux au fiſc, en quelque degré qu'ils ſoient; *hoc juſtum & generaliter obſervandum,* dit ce Docteur.

La deuxiéme regle eſt, que ceux qui ſont en pareil degré ſuccedent par teſtes, & non par ſouches.   25

Cette regle eſt gardée dans la plus grande partie de nos Couſtumes; celle de Paris en l'article 327. porte : *Les heritiers d'un défunt en ligne collaterale, partiſſent & diviſent également entre eux par teſtes, & non par ſouches, les biens & ſucceſſion d'un défunt, tant meubles qu'heritages non tenus & mouvans en fief.*

L'article fuivant excepte les enfans de frere & de fœur, lefquels partiffent & font tous enfemble une tefte, au lieu de pere & de mere, s'ils fuccedent avec leur oncle, & entr'eux ils partiffent également.

26 Quelques Couftumes admettent la reprefentation en ligne collaterale à l'infiny; comme celle du Perche, article 151. & autres.

27 La troifiéme regle eft, que la difference de l'agnation & de la cognation qui eftoit établie par le droit ancien, a efté oftée par l'Empereur : Par la Loy des douze Tables les parens collateraux par mafles excluoient ceux qui ne l'eftoient que par les femmes, *princip. Inftitut. de SC. Tertullia. princip. Inftitut. de legit. agnat. fucceff.* & les femmes qui avoient le droit d'agnation, fuccedoient également avec les mafles qui avoient le mefme droit, en forte qu'il n'y avoit en ce cas aucune difference entre les mafles & les femelles. Cette Jurifprudence fut depuis changée, les mafles eftoient admis à la fucceffion des agnats, & entre les femmes il n'y avoit que les fœurs qui fuccedoient *jure confanguinitatis, l. 1. §. penult. & ult. de fuis & leg. heredib. §. cæterùm. 3. Inftitut. de legit. agnat. fucceff. & l. 3. ff. de legit. heredib.* Ce qui avoit efté introduit pour la confervation des familles, *l. pronunciatto. 195. & l. feq. ff. de V. S.*

L'Empereur a depuis changé cette moyenne Jurifprudence, rétabliffant la difpofition de la Loy des douze Tables, admettant les femmes à la fucceffion des agnats, *l. 14. ff. de legit. heredib.* Et enfin par cette Novelle il a abrogé les differences qu'il y avoit entre l'agnation & la cognation.

CHAPITRE IV.

De agnatorum jure in hereditate fublato.

De l'abrogation du droit des agnats dans les fucceffions.

CE qui concerne ce Chapitre eft expliqué dans les Chapitres precedens de cette Novelle.

CHA

CHAPITRE V.

De la tutelle legitime des enfans ; & de la mere & de l'ayeule.

De legi-
tima tu-
tela libe-
rorum ;
& de
marre &
avia,

SOMMAIRE.

DANS ce Chapitre qui est une suite du precedent, l'Empe- reur ordonne, que l'ordre qui est prescrit dans cette No- velle pour les successions, sans avoir égard au droit d'agnation, ny à la suité, soit aussi gardé en ce qui concerne les tutelles, en sorte que ceux qui sont les plus proches d'un pupille, soit agnats ou cognats, soient ses tuteurs, soit qu'ils soient descen- dans des masles ou des femmes ; en quoy l'Empereur a corri- gé l'ancienne Jurisprudence, qui ne donnoit la tutelle legitime qu'aux agnats, en ces termes : *Si pater intestatus decesserit, agna-* *torum gentiliumque in eorum pupillis, pecuniaque potestas esto,* *l.* 1. *C. de legit. tutor.* par la raison que les agnats estant seuls admis à la succession, il estoit juste qu'ils fussent tenus de soûtenir la charge de la tutelle, *l. secundum naturam. ff. de R. I.* & suivant cette regle *quò hereditas redit, eò tutela pervenit, nisi cùm fœ- minæ heredes intercedunt, l.* 73. *ff. de R. I.* Ils ont mesme interest d'y estre admis, pour la conservation des biens ausquels ils doi- vent succeder à l'exclusion de tous autres, au cas que le pupille vienne à deceder.

Tome II.   M M m

3   Cette regle fait , que ceux qui efperent la fucceffion d'un pupille, comme eftant fes plus proches parens,ceffe en quatre cas.

Le premier , lors que c'eft une femme qui eft plus proche en
parenté que les autres ; car la tutelle eftant une charge publique
& civile, *princip. Inftitut. de excuf. tutor. vel curat.* elle ne peut
eftre exercée que par les mafles, les femmes eftant reputées incapables de toutes charges publiques, *l. 2. ff. de R. I.* Il faut
excepter les meres & les ayeules , ainfi qu'il fera obfervé cy-
aprés.

Cette Jurifprudence de ne donner les tutelles qu'aux mafles,
a toûjours efté obfervée , en forte que cette regle *ad quem fpectat
commodum , ad eum quoque pertinere debet onus & incommodum,*
ceffe dans ce cas ; & c'eft une de fes exceptions.

Le deuxiéme cas eft, lors que le plus proche parent mafle eft
mineur : Toutefois les mineurs par le droit ancien eftoient tuteurs *jure & nomine* , mais ils n'adminiftroient pas , ils fe faifoient excufer de l'adminiftration feulement , laquelle ils faifoient faire par un curateur , à leurs perils & fortunes ; & on ne
donnoit point d'autres tuteurs au pupille jufqu'à ce qu'ils fuffent parvenus à leur majorité, parce que c'eft une raifon de droit,
que *tutorem habenti alius tutor non datur , tot. tit. C. in quib.
cauf. tut. vel curat.* Ulpian. *lib. fingul. regul. de tutel.* Cujas *lib.*
17. *obfervatio.* 28. Et le curateur donné au pupille pendant la
minorité du tuteur, adminiftroit au peril du mineur, felon le
fentiment d'Hotoman , de Franzkius & autres, fur le §. 13. *Inftitut. de excufatio. tutor. vel curator.*

L'Empereur a reformé cette Jurifprudence , comme contraire
à la raifon , qui ne veut pas que nous foions tenus des fautes
commifes par d'autres , & il a ordonné par la Loy derniere *C. de
legit. tut.* que les mineurs ne feroient plus à l'avenir admis à la
tutelle , fans qu'ils fuffent obligez de propofer pour excufe leur
minorité pardevant le Juge, pour en eftre déchargez fuivant la
mefme Loy & le §. 13. *Inftitut. de excuf. tut. vel curat.* en ces
termes : *Minores autem* 25. *olim quidem excufabantur ; noftrâ
autem Conftitutione prohibentur ad tutelam vel curam afpirare;
adeo ut nec excufatione opus fit : Qua Conftitutione cavetur , ut
nec pupillus ad legitimam tutelam vocetur , nec adultus ; cùm fit
incivile eos , qui alieno auxilio in rebus fuis adminiftrandis egere
nofcuntur , & ab aliis rogantur , aliorum tutelam vel curam
fubire.*

Le troifiéme eft, lors que le plus proche parent eft prohibé de prendre la tutelle, comme font le creancier ou le debiteur du pupille, & autres.

Le quatriéme eft, lors que le plus proche parent peut s'ex-cufer.

L'Empereur dans ce Chapitre ordonne, que s'il y a plufieurs parens dans le mefme degré, & plus proches que les autres, & tous capables d'adminiftrer la tutelle, ils aillent pardevant le Juge pour choifir un ou plufieurs d'entr'eux pour l'adminiftrer, au cas qu'il ne foit pas neceffaire de les en charger tous, en forte neanmoins que tous font garands & refponfables de l'adminiftra-tion & geftion de ceux aufquels le Juge aura commis l'admini-ftration, fous l'hypoteque tacite de leurs biens, laquelle avoit lieu mefme auparavant, *l. pro officio. C. de adminiftrat. tut.*

Neanmoins fi tous les tuteurs vouloient adminiftrer, pour n'eftre point tenus de la geftion des autres, ils y feroient receus, & le Juge ne pourroit pas les empefcher, fuivant la Loy 3. §. 8. & 9. *& l.* 4. *ff. de adminiftr. tut.*

De cette partie de ce Chapitre a efté tirée l'Authentique *Sicut hereditas. C. de legit. tut.*

AUTHENTIQUE *Sicut hereditas. C. de legit. tut.*

Sicut hereditas agnatione non infpectâ proximis defertur, fic & tutelæ onus comitatur emolumentum, fi mafculi & perfectæ fint ætatis, & nulla lege prohibeantur fufcipere. Quod fi plures fint ejufdem gradûs, & ad tutelam vocentur; jubemus commu-niter apud judicem convenientibus unum vel plures eligi, & eum vel eos adminiftrare; ut magis idoneo vel idoneis commutatur tu-tela, periculo tutelæ omnibus imminente qui ad tutelam vocan-tur; & fubftantiis eorum minoribus tacitè fubjacentibus per hujuf-modi gubernatione.

Dans ce Chapitre l'Empereur interdit aux femmes l'admini-ftration de la tutelle, il en excepte la mere & l'ayeule, lefquelles peuvent prendre la tutelle de leurs enfans fous certaines condi-tions, qui feront remarquées cy-aprés.

Ce n'eft pas l'Empereur qui a le premier accordé aux meres & aux ayeules la tutelle de leurs enfans, elle eftoit déja en ufage de fon temps; & pour fçavoir quelle a efté la diverfité de la

Jurisprudence sur ce sujet, il faut observer que par la Loy des douze Tables les femmes estoient dans une tutelle perpetuelle, comme reputées incapables d'administrer seules leurs propres biens ; mais la rigueur de cette Loy ayant esté abrogée par la Loy *Claudia* , selon Ulpian *in fragment. tit. de tutel.* les femmes n'eurent plus besoin de tuteurs pour l'administration de leurs biens , & enfin dans la suite des temps la condition des femmes fût renduë plus avantageuse qu'elle n'estoit auparavant ; parce qu'on remarqua que la plus grande partie administroient fort bien leurs biens & leurs affaires. Les Empereurs accorderent par grace particuliere aux meres qui la leur demandoient, la tutelle de leurs enfans, ainsi que nous apprend le Jurisconsulte dans la Loy derniere *ff. de tutel.* & depuis parce que les meres s'acquitoient avec soin de cette charge, par l'inclination naturelle qu'elles ont pour leurs enfans , & que l'amour qu'elles ont pour eux, supplée le defaut de capacité requise pour l'administration de cette charge, ne faisant rien ordinairement sans prendre conseil de personnes éclairées : C'est pourquoy les Empereurs Valentinien , Theodose & Arcade, accorderent aux meres la tutelle de leurs enfans, sans qu'il fût necessaire de l'obtenir du Prince. Cette Constitution est en la Loy 2. *C. quando mul. tut. offic. fun. pot.* qui donne aux meres la tutelle de leurs enfans sous trois conditions.

La premiere est, que les meres ne peuvent point prendre la tutelle de leurs enfans, qu'en faisant auparavant serment de ne convoler pas en secondes nopces ; de crainte que par les secondes nopces elles ne se dépoüillent de l'affection envers leurs enfans, & qu'un second mary ne les dépoüille de leurs biens.

Il faut cependant observer , que comme cette tutelle n'est fondée que sur un privilege special, la mere à laquelle la tutelle est accordée, ne peut pas estre contrainte de l'accepter, ainsi que les autres tuteurs tant testamentaires que legitimes & datifs ; mais qu'elle la peut refuser, suivant la disposition de cette Constitution.

La deuxiéme, qu'au cas que nonobstant ce serment la mere eut convolé en secondes nopces, sans avoir rendu compte de la tutelle à ses enfans , & sans avoir fait pourvoir ses enfans d'un autre tuteur, ses enfans avoient une hypoteque tacite tant sur les biens de leur mere, que sur ceux de leur beaupere.

La troisiéme , que la mere ne pouvoit avoir la tutelle de

ſes enfans , qu'au defaut de tuteurs teſtamentaires & legitimes.

A l'égard des tuteurs teſtamentaires, cela eſtoit ſans difficulté, veu que les tuteurs teſtamentaires ſont preferez à tous tuteurs legitimes ; par la raiſon que la diſpoſition de l'homme fait ceſſer la diſpoſition de la Loy ; que la tutelle n'ayant eſté introduite que pour l'intereſt des pupilles , & qu'eſtant de leur intereſt d'avoir pour tuteurs ceux que leur pere auroit choiſis pour cette charge , le pere eſtant preſumé pourvoir utilement à ſes enfans, en leur donnant des tuteurs qu'il reconnoiſt tres fideles & tres affectionnez, tant pour leur conduite que pour l'adminiſtration de leurs biens ; c'eſt pourquoy les tuteurs teſtamentaires ſont preferez aux tuteurs legitimes.

Les tuteurs legitimes ſont auſſi preferez à la mere; par la raiſon que ſa tutelle eſtant legitime , comme eſtant fondée ſur la diſpoſition des Conſtitutions des Empereurs, on a jugé que quand il y a des maſles qui comme parens du pupille peuvent adminiſtrer ſa tutelle , ils doivent eſtre preferez à la mere, en conſideration ſeulement de l'intereſt du pupille, parce que les maſles ſont plus capables d'adminiſtrer cette charge que les femmes, qui en ſont excluës par la Loy ; outre qu'on preſume qu'ils l'adminiſtreront avec ſoin , par l'intereſt qu'ils ont de conſerver les biens de celuy dont ils ſont les preſomptifs heritiers.

L'Empereur dans le Chapitre de cette Novelle , confirme la ſuſdite Conſtitution des Empereurs Valentinien , Theodoſe & Arcade, donnant aux meres la tutelle de leurs enfans ; & il veut qu'elles ſoient preferées à tous les tuteurs legitimes, qui eſtoient par le Droit ancien les agnats ; en quoy il déroge à ladite Conſtitution , laquelle preferoit les tuteurs legitimes aux meres. La raiſon de ce changement eſt , que l'amour maternel *quemlibet extraneum affectum vincens ,* donne lieu de croire que la tutelle des enfans ſera adminiſtrée avec plus de ſoin & plus d'exactitude par la mere, que par tous autres parens collateraux, & que par des tuteurs donnez par le Magiſtrat.

Cette tutelle eſt confirmée par cette nouvelle Conſtitution, ſous deux conditions : La premiere , que la mere renonce au Senatuſconſulte Velleïan : La deuxiéme , qu'elle renonce aux ſecondes nopces pardevant le Greffier, ſans preſter ſerment, ainſi qu'il eſtoit ordonné par ladite Conſtitution: en quoy cette Novelle , conforme à la Novelle 94. déroge à cette Loy , qui obli-

geoit les meres à renoncer aux secondes nopces *præstito ja-*
mento.

Il faut faire icy deux observations.

La premiere, que la Loy 2. *C. quan. mul. tut. offic. fun. potest,*
ne fait mention que des meres, & ne parle point des ayeules,
que la Novelle 94. concernant la tutelle des meres, ne fait aussi
aucune mention des ayeules; ainsi cette Novelle 118. en ce Chapitre, a étendu ce privilege aux ayeules, ausquelles au defaut
des meres elle est deferée.

La deuxiéme, que la Novelle 94. a ajoûté une autre condition à la tutelle des meres; sçavoir que celle qui la veut accepter,
renonce au Senatusconsulte Velleïan. Voyez *suprà* cette Novelle.

De ce Chapitre a esté tirée l'Authentique *Matri & aviæ. C.*
quando mul. tut. offic. fun. pot.

9 AUTHENTIQUE *Matri & aviæ. C. quando mul. tut. offic.*
fun. pot.

Matri & aviæ secundum ordinem tutelam etiam ante agnatos
subire permittimus, si inter gesta nuptiis aliis, & Senatusconsulti
Velleïani auxilio renuntiaverit; solis testamentariis tutoribus eos
præcedentibus legitimis & dativis postpositis. Defuncti namque
voluntatem præponi volumus. Præter has autem aliis mulieribus
interdicimus officium tutelæ subire.

Ce qui concerne la renonciation au Velleïan dans cette Authentique, est tiré de la Novelle 94. comme il a esté dit cy-
dessus.

La disposition de cette Authentique est en usage dans les Païs
de Droit écrit, mais dans la plus grande partie de nos Coustumes
la renonciation au Velleïan & aux secondes nopces n'y est point
observée; dans les lieux où la tutelle testamentaire a lieu, les
tuteurs testamentaires sont preferez à la mere; & où elle n'a pas
lieu, la mere ou l'ayeule est preferée à tous tuteurs legitimes ou
datifs; & quoy que la tutelle ne se défere ordinairement que par
le Juge sur un avis de parens, neanmoins on ne la peut pas oster
à la mere ou à l'ayeule, à moins que sa mauvaise conduite, ou
que les grands procez qu'elle auroit contre les mineurs, ne don-
nassent lieu au Juge de luy refuser la tutelle, autrement ce seroit

une injure que de luy oster la tutelle fans caufe ; & fi la tutelle
eftoit deferée par le Juge à un autre parent fur un avis de parens,
elle auroit droit de la contefter, & d'appeller de la nomination
faite à fon préjudice ; & tel eft l'ufage.

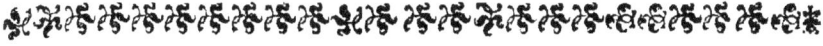

PARAPHRASE
DE JULIEN.

CONSTITUTIO CIX.

CCCXCIII. De hereditatibus quæ ab inteftato deferuntur,

DE *hereditatibus, quæ ab inteftato nobis deferuntur, multæ leges
à veteribus confcriptæ funt, quas ab hoc tempore placet ceffare, & præfentem legem in hujufmodi fucceffionibus valere. Nam
& fimpliciter & fine ulla obfcuritate divifionem hujus caufæ per
hanc conftitutionem exponimus. Conftat enim apud omnes co-
gnationes tres ordines habere : quorum alius eft afcendentium perfonarum, alius defcendentium, alius ex latere venientium : quorum alii agnati funt, alii cognati. Sed defcendentium quidem
ordinem aliis omnibus anteponimus, ut in fucceffione ab inteftato
capiendâ potiora jura habeant aliis omnibus afcendentibus, & ex
latere venientibus perfonis cujufcumque fuerint fexûs, qui ad
fucceffionem vocantur, cujufcumque (fuerint) gradûs : nullâ
difcretione habitâ, utrùm ex mafculina progenie, an ex fœmi-
nina editi funt : & utrùm filii familiâs fint, an patres familiâs.
Licet enim filiusfamiliâs eft is qui mortuus fuerit : attamen liberos eos ejus omnibus aliis præponimus, in his fcilicet rebus, quæ
adquifitionem effugiunt : ut in proprietate capienda defunEto fuccedant, ufufruEtu fcilicet ad patrem pertinente : Sic tamen ut fi
contigerit unum ex defcendentibus perfonis decedere, liberi ab eo
reliEti locum ipfius obtineant, & tantùm capiant, quantùm pater
ipforum fi vivus effet, accepturus fuiffet : quam fucceffionem*

veteres leges in flirpes vocant. Unde si aliquem mori contigeris filio vel filiâ derelictâ, ex eo filio vel filia jam defuncto vel defuncta nepotibus vel neptibus relictis nepotes vel, neptes unà cum filio vel filia derelicta, successionem avi sui capere debent. Nam in personis descendentibus gradûs differentia nulla est, nec ulla discretio indicitur, utrum masculi sint, an fœminæ, & utrùm ex masculino sexu, an ex fæminino progeniti sunt : & utrùm sui juris, an alieni fuerint. Hæc de personis descendentium.

CCXCIV. Idem.

De ascendentibus autem personis talis observatio teneat : Si enim decesserit aliquis intestatus nullo liberorum relicto, sed patre vel matre, vel aliis ex ordine ascendentium, personis præferantur omnibus, qui ex latere veniunt, excepto fratre & sorore, qui ex utroque parente defuncto copulantur, secundùm quod inferius declarabitur. Sin autem multi ascendentes supersint : eos anteponi volumus, qui proximiores gradu fuerint, sive masculi sint, sive fœminæ, sive ex masculino sexu, sive ex fæminino cognationi defuncti jungantur. Sin autem parem gradum cognationis obtineant, pariter vocabuntur : ut qui per patrem ascendunt, dimidiam portionis hereditatis accipiant, quanticumque inventi fuerint. Qui autem per matrem ascendunt, alteram dimidiam capiant quanticumque sint : nisi fortè fratres defuncti existant ex utroque parente eidem mortuo fratri suo copulati, vel sorores eorumdem jure conjunctæ : tunc enim cum proximis parentibus ad hereditatem vocabuntur, hereditate scilicet pro virili portione, id est, in capita inter omnes dividendâ, quamvis pater & mater fuerint : ut tamen pater usumfructum portionis ad filium vel filiam pervenientis nullum habeat, sed pleno jure apud filium vel filiam maneat, nullâ observandâ differentiâ inter istas personas, utrùm masculini sexûs an fæminini sint : Et utrùm per masculinum sexum an per fæmininum defuncti cognationi jungantur ; sed neque in defuncto interest qui succedant, utrùm sui an alieni juris decessit.

CCCXCV. Idem.

Reliquum est, ut dispiciamus de tertio ordine, scilicet ex latere venientium personarum, quæ in agnatos & cognatos dividuntur: hac enim parte dispositâ pleniffima, constitutio erit. Si quis igitur
deces-

decesserit, & neque descendentes, neque ascendentes reliquerit : pri-
mùm ad hereditatem vocamus fratres & sorores,qui quæve ex eodem
patre eademque matre geniti vel genitæ sunt, ex quibus & mor-
tuus editus est. Talibus autem fratribus vel sororibus non supersti-
tibus, illos fratres vel sorores vocamus, qui ex uno parente de-
functo copulantur, id est, sive per patrem, sive per matrem. Quòd
si decesserit aliquis fratre vel sorore relictâ, & ex alio fratre vel
ex alia sorore, jam defuncto,vel defunctâ,liberis relictis,cum avun-
culis suis vel patruis liberi fratris vel sororis venient, & tantam
capient portionem, quantam pater eorum vel mater accepisset, si
vivus vel viva fuisset. Unde consequens est, ut si antè mortuus
frater tam ex patre quàm ex matre copulatio fuisset ei, qui modò
defunctus est, alii autem fratres supersint vel sorores, qui ex
matre tantùm vel ex patre defuncto copulantur ; præferan-
tur eis filius & filia ejus qui utroque jure subnixi sunt. Et
ex contrario, si filius vel filia existat fratris vel sororis de-
functi vel defunctæ uno tantùm jure conjuncti, alii autem
fratres existant vel sorores utroque jure decorati ; præponantur
fratris filiis vel filiabus antè defuncti fratris vel antè defunctæ
sororis. Nulla enim differentia est, utrùm de hereditate masculi,
an fœminæ quæratur : & utrum masculini sunt, qui inter se cer-
tant, an fœminini sexûs. Alia autem persona ex transverso gradu
in locum defuncti parentis sui omninò non succedat, nisi fratris
filius : tunc autem cum avunculis suis vel patruis fratris vel
sororis filii filiæve vocantur, cùm nullus ex ascendentibus per-
sonis defuncto supersit : tunc enim excludendos eos esse censemus.
Quòd si nullus ex ascendentibus sit ; tunc fratris vel sororis
filii quasi secundum gradum obtinentes, sic ad hereditatem de-
functæ personæ vocentur. Ideóque modis omnibus avunculis vel
patruis defuncti præponantur : quia illi tertium gradum cogna-
tionis obtinent. Quòd si neque fratres, vel sorores, neque filios
vel filias fratrum vel sororum defunctus reliquerit : alia dein-
ceps cognatio ad successionem ejus vocabitur secundum sui gradûs
prærogativam, ut proximior est, ipse cæteris præponatur. Quòd
si plures personæ eumdem gradum cognationis obtineant, & alii
proximiores sint : in capita dividatur inter eos hereditas, nullâ
differentiâ habendâ, utrùm qui vocantur ad successionem de-
functi masculi sint, an fœminæ, & utrum persona defuncta
masculini, an fœminini sexûs fuerit. Nulla autem differentia sit
agnationis & cognationis, sed solus gradus sanguinis naturalis

spectetur. Nam cognatus proximior ulteriori agnato præponitur.
Hæc de successionibus.

C C C X C V I. De legitima tutela , & de matre & avia tutelam liberorum administrantibus.

Ex his autem quæ de hereditatibus ab intestato deferendis di-
ximus , facilè possumus intelligere quid de tutelis juris sit. Nam
quæcumque persona sive agnationis , sive cognationis titulis de-
corata ad hereditatem impuberis , si moriatur, vocabitur ; necesse
est , ut etiam tutelæ onus suscipiat. Nam ibi tutelæ gravamen
imponendum est , ubi hereditas deferri speratur. Nam si multi
eundem gradum proximiorem cognationis obtineant, omnes pari-
ter ad tutelam vocantur , exceptis fæminis & minoribus xxv.
annis , & his , qui propter diversas rationes tutores esse non pos-
sunt : veluti milites , & hi , qui excusatione vallati sunt. Ma-
ter autem vel avia si velit tutelam filiorum suorum gerere , vel
nepotum , non prohibetur , si tamen actis intervenientibus aliis
nuptiis & Velleïano Senatusconsulto renunciaverit : hæc enim fa-
cientes omnibus ex transverso venientibus cognatis sive agnatis
præponuntur in tutela , solis cedentes testamentariis tutoribus.
Ubi autem multi ex eodem gradu cognati ad tutelam impuberis
vocantur : convenire eos oportet apud competentem judicem , ut
ille unum vel plures ex his qui ad administrationem pupillorum
sufficiunt , creet , quem ipsi vel quos utpotè idoneos elegerint &
nominaverint , ut periculum ad omnes recipiat : & substantiæ
eorum tacitis hypothecæ titulis pupillo obligentur.

C C C X C V I I. De vi ac potestate Constitutionis in personis & temporibus.

Hæc autem quæ de successionibus diximus , obtinere oportet in
his personis , quæ fidem Catholicam sequuntur. Nam leges de here-
ticis positas nullo modo ex hac lege innovari patimur. Hæc au-
tem constitutio teneat in iis casibus , qui ab initio Julii mensis præ-
sentis sextæ Indictionis contigerunt, vel posteà contigerint. Præce-
dentes enim causas quæ emerserunt usque ad memoratum tempus,
veteribus legibus relinquimus, ut ex his dirimantur. Datum vii.
Kalend. Aug. Septimiliario Imp. Justiniano.

TITRE II.

Que la donation à cause de Nopces est un Contrat particulier, & de plusieurs autres Chapitres.

Ut spont salisia largitas specialis- sit con- tractus : & de di- versis ca- pitulis.

NOVELLE CXIX.

CEtte Novelle consiste en onze Chapitres, qui traitent de matieres differentes, c'est pourquoy nous les explique-rons separement.

CHAPITRE I.

La donation à cause de Nopces n'a pas besoin d'insinuation.

Donatio propter nuptias insinuan- da non est.

L'Empereur dans ce Chapitre ordonne premierement, que la donation à cause de nopces est un contrat particulier, di-stinct & separé des autres, & qu'elle n'est point mise au rang des autres donations, parce que *pro ea æqualitas dotis offertur;* c'est à dire que pour la validité de la donation à cause de nopces, la femme doit avoir une dot qui soit égale à cette donation, *Authent. æqualitas. C. de pact. convent.*

En second lieu, il ordonne que cette donation n'a pas besoin d'insinuation, ainsi qu'il s'observoit auparavant, *l. 17. C. de do-nat. ante nupt. l. penult. §. aliùs verò. C. de donatio. l. ult. §. simili quoque. C. de jure dot.* car la donation à cause de nopces estant une espece de donation, & les donations devant estre insinuées, elle estoit aussi sujette à la necessité de l'insinuation. Mais l'Em-pereur ayant ordonné, que cette donation fût un contrat parti-culier, c'estoit aussi une consequence qu'elle ne devoit point estre insinuée ; les contrats n'ayant jamais esté sujets à insinua-

N N n ij

tion, pour ne pas oſter & diminuer la liberté du commerce, par la neceſſité de l'inſinuation.

Cette donation eſt valable ſans inſinuation, à l'égard de la femme, ſoit qu'elle luy ſoit faite par le mary ou par un autre ; ou meſme que la donation ſoit faite au mary, pour en faire une donation à cauſe de nopces à ſa femme : & cette donation eſt declarée valable, de quelque ſomme & valeur qu'elle ſoit ; c'eſt à dire, quoy qu'elle excede la ſomme de cinq cens écus d'or, qui eſt ſujette à inſinuation. Ce qui a eſté changé par la Novelle 127. chapitre 2. à l'égard du mary: Voyez ce Chapitre *infrà*, où eſt rapportée l'Authentique *Eò decurſum. C. de donatio. ante nuptias.*

Pour finir ce Chapitre, nous obſerverons que ces termes, *ſponſalitia largitas,* qui ſont dans l'inſcription & dans le texte, ſe prennent pour donation à cauſe de nopces, que le mary, ou autre pour luy, donne à la femme en compenſation de la dot; ces termes ſignifians proprement les avantages, que les futurs conjoints ſe font l'un à l'autre, ſoit le mary à la femme, ou la femme au mary, leſquels ne ſe reprennent point ordinairement par celuy qui les a faits, aprés la diſſolution du mariage, mais ils demeurent à celuy qui les a receus, ou à ſes heritiers ; veu qu'au contraire le mary reprend la donation à cauſe de nopces aprés la diſſolution du mariage, à moins qu'il n'y ait convention au contraire : Voyez dans la Juriſprudence du Code, le titre *de Pactis conventis*: Voyez *infrà*, la Novelle 127. *cap.* 2.

CHAPITRE II.

Le Mineur peut donner la liberté à ſes eſclaves dans ſon teſtament.

L'Empereur dans ce Chapitre permet aux mineurs qui ſont parvenus à l'âge de pouvoir teſter, de donner la liberté à leurs eſclaves, contre la diſpoſition de la Loy *Ælia Sentia*, laquelle défendoit à ceux qui eſtoient mineurs de vingt ans, d'affranchir leurs eſclaves ; cependant ils pouvoient teſter, & diſpoſer dans leur teſtament de tous leurs autres biens, qui eſtoient ſouvent beaucoup plus conſiderables, en ſorte que *cui licebat quod plus erat, ipſi*

non licèret quod erat minus ; mais dautant que l'Empereur confiderant, que la liberté eſtoit d'un prix ineſtimable, & qu'il n'en
falloit pas accorder ſi facilement la diſpoſition à ceux qui n'ont
pas un eſprit aſſez meur, auparavant cette nouvelle Conſtitution il avoit ordonné, que quoy qu'il fût permis de teſter à douze ou à quatorze ans accomplis, les mineurs ne pourroient affranchir leurs eſclaves, qu'à dix-ſept ans auſſi accomplis, *§. fin. Inſtitut. quib. ex cauſ. manumit. non lic.* mais par cette Novelle il a
trouvé à propos en faveur de la liberté, *quæ res eſt favorabilis,*
de permettre l'affranchiſſement des eſclaves à ceux qui eſtoient
en âge de teſter.

De ce Chapitre a eſté tirée l'Authentique *Sed hodie. C. qui
manumitt.*

A U T H E N T I Q U E *Sed hodie. C. qui manumitt.*

*Sed hodie ex quo teſtari poſſunt, & libertatem poſſunt relinque-
re, antiquâ lege ceſſante.*

C H A P I T R E III.

*Qu'on ne doit point ajouſter foy à un Acte, dont il eſt
fait mention dans un autre, s'il n'eſt
produit.*

L'Empereur dans ce Chapitre ordonne, que ſi quelqu'un fait
mention d'un acte dans un autre acte, il ne peut point s'en
ſervir, à moins qu'il ne le produiſe, ou qu'il ne prouve d'ailleurs
la verité du contenu en iceluy, ce qui avoit eſté ordonné aïnſi
par les anciennes Loix. Comme ſi quelqu'un reconnoiſt pardevant perſonnes publiques devoir une certaine ſomme à luy prê-
tée preſentement, ſans prejudice d'une autre ſomme, qui luy a
eſté depoſée, par la meſme perſonne ; cette declaration ne pourroit pas nuire aux creanciers du debiteur, à moins que le creancier ne juſtifiât du depoſt.

On peut donner un autre exemple ; ſçavoir ſi empruntant une
ſomme de Titius, je declare que mes biens ſont affectez & hypothequez à Caius abſent, pour cent piſtoles qu'il m'a prê-

Ut non
aliter
credatur
inſtru-
mento
de altero
inſtru-
mento
faciente
mentio-
né, quàm
ſi idipſū
proferra-
tur.

N N n iij

tées, si Caïus peut se servir de cet acte qui n'est point passé avec luy, pour me contraindre de luy payer cette somme ? Il faut dire que non, suivant cette Constitution, *quicumque à fisco convenitur, non ex indice & exemplo alicujus scripturæ, sed ex authentico conveniendus est, ita si contractus fides possit ostendi; cæterùm calumniosam scripturam vim in judicio obtinere non convenit,* dit le Jurisconsulte Paul en la Loy 2. *ff. de fide instrument.*

La raison de cette Constitution est pour empescher les fraudes, qui pourroient arriver autrement.

De ce Chapitre a esté tirée l'Authentique *Si quis in aliquo. C. de edendo.*

AUTHENTIQUE *Si quis in aliquo. C. de edendo.*

Si quis in aliquo documento mentionem faciat alterius documenti, nulla ex hac memoria fiat exactio, nisi aliud documentum, cujus memoria in secundo facta est, proferatur, aut alia secundùm leges quantitatis debitæ probatio exhibeatur; quia & quantitas, cujus memoria facta est, pro veritate debeatur : hoc enim & in veteribus legibus invenitur.

Cette Authentique est d'un grand usage dans la pratique, car si une simple énonciation faisoit preuve, il seroit facile de frauder les veritables creanciers de leur deu, en supposant des dettes & des hypotheques anterieures : par exemple on passeroit un contrat pardevant Notaires, qui contiendroit la conversion d'une obligation en un contrat de constitution, & il seroit declaré que l'obligation seroit de tel temps qu'on voudroit, precedant toutes autres hypotheques ; c'est pourquoy pour donner l'hypoteque de l'obligation à un contrat de constitution, il faut rapporter l'obligation, & la joindre à la minute dudit contrat, autrement la simple dénonciation seroit inutile à l'effet de donner l'hypoteque de l'obligation au contrat, contenant la conversion de l'obligation en un contrat de constitution.

Pareillement l'énonciation d'une dette dans un autre contrat, ne nuit point aux creanciers du debiteur comme dans les exemples proposez cy-dessus ; à l'égard du debiteur, si la dette mentionnée est d'une certaine somme, comme s'il est dit, *sans prejudice de cent que tel doit à tel, en vertu de sa promesse,* ou autre *ment ;* c'eft une prefomption que la fomme eft deuë, & il peut eftre pourfuivy par fon creancier ; toutefois fi le debiteur allegue le payement, en affirmant par luy, il ne peut eftre condamné de payer la fomme enoncée, à moins que le creancier ne rapporte l'inftrument de la dette.

Les deux Chapitres fuivans traitent des appellations, & font entierement inutiles, c'eft pourquoy je ne m'y arrefteray point.

CHAPITRE VI.

Si un mineur de vingt-cinq ans peut demander la reftitution contre l'adition d'heredité.

L'Empereur par cette Conftitution permet aux mineurs qui ont apprehendé une fucceffion, laquelle fe trouve onereufe, de demander au Juge la reftitution contre l'adition d'heredité, en faifant appeller tous les creanciers pour cet effet ; & au cas que les creanciers ou quelques-uns d'iceux foient abfens, il doit les faire appeller pardevant le Juge, & fi dans trois mois ils ne comparent, le Juge doit accorder la reftitution au mineur, & ordonner du dépoft ou fequeftre des biens hereditaires, tant meubles qu'immeubles, pour la feureté des creanciers, pour les reprefenter quand il fera befoin par ceux qui en ferontchargez,aprés un inventaire fait par autorité de Juftice.

Cette Conftitution n'a pas efté faite pour accorder un nouveau privilege aux mineurs, de fe faire reftituer contre l'adition d'heredité, puis qu'ils l'avoient auparavant, fuivant la Loy 1.C. *fi minor ab heredit. fe abftin.* aprés laquelle l'Authentique *Si omnes* tirée de ce Chapitre a efté mife, & conformement à plufieurs autres Loix du Digefte & du Code, mais pour prefcrire les formalitez que les mineurs doivent obferver pour fe faire reftituer contre l'adition d'heredité.

AUTHENTIQUE *Si omnes. C. fi minor ab heredit.*

Si omnes creditores præfentes funt , ubi reftitutio poftulatur , à Judice vocentur ut interfint cum minor fe abftineat. Sed fi om-

nes abfint , vel quidam , folemniter à Judice citentur ; quibus in-
tra tres menfes non apparentibus , minor fine periculo ab heredi-
tate difcedat ; judice providente , ubi & qualiter res heredita-
riæ debeant cuftodiri , quantitate earum in actis manifeftanda.

Les mineurs en France peuvent fe faire reftituer contre l'a-
dition d'heredité, par des Lettres de reftitution , en les faifant en-
teriner par le Juge en la prefence des creanciers, ou des Directeurs appellez , en reftituant par les mineurs qui ont obtenu le
benefice de reftitution tous les biens de la fucceffion , & le profit qu'ils en avoient tiré. Et au cas qu'il n'y ait point d'autres
heritiers , les creanciers doivent faire créer un curateur à la fucceffion vacante , pour diriger contre luy toutes leurs actions &
les droits qu'ils pretendent contre les fucceffions. A l'égard du
dépoft ou fequeftre des biens hereditaires, dont il eft parlé dans
ce Chapitre, il n'eft pas en ufage, dautant que quand une fucceffion eft onereufe , les creanciers font faifir les biens dont elle
eft compofée ; les meubles font vendus publiquement , & les
deniers employez au payement des dettes privilegiées, & le refte
demeure entre les mains ou du Sergent qui a fait la vente, ou
d'autres perfonnes dont les parties intereffées conviennent, ou
felon qu'il eft ordonné par le Juge. Les immeubles eftant faifis
réellement n'ont pas befoin d'eftre fequeftrez, veu qu'ils font
regis & gouvernez par le Commiffaire aux faifies réelles, qui
eft tenu d'en faire un bail judiciaire inceffamment , & les deniers
des baux judiciaires luy font mis entre les mains , dont il eft tenu rendre compte aux creanciers faififfans & oppofans.

CHAPITRE VII.

De præ-
fcriptio-
nibus ,
aliàs de
mala fide
poffeffo-
ris res
alienan-
tis.

Des Prefcriptions , ou de la mauvaife foy du poffeffeur qui aliene les chofes qu'il poffede.

L'Empereur dans ce Chapitre ordonne, que fi le poffeffeur de
mauvaife foy aliene la chofe qu'il poffede, foit par vente ,
par donation , ou par quelqu'autre moyen tranflatif de proprieté, la prefcription des deux ans ne peut eftre oppofée au proprietaire, au cas qu'il ait ignoré que la chofe luy appartenoit, &
l'alienation

l'alienation qui en avoit efté faite, mais feulement la prefcription de trente ans : & que fi le proprietaire en a eu connoiffance dans les dix ans entre prefens, & vingt ans entre abfens, & qu'il n'ait fait aucune pourfuite avec conteftation en caufe, l'acquereur eft en feureté.

Cette diftinction eft contraire à la Jurifprudence, qui s'obfervoit au temps de cette Conftitution, eftant pour lors une maxime certaine, que la prefcription de dix ans avoit lieu en faveur du poffeffeur de bonne foy, & par un jufte titre, quoy qu'il eût acquis d'un poffeffeur de mauvaife foy, *tot. tit. Inftitut. de ufucap. & C. de præfcriptio. lon. tempor.* Ce qui avoit lieu en cas d'acquifition à titre particulier, parce que le fucceffeur à titre particulier ne reprefente point fon auteur, mais feulement le fucceffeur à titre univerfel, comme nous avons dit dans la Jurifprudence du Digefte & du Code en plufieurs endroits; en forte que cette Conftitution déroge en ce point à la difpofition du droit ancien.

De ce Chapitre a efté tirée l'Autentique *Malæ fidei. C. de præfcript. longi tempor.*

AUTHENTIQUE *Malæ fidei. C. de præfcript. longi tempor.*

Malæ fidei poffeffore alienante, ceffat longi temporis præfcriptio, fi verus dominus ignoret fuum jus & alienationem factam : fpectatur ergo triginta annorum defenfio. Si verò is, qui putabat eafdem res fibi competere, hoc agnofcens, intra decem annos inter præfentes & viginti inter abfentes, litem non fuerit conteftatus, poffeffor præfcriptione munitus, firmiter eas habebit.

L'article 113. de la Couftume de Paris femble avoir efté dreffé fur ce Chapitre, voulant que l'acquereur, foit à titre particulier ou univerfel, ne puiffe prefcrire par dix ou vingt ans, qu'au cas que luy & fes predeceffeurs ayent joüy & poffedé la chofe de bonne foy, en forte que fa bonne foy ne fuffiroit pas pour cet effet, & que la mauvaife foy de fes auteurs pourroit empefcher cette prefcription, & qu'il ne pourroit prefcrire que par trente ans : cet article eft en ces termes : *Si aucun a joüy & poffedé heritage ou rente, à jufte titre & de bonne foy, tant par luy que par fes predeceffeurs, dont il a le droit & caufe, &c.*

Tome II.   OOo

Guerin sur cet article estime, que la mauvaise foy de l'auteur empesche la prescription du possesseur de bonne foy; Chopin sur ce titre de la Coustume de Paris, & Brodeau sur ledit article 113. nomb. 3. estiment au contraire que le possesseur de bonne foy peut prescrire *ex sua persona*, nonobstant la mauvaise foy de son auteur, lors que le titre d'acquisition est particulier, estimans que ces mots, *que par ses predecesseurs*, se rapportent à la joüissance & à la possession, qui est l'accession du temps des predecesseurs & auteurs, & non à ces termes *bonne foy*, & que cette Authentique n'est point observée en France.

C'est aussi mon avis, que tout acquereur à titre particulier peut prescrire *ex sua persona*, quoy que son auteur fût de mauvaise foy; parce que si cet acquereur ne pouvoit point prescrire, il s'ensuivroit que celuy qui seroit de bonne foy, ne seroit pas plus favorable que le possesseur de mauvaise foy, ce qui seroit injuste & contraire à la raison & à l'équité; & nous ne distinguons point, si le proprietaire de la chose a eu connoissance que le possesseur d'icelle l'avoit alienée ou non, on n'a égard pour le temps de la prescription, qu'à la bonne ou mauvaise foy du possesseur.

CHAPITRE VIII.

Des *absens & presens en matiere de prescription de dix ans.*

L'Empereur ordonne dans ce Chapitre, que si au cas de la prescription de dix ans, celuy contre lequel elle est commencée, est absent pendant quelque années depuis le commencement de la prescription, elle ne puisse estre accomplie, qu'en continuant la possession par le possesseur autant d'années aprés les dix ans qu'il aura esté absent, à compter depuis son retour: par exemple, la prescription avoit esté continuée pendant huit ans contre le proprietaire d'un heritage, il est ensuite absent pendant quatre ans & il revient; en ce cas on ne peut point luy opposer la prescription accomplie, quoy que la possession ait duré douze ans; & pour l'accomplissement & la perfection de cette prescription, dans ce cas il faut que le possesseur possede encore deux années, aprés que l'absence du proprietaire a cessé, afin que ces deux années jointes avec les huit qui ont precedé son absence, la prescription de dix ans soit accomplie, & ait duré pendant dix années entieres.

Ces termes *alios tantos ei annos super decennium adjici, quantos ex ipso decennio absens fuit*, nous marquent, que la possession n'est continuée aprés l'absence cessée, qu'autant de temps que le proprietaire a esté absent, pendant lesdites années, & non pour le temps que l'absence a duré aprés les dix ans passez ; comme dans l'exemple susdit, le proprietaire n'a esté absent que pendant deux desdites dix années requises pour accomplir la prescription, & partant il suffit que le possesseur possede deux années seulement aprés que l'absence a cessé, & il n'est pas necessaire que le possesseur continuë pendant quatre ans de son absence, dont il y en a deux qui se sont écoulez depuis les dix années ; par la raison qu'autrement ce seroit un avantage considerable à celuy qui seroit absent, & contraire aux regles de la prescription : L'intention de l'Empereur n'ayant pas esté d'établir un droit nouveau par cette Constitution, mais seulement d'interpreter le droit déja établi, donnant dix ans entre presens, & vingt entre absens, pour la prescription des biens possedez de bonne foy, & avec juste titre.

De ce Chapitre a esté tirée l'Authentique *Quod si quis. C. de præscriptio. lon. tempor.*

AUTHENTIQUE *Quòd si quis. C. de præscriptio. lon. tempor.*

Quòd si quis quibusdam annis præsens sit, quibusdam absens, adjiciuntur ei super decennium tot anni, quot annis ex decennio fuit absens.

C'est le sentiment commun des Commentateurs sur l'article 116. de la Coustume de Paris, que la Constitution portée par ce Chapitre y doit estre gardée ; ce qui se trouve avoir esté jugé ainsi par deux Arrests ; le premier est du mois de May 1612. rapporté par Mornac sur la Loy 7. *ff. quemadmod. servitut. amitt.* donné en la deuxiéme Chambre des Enquestes au rapport de Monsieur Viole aprés avoir demandé l'avis aux Chambres. Le deuxiéme est du 7. Aoust 1671. infirmatif de la Sentence du Prevost de Paris, rendu en la cinquiéme Chambre des Enquestes, au rapport de Monfieur Joly, au profit des Religieufes Hofpita-lieres de Gentilly, rapporté dans la premiere Partie du Journal du Palais page 27.

Le temps de la prefcription ne double pas quant à la reftitu-tion & la refcifion des contrats ; parce que par l'Edit du Roy Louys XII. le temps de dix ans limité pour fe pourvoir par Lettres de reftitution contre les contrats volontaires, concerne également les prefens & les abfens, dautant que les heritages, pour lefquels on a contracté, font reglez par les feuls Ordon-nances ; ce qui fe trouve avoir efté jugé ainfi par Arreft du 26. Juin 1576.

Chopin fur ce titre de la Couftume de Paris nomb.6.tient qu'en la Couftume d'Anjou, la prefcription de cinq ans entre pre-fens, doit doubler pour le regard des abfens ; ce qu'il repete en fon Commentaire fur celle d'Anjou fur ce mefme titre nomb. 14. Tronçon fur l'article 113. *verbo*, dix ans, dit que les Coû-tumes du Maine, articles 427. & 428. d'Anjou article 432. de Touraine & de Lodunois, affurent l'acquereur d'un heritage ou d'une rente par l'efpace de cinq ans, contre les acquereurs des rentes ou d'autres hypotheques, par le tenement & prefcription de cinq ans ; & il remarque un Arreft du 21. Février 1609. au rapport de Monfieur Pinon, par lequel la Cour a jugé, que cet-te prefcription de cinq ans avoit lieu contre les perfonnes qui demeuroient hors les Senéchauffées & Bailliages de ces Couftu-mes, de mefme que contre les prefens.

Il me femble que cet Arreft a jugé felon l'intention de ces Couftumes ; car ne faifant point de difference entre les prefens & les abfens, il n'y a pas lieu d'en faire.

Cette queftion s'eft depuis prefentée en l'Audiance de la grand' Chambre de relevée le 16. Decembre 1650. & elle y a efté jugée conformément à cet Arreft ; fondé fur ce que le tenement de cinq ans eft une prefcription ftatutaire ; qui comprend indiftinctement toutes fortes de perfonnes : & la raifon de cette difpofition eft, que les Peuples de ces Provinces ont fait une grande difference entre la prefcription de la proprieté & des hypotheques. Par la prefcri-ption de dix ans, entre prefens, & de vingt ans entre abfens, on prefcrit la proprieté des heritages ; mais par le tenement de cinq ans on prefcrit les hypotheques creées au deffous de trente ans.

CHAPITRE IX.

Que le teftateur n'eft plus contraint d'écrire de fa propre main les noms de fes heritiers.

De tefta-
tore co-
gendo
propriâ
manu
nomina
heredum
fcribere,

C'Eſtoit une des folemnitez requifes par le Droit Romain, pour rendre valable un teſtament, que le teſtateur écrivît de fa propre main le nom de fon heritier ; & au cas qu'il ne fçût pas écrire, ou qu'il en fût empefché pour caufe de maladie, ou autrement, il eſtoit obligé de declarer fon nom en prefence de fept témoins, *l. jubemus.* 29. *l.* 30. *C. de teſtament. ordinand.* *& Novell.* 66. *cap.* 1. §. 2. *&* 4. ce que l'Empereur a abro-gé par cette Novelle 119. Chapitre 9. permettant aux teſta-teurs d'écrire le nom de leurs heritiers, ou de les faire écrire par d'autres en prefence de témoins : La raifon pour laquelle l'Empereur a changé cette Jurifprudence, eſt parce que *ex hujuſmodi fubtilitate plurima teſtamenta deſtructa, teſtatori-bus non valentibus hujuſmodi cuſtodire fubtilitatem, aut forſan nolentibus ſcire aliquos ſuam voluntatem.* De ce Chapitre a eſté tirée l'Authentique *Et non obſervato. C. de teſtament. & quemadm. teſtam. ordin.*

AUTHENTIQUE *Et non obſervato. C. de teſtament. & quemadm. teſtam. ordin.*

Et non obſervato eo ſubvenitur teſtamentis, ſive per ſe, ſive per alium quis inſcribat nomen heredis.

Cette formalité d'écrire par le teſtateur de fa propre main le nom de fon heritier ; n'eſt point en ufage en France : re-cours à mon Commentaire fur l'article 269. de la Coûtume de Paris.

De rebus
imrnobi-
libus quç
locis ve-
nerabili-
bus per-
tinent,

CHAPITRE X.

Des biens immeubles qui appartiennent aux lieux pieux.

L'Empereur revoque la Novelle 55. Chapitre 1. par laquelle il avoit défendu que les choses qu'il avoit acquises des lieux pieux & venerables, pussent estre acquises par les particuliers; & par le Chapitre 10. il permet aux particuliers de les acquerir.

Cette Constitution est inutile en France, où il est permis à tous les particuliers d'acquerir des biens de l'Eglise & des lieux pieux & venerables, pourveu qu'en l'alienation qui en est faite, les solemnitez prescrites soient observées.

CHAPITRE XI.

De legé
falcidia
in rebus
alienari
prohi-
bitis
ceffante,

Que la Loy Falcidie cesse dans les choses dont le testateur a défendu l'alienation.

DAns ce Chapitre l'Empereur ordonne, que la Falcidie cesse dans les choses dont les testateurs ont défendu l'alienation, & ont declaré qu'ils vouloient qu'elles passassent & demeurassent aux successeurs de ceux ausquels elles sont laissées.

La raison de cette Constitution est afin d'executer la volonté des testateurs, qui ont défendu l'alienation des biens dont ils ont disposé. Mais pour faire cesser la Falcidie au cas de cette Constitution, il ne suffit pas que le testateur ait prohibé l'alienation d'une chose; mais il faut qu'il ait declaré expressément qu'il vouloit qu'elle demeurât aux heritiers & successeurs de celuy auquel il l'a laissée; c'est le sentiment commun des Docteurs sur la Loy 114. §. *divi. ff. de legat.* 1. Voyez dans la Novelle 1. chap. 2. & 3. & la Novelle 131. chap. 12. d'autres cas ausquels la Falcidie cesse.

De ce Chapitre a esté tirée l'Authentique *Sed & in ea. C. ad leg. Falcid.*

AUTHENTIQUE *Sed & in ea. C. ad leg. Falcid.*

Sed & in ea re cessat Falcidia, quæ ita relicta est, ne alienetur, sed permaneat apud successores ejus cui relicta est.

Cette Conftitution eft obfervée dans les païs de Droit écrit, mais non pas dans la France coûtumiere où la falcidie eft inconnuë, comme nous avons remarqué fur le titre *ad leg. Falcid.* au Digefte & au Code.

PARAPHRASE
DE JULIEN.

CONSTITUTIO CX.

CCCXCVIII. Ut donatio propter nuptias non indigeat infinuatione monumentorum.

PRopter nuptias donatio infinuatione monumentorum non in-diget, quamvis fupra quingentos folidos fit: fed valeat & in perfona mulieris & in perfona mariti, five ipfe maritus confcri-pferit eamdem donationem, five alius pro eo, five in perfona ipfius mariti, five in perfona mulieris.

CCCXCIX. Qui fervos fuos manumittere poffint, vel non.

Qui quartum decimum annum ætatis impleverit, & teftamen-tum propter hoc facere non poteft: non impediatur in ultima vo-luntate fervos fuos manumittere, quamvis imperfectæ æta-tis fit.

CCCC. Si quis in aliquo inftrumento alterius inftrumenti mentionem fecerit.

Si quis in aliquo inftrumento alterius inftrumenti mentionem fecerit: non aliter hoc factum effe videatur, fi ipfum prolatum fuerit, id eft antiquum inftrumentum, vel alio modo legitimo de-bita quantitas probata fit, hoc enim & veteribus legibus cogni-tum eft.

CCCCI. De appellationibus.

Sancimus , ut in provocationibus ultimo fatali die , vel utraque parte veniente , vel eo solo qui appellavit , & manifestante præsentiam suam , vel Magistratui qui de appellatione cogniturus est, vel Consiliariis ejus , vel eis qui lites introducunt , & si judex eum intra statutos dies recipere distulerit , nullum præjudicium sit partibus , vel uni ex his propter hujusmodi causam , sed provocationes tales legitimo calculo terminentur.

CCCCII. De retractationibus sententiarum Præfecti Prætorio.

Leges quidem nostræ præcipiunt , ut contra sententias gloriosissimorum Præfectorum Prætorio cujuscumque regionis provocatio non porrigatur , sed certo tempore elapso retractatio sententiæ concedatur. Sed humanitatis ratione facultatem præstamus ei, qui se ex sententia Præfectorum gravatum esse putaverit , libellos afferre , vel ipsi Præfecto Prætorio , qui sententiam dixit , vel Consiliariis ejus , vel his , qui lites introducunt , intra decem dies post sententiam prolatam , ut hoc subsecuto non aliter executioni sententia tradatur , nisi prius fidejussores idoneos dederit is , qui vicit, de tanta quantitate reddenda , quantam sententia continet : ut si posteà retractatione legitimo modo veniente calculus rescindatur, res adversariæ parti cum legitimis augmentis restituantur. Quòd si intra decem dies post sententiam prolatam libellus ab ea parte , quæ victa est , non porrigatur : sine fidejussore quidem executio sententiæ fiat , sed tamen jus retractationis integrum adversariæ parti custodiatur sibi imputaturæ , quòd intra decem dies libellum præstare secundum definitionem nostram non curaverit.

CCCCIII. Si minor vigintiquinque annis restitutionem adversus aditionem hæreditatis petere maluerit.

Si minor vigintiquinque annis temerè susceptam à se hereditatem habere noluerit , & in integrum restitutionem imploraverit , si quidem præstò sint omnes creditores hereditatis , vocentur jussione judicis , & præsentibus eis restitutio petatur. Quòd si vel omnes , vel quidam ex his absint : vocentur quidem legitimis præconiis:

six

fin autem intra tres menfes non venerint, liceat adultis in inte-
grum reftitutionem impetrare fine periculo, ut tamen judex, qui
præfidet, profpiciat ubi debent res hereditariæ mobiles & immobi-
les fervari, quantitate fcilicet earum per publicam defcriptionem
actis intervenientibus manifeftandâ.

CCCCIV. De mala fide poffefforibus res alienas alienan-
tibus.

Si quis mala fide res alienas poffidens vendiderit eas, vel dona-
verit, vel alio modo alienaverit: is autem, qui fe dominum rerum
putat, fciens hoc teftatione non denunciaverit ei, qui res accepit
intra decennium inter præfentes, vel inter abfentes intra vicen-
nium : res firmiter apud emptorem vel qui donationem accepit,
vel alio modo alienationis nactus eft, permaneat. Quòd fi ignoran-
te domino malâ fide poffeffor alienaverit : non aliter hoc præju-
dicet domino : nifi 30. annorum fpatium tranfactum fit : quam-
vis is, qui emit, vel alio modo alienationis nactus eft, bonæ fidei
poffeffor fuerit.

CCCCV. De præfentibus & abfentibus intra decennii
præfcriptionem.

Scimus, quòd inter præfentes longi temporis præfcriptio decen-
nium eft : inter abfentes autem vicennium. Quid ergo fi in qui-
bufdam annis præfto fit aliquis, in quibufdam autem abfuerit?
Et dicimus tantum aliud tempus decennio expleto adiiciendum effe,
quantum in abfentia fuit. Ea autem, quæ de temporali præfcri-
ptione conftituimus, non in præteritis caufis, fed in futuris cafi-
bus obtinere fancimus, qui poft hanc legem emerferint.

CCCCVI. De teftatore non cogendo fuâ propriâ manu, vel
teftium, nomina heredum fcribere.

Nemo cogatur in teftamento fuo propriâ manu vel teftium, no-
mina heredum fcribere : fed valeat teftamentum ipfius, five per
ipfum teftatorem, five per aliam qualemcumque perfonam nomen
heredis ejus fcribatur, fi tamen aliam teftamentorum obfervatio-
nem habeat.

CCCCVII. De rebus immobilibus, quæ ad loca venerabilia pertinent.

Scimus legem nos pofuiffe, qua cautum eft, ut non tranfeant ad alias domos res immobiles, quæ ad noftram domum ab Ecclefia facrofancta pervenerint. Hanc igitur legem præcipimus evacuari, non folùm in his quæ pofteà pervenerint ad noftram domum, fed etiam in his, quæ jam pervenerunt.

CCCCVIII. Si quis familiæ fuæ legaverit, vel aliæ perfonæ, & rei legatæ alienationem prohibuerit.

Si quis teftamentum fecerit, & rem immobilem familiæ fuæ legaverit, vel aliæ perfonæ legati nomine reliquerit : & (is) fpecialiter dixerit nullo tempore eandem rem alienari, fed apud heredes, vel fuccefforres alius, cui res relicta eft, femper manere : in hoc legato jubemus falcidiam legem omninò locum non habere : quia alienationem ejus ipfe prohibuit, qui teftatus eft. Hæc autem obtinere jubemus in his cafibus, quos nec judicialis calculus, nec amicalis compofitio, nec alius modus legitimus terminavit. Dat, XIII. Kal. Feb. CP. Dn. Juftin. PP. Aug. Bafilio II. C. Conf.

De alienatione, & emphyteufi, & locatione, & hypothecis, & aliis diverfis contractibus, in univerfis locis rerum facrarum

TITRE III.

De l'Alienation, de l'Emphyteofe, du Bail à loüage, des Hypoteques, & des autres Contracts faits en tous lieux des biens de l'Eglife.

NOVELLE CXX.

CETTE Novelle confifte en onze Chapitres, & une Preface.

Dans la Preface, l'Empereur declare qu'il veut renfermer dans une feule Conftitution toutes les Loix qu'il a faites touchant l'alienation & les Contrats qui fe font des biens de l'Eglife.

CHAPITRE I.

De l'Alienation, & du Bail emphyteotique des biens de l'Eglise.

De alie-
natione
& em-
phyteufi
rerum
Ecclefiæ

DANS le commencement de ce Chapitre l'Empereur défend aux Adminiftrateurs de l'Eglife de Conftantinople
& des lieux pieux qui font dans cette Ville & dans les environs
d'icelle (excepté les Monafteres) de vendre, donner, échanger,
ou faire des donations mutuelles & reciproques, de leurs immeubles, ou des redevances & rentes foncieres qui leur font deuës,
ou des efclaves deftinez pour la culture des heritages: Défendant
auffi de difpofer *de jure colonario*, dont il a efté parlé dans
la Novelle 7.

Il faut lire *de colonario jure*, & non pas *de colonis juftè*:
C'eft le fentiment de Contius, fuivant le texte Grec.

L'Empereur permet de faire des échanges de tous ces biens
avec l'Empereur, fuivant la Novelle *de non alienand.* §. *fi-
nimus.*

Il permet auffi à l'Eglife de Conftantinople, & aux lieux
mentionnez cy-deffus, de faire des emphyteofes de leurs heritages à la vie du preneur, & de deux de fes fucceffeurs, leur
permettant de diminuer la fixiéme partie du revenu de ces heritages ; car autrement il n'y auroit perfonne qui les voudroit
prendre.

Quant aux maifons ou heritages qui font dans les Fauxbourgs
de la ville de Conftantinople, appartenans à l'Eglife Cathe-
drale d'icelle, ou aux lieux fufdits, fituez dans cette Ville ou
auprés, s'ils produifent quelque revenu ordinaire, il ordonne
qu'ils pourront eftre donnez à emphyteofe pour la vie du preneur & de deux fucceffeurs l'un apres l'autre, fans qu'on en
puiffe rien diminuer au preneur. Mais fi ces heritages ne produifent aucun revenu certain, il permet de les bailler à emphyteofe pour quelque penfion annuelle. La raifon pour laquelle
l'Empereur ne veut pas qu'on puiffe donner à emphyteofe les
heritages qui font dans les Fauxbourgs qui rapportent un certain revenu, en diminuant le revenu qu'ils produifent ordinai-

PPp ij

rement , & qu'il faut plûtoft l'augmenter , eft parce que les preneurs les peuvent facilement rendre meilleurs & en augmenter le revenu.

Dans le §. *ſi verò contigerit.* 1. l'Empereur dit , que s'il arrive qu'un bien appartenant aux lieux fufdits ait eſté donné à emphyteofe , ou à la maiſon de l'Empereur , ou aux Adminiſtrateurs des Trefors de l'Empereur , ou à quelque Ville , ou à l'Ordre des Decurions , ou à quelque maiſon Religieuſe , il permet aux Adminiſtrateurs du lieu dont la choſe a eſté baillée à bail emphyteotique , de declarer dans deux ans qu'ils veulent la retirer & refoudre le bail , ou la leur laiſſer pour en joüir ſuivant le contrat , & à la charge de payer la penſion, ainſi qu'il a eſté convenu entre les parties , ayant le choix de l'un ou de l'autre , ſuivant l'avantage qu'ils y trouveront.

Dans le §. *ſi verò quædam.* 2. il dit , que ſi l'Egliſe de Conſtantinople & les lieux mentionnez au commencement de cette Novelle , ont des maiſons ruinées qui ne rapportent aucun revenu, & que ceux auſquels elles appartiennent ne les puiſſent pas rétablir , en ce cas il permet aux adminiſtrateurs d'iceux de les bailler à emphyteoſe à perpetuité , à la charge que les preneurs payeront dés le commencement du bail , le tiers du revenu que ces maiſons rapportoient, quand elles eſtoient en leur entier : Ou il donne le choix aux preneurs de les rétablir , & quand elles feront rétablies , d'en payer une penſion eſtimée à la moitié du revenu qu'elles produiroient aprés qu'elles feront bâties , en permettant aux preneurs à ce titre , de ſe ſervir des materiaux des maiſons ruinées qui ſe trouveront ſur les lieux.

De ce §. a eſté tirée l'Authentique *Si quas ruinas* , miſe aprés la Loy *jubemus.* 14. *C. de ſacroſ. Eccleſ.*

AUTHENTIQUE *Si quas ruinas.*

Si quas ruinas habent memoratæ divinæ domus , quas reædificare non valent , & hæ in emphyteuſim dentur perpetuam , emphyteutæ uſuro materiâ habitationis depoſitæ domûs , ut penſio diminuatur in tertiam partem ab ea quæ ſtantibus adhuc ædificiis colligebatur ; aut primitus eo reædificante ex adjectis illi per æſtimationem penſionibus medietas detur religioſæ domui. Nam priore caſu ab initio emphyteuſis præſtanda eſt penſio.

CHAPITRE II.

De celuy qui veut prendre à usage un bien Ecclesiastique.

Si quis usûs nominecem Ecclesiæ habere voluerit

L'Empereur ordonne dans ce Chapitre, que si quelqu'un veut prendre des biens de l'Eglise, ou appartenans aux lieux pieux mentionnez cy-dessus, à titre d'usage, il doit dans le mesme temps & par le mesme contrat, bailler à l'Eglise une chose immeuble en proprieté ; dont le revenu soit aussi grand que le revenu de l'heritage qu'il prend à usage, & qui ne soit pas chargée envers le fisc d'une plus grande redevance, pour rendre après sa mort à l'Eglise la chose qu'il auroit prise à usage, & celle dont il luy auroit donné la proprieté *retento usufructu* pendant sa vie.

CHAPITRE III.

On peut donner à titre de loüage les biens de l'Eglise pour trente ans, & non par delà.

Ut liceat usque ad 30 annos res Ecclesiasticas locare.

L'Empereur permet dans ce Chapitre de donner à titre de loüage les biens de l'Eglise pour trente années, & non par delà ; de sorte que les baux faits pour un plus long temps ne seroient pas nuls, mais ils se reduiroient au terme de trente années porté par ce Chapitre, au cas qu'il fût avantageux pour l'Eglise ; mais s'il estoit utile à l'Eglise que le temps du bail fût accomply, quoy qu'il excedast trente années, neanmoins le preneur ne pourroit pas en demander la reduction suivant ce Chapitre, parce que le temps du contrat de loüage n'est limité qu'en faveur des Eglises ; ainsi les preneurs ne s'en peuvent pas servir.

CHAPITRE IV.

On peut hypotequer les biens de l'Eglise.

L'Empereur permet dans ce Chapitre aux Eglifes d'obliger & hypotequer leurs biens, ou mefme d'en bailler par engage- ment à leurs creanciers, au cas que les redevances envers le fc, ou leurs dettes les y obligent; en forte que le creancier auquel un immeuble fera baillé par engagement, en percevra les fruits pour les déduire tant fur le principal que fur les interefts, qui ne doivent pas eftre ftipulez plus forts que trois pour cent par cha- cun an, qui eft fuivant les termes de ce Chapitre *quarta pars centefimæ*. Voulant que fi les Adminiftrateurs rembourfoient le creancier de fa dette, ou qu'à la fin il fe trouvât rembourfé tant du fort principal que des interefts, par les fruits de la chofe, elle retournaft à l'Eglife, qui l'auroit donné par engagement à fon creancier.

Ce Chapitre eft contraire à la Novelle *de non alienand*. §. *alienationis*. & §. *fi enim*. qui défend de donner par engagement au creancier les biens de l'Eglife.

CHAPITRE V.

De l'emphyteofe & de l'hypoteque des biens Eccle- fiaftiques.

L'Empereur permet dans le commencement de ce Chapitre à l'Eglife de Conftantinople, de donner leurs biens à bail emphyteotique, & de les hypotequer & *ultra quinquennium*; voulant que les adminiftrateurs d'icelle qui donnent fes biens à emphyteofe, ou qui les hypotequent, preftent le ferment fur les Evangiles, que les baux qu'ils en font ne font point préjudi- ciables aux Eglifes dont ils adminiftrent les biens: Défendant neanmoins aux Oeconomes des maifons & lieux pieux de la mef- me Ville, de prendre le bail des biens d'iceux, foit fous leur propre nom, ou fous le nom de perfonnes interpofées ; faifant les mefmes défenfes & prohibitions à leurs parens, & à leurs alliez, fur peine de nullité des baux qui en auroient efté faits à leur profit, & de la perte des biens tant defdits Oeconomes qui auroient fait ou pris les baux, que de leurs parens & alliez, au profit defquels ils auroient efté faits, applicables aprés leur mort aux Eglifes dont ils auront pris les baux, ou faits à leurs parens & alliez.

De ce Chapitre a efté tirée l'Authentique *Quibufcumque modis*, & mife aprés la Loy *jubemus.* 14. *C. de facrof. Ecclef.*

AUTHENTIQUE *Quibufcumque modis.*

Quibufcumque modis hoc jus aliis permittitur, interdicitur certis perfonis, res hujufmodi accipere, ut Oeconomo, ejufque cognatis ; alioqui bona eorum & Oeconomorum, & ordinatorum quibus conjuncti funt, poft mortem eorum pervenient ad Ecclefiam, de qua rem accipiunt.

Chartularii font les Scribes & Notaires de l'Eglife, *qui Ecclefiaftica acta fcribunt.* Ce terme fe prend encore dans une autre fignification, fçavoir pour ceux qui eftoient comme les Miniftres & les Executeurs des Ordres du faint Siege, & les Affeffeurs des Evefques des Provinces où ils eftoient envoyez. Saint Gregoire envoya en Numidie de fes Cartulaires, pour y regler avec les Evefques d'Afrique, les affaires de leur Eglife ; & il écrivit à Colombe, Evefque de Numidie, d'affembler un Concile dés que fon Cartulaire feroit arrivé en Afrique. *Gregor. lib.* 2. *Epiftol.* 33.

Ordinator, c'eft à dire l'Adminiftrateur, comme eft l'Abbé à l'égard du Monaftere, *Glof. in Authent. hoc jus porrectum C. de facrof. Ecclef.*

CHAPITRE VI.

Des biens des autres Eglises hors la ville de Constantinople.

De rebus
aliarum
Ecclesia-
rum ex-
tra ci-
vitatem
Constan-
tinopoli-
tanam.

DAns le commencement de ce Chapitre l'Empereur dit, que ce qu'il a ordonné dans le Chapitre precedent, n'est que pour l'Eglise de Constantinople, pour les maisons des orphelins, & autres semblables lieux pieux de la mesme Ville ; voulant dans ce Chapitre faire une Ordonnance pour les autres Eglises, pour les Monasteres & maisons de pieté qui sont dans son Empire, & mesme pour les Monasteres qui sont dans la ville de Constantinople.

Dans le §. 1. il permet aux maisons susdites de bailler leurs immeubles à bail emphyteotique à perpetuité ; que si ce sont des Eglises & des maisons que l'Evesque gouverne & administre par luy, ou par des Ecclesiastiques, tels baux ne se peuvent faire sans le consentement de l'Evesque, des Ecclesiastiques, & des Clercs qui sont dans ces Eglises, ou dans ces maisons pieuses ; à la charge que les baux se feront en presence des Oeconomes, Administrateurs, Chartulaires, & autres Officiers desdites maisons, & qu'ils presteront serment que les baux qui en sont faits, ne sont point préjudiciables à icelles.

Que si au contraire ce sont des maisons pieuses qui ayent l'administration de leurs biens, comme sont les Hôpitaux des pauvres, des pelerins, des pauvres malades ; les baux se doivent faire du consentement de la plus grande partie des Ecclesiastiques qui y servent, & de l'Oeconome.

L'Empereur permet aux Monasteres dans le §. *in venerabilibus*, de donner leurs biens à emphyteose, pourveu que ce soit du consentement des Superieurs, & de la plus grande partie des Moines.

Et tant pour les maisons susdites que pour les Monasteres, les baux qui sont faits de leurs biens doivent estre redigez par écrit, & ceux qui les font, doivent prester serment qu'ils sont faits *non ad læsionem aut præscriptionem earumdem ;* & celuy qui les prend, doit les prendre à la charge d'une pension annuelle

nuelle qui ne doit pas eftre moindre que le revenu des biens qui font donnez à emphyteofe, finon de la fixiéme partie d'iceluy, fuivant ce qui a efté dit en la Novelle *de non alienand.* §. *quia verò Leonis.*

Il declare que l'Ordonnance qu'il a faite cy-deffus §. *fi verò quædam. h. tit.* touchant les maifons ruinées appartenantes à l'Eglife de Conftantinople, fera obfervée pour celles qui appartiennent aux autres Eglifes.

Que fi les lieux pieux & maifons de pieté fe trouvent chargées de redevances envers le fifc, qu'elles ne puiffent pas payer, mefme par vente de leurs biens meubles, elles doivent commencer par donner par engagement leurs immeubles à quelqu'un pour avoir de l'argent pour les payer, à la charge (comme il a efté dit cy-deffus) que *fructus ejus colligens reputet fibi tam in ipfis debitis mutuis pecuniis, quàm in ufuris non amplius quartâ parte centefimæ.*

Que fi perfonne ne veut prefter de l'argent fous cette condition, l'Empereur ordonne, que les Adminiftrateurs des lieux pieux drefferont un acte ou memoire pardevant l'Archevefque ou l'Evefque Diocefain, des dettes de la maifon avec ferment, & du confentement de la plus grande partie des Clercs qui y déferviront; declarant qu'il eft impoffible de payer les dettes contenuës dans le memoire des biens meubles & effets mobiliaires de la maifon, fans que pour ces actes ou memoires il foit deû aucuns droits ou frais aux Notaires.

En fuite, ces Actes feront prefentez aux Juges des Provinces, pour empefcher par toutes fortes de moyens, que les maifons & lieux pieux ne fouffrent aucun dommage dans leurs biens ; & que par aprés on faffe publier dans les lieux publics de la Ville par des affiches pendant vingt jours, que tels biens appartenans à une telle maifon font à vendre, pour avertir par ce moyen ceux qui voudroient les acheter, pour les donner au plus offrant & dernier encheriffeur.

Ce qui eftant ainfi obfervé les chofes doivent eftre venduës, pour le prix provenant de la vente d'icelles eftre donné au creancier, en forte que la vente ne peut eftre faite qu'à la charge que l'acheteur fera chargé de fatisfaire au creancier de cette maifon; autrement il pourroit arriver que le prix eftant donné à l'Eglife, il feroit diffipé, & elle ne feroit pas déchargée des dettes qui l'auroient obligée de venir à l'alienation de fes immeubles.

Tome II. QQq

Que fi on ne trouvoit perfonne pour acheter les biens de l'E-
glife fuivant les formalitez exprimées cy-deſſus, l'Empereur ordonne que le creancier d'icelle fera obligé de prendre pour la
fomme qui luy eft deuë, un immeuble appartenant à cette maifon par le titre *pro foluto*, c'eft à dire, en payement, fuivant
l'eftimation qui en feroit faite au jufte par des Experts & gens à
ce connoiſſans; en augmentant toutefois un dixiéme fur l'eftimation du total, *additâ in pretio decimâ parte univerſæ æftimatio-
nis;* en forte que fi la chofe eft eftimée vingt mille livres, le creancier la doit prendre pour vingt-deux mille livres, parce que l'eftimation du total doit eftre augmentée d'un dixiéme: Or le dixiéme de vingt font deux; & le creancier qui reçoit ainfi une chofe
en payement, la reçoit pour la poſſeder en pleine propriété, *certo
dominio poſſeſſurum*, fans qu'elle puiſſe luy eftre retirée, l'ayant
acquife par un titre tranſlatif de propriété, qui eft celuy *pro foluto*, femblable à celuy de vente.

Que fi l'Eglife poſſéde pluſieurs immeubles, l'Empereur ne
donne pas le choix au creancier: mais dautant qu'elle peut poſ-
feder des immeubles fertiles, & d'autres fteriles, & qu'il feroit
injufte qu'on donnaft en payement au creancier ceux qui ne
produiront aucuns fruits, il feroit d'ailleurs tres-préjudiciable à
l'Eglife qu'on donnaft au creancier fes meilleures poſſeſſions; il
ordonne que felon l'équité le creancier prendra celles qui font
entre les fertiles & les fteriles: Un heritage eft reputé fterile, foit
eu égard au revenu qu'il produit, ou aux redevances auſquelles
il eft obligé envers le fifc.

C'eft par un privilege fpecial pour l'Eglife, que fon creancier
ne peut pas prendre à fon choix l'heritage qu'il trouvera meilleur, pour conferver par ce moyen les intereſts de l'Eglife; car
un particulier qui ne pourroit pas fatisfaire à fon creancier, feroit obligé de luy permettre de prendre tel heritage qu'il
voudroit en payement, *faſtâ fubtili æftimatione*, comme nous
avons veu cy-deſſus en la Novelle *de fidejuſſorib. cap. quod
autem.*

L'Empereur declare dans le §. *fi verò quis.* 3. que fi quelqu'un
a prefté de l'argent, ou s'il prefte à l'avenir à un Evefque, à
un Oeconome, ou à un Adminiftrateur d'une maifon de pieté,
fituée ou dans la ville de Conftantinople, ou dans les Provinces
de fon Empire, il ne fera creancier que de celuy auquel il aura
prefté, & non pas de l'Eglife ou de la maifon, à moins qu'il ne

Juſtifie que l'argent qu'il a preſté, a eſté employé au profit de cette Egliſe ou de cette maiſon, en ſorte qu'il ne pourra, ny luy ny ſes heritiers, intenter aucune action contre elle pour l'exaction & la repetition des ſommes qu'il aura preſtées, s'il ne juſtifie l'employ pour les affaires de l'Egliſe, mais il pourra s'adreſſer à celuy ou à ceux qui les auront receuës.

Mais on demande ſi le preſt avoit eſté fait à tout le Chapitre pour les intereſts de l'Egliſe, ſçavoir ſi le creancier devroit prouver l'employ? Selon le ſentiment d'Accurſe, il eſt obligé de le prouver.

CHAPITRE VII.

Des échanges des biens Eccleſiaſtiques.

De péri mutatio- ne rerum Eccleſia- ſticarum

DÁns le commencement de ce Chapitre l'Empereur permet à toutes les Egliſes, à toutes les maiſons de pieté, & aux Monaſteres qui ſont dans ſon Empire, excepté l'Egliſe de Conſtantinople, les Hôpitaux des pauvres, des orphelins, & des pelerins qui ſont dans la ville de Conſtantinople, d'échanger leurs biens les uns pour les autres, pourveu que l'échange ne ſoit point préjudiciable à l'une des maiſons qui feront l'échange, gardant en cela l'égalité, autant qu'il ſera poſſible, pour l'intereſt des unes & des autres : Voulant que ces échanges ſe faſſent du conſentement, par écrit, *aut per depoſitiones*, non ſeulement des Adminiſtrateurs des maiſons, mais auſſi de la plus grande partie de ceux qui y déſerviront.

Il défend en ſuite de faire des échanges des biens qui auront paſſé de la maiſon de l'Empereur dans les maiſons de pieté, ny de les vendre, ou de les donner par engagement à des creanciers, ny de les aliener en quelque maniere que ce ſoit, quoy que l'échange ſoit fait avec une autre maiſon pieuſe, *neque ſi ad alteras venerabiles domos tale aliquid egerint.*

De ce Chapitre & du precedent, a eſté tirée l'Authentique *Hoc jus porrectum.* miſe aprés la Loy *jubemus. C. de ſacroſ. Eccleſ.*

AUTHENTIQUE *Hoc jus porrectum.*

Hoc jus porrectum eſt ad omnem venerabilem locum, omnéque

Collegium, quod actio pia constituit, ut nec res eorum pignoren̄-
tur : & hoc perpetuò servetur in his rebus immobilibus, quæ ab
Imperiali domo prædictis locis applicantur. In cæteris eatenus ex-
cipitur, si debitum urget.

Quod si ex mobilibus solvi non potest ; primò res immobiles spe-
cialiter dentur pignori, quarum fructus creditor sibi reputet, tam
in sortem, quàm in usuris usque ad quartam centesimæ.

Quòd si nolit creditor ita accipere, tunc ordinator domûs apud
eum à quo ordinatur, habitis absque dispendio gestis juret (ma-
jore parte ibidem servientium consentiente.) & debitum existere,
nec ex mobilibus solvi posse. Quo subsecuto per viginti dies rem
Ecclesiæ venalem esse publicè notum sit ; ut plus offerenti detur,
pretio modis omnibus pro debito dando. Aliter enim res emptori
non conceditur ; & hoc inscribatur nihil esse factum in ea re ad
damnum divinæ domûs.

Emptore verò non invento res æstimata districtè creditori detur
in solidum, additâ in pretio universæ æstimationis decimâ parte,
& accedente consensu ordinatoris, & majoris partis ibidem ser-
vientium. Sit tamen ea res mediocris inter cæteras, inspectâ ipsius
qualitate, & quantitate, & onere.

Et is creditor hic intelligatur, qui quod credidit, probat in
utilitatem divinæ domûs processisse.

L'Empereur dit dans le §. *& quoniam cognovimus* 1. qu'ayant
appris, que quelques Monasteres avoient esté alienez au profit
de quelques particuliers, il défend de les aliener en quelque façon
que ce soit : voulant & permettant à l'Evesque du lieu de retirer
ceux qui auroient esté alienez, pour les remettre dans le mesme
estat qu'ils estoient avant l'alienation.

De là a esté tirée l'Authentique *Multo magis.* mise aprés la
Loy *jubemus.* C. de *sacros. Ecclef.*

AUTHENTIQUE *Multo magis.*

Multo magis prohibetur ipsius Monasterii alienatio, qua redeat
in antiquum & sæcularem usum.

Dans le verset *si verò quæ de prædictis.* il dit, que si quelqu'une des susdites Maisons, en quelque lieu qu'elle soit situeé,
excepté l'Eglise de Constantinople, possede quelque heritage

chargé de trop de redevances envers le fifc , qui empefchent qu'-
elle puiffe en tirer aucun profit , en ce cas il permet aux Adminiftrateurs d'icelle d'en faire l'alienation à leur volonté , &
en toute feureté pour cette Maifon , pourvû neanmoins qu'il
foit fait un contrat contenant l'alienation par ceux par lefquels
les Adminiftrateurs de ces Maifons auront receu leur adminiftration ; c'eft à dire par l'Evefque ou par l'Archevefque Diocefain;
les Adminiftrateurs & la plus grande partie de ceux qui defer-
vent dans la Maifon preftant le ferment en prefence de l'Evefque Diocefain , que c'eft pour l'utilité de la Maifon que cette
alienation fe fait , *neque per proditionem , neque per gratiam ,*
aut quamlibet præfcriptionem alienatio fiat, fed ut fervetur immu-
nitas eidem venerabili domui.

Immunitas , c'eft à dire *indemnitas ,* ou plûtoft *utilitas.*

Dans la fin de ce Chapitre , il défend aux OEconomes , aux
Adminiftrateurs , & aux Chartulaires des Eglifes , en quelque
lieu qu'elles foient fituées , ou aux parens & aux fils des Chartulaires , ou à leurs alliez , de prendre les biens appartenans
aux maifons pieufes , à titre de loüage , d'emphyteofe , ou d'a-
chat , ou de fe les obliger , ou de fe fervir de perfonnes interpofées pour cet effet , comme il a efté défendu en cette Novelle Chapitre 5. *emphyteufis ,* pour les biens appartenans à l'E-
glife de Conftantinople.

De ce §. a efté tirée l'Authentique *Item prædium.*

AUTHENTIQUE *Item prædium.*

Item prædium propter onus fifcale inutile alienatur , geftis, ut
fuprà , conficiendis , eodem juramento præftito , ideft quæ alia
de caufa non alienatur , nifi ut immunitas ejufdem venerandæ
domûs fervetur.

CHAPITRE VIII.

Si em-
phyteuta
Ecclefiæ
per bien-
nium
in fol-
vendo
canone
ceffave-
rit.

Si le Preneur a emphyteofe a efté deux ans fans payer à l'Eglife, la penfion à laquelle il s'eftoit obligé.

L'Empereur ordonne dans ce Chapitre, que fi celuy qui a pris des biens d'une Eglife, foit de l'Eglife de Conftantinople, ou de quelque Maifon, pieufe en quelque lieu qu'elle foit située, à titre de loüage, ou d'emphyteofe, & qu'il l'ait deteriorée, ou qu'il ait efté deux ans fans payer la penfion ou redevance annuelle à laquelle il fe feroit obligé par le bail, l'Eglife ou la Maifon peut retirer & reprendre la chofe qu'elle luy avoit donné à loüage, ou à emphyteofe ; l'obligeant de payer les arrerages qu'il devroit de la penfion pour les années qui feroient écheuës, & les charges pareillement écheuës depuis le bail *& antiquum ftatutum rei lo-catæ vel emphyteuticæ exigere ;* fans que le preneur puiffe repeter les ameliorations qu'il avoit faites dans le fonds qu'il avoit pris à l'un de ces deux titres, fuivant la Novelle *de non alienand. cap. fi verò in perpetuam. 7.*

Toutefois il eft au pouvoir des Eglifes & des Maifons pieufes d'expulfer du fonds donné à loüage ou à emphyteofe le preneur, & au cas que l'Adminiftrateur ne trouve pas à propos de l'expul-fer, il peut contraindre le preneur à payer les arrerages qu'il doit, & de retenir la chofe jufques à la fin du bail en payant les pen-fions & les charges, aufquelles il fe fera obligé par le contrat. Et s'il eft refufant d'executer ce à quoy il fe feroit obligé, l'Em-pereur veut que les Adminiftrateurs des fufdites Eglifes & Mai-fons le pourfuivent pour l'indemnité & les interefts d'icelles, fans qu'il puiffe repeter les ameliorations qu'il auroit faites dans les biens qu'il avoit pris aux titres fufdits.

Il faut dire le contraire de celuy qui a pris un heritage à loüa-ge d'un particulier ; car quoy qu'il foit expulfé du fonds qu'il a pris à ce titre, *propter penfionem non folutam,* felon la Loy *Co-lonus. ff. locat.* toutefois il retient les ameliorations qu'il y a fai-tes. Ce qui a efté introduit en faveur de l'Eglife ; car il femble que ce foit contre l'equité que l'Eglife retient les ameliorations,

puisqu'elle en profite au préjudice de celuy qui a pris les biens
à loüage, ou à emphyteofe.

De ce Chapitre a efté tirée l'Authentique *Qui rem*, mife aprés
la Loy *Jubemus. C. de facrof. Ecclef.*

AUTHENTIQUE *Qui rem jubemus. C. de Sacrofanct.*
          Ecclef.

*Qui rem hujufmodi conductam vel in emphyteufim acceptam
fecerit deteriorem, aut emphyteuticum canonem per biennium non
folverit; hac lege repelli poteft, ut tamen folvat totius temporis
penfionem; & id in quo rem læfit, refarciat; non repetiturus, fi
quid impendit nomine meliorationis.*

CHAPITRE IX.

Il eft permis d'aliener les biens de l'Eglife pour la Redemption des Captifs.

Ut liceat pro Redemptione Captivorū res immobiles Ecclefiæ alienare.

CE Chapitre contient plufieurs Parties.
Dans la premiere l'Empereur permet aux Adminiftrateurs
des Eglifes, d'en aliener les biens pour la Redemption des Captifs, à moins que les chofes qu'on voudroit aliener pour ce fujet, n'euffent efté données à l'Eglife, à la charge qu'elles ne feroient point alienées; car ce pacte eft valable, & il doit eftre gardé, *l. fin. C. de reb. alien. non alien. & l. fin. C. de pact. int. empt. &
vendit.*

Dans la feconde *verf. hoc autem concedimus.* l'Empereur permet à l'Eglife de Hierufalem de vendre les maifons qui luy appartiennent qui ne font pas fituées dans cette Ville, pourveu
que ce ne foit pas pour un moindre prix qu'elle pourroit tirer
des penfions ou revenus d'icelles pendant cinquante années, en
forte que le prix provenant de la vente de ces maifons foit employé à augmenter les revenus de l'Eglife qui fait l'alienation.

Dans la troifiéme *verf. fi verò quidam*, il ordonne que fi
quelqu'un donne des heritages fteriles à quelque Maifon pieufe, en quelque lieu qu'elle foit fituée, ou qu'il luy en ait fait une

vente, ou qu'il la luy ait transferée à quelque titre que ce soit, ou qu'il la luy ait laissée par derniere volonté, l'Eglise n'en doit recevoir aucun dommage, soit pour les redevances dont ces biens seroient chargez envers le fisc, ou enfin pour toute autre cause: voulant que ces charges retombent sur celuy de qui viennent ces biens, ou sur ses heritiers, les obligeant de les reprendre, & d'indemniser l'Eglise des pertes qu'elle auroit faites par ce moyen. Que si quelque somme d'argent avoit esté baillée à l'Eglise pour la faire consentir de prendre ces biens, cette somme luy doit estre conservée, sans qu'on la puisse repeter, & de plus l'Eglise peut obliger celuy qui les a donnez, de les reprendre.

Dans la quatriéme *verf. ad hoc jubemus.* l'Empereur défend de contraindre les Eglises d'acheter des heritages, steriles ou fertiles, en quelque lieu qu'ils soient situez, de l'argent qu'elles auroient comptant, *ut non inveniantur per hanc occasionem, & quos habent perdere, aut debitis obnoxios ;* parce qu'il pourroit arriver par là, qu'elles pourroient perdre les biens qu'elles auroient déja acquis, ou les obliger à des dettes qui surviendroient à l'occasion de ces nouvelles acquisitions.

Dans la cinquiéme *verf. si verò quis voluerit.* il ordonne à l'égard de celuy qui veut prendre à titre d'usage une chose appartenante à quelque Maison pieuse, ce qu'il a ordonné cy-dessus au Chapitre *si verò aliquis* 2. pour celuy qui prend au mesme titre des biens de l'Eglise de Constantinople.

CHAPITRE X.

De sacris Vasis cujusque Ecclesiæ vel Oratorii.

Des Vases sacrez des Eglises ou des Chapelles.

De sacris autem Vasis.

L'Empereur défend dans ce Chapitre de vendre les Vases sacrez des Eglises situées dans l'étenduë de son Empire, ou des Maisons de pieté, si ce n'est pour la redemption des Captifs, ainsi qu'il avoit déja esté défendu par la Loy *Sancimus. C. de sacros. Eccles. & sup. de non alien. reb. Eccles. cap. iisdem.*

Toute-

Toutefois au cas qu'il y en eût plufieurs. dans une Eglife, dont une partie fût inutile, il permet de vendre ceux dont on n'avoit pas befoin ; comme auffi de vendre ceux qui font dans une Eglife, pour la décharger de fes dettes, au cas qu'elle n'eût point d'autres meubles ou effets mobiliers pour fatisfaire, pour n'eftre pas obligée de venir à l'alienation de fes immeubles.

De ce Chapitre a efté tirée l'Authentique *Prætereà.* mife aprés la Loy *Sancimus.* 18. *C. de facrof. Ecclef.*

AUTHENTIQUE *Prætereà. C. de facrof. Ecclef.*

Prætereà fi habeat Ecclefia fuperflua vafa, cùm debitrix fit, nec aliunde folvere poffit, ne quid immobile alienetur vel diftrahatur, integra ea (geftis habitis coram eo cujus eft loci ordinatio) vel aliis locis venerabilibus oblata dentur, vel conflata cuilibet alii vendatur, quo magis debitum perfolvatur.

Qui autem acceperit hoc contra hanc obfervationem, eifdem pœnis fubjaceat, quæ in rebus immobilibus funt prodita.

Voyez cy-deffus la Novelle *de non alien. cap. facris autem* 10.

CHAPITRE XI.

Des peines contre ceux qui contreviennent à l'Ordonnance contenuë dans cette Novelle.

Si verò præter hæc.

L'Empereur ordonne dans ce Chapitre,

Premierement, que fi les biens des Eglifes ou des Maifons pieufes font alienez contre ce qui a efté prefcrit dans les Chapitres precedens, ils leur foient rendus, avec les fruits qui auront efté perceus par les acquereurs depuis leur acquifition, fans que l'Eglife qui a fait l'alienation, foit obligée de rendre l'argent qu'elle en auroit receu, ou ce qui luy auroit esté donné en recompense, ou par échange.

En second lieu, que si les biens Ecclesiastiques sont donnez à emphyteose sans les formalitez ordonnées cy-dessus, ils soient rendus, & que le preneur soit obligé de payer les arrerages de la pension écheus & à écheoir, & d'executer les clauses du contrat.

En troisiéme lieu, que si un bien de l'Eglise a esté donné, il soit rendu, avec les fruits perçûs *medio tempore*, & le donataire obligé de donner à l'Eglise la valeur de la chose dont il avoit accepté la donation.

En quatriéme lieu, que si les choses Ecclesiastiques sont hypothequées contre ce qui est porté par cette Ordonnance, le creancier perde ce qu'il a presté, & rende la chose qui luy auroit esté baillée par engagement.

En cinquiéme lieu, que les Notaires qui auront passé des actes & contrats contre la teneur de cette Ordonnance, soient condamnez à l'exil à perpetuité.

En sixiéme lieu, que ce qui a esté fait avant cette Ordonnance conformément aux precedentes, soit valable & ait son execution, & que ce qui a esté fait contre les anciennes Loix sur cette matiere soit inutile & sans effet, & que les choses Ecclesiastiques qui auroient esté baillées à d'autres, soient renduës aux Eglises ou aux Maisons ausquelles elles appartenoient.

En dernier lieu, qu'à l'avenir on observe cette Ordonnance, & que les precedentes demeurent sans force & sans vertu, estant abrogées par cette derniere, au moins dans les cas ausquels elle leur est contraire.

De ce Chapitre a esté tirée l'Authentique *Qui res jam dictas.* mise au Code aprés la Loy *jubemus. de sacros. Ecclef.*

AUTHENTIQUE *Qui res jam dictas.*

Qui res jam dictas non gratuito alienationis titulo citra formam legis accepit, rem quidem cum omni incremento medii temporis restituat ; ejus autem quod dedit, nullam actionem contra venerabilem locum, sed adversus eum qui alienavit, habet. Donatarius autem & rem cum omni causa & fructum restituat, & aliud tantumdem. Creditor quoque restitutâ re pignoratâ cre-

diti actionem contra solum pignoris datorem habeat. Emphyteusis
acceptor & ab ea cadat, nec quod dedit, repetat, imò statim solvat
quod soluturus esset unoquoque anno, si jure contraxisset. Sed me-
lius dicitur omnimodo denegandas esse actiones hujusmodi acce-
ptori.

Voyez ce qui a esté dit sur la Novelle 7. de l'usage de la
France sur l'alienation des biens de l'Eglise.

PARAPHRASE
DE JULIEN.

CONSTITUTIO CXI.

CCCCIX. De alienationibus & aliis contractibus immobilium rerum, vel annonarum civilium, vel rusticorum man-
cipiorum, quæ ad loca venerabilia pertinent.

NUlli liceat *administratori rerum Ecclesiæ majoris hujus Im-*
perialis civitatis, vel orphanotrophii, vel xenodochii, vel
ptochotrophii, vel nosocomii, vel alterius religiosi loci intra Im-
perialem civitatem vel intra territorium ejus positi, exceptis Mo-
nasteriis, vendere, vel donare, vel permutare, vel pari donatione,
vel alio quocumque modo alienare rem immobilem, vel annonas
civiles, vel rusticum mancipium, nisi ad Imperialem domum per-
mutatio tantùm fiat. Sed neque parœcico jure dari quippiam con-
cedimus. Emphyteuseos autem contractus ab antefata majore Ec-
clesia & aliis memoratis locis fieri jubemus in persona ipsius qui
accepit, & in duobus aliis heredibus, ut non plus quàm sexta por-
tio subsistentis reditûs concedatur ei qui emphyteusin accepit. De
proastiis autem, quæ ad prædictas pertinent domos jubemus: Si
quidem talia proastia reditum habeant, insolidum reditum, ab
administratoribus jure emphyteuseos ea præstari secundùm præ-

dictum modum , id est in personam ejus , qui accepit , & alias duas successiones , ut nulla relevatio fiat , sed magis accedat augmentum. Quòd si nullum reditum eadem proastia habeant , tunc liceat Administratoribus ea præstare sub quadam quantitate. Quòd si res emphyteuseos jure ab antefatis domibus præstita , vel ad Imperialem domum pervenerit , vel ad fiscum , vel ad aliquam civitatem, vel ad Curiam , vel ad aliam Religiosam domum : liceat Administratoribus locorum , à quibus ab initio emphyteusis constitit , quando ad aliquam personam talis contractus pervenerit manifestare voluntatem suam intra biennium , & duorum alterum , vel apud eos relinquere rem & annuum reditum, qui pacto continetur , accipere, vel ipsam rem recipere , jure emphyteuseos resoluto , si hoc ipsum conducere sibi putaverint. Quod si quædam sint loca , in quibus positæ veteres domus dirutæ sunt , ex quibus nullus reditus prædictis religiosis locis colligitur , neque possint dirutas domos renovare , liceat Administratoribus hujusmodi loca emphyteuseos jure perpetuo præstare , sic tamen , ut tertia portio pensionum Religiosis locis præstetur , quæ colligebantur ex habitationibus nondum dirutis , eandemque tertiam portionem cedere ab initio contractûs emphyteuseos. Quòd si emphyteuticarius magis eligat sub hac pactione loca accipere , ut priùs ædificet , & ex venientibus posteà pensionibus dimidia portio Religiosis locis præstetur : & hoc fieri concedimus. Sed & si materias ex dirutis ædificiis in eodem loco emphyteuticarius invenerit , sine impedimento eis utetur. Quòd si quis velit rem immobilem ab antè fatis Religiosis locis usûs nomine accipere , non aliter hoc accipiat , nisi aliam rem statim jure dominii præstet eidem religioso loco , à quo eandem rem accepit , tantum habentem reditum , quantum habet res , quæ ei datur , & non pluribus tributis gravatam , ita ut post mortem ejus vel post tempus quod usui additum est (ut tamen non sit longius , quàm vita ejus qui accepit) utraque res in integrum tam jure dominii quàm jure usûs in eundem Religiosum locum perveniat. Locationes autem ab iisdem Religiosis locis fieri concedimus , in tantos annos quantos inter contrahentes placuerit , ut tamen non extendantur ultra triginta annos. Quòd si contigerit memoratis locis, propter tributa vel alias necessitates pecuniis opus habere ; liceat administratoribus rem immobilem supponere , & dare in speciale pignus , ut creditor possideat eandem rem , & fructus ejus capiat , & imputet sibi in ipsas quas mutuavit pecunias , quosdam in usuras non ampliores quàm quarta portione centesimæ. Quòd si Ad-

ministratores debitum solverint, vel ex fructibus creditori satis-
fiat, jubemus rem ad locum religiosum redire; contractus autem
emphyteuseos & hypothecas, & ultra quinquennium locationes
volumus fieri à sacrosanctâ quidem Majore Ecclesiâ hujus Civi-
tatis, arbitrio & consensu beatissimi ejusdem Civitatis Patriarchæ,
jurantibus præsente eo tam religiosis Oeconomis, quàm Chartula-
riis ejusdem majoris Ecclesiæ, quod non ad fraudem ipsius Eccle-
siæ contractus sit. In aliis autem religiosis domibus, siquidem sint
Chartularii, eodem modo eos jurare præsente administratore.
Quòd si nulli chartularii sint, ipsos administratores propositis sacro-
sanctis Evangeliis contractum facere inscripto cum jurejuran-
do hujusmodi instrumentis, eo quod non ad læsionem vel circum-
scriptionem religiosi loci contractus fiat. Oeconomis autem & or-
phanotrophis, & cæterorum locorum administratoribus, & cujus-
cumque loci chartulariis, & parentibus & liberis eorum & aliis
qui jure cognationis vel affinitatis, eis copulantur, interdicimus
emphyteusis, & locationes vel hypothecas rerum ad religiosa perti-
nentium loca, sive per se, sive per interpositam personam accipere:
Sciturus, quod si tale aliquid perpetratum fuerit, & hoc ipsum
invalidum erit, & omnem substantiam eorum, qui acceperint &
œconomorum, & chartulariorum, & administratorum, quibus
secundùm prædictum modum copulantur, in religiosam domum
ex qua rem acceperunt, post mortem eorum pervenire jubemus.
Et hoc quidem de sacrosanctâ majore Ecclesiâ, & prædictis reli-
giosis locis, quæ intra Imperialem Civitatem sunt vel intra terri-
torium ejus disposuimus.

CCCCX. Idem.

De aliis autem sacrosanctis Ecclesiis & Monasteriis, & Xeno-
nibus, & Nosocomiis, & ceteris religiosis domibus, quæ in omni-
bus Provinciis nostræ Reipublicæ positæ sunt, necnon Monasteriis
in Imperiali Civitate & territorio ejus positis consequenter defi-
niendum est. His igitur locis liberam facultatem præstamus non
solùm temporalem emphyteusim facere immobilium rerum ad ipsos
pertinentium, sed etiam perpetuo eas jure emphyteutico volenti-
bus dare. Et si quidem sacrosanctæ Ecclesiæ fuerint, vel aliæ reli-
giosæ domus, quarum administrationem Episcopus, vel per se, vel
per Clerum expediat, arbitrio ejus & consensu fieri talem con-
tractum: jurantibus præsentibus Oeconomis, & Administra-

toribus , & chartulariis ejusdem religiosæ domûs , quòd ex hoc emphyteuseos contractu nullum damnum eidem religiosæ domui fiat. Quod si Ptochia , vel Xenones , vel Nosocomia , vel alia religiosa loca sint , propriam habentia administrationem , siquidem sanctas domos oratorias habeant , consensu amplioris partis Clericorum oratorii contractus procedat , necnon Oeconomi. Quod si solum Xenodochium sit vel Ptochium , vel Nosocomium , vel alia religiosa domus is qui præpositus est ipsis , contractum faciat , jurantibus administratoribus earum sub præsentia religiosissimi Episcopi , à quo præpositi vel creati fuerint , quod nihil ad læsionem vel circumscriptionem eorumdem locorum in tali contractu fiat. In Monasterio autem per Legumenos eorum cum ampliore parte ejusdem Monasterii monachorum contractum fieri. In his autem jubemus inscribi instrumentum cum jurejurando , quod non ad læsionem vel circumscriptionem eorumdem locorum negotium agitur : Et hac tamen observatione procedente , relevationem non amplius fieri sextâ portione reditus , quàm habet res jure emphyteuseos præstitâ. Quæ autem diximus de ædificiis dirutis pertinentibus ad religiosas Domos in hac Imperiali Civitate positas , eadem obtinere volumus , & in istis religiosis domibus. Illud quoque jubemus obtinere , ut si quando eædem religiosæ domus vel propter publicas tributiones , vel propter alias necessarias causas obligatæ fuerint , & non habeant ex rebus mobilibus unde eadem debita persolvant ; tunc primo quidem ordine in speciale pignus rem immobilem dari creditori volumus , ut hujus pignoris fructus accipiens imputet sibi quosdam in ipsa pecunia credita , quosdam in usuras non plures quartâ portione centesimæ. Quod si non possint hoc modo debitum obtinere , jubemus eos quidem , qui à beatissimo Patriarcha creantur , sive Metropolitani , sive Episcopi fuerint , sive archimandritæ , sive orphanotrophi , vel ptochotrophi , vel xenodochi , vel nosocomi , vel aliarum religiosarum domorum administratores apud sanctissimos Patriarchas , à quibus creantur , monumenta fieri cum sacramento administratorum & consensu majoris partis eorum , qui ibi ministerium faciunt , debitum manifestum fiat , & quod non est possibile ex rebus mobilibus hoc exsolvi. Eos autem qui à Metropolitanis Episcopis creantur , sive Episcopi sint , sive archimandritæ , sive orphanotrophi , sive ptochotrophi , vel aliarum domorum religiosarum administratores , apud ipsos similiter Metropolitanos Episcopos talia monumenta conscribere: apud illos autem Episcopos , qui vel à Patriarchis , vel à Metro-

politanis Episcopis creantur , & habent sub Jurisdictione sua Monasteria vel Ptochia , vel xenones , vel nosocomia , vel alias religiosas domos , eodem modo monumenta fieri : sic tamen ut apud Patriarchas , vel Metropolitanos , vel alios Episcopos talia monumenta sic fiant , ut nullum super his damnum , vel sumptum domos religiosas pati. Propter hoc enim volumus de cetero apud præsides Provinciarum vel apud defensores locorum talia monumenta prædictis personis , vel domibus fieri , ut nullum detrimentum patiantur. Postquàm autem hoc ita secutum fuerit apud memoratos sanctissimos Patriarchas , vel Metropolitanos , vel alios Episcopos; tunc antefatos administratores ejus loci cui debitum imminet , in scriptis in publico civitatis proponere per viginti dies : & hoc modo adhortari eos, qui comparare rem immobilem volunt, ut is qui plus præstiterit , aliis præponatur. His autem omnibus procedentibus venditionem fieri , pretio modis omnibus pro debito dando , ut non aliter habeat emptor cautum , nisi pretium super ipso debita solverit , hoc specialiter inscriptum sit cum jurerando in emptionali conscriptione , quod nihil ad læsionem vel circumscriptionem ejusdem religiosæ domûs fiat ; sin autem per antefatum modum emptor talis rei nullus inveniatur , jubemus debitum quidem recipere creditorem jure , eo quod pro soluto dicitur , ut ipsam possessionem creditor accipiat , justâ & subtili æstimatione faciendâ , & adiiciendâ pretio decimâ portione totius æstimationis , & sic in ea quantitate capere rem creditorem pro solutione firmo dominio possidendam. Sic tamen ut administratores ejus loci cui debitum imminet , & major pars eorum , qui ibidem ministerium faciunt , hujusmodi venditionibus consentire. Ea autem res , quæ pro soluto immobilis constituta datur , non electione creditoris præstetur , sed quod medium est fertilium & infertilium possessionum , quæ ad religiosum pertinent locum , æstimari ad hoc oportet ex reditu suo , & publicarum tributionum functione , & reliquo statu. Si quis autem Episcopus , vel œconomus , vel administrator cujuscumque religiosi loci , sive in Imperiali Civitate , sive in Provinciis positi pecuniam mutuatus est , vel posteà mutuatus fuerit, jubemus non aliter & in rationes religiosæ domus imputari , nisi priùs probaverit , quod ad causas prædicti religiosi loci hæc processit : sed neque ipsum creditorem , vel heredes ejus contra domum religiosam habere aliquam actionem nisi probaverint in causas ad religiosam domum pertinentes pecuniam processisse : sed contra eum qui mutuatus est , vel heredes ejus , suas movere actiones. Hoc quoque jubemus , ut exceptâ fanctiffimâ majore Ecclefiâ Imperialis Civitatis, & fancto Orphanotrophio, & xenonibus, & ptochiis, quæ in hac Imperiali Civitate funt, vel quæ intra territorium ejus, licere omnibus fanctiffimis Ecclefiis & religiofis domibus, necnon Monafteriis, quæ vel in Imperiali civitate, velit diverfis Provinciis pofita funt, permutationes rerum fecum facere cum indemnitate utriufque loci, confentientibus in fcriptis vel depofitione huic contractui non folum adminiftratoribus utriufque religiofi loci, fed etiam majore parte eorum, qui ibi minifterium faciunt. Res autem immobiles, quæ ab Imperiali domo ad quemcumque religiofum locum pervenerunt, vel poftea pervenerint, nullo modo vendi, vel fupponi, vel permutari, vel quocumque modo alienari concedimus, nec fi fecum religiofæ domûs tale aliquid fecerint.

·CCCCXI. Idem.

Nulli liceat Monafterium alienare, ut in profanum ftatum tranfeat : fed liceat Epifcopis hujufmodi facinora emendare, & in priftinum ftatum locum reducere. Si quis autem ex prædictis locis exceptâ majore Ecclefiâ Imperialis urbis poffeffionem habeat tributis plurimis prægravatam, ex qua nullus reditus fancto loco præftatur, facultatem liberam damus adminiftratoribus religiofi loci talem poffeffionem alienare, quocumque modo putaverint commodum eidem religiofo loco fore, monumentis fcilicet in tali alienatione faciendis apud illos, à quibus adminiftratores talium locorum præponuntur, vel creantur : & jurantibus per divinas fcripturas his qui iifdem locis præpofiti funt, & majore parte eorum, qui ibi minifterium faciunt, quod nullâ proditione, nullâ gratiâ, nullâ circumfcriptione alienatio fiat : œconomis autem vel adminiftratoribus, vel chartulariis cujufcumque religiofi loci, & parentibus & liberis eorum & aliis, qui vel cognatione vel jure nuptiarum eis copulantur, locationes, vel emphyteufes, vel emptiones, vel hypothecas rerum immobilium apud eofdem religiofos locos pertinentium fubire vel per fe, vel per interpofitam perfonam fub iifdem pœnis interdicimus, quas fuprà diximus.

CCCCXII. Idem.

Si quis autem conductor vel emphyteuticarius rem, quæ ad locum religiofum pertinet, deteriorem eam fecerit, vel per biennium

nium emphyteuticum canonem five mercedem non folverit : liceat religiofi loci Administratoribus expellere eum de locatione vel emphy-teufeos contractu , & exigere ab eo transacti temporis debitum ca-nonem , & propter emponemata nullam ei competere actionem. Sin autem nolint Administratores religiofi loci eum expellere : id quod debet , praestet , & teneat rem, donec tempus statutum finia-tur : & canonem fecundum quod pactum est , praestet. Quod fi fugerit, liceat Administratoribus religiofi loci indemnitatem fervare ex rebus ipsius , & propter emponemata nullam timere actionem.

CCCCXIII. Idem.

Sanctissimis Ecclesiis Odessi & Tomeos permittimus alienare res immobiles pro captivorum redemptione, nisi forte ad hoc ei praestita fuerint , ut nullomodo alienentur. Illud quoque concedimus , ut in Hierofolymitanae sanctissimae Ecclesiae licentiam habeat domos fuas in eadem Civitate positas vendere non in minore pretio quam ex pensionibus eorum per quinquaginta annos colligitur , ut ex ea aestimatione aliis reditus melior comparetur.

CCCCXIV. Idem.

Si quis cuicumque fancto loco vel in Imperiali civitate , vel in Provinciis posito possessiones penuriâ laborantes donaverit vel ven-diderit , vel alio modo praestiterit , vel reliquerit : jubemus pro talibus rebus nullam laesionem perpeti religiofam domum , ad quam talis possessio pervenit , five publicarum functionum nomine , five alterius cujufcumque causae , fed totum gravamen in eos qui dede-runt , vel heredes eorum redire , & cogendo recipere tales posses-siones , restituere de fua substantia religiofo loco omne detrimentum, quod ex tali causa ei contigerit. Sed & fi fraus interfesserit tan-ta , ut etiam pecunia religiofo loco praestetur , ut possessiones illas religiofus locus fufcipiat : jubemus , ut is , qui dedit , vel heres ejus recipiat possessiones , & pecunias non exigat. Nulli autem Ec-clesiae necessitatem imponi volumus possessiones ubicumque positas, quamvis fertiles fint , comparare.

CCCCXV. Idem.

Si quis ufus nomine rem immobilem ab Ecclesia Provinciali

accipere velit : eodem jure & sub iisdem conditionibus accipiat, quas suprà diximus in Ecclesiis , quæ in Imperiali civitate sunt, vel in territorio ejus positæ.

CCCCXVI. De sacris vasis cujuscumque Ecclesiæ vel Oratorii.

Hæc de rebus immobilibus ; nam de sacris vasis cujuscumque Ecclesiæ vel oratorii jam legem potuimus , ut non aliter liceat ea distrahere : nisi pretium eorum procedat in redemptionem captivorum, aliter enim vendi vel obligari non possunt. Sin autem religiosa domus habeat superflua vasa , quæ nullum necessarium usum faciunt ; ipsa autem debitis prægravetur , & si non sint aliæ mobiles res , ex quibus possint debita persolvi ; licentiam damus actis intervenientibus secundum modum superiùs præfinitum, & memorata superflua vasa vel aliis religiosis locis , si hoc iis utile sit , vendere vel conflare : & similiter vendere , & eorum pretium debiti nomine dare , ut res immobiles non alienentur.

CCCCXVII. Quibus pœnis subjiciuntur , qui præsentem Constitutionem violaverint.

Si contra ea , quæ diximus præsente lege , contractus fiat in rebus mobilibus, & immobilibus ad religiosam pertinentibus domum: jubemus reddi quidem eidem religioso loco rem, in qua tale aliquid secutum est cum medii temporis fructibus : maneat autem apud eundem religiosum locum & pretium , & si quis remunerationis vel permutationis gratiâ vel alterius cujuscumque causæ nomine ei præstitum est. Quod si emphyteusis facta sit contra ea quæ disposuimus , res quidem religioso loco reddatur : pactionem autem emphyteuticam præstet emphyteuticarius secundùm tenorem instrumentorum , quæ in hujusmodi contractu composita fuerint. Quòd si donata fuerit res ad religiosum locum pertinens , reddatur & cum medii temporis fructibus , & aliud tantum quantum eadem res digna est. Sin autem hypotheca contra prædictas distinctiones data fuerit : creditor quidem debitum amittat , & rem religioso loco reddat. Tabelliones autem , qui contra præsentem legem instrumenta componere ausi fuerint , perpetuo exilio condemnentur.

CCCCXVIII. De vi ac poteſtate Conſtitutionis in tempore.

Quidquid anté præſentem Conſtitutionem factum eſt, ſi qui-
dem ſecundùm leges veteres, valeat. Sin autem adverſatur eis,
radicitùs eruatur : de cætero autem veteribus legibus in hac par-
te evacuatis, præſentem legem in noſtra Republica pollere ju-
bemus. Datum VII. *Id. Majas Conſtantinopoli Imp. Dn.* II.
Juſtiniano anno XIX.

TITRE IV.

Que les intereſts n'excedent point le double du ſort
principal.

NOVELLE CXXI.

Ut particulares uſurarū ſolutiones in duplum computentur.

POUR entendre cette Novelle, qui ne conſiſte que dans deux
Chapitres, il faut obſerver, que par les Loix Romaines les
intereſts ne doivent point exceder le double du principal, *l.* 27.
& 28. *C. de uſur.* Par la Loy 10. *C. eod. tit.* laquelle eſt de l'Empereur Antonin, il eſt decidé, que les intereſts payez dans divers
temps, ne doivent point eſtre imputez ſur le principal, quoy
qu'ils ſe trouvent exceder le ſort principal : La raiſon qui en eſt
renduë dans cette Loy eſt, que *tunc ultra ſortis ſummam uſuræ*
non exiguntur, quoties tempore ſolutionis ſumma uſurarum exce-
dit eam computationem. Cette queſtion, quoy que decidée par
cette Loy, s'eſtoit preſentée pardevant l'Empereur Juſtinien
dans l'eſpece qui eſt propoſée dans le premier Chapitre de cette
Novelle : Demetrius avoit emprunté cinq cens écus d'Artemidore, avec promeſſe & ſtipulation d'intereſts ; Euſebe & Aphto-
nius petits fils de Demetrius, avoient preſenté leur Requeſte à
l'Empereur Juſtinien, par laquelle ils luy auroient repreſenté,
qu'Artemidore avoit receu pour intereſts neuf cens quarante-
neuf écus d'or, & demandoient qu'en payant encore cin-

quante-un écus, ils fuſſent entieremeut déchargez de la dette contraſtée par Demetrius leur ayeul, de la ſomme de cinq cens écus d'or, ſuivant ſa promeſſe, conformément à la Loy 27. C. de uſur.

Epimachus & Artemon, heritiers d'Artemidore, diſoient pour défenſe, que les petits enfans de Demetrius eſtoient mal fondez dans leur Requeſte, & que la queſtion ne devoit pas eſtre decidée par la Loy 27. C. de uſur. qui porte: *Cauſam inſuper uſurarum ultra duplum minimè procedere concedimus,* parce que cette Loy ſe doit entendre lors que dans une année les intereſts payez excedent le double du ſort principal, & non pas lors que les intereſts payez de pluſieurs années ſe trouvent exceder le double du principal.

Sur cette conteſtation l'Empereur ordonne, que ſans avoir égard aux Loix faites auparavant, les intereſts payez dans quelque temps que ce ſoit, ne puiſſent exceder le double du ſort principal, en ſorte que s'ils ſe trouvent égaler le double du ſort principal, le debiteur ſoit entierement déchargé de la dette: La raiſon pour laquelle les Loix Romaines ont empeſché, que les intereſts n'excedaſſent le double du ſort principal, a eſté qu'ils croyoient que le creancier devoit eſtre content d'avoir exigé en intereſts le double du ſort principal, pour eſtre le debiteur déchargé tant du ſort principal que des intereſts, & qu'il n'eſtoit pas juſte que le debiteur fût obligé de payer toûjours des intereſts, ſans pouvoir eſtre déchargé du ſort principal. Voyez *infrà* la Novelle 138. & 160.

On n'a point tiré d'Authentique de cette Novelle, ce que neanmoins Irnerus avoit dû faire, puis qu'elle déroge expreſſément à la Loy 10. C. de uſur.

Cette Novelle eſt inutile en France, où les intereſts excedent dans la ſuite des temps le double du principal, ſans que le debiteur ſoit déchargé ny du ſort principal, ny des intereſts, qui courent toûjours juſques à l'amortiſſement du principal: les intereſts qui ſe payent pour les rentes conſtituées, excedent aprés quarante ans le double du ſort principal, cependant il ſubſiſte toûjours, & produit des intereſts juſqu'à ce qu'il ſoit rembourſé & amorty.

A l'égard des intereſts qui ſont dûs *à die moræ*, du jour de la condamnation, ils excedent auſſi le double du principal aprés quarante ans, ſans que le debiteur ſoit déchargé ny du principal ny des interests écheus ou à écheoir., pourveu qu'il n'y ait pas de prescription.

TITRE V.

Edit de l'Empereur Justinien concernant les Artisans, & Professeurs des Arts.

Edictum
pientissi-
mi do-
mini no-
stri Ju-
stiniani
de for-
mula
Artifi-
cum,

NOVELLE CXXII.

L'Empereur dans cette Novelle défend à tous Artisans & Professeurs des Arts & des Sciences, aux Marchands & Negocians & aux Laboureurs, d'exiger pour leurs peines & salaires, ou pour le prix des marchandises, plus que l'usage ne le permet : & il enjoint aux Experts, Jurez, & gens connoissans, Priseurs & Estimateurs du prix & de la valeur des choses, de ne faire leurs rapports & estimations que suivant l'ancien usage : Il ordonne aussi à ceux qui donnent des Fermes, ou qui en prennent, de garder l'ancienne Coustume, & de ne les donner ou de ne les prendre qu'au prix accoustumé & ordinaire.

L'Empereur condamne ceux qui contreviendront à cet Edit au triple de ce que les dénommez dans cet Edit auront pris, receu, exigé, ou payé plus qu'il ne leur est deu, payable au fisc.

La raison de cette Constitution est l'interest public, qui consiste principalement à empescher, que le prix & la valeur des choses n'augmente au prejudice des particuliers.

Cette Novelle n'est point d'usage en France.

§§§§§§§§§§§§§§§§§§§§§§§§§§§§§§§§§

De fan-
Ûiffimis
Epifco-
pis &
Deo a-
mabili-
bus &
Reve-
rendiffi-
mis Cle-
ricis , &
Mona-
chis,

TITRE VI.

Des Evefques, des Clercs & des Moines.

NOVELLE CXXIII.

CEtte Novelle traite encore aprés les Novelles 3. 5. & 6. des
Evefques, des Clercs, des Moines, des Eglifes & de leurs
Privileges ; elle eſt divifée en quarante-quatre Chapitres qui fe-
ront expliquez feparément.

CHAPITRE I.

De l'Ordination des Evefques.

L'Empereur dans ce Chapitre, ordonne que quand il s'agit de
l'élection d'un Evefque, les Clercs & les principaux de la
Ville nomment trois perfonnes, *præpofitis facrofanctis Evan-*
geliis, periculo animarum fuarum, dicentes in ipfis decretis, quia
neque propter aliquam donationem ; neque propter aliquam pro-
miffionem, aut amicitiam, aut aliam quamlibet caufam, fed fcien-
tes eos rectæ & Catholicæ fidei, & honeſtæ effe vitæ, & literas
noffe, hos elegerunt : & quia neque uxorem, neque filios aliqui eo-
rum habent, neque concubinam, aut filios naturales cognofcunt
eos habuiffe, aut habere : fed & fi prius uxorem aliquis ex eis ha-
buit ipfam & unam, & primam, & neque viduam, neque viro
conjunctam, neque legibus aut facris Conſtitutionibus interdi-
ctam ; fed & quod neque Curialem aut Officialem hunc effe co-
gnofcunt ; aut fi Curiali vel Officiali fubjacet fortunæ, fciunt
eum in Monaſterio non minus quindecim annis Monaſticam con-
verfationem impleviffe.

Dans le commencement de ce Chapitre il eſt porté, que
ceux qui nomment des Clercs pour un d'eux eſtre éleu Evefque,
doivent affirmer par ferment fur les Evangiles, qu'ils les ont

nommez, non pas parce qu'ils en auroient receu quelque donation, ou qu'ils auroient fait quelque paction ou promesse avec eux, ou en consideration de l'amitié qui seroit entr'eux, ou pour quelque autre cause ; mais parce qu'ils sçauroient & connoistroient asseurément qu'ils sont de la Religion Catholique, qu'ils menent une vie honneste, & convenable à leur qualité, & qu'ils sont sçavans ; qu'ils n'ont ny femme ny enfans, qu'ils n'ont point de concubine, & qu'ils n'ont point, & n'ont point eu d'enfans naturels ; & que si quelqu'un d'eux a esté marié, il n'a eu qu'une seule & unique femme, laquelle n'estoit point veuve lors qu'il l'auroit espousée, & que son mariage avec elle n'auroit point esté défendu par les Loix ou par les Constitutions ; & qu'ils ne sont point engagez dans l'Ordre des Decurions, ou des Officiers, ou que s'ils y ont esté engagez, ils ont vescu & demeuré dans un Monastere pendant quinze années, y faisant profession pendant ce temps de la vie Monastique.

Le §. 1. de ce Chapitre requiert que ceux qui sont nommez, ayent au moins trente-cinq ans ; & que des trois qui sont nommez, l'Evesque choisisse celuy qu'il jugera le plus digne.

De ce qui est porté dans ce Chapitre, il s'ensuit que plusieurs conditions sont requises pour estre nommé à l'Evesché vacant.

La premiere, que la nomination soit faite gratuitement, & sans aucune consideration d'interest par ceux qui ont droit de nomination.

La deuxiéme, que les nommez soient de la Religion Catholique, l'Evesque selon l'Apostre *ad Tit.* 1. *vers.* 9. doit estre ἀντεχόμδυος τῶ κατὰ τὴν διδαχὴν πιστῶ λόγου, c'est à dire qu'il doit estre instruit dans la doctrine de la Foy.

La troisiéme, que les nommez soient d'une vie honneste, *bonorum, & virtutum testimonium habentes*, 1. *ad Timoth.* 3. *vers.* 7.

La quatriéme, qu'ils soient sçavans, *literas scientes*, c'est à dire qu'ils sçachent lire & écrire.

La cinquiéme, qu'ils n'ayent point de femme.

La sixiéme, qu'ils n'ayent point d'enfans vivans, *Epist.* 1. *ad Timoth.* 3. *vers.* 4.

La septiéme, qu'ils n'ayent point de concubine ; parce que la chasteté & la continence est requise, principalement en la personne des Evesques qui sont les chefs & les Princes de l'Eglise.

La huitiéme, qu'ils n'ayent point, & n'ayent point eu d'enfans naturels, parce que *liberi naturales nafcuntur ex concupif. centia, Novel.* 74. *cap.* 1. & que ces enfans font un témoignage certain de l'incontinence de leurs peres & meres.

La neuviéme qu'ils ne foient point bigames, c'eſt à dire qu'ils n'ayent épousé qu'une feule & unique femme, & qu'ils n'en ayent point eu deux ou plufieurs, dans un mefme temps, ou fuccefſivement l'une aprés la mort de l'autre, *Epiſt.* 1. *ad Timoth.* 3. *verf.* 2. *ad Tit.* 1. *verf.* 6. *Novel.* 6. *cap.* 1. & qu'ils ne foient point bigames du fecond genre de bigamie, comme font ceux qui ont épousé une femme qui eſtoit veuve d'un autre mary, ou feparée d'avec fon mary.

La dixiéme qu'ils ayent trente-cinq ans accomplis.

Dans le §. deuxiéme de ce Chapitre, l'Empereur permet de nommer des Laïcs, excepté ceux qui font ou Decurions ou Officiers; à la charge qu'auparavant leur ordination, ils entrent au rang des Clercs, & qu'ils y demeurent pendant trois mois, pour apprendre pendant ce temps, les regles & le miniſtere de l'Eglife; parce que dit l'Empereur, *qui alios debet docere, poſt Ordinationem ab aliis doceri non debet.*

Que s'il ne fe trouve pas dans le lieu trois perfonnes dignes d'eſtre nommées, on en peut nommer feulement deux, ou mefme une feule.

L'Empereur ordonne; que la nomination foit faite dans fix mois, & qu'autrement l'Evefque à qui appartient l'élection, choififfe un Evefque, fans que la fufdite nomination foit necefſaire.

Dans la fin de ce Chapitre, il défend d'ordonner les Evefques fans y obferver les formalitez prefcrites par ce Chapitre, fur peine d'eſtre dépoüillez des Evefchez, aufquels ils avoient eſté promeus par des voyes extraordinaires & illegitimes: & fur peine pour ceux qui les auroient ordonnez, d'eſtre interdits pendant un an entier, & d'eſtre dépoüillez de tous leurs biens, par quelques moyens qu'ils foient acquis, pour lefdits biens appartenir en pleine proprieté aux Eglifes, dont ils font Evefques.

CHAPI-

CHAPITRE II.

Des accusateurs des Evesques.

De accu-
satoribus
Episco-
porum.

L'Empereur ordonne dans ce Chapitre, que si un de ceux qui ont esté nommez, est accusé de quelque vice, qui puisse empêcher sa promotion, sa promotion soit differée, que l'accusation soit poursuivie tant en presence de l'accusateur, qu'en son absence aprés trois mois ; & si l'accusation se trouve bien fondée, l'ordination est prohibée ; mais si elle est fausse, l'ordination doit estre faite, & l'accusateur doit estre exilé de la Province.

C'est à l'Evesque qui doit ordonner, à examiner si l'accusation est juste ou injuste ; & s'il ne laisse pas de proceder à l'Ordination de l'aspirant, auparavant que d'avoir examiné si l'accusation est bien ou mal fondée, celuy qui a esté ordonné Evesque, doit estre dégradé ; & l'ordinant doit estre interdit pendant un an entier, & tous ses biens doivent estre confisquez au profit de son Eglise, suivant le Chapitre precedent.

Dans ce mesme Chapitre l'Empereur défend l'élection & la consecration des Evesques pour de l'argent ou autres choses équivalentes ; declarant que ceux qui donnent ou reçoivent de l'argent pour cet effet, soient Courratiers & Maquignons de Benefices ou autres, s'exposent à la perte de leur salut & à la damnation eternelle, conformément à l'Ecriture sainte ; voulant & ordonnant que ceux qui donnent ou reçoivent de l'argent ou autre chose, soient dégradez de l'Ordre du Sacerdoce, & chassez du rang des Clercs, & que ce qui a esté donné, soit appliqué à l'Eglise, *cujus Sacerdotium comparare voluit.* Que si c'est un Laïc qui a receu l'argent, il soit obligé d'en rendre le double à l'Eglise.

Et au cas que pour seureté de l'argent promis, on ait donné des cautions & des fidejusseurs, ou des gages & hypotheques, l'Empereur ordonne que les cautions, les fidejusseurs, & les biens affectez, engagez & hypoteques, soient déchargez purement & simplement *ipso jure* ; par la raison que les obligations principales estant non valablement contractées, celles des fidejusseurs,

Tome II.   T T t

& des biens , comme accessoires, sont aussi nulles & de nul effet, *princip. Instit. de fidejusforib.*

Que si au lieu d'argent on a donné une promesse, l'obligation est nulle, & celuy qui l'a receuë, est obligé de rendre à l'Eglise la somme contenuë dans la promesse.

De ce Chapitre a esté tirée l'Authentique *Quod pro hac causa. C. de Episcop. & Cleric.*

AUTHENTIQUE *Quod pro hac causa. C. de Episcop. & Cleric.*

Quod pro hac causa datum est , & pretium quod expensum est, restituatur Ecclesiæ , cujus Sacerdotium voluit comparare.

CHAPITRE III.

Si l'Evesque auparavant ou aprés sa Consecration donne ses biens à l'Eglise : & ce qui se donne pour Cathedratique.

QUoy que ceux qui aspirent à l'Evesché, ne puissent rien donner pour la promotion suivant le Chapitre precedent, neanmoins un Evesque auparavant ou aprés sa promotion , peut donner tous ses biens à l'Eglise dont il est Evesque ; c'est une action meritoire , loin d'estre prohibée , & qui soit sujette à aucune peine ; *non prohibemus , & omni condemnatione & pœnâ præsentis legis liberum esse sancimus ; sed etiam omni laude dignum judicamus ; quoniam hoc non est emptio , sed oblatio.*

Dans ce mesme Chapitre l'Empereur permet aussi à ceux qui sont promeus aux Eveschez , Archeveschez & Patriarchats , de donner pour leur inthronisation ou droit d'entrée , ce qu'ils ont de coustume de donner suivant l'usage des lieux : ce qu'on appelle Cathedratique, lequel neanmoins ne doit pas exceder une certaine somme , eu égard au revenu du Benefice, ainsi qu'il est ordonné & prescrit par l'Empereur dans ce Chapitre , défendant d'exiger une plus grande somme , sur peine de restituer le triple de ce qui excedera la somme qui pouvoit estre legitimement payée.

CHAPITRE IV.

Que l'Epifcopat délivre de la condition fervile & afcriptice.

PAr ce Chapitre l'Epifcopat délivre de la condition fervile & afcriptice ; la dignité Epifcopale ne permettant pas que celuy qui y eft élevé, foit d'une condition fervile ou afcriptice, & fujette à la puiffance d'un maiftre. Mais il ne décharge pas de la condition & de la charge de Decurion, laquelle dure toûjours après la promotion, en forte neanmoins que la Charge doit eftre exercée par une perfonne interpofée.

Du commencement de ce Chapitre a efté tirée l'Authentique *Epifcopalis ordo. C. de Epifcop. & Cleric.*

AUTHENTIQUE *Epifcopalis ordo. C. de Epifcop. & Cleric.*

Epifcopalis ordo liberat & à fortuna fervili vel adfcriptitia, fed non à Curiali five Officiali. Nam & poft ordinationem durat, ita ut per fubjectam vel interpofitam perfonam officium adimpleatur ; nifi Curiæ vel officio reftituatur.

Par ce mefme Chapitre, l'Empereur ordonne que cette dignité délivre les fils de famille de la puiffance de leur pere ; ce que l'Empereur avoit déja ordonné par fa Novelle 81. *in fine*, de laquelle a efté tirée l'Authentique *Epifcopalis. C. de Epifcop. & Cleric.*

Voyez *fuprà*, fur la Novelle 81. *cap.* 3.

CHAPITRE V.

De Pref-
byteris,
Diaconis
& Sub-
diaconis
cognatio-
nis jure
ad tu-
telam
vel curā
vocatis.

Des Prestres, des Diacres, & des Soudiacres appellez à la tutelle ou à la curatelle par droit de parenté.

L'Empereur dans ce Chapitre décharge entierement les Evê-ques & les Moines de la charge de la tutelle & de la cura-telle, sans qu'ils puissent estre tenus de les accepter par aucune Loy : A l'égard des Prestres, des Diacres & des Soudiacres, il leur permet d'accepter la tutelle ou leur curatelle par droit d'a-gnation & comme plus proches parens ; en declarant neanmoins par eux par écrit pardevant le Juge competant dans les quatre mois, à compter du jour qu'ils ont esté appellez à ces charges, qu'ils ont consenti volontairement & sans contrainte de les ad-ministrer ; sans que cette acceptation volontaire puisse les obli-ger d'accepter une autre tutelle qui leur seroit par aprés dé-ferée.

Cette Constitution déroge à la Loy generale 52. *C. de Epi-scop. & Cleric.* dans laquelle l'Empereur Justinien décharge ge-neralement & indistinétement les Evesques, les Prestres, les Dia-cres, les Soudiacres & les Moines, de la tutelle & curatelle, en forte qu'ils ne font point obligez de proposer leurs excuses dans le temps prescrit par la Loy pour en estre exemptez.

Cette immunité est fondée sur l'interest de l'Eglise, qu'é-tant engagez dans l'administration de ces charges publiques & civiles, ils ne font point obligez d'abandonner ou de quitter le service Divin. Neanmoins cet Empereur ne leur défend pas de re-noncer à ce Privilege, & de prendre l'administration de ces char-ges, parce que par la Loy 51. au mesme titre, laquelle est du mesme Empereur, il est permis à un chacun de renoncer aux droits qui font introduits en fa faveur. Mais dans cette nouvel-le Constitution l'Empereur défend expressément aux Evesques & aux Moines de fe mêler de ces charges, & à l'égard des Prê-tres, des Diacres & des Soudiacres, il les en exempte, mais ils peuvent les accepter s'ils veulent.

Par le Canon *pervenit. distinct.* 86. tiré du Concile de

Chalcedoine, il femble avoir efté derogé à cette Novelle : Par ce Canon il eft ordonné, que les Clercs feront contraignables à adminiftrer les tutelles & curatelles des mineurs. Neanmoins il faut dire le contraire, par la raifon que ce Canon eft plus ancien que cette Novelle, comme il paroift, parce qu'il eft fait mention de ce Concile dans la Loy *cognofcere.* 7. §. *hæc igitur.* 3. *C. de fumma Trinit.* laquelle eft pofterieure à cette Novelle.

On demande fi un tuteur ou curateur eftant fait Evefque, peut fe faire décharger de la tutelle ou de la curatelle dont il feroit chargé : il femble que non, parce que *quæ femel ritè conftituta funt, firma manent, licet in eum cafum devenerint, à quo incipere non poffint, l. in ambiguis.* 85. §. 1. *ff. de R. I. & cap. factum.* 83. *de R. I. in* 6.

Neanmoins l'opinion contraire eft mieux fondée, parce que l'intereft de l'Eglife eft preferable à celuy des mineurs, & que les Evefques doivent s'adonner uniquement & interieurement au foin & à l'adminiftration de leur Diocefe, & ne doivent point fe mefler des affaires feculieres.

De ce Chapitre a efté tirée l'Authentique *Presbyteros. C. de Epifcop. & Cleric.*

AUTHENTIQUE *Presbyteros. C. de Epifcop. & Cleric.*

Presbyteros, Diaconos aut Subdiaconos, jure cognationis ad tutelam vel curam vocatos, fufcipere permittimus ; fi tamen intra quatuor menfes & quo vocati funt, ad judicem competentem in fcriptis declaraverint, talem adminiftrationem propriâ fe voluntate fufcepiffe. Si quis autem fic fecerit, nullum ex hoc præjudicium circa alienam tutelam, vel curam patiatur.

Les Preftres, les Diacres & les Soûdiacres, font exempts en France de la tutelle & de la curatelle, & des autres charges perfonnelles, comme nous avons dit ailleurs.

CHAPITRE VI.

Que les Clercs doivent s'abstenir des charges personnelles, & des affaires seculieres.

Ut Cle-
rici à
muneri-
bus per-
fonalibus
& nego-
riis fœcu-
laribus
abftineăt

L'Empereur dans ce Chapitre défend aux Clercs, de quel-que degré qu'ils soient, c'est à dire Prestres, Diacres, ou Soûdiacres, aux Evesques & aux Moines, de se mesler d'aucunes affaires publiques; comme de prendre des Fermes publiques, ou de servir de cautions pour d'autres dans ces sortes d'affaires; de prendre le soin du patrimoine particulier du Prince, ou de solliciter des procez, *ne per hanc occasionem & sanctis domibus damnum fiat, & sacra ministeria impediantur.*

Il permet neanmoins aux Oeconomes & Procureurs des maisons Religieuses & Monasteres, & des Eglises, de prendre à ferme ou à emphyteose, les biens & heritages qui sont proches desdites maisons, & qui sont à leur bien-séance, & ce du consentement des Clercs ou des Religieux de l'Eglise, ou du Monastere.

Il permet aussi aux Eglises de prendre les biens les unes des autres à ferme ou à bail emphyteotique; & mesme aux Clercs de prendre à ferme les biens de leur Eglise, du consentement de l'Evesque.

Les défenses portées par ce Chapitre sont faites sous certaines peines, qu'on pourra observer *infrà* dans la Paraphrase de Julien.

CHAPITRE VII.

Que les Evesques ne peuvent point estre contraints de venir en témoignage pardevant le Juge.

Ne Epif-
copus di-
cendi
teftimo-
nii causâ
evocetur.

IL est défendu dans ce Chapitre d'appeler en témoignage pardevant le Juge les Evesques, mais le Juge doit leur envoyer un de ses Officiers pour recevoir leur déposition devant le Livre des Evangiles.

L'Empereur Theodofe par fa Conftitution, laquelle eft dans la Loy 7. *C. de Epifcop. & Cleric.* avoit déja accordé ce privilege aux Evefques, de ne pouvoir eftre évoquez de leur Diocefe pour venir en témoignage pardevant les Juges, par la raifon qu'en rend cét Empereur, *ne perfona oneretur, & dignitas facerdotis exempta confundatur.* Ce que l'Empereur Juftinien a confirmé par cette Novelle.

Cette Novelle nous enfeigne, que les Evefques n'eftoient point obligez de prefter ferment auparavant leur dépofition, mais feulement qu'ils le faifoient *propofitis Evangeliis*, le Livre des Evangiles eftant mis devant eux ; ce qui tenoit lieu de ferment.

De ce Chapitre a efté tirée l'Authentique *Sed judex. C. de Epifcop. & Cleric.*

AUTHENTIQUE *Sed judex. C. de Epifcop. & Cleric.*

Sed judex mittat ad eos quofdam de fuis miniftris, ut propofitis facrofanctis Evangeliis, fecundum quod decet facerdotes, dicant ea, quæ noverint, non tamen jurent.

Cette Conftitution eft obfervée en France, où lors que le témoignage d'un Evefque eft neceffaire pour éclaircir le Juge de la verité d'un fait, le Juge fe tranfporte pardevant luy, ou luy envoye un de fes Officiers pour recevoir fa dépofition.

CHAPITRE VIII.

Que l'Evefque ne doit point eftre traduit pardevant le Juge feculier, pour quelque caufe que ce foit.

Ne proa pier quilibet caufam Epifcopus ad fæcularé judicem trahatur.

L'Empereur dans ce Chapitre défend expreffément de traduire les Evefques pardevant les Juges feculiers, pour quelque caufe que ce foit, foit en matiere civile ou criminelle, fans une permiffion du Prince, fous les peines portées par cette Conftitution.

Cette Conftitution déroge à la Loy 22. *C. de Epifcop. & Cleric.* & à la Jurifprudence qui s'obfervoit auparavant : Dans cette

Loy il est porté, que celuy qui accuse fauſſement un Eveſque
de quelque crime, outre la peine de la calomnie, doit eſtre
condamné à une peine pecuniaire pour ſon accuſation temeraire:
d'où il s'enſuit que les Eveſques pouvoient eſtre accuſez de crimes pardevant les Juges ſeculiers.

De ce Chapitre a eſté tirée l'Authentique *Nullus Epiſcopus,*
C. d. tit.

A U T H E N T I Q U E *Nullus Epiſcopus. C. d. tit.*

Nullus Epiſcopus invitus ad civilem vel militarem judicem in
qualibet cauſa producatur, vel exhibeatur, niſi Princeps jubeat.
Judex autem qui duci vel exhiberi imperaverit, poſt cinguli pri-
vationem, viginti libras auri Eccleſiæ illi, cujus Epiſcopus eſt,
perſolvat: Executore poſt cinguli privationem verberibus ſubdendo
& in exilium deportando.

Cette Authentique n'eſt pas obſervée en France, où le Juge
Ecclefiaſtique ne peut connoiſtre des cauſes des Ecclefiaſtiques
qu'en matiere perſonnelle, lors qu'ils ſont défendeurs ſeulement;
& en toutes autres cauſes & matieres, ils n'ont point d'autres Juges que les Juges ſeculiers, ſuivant l'Ordonnance de 1539. articles 1. 2. 3. & 4. qui a reſtraint & borné le pouvoir de la Juriſdiction Ecclefiaſtique, ainſi que j'ay remarqué plus amplement
dans mes Inſtitutes du Droit François, en la ſeconde Partie ſur
le titre *de foro compet.*

CHAPITRE VIII.

Que les Eveſques ne doivent point quitter leurs Egliſes.

L'Empereur défend aux Eveſques de quitter leurs Egliſes,
& d'aller dans d'autres Provinces, ſi ce n'eſt par neceſſité,
& avec la permiſſion du Metropolitain, ou celle de l'Empereur:
Et meſme il leur défend d'eſtre abſent plus d'un an, quoy que
ce ſoit avec ſa permiſſion, ou celle du Metropolitain.

Que s'ils s'abſentent autrement qu'il eſt preſcrit par cette
Conſtitution, ou qu'ils ſoient abſens plus d'un an avec permiſſion,

fion, il eft défendu aux Oeconomes de leur payer le revenu dé leur Evefché pendant le temps de leur abfence ; & fi aprés avoir efté avertis par les Preftres dé leur Eglife de revenir, ils ne reviennent pas, ils font expulfez de leur Evefché. Voyez la Novelle 6. chap. 2. & la Novelle 67. chap. 3.

CHAPITRE IX.

Que les Archevefques & Evefques tiennent des Synodes pour le moins une fois tous les ans.

DAns ce Chapitre l'Empereur ordonne, que les Metropolitains & Archevefques convoquent & affemblent les Evefques leurs fuffragans, une fois ou deux tous les ans, pour y examiner les affaires que les Evefques, les Clercs & les Moines peuvent avoir enfemble, & corriger les défauts, les abus, & ce qui fe commet contre les regles Ecclefiaftiques.

Cette Conftitution nous marque, que les Synodes ou Affemblées du Cergé, font tres-anciennes dans l'Eglife, pour maintenir dans leur devoir tous les Ecclefiaftiques, pour examiner la vie des Clercs, corriger les abus, & châtier les incorrigibles. On y jugeoit tous les differends qui s'y prefentoient avec grande exactitude, & fans conteftation.

Ces Synodes ont efté jugez fi utiles à l'Eglife, que plufieurs Conciles les ont ordonné, & en ont prefcrit les regles.

Le Concile de Paris de l'an 1212. ordonne, que *in fingulis Epifcopatibus faltem femel in anno Synodus celebretur.* Celuy de Salsbourg en 1420. *Can.* 2. renouvella la peine de fufpenfion décernée par le Concile IV. de Latran, contre les Evefques qui n'auroient point celebré chaque année le Synode Diocefain ; declarant qu'elle eftoit encoruë *ipfo facto*, & que toute la Jurifdiction Epifcopale eftoit dévoluë au Chapitre.

Le Concile de Bafle, Seffion 15. ordonne qu'on convoqueroit les Synodes au moins une fois par chaque année, dans les lieux où la Couftume n'eftoit point de les convoquer deux fois ; *ad minus femel in anno, ubi non eft confuetudo bis annuatim celebrari.* Que le Synode dureroit au moins deux ou trois jours ; qu'aprés la Meffe & la Predication on liroit les Statuts Provinciaux &

Synodaux , & quelques inftructions utiles pour les mœurs &
pour l'adminiftration des Sacremens. Qu'en fuitte l'Evefque
examineroit la vie & les mœurs de fes Diocefains ; s'il y en a de
fimoniaques , d'ufuriers , de concubinaires , & d'atteints d'autres crimes énormes : Si on a aliené les biens de l'Eglife , fi la
clôture eft gardée parmy les Religieufes ; fi les Religieux gar-
dent leurs Regles , & s'ils n'exigent rien pour l'entrée en Religion.

Le Concile de Trente renouvellant les Decrets des Conciles
de Latran & de Bafle , ordonna que les Synodes Diocefains fe
tiendroient tous les ans , que les Exempts mefme s'y trouveroient , s'ils n'eftoient point ailleurs engagez & foûmis à des
Chapitres generaux & reguliers ; & que les Prelats qui manque-
roient de tenir leurs Synodes , feroient fujets aux peines Canoniques.

Ces Synodes fe tiennent en France dans tous les Diocefes une
fois ou deux l'année , fuivant l'ufage des lieux.

Dans ce mefme Chapitre , l'Empereur en confirmant fa Conftitution *in l.* 34. *C. de Epifcop. audient.* défend aux Evefques , aux
Preftres , aux Diacres , aux Soûdiacres , aux Lecteurs , & à tous
ceux qui font de quelque venerable Communauté , de joüer à
des jeux de hazard , de s'intereffer avec ceux qui y joüent , ou
de les regarder joüer , ou de fe trouver aux fpectacles publics.

Cette prohibition eft faite fur peine contre les contrevenans
d'interdiction pour trois ans , & d'eftre envoyez dans un Monaftere ; en forte neanmoins que fi auparavant l'expiration de ce
temps ils font connoiftre qu'ils font veritablement repentans de
leur faute , l'Evefque peut les rétablir dans leur miniftere.

De ce Chapitre a efté tirée l'Authentique *Interdicimus. C. de
Epifcopis & Cleric.*

AUTHENTIQUE *Interdicimus. C. de Epifcopis & Cleric.*

*Interdicimus fanctiffimis Epifcopis & Presbyteris , Diaconis &
Subdiaconis & Lectoribus & omnibus aliis cujuflibet Collegii aut
fchematis conftituti , ad tabulas ludere , aut aliis ludentibus parti-
ceps effe , aut infpectores fieri , aut ad quodlibet fpectaculum fpectandi gratiâ venire.*

*Si quis autem ex his in hoc deliquerit , jubemus hunc tribus
annis à venerabili minifterio prohiberi , & in Monafterium re-*

digi ; fed in medio tempore fi fe pœnitentem oftenderit , liceat
facerdoti , fub quo conftitutus eft, tempus minuere , & hunc priori
rurfus minifterio reddere.

Les Conciles ont défendu aux Ecclefiaftiques les jeux de hazard ; le Concile de Paris de l'an 1212. le Concile IV. de Latran
de l'an 1215. de Beziers de l'an 1255. de Salsbourg de l'an 1420.
de Tolede de l'an 1473. les défendent expreffément. Le Concile
de Sens de l'an 1485. fait cette diftinction : il ordonne qu'on
exerce toute feverité contre les Ecclefiaftiques qui joüent aux
dez , principalement en public.

A l'égard des échets , des dames , & d'autres femblables , il
ordonne l'excommunication contre ceux qui y joüoient en public ; & quant à ceux qui n'y eftoient point accoûtumez, & qui
n'y joüoient qu'en particulier , il ordonne que l'Ordinaire les
puniffe d'une amende legere. Il laiffe auffi à la prudence des
Evefques de châtier ceux d'entre les Clercs qui avoient les Ordres facrez , qui joüoient à la paume, & qui en faifoient leur
divertiffement ordinaire : *Sacerdotes & alios in facris Ordinibus*
conftitutos , ad taxillos publicè aut confuetudinariè ludere non
verentes, per fufpenfiones ad tempus ab officio & à beneficio , per
excommunicationem in locis publicis fæpius promulgandam, & alios
debitè & rigidè coërcendo , alios verò non fic publicos nec confuetu-
dinarios per applicationem unius libræ ceræ , vel aliàs arbitrariè
puniendo. Aleatores verò feu ad aleas ludentes, præfertim illos
qui in publicis locis , in oftiis & operatoriis laïcorum , in fcan-
dalum ftatûs Ecclefiaftici ludere non verentur ; aut qui ad palmam
feu ad pilam in camifia & aliàs inhoneftè & inverecundè , publicè
& confuetudinariè ludere non verecundantur , aut formidant :
Ordinarii ad quos fpectat , fæpius commoneant , & contemptores
fuarum monitionum fic pœnis legitimis coërceant , quod cæteris ce-
dere valeat ad exemplum.

Le Concile de Trente, Seffion 24. chap. 12. défend en general
aux Ecclefiaftiques tous les jeux ; *ab illicitis venationibus , aucu-*
piis, choreis , tabernis , lufibufque abftineant.

Le premier Concile de Milan declare quels font les jeux licites
ou illicites aux Ecclefiaftiques : Il défend abfolument de fauter,
danfer, de joüer aux dez , aux dames , & aux échets ; *Clericalis*
Ordinis hominibus omni genere faltationis & ludi , præfertim verò
aleæ & tefferarum ac talorum interdicimus. Il défend le jeu du

mail & du balon ; & mesme d'estre spectateurs, ou de les souffrir dans leur maison : il ne leur défend pas le jeu de la courte paume, si c'est pour leur santé & pour faire exercice, pourveu que ce ne soit point en public, ny pour de l'argent.

D'autres Conciles ont aussi défendu le jeu de cartes aux Ecclesiastiques : Celuy de Bordeaux de l'année 1583. de Bourges de l'an 1584. d'Aix de 1585. de Mexique, de la mesme année : d'Avignon de 1594. de Narbonne de 1609. & autres.

Pierre Damien dans une de ses Lettres au Pape, liv. 1. Epist. 10. dit que l'Evesque de Florence & luy voyageant ensemble, cet Evesque s'estoit retiré avec quelques-uns de la compagnie, & Pierre Damien chez un Curé ; que le soir cet Evesque avoit joüé aux échets, ce que Pierre Damien ayant appris, le lendemain il luy remontra qu'il avoit profané par un jeu illicite, la langue qui produisoit l'adorable victime de nos Autels, & les mains qui en faisoient le sacrifice : *Recte-ne, tuique erat officii vespere in scachorum vanitate colludere ? & manum Dominici Corporis oblatricem, linguam inter Deum & populum mediatricem sacrilegi ludibrii contaminatione fœdare ?* Que les Canons condamnent à la déposition les Evesques qui joüent aux dez, & que sous ce jeu sont compris tous les autres ; & qu'il le condamna de dire trois fois le Psautier, de laver les pieds à douze pauvres, & de leur donner à chacun un écu.

La chasse, la comedie & le cabaret, ont aussi esté défendus aux Ecclesiastiques : Le Concile de Troyes de l'an 1128. celuy de Paris de l'an 1212. de Montpellier de 1214. d'Alby de 1254. de Nantes de 1264. de Sens de 1528. de Trente, de Milan, d'Orleans & autres, y sont exprés. Du Concile d'Orleans a esté tiré le titre des Decretales *de Clerico venatore*, qui défend la chasse aux Evesques & aux Ecclesiastiques.

Le premier Concile de Milan défend aux Ecclesiastiques les bals, les spectacles & les comedies, *ne aures & oculi sacris Officiis addicti, ludicris & impuris actionibus sermonibusque distracti polluantur*, pour ne pas soüiller par des divertissemens profanes, les oreilles & les yeux qui sont consacrez à la sainteté de nos Mysteres.

Les Conciles de Bordeaux, de Bourges, d'Aix & autres, ont fait les mesmes défenses.

Le Concile IV. de Latran, celuy de Salsbourg & autres, défendent aussi les cabarets aux Ecclesiastiques, si ce n'est dans la neceſſité des voyages. Cette défenſe eſt dans le Chapitre 15. du titre des Decretales, *de vita & honeſt. Clericor.*

CHAPITRE XI.

Que l'Excommunication ne doit eſtre ordonnée qu'avec connoiſſance de cauſe.

L'Empereur défend dans ce Chapitre aux Eveſques d'ex-communier aucune perſonne, ſi ce n'eſt pour une cauſe juſte & legitime ſuffiſamment prouvée ; ſur peine d'interdiction contre le contrevenant, par l'Eveſque Superieur, pendant le temps qu'il jugera à propos.

Par l'Eveſque Superieur on entend l'Archeveſque à l'égard de l'Eveſque, & le Patriarche ou le Primat, à l'égard de l'Archeveſque.

L'Empereur défend auſſi aux Eveſques dans ce Chapitre de battre perſonne, parce que *hoc eſt extraneum Sacerdoti.*

Il ordonne auſſi, que ſi quelque Eveſque ayant eſté chaſſé de ſon Eveſché pour quelque délit, eſt aſſez temeraire pour revenir dans la Ville, il ſoit enfermé dans quelque Monaſtere de la Province, *ut quod in Sacerdotio deliquit, degens in Monaſterio corrigat.*

De ce Chapitre a eſté tirée l'Authentique *Si quis Epiſcopus. C. de Epiſcop. & Cleric.*

AUTHENTIQUE *Si quis Epiſcopus. C. de Epiſcop. & Cleric.*

Si quis Epiſcopus Sacerdotio pulſus, præſumpſerit ingredi civitatem ex qua pulſus eſt, relinquens locum in quo degere juſſus eſt, jubemus, hunc Monaſterio in alia Regione conſtituto tradi ; ut quæ in Sacerdotio deliquit, in Monaſterio degens corrigat.

CHAPITRE XII.

Quales
esse de-
bent qui
in Cleri-
cos or-
dinatur,

Quels doivent estre ceux qui se presentent pour prendre l'Ordre de Clericature.

Voyez *suprà* la Novelle 6. *cap.* 4. *&* 5.

CHAPITRE XIII.

De l'âge des Prestres & des autres Clercs.

De ætat-
Presby-
terorum,
& cæte-
rorum
Clerico-
rum,

L'Empereur défend d'ordonner des Prestres qu'ils n'ayent trente-cinq ans accomplis ; des Diacres ou des Soudiacres qu'ils n'ayent vingt-cinq ans accomplis, & des Lecteurs qu'ils n'ayent dix-huit ans aussi accomplis ; il défend aussi d'ordonner des Diaconisses mineures de quarante ans, ou qui ayent esté mariées en secondes nopces.

De ce Chapitre ont esté tirées deux Authentiques ; l'Authentique *Presbyterum* , & l'Authentique *Diaconissam. C. de Episcop, & Cleric.*

AUTHENTIQUE *Presbyterum. C. de Episc. & Cleric.*

Presbyterum minorem 35. annis fieri non permittimus ; sed neque Diaconum vel Subdiaconum minorem 25 .annis ; neque Lectorem minorem 18. annis. Item Episcopum minorem annis 35.

AUTHENTIQUE *Diaconissam. C. eod. tit.*

Diaconissam in sancta Ecclesia non ordinari præcipimus, quæ minor sit annis 40. aut si ad secundas pervenerit nuptias.

Cette disposition a esté corrigée par le Droit Canonique , *tit. Ext. de ætate & qualit. & ordine præficiend. & eod. tit. in 6. & Clement. ult. eod. tit.* par lequel les Prestres doivent avoir vingt-cinq ans, les Diacres vingt, & les Soudiacres dix-huit. Mais le Concile de Trente *Seſſ.* 23. *cap.* 12. a reformé cette Juriſprudence, voulant que les Diacres ayent vingt-trois ans & les Soudiacres vingt-deux.

Voyez *ſuprà* la Novelle 6. *cap.* 6.

CHAPITRE XIV.

Des Femmes des Clercs.

De Uxoribus Clericorum.

L'Empereur ordonne dans ce Chapitre, à l'Eveſque qui ordonne les Clercs qui ne ſont point mariez, de leur faire promettre qu'ils ne ſe marieront point, & qu'ils pourront vivre dans la chaſteté ; en ſorte qu'aprés l'Ordination il ne leur puiſſe permettre de ſe marier, ſur peine d'eſtre dépoüillé de l'Epiſcopat.

Que ſi un Preſtre, un Diacre ou un Soudiacre ſe marie aprés l'Ordination, il eſt chaſſé de l'ordre de Clericature, & il eſt mis dans l'Ordre des Decurions de la Ville où il eſtoit Clerc.

Que ſi le Leſteur ſe marie en ſecondes nopces, ou qu'il épouſe en premieres nopces une femme veuve, ou qui ſoit ſeparée d'avec ſon mary, ou qu'il contracte un mariage prohibé par les Loix Civiles ou Canoniques, il ne peut plus paſſer à un autre Ordre, & s'il le fait, il en doit eſtre chaſſé.

Voyez *ſuprà* la Novelle 6. *cap.* 5.

CHAPITRE XV.

En quels cas les Decurions peuvent eſtre ordonnez Clercs.

Quibus caſibus Curiales Clerici ordinari poſſunt.

L'Empereur défend dans ce Chapitre, de recevoir des Decurions dans l'Ordre des Clercs, *ut non ex hoc venerabili Clero injuria fiat :* Si ce n'eſt que ceux qui y ſont receus, n'ayent paſſé quinze années dans un Monaſtere, y menant une vie convenable à l'état Monaſtique, à la charge de donner une partie de leurs biens à l'Ordre des Decurions & au fiſc.

Que ſi les Decurions eſtoient autrement ordonnez Clercs, l'Empereur veut qu'ils ſoient remis dans leur premiere condition, comme s'ils n'eſtoient pas entrez dans l'Ordre de Clericature.

Que ſi un Decurion aprés avoir pris l'Ordre de Clericature, ſe marie, il en eſt dégradé, & remis dans l'Ordre des Decurions.

Ce Chapitre contient meſme d'autres Ordonnances, qui ſont contenuës dans l'Authentique *Sed neque. C. de Epiſcop. & Cleric.*

AUTHENTIQUE *Sed neque. C. de Epiſcop. & Cleric.*

Sed neque Curialem aut Officialem, Clericum fieri permittimus ; ne ex hoc venerabili Clero fiat injuria. Si verò tales perſonæ in Clero conſtituantur, tanquam nec ad ordinationem perductæ, propriæ fortunæ reſtituantur, niſi Monaſticam forſan vitam aliquis eorum non minus quindecim annis impleverit : Tales enim ordinari præcipimus, quartâ propriæ ſubſtantiæ ſibi retentâ, reliquis partibus Curiæ & fiſco vindicandis, ſi in Clero conſtituti Monaſticam & decentem vitam impleverint.

Sed ſi poſt Clericatûs honorem aliquis eorum uxorem aut concubinam acceperit, propriæ fortunæ reddatur, licet tali Eccleſiaſtico gradu tenebatur, in quo quis conſtitutus uxorem ducere non prohibetur. Idem eſt & in omnibus aliis Monachis, licet nulli fortunæ prius ſubjecti fuerint. Et generaliter quicumque in quolibet Eccleſiaſtico gradu conſtitutus, ad ſæcularem vitam redierit, honore nudatus, Curiali fortunæ propriæ civitatis reddatur.

CHAPITRE XVI.

Que les Ordres ſe donnent gratuitement.

Ut Ordinationes gratis fiant.

L'Empereur ordonne dans ce Chapitre, que les Ordres ſe donnent *gratis*, & que ceux qui les donnent, ou autres perſonnes

nes puiffent en exiger aucune chofe. Permettant neanmoins de payer les droits ordinaires & accouftumez aux Officiers des Evêques qui donnent les Ordres, pourveu que ces droits n'excedent point les revenus d'un an annexez à l'Ordre.

Il défend de donner aucune chofe pour les droits d'entrée aux Clercs de l'Eglife, pour laquelle un Clerc eft ordonné, fans que pour raifon de ce il puiffe eftre privé des emolumens qui luy font deus.

Il défend pareillement aux Adminiftrateurs des Hôpitaux & des autres lieux pieux, de donner aucune chofe pour l'adminiftration qui leur eft commife.

Ces défenfes font faites fous peine d'eftre privé de l'Ordre ou de l'Adminiftration pour celuy qui auroit donné quelque chofe pour l'avoir : L'Ecriture nous confirme que les Ordinations doivent eftre gratuits : *Loquimini de me coram Domino & coram Chrifto ejus ; utrum bovem alicujus tulerim vel afinum ; fi oppreffi aliquem , fi de manu cujufquam munus accepi ; & reftituam vobis : fic dixerunt, non es calumniatus , neque oppreffifti nos, &c.*

Argentum & aurum nullius concupivi ficut ipfi fcitis , quoniam ad ea quæ mihi opus erant & his qui mecum funt , miniftrarunt manus iftæ. Ego fcio , quoniam poft difceffum meum intrabunt lupi rapaces in vos , non parcentes gregi , dit Saint Paul *Actor.* 20. Neanmoins on n'a pas laiffé d'introduire le Droit d'Annate que le Pape leve fur les Benefices Confiftoriaux , ou qui font de valeur au delà de vingt-quatre Ducats de revenu ; & par ce moyen ces Benefices ne fe donnent pas *gratis.*

L'origine de ce Droit vient de ce que les Evefques & les Prelats , tant Reguliers que Seculiers , ont autrefois ufurpé le droit de prendre les fruits de la premiere année des Benefices vacans, de leur dépendance.

Les Evefques pour autorifer ce Droit , obtenoient des Refcrits des Papes , qui leur permettoient de le prendre , mais les Papes ne l'exigeoient pas encore pour eux : il eft incertain quel Pape commença de prendre les fruits des Benefices vacans ; quelques-uns veulent que ce foit Benoift XII. d'autres Boniface IX. & d'autres Jean XXII.

Quoy qu'il en foit , il eft certain que Boniface IX. erigea des Annates : Le Roy Charles VI. fit une Declaration fulminante contre les dépoüilles des Evefchez & des Abbayes , que

Tome II.		XXx.

les Collecteurs du Pape Clement V I I. commençoient à le ver.

Le Pape Boniface érigea les Annates en l'an 1392. ce qui donna lieu au mefme Roy de faire une autre Declaration contre les dépoüilles qu'on avoit recommencé de lever en l'an 1406. & fe plaignit auffi des Annates qu'on levoit avec les dépoüilles.

Quelques Conciles défendirent depuis ces Droits ; celuy de Bafle en l'an 1433. refolut qu'on ne prendroit plus rien à Rome pour la confirmation des élections qui y feroient portées ; mais il ne fut pas bien obfervé.

Par la Pragmatique Sanction de l'an 1458. on accorda les Annates au Pape Eugene IV. pendant fa vie feulement ; ainfi il y a apparence qu'aprés fa mort ce Droit ne fut plus exigé : Mais le Pape Pie I I. recommença de lever les dépoüilles & d'éxiger en France la moitié des revenus des Benefices incompatibles , & de ceux qu'on tenoit en commande: Le Roy Louys X I. en l'année 1463. & 1464. fit un Edit pour défendre ces droits ; mais par le Concordat fait entre le Pape Leon X. & le Roy François I. en l'année 1515. confirmé dans la Seffion 11. du Concile V. de Latran fous ce mefme Pape, les Annates furent confirmées. Par le Concordat, le Roy accorda au Pape que les Annates fe payeroient felon le revenu prefent des Benefices ; & lors qu'on voulut faire un nouvel état , & de nouvelles taxes fur le pied des revenus prefens , on en trouva l'execution impoffible par les obftacles qu'on y forma ; c'eft la raifon pour laquelle à prefent l'Annate fe paye fuivant la taxe qui fe trouve dans les Livres de la Chambre Apoftolique, laquelle fut faite & redigée, à ce qu'on pretend, par le Pape Jean X X I I. De forte que comme le revenu de quelques Benefices eft augmenté , & que de quelques autres il eft diminué, cette taxe n'a aucun rapport avec le revenu d'une année de la plus grande partie des Benefices qui y font fujets.

Ce droit ne fe tire que fur les Benefices Confiftoriaux ou de la valeur au delà de vingt-quatre Ducats ; mais pour ne pas payer ce droit, à l'égard de quelques-uns qui font de valeur au delà de vingt-quatre Ducats , on expofe dans la Supplique, que le Benefice dont on demande les Bulles , n'excede pas en revenu la valeur de vingt-quatre Ducats , dautant que ce droit n'eft point deu, & ne fe paye point au Pape, lors que le Benefice a moins de vingt-quatre Ducats de revenu.

Les Officiers de Cour de Rome ne souffrent point à l'égard des autres Royaumes, cette clause, que *le revenu du Benefice n'excede point vingt-quatre Ducats :* & la France est seule exempte de la Regle de Chancellerie de Rome, *de vero valore exprimendo ;* car à l'égard des Benefices des autres Royaumes, on est tenu à peine de nullité des provisions, d'exprimer au juste dans la Supplique, la valeur du Benefice.

On pretend que ces Annates sont une espece de Simonie, contraire aux anciens Conciles & à l'ancien usage de l'Eglise ; mais sans examiner les choses de plus prés, si le Pape peut purger le vice de Simonie pour les autres, il le peut bien en ce qui le regarde.

CHAPITRE XVII. ●

Comment les Esclaves & les Ascriptices peuvent estre admis aux Ordres.

CE Chapitre contient deux parties ; dans la premiere concernant les esclaves

L'Empereur ordonne que si un esclave est admis à l'Ordre de Clericature au veu & sceu de son Maistre & sans opposition de sa part, il est rendu libre & ingenu : mais s'il est entré dans l'Ordre de Clericature à l'insceu de son Maistre, le Maistre peut le retirer dans l'an, & le faire rentrer dans son état. Et si aprés ce temps l'Esclave abandonne l'état Ecclesiastique, pour prendre la vie seculiere, son Maistre a droit de le reprendre, & de le faire rentrer dans la servitude.

De la premiere partie de ce Chapitre a esté tirée l'Authentique *Siervus. C. de Episcop. & Cleric.*

AUTHENTIQUE *Si servus. C. de Episcop. & Cleric.*

Si servus sciente domino & non contradicente in Clericum ordinatus fuerit ab Episcopo, ex hoc ipso quod constitutus est, liber & ingenuus erit. Si verò ignorante domino ordinatus fuerit, liceat domino intra anni unius spatium & servilem fortunam probare & servum suum accipere. Si verò servus sciente vel nesciente domino (sicut dixi-

mus) ideo quòd in Clero conſtitutus , liber eſt faſtus , miniſterium Eccleſiaſticum reliquerit , & ad ſæcularem vitam tranſierit , ſuo domino ad ſerviendum tradatur.

Cette Conſtitution déroge à la Loy *Jubemus.* 37. §. *ſervos. C. de Epiſcop. & Cleric.* par laquelle il eſtoit défendu aux Eſclaves d'aſpirer aux Ordres, meſme du conſentement de leurs maiſtres, à moins qu'ils n'euſſent receu auparavant la liberté ; mais par cette Novelle, il ſuffit que le Maiſtre ſçache que ſon Eſclave eſt receu dans l'Ordre de Clericature, & qu'il ne s'y ſoit point oppoſé, auquel cas en faveur de la Religion le tacite conſentement ſuffit; *ſciens & tacens ſibi præjudicat , & pro conſentiente habetur , argum. l. quoties. 2. princip. ff. ad municipal. l. honores.* 7. §. *ult. ff. de Decurion. & l. ſervus communis.* 38. *ff. de donatio. inter vir. & uxor.*

Dans la deuxiéme partie , l'Empereur permet aux Aſcriptices d'entrer dans l'Ordre de Clericature , ſans le conſentement des Maiſtres & proprietaires des terres auſquels ils ſont attachez ; en ſorte que ces Aſcriptices eſtans faits Clercs, ſont tenus de faire executer les clauſes , conditions & charges auſquelles ils ſont engagez envers les proprietaires des heritages, par telles autres perſonnes qu'il leur plaiſt.

Par la Loy *quiſquis.* 16. *C. d. tit.* les Aſcriptices ne peuvent point parvenir à la Clericature ſans le conſentement de leurs Maiſtres, en ſorte que s'ils y ſont admis autrement , ils ne ſont pas ſeulement tenus de payer les charges dont ils ſont chargez , mais ils ſont auſſi tenus de faire faire par d'autres les ouvrages, champeſtres auſquels ils ſont obligez , & par cete nouvelle Conſtitution , il leur eſt permis d'entrer dans l'Ordre de Clericature, contre la volonté de leurs Maiſtres, à la charge obſervée cy-deſſus ; & ce pour l'intereſt de la Religion.

On objecte contre cette Conſtitution les Loix au Code de *Agricol. & cenſit.* dans leſquels les Aſcriptices ſont appellez eſclaves ; or par ce Chapitre 17. les eſclaves ne peuvent point entrer dans l'Ordre de Clericature, ſans le conſentement de leurs Maiſtres, & partant ce Chapitre contient deux Conſtitutions contraires.

On répond que les Aſcriptices ſont ceux qui ſont perſonnellement obligez *ad opus agriculturæ faciendum ,* de cultiver des terres pour le profit des proprietaires auſquels elles appartiennent, en forte qu'ils ne peuvent point éteindre ny faire ceffer cette obligation fans le confentement de ces proprietaires ; c'eft pour cette raifon qu'ils font appellez *afcriptio & addicti glebæ*, & ils font confiderez à l'égard du maiftre & de ces fervices comme efclaves, *l. ne diutius. C. de agricol. & cenfit.*

Neanmoins fi on les confidere hors ces fervices & l'agriculture, ils font veritablement libres, puis qu'en toutes autres chofes ils font comme les autres hommes, & que leurs maiftres ne les peuvent obliger à rien fans leur confentement, *l. ult. C. d. tit.* & les maiftres ne les peuvent point vendre feparément des fonds aufquels ils font attachez, mais conjointement, comme partie d'iceux, *l. 2. & ult. C. de agricol. & cenfit. & l. 2. C. in quib. cauf. coloni cenf.* A l'égard du fifc ils font auffi confiderez comme libres, puis qu'ils luy payent des cens & des tributs comme les perfonnes libres, *l. 2. & feqq. C. de agricol. & cenfit.*

De cette deuxiéme Partie a efté tirée l'Authentique *Adfcriptitios. C. de Epifcop. & Cleric.*

A U T H E N T I Q U E *Adfcriptitios. C. de Epifc. & Cleric.*

Adfcriptitios in ipfis poffeffionibus, in quibus funt adfcripti, Clericos etiam præter voluntatem dominorum fieri permittimus; ita tamen ut Clerici facti, impofitam fibi agriculturam adimpleant, fubrogato aliquo quem maluerint.

CHAPITRE XVIII.

De ceux qui font bâtir des Eglifes.

De ædifi catoribus Ecclefia. rum.

L'Empereur permet dans ce Chapitre à ceux qui ont fait bâtir des Eglifes, & à leurs heritiers, de nommer des Clercs pour y eftre ordonnez, fous deux conditions: La premiere, qu'ils leur fourniffent ce qui leur eft neceffaire pour vivre, & que ceux qu'ils prefenteront foient dignes & capables d'entrer dans l'Ordre de Clericature, & faire les fonctions de l'Eglife. Mais fi ceux qu'ils auroient nommez fe trouvoient indignes d'eftre ordonnez, l'Empereur défend de les y recevoir, & ordonne à l'Evefque d'ordonner ceux qu'il jugera plus propres pour fervir l'Eglife. Voyez *fuprà* la Novelle 57. *cap. ult.*

X X x iij

L'Empereur enjoint encore dans ce Chapitre aux Clercs de s'acquitter dignement de leurs emplois dans l'Eglise, & aux Evefques & aux Principaux des Villes d'y prendre garde, & de muléter ceux qui negligeroient de faire leur devoir.

CHAPITRE XIX.

Ut om-
nes Cle.
rici res
fuas in
fua po-
teftate
habeant.

*Que tous les Clercs tiennent tous leurs biens en leur puif-
fance.*

L'Empereur ordonne dans ce Chapitre, que tous les Clercs (c'eft à dire, les Preftres, les Diacres & les Soudiacres, les Chantres & les Leéteurs, lefquels font compris generalement fous le terme de Clercs) ayent dans leur puiffance tous les biens dont ils acquierent le domaine, & qu'ils en puiffent difpofer à leur volonté, foit par donation faite conformément à la difpofition des Loix, ou par teftament, quoy qu'ils foient dans la puiffance de leur pere, à l'exemple des biens caftrenfes dont les fils de famille peuvent difpofer par toutes manieres, fans que la puiffance paternelle y puiffe mettre empefchement ; en forte neanmoins que leurs enfans, ou au defaut d'enfans leurs afcendans, y prennent leur legitime.

Cette Conftitution s'entend des biens acquis par les fils de famille de leur épargne, dans lefquels leur pere n'a point l'ufufruit, comme dans leurs biens adventices, defquels, ainfi que des profeétices, ils ne peuvent point tefter : ainfi ces mots *res quolibet modo ad eorum dominium venientes*, ne comprennent point les biens adventices, l'Empereur n'ayant voulu parler que du pecule des Clercs, c'eft à dire, des biens acquis de leur épargne, & non de ceux qui leur viennent d'ailleurs : Ce qui eft affez juftifié, parce qu'il compare ce pecule avec le pecule caftrenfe, lequel ne comprend pas les biens adventices.

Cette Conftitution n'établit pas un nouveau droit, mais elle confirme celuy qui avoit deja efté introduit par les Empereurs Leon & Anthemius, dont la Conftituiion eft en la Loy *facro-fanétæ.* 34. *C. de Epifcop. & Cleric.* Elle ajoûte feulement, que fur ce pecule doit eftre refervée la legitime aux enfans des Clercs, & au defaut d'enfans à leurs afcendans.

De ce Chapitre a efté tirée l'Authentique *Presbyteros. C. de Epifcopis & Cleric.*

AUTHENTIQUE *Presbyteros. C. de Epifcop. & Cleric.*

Presbyteros & Diaconos , & Subdiaconos, Cantores & Lectores (quos omnes Clericos appellamus) res quolibet modo ad dominium eorum venientes , habere in fua poteftate præcipimus , ad fimilitudinem caftrenfium peculiorum ; & donare cui volunt fecundum leges, & de his teftari , licet fub parentum poteftate fint : fic tamen, ut horum filii , aut , his non extantibus , parentes eorum legitimam ferant partem.

Cette Authentique eft d'ufage dans les Païs de Droit écrit; mais dans la France coûtumiere elle y eft inutile , où la puiffance paternelle n'empefche pas les enfans de difpofer de leurs biens.

CHAPITRE XX.

Peines contre les Clercs qui portent un faux témoignage.

Quibus Pœnis fubjiciâtur , qui falfum tulerunt teftimonium,

L'Empereur ordonne dans ce Chapitre , que fi les Preftres & les Diacres font trouvez en faux témoignage en caufe civile & pecuniaire, ils foient interdits de leur fonction pendant trois ans, & mis dans un Monaftere pendant ce temps ; & en matiere criminelle ils foient dégradez , & condamnez aux peines legitimes. Et à l'égard des autres Clercs d'un Ordre inferieur , s'ils font convaincus d'avoir fait un faux témoignage, ils foient dégradez, & en fuite fuftigez.

De ce Chapitre a efté tirée l'Authentique *Presbyteri. C. de Epifcop. & Cleric.*

AUTHENTIQUE *Presbyteri C. de Epifcop. & Cleric.*

Presbyteri feu Diaconi , fi falfum teftimonium perhibuiffe convincantur ; fiquidem in caufa pecuniaria , à divino minifterio dumtaxat per tres annos feparati , Monafteriis pro tormentis tradantur : Sed fi in criminali, Clericatûs honore nudati , legitimis pœnis

afficiendi sunt : cæteri verò Clerici communi jure ab officio Eccle-
siastico repulsi sine delectu causæ verberibus coërceantur.

Cette Constitution n'est point d'usage en France. Lors qu'un Ecclesiastique a commis le crime de faux, il est puny selon la qualité & les circonstances du crime : & on tient que c'est au Juge seculier à luy faire son procez, quoy que le faux eut esté commis en une instance pendante en Cour Ecclesiastique, par la raison que ce crime est capital & privilegié.

CHAPITRE XXI.

Ut Cleri-
ci apud
proprium
conve-
niantur
Episco-
pum,

Que les Clercs ne soient poursuivis que pardevant leur propre Evesque.

L'Empereur dans ce Chapitre ordonne, que les Clercs, les Moines, les Diaconisses & les Religieuses, ne peuvent estre poursuivies en matiere civile que pardevant leur propre Evesque, & que si l'Evesque a jugé le differend qui estoit entre quelques Clercs ou quelques Moines, & que ceux qui auroient succombé acquiescent à la Sentence, & qu'ils ne s'en portent point appellans, le Juge seculier du lieu doit la mettre à execution : & que si l'une des parties interjette appel de la Sentence dans le temps ordinaire qui est de dix jours, le Juge seculier doit juger l'appel, & s'il confirme la Sentence il la doit mettre à execution, sans qu'il soit permis à l'appellant d'en interjetter encore appel. Que si ce Juge seculier infirme la Sentence, il est permis d'appeller de cette derniere Sentence.

Que si l'Empereur ou un Juge a renvoyé la connoissance de quelque differend pardevant l'Evesque, l'appel ne peut estre interjetté que pardevant l'Empereur, ou pardevant celuy qui a commis l'Evesque pour juger la contestation.

Si une des susdites personnes a esté accusée de crime pardevant son Evesque, & qu'elle en ait esté convaincuë, elle doit estre degradée, & expulsée de l'Ordre où elle a esté receuë, conformément aux regles Ecclesiastiques, & doit estre en suite renvoyée pardevant le Juge seculier, pour estre par luy jugé.

Dans ce mesme Chapitre, l'Empereur défend aux Juges seculiers

liers de connoiftre entre Ecclefiaftiques des caufes qui font purement civiles & canoniques , conformément aux Conftitutions
Canoniques.

De ce Chapitre a efté tirée l'Authentique *Si quis litigan-*
tium. C. de Epifcop. audient.

A U T H E N T I Q U E *Si quis litigantium. C. de Epifcop.*
audient.

Si quis litigantium intra decem dies contradicat his quæ judi-
cata funt , tunc locorum judex examinet caufam ; & fi invenerit
judicium rectè factum , etiam per fententiam fuam proprium hoc
confirmet , & executioni propriæ tradat quæ judicata funt ; &
non liceat victo iterum in tali caufa appellare. Si verò fententia
judicis contraria fuerit , tunc licet à fententia judicis appellare.
Si tamen ex Imperiali juffione , aut judiciali præcepto Epifcopus
judicat inter quafcumque perfonas , appellatio aut ad Principem ,
aut ad eum qui tranfmifit negotium , transfertur.

Cette Authentique n'eft point d'ufage en France , où le Juge
d'Eglife ne connoift que des caufes perfonnelles des Ecclefiaftiques , ainfi que j'ay traité amplement dans les Inftitutes du Droit
François , en la feconde Partie , titre *de foro compet.*

C H A P I T R E XXII.

Que les Evefques ne foient pourfuivis que pardevant leur
Metropolitain , & qu'ils ne foient point obligez
de donner caution.

Vt Epif-
copi a-
pud pro-
prium
conve-
niantur
Metropo-
litanum ,
& ut ca-
vere pro
lite non
tenean-
tur.

C H A P I T R E XXIII.

Que les Oeconomes & autres femblables perfonnes ne foient
pourfuivis que pardevant leur propre Evefque.

Vt Oeco-
nomi &
fimiles ,
apud pro-
prium
Epifcopũ
conve-
niantur.

DAns le Chapitre 22. l'Empereur ordonne que les Evefques
ne feront pourfuivis que pardevant leur Metropolitain , &

que l'appel pourra eftre interjetté de fa Sentence pardevant le Patriarche, felon les Conftitutions Canoniques, & felon les Loix civiles : fans que les Evefques puiffent eftre obligez de donner caution *pro lite*, foit en premiere inftance ou en caufe d'appel.

Dans le Chapitre 23. il ordonne que les Oeconomes & les Adminiftrateurs des Eglifes & des lieux pieux, ne pourront eftre pourfuivis que pardevant l'Evefque pour la reddition de leurs comptes ; leur permettant neanmoins d'en appeller pardevant le Metropolitain, & de la Sentence du Metropolitain pardevant le Patriarche.

Ces deux Chapitres ne font point d'ufage en France; j'ay traité des appellations en Cour Ecclefiaftique, dans mes Inftitutes du Droit François, en la feconde Partie, fur le titre *de appellatio.*

CHAPITRE XXIV.

Vt Epif-copi illic ubi deli-querint, conve-niantur.

Que les Evefques foient accufez & jugez par le Juge du lieu où ils ont delinqué.

DAns ce Chapitre l'Empereur ordonne, que fi quelque Evef-que ou quelque Clerc de quelque autre Province, fe trou-ve dans la ville de Conftantinople, & que quelque autre veüille intenter action contre luy, fi l'action a efté déja commencée dans la Province, & qu'il y ait eu conteftation en caufe, elle y doit eftre pourfuivie & jugée : mais fi elle n'a point efté com-mencée, il peut eftre pourfuivy pardevant le Prefet du Pretoire de l'Orient, ou pardevant les Juges qui feront commis par l'Em-pereur.

Ce Chapitre ne parle en aucune maniere des accufations con-tre les Evefques, non qu'ils doivent eftre accufez pardevant les Juges des lieux où ils ont commis quelque crime ; c'eft pour-quoy l'infcription de ce Chapitre n'eft point conforme à ce qu'il contient : Celle de Julien en ces termes, *De Epifcopis & Clericis pro civitate conveniendis*, eft plus convenable au fujet.

Ce Chapitre eft inutile.

CHAPITRE XXV.

Des Apocrifaires.

De Apo-
crifariis.

DAns ce Chapitre l'Empereur défend d'intenter action contre les Apocrifaires des Eglifes ou des Evefques, & au nom
des Evefques, à moins qu'ils n'ayent procuration & charge pour
cét effet : laiffant la faculté de pourfuivre contre les Evefques ou
contre l'Eglife, les droits qu'ils pourroient avoir contre eux.
Touchant les Apocrifaires, voyez la Novelle 6. chap. 2.

CHAPITRE XXVI.

Que les Evefques ne foient pourfuivis pendant le temps de leur legation.

Ne Epif-
copi lega-
tionis
tempore
conve-
niantur.

L'Empereur défend de pourfuivre aucune action contre les
Evefques ou contre les Clercs, pendant le temps qu'ils font
envoyez à la ville de Conftantinople, ou en quelque autre lieu,
pour leur Ville, ou pour leur Eglife, ou les Clercs pour l'ordination & la confecration de leur Evefque; voulant que les actions
qui pourroient eftre intentées contre eux, foient differées aprés
leur retour, fans que pendant ce temps les Evefques ou les Clercs
puiffent pretendre que la prefcription a pû courir contre les
demandeurs ; parce que *contra non valentem agere non currit
præfcriptio.*
Ce Chapitre n'eft point d'ufage.

CHAPITRE XXVII.

Que les Moines doivent se défendre par Procureur.

L'Empereur dans ce Chapitre ordonne, que s'il y a quelque commandement ou execution de quelque jugement à faire pour cause civile & pecuniaire, contre quelque Clerc ou Moine, ou Religieuse, ou Convent, & principalement si c'est un Convent de Religieuses, qu'ils se fassent avec toute l'honnesteté & l'honneur deû à celuy ou à celle à qui ils sont faits ; & qu'on n'oblige point les Religieuses & celles qui se sont retirées dans des Monasteres, d'en sortir pour se défendre contre les actions qui seroient intentées contre elles, l'Empereur leur permettant de constituer un Procureur qui réponde pour elles.

A l'égard des Moines, il leur permet de poursuivre & défendre par eux-mesmes ou par Procureurs, les affaires & les actions de leur Monastere.

Ce Chapitre n'est point d'usage.

CHAPITRE XXVIII.

De la quantité des sportules pour les Clercs.

IL s'agit dans ce Chapitre des sportules qui se doivent payer par les personnes Ecclesiastiques, les Moines, Religieuses, & autres personnes.

De ce Chapitre a esté tirée l'Authentique *Sed hodie. C. de Episcop. & Cleric.*

A U T H E N T I Q U E *Sed hodie. C. de Episcop. & Cleric.*

Sed hodie nulla persona in Ecclesiastico officio constituta in qualibet causa criminali vel pecuniaria cujuscumque quantitatis, vel Diaconissa vel Monachus, vel Ascetria, vel Monacha, amplius quatuor siliquis permittantur dare, nisi cum ex jussione Principis ad alias Provincias vocantur, ubi non ultra unum solidum accipiet executor.

Epifcopus pro rebus Ecclefiæ fuæ nihil præftet nomine fportu-
larum ; actiones contra Ecclefias propofitas Oeconomis fufcipien-
tibus , vel illis qui in eam caufam funt ordinati.

Qui contra hoc egerit , in duplum quod actum eft , reddet , nu-
dandus cingulo , fi miles eft ; fi Clericus , à confortio Clericorum
removendus.

Ce Chapitre n'eft point en ufage.

CHAPITRE XXIX.

Qui défend aux Clercs d'avoir des femmes fufpectes dans
leurs maifons ; & aux Evefques d'en avoir aucunes.

Ne Cle-
rici mu-
lieres fu-
per in-
ductis in
propriis
domibus
habeant,
Epifcopi
verò nul-
las.

L'Empereur défend dans ce Chapitre aux Clercs qui ne font
point mariez, comme font ceux qui font conftituez dans les
Ordres majeurs, d'avoir des femmes fufpectes dans leurs maifons,
leur permettant d'y avoir leur mere, leur fœur, leur fille, ou autres femmes qui font hors de tout foupçon ; autrement aprés avoir
efté admoneftez par l'Evefque ou par d'autres Clercs de chaffer
les femmes qu'ils auroient chez eux, en cas de refus, & eftant
juftifié de malverfation avec elles, l'Evefque les doit expulfer
de l'Ordre des Clercs, & les mettre au rang des Decurions de
la Ville.

Par ce mefme Chapitre il défend aux Evefques d'avoir aucunes femmes dans leurs maifons, fufpectes ou non fufpectes ; finon
il veut qu'ils foient expulfez de l'Epifcopat, *ipfe enim fe oftendit*
indignum facerdotio.

C'eft le devoir des Evefques dans leurs vifites, de prendre garde que les Curez & autres Ecclefiaftiques n'ayent point dans
leurs maifons de femmes qui foient fufpectes.

CHAPITRE XXX.

Des Diaconisses.

L'Empereur dans ce Chapitre défend aux Diaconisses de frequenter les hommes, avec lesquelles elles peuvent estre soup-
çonnées de malversation ; & en cas qu'aprés avoir esté admo-
nestées par l'Evesque elles negligent de cesser leur frequentation,
l'Evesque leur doit interdire leur fonction ; & leur oster les émo-
lumens qui y sont annexez, & les faire enfermer dans un Monastere pour y demeurer le reste de leur vie, & leurs biens doivent
estre partagez également entr'elles & leurs enfans, si elles en ont,
afin que la portion qui appartient à la Diaconisse soit portée
dans le Monastere pour luy fournir des alimens. Que si elles n'ont
point d'enfans, leurs biens doivent estre partagez également entre le Monastere où elles entrent, & l'Eglise où elles servoient en
qualité de Diaconisses. Voyez la Novelle 6. chap.

CHAPITRE XXXI.

De ceux qui dans l'Eglise font injure aux Evesques, ou aux Clercs.

De his
qui in
Ecclesia
Episcopo
aut aliis
Clericis
injuriam
inferunt,

L'Empereur ordonne, que si quelqu'un fait quelque injure
dans l'Eglise au temps de la celebration des Mysteres, à
l'Evesque ou aux autres Clercs & Ministres de l'Eglise, il soit
condamné au foüet & à l'exil ; & que s'il a interrompu le Service divin, il soit condamné à mort.

L'Empereur ordonne la mesme chose pour les injures qui se
font aux Evesques & aux Clercs dans les Processions.

Ce Chapitre sert d'interpretation à la Loy 10. *C. de Episcop.
& Cleric.* qui ordonne que ceux qui font injure aux Ecclesiastiques dans les Eglises, faisant leurs fonctions, soient punis, sans
declarer les peines ausquelles ils doivent estre condamnez, lesquelles sont reglées par cette nouvelle Constitution.

De ce Chapitre a efté tirée l'Authentique *Sed novo jure.* C.
d. tit.

AUTHENTIQUE *Sed novo jure C. d. tit.*

Sed novo jure pro tali injuria verberatur , aut in exilium mit-
titur. Sed fi facra minifteria turbaverit , vel celebrare prohibue-
rit , capite puniatur. Idem eft , & in Litaniis ; nam pro inju-
ria verberatus exilio tradetur ; fi eas concufferit , capite ple-
Etatur.

Laïcis facere Litanias interdicimus fine Clericis , quæ fine ora-
tionibus & Cruce fieri non debent.

CHAPITRE XXXII.

Qui défend aux Laïcs de faire des Proceffions fans l'Evefque
& les Clercs , & la Croix.

Ne Laïci faciant litanias fine Epifcopo & Clericis &|Crueibus,

L'Empereur dans ce Chapitre défend de faire des Proceffions
fi l'Evefque n'y affifte avec fon Clergé ; *qualis enim eft li-*
tania in qua Sacerdotes non inveniuntur , & folemnes Orationes
faciunt ?

Il défend auffi de mettre des Croix ailleurs que dans des lieux
pieux & venerables ; & il ordonne que les Croix foient portées
dans les Proceffions publiques par ceux qui ont de coûtume
de les porter.

CHAPITRE XXXIII.

CE Chapitre eft le Chapitre premier de la Novelle 5. lequel
eft tranfcrit dans cette Novelle 123.

CHAPITRE XXXIV.

Que les Abbez doivent estre éleus, non pas selon leur ancienneté, mais par leur merite & leur vertu.

L'Empereur dans ce Chapitre ordonne, que les Abbez & les Superieurs des Monasteres, soient éleus entre les Moines, non pas selon leur ancienneté dans le Monastere, mais selon leur merite, *dicentes, quia neque propter amicitiam, aut aliam quamlibet causam, sed scientes eum & fide rectum, & vitâ castum, & gubernatione dignum, & qui possit Monachorum disciplinam, & omnem Monasterii statutum utiliter custodire, eum elegerunt.*

CHAPITRE XXXV.

Qu'il ne faut pas donner l'habit aux Religieux dés qu'ils font entrez.

L'Empereur ordonne que les Moines ne prendront point l'habit Monachal, qu'aprés trois ans du jour qu'ils y seront entrez, afin que pendant ce temps on puisse découvrir s'ils ne sont point sujets à quelque condition, qui empesche la Profession Monastique, comme la condition servile, & celle de Decurion.

CHAPITRE XXXVI.

Que les Moines doivent habiter dans une mesme Maison.

L'Empereur ordonne dans ce Chapitre, que les Moines demeurent en commun dans une mesme Maison, *omnes separatim*

ratim dormire, ut mutuum alterutris teſtimonium caſtæ converſationis præbeant, &c.

Il défend que dans un meſme Monaſtere il y ait des Moines & des Moineſſes, & il recommande à l'Eveſque de les ſeparer.

CHAPITRE XXXVII.

Que les conditions des Nopces ou des enfans ſont reputées accomplies par l'entrée en Religion.

Conditiones nuptiarum vel liberorũ non exſtare ſi quis Monaſteriũ ingrediatur.

L'Empereur dans ce Chapitre ordonne, que ſi quelqu'un donne à un autre, ou pour cauſe de dot, ou de donation à cauſe de nopces, ſous cette condition du mariage ou des enfans, c'eſt à dire qu'il ſe mariera, ou ſous la condition qu'il ait des enfans, & que la donation ſoit faite aux enfans ou à quelque autre perſonne, ſoit de ſa ſucceſſion ou d'un legs ; ou qu'il ait fait une donation pure & ſimple dans le commencement, & qu'il ait enſuite chargé le donataire d'une des conditions ſuſdites ; ſi ceux qui ſeroient chargez de reſtitution en vertu de ſes conditions, ſoient mâles ou femelles, entrent dans des Convents, ou ſoient Clercs, Diaconiſſes, ou Religieuſes, ils ſont déchargez des conditions & reſtitutions qui eſtoient appoſées dans les donations, à la charge qu'à l'égard des Clercs & Diaconiſſes, ils perſiſteront dans leur état juſques à la mort, & qu'ils employeront en œuvres pies les choſes qui leur auront eſté ainſi données ; car pour ce qui eſt de ceux qui entrent dans des Monaſteres, dés leur entrée ils y tranſportent tous leurs biens, & partant auſſi les choſes qui leur auroient eſté données.

Dans ces deux cas la donation, quoy que conditionnelle, eſt reputée pure & ſimple, parce que *par eſt donationem eſſe puram, vel eſſe conditionalem, dum tamen conditio pro impleta legibus habeatur.*

Cette Conſtitution eſt contraire à la nature des fideicommis, leſquels ne ſe reglent que par la ſeule volonté des teſtateurs, ou de ceux qui les laiſſent, *diſponat unuſquiſque ſuper ſuis, ut dignum eſt, & ſit lex ejus voluntas. Utique legaſſit quiſque de re ſua, ita jus eſto, nullo valente circa illius voluntatem, nec ſi ſa-*

*cram impetret formam , nec si quidpiam aliud omnium aliquid
aliter disponere in re , &c.* dit l'Empereur en la Novelle 22. *cap.*
2. in princip. Une infinité de Loix tant anciennes que nouvelles
nous font connoistre, que la volonté des testateurs a toûjours
esté considerée comme Loy, que les Legislateurs en ont toûjours
ordonné l'execution & l'accomplissement avec grand soin, pour
donner cette consolation aux mourans de sçavoir que leurs dernieres dispositions seroient accomplies aprés leur deceds ; cependant l'Empereur dans ce Chapitre déclare nulles les conditions
si nupserit , si liberos habuerit , quoy que favorables, puis que la
Republique se trouve interessée dans leur accomplissement ; mais
la raison de cette nouvelle Constitution est la faveur de la Religion , & principalement de la vie Monastique, laquelle au temps
de Justinien estoit en tres-grande recommandation ; on la consi-
deroit comme une vie celeste, & qui n'estoit employée que dans
la contemplation , *Basil. in Epist. ad Gregor. Nazianzen.* de sorte que les conditions qui en pouvoient détourner , estoient reputées contre les bonnes mœurs , & ainsi elles estoient rejettées.
D'ailleurs la profession Monastique estoit considerée comme
un mariage spirituel, *c. hæ verò. c. quæ Christo.* 26. *q.* 1. &
le Monastere tient lieu d'enfans , *cap. in præsentia. Ext. de pro-*
batio.

　　Cette Constitution contient une exception, ou un cas auquel
les conditions susdites ne sont pas reputées accomplies, & ne
sont pas remises à ceux qui en estoient chargez ; sçavoir lors que
les donations sont faites pour la redemption des Captifs , ou
pour le soulagement des pauvres ; la raison est, que la faveur des
Captifs, & des pauvres , est encore plus forte que celle de l'état
Ecclesiastique ou Monastique, puis que mesme les biens de l'E-
glise peuvent estre alienez pour ces causes , ainsi que nous avons
remarqué ailleurs.

　　De ce Chapitre a esté tirée l'Authentique *Nisi rogati. C. ad*
SC. Trebellian.

　　Authentique *Nisi rogati. C. ad SC. Trebellian.*

　　Nisi rogati restituere datum dotis causâ , vel propter nuptias
donationis , vel relictum sub conditione nuptiarum vel liberorum,
Monasterium , vel alium locum venerabilem ingrediantur ; sive re-

ſtitutio aut ſubſtitutio fiat ſub prædictis conditionibus, ſive in redemptionem captivorum, ſive in egentium alimenta.

Cette Conſtitution n'eſt pas obſervée en France, où la condition des nopces ou des enfans, manque par l'entrée en Religion & la Profeſſion Monaſtique : par la raiſon que cette Conſtitution a eſté faite en faveur des Monaſteres, dans leſquels ceux qui y entroient, portoient tous leurs biens, & ceux qui leur eſtoient laiſſez à la charge de ſe marier, ou d'avoir des enfans ; mais on n'a pas dans ce Royaume les meſmes conſiderations pour les Monaſteres, leſquels ne ſe font que trop enrichis depuis le temps de l'Empereur juſques à preſent, au préjudice des familles & de l'Etat ; c'eſt pourquoy on a donné des bornes à leur aggrandiſſement, ce qui n'empeſche pas qu'ils ne poſſedent une tres-grande partie des biens du Royaume.

CHAPITRE XXXVIII.

Que ceux qui entrent dans des Monaſteres, y tranſportent tous leurs biens.

Ut qui Monaſteria ingrediuntur, ſuaque dédicent Monaſterio.

L'Empereur ordonne par cette Conſtitution, que les biens de ceux qui entrent dans des Monaſteres, eſtant ſans enfans, appartiennent aux Monaſteres ; mais que ſi celuy ou celle qui entre dans le Monaſtere, a des enfans, & qu'il y entre auparavant que d'avoir diſpoſé de ſes biens, il peut partager ſes biens entr'eux ſans préjudicier à leur legitime, voulant que ce qu'il ne leur ſeroit pas laiſſé, appartienne au Monaſtere ; & que s'il veut donner tous ſes biens à ſes enfans, il s'en reſerve neanmoins une portion égale à celle de chacun de ſes enfans, qui appartienne au Monaſtere ; Que s'il decede aprés eſtre entré dans le Monaſtere, ſans avoir partagé ſes biens entre ſes enfans, les enfans ne peuvent pretendre que leur legitime, & le reſte des biens appartient au Monaſtere.

De ce Chapitre a eſté tirée l'Authentique *Si qua mulier. C. de ſacroſanct. Eccleſ.*

Z Z z ij

AUTHENTIQUE *Si qua mulier. C. de sacrosanct. Ecclef.*

Si qua mulier , aut vir , liberis non extantibus , Monasticam vitam elegerit , & Monasterium intraverit , Monasterio , quod intravit , res ejus competere jubemus. Sed si persona liberos habens, antequam de rebus suis inter eos disponat , Monasterium intret , liceat ei posteà inter eos dividere, legitimâ nulli deminutâ ; & quod eis non dederit, Monasterio competet. Sed si omnem substantiam inter eos filios dividere voluerit, sua persona filiis connumerata, partem sibi retineat , quæ Monasterio competere debet. Sed si post ingressum Monasterii moriatur, antequam inter eos dividat , filii legitimam percipient , reliquâ substantiâ Monasterio competente.

Cette Conſtitution n'eſt point obſervée en France ; voyez la Novelle 5. chap. 5. d'où eſt tirée l'Authentique *Ingreſſi. C. eod. tit.*

CHAPITRE XXXIX.

Ut ſolu-
zis ſpon-
ſalibus
per Mo-
naſterii
ingreſſū
ſimplæ
rantūm
arrhæ
reddan-
tur.

Que les Epouſailles eſtans diſſoutes par l'entrée en Religion, on n'eſt tenu que de rendre les arrhes qu'on a receuës.

L'Empereur dans ce Chapitre ordonne, que ſi quelqu'un aprés avoir contracté des épouſailles entre dans un Monaſtere, il a droit de repeter les arrhes qu'il avoit données ; ou s'il les a receuës, il n'eſt point obligé d'en rendre le double, mais ſeulement ce qu'il avoit receu *arrharum nomine.* Ce qui eſt un Privilege accordé en faveur de la vie Monaſtique.

Je n'eſtimerois pas, que conformément à ce Chapitre aprés les épouſailles contractées, celuy qui ſeroit entré dans un Convent pût retirer de la fiancée les preſens qu'il luy auroit fait *intuitu futurarum nuptiarum ;* ces preſens tenans lieu des dommages & intereſts ; & meſme ſi le fiancé n'avoit rien donné à la fiancée, il pourroit pourſuivre ſes heritiers pour dommages & intereſts pour l'execution de la promeſſe de mariage.

CHAPITRE XL.

Si le mary ou la femme entre dans un Monaftere.

Si vir
aut uxor
ingredia-
tur M a
nasteriū,

L'Empereur ordonne dans ce Chapitre , que fi pendant le mariage le mary feul , ou la femme feule , entre dans un Convent, le mariage foit diffous aprés la prife de l'habit Mona-ftique ; & que fi c'eft le mary, il reftituë à fa femme fa dot & tout ce qu'il en a receu , & autant de la donation à caufe de nopces, que la femme en auroit pû gagner en vertu des conven-tions matrimoniales , par la mort de fon mary : Et auffi que fi la femme entre dans un Monaftere , le mary reprenne fa dona-tion à caufe de nopces, & ce qu'il auroit gagné de la dot en vertu des claufes du mariage en cas de furvie , par la mort de fa femme , & qu'il reftituë le refte à fa femme.

Que fi le mary & la femme entrent tous deux dans un Con-vent , l'Empereur ordonne que fans avoir égard aux conven-tions matrimoniales , le mary reprenne fa donation à caufe de nopces, & la femme fa dot, & tout ce que l'un auroit donné à l'autre par contrat de mariage, fans que l'un puiffe profiter des biens de l'autre en ce cas. Voyez *fuprà* la Novelle 5. chap. 5.

CHAPITRE XLI.

Que les parens ne peuvent point exhereder leurs enfans qui entrent dans un Monaftere, pour caufe d'ingra-titude.

Ne liceat
parenti-
bus exhe-
redare
filios qui
ingred.ū
tur Mo-
nafteria
velut in-
gratos,

CEtte Conftitution contient deux parties.

Dans la premiere, l'Empereur défend aux parens d'exhe-reder leurs enfans pour caufe d'ingratitude , lefquels font entrez dans un Convent ; ce qui fe doit entendre de l'ingratitude com-mife auparavant l'entrée dans le Monaftere, felon le fentiment de quelques-uns. Ce qui eft ainfi decidé dans Gratian 19. *q.* 3. *c. ult.* 23. *q. c. non licet ;* en forte que l'ingratitude eft effacée par la profeffion Monaftique.

D'autres eſtiment côme plus conforme à l'eſprit de l'Empereur, de prendre l'interpretation du commencement de ce Chapitre, des Loix 55. & 56.du titre au Code *de Epiſcop. & Cleric.* leſquelles ſont du meſme Empereur ; dans leſquelles il decide , que les peres & meres ne peuvent point exhereder leurs enfans , parce qu'ils ſe ſeroient rendus ingrats en leur endroit pour eſtre entrez dans un Monaſtere , ainſi qu'il s'obſervoit auparavant ces Conſtitutions , *hoc etiam cognitum nobis correctione noſtra dignum eſſe judicamus ; ut ſi quis in parentem poteſtate conſtitutus vel conſtituta , vel forſan hujuſmodi jure abſolutus vel abſoluta , elegerit ſe Monaſterio vel Clero ſociare , vel reliquum vitæ ſuæ tempore ſanctimonialiter degere voluerit , non liceat parentibus eoſdem vel eaſdem quocumque modo abſtrahere , vel propter hanc tantummodo cauſam quaſi ingratum vel ingratam à ſua hereditate vel ſucceſſione repellere , &c.*

Pour moy , j'eſtime que la premiere opinion eſt mieux fondée, d'autant qu'auparavant la Novelle 115. chap.3. les cauſes d'exheredation n'eſtoient pas encore fixées ny arreſtées ; mais par cette Novelle l'Empereur ayant declaré nulle l'exheredation faite pour autre cauſe que pour celles qui y ſont exprimées , & l'entrée en Religion n'y eſtant pas compriſe , il n'y a pas lieu de croire que l'Empereur ait voulu ordonner dans le Chapitre 41. de la Novelle 123. qu'elle n'eſt pas une cauſe legitime d'exheredation. Mais il a voulu ordonner, que ſi un Laïc, aprés avoir commis quelque ingratitude envers ſes pere & mere , ſuffiſante pour eſtre par eux exheredé , eſt entré dans un Convent & y a fait profeſſion , il ne peut plus eſtre exheredé , la profeſſion Monaſtique ayant effacé l'injure qu'il avoit faite à ſes pere & mere. Et cette Conſtitution a eſté faite , non pas tant en faveur des enfans , qu'en faveur des Monaſteres ; car l'Empereur appliquant tous ſes ſoins pour l'augmentation des biens de l'Egliſe & des Monaſteres , & les Religieux portant tous leurs biens dans les Convents où ils faiſoient profeſſion , & y transferant les ſucceſſions qui leur échéoient pendant leur vie , il a voulu que les enfans ne puſſent point eſtre exheredez pour des cauſes legitimes d'exheredation qu'ils auroient donné à leurs pere & mere avant leur profeſſion , afin qu'au moins les peres & meres fuſſent tenus de leur laiſſer leur legitime : C'eſt le ſentiment de Julien dans ſa Paraphraſe , *num.* 488.

Cette Conſtitution eſt inutile en France , dautant que la pro-

feſſion Monaſtique cauſant la mort civile, l'exheredation qui feroit faite de l'enfant qui feroit entré dans un Convent aprés ſa
profeſſion, feroit nulle & ſans effet.

Dans la deuxiéme partie, l'Empereur défend aux parens de
retirer par force des Monaſteres leurs enfans, qui y feroient entrez volontairement & ſans contrainte : Ce que le meſme Empereur avoit auſſi ordonné dans la ſuſdite Loy 56. §. 1. *C. de Epiſc.*
& Cleric.

Cette Conſtitution n'eſt point d'uſage en France, où les enfans ne peuvent point ſe voüer à Dieu lors qu'ils ſont mineurs,
ſans le conſentement de leurs peres & meres, comme nous avons
dit ailleurs plus amplement.

CHAPITRE XLII.

Du Moine qui quitte le Monaſtere.

L'Empereur ordonne dans ce Chapitre, que ſi un Moine quitte ſon Monaſtere pour entrer dans un autre, tous les biens
qu'il avoit lors qu'il y eſt entré, doivent appartenir au premier
Monaſtere : Mais que ſi un Moine quitte ſon Convent pour rentrer dans la vie feculiere, il doit eſtre reintegré dans le Monaſtere par l'autorité de l'Eveſque, avec tous les biens qu'il pourroit avoir. Que s'il ſort une feconde fois de ſon Monaſtere,
l'Empereur ordonne que le Gouverneur de la Province en laquelle il ſera trouvé, le retienne, *& ſubdito ſibi officio commo-*
neat, ſelon la traduction.

Quoy qu'il ſemble que les Religieux doivent demeurer pendant toute leur vie dans les Convents où ils ont fait leurs vœux,
neantmoins on a jugé à propos de permettre les tranſlations,
c'eſt à dire, de permettre aux Religieux de paſſer d'un Convent
dans un autre, pour éviter par ce moyen les deſordres & les inconveniens qui en pourroient arriver. Quand il ne s'agit que
de paſſer dans un autre Monaſtere du meſme Ordre, l'appro-
bation du Superieur ſuffit : mais pour paſſer dans un autre Ordre,
il faut diſtinguer, ou cét Ordre dans lequel un Religieux veut
paſſer, eſt plus auſtere, ou moins : au premier cas, le conſentement des Superieurs des deux Convents ſuffit ſans l'autorité du

Pape ; mais pour paſſer dans un moins auſtere, l'autorité du Pape eſt neceſſaire : C'eſt le ſentiment de la Gloſe *in cap. cùm ſingula. de Præbend. in 6.* ſur le mot *Canonicè. Quando quis tranſlatus eſt ad aliud Monaſterium, non eſt neceſſe facere novam profeſſionem in ſecundo Monaſterio, nam ſemel faƈta profeſſio ſufficit, quia profitendo unam Religionem, omnes videtur profiteri quoad ſubſtantiam regulæ, cùm ad unum tendant. Si Monachus velit ad Religionem arƈtiorem tranſire, tunc ſufficiet conſenſus Abbatis, ut dimittat Religionem in qua eſt profeſſus, non tamen ſufficeret licentia Prioris, etiam petitâ licentiâ, & non obtentâ ſufficeret : ſi autem vellet ſe transferre ad aliam Religionem parem, tunc voluntas Abbatis & Conventus ſufficit ; niſi velit tranſire ad Monaſterium in alia ſitum Diœceſi, in qua tranſlatione Epiſcopi authoritas requiritur & cauſa juſta in non exemptis. Si verò vellet adire Religionem latiorem, hoc de conſenſu ſolius Papæ poteſt, quia hoc eſt contra jura, quæ non poteſt inferior tollere,* dit Rebuffe *in praxi Beneficior. de tranſlatio. Monachor.*

CHAPITRE XLIII.

Des Raviſſeurs de Religieuſes.

De raptoribus ſanƈtimonialium,

L'Empereur ordonne dans ce Chapitre aux Eveſques, & à tous Juges tant civils que militaires, de punir ceux qui enlevent, qui corrompent, ou qui ſollicitent à mal faire, les femmes conſacrées à Dieu, comme ſont les Religieuſes & les Diaconiſſes ; voulant que ceux qui commettent ce crime, & leurs complices, ſoient punis de mort ; & que celle qui auroit ſouffert ce crime, ſoit renfermée dans un Monaſtere, *ut non rurſus in eodem crimine reperiatur,* & qu'elle y tranſporte ſes biens ; neanmoins ſi c'eſt une Diaconiſſe qui ait des enfans legitimes, ils ont droit de prendre leur legitime ſur ſes biens, &c.

Ce crime en France eſt puny de mort, ſuivant les Ordonnances.

CHAPITRE XLIV.

Qu'il n'est pas permis aux Laïcs &) aux Comediens de se
servir des habits de Moines.

L'Empereur défend dans ce Chapitre aux Laïcs & aux Co-mediens & Baladins, de se servir des habits de Moines, sur peine de punition corporelle, & de bannissement ; & il enjoint aux Evesques & aux Juges de tenir la main à l'execution de cette Ordonnance, & de punir non seulement ceux qui commettroient ce delit, mais aussi ceux qui l'auroient commis auparavant : voulant que cette Constitution ait lieu pour le passé, quoy que les Loix ordinairement n'ayent leur execution que pour l'avenir.

Cette Ordonnance devroit estre gardée tres exactement, & les Officiers de Police ne devroient point souffrir que dans les temps du Carnaval quelques-uns se licentient à prendre des habits de Religieux, & les porter en public.

PARAPHRASE
DE JULIEN.

CONSTITUTIO CXV.

CCCCXXVII.　De proposito Constitutionis, quæ de Ec-clesiasticis diversis Capitulis loquitur.

DE *administratione & privilegiis , & aliis diversis Capitulis ad Ecclesias & alias religiosas domos pertinentibus jam quæ-dam disposuimus : in præsenti autem ea , quæ de religiosissimis Episcopis, & Clericis, & Monachis, anteà in diversis constitutionibus dispersa sunt , cum competente emendatione hac continere lege æstimavimus.*

Tome II.　　　　　　　　　　　　A A a a

CCCCXXVIII. De Episcoporum consecratione.

Sancimus igitur, quando opus fuerit, Episcopum creari, Cle-
ricos & Primates civitatis ejus cujus Episcopus desideratur fieri,
in tribus personis decreta facere propositis sanctis Evangeliis peri-
culo animæ suæ, dicentes in ipsis decretis, quòd neque propter ali-
quam præstationem, neque propter promissionem, vel amicitiam,
vel aliam qualemcumque causam, sed scientes eos rectæ & Catho-
licæ fidei, & honestæ vitæ esse, litteras scire, eos elegerunt; &
quòd neque uxorem, neque liberos quis eorum habet, neque con-
cubinam, vel liberos naturales cognoscunt eum habuisse, vel ha-
bere: sed & si uxorem priùs quis habuit; & ipsam unam, &
primam, neque viduam, neque marito disjunctam, neque legi-
bus vel sacris Canonibus reprobatam, id est, scenicam, sed neque
curialem, vel taxeotam eum esse cognoscunt: vel si curiali vel ta-
xeotica suppositus est conditione, sciunt ipsum in Monasterio non
minus quindecim annis solitariam vitam peregisse: Et hoc autem
decretis oportet imponi, quòd non minus, quàm triginta quinque
ætatis annos agere electam à se personam cognoscunt, ut à tribus
personis, pro quibus talia decreta fuerunt, melior crearetur elec-
tione, & periculo creatoris. Curialem autem vel taxeotam, qui
secundùm ea, quæ diximus, per quindecim annos in Monasterio
moratus est, & ad Episcopatum provectus, liberum esse propriâ
conditione: sic tamen ut liberatus Curia quartam portionem sui
patrimonii sibi retineat, cæteris rebus ipsius secundùm nostram
legem Curiæ & publico vindicandis. Damus autem licentiam il-
lis, qui decreta faciunt, si quem laïcum citra curialem & taxeo-
tam dignum prædictæ electionis esse putaverint, talem hominem
unà cum aliis duobus clericis, vel monachis eligere: sic tamen, ut
laïcus qui hoc modo ad Episcopatum electus est, non statim Epis-
copus creetur: sed primùm Clericis non minùs tribus mensibus con-
numeretur, & ita sanctos Canones, & sacrum sanctæ Ecclesiæ
ministerium edoctus Episcopus creetur; qui enim alios docere de-
bet, ab aliis post consecrationem doceri non debet. Quòd si in ali-
quibus locis non inveniantur tres personæ ad talem electionem ido-
neæ: liceat decretum facientibus, & in duabus, & in una per-
sona decretum facere, ut tamen omnia antefata habeat testimonia.
Sin autem hi, qui debent Episcopum eligere, talia decreta intra
sex menses non fecerint: tunc periculo animæ suæ ille cui com-

petit confecrare Epifcopum, confecret omnibus aliis, quæ diximus, obfervandis; fi quis autem præter memoratam obfervationem Epifcopus creatus fit, jubemus eum modis omnibus ab Epifcopatu repelli : fed & illum, qui contra hæc præcepta aufus fuerit Epifcopum confecrare, feparati per unum annum à facro minifterio, & totam ejus fubftantiam, fi qualicumque tempore vel modo in ipfius dominium pervenerit, propter delictum quod fecit, dominio Ecclefiæ, cujus Epifcopus eft, vindicari.

CCCCXXIX. De accufatoribus Epifcoporum.

Si quis autem ejus, qui ad Epifcopatûs confecrationem electus eft, accufator extiterit in caufa, quæ per leges, vel per Canones poffit inhibere confecrationem ejus, prius de accufatione Epifcopus, qui confecraturus erit, difceptationem faciat vel præfente accufatore & implente fuam accufationem vel non implente, fed per tres menfes differente. Et fi quidem invenerit eum, qui electus eft, obnoxium, inhibeatur confecratio. Enimvero fi innocens appareat, non impediatur. Sed accufator qui vel non probavit id de quo accufavit, vel fi deftituit litem, expellatur Provincia, in qua domicilium habet. Si quis autem ante cognitionem accufatum confecraverit, confecratus quidem facerdotio expellatur : qui autem confecrare eam præcipitatus eft, fuperiùs expofitis pœnis fubjiciatur, id eft, ut per unum annum minifterio facro abftineat, & ut res ipfius Ecclefiæ addicantur, cujus Epifcopus eft.

CCCCXXX. Ut nullâ pecuniâ datâ Epifcopi confecrentur.

Ante omnia illud obfervari fancimus, ut nemo fub præftatione auri vel alterius rei Epifcopus confecretur. Quòd fi tale aliquid admiffum fuerit, femetipfos & fuas animas hi qui pecunias accipiunt vel præftant, & mediatores eorum fecundùm divinas regulas & facros Canones, condemnationi fubjiciunt. Et propter hoc, & qui dat, & qui accipit, & qui mediator factus eft, facerdotio, vel clericatûs honore removeatur. Quod autem pro ea caufa datum eft, Ecclefiæ illi vindicetur, cujus voluit facerdotium emere. Sin autem laïcus erit, qui pro hac caufa aliquid accepit, vel mediator rei factus eft, ea quæ data funt, in duplum ab eo exigi, Ecclefiæ vindicanda. Non folùm autem ea, quæ data funt, vindicari praecipimus, fed & omnem cautionem fuper hoc quocumque modo expofitam, & pignorum obligationem, & omnem aliam qualemcumque actionem ceffare fancimus, ut ille qui promiffionem accepit, non folùm cautionem reddere, fed & aliud tantum quantum cautio continet, conveniatur Ecclefiae dare.

CCCCXXXI. Si Epifcopus ante confecrationem fuam, vel poftea venerabili loco res fuas obtulerit.

Si quis poft Epifcopatum vel ante confecrationem voluerit proprias res, vel earum partem Ecclefiae offerre, cujus Epifcopus erit, hoc laudabile eft : quia non eft emptio fed oblatio. Pro confuetudine autem illa fola concedimus praeftari ab Epifcopis confecratis, quae deinceps praefente lege continentur. Jubemus igitur beatiffimum quidem Patriarcham, id eft, Papam Romanum & Conftantinopolitanum & Alexandrinum, & Theopolitanum, id eft, Antiochenum & Hierofolymitanum (fiquidem confuetudo eft Epifcopis vel Clericis in eorum confecratione) non minus quàm viginti libras auri praeftari, ea tantùm dari quae confuetudo vult. Quòd fi plus fit quòd anteà dabatur ; nihil ab hoc tempore ultra viginti libras auri praeftetur. Metropolitanos autem, qui à Concilio fuo vel beatiffimis Patriarchis creantur : Et alios omnes Epifcopos qui vel à Patriarchis, vel à Metropolitanis confecrantur : fiquidem non minus triginta libras auri reditum habet Ecclefia confecrati, dare pro Cathedratico folidos centum. Notariis autem confecratis & aliis qui minifterium ei faciunt, & aliis qui ex confuetudine capiunt, folidos trecentos. Sin autem Ecclefiae reditus minor fit xxx. libris auri annalibus : non minor autem decem, pro Cathedratico quidem dari folidos centum : aliis autem omnibus qui ex confuetudine capiunt folidos ducentos. Sin autem reditus minor fit decem, non minor autem quinque libris auri, pro Cathedratico quidem quinquaginta folidos dare, omnibus autem aliis, qui ex confuetudine capiunt, folidos feptuaginta. Sin autem minor quidem quinque, non minor autem tribus libris auri habeat Ecclefia reditus, pro Cathedratico quidem 18. folidos : omnibus autem qui ex confuetudine capiunt, folidos 29. Sin autem minor tribus, non minor duabus auri libris fit quantitas Ecclefiaftici reditus, pro Cathedratico quidem praeftari 12. pro omni autem alia confuetudine folidos 6. Epifcopum enim Ecclefiae minorem duabus auri libris reditum habentes, neque pro Cathedraticis, neque pro alia confue-

tudine aliquid dare concedimus. Ea autem quæ præstari dispo-
suimus, primus Presbyter consecrantis Episcopi & Archidiaconus
ejus suscipientes, ex consuetudine capientibus dividant. Hæc ita-
que jubemus modis omnibus observari, ne ex talibus occasionibus
Ecclesiæ debitis prægraventur, & sacerdotia venialia fiant. Si
quis autem ultra statutam à nobis quantitatem pro Cathedratico
vel consuetudine quocumque modo ausus fuerit capere, jubemus
ejus quod plus acceperit, triplum ex rebus ipsius vendicari Ec-
clesiæ ejus, qui dedit.

CCCCXXXII. De servis & adscriptitiis, & taxeotis, & curialibus ad Episcopatum venientibus.

Consecratio Episcopi liberum faciat eum tam servili quàm ad-
scriptitiâ conditione: taxeotas enim vel curiales, qui contra prædi-
ctam distinctionem ad Episcopatûs apicem prosiluerunt: Officio
iterum & Curiæ restitui sancimus, ne ex tali conditione Sacerdo-
tio injuria fiat. Illos autem qui ante nostram præsentem legem ex
Curiali conditione inventi fuerint Episcopi creati: tali quidem con-
ditione liberos esse. Legitimam autem portionem de rebus suis Cu-
riæ & publico præstent: Sic tamen, ut nullam diminutionem pa-
tiantur Ecclesiastica jura in rebus, quas post Episcopatum acquisi-
tas Ecclesiæ eorum competere disposuimus.

CCCCXXXIII. De Presbyteris & Diaconis & Subdiaconis jure cognationis ad tutelam vel ad curam vocatis.

Presbyter, Diaconus, Subdiaconus jure cognationis ad tute-
lam vel curationem vocatur, munus administrationis in hoc casu
tantùm suscipere concedatur. Si tamen intra quatuor menses ab eo
die quo vocatus est, numerandos per competentem judicem. In
scriptis manifestaverit, quòd hujusmodi munus suâ sponte rece-
pit. Si quis eorum hoc fecerit: nullum ex hoc circa aliam tutelam
vel curationem præjudicium patiatur.

CCCCXXXIV. De Clericis, ut Exceptores vel Exacto-
res publicarum tributionum, aut conductores vectigalium, vel
alienarum possessionum, vel curatores, vel fidejussores in talibus causis non fiant.

Clericus neque Exceptor neque Exactor publicarum sit tributio-
num, neque conductor vectigalium, vel aliarum possessionum, vel
curator domûs, vel procurator litis, vel fidejussor in talibus cau-
sis, sive Episcopus sit, sive Oeconomus, vel alius Clericus cujus-
cumque gradûs, vel Monachus suo nomine, vel Ecclesiæ, vel Mo-
nasterii causâ existat, ne ex hac occasione Ecclesiæ & sanctis locis
damnum fiat, & divina ministeria impediantur. Quòd si Eccle-
siis vel Monasteriis possessiones quædam confines inveniantur, &
voluerint Administratores eorumdem venerabilium locorum ad con-
ductionem vel emphyteusim eas capere: tunc omnibus Clericis &
Monachis super talibus causis, vel in ipso instrumento vel in publi-
cis monumentis consentientibus, & certum facientibus pro utili-
tate venerabilium locorum hoc fieri ; tales contractus procedere
concedimus. Ipsis quoque sanctis Ecclesiis & aliis sanctis locis da-
mus facultatem conductiones & emphyteuses suum facere, & Cle-
ricis similiter suarum Ecclesiarum possessiones conducere, & admi-
nistrare, consensu tamen Episcopi & Oeconomi : Exceptis illis per-
sonis, quas per aliam legem hoc facere prohibuimus. Si quis autem
contra prædicta aliquid fecerit, si quidem Episcopus sit, omnes
ejus res ex quacumque causa vel persona sive ante Episcopatum
sive posteà ad eum pervenerint ; Ecclesiæ ejus vindicari sancimus.
Sin autem Oeconomi vel alii Clerici sint, qui hoc admiserunt, pœ-
nam eos pecuniariam, quam Episcopus eorum æstimaverit, exige-
re Ecclesiæ vindicandam, cùm & hi qui locationem vectigalium
vel cujuscumque possessionis vel publicarum tributionum exceptio-
nem vel exactionem vel curationem domûs eis committentes, vel
fidejussores eos pro memoratis causis capientes, nullam contra Ec-
clesiam, vel Monasterium, vel res ejus, vel Administratoris, vel
adversus illas personas, quibus crediderint, vel contra substantias,
vel fidejussores eorum habeant actionem. Illi autem qui publicarum
tributionum vel vectigalium exceptionem, vel locationem, vel
exactionem memoratis personis crediderint, vel fidejussores eos ac-
ceperint, quidquid publico damni contigerit, hoc de sua substantiâ
restituere compellantur.

CCCCXXXV. De Episcopis in judicium testimonii causâ vocatis.

Nullus Episcopus cogatur ad judicium venire testimonii dicendi causâ, sed judex apud Episcopum mittat Ministros suos: ut propositis sanctis Evangeliis quod scit Episcopus, dicat secundùm hoc quod Sacerdotibus honestum est.

CCCCXXXVI. De Episcopis in judicium non vocandis.

Nullus Episcopus neque pro civili, neque pro criminali causa apud quemvis judicem, sive civilem, sive militarem producatur vel exhibeatur: nisi Imperialis jussio praecesserit; Magistratus enim qui hoc jubere ausus fuerit, amissione cinguli, & viginti librarum auri condemnatione plectetur, ut istae 20. librae Ecclesiae addicantur, cujus Episcopus produci vel exhiberi jussus est. Litis autem executor post cinguli amissionem tormentis subjiciatur, & in exilium mittatur.

CCCCXXXVII. De Episcoporum profectione.

Non liceat Episcopis suas quidem Ecclesias relinquere, in alienas autem provincias pervenire. Sin autem hoc ex causa fecerint necessaria, ostendant vel litteras Patriarchae aut Metropolitani sui, vel Imperialem jussionem. Nam nec illis Episcopis, qui sub Patriarcha Constantinopolitano sunt, aliter in hanc Imperialem civitatem venire permittimus, nisi ex permissu ejus vel nostrâ jussione pervenerint. Quicumque autem ex quavis Dioecesi venerit in hanc civitatem Episcopus, intret primùm apud Beatissimum Patriarcham Constantinopolitanum, ac per ipsum ad nostram posteà Serenitatem. Iis autem, qui contra praesentem dispositionem proficiscuntur, vel ultra unius anni spatium extra suam provinciam degunt: primùm quidem sancimus non subministrari impensas ab Oeconomis Ecclesiae suae, deinde admoneri per litteras à Sacerdotibus, quibus subjecti sunt, ut redeant in suas Ecclesias. Quòd si distulerint secundùm sacros Canones evocari, & si intra definitum tempus à Sacerdotibus ad Ecclesias suas non redierint, ipsos quidem Episcopatu repelli, alios autem pro ipsis meliores con-

fecrari fecundum vim præfentis legis : hoc eodem & in Clericis ob-
tinente cujufcumque gradûs fint vel Minifterii.

CCCCXXXVIII. De Conciliis Epifcoporum per fingulos annos faciendis.

Unufquifque Epifcopus vel Patriarcha vel Metropolitanus fub-
jectos fibi Epifcopos femel aut bis per fingulos annos apud fe con-
vocare debet , & omnes caufas fubtiliter cognofcere , quas Epifcopi,
vel Clerici , vel Monachi fecum habent , eafque componere. Et fi
quid circa Canones ex quacumque perfona admiffum eft , emen-
dare.

CCCCXXXIX.   De Epifcopis & aliis Religiofis viris tablizantibus.

Neque Epifcopus , neque Presbyter , neque Diaconus , neque Sub-
diaconus , neque Lector , neque alius cujufcumque Religiofi con-
fortii vel habitûs conftitutus tablizare audeat , vel focius luden-
tium fieri , vel fpectator , in quocumque fpectaculo fpectandi caufa
venire. Ac fi quis contra hæc fecerit , per tres annos omni facro
Minifterio prohibeatur , & in Monafterium mittatur. Sin autem
dignam pœnitentiam erroris fui in citeriore tempore oftenderit ,
ftatim revocentur , & digno Sacerdotio reddatur , vel Minifterio
fuo fcientibus Sacerdotibus , qui talia peccata fcientis diffimulave-
rint , quòd ipfi Deo rationem reddant.

CCCCXL.   Ut nullus Epifcopus cogatur fubjectum fibi Cle- ricum de fuo Clero dimittere.

Nullus Epifcopus invitus cogatur fubjectum fibi Clericum qua-
lemcumque de fuo Clero dimittere.

CCCCXLI. De his , qui fine caufa excommunicant.

Nemo Epifcopus , nemo Presbyter excommuniat aliquam ante-
quàm caufa probetur , propter quàm Ecclefiaftici Canones hoc fie-
ri jubent. Si quis autem adverfus ea excommunicaverit aliquem:
Ille quidem qui excommunicatus eft , majoris Sacerdotis auctori-
tate ad gratiam fanctæ communicationis redeat : is autem , qu
non

*non legitimè excommunicavit , in tantum abſtineat à ſacra com-
munione tempus , quantum majori Sacerdoti viſum fuerit , ut quod
injuſtè fecit , ipſe juſtè patiatur.*

CCCCXLII. De Epiſcopis fuâ manu cædentibus.

*Non liceat Epiſcopo manibus ſuis aliquem cædere , hoc enim alie-
num à Sacerdote eſt.*

CCCCXLIII. Si Epiſcopus expulſus à ſua Eccleſia , ingredi civitatem de qua repulſus eſt , auſus fuerit.

*Si Epiſcopus expulſus auſus fuerit ingredi civitatem , de qua
repulſus eſt , vel exire de loco , in quo degere juſſus eſt , jubemus
eum in Monaſterio , in alia Provincia conſtituto, tradi , ut quæ in
Sacerdotio peccavit , degens in Monaſterio corrigat.*

CCCCXLIV. Quales homines Clerici fieri debent.

*Nullum alium Clericum concedimus creari , niſi eum , qui lit-
teras ſcit , & rectam fidem & vitam honeſtam habet : & neque
concubinam vel naturales liberos habet vel habuit , ſed vel caſtita-
te præditum , vel uxorem legitimam & ipſam unam & primam
habentem : vel ſi jam habuerit , & neque viduam , neque disjunctam à marito , neque aliter legibus vel divinis Canonibus
reprobatam.*

CCCCXLV. Cujus ætatis Clericus fieri debeat.

*Nemo Presbyter conſecretur , qui minor triginta annis ſit , ne-
mo Diaconus vel Subdiaconus fiat , qui minor viginti quinque
annis ſit , nemo Lectoribus connumeretur , qui minor decem &
octo annis fuerit ; nemo inter Diaconiſſas conſecretur Sacroſanctæ
Eccleſiæ , quæ minor ſit quadraginta annis , vel ad ſecundum matrimonium pervenit.*

CCCCXLVI. De accuſationibus Clericorum.

*Si conſecraturo Clericum Epiſcopo cujuſcumque Collegii vel
gradûs accuſator extiterit , qui diceret illum indignum conſecra-*

Tome II.　　　　　　　　　　　　BBb b

tione effe : ipfa quidem confecratio differatur. Omnia autem quæ pro cognitione vel coërcitione confecrationis Epifcoporum fuperius diximus, & in hac obtineant parte.

CCCCXLVII. De nuptiis Clericorum.

Si Diaconus vel Subdiaconus futurus non habet uxorem, fecundùm ea quæ fupra expofuimus, fibi conjunctam, non aliter confecretur, nifi priùs à confecratore interrogatus promiferit poffe poft confecrationem & fine legitima uxore caftè vivere : non concedendo confecratore tempore confecrationis Diacono vel Subdiacono futuro permittere, ut poft confecrationem uxorem accipiat. Quòd fi hoc permiferit fieri, de Epifcopatu fuo repellatur. Presbyter autem vel Diaconus vel Subdiaconus qui uxorem duxerit, repellatur quidem de Clero, curiæ autem ejus civitatis, in qua Clericus erat, cum facultatibus fuis tradatur, fin autem Lector fecundas contraxerit nuptias, vel primas quidem, fed duxerit uxorem viduam vel disjunctam à marito, vel legibus, vel facris Canonibus reprobatam : in alium gradum Ecclefiæ non procedat. Sed fi quocumque modo in majorem gradum productus fit, rejiciatur ab eo, & priori reftituatur.

CCCCXLVIII. De Curialibus & Taxeotis ad Clericatûs honorem venientibus.

Neque Curialis, neque Taxeota Clericus confecretur. Quòd fi hoc factum fuerit, priori conditioni reftituatur, nifi fortè non minus, quàm quindecim annos in folitaria vita peregerit. Tales enim homines confecrari jubemus, reddendâ fcilicet à Curiali legitimâ portione tam curiæ quàm publico.

CCCCXLIX. Si Monachus Clericatûs honorem meruerit.

Si Monachus Clericatûs honorem meruerit, folitariæ vitæ Canones non tranfgrediatur ; ideoque quamvis in tali gradu fuerit, ut liceat Clericis in eo conftitutis uxorem ducere, non audeat ipfe hoc facere. Alioquin fi concubinam vel uxorem duxerit, Curiæ, vel officio, vel conditioni cui fubjectus antea fuerat, reftituatur. Idemque dicimus, & fi nullâ anteà conditione fuppofitus,

posteà Monachus factus ad Clericatûs honorem pervenerit. Et ge-
neraliter definimus nulli licere in quocumque gradu Ecclefiastico
posito recedere ab eo, & inter Laïcos connumerari. Si enim hoc
ausus fuerit facere, cingulo, vel dignitate, vel militiâ, si quam ha-
bet, expoliatus Curiæ suæ civitatis tradatur.

C C C C L. De his qui ante tempora Conftitutionis Clerici
facti funt.

Eos autem, qui ante nostram legem Clerici creati sunt, à Cu-
riali conditione per substitutas personas pecuniaria munera implere:
de corporalibus autem immunes & liberos custodiri.

C C C C L I. Ut Clerici fine pecunia fiant.

Nullus Clericus cujuscumque gradûs præstet aliquid ei à quo
consecratur, vel alii cuicumque personæ : solas autem consue-
tudines consecratoris Ministris ex more capientibus unius anni
dona non excedentes pecunias præstet. In sancta autem Ecclesia in
qua consecratur, nihil omnino cum Clericis suis præstet super pro-
cessu : neque propter hanc causam propriis solatiis vel aliis parti-
bus suis defraudetur.

C C C C L II. Ut locorum venerabilium Adminiftratores fine
pecunia fiant.

Nullus neque Xenodochus, neque Ptocotrophus, neque Nosoco-
mus, neque alius religiosæ domûs Administrator, vel cujuscumque
Curæ Ecclesiasticæ gestor præstet aliquid ei, à quo præponitur, vel
cuicumque personæ pro commissa sibi administratione. Qui au-
tem præter hæc quæ disposuimus, dederit aliquid, vel acceperit,
vel mediator factus fuerit, Sacerdotio vel Clero vel commissa sibi
Administratione nudabitur : his quæ data sunt, vendicandis lo-
co religioso cujus talis persona consecrationem vel curam vel ad-
ministrationem accepit. Sin autem laïcus sit, qui acceperit, vel
mediator factus est, duplum ab eo exigatur : Et religioso loco in
quo talis persona vel administrationem, vel consecrationem, vel
curam accepit, præstetur.

CCCCLIII. De Adminiftratoribus venerabilium locorum fuas res offerentibus.

Si Clericus cujufcumque gradûs, five adminiftrator cujufcum que religiofi loci, vel ante confecrationem, vel Adminiftrationem, vel curam fibi commiffam, vel poftea voluerit aliquid de propriis rebus offerre Ecclefiæ, in qua confecratur, vel loco cujus admi niftrationem vel curam recipit, non folùm non prohibemus hoc fieri, fed magis exhortamur talia pro falute animæ fuæ facere. Nos enim illa tantùm dari prohibemus, quæ fpecialibus quibufdam per fonis præftantur, non ea quæ facrofanctis Ecclefiis vel aliis reli giofis locis offeruntur.

CCCCLIV. Si fervus Clericus fiat.

Si fervus fciente & non contradicente Domino in Clero fortitus fit : Ex hoc ipfo liber & ingenuus fiat. Si enim ignorante Domino confecratio facta fuerit ; liceat domino intra annum tantùm con ditionem probare, & proprium fervum recipere. Sin autem fervus fciente vel ignorante domino fecundùm ea quæ diximus, ex ipfo honore Clericatûs libertatem meritus, poftea Minifterium Eccle fiafticum reliquerit, & ad Laïcorum vitam tranfierit, domino fuo in fervitio fuo tradatur.

CCCCLV. Si Adfcriptitius Clericus fiat.

Adfcriptitius in ipfis tantum poffeffionibus, in quibus cenfitus eft, Clericus fiat, quamvis invito domino hoc fuerit factum : fic tamen ut etiam Clericus factus impofitam fibi culturam im pleat.

CCCCLVI. De Clericis electis ab ædificatoribus venerabilium locorum, vel heredibus eorum.

Si quis oratorium in domo ædificaverit, & ipfe vel heredes ejus Clericos in ipfa domo confecrare maluerit, fumptus miniftrantes ejufdem domûs audiantur, fi dignos nominaverint Clericos. Sin au tem illi tales fint, ut divinis Canonibus non comprobentur, ad Epif copum pertinebit alios Clericos eligere idoneos.

CCCCLVII. De Clericis miniſterium Dei non implen-
tibus.

Sancimus , ut reverendiſſimi Clerici ſuis obſerviant Eccleſiis :
& ſibi competens Eccleſiaſticum impleant miniſterium, idque inqui-
rere debet cujuſcumque civitatis religioſiſſimus Epiſcopus , & in
ſingulis gradibus Eccleſiaſticis primates , ut qui ea non cuſtodie-
rint , Canonicis pœnis ſubjiciantur.

CCCCLVIII. De peculio quaſi caſtrenſi Clericorum, &
de ſignificatione Clericatûs.

Presbyteri , Diaconi , & Subdiaconi , Lectores & Cantores,
quos omnes Clericos vocamus , res quocumque modo in eorum domi-
nium pervenientes habeant in propria poteſtate ad ſimilitudinem
caſtrenſis peculii , ut liceat eis donare , & ſecundum leges in ea
teſtari, quamvis in parentum ſuorum fuerint poteſtate : ſic tamen,
ut liberi eorum , vel liberis non ſuperſtitibus , parentes eorum legi-
timam portionem capiant.

CCCCLIX. De teſtimoniis Clericorum.

Presbyteri & Diaconi ſi in cauſa pecuniaria falſum teſtimo-
nium dixerint : non tormentis ſubjiciantur , ſed per tres annos
ſeparentur à divino miniſterio , & Monaſteriis tradantur. Pro
criminalibus autem cauſis, ſi falſum teſtimonium dixerint , Cleri-
catûs honore nudati legitimis pœnis ſubjiciantur : cæteri autem
in alio ordine Eccleſiaſtico relati, ſi falſum teſtimonium in qua-
cumque re , ſive pecuniaria , ſive criminali dixiſſe convincantur,
ordine Eccleſiaſtico rejecti legitimis coërcitionibus ſubjiciantur.

CCCCLX. De Clericis vel Monachis, vel Diaconis, vel Aſce-
triis conveniendo in civili , vel criminali cauſa.

Si quis contra Clericum , vel Monachum , vel Diaconiſſam,
vel Monaſtriam , vel Aſcetriam habeat aliquam actionem , adeat
priùs religioſiſſimum Epiſcopum , cui eorum unuſquiſque ſubjectus
eſt ; ille autem rem inter ipſos diſcernat. Et ſiquidem utraque pars
judicatis acquieſcat , jubemus per Præſidem locorum ea executioni

pleniffimè tradi.. Sin autem unus ex litigatoribus intra decem dies contradixerit judicatis : tunc locorum Præſes rem cognoſcat : Et ſi invenerit judicatum reſtè prolatum , & ſuo calculo hoc cônfir- met , & executioni judicata tradat , & non liceat ei, qui in tali re viſtus eſt , provocare. Sin autem calculus Præſidis contrarius ſit Epiſcopali calculo : tunc locum habeat appellatio contra calcu- lum Præſidis , & ea ſecundùm legis ordinem referatur & exer- ceatur. Sin autem ex Imperiali vel judiciali juſſione Epiſcopus judicaverit inter qualeſcumque perſonas, provocatio ad Imperato- rem vel ad judicem qui juſſit , referatur. Sin autem crimen ſit quod adverſus memoratas reverendiſſimas perſonas referatur : ſi- quidem apud Epiſcopum aliquis accuſetur , & ipſe veritatem inve- nire potuerit : de honore vel gradu eum ſecundum Eccleſiaſticos Canones rejiciat : & tunc competens judex comprehendat ipſum, & ſecundùm leges litigium diſcernens finem ei imponat. Si enim priùs civilem Præſidem adeat accuſator , & crimen per legitimam diſceptationem potuerit probari : tunc Epiſcopo locorum monumen- ta intimentur : & ſi ex ipſis cognitum fuerit propoſita crimina eum admiſiſſe : tunc ipſe Epiſcopus locorum ſecundùm regulas de honore vel gradu quem ſuſtinet , ſeparet : Judex autem & vin- diſtam inferat legibus competentem. Sin autem putaverit Epiſ- copus & aſta non juſtè conſtitiſſe : liceat ei honoris expoliationem differre : ſic tamen ut talis perſona ſub legitimè cautela fiat , & ita ad nos cauſa per Epiſcopum & judicem referatur , ut eam nos cognoſcentes , quod nobis juſtum viſum fuerit , hoc jubeamus. Si quis autem pro pecuniaria cauſa contra prædiſtas perſonas aliquam habuerit aſtionem , & Epiſcopus diſtulerit inter eos judi- care : licentiam habeat aſtor judicem civilem adire : Sic tamen ut accuſata perſona nullo modo cogatur fidejuſſorem dare , ſed tantum promiſſionem ſine jurejurando cum hypotheca ſuarum rerum ex- ponere. Sin autem pro criminali cauſa accuſatio contra memoratas perſonas deponatur , ſub legitima cautela accuſata perſona fiat.

CCCCLXI. De his perſonis pro Canonica cauſa con- veniendis.

Si de negotio Eccleſiaſtico, id eſt Canonico, cauſa emerſerit : non Magiſtratus , ſed religioſus Epiſcopus ſecundùm ſacros Canones imponat negotio finem.

CCCCLXII. De rebus dubiis in Conciliis Epifcoporum
emergentibus.

Si inter Epifcopos ejufdem Concilii dubitatio emerferit de Eccle-
fiaftico jure , vel de aliis negotiis : priùs Metropolitanus eorum
cum aliis quibufdam Concilii fui confiderans rem judicet : Et fi
non acquiefcat utraque pars judicatis : tunc beatiffimus Patriar-
cha illius regionis inter ipfos audiat , & quod Ecclefiafticis Ca-
nonibus & legibus noftris confentaneum fit , hoc definiat : & nulla
pars valeat calculo ejus contradicere.

CCCCLXIII. Si Clericus vel quivis alius contra Epifcopum adire poteftatem maluerit.

Si Clericus vel quivis alius contra Epifcopum propter qualem-
cumque caufam audiri maluerit : priùs Metropolitanus eorum fe-
cundum fanctas regulas & noftras leges negotium difcernat. Et
fi quis judicatis contradixerit , ad Patriarcham illius regionis
res referatur : & ille fecundùm Canones & leges finem ei præbeat.

CCCCLXIV. Si quis contra Metropolitanum adire
poteftatem maluerit.

Si contra Metropolitanum adire quifpiam velit : regionis illius
Patriarcha negotium difcernat.

CCCCLXV. De Epifcopis apud judicem vocatis.

Quicumque Epifcopus apud quemvis judicem accufatus fuerit,
omninò nullam neque fidejuffionem , neque promiffionem pro liti-
gio facere compellatur : fic tamen , ut operam daret intentiones
& caufas actionis diffolvere.

CCCCLXVI. De adminiftratoribus venerabilium locorum
propter adminiftrationem fuam ad judicium vocatis.

Oeconomos & Xenodochos & Nofocomos & Ptocotrophos & alio-
rum fanctorum adminiftratores locorum , & omnes Clericos ju-
bemus fuper adminiftrationibus fibi commiffis apud proprium Epif-

copum cui subjecti sunt, respondere, & rationes suæ administra-
tionis facere, & exactionem suscipere : & si quid ab his debitum
fuerit & probatum, ut hoc ei loco reddatur, ex cujus administra-
tione debitum apparuerit. Sin autem putaverint sese prægrava-
tos, post exactionem Metropolitanus rem discernat. Sin autem
Metropolitanus sit qui judicavit, & exigit, & illis qui exactio-
nem passus est, putaverit se læsum fuisse, administrationis illius
beatissimus Patriarcha rem discernat. Non enim concedimus ante-
fatis personis in memoratis causis, ante disceptationem & exactio-
nem debiti suos Episcopos deserere, & in alia pervenire judicia.

CCCCLXVII. De heredibus eorum, qui res venerabilium locorum gesserunt.

Si quis ex his, quibus administratio religiosi loci commissa sit,
antequàm rationes exponat, & debitam à se quantitatem exol-
vat, decesserit : heredes ejus similiter & rationibus & exactionibus
subjiciantur.

CCCCLXVIII. De Episcopis & Clericis pro civitate conveniendis.

Si Episcopus, vel quivis Clericus in civitate Constantinopolitana
inveniatur ex quacumque pecunia, & aliquis voluerit adversus
eum actionem movere : Si quidem jam de ea re litis contestatio
facta est, in Provinciali judice, ibi impleatur, id est, in ea
Provincia in qua lis contestata est. Sin autem nondum cœpta est,
apud eminentissimos tantùm Præfectos Prætorio Orientis judicium
peragatur, vel apud eos judices, quos nostra jussio deputaverit.

CCCCLXIX. De Apocrisariis.

Nullus Apocrisarius cujuscumque Ecclesiæ, sive in hac civitate
degens, sive apud Patriarchas vel Metropolitanos Episcopos, ab
Episcopo suo missus vel pro negotio Ecclesiastico, vel pro debito
publico sive privato, aliquam actionem vel exactionem patiatur.
Nisi fortè ei mandatum est ab Episcopis vel Oeconomis quosdam
convenire. Ipsis enim qui conveniuntur solis facultatem præstamus,
si quas actiones habuerint contra Ecclesiam vel Episcopum adver-
sus Apocrisarios eos movere. Sed si obligaverint se in eo tempore
quo

quo Apocrifarii officium peragunt : & pro his caufis actiones
fufcipiant.

C C C C L X X. De Epifcopis & Clericis pro civitate, vel Ec-
clefia fua, vel confecratione in qualemcumque locum
pervenientibus.

Epifcopi vel Clerici pro civitate , vel Ecclefia fua legationis,
vel confecrationis Epifcopi caufa in Imperialem civitatem, five in
quemcumque locum pervenientes, nullam moleftiam vel repulfam
à quacumque perfona patiantur. Nam qui obnoxios eos habere
putaverint , poftquàm in Provinciam revertantur , pulfare eos
poterunt, nullo eis præjudicio generando in temporali præfcriptione,
propter tempus , quod in tali profectione tranfactum eft.

CCCCLXXI. De executione Religiofæ perfonæ.

Si quando caufa emerferit , ut admonitio vel executio affera-
tur pro pecuniaria caufa, five publica, five privata Clerico vel Mo-
nacho , vel cuicumque ex Monafterio , & maximè mulieribus ,fine
injuria & cum omni honore admonitio vel executio fiat : Monacha
autem vel Afcetria à Monafterio vel Afceterio non detrahatur, fed
procuratorem ab his præponi jubemus qui pro negotio refpondebit.
Monachis autem liceat five per fe , five per procuratores fuos vel
Afceterii caufas peragere ,fciente eo, qui tranfgreffus fuerit , five
judex fit , five executor litis , quòd & cingulo fpoliabitur , & quin-
que librarum auri pœnam præftabit : quam debet exigere, ab eo vir
magnificus Comes privatarum rerum , executor autem & pericula
patiatur , & in exilium mittatur , religiofis locorum Epifcopis pro-
fpicientibus ut nihil iftis contrarium fiat : vel fi quid peccatum fue-
rit , ut prædicta coërcitio fiat. Præfide autem differente vindictam
imponere , ad noftram fcientiam Epifcopus referat.

CCCCLXXII. De fportulis Religiofæ perfonæ.

Sportularum nomine quæcumque perfona in quocumque Eccle-
fiaftico ordine conftituta: item Diaconiffa & Monachus & Afce-
tria & Monacha pro quacumque criminali vel pecuniaria caufa,
cujufcumque fit quantitatis , five à Clerico five aliquo militante
admonitionem fufceperint ,five in Imperiali civitate, five in Pro-

vinciis in quibus degunt , non plus quàm quatuor , siliquas præ-
stent. Si verò ex nostra jussione , sive à Præside , vel à beatissimo Pa-
triarcha missus executor in alias Provincias admonitionem obtu-
lerit alicui de memoratis personis , non ultra solidum accipiat. Sed
& si plures pro una eadémque causa conventi fuerint : non plus
sportularum nomine præstent , quàm si una persona conventa
fuisset.

CCCCLXXIII. De Episcopis pro rebus Ecclesiæ non conveniendis.

Nullus Episcopus pro rebus Ecclesiæ suæ executionem vel mo-
lestiam patiatur. Sportulas autem nec pro suis negotiis admonitus
præstet. Actiones autem contra Ecclesias propositas OEconomi sus-
cipiant , vel illi qui in hac causa præpositi sunt.

CCCCLXXIV. De his, qui sportulas exigunt ultra modum statutum.

Si quis adversus nostra statuta sportulas exigere fuerit ausus:
in duplum quod acceperit, præstet ei à quo exigit : Et si quidam
militat , amittat cingulum : sin autem Clericus sit , è Clero expel-
latur.

CCCCLXXV. De Clericis, qui mulieres in domo sua habent.

Presbyteris & Diaconis & Subdiaconis , & aliis in Clero con-
stitutis non habentibus uxores secundùm divinas regulas , interdi-
cimus & nos habere mulierem in domo sua, exceptâ matre , & fi-
liâ , & sorore , & aliis personis , quæ omnem querelam effugiunt.
Si quis autem adversus istam observationem mulierem in domo sua
habuerit , quæ potest suspectionem inferre turpitudinis : Et ille à
Conclericis suis audierit cum tali muliere non habitare , & nolue-
rit eam suâ domo repellere : vel accusatore emergente probatus fue-
rit cum tali muliere inhonestè versari : tunc Episcopus secundum
Ecclesiasticos Canones à Clero eum repellat , Curiæ civitatis , cujus
Clericus est , tradendum.

CCCCLXXVI. De Episcopis, qui cum mulieribus habitant.

Nullus Episcopus cum muliere habitet penitus. Sin autem probatus fuerit hoc non observasse, ab Episcopatûs honore rejiciatur, quia ipse se indignum Sacerdotio ostendit.

CCCCLXXVII. De Diaconissis, quæ cum masculis habitant, & de liberis earum.

Caveant Diaconissæ cum masculis habitare, per quos inhonestæ vitæ suspectio possit emergere. Sin autem hæc non observaverint: Sacerdotis cui subjectæ sunt, admonitione abstineant masculorum conversatione. Sin autem hoc distulerint facere, Ecclesiastico Ministerio & suis salariis careant, & Monasterio tradantur, & omnem vitam suam ibi peragant. Res autem earum, siquidem liberos habeant, inter ipsam & illos secundùm numerum personarum dividantur, ut competens eidem mulieri portio Monasterio addicatur & alat eam. Sin autem non habeat liberos, tota ipsius substantia inter Monasterium, ubi immissa est, & Ecclesiam, in qua priùs fuerat, ex æqua portione dividatur.

CCCCLXXVIII. Si quis inter celebranda divina Mysteria ministris Dei injuriam fecerit.

Si quis divinis Mysteriis vel aliis sanctis Ministeriis celebrandis in sanctam intraverit Ecclesiam, & Episcopo vel Clericis, vel aliis Ministris Ecclesiæ injuriam fecerit : jubemus eum tormentis subjectum in exilium mitti. Sed & si ipsa sancta Oratoria vel divina Ministeria conturbaverit, vel celebrari prohibuerit, capitali supplicio puniatur. Hoc eodem observando & in litaniis, in quibus Episcopi vel Clerici inveniuntur, ut si quidam contumeliam tantùm fecerit : tormentis & exilio tradatur. Sin autem litanias conturbaverit, capitale periculum subsistat : eaque defendere volumus non solùm civiles, sed etiam militares judices.

CCCCLXXIX. De Litaniis Laïcorum.

Non liceat Laïcis litanias facere sine Episcopo & Clericis qui sub

*ipso Episcopo sunt ; sanctas quoque Cruces , quas in litaniis por-
tant , in sanctis locis reponi jubemus , & ex his proferri , si litaniæ
tempus vocaverit : eáque observent ne solùm Antistites locorum
& Clerici , sed etiam Magistratus. Si quis autem in præsentis legis
vim transgressus fuerit , vel vindictam imponere neglexerit , prædictas pœnas patiatur.*

CCCCLXXX. De Monachis, & Monasteriis.

*Restat , ut de Monachis dicamus. Igitur sancimus , ut Ab-
bas sive Archimandrita singulis Monasteriis præponatur : non
secundùm gradus Monachorum , sed quem cuncti Mona-
chi vel melioris opinionis constituti elegerint propositis sanctis
Evangeliis dicentes , quòd non propter amicitiam vel gratiam ,
sed scientes eum esse fidei rectæ , & vitæ castæ , & administratione dignum , & potentem Monachorum disciplinam , & omnem
Monasterii statum utiliter custodire , eum elegerunt. Et si sic electus fuerit , modis omnibus confirmetur ab Episcopo , cui Monasterium subjectum est ; quæ autem de Monasteriis diximus Monachorum , eadem teneant & in Monasteriis vel Asceteriis mulierum.*

CCCCLXXXI. Idem.

*Si quis Monachus esse velit : si quidem notus sit nullá conditio-
ne subjectus esse , Hegumenus Monasterii quando æstimaverit , habitum ei præstet. Sin autem cognitus non sit , per tres annos habitum ei non præstet , sed experimentum & probationem vitæ ipsius
accipiat : & si quidem intra triennium venerit aliquis dicens eum
servum suum esse vel adscriptitium vel colonum , & ideò ad Monasterium venisse , ut culturam agrorum fugiat , vel propter fur-
ta vel alia delicta in Monasterium intrasse , eáque fuerint appro-
bata : domino suo reddatur cum rebus quas in Monasterium intro-
duxisse probatur , ut tamen fidem priùs accipiat à domino suo , quòd
nihil patiatur. Sin autem intra triennium nemo ex prædictis personis inquietaverit eum , & hìc transacto triennio probatum se He-
gumeno ostenderit : tunc accipiat habitum ; & nemo eum posteà pro
conditione inquietet : sic tamen ut res , quas in Monasterium duxit,
domino restituantur. Sin autem Monasterium reliquerit , & Lai-
cus fiat , vel in civitatibus vel in agris deambulet , suæ conditioni reddatur.*

CCCCLXXXII. Idem.

Monachi in una domo habitent, communiter alantur, in una domo femoti dormiant, nifi fortè quidam ex his propter prolixam in Monafterio exercitationem femoti velint vivere, vel fenectutis vel corporis imbecillitatis causâ in cellulis quibufdam intra Monafterium degerint : Et hoc tamen non citra voluntatem Hegumeni fiat. His omnibus & in Monafteriis & in Afceteriis mulierum obfervandis.

CCCCLXXXIII. Idem.

In nullo loco Monachos & Monachas permittimus unum Monafterium habere : fed nec ea, quæ duplicia vocant. Et fi quid tale eft, Religiofus Epifcopus mulieres quidem in fuo loco ftudeat manere, Monachos autem aliud Monafterium ædificare fibi cogat. Sin autem plura fint alia Monafteria, feparentur in aliis Monafteriis Monachæ, & in aliis Monachi. Res autem, quas habent communes, fecundùm jura eis competentia diftribuantur. Quem autem Monachæ Presbyterum vel Diaconum elegerint, ut eum Apocrifarium habeant, vel fanctam Communionem eis efferat : Religiofus Epifcopus, cui fubjectæ funt, deputet : fi tamen & fidei rectæ & vitæ bonæ fuerit. Sin autem is, quem elegerunt, neque Presbyeer, neque Diaconus fit, probatus tamen caftitate & fide, confecret eum Epifcopus in illa confecratione, qua dignus fit : & fiat Apocrifarius, & fanctæ Communionis Minifter : Sic tamen ut nec ipfe habeat licentiam, quamvis ita electus eft, in Monafterio mulierum permanere.

CCCCLXXXIV. Idem.

Si quis fub conditione nuptiarum, vel liberorum, vel dotis causâ, vel ante nuptias donationis donaverit, vel reliquerit fuis liberis, vel alii cuicumque perfonæ hereditatem vel legatum, vel ab initio purè reliquerit vel donaverit, fubftitutiones autem vel reftitutiones eis fecerit, fub conditione quacumque ex his quæ prædictæ funt : jubemus talibus conditionibus fubjecti tam mafculi quàm fœminæ, fi Monafterium intraverint, vel Clerici vel Diaconiffæ, vel Afcetriæ fuerint, tales conditiones irritas & pro non scriptis esse : hoc autem auxilio Clerici vel Diaconissæ Ecclesiarum fruantur , si in eadem vita perseveraverint , & ea quæ sic eis donata vel relicta fuerunt , in pias causas consumpserint , vel donaverint , vel reliquerint : Nam de his , quæ in Monasterium vel Asceterium intraverint , certa forma constituta est , ut totum patrimonium eorum vel earum cum hujusmodi rebus ad Monasterium vel Asceterium pertineat. Sin autem ad redemptionem captivorum vel alimonias substitutio vel restitutio facta est , sub antefatis conditionibus ex nullo modo prædicto recludi eam concedimus.

CCCCLXXXV.   Idem.

Si mulier vel vir ad solitariam vitam transierit , & liberos non habeat : res ejus Monasterio competant , in quo intraverit, sin autem talis persona liberos habeat , liceat ei substantiam suam inter liberos dividere. Ita tamen ut nulli eorum legitimam portionem diminuat , & sibi retineat unius filii partem ad Monasterium scilicet perventuram. Quod si antequàm divideret inter liberos suos propriam substantiam , in Monasterio decesserit : sola legitima portio liberis ejus deferatur.

CCCCLXXXVI.   Idem.

Si sponsalia legitimè inter sponsum & sponsam contracta fuerint : deinde antequàm nuptiæ celebrentur , sponsus vel sponsa intraverit Monasterium : id quod arrarum nomine datum est , in simplum tantùm reddatur , & pœna utrique parti remittatur.

CCCCLXXXVII.   Idem.

Si constante matrimonio solus vir vel sola uxor ad solitariam vitam transierit , & Monachicum habitum acceperit : hoc ipsum matrimonium dissolvatur etiam nullo repudio misso. Et si quidem solus vir Monachus factus est , reddat mulieri dotem , & quidquid ab ea susceperat : & propter nuptias donationis tantam partem quantam mulier accepisset ex morte mariti secundùm dotalium instrumentorum tenorem. Sin autem mulier Monacha facta sit , maritus quidem retineat nuptialem donationem : mulier autem recipiat dotem suam , exceptâ illâ portione , quæ apud maritum ex morte mulieris secundùm pacta dotalia residere debet. Sed &

quidquid aliud mulier apud maritum habuerit, restituatur eidem mulieri: quòd si utraque persona solitariam vitam elegerit, una-quæque persona res suas accipiat: Et nemo nihil neque lucretur, neque detrimentum sentiat, sed maritus quidem retineat propter nuptias donationem: mulier autem recipiat dotem suam, & quid-quid aliud marito dedisse probetur. Hæc autem omnia tam de sponso quàm de sponsa & viro & uxore statuta sunt: nisi altera pars alteri quidpiam donare vel concedere velit.

CCCCLXXXVIII. Idem.

Non liceat parentibus liberos, vel liberis parentes ab heredita-te sua repellere Monachos factos, quamvis dum Laïci fuerunt, in causam ingratitudinis inciderint.

CCCCLXXXIX. Idem.

Non liceat parentibus suos liberos ad solitariam vitam transeun-tes de Monasteriis abstrahere.

CCCCXC. Idem.

Si quis Monasterium suum reliquerit, & ad aliud Monaste-rium transierit: res ejus priori Monasterio, in quod ante intro-ierat, competant.

CCCCXCI. Idem.

Agant solicitudinem Episcopi, ut neque Monachi, neque Mo-nachæ in civitatibus ambulent: Sed si quas habent necessarias causas, eas agant per Apocrisarios suos, ipsi vel ipsæ in Mo-nasteriis permanentes.

CCCCXCII. Idem.

Si Monachus Laïcus factus fuerit, honore & cingulo spolietur, & res ejus monasterio addicantur. Quod ab eo relictum est, instante Episcopo loci & Præside Provinciæ ipse quoque in Monasterium mittatur. Quòd si iterùm Monachicam vitam reliquerit, tunc eum Præses Provinciæ in qua inventus sit, teneat, & taxeotis suis con-numeret.

CCCCXCIII. Idem.

Si quis rapuerit, vel sollicitaverit, vel corruperit Ascetriam vel Diaconissam, vel Monastriam, vel aliam mulierem, religiosam vitam, vel habitum habentem : bona ipsius, & eorum, qui hujus sceleris communione contaminati sunt, religioso loco vindicentur, in quo talis mulier habitabat, per Religiosos Episcopos & Oeconomos, & Præsides Provinciarum & Officiales eorum. Ipsi autem capitali periculo subjiciantur. Mulier autem ubique investigetur, & cum suis rebus Monasterio cautiori tradatur. Sin autem Diaconissa fuerit liberos habens legitimos, pars legitima liberis ejus præstetur. Quòd si intra annum post cognittum tale scelus hujusmodi res à Religiosis locis non vindicentur, Comes rerum privatarum hæc nostro fisco addicat. Præses autem Provinciæ si vindictam tali crimini imponere supersederit, & cingulo careat, & pœnam quinque librarum auri dare fisci viribus compellatur.

CCCCXCIV. Idem.

Non liceat Laïco præsertim scenicis viris & mulieribus prostitutis habitu Monachi vel Monachæ vel Ascetriæ uti, vel quocumque modo invitari, nec in qualemcumque Ecclesiasticum statum liceat illudere. Si quis enim ausus fuerit aliquid contrà facere : Et corporales pœnas subsistat, & exilio tradatur : curâ & solicitudine Episcoporum & Clericorum, qui eis subjecti sunt, & judicium tam civilium quàm militarium, & officiorum qui eis obtemperant, & defensorum civitatum.

CCCCXCV. De Pœnis, quæ præsenti lege continentur.

Pœnæ quæ præsenti lege continentur, si quidem prioribus quoque legibus cognitæ sunt, exerceantur non solùm in futuro, sed etiam in præterito tempore. Si quæ autem in hac lege per innovationem positæ sint, in futuris tantùm temporibus custodiantur.

TITRE

TITRE VII.

Que ceux qui plaident, affirment avec ferment au commencement du procez, qu'ils n'ont rien promis aux Juges, & qu'ils ne leur donneront rien, &c.

que dabunt : & de fportulis, & ut quæ jubentur, Referendarii compleant, & non mifceant femetipfos & per fe exequantur,

NOVELLE CXXIV.

CETTE Conftitution eft inutile & hors d'ufage en France: Nous obfervons feulement l'Authentique *Principales. C. de jurejur. propter calumn.* & l'Authentique *Novo jure. C. de pœn. judic. qui malè judic.*

AUTHENTIQUE *Principales C. de jurejur. propter calumn.*

Principales perfonæ, vel illæ ad quas negotium in medio migraverit, coram judicibus jurent, quod nihil penitus causâ patrocinii judicibus vel alii cuicumque perfonæ pro hac caufa dederint vel proniferint, vel posteà dabunt, vel per fe, vel per aliam mediam perfonam : exceptis his, quæ propriis Advocatis pro patrocinio præstant, aliifque perfonis quibus noStræ leges dari difponunt.

Sed fi in facro Confiftorio lites vel confultationes intromittantur, fub præfentia facri Senatûs prædictum jusjurandum præftetur.

Sed fi qui litigantium ad judicem venire nequeunt, prædictum jusjurandum præftent, coram officialibus ab adminiftrantibus directis ad eos cum adverfa parte.

Mulier honeftæ vitæ abfente adverfario juret coram Officialibus.

Sed fi partes in aliis locis abeffe contingat, vel una earum ab-

sens fuerit, juret sub gestis monumentorum apud judicem Pro-
vinciæ vel apud Defensores locorum.

Si quis autem litigantium prædictum jusjurandum præstare
noluerit, per sententiam judicis actor casum actionis, reus condem-
nationem sustineat.

Tutores & curatores in causis quas agunt, prædictum jusjuran-
dum præstabunt.

AUTHENTIQUE *Novo jure C. de pæn. judic. qui malè judic.*

Novo jure qui dicit se dedisse alicui, vel promisisse, & perso-
nam declaraverit, & hoc probaverit, veniam meretur. Sed qui
accepit, vel promissionem suscepit, si causa pecuniaria sit, dati tri-
plum, promissi duplum, à Comite privatarum rerum exigatur, di-
gnitate seu cingulo amisso.

Si verò criminalis causa fuerit, confiscatis omnibus bonis, in
exilium mittatur : sed si datum vel promissum probare litiga-
tor nequiverit, personæ quæ dicitur suscepisse, juret, quod ne-
que per se, neque per aliam personam accepit, aut promissionem
habuit, & sic libera sit. Sed litigator qui ostendere non po-
tuit, in causa pecuniaria æstimationem litis à Comite privata-
rum rerum exigatur, lite sustinente proprium eventum : in cri-
minali bonis omnibus confiscatis ; causis apud competentem ju-
dicem legitimè terminandis. Sed si persona à litigatore mani-
festata prædictum jusjurandum refutaverit, memoratis subja-
ceat pænis. Sed si quis litigantium juraverit se non dedis-
se vel promisisse, si intra decem menses post sententiam memora-
tam ostendatur dedisse vel promisisse, memoratis pænis dantes &
accipientes subjacebunt.

PARAPHRASE
DE JULIEN.

CONSTITUTIO CXXII.

DXXVII. Ut ipfo litis initio litigatores jurent, quòd nihil judicibus dederunt aut promiferunt.

Quotiefcumque apud quoflibet judices lis aliqua inchoatur, vel appellationis examen agitur, oportet & ipfas principales perfonas litigantium, vel eos ad quos pendens adhuc in judicio caufa tranflata eft, in ipfo difceptationis exordio tactis facrofanctis Scripturis facramentum præbere, quia nihil penitus judicibus aut patrocinii causâ ipfis vel cuicumque alii perfonæ pro hac caufa quolibet modo dederunt, aut promiferunt, aut poftea dabunt vel per fe, vel per interpofitam perfonam, exceptis his, quæ propriis Advocatis pro patrocinio præftent, vel aliis quibus ex legibus aliquid dari permittitur. Et fi in facro auditorio confultatio celebretur, debent fub præfentia Senatorum hoc idem partes jurare. Quòd fi forfitan aliqui ex itigatoribus non poffunt ad judices pervenire, præfentes quidem litigatores fimiliter jurare debent: ad abfentes vero ex officio deftinari oportet competentes perfonas unà cum adverfariis, ut præfentibus eis fimili modo jusjurandum detur: nifi forfitan pro adverfaria parte mulier fit honeftiffima, quæ fe non foleat extraneis viris oftendere. Etenim fub præfentia tantùm Officialium qui miffi funt, non etiam adverfarii, credere debet facramentum. Quòd fi uterque litigatorum, vel alteruter abfens fuerit, oportet eum qui abfens eft, in ea Provincia in qua degit, inter acta apud judicem exinde Provinciæ vel defenforem idem facramentum præftare. Quòd fi præfens vel abfens litigator noluerit tale jusjurandum fubire, & judici manifeftum fuerit : fi

quidem actor est, condemnabitur quatenus ab actione sua cadat.
Sin verò reus qui jurare non vult, condemnatur in quantitate
qua conventus est. Planè si confessus sit litigatorum aliquis dedis-
se vel promisisse, & personam dixerit, cui dedit aut promisit, &
hoc ipsum probaverit: prædicta pœna immunis erit, cùm veniam
mereatur. Hic autem qui convictus erit, sub tali delicto, si qui-
dem in pecuniaria causa, spoliabitur Magistratûs sui potestate ; &
ejus quidem quod accepit, triplum fisco restituet : ejus verò quod
ei promissum est, duplum fisco præstabit. Sin autem criminalis sit
causa, publicabitur, & in exilium mittetur. Quòd si litigator non
potuerit ostendere id quod datum, vel promissum est, oportet eum
cui datum vel promissum dicitur, jurare, quòd neque per se, neque
per quamlibet aliam personam datum sibi aliquid vel promissum
est : Ita tamen ipse quidem pœnam evitabit : litigator verò, qui
non potuit eum convincere, si quidem pecuniaria causa sit, æsti-
mationem litis fisco præstabit : lis autem certo legitimo modo de-
terminetur. Quòd si criminalis fuerit causa, bona ejus publicentur
omnia, causa verò similiter legitimum finem accipiat apud com-
petentes judices. Quòd si recuset dare jusjurandum quis, cui da-
tum aliquid vel promissum fuisset, eisdem pœnis subjicitur. Enim-
verò si litigator sacramentum dederit, quòd neque promiserit, ne-
que dederit aliquid, post sententiam verò infrà quatuor menses
convictus sit perjurasse, veniam nullam merebitur, sed eisdem
pœnis tam ipse qui dedit, quàm ille qui accepit, subjicietur. Quòd
si per tutores vel per curatores lis exerceatur, jusjurandum qui-
dem ipsi præstare necesse habebunt, alioquin eisdem pœnis subji-
cientur, minoribus verò nullum præjudicium ex hoc genera-
bitur.

DXXVIII. Ut prohibeant judices suprà dictum modum sportulas exigi.

Neque civilis, neque militaris judex in quacumque Provin-
cia permittere debet executoribus litis ultra modum legitimum
sportularum à quacumque persona accipere aliquid vel exigere,
sive magisteriani sive præfectiani, vel etiam si ex divina jus-
sione dati sint executores. Quòd si invenerint aliquem ampliùs
exegisse, debent eundem constringere vel includere ; & quòd
ampliùs exegerit, in quadruplum ab eo repetere, & simplum

quidem ei , qui exaĉtus eſt , reſtituere : triplum verò fiſco inferre. Quòd ſi de hoc interpellatus judex eum , qui ſuper exaĉtus eſt , audire noluerit : quadruplum de ſuo fiſco præſtare co-
getur. Idem eſt autem & ſi de officio ejus ſit exaĉtor.

DXXIX. Si quis illicitè ſportulas exigatur.

*Qui ſupra legitimum modum ſportulas exigitur , jure litis
executori reſiſtit.*

DXXX. Idem.

*Lex poſita eſt in primo libro Codicis , qua habetur , ne judi-
ces ex his ſententiis pronuntient. Quòd ex divina juſſione ſine ſcriptis habita præcipimus aliquem exhiberi ſive deduci , in
ſuo robore cuſtodiatur.*

DXXXI. Idem.

*Viri ſpeĉtabiles Referendarii competentes divinas juſſiones ju-
dicibus debent inſinuare. Cùm autem ad divinas aures cauſam
referunt , nullus eorum poterit , neque per ſe , neque per
alium quemlibet tenere aliquem , vel fidejuſſores deſiderari , vel
aliquid exigere vel compellere quod tranſaĉtione vel paĉtione aliqua cum adverſario ſuo faciat , & nullatenus ei in qualibet cauſa ſe immiſceat. Sed tantum unuſquiſque divinas juſſiones ,
vel ſcriptis vel ſine ſcriptis , in quacumque cauſa prolatas competentibus judicibus inſinuari debebit. Quod ſi quis contra hæc
fecerit , is qui detrimentum paſſus eſt , vel circumſcriptus , nullum præjudicium circa jura priora ſuſtinebit. Qui autem ei
detrimentum intulit , hoc per competentem judicem reſarciri
compellitur.*

TITRE VIII.

Quels Juges jugent sans attendre les jussions du Prince.

NOVELLE CXXV.

L'Empereur dans ce Chapitre ordonne aux Juges de juger & terminer incessamment, selon les Loix & l'équité, les contestations des particuliers qui sont portées pardevant eux, sans les rapporter au Prince, pour quelque cause & en quelque temps que ce soit, sauf à la partie lesée d'appeller du Jugement du Juge.

Ainsi par cette Constitution l'Empereur abroge l'usage des rapports des procez qui se faisoient au Prince par les Juges, & qui estoient appellez relations : Ces rapports avoient lieu lors que le Juge n'avoit aucune Loy ou Constitution precise pour terminer les differends qui se presentoient, ou lors que les Loix ou les Constitutions qui y pouvoient servir, pouvoient recevoir de la difficulté, & qu'il estoit necessaire d'en faire l'interpretation, *l. 79. §. 1. ff. de judic.* car le Prince estant l'auteur des Loix, c'estoit à luy à les interpreter, *l. 1. & l. 3. C. d. tit. & l. C. de legib.* & l'Empereur dans la Loy 2. §. 21. *C. de vet. jure enucl.* ordonne, que *si quid ambiguum fuerit visum, hoc ad Imperiale culmen per judices referatur, & ex autoritate augusta manifestetur, cui soli concessum est leges & condere & interpretari.* Ces rapports se faisoient par écrit, le Juge mettant par écrit la contestation des parties, avec les procedures qui avoient esté observées, & son sentiment, & suppliant l'Empereur de vouloir luy envoyer son Ordonnance pour la décision de la contestation ; & l'Ordonnance du Prince sur ce rapport estoit appellée *Rescriptum.*

Une grande partie des Loix du Code ont esté faites sur ces relations ; elles ont aussi donné lieu à quelques Novelles, & il en est fait mention dans les Novelles 82. 113. & 115. chap. 1.

L'interest des parties, qui consiste principalement à accelerer & à sortir de procez, tant pour les frais qui s'y font, que parce

que cependant ils font contraints de negliger leurs autres affaires, a donné lieu à cette Conftitution.

De ce Chapitre a efté tirée l'Authentique *Novo jure. C. de
relatio.*

AUTHENTIQUE *Novo jure. C. de relatio.*

*Novo jure caufa perfectè examinata , fententia terminetur,
quæ executioni legitimæ demandatur , nifi ab ea fuerit appellatum.*

Les Juges en France, foient fouverains ou inferieurs , peuvent juger tous les differends des particuliers qui fe prefentent
pardevant eux, quoy qu'il n'y ait ny Loy ny Ordonnance, qui
puiffe fervir pour les décider, pourveu qu'ils foient competans
ratione materiæ.

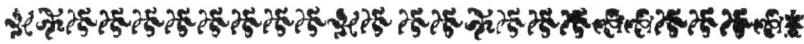

PARAPHRASE
DE JULIEN.

CONSTITUTIO CXII.

CCCCXIX. Ut Judices nullâ relatione utantur ad Prin-
cipem.

*JUdex fententiam definitivam ex fuo arbitrio confentaneam
legibus promat : & non utatur indicatione ad noftram cle-
mentiam, nec referat : fed quod fibi vifum fuerit legitimum, dicat,
poftquàm perfectiffimè de lite cognoverit : quæ fimiliter obtinere
jubemus , five unus , five duo , five plures judices fuerint caufæ
cujufcumque cognitores.*

La Novelle 126. *de Appellationibus* eft inutile en France.

TITRE X.

Ut fra-
trum filii
fuccedât
pariter
ad imita-
tionem
fratrum
etiam af-
cendenti-
bus ex-
tantibus :
& ut mu-
lieres non
infinuatâ
antenup-
tiali do-
natione
non læ-
dantur :
non infi-
nuans au-
tem vir,
vel fi cô-
petat nu-
ptiale lu-
crum , eô
non frua-
tur. Et
unius filii

Que les enfans des freres fuccedent avec les afcendans du défunt , de mefme que les freres du défunt: Que le défaut d'infinuation des donations à caufe de nopces ne nuife point aux femmes , mais que faute d'infinuation le mary ne joüiffe point des avantages qui luy auroient efté faits par Contrat de mariage : Que les femmes qui ne convolent point en fecondes nopces , ayent la pleine proprieté d'une partie des gains nuptiaux , égale à celle de chacun enfant , pour en pouvoir difpofer à leur volonté : Et que les peines foient égales pour l'un & l'autre fexe , en cas de divorce , fans caufe legitime.

rurfus ut mulieres non fecundò nubentes , dominæ fint partis fponfalitiæ largitatis , quantum pars facit :& ut fimiles fint pœnæ utriufque fexûs , dum fine caufa rationabili repudium mittitur.

NOVELLE CXXVII.

CEtte Novelle contient quatre parties , comme il paroift par fon infcription , lefquelles font contenuës dans quatre Chapitres , qui feront traitez feparément.

CHAPITRE I.

Ut fratris
filii fuc-
cedant
etiam af-
cendenti-
bus primi
gradûs
extanti-
bus,

Que les enfans des freres fuccedent avec les afcendans du premier degré.

NOus apprenons dans la Preface de cette Novelle, que l'Empereur a fait une Conftitution , qui eft la Novelle 118. par laquelle il a ordonné , que les enfans des freres concourans avec leurs

leurs oncles , fuccedent à leurs oncles par repreſentation de leur
pere , pour la meſme portion qu'il auroit pris, s'il n'eſtoit pas decedé ; mais que concourans avec leurs oncles freres du défunt,
& quelques aſcendans , ils ſont exclus de la ſucceſſion , laquelle
doit eſtre partagée entre les aſcendans & les freres du défunt , à
l'excluſion des neveux. Mais par cette nouvelle Conſtitution,
Chapitre premier , l'Empereur ordonne, que les aſcendans , les
freres du défunt joints des deux coſtez , & les neveux auſſi joints
des deux coſtez , ſoient admis enſemble à la ſucceſſion , avec
cette difference neanmoins, que les enfans des freres ne ſuccedent que par ſouches , & non par teſtes, & qu'ils ne prennent, en
quelque nombre qu'ils ſoient , que la meſme part & portion que
leur pere auroit priſe s'il avoit veſcu.

De ce Chapitre premier & du Chapitre 3. de la Novelle 118.
a eſté tirée l'Authentique *Ceſſante. C. de legitim. heredib.* laquelle a eſté miſe cy-devant ſur la Novelle 118. *d. cap.* 3.
Voyez ce meſme Chapitre.

CHAPITRE II.

*Quand la donation à cauſe de nopces eſt ſujette à inſi-
nuation.*

Quando
donatio
propter
nuptias
inſinua-
tioni.
ſubja-
ceat.

L'Empereur ordonne dans ce Chapitre , que les maris ne peuvent pretendre les donations en faveur de mariage exce-
dantes cinq cens écus d'or, qui leur auront eſté faites par leurs
femmes , ou par d'autres perſonnes , ſi elles ne ſont valablement
inſinuées : & qu'ils ne pourront pretendre aucune portion dans
la dot de leurs femmes, en conſequence des conventions faites
par Contrat de mariage ſans inſinuation : & qu'au contraire on
ne pourra point oppoſer aux femmes le defaut d'inſinuation,
pour leur empeſcher de prendre les donations qui leur auront eſté
faites par leurs maris.

Cette Conſtitution eſt contraire à la Novelle 119. Chapitre
premier , laquelle déchargeoit le mary & la femme de la neceſſité
de faire inſinuer les donations & avantages qui ſe font par Contrat de mariage & en faveur de mariage : il ſembloit qu'il n'y
avoit aucune difference à faire entre le mary & la femme au ſujet

de l'infinuation des avantages qui se font par les futurs conjoints l'un à l'autre , & ce pour conserver l'égalité entr'eux ; neant-moins l'Empereur a jugé à propos de reformer cette ancienne Jurisprudence, par une raison qui est fort juste, sçavoir que les hommes doivent s'imputer de n'avoir pas fait infinuer leur Contrat de mariage ; ce qu'on ne peut pas si facilement imputer aux femmes qui n'ont pas la faculté d'agir, & n'ont pas l'admini-stration de leurs biens ; *viris enim habentibus potestatem infinuare donationes , pro non infinuatis periculum mulieribus imminere, ineptum nobis esse videtur.*

De ce Chapitre & du Chapitre premier de la Novelle 119. a esté tirée l'Authentique *Eo decursum. C. de donatio. antenupt.*

A U T H E N T I Q U E *Eo decursum. C. de donatio. antenupt.*

Eo decursum est , ut sponsalitia largitas specialis sit contractus, nec infinuationem desideret , etiamsi ab alio detur , licet in viri personam donatio fiat , quatenus ipse in hunc contractum conscri-bat , hoc quantum ad mulierem. At si vir , vel alius qui dederit eam , non infinuet , cùm ea sit quantitas , & pacta dotalium con-cedant parti viri , nullam super eis habeat vir exactionem.

L'Ordonnance de Moulins , article 58. a rendu sujettes à infinuation les donations faites par les futurs conjoints , soient reciproques, ou celles qui sont faites seulement par l'un à l'au-tre , & celles qui leur sont faites par d'autres personnes. Mais les avantages qui se font par les conjoints par la disposition de nos Coustumes, ne sont point sujets à infinuation. Voyez mon Com-mentaire sur l'article 284. de la Coustume de Paris.

C'est l'opinion commune , que les heritiers du mary ne peu-vent point opposer à la femme le defaut d'infinuation de la dona-tion , que le mary luy auroit faite par son contrat de mariage; & qu'il suffit qu'elle la fasse infinuer dans les quatre mois du jour du deceds: La raison est , que le mary estant le maistre , & ayant la direction des actions qui appartiennent à sa femme, il a dû faire infinuer son Contrat de mariage portant la donation par luy faite à sa femme ; & que ne l'ayant pas fait , il est demeuré ga-rant & responsable envers sa femme des dommages & inte-rests qu'elle pourroit pretendre pour la perte qu'elle fait par ce moyen : ainsi cette action de dommages & interests passe contre les heritiers du mary ; & d'autant que ces dommages & interefts montent à la valeur de la donation, de là vient que les heritiers du mary ne font pas recevables à la contefter, eftant eux-mefmes garants de l'action qu'ils intenteroient. Les Arrefts que j'ay rapporté fur ledit article 284. de la Couftume de Paris, glofe 2. *num.* 157. *& feqq.* l'ont jugé ainfi; mais faute par la femme d'avoir fait infinuer la donation dans les quatre mois du jour du deceds du mary, on tient qu'elle feroit nulle. Voyez mon Commentaire *loco citato.*

CHAPITRE III.

Que la femme qui ne fe remarie pas, a autant que l'un des enfans.

L'Empereur ordonne dans ce Chapitre, que les femmes qui ne convolent point en fecondes nopces, prennent dans la donation à caufe de nopces une portion égale à celle d'un des enfans, en forte qu'elle en ait la pleine proprieté : & ordonne que cette Conftitution ait lieu à l'égard du pere & des autres afcendans qui demeurent en viduité.

Ainfi par cette Conftitution il abroge la Novelle 98. chap.1. qui ne donne à la femme que l'ufufruit de la donation à caufe de nopces, quoy qu'elle ne fe remarie point.

De ce Chapitre a efté tirée l'Authentique *Si tamen abftineat. C. de fecund. nupt.*

AUTHENTIQUE *Si tamen abftineat. C. de fecund. nuptiis.*

Si tamen abftineat mater à fecundis nuptiis, habebit & ipfa proprietatis portionem pro numero liberorum. Idem in patre obtinet, & in omnibus afcendentibus à fecundiis nuptiis abftinentibus.

Cette Conftitution n'eft point en ufage en France ; car dans les Païs de droit écrit l'augment de dot, qui a efté introduit au lieu de la donation à caufe de nopces, ne confifte qu'en ufufruit,

& le doüaire, soit couftumier ou prefix dans la France couftumiere, n'eft auffi donné à la femme qu'en ufufruit, & il ne peut être
conftitué en proprieté par le contrat de mariage, lors qu'il y
a des enfans; dautant que le doüaire eft le propre des enfans, lequel les pere & mere ne peuvent ofter ou diminuer, obliger ou
hypothequer au prejudice de leurs enfans, fuivant l'article 249.
de la Couftume de Paris.

A l'égard des donations pures & fimples que les conjoints fe
feroient faites l'un à l'autre, pour appartenir au furvivant en pleine proprieté, elles demeurent nulles *ipfo jure* par la furvenance
des enfans, au cas qu'ils ou un d'iceux furvive le donateur; A
moins que par le contrat de mariage il n'y eût une claufe, portant que la donation ne laifferoit pas de valoir, quoy qu'il y eût
des enfans; auquel cas la donation feroit valable, la legitime refervée aux enfans fur les biens du pere ou de la mere qui auroit fait la
donation.

CHAPITRE IV.

Que le mariage ne fe doit point diffoudre fans caufe legitime.

L'Empereur dans ce Chapitre ordonne, que les maris & les
femmes foient punis de peines femblables, lors qu'ils font
divorce fans caufe legitime, & défend que les femmes foient
condamnées à des peines plus grandes, ainfi qu'il s'obfervoit
auparavant; la raifon de cette Conftitution eft, que *in delicto
æquali fimiles pœnas imminere juftum eft.*

Voyez la Novelle 22. *cap.* 14. *& feqq.* la Novelle 117. *cap.*
& la Novelle 134.

Les Novelles fuivantes jufques à la 131. font inutiles en France; la Novelle 128. intitulée *de Collatoribus*, traite de ceux qui
exigeoient les tributs & les impofitions pour le fifc, qui font en
France les Fermiers generaux; elle contient plufieurs Conftitutions, pour empécher les fraudes qu'ils commettoient contre
le fifc.

La Novelle 129. *de Samaritis*, condamne l'Herefie des Samarites qui nioient la refurrection ; & les condamne à quelques peines.

La Novelle 130. *Quomodo oporteat milites tranfitum in civitatibus facere, & de introitu,* traite du paffage des Soldats dans les Villes ; nous avons plufieurs Ordonnances fur ce fujet, mais il feroit inutile de les rapporter en ce lieu.

PARAPHRASE
DE JULIEN.

CONSTITUTIO CXIV.

CCCCXXIII.   De fucceffione quæ ab inteftato defertur fratribus, & parentibus, & filiis fratrum.

SAncimus ex hoc tempore, fi quis inteftatus decefferit fratribus derelictis ex utroque parente fibi copulatis, & filio ex fratre antea mortuo, qui & ipfe ex utroque parente ei copulabatur, & aliquo ex perfonis afcendentibus, fimul omnes ad hereditatem vocari, & afcendentes perfonas non impedire fratris filios ad hereditatem defuncti capiendam. Et ut fimpliciter dicamus, quem dedimus eis ordinem afcendentibus perfonis non fuppofitis, eundem eis præftamus, etfi parentes exiftant ejus, cujus de hereditate agitur.

CCCCXXIV.   Si propter nuptias donatio geftis intimata non fuerit.

Si propter nuptias donatio quingentorum folidorum quantitatem excedat : intimari eam jubemus monumentis publicis celebrandis in hac quidem regia civitate apud Magiftrum cenfûs : in Provinciis autem apud Defenfores civitatum, vel apud quos hujufmodi monumenta agi poffibile eft. Sin autem non infinuetur, fic quidem ex parte mulieris, propter nuptias donatio valida ; ex

parte autem mariti irrita. Et ideò matrimonio soluto mulieri qui-
dem ante nuptias donatio sive ex toto, sive ex parte, secundùm
quod casus tulerit, sine ullo obstaculo competat. Marito autem
dotis retentio sive ex parte, sive in totum secundùm eventûs qua-
litatem nullo modo concedatur: quia in potestate ejus fuerat pro-
pter nuptias donationem ultra quingentos solidos constitutam actis
insinuare. Et ideo periculum non intimare propter nuptias dona-
tionis ad ipsum, non ad mulierem respiciat.

CCCCXXV. De his qui secundas non contraxerint nuptias.

Si mulier marito suo defraudata ad secundas non pervenerit
nuptias: habeat quidem ante nuptias donationis usumfructum, se-
cundùm quod jam disposuimus; lucretur autem & portionem pro-
prietatis tantum, quantum numerus liberorum ejus concedit, ut
ipsa quoque pro uno filio habeatur. Quod autem de matribus di-
ximus, hoc & de patribus intelligendum est, & de aliis personis
ascendentium, quæ non ad secundas perveniunt nuptias.

CCCCXXVI. Si vir vel uxor sine causa legitima matrimonium dissolverit.

In superioribus posita est Constitutio, qua cavetur, ne uxori
maritus vel uxor marito sine causa eidem constitutioni cognita ma-
trimonium dissolvere audeat. Quod si hoc ausi fuerint facinus
perpetrare, pœnis quibusdam eos subjicimus. Ipsis autem pœnis re-
levavimus maritum graviore animadversione mulieribus impositâ.
Sed hanc legem meritò corrigentes, jubemus iisdem pœnis teme-
rarios maritos subjiciendos esse, quæ mulieribus dissidii sine cau-
sa legitima cupidis imminere noscuntur: ut in pari delicto par
pœna utrosque comitetur. Dat. Kal. Sept. Constp. Imp. D. N. N.
Just. PP. Aug. anno XXII. post Consul. Basilii anno VI.

TITRE XVI.

Des Regles Ecclefiaftiques, des Privileges, &c.

De Ecclefiafticeis titulis & Privilegiis aliifque capitulis

NOVELLE CXXXI.

CEtte Novelle contient plufieurs Chapitres, traitant des Regles ou Canons Ecclefiaftiques, des Privileges, & autres chofes concernans les Eglifes, les lieux pieux & leurs biens.

CHAPITRE I.

Des quatre Conciles OEcumeniques.

De quatuor fanctis Conciliis

L'Empereur ordonne dans ce Chapitre, de fuivre comme Loy toutes les regles contenuës dans les quatre Conciles OEcumeniques ; fçavoir celuy de Nicée contenant 318. regles ou Canons ; celuy de Conftantinople auquel ont affifté cent cinquante Peres de l'Eglife, celuy d'Éphefe, par lequel l'Herefie de Neftorius a efté condamnée, & celuy de Chalcedoine par lequel Eutychés & Neftorius ont efté declarez Heretiques : l'Empereur declarant qu'il veut & ordonne que les preceptes contenus dans ces quatre Conciles foient obfervez comme Ecriture fainte.

CHAPITRE II.

De la Séance des Patriarches.

De ordine fedendi Patriarcharum

L'Empereur ordonne dans ce Chapitre, que le Pape de l'ancienne Rome ait la préféance dans l'Eglife, & aprés luy l'Archevefque de Conftantinople.

CHAPITRE III.

De Archiepiscopo primæ Iustinianæ,

De l'Archevesque de la Province Justinienne.

CHAPITRE IV.

De Episcopo Carthaginensi,

DAns le Chapitre 3. l'Empereur declare quelques Evesques suffragans de l'Archevesque de la Province Justinienne, lieu de sa naissance,& ainsi il veut qu'ils soient par luy côsacrez. Dans le quatriéme il confirme le Siege Episcopal de Carthage, aprés avoir délivré les Provinces & les Eglises d'Afrique des incursions dès Vandales, & de l'Heresie d'Arius ; & il confirme les autres Sieges Episcopaux d'Afrique & les conserve dans leurs anciens Priv leges.

CHAPITRE V.

De Privilegiis possessionum Ecclesiasticarum,

Des Privileges des biens Ecclesiastiques.

DAns ce Chapitre l'Empereur confirme les exemptions des Eglises de toutes charges sordides & extraordinaires, excepté celles qui concernent la refection des ponts & des chemins.

CHAPITRE VI.

De præscriptione 40. annorum ad mevenerabilia loca pertinentes,

De la prescription des quarante années accordée aux lieux pieux.

L'Empereur ordonne dans ce Chapitre, que les Eglises & tous les lieux pieux jouïssent de la prescription de quarante années, au lieu de celles de dix, vingt ou trente, & qu'on ne leur puisse

puiſſe oppoſer que cette preſcription meſme, lors qu'il s'a-git de l'execution des legs ou des ſucceſſions qui leur ſont laiſſez.

Voyez *ſuprà*, la Novelle 111.

CHAPITRE VII.

De la conſtruction des Egliſes.

Dans ce Chapitre l'Empereur défend de faire baſtir des Cha-pelles ou des Monaſteres ſans le conſentement de l'Eveſ-que, & s'il ne fait auparavant la conſecration du lieu avec des Prieres & la Croix; & il ordonne, que ceux qui auront com-mencé de baſtir des Egliſes, feront contraints de les achever, & en cas qu'ils decedent auparavant, que leurs heritiers y feront obligez; confirmant en ce point la Conſtitution de l'Empereur Zenon dans la Loy 15. *C. de ſacroſanct. Eccleſ.* en ces termes : *Si quis donaverit aliquam rem mobilem vel immobilem, vel ſe moventem, aut jus aliquod perſonæ Martyris aut Prophetæ, aut Angeli, tanquam ipſi poſteà Oratorium ædificaturus, & dona-tionem inſinuaverit apud quos neceſſe eſt, cogitur opus, quam-vis nondum inchoatum fuerit, perficere per ſe, vel per heredes, & perfecto operi dare ea quæ in donatione continentur. Idem in Xe-nodochiis & Noſocomiis & Ptochiis obtinet, licentiâ dandâ Epiſ-copis & Oeconomis convenire ipſos.*

Que ſi ceux qui promettoient par pollicitation ou ſimple promeſſe de faire quelque ouvrage pour la Republique, ſont obligez de l'achever, quoy que ce ſoit par une pure liberalité *l.* 1. *ff. de pollicitatio.* avec combien plus de raiſon ceux qui ont commencé de faire baſtir des Egliſes, doivent-ils eſtre contraints de les achever?

Ne in
proaftiis
vel do-
mibus,
vel fun-
dis, vel
privatis
locis fa-
cra Mi-
nifteria
fiant.

CHAPITRE VIII.

Qu'on ne doit point celebrer les Mysteres sacrez dans des lieux particuliers.

L'Empereur défend dans ce Chapitre de celebrer les sacrez Mysteres de nostre Religion, dans des maisons & lieux particuliers sur les peines y portées.

Ut lega-
tum Deo
relictum,
illi Ec-
clesiæ de-
putetur
ubi testa-
tor do-
micilium
habet.

CHAPITRE IX.

Que le legs fait à Dieu, doit estre donné à l'Eglise du lieu où le testateur avoit son domicile.

LE legs fait à Dieu, doit estre délivré à l'Eglise du lieu du domicile du testateur, *l. 26. de sacros. Ecclef.* Que si le testateur a fait un legs à quelque Saint, ou qu'il l'ait institué son heritier, & qu'il se trouve plusieurs Eglises ou Chapelles dans le lieu, ou dans la Ville, qui luy soient dediées, le legs ou la succession doit appartenir à l'Eglise qui est la plus pauvre. Que s'il n'y a point d'Eglise qui luy soit dediée, & qu'il y en ait une dans la Province, le legs luy doit estre donné; que s'il n'y en a point, le legs doit estre donné à l'Eglise du domicile du testateur.

CHAPITRE X.

Si quis
Oratorii
ædificari
jufferit.

Si quelqu'un a ordonné dans son testament de bastir une Chapelle.

L'Empereur ordonne dans ce Chapitre, que si quelqu'un ordonne dans son testament ou autre derniere volonté à son heritier de faire bastir quelque Chapelle, Hôpital ou autre Maison de pieté, l'heritier soit contraint par l'Evesque & par le Juge des lieux, de faire & achever la construction de la Chapelle dans cinq années ; & la construction d'un Hôpital ou autre Maison de pieté, dans un an : voulant que si la construction ne peut pas estre faite dans l'an, les heritiers soient tenus d'acheter ou prendre à titre de loüage, une Maison, pour l'execution de la volonté du testateur, jusques à ce que le bastiment soit achevé.

Et l'Empereur ordonne, que soit que le testateur ait nommé des Administrateurs pour l'administration desdits lieux, ou qu'il en ait laissé le choix à ses heritiers, les Evesques des lieux doivent prendre garde, que l'administration se fasse comme il faut au desir du défunt ; & au cas que ceux qui auroient esté choisis, ne fissent pas leur devoir, ils doivent en nommer d'autres.

CHAPITRE XI.

Que les legs faits pour la Redemption des Captifs, doivent estre délivrez à la diligence des Evesques.

Ut legata pro redemptione captivorum relicta, præstentur ab Episcopis, &c.

L'Empereur ordonne dans ce Chapitre,

I. Que si quelqu'un a laissé sa succession, ou a fait un legs pour estre employé à la redemption des Captifs, ou pour la nourriture des pauvres, soit en meubles ou en immeubles, payable en une seule fois ou par année, sa volonté soit accomplie & exactement executée par ceux ausquels il en aura commis le soin.

II. Que si le testateur a ordonné specialement & précisement de quelle maniere il vouloit, que le legs fût distribué aux pauvres, l'Evesque du lieu du domicile du testateur, ait soin de faire mettre les choses leguées entre ses mains, pour les faire luy-mesme distribuer aux pauvres de sa Ville.

III. Si le testateur a fait un legs pour la redemption des Captifs, & qu'il n'ait pas declaré celuy à qui il en donnoit le soin, l'Evesque des lieux & les Oeconomes de son Evesché, sont obligez de se faire délivrer les choses leguées pour cet effet, & d'accomplir ensuite l'intention du testateur ; quoy que les testateurs

& donateurs leur ayent défendu expreſſément de s'en meſler & d'en prendre le ſoin ; ce que l'Empereur a ainſi ordonné , pour rendre plus prompte & plus facile l'execution des dernieres volontez , principalement quand elles ſont faites pour cauſes pieuſes. Paul de Caſtres *ad leg. nulli.* 28. *C. de Epiſcop. & Cleric.*

IV. Que ſi ceux qui ſont chargez d'executer en ce cas la volonté du teſtateur , negligent de le faire , aprés en avoir eſté averti une fois ou deux par l'Eveſque , ils ſont décheus de tout ce que le teſtateur leur avoit laiſſé , & l'Eveſque doit prendre le ſoin de diſtribuer les choſes laiſſées par le teſtateur ſuivant ſon intention , avec celles qu'il a laiſſées à ceux qui auroient refuſé ou negligé de l'accomplir , & avec les fruits & les accroiſſemens qui pourroient ſurvenir auſdites choſes ; & au cas que l'Eveſque ſoit auſſi negligent , l'Empereur en charge l'Archeveſque ou le Metropolitain.

L'Empereur n'oblige pas l'executeur nommé par le teſtateur, d'executer ſa volonté , parce que la charge d'executeur de teſtament eſt volontaire , & non forcée & neceſſaire , *l. ſi quis.* 12. §. *funus.* 4. *ff. de religioſ. & ſumpt. funer. l. invitus.* 17. *C. de procurator.* Mais en cas de refus , il le prive de l'émolument qu'il pouvoit tirer de la diſpoſition du teſtateur faite en ſa faveur , ſuivant la Loy 10. *ff. de Reg. qnem ſequuntur commoda , eum quoque ſequi debent incommoda ;* & il n'eſt pas juſte, que *qui emolumentum ex re percipit , onus vero ei annexum contemnat.*

Que ſi l'executeur avoit commencé d'executer la volonté du teſtateur , il pourroit eſtre contraint de l'achever , *c. Joannes.* 19. *Ext. de teſtament. l. ſi quis.* 27. §. *qui ſuſcepit.* 2. *ff. mand.*

Il faut dire la meſme choſe au cas qu'il eût accepté le legs qui luy auroit eſté fait par le teſtateur , parce qu'en prenant l'émolument il s'oblige tacitement d'en ſoûtenir la charge.

De ce Chapitre a eſté tirée l'Authentique *Licet teſtator. C. de Epiſcop. & Cleric.*

AUTHENTIQUE *Licet teſtator. C. de Epiſcop. & Cleric.*

Licet teſtator vel donator interdixerit ei aliquid ad hoc participium in ea re habere. Idem eſt in Oeconomo. Sed ſi hi , qui facere juſſi ſunt , neglexerint , ſemel vel bis ab Epiſcopo vel Oeconomo admoniti per publicas perſonas , amittant lucrum quod eis contingebat ex voluntate defuncti , & Episcopus habeat licentiam vindicare illud lucrum , & illud quod distribui debet , distribuere; quod si non fecerit , rationem reddere debet.

Nous voyons par cette Constitution , que dans les premiers siecles les Evesques avoient droit de connoistre des dernieres volontez & de les faire executer , soit qu'elles fussent faites par des Laïcs, ou par des Ecclesiastiques, principalement lors qu'elles estoient faites en faveur de l'Eglise : la jurisdiction de l'Eglise sur les testamens & les causes testamentaires, s'est étenduë par tous les Royaumes de la Chrestienté , ainsi que nous apprenons par plusieurs Conciles, & par les Chapitres du titre *de testamentis* dans les Decretales ; *sic enim secundum piissimas leges dilatas defunctorum pias voluntates Episcopali decens est studio adimpleri.* Le Concile de Trente , Session 2 2. chap. 8. declara les Evesques executeurs de toutes les dispositions pieuses , leur donnant autant qu'ils pourroient en avoir besoin , la delegation du saint Siege , *Episcopi etiam tanquam Sedis Apostolicæ delegati , in casibus à jure concessis omnium piarum dispositionum , tam ultima voluntate , quàm inter vivos, sint executores.* Le Concile de Bourges de l'an 1584. avertit les Evesques qu'ils sont les executeurs des testamens pour les causes pieuses. Les Ecclesiastiques ne se contenterent pas de prendre connoissance des testamens , mais ils s'entremirent aussi de faire des inventaires & d'apposer des scellez sur les biens des défunts ; ce qui donna sujet à Monsieur de Cugnieres , Avocat General au Parlement de Paris , de s'en plaindre devant le Roy Philippes Auguste , en ces termes : *Testamenta quæcumque volunt per manus suas executioni tradere , inventoria facere bonorum defunctorum , eadem servare & heredibus distribuere , habentes Officiales qui ad hoc sunt deputati.* On retrancha peu à peu ces entreprises ; premierement on osta le pouvoir aux Notaires Ecclesiastiques de recevoir des testamens, soit qu'ils fussent faits par des Laïcs ou par des Ecclesiastiques; par la raison que *testamenta sunt verè negotium sæculare, temporalitatem respiciens ; ac ideò sæcularis cognitionis, part.* 3. *Styli Parlam. tit.* 2 5. *de fide instrum.* §. 3. Et dautant qu'il y avoit plusieurs Coustumes dans le Royaume , qui donnoient le pouvoir aux Notaires Ecclesiastiques de recevoir les testamens , quelques-unes furent reformées , & les autres furent en ce point abrogées par les Arrests du Parlement, qui jugerent que des Couftumes particulieres ne pouvoient point préjudicier aux droits du Roy, & attribuer ainfi aux Juges d'Eglife, la connoiffance des matieres qui n'appartenoit qu'aux Juges Royaux.

Les teftamens ayant ceffé d'eftre receus par les Notaires d'Eglife, ils devinrent de la connoiffance des Juges feculiers ; car les Notaires Royaux qui les recevoient, y appofoient les foûmiffions aux Cours Royales.

Tous nos Auteurs ont efté depuis d'avis, que la connoiffance des teftamens n'appartenoit qu'au Juge feculier ; mais que l'Evefque pouvoit bien s'entremettre pour faire executer les teftamens, principalement quand ils eftoient faits en faveur de l'Eglife, mais non pas qu'ils euffent autorité & jurifdiction pour cét effet : Chopin *de Polit. Ecclef. lib. 2. tit. 5. num. 17.*

Les Officiaux ayant voulu s'entremettre de faire executer des teftamens, & de prendre la connoiffance de leur execution, fur l'appel comme d'abus interjetté de leur procedé, les Parlemens du Royaume ont toûjours caffé comme abufif, tout ce qui avoit efté fait par eux à cette occafion. Mornac fur la Loy *Nulli. C. de Epifcop. & Cleric.* dit, que quoy que les Evefques euffent autrefois la charge de faire executer les dernieres volontez des défunts, neanmoins cela ne s'obferve plus ; *nam hodie Regii Procuratoru hanc fpartam effe vifum eft, folique fæculares, id eft, Regii Judices de hujufmodi controverfiis cognofcunt.*

CHAPITRE XII.

Que la falcidie ceffe dans les legs pieux.

L'Empereur ordonne dans ce Chapitre premierement, que fi l'heritier differe d'executer la volonté du teftateur, & d'employer fes biens aux œuvres pies dont il auroit ordonné l'execution, fous pretexte que les biens qu'il auroit laiffez ne feroient pas fuffifans, l'Evefque du lieu doit prendre foin qu'elle foit entierement executée, fans que l'heritier puiffe retenir la falcidie, au cas qu'en effet les biens du teftateur ne fuffent pas fuffifans pour cette retention & pour l'accompliffement de fa volonté.

Du commencement de ce Chapitre a efté tirée l'Authentique *Similiter. C. ad l. falcid.*

A U T H E N T I Q U E *Similiter. C. ad l. falcid.*

Similiter falcidia ceſſat in his quæ ad pias cauſas reliĉta ſunt.

C'eſt le cinquiéme cas auquel la falcidie ceſſe ; voyez les autres ſur la Novelle 119. chap. 11. A l'égard de ce cinquiéme cas, pluſieurs Doĉteurs eſtiment, que la falcidie ne ceſſe pas indiſtinĉtement, mais ſeulement lors que l'heritier a retardé d'executer la volonté du teſtateur, la perte de la falcidie eſtant une peine impoſée à ſon retardement, en ſorte que ſi l'heritier execute la volonté du teſtateur dans le temps requis par la Loy, qui eſt marqué dans ce Chapitre, il a droit de retenir la falcidie, quoy que les biens du teſtateur ne ſoient pas ſuffiſans pour la retention de la falcidie & pour executer le teſtament du teſtateur. C'eſt le ſentiment de Cujas ſur cette Novelle, en ces termes : *Id etiam notandum, coërceri contumaciam heredum, qui piæ voluntati non obtemperant, & piorum legatorum uſuras fruĉtuſque deberi ex tempore mortis, ſi in eis præſtandis heres ſex menſes moratus ſit ſine inſinuatione teſtamenti, & falcidiam eum amittere. Pæna hæc eſt contumaciæ & fruſtrationis, alioquin non fruſtrator heres etiam ex legatis piis deducet falcidiam ; & ita Balſamo interpretatur reĉtiſſimè l. 1. §. ad ea. ff. ad leg. falcid.* Giphan. ſur la Loy 7. *C. eod. tit.* Fachin. *lib.* 5. *cap.* 17. de Godefroy ſur cette Novelle, & de pluſieurs autres.

Julien l'Anteceſſeur ſemble eſtre de meſme avis : Accurſe ſur ce Chapitre, doute ſi la falcidie a lieu ; *quia fortè,* dit-il, *falcidia locum habet, cùm heres, quæ ad pias cauſas reliĉta ſunt, ab initio fortè implere noluit : ſi enim ſponte teſtatoris voluntati paruiſſet, falcidiam habere poſſet, l. 1. §. ad municipium. ff. & l. 2. C. ad leg. falcid.*

Irnerus eſt d'avis contraire, ſuivant les termes de cette Authentique, qui portent generalement & indiſtinĉtement que la falcidie ceſſe *in iis quæ ad pias cauſas reliĉta ſunt.*

Cujas *in lib.* 4. *ſententiar. Paul. tit.* 3. eſt contraire à l'opinion qu'il tient ſur cette Novelle, eſtimant en ce lieu que la falcidie n'a pas lieu en cas de legs faits *ad pias cauſas ;* voyez les termes de Paul : *lex falcidia itemque SC. Pegaſianum, deduĉto omni ære alieno, Deorumque donis quartam reſiduæ hereditatis ad heredem voluit pertinere :* Voicy ceux de Cujas : *Deduci prius*

oportet omne æs alienum & Deorum dona ; deinde falcidianam
aut Pegasianam quartam. Ex hoc loco in notis ad Justiniani
Institutiones testatus sum malle me in l. 1. §. ad municipum quo-
aue legata, non etiam ad ea, quæ Deo relinquuntur, lex falcidia
pertinet, nec muto sententiam. Ut enim Constitutio Juris Civilis,
qui inter conjuges donationem prohibet in Deorum donis non valet,
l. si sponsus. §. proinde. ff. de donatio. inter vir. & uxor. Ita Dei
cultus postulat, ut nec in eis valeat lex falcidia, idque novissimis
Constitutionibus comprobatur.

L'opinion de ces Docteurs est fondée sur la disposition du
Droit ancien, & sur ce Chapitre, dans lequel l'Empereur ne dit
pas generalement & indistinctement, que la falcidie cesse dans
les legs pieux; mais aprés avoir imposé une peine à l'heritier
qui n'execute pas la volonté du testateur, dans le Chapitre precedent, dans celuy-cy poursuivant la mesme matiere, il parle
de l'heritier lequel neglige de fournir les legs laissez *ad pias cau-*
sas, sous pretexte que les biens ne sont pas suffisans pour en faire la délivrance entiere : & en consequence de son retardement,
l'Empereur le prive du droit de retenir la falcidie : mais si l'heritier paye les legs faits *ad pias çausas*, dans le temps prefix pour
cét effet, l'Empereur ne declare pas qu'il ne puisse distraire la
falcidie; ce qu'il n'auroit pas manqué de faire, s'il avoit voulu
faire une nouvelle Ordonnance, abrogeant en ce point les Loix
anciennes, ainsi qu'il observe dans toutes les Novelles dans lesquelles il établit un droit nouveau, où il rend toûjours raison
de l'abrogation des Loix anciennes : ainsi il y a lieu de suivre
ce sentiment.

En second lieu, l'Empereur ordonne dans ce Chapitre, qu'au
cas de legs faits *ad pias causas*, la délivrance en soit faite dans
six mois du jour de l'insinuation du testament : & qu'au cas que
ceux qui en sont chargez, laissent passer ce temps sans les délivrer, ils soient tenus de l'en payer avec les fruits, les interests
& les augmentations, qui seroient survenuës depuis le temps de
la mort du testateur.

En troisiéme lieu, que si le legs est annuel, laissé à une maison de pieté, l'heritage qui est chargé du legs, ne peut point
estre alié, au cas que la partie ou l'heritage soit dans la Province, ou dans la Province voisine. Que si les heritages chargez du legs, ou les personnes qui en sont chargées, sont dans
une autre Province, auquel cas ceux ausquels le legs est fait,

peu-

peuvent échanger les heritages du confentement de celuy qui en
eft chargé , & en prendre d'autres en la place, qui valent un quart
plus que ceux des heritages chargez du legs annuel , & qui ne
foient point chargez de plus grandes redevances envers le fifc.
Ils peuvent mefme vendre le legs pour une fomme d'argent , qui
ne vale pas moins que vingt-quatre années de legs , pour eftre
ladite fomme employée utilement pour l'Hôpital ou la maifon
à laquelle le legs a efté fait.

La falcidie eft inconnuë dans la France coûtumiere , comme
nous avons dit ailleurs ; mais elle eft en ufage dans les Païs de
Droit écrit.

CHAPITRE XIII.

Que les Evefques ne peuvent point tefter des biens qu'ils
ont acquis aprés leur promotion à l'Epifcopat.

vt de iis
quæ poft
Epifco-
patum
acquifie-
rint E-
pifcopi,
teftari
non pof-
fint.

L'Empereur dans ce Chapitre défend aux Evefques de difpofer au profit de leurs parens ou d'autres perfonnes , des
chofes tant meubles qu'immeubles , qu'ils ont acquifes aprés
leur promotion ; leur permettant de les employer pour la redemption des Captifs & pour la nourriture des pauvres , pour
des œuvres pieufes , & pour l'utilité de leur Eglife ; voulant que
les biens qui fe trouveront leur appartenir au jour de leur deceds, appartiennent à leur Eglife , comme eftant acquifes à l'occafion & par le moyen des biens de leur Eglife. Mais l'Empereur leur permet de difpofer à leur volonté & au profit de qui il
leur plaift , des biens acquis auparavant l'Epifcopat , & des
biens qui leur font échûs par fucceffion legitime ou inteftate,
jufqu'au quatriéme degré. Ce que l'Empereur veut & ordonne
avoir lieu à l'égard des Recteurs & Adminiftratenrs des Hôpitaux & Maifons de pieté , pour les chofes qu'ils ont acquifes depuis qu'ils ont efté chargez de l'adminiftration & gouvernement
d'iceux. Il ordonne auffi, que fi les Evefques , les Clercs & autres
Officiers de l'Eglife decedent fans avoir tefté & fans heritiers
legitimes , leur fucceffion appartienne à l'Eglife dans laquelle ils
font ordonnez.

C'eft le fentiment des Docteurs fur ce Chapitre , & fur l'Au-

Tome II.　　　　　　　　　　　　　GGgg

thentique *Licentiam. C. de Epifcop. & Cleric.* qui en eft tirée;
que les biens d'un Evefque font prefumez acquis à l'occafion des
biens de l'Eglife; en forte que ceux qui pretendent le contraire
doivent le prouver.

AUTHENTIQUE *Licentiam C. de Epifcop. & Cleric.*

*Licentiam habeat Epifcopus , quæcumque ante Epifcopatum
probatus fuerit habuiffe , & quæcumque poft Epifcopatum jure
cognationis ufque ad quartum gradum ad eum pervenerunt , ad
quos voluerit , ultima voluntate tranfmittere : cæteris rebus alio
modo acquifitis ab eo , dominio Ecclefiæ refervatis ; nifi in utilitatem Ecclefiæ vel opera pietatis confumptæ fint. Eadem diftin-
ctione habitâ adminiftratoribus cujufcumque loci religiofi.*

*Item fi quis Epifcopus aut Minifter Ecclefiæ moriatur fine tefta-
mento & fucceffore legitimo , vel legitima , fucceffio competit Ecclefiæ
in qua conftituti funt.*

Cette Authentique n'eft point d'ufage en France , où les Evefques ont la faculté de difpofer tant par actes entre-vifs , que par
derniere volonté , de leurs biens propres, & de ceux qu'ils ont
acquis auparavant ou pendant l'Epifcopat , par quelque moyen
que ce foit , par leur épargne & par le revenu de leur Evefché,
ou autrement. Comme auffi les parens des Evefques & des autres Ecclefiaftiques, leur fuccedent *ab inteftat* , fuivant l'art. 336.
de la Couftume de Paris.

Les Arrefts ont mefme jugé, que les parens fuccedent au Religieux fait Evefque , dans les biens qu'il a acquis par fon épargne.
La raifon eft, que le facre de l'Evefque efface le vœu de Religieux ; de mefme que quand un Religieux a fait vœu en l'Ordre
de faint Auguftin , & qu'aprés il fait vœu dans celuy de faint
Benoift , il n'eft plus fujet à la regle de faint Auguftin , & fon
premier vœu ne fubfifte plus. Voyez mon Commentaire fur l'article cité de la Couftume de Paris.

CHAPITRE XIV.

Que les Heretiques ne prennent aucuns immeubles des Egli-   Ne hære-
ſes ou des maiſons de pieté, à quelque prix que ce ſoit;   vel pri-
& défenſes à eux de bâtir des Temples.

L'Empereur défend dans ce Chapitre aux Heretiques de   lo acci-
prendre de l'Eglife ou des maiſons de pieté des immeubles,   piant, &
à quelque titre que ce ſoit, comme de loüage, d'emphyteofe,   luncam
d'achat, ou autre, ſur peine de perdre ce qu'ils auroient donné   ædificer
pour les avoir, au profit de l'Eglife ou de la maiſon à qui les
chofes appartiendroient; & contre le Recteur ou l'Adminiftrateur qui les auroit données, d'eftre dépoüillé de ſa Charge,
d'eftre renfermé dans un Monaftere, & privé de la ſainte Communion, parce que *hæreticis prodiderit Chriftianos.*

Que ſi quelqu'un de la Religion Catholique ayant des heritages ſur leſquels une Eglife ſe trouve bâtie, les aliene ou delaiffe
à titre d'emphyteofe, de loüage, ou autre, à quelque Heretique,
comme à un Juif, à un Samaritain, à un Arrien, ou à quelque
autre, les heritages ſont confifquez au profit de l'Eglife.

L'Empereur défend auſſi aux Heretiques de faire bâtir des
Temples, qu'il appelle *incredulitatis ſuæ ſpeluncæ*, ſur peine
de confifcation au profit de l'Eglife.

Il défend auſſi aux particuliers de tranſporter leurs immeubles
à des Heretiques, à quelque titre que ce ſoit, ſur peine d'eftre
privé des redevances écheües depuis le jour du Contrat, au cas
qu'il eut connoiſſance que le preneur eftoit Heretique; & à l'é-
gard de l'Heretique, de ſouffrir la confifcation de ſes biens au
profit de l'Eglife.

Cette Conftitution eft inutile en France.

CHAPITRE XV.

Que les Adminiſtrateurs des Hôpitaux des orphelins ſont tenus, de meſme que les tuteurs, de faire inventaire des choſes dont ils ont pris l'adminiſtration.

L'Empereur ordonne dans ce Chapitre, que les Adminiſtrateurs des Hôpitaux des orphelins pourront pourſuivre & eſtre pourſuivis en jugement pour raiſon des biens & droits pretendus par leſdits Hôpitaux, ou contre iceux ; ou qui appartiennent aux orphelins demeurans dans leſdits Hôpitaux, &c.

PARAPHRASE
DE JULIEN.

CONSTITUTIO CXIX.

D V I. De Sanctis quatuor Conciliis.

Quatuor Sanctorum Conciliorum Canones pro legibus habeantur.

D V II. De Ordine Patriarcharum.

Papa Romanus prior omnibus Epiſcopis & Patriarchis ſedeat, & poſt illum Conſtantinopolitanæ Civitatis Archiepiſcopus.

D V I I I. De Archiepiſcopo primæ Juſtinianæ.

Archiepiſcopus primæ Juſtinianæ habeat ſibi ſubjectos Epiſcopos Daciæ Mediterraneæ & Daciæ Ripenſis : Item Triballeæ &

Dardaniæ & Myfiæ fuperioris, & Pannoniæ. Sed & ille ab ipfis confecretur, & eadem jura fuper eos habeat, quæ Papa Romanus habet fuper Epifcopos fibi fuppofitos.

DIX. De Epifcopo Carthaginienfi.

Maneant jura præftita Epifcopo Carthaginienfi & aliis Metropolitanis, & omnia Privilegia. Item omnia folatia & liberalitates Religiofis locis datæ firmiter permaneant.

DX. De Privilegiis poffeffionum ad venerabiles locos pertinentium.

Poffeffiones ad Religiofas domos pertinentes nullam defcriptionem agnofcant : nifi ad conftruċtiones viarum vel pontium ædificationes, ita tamen fi habuerint poffeffiones intra territorium conftitutas. Illius civitatis, in qua talis defideratur defcriptio. Habeant autem immunitatem in fordidis muneribus & extraordinariis & lucrativorum defcriptione.

DXI. De præfcriptione quadraginta annorum venerabilibus locis competente.

Neque decennii, neque viginti vel triginta annorum præfcriptio Religiofis domibus opponatur, fed fola quadragenta annorum curricula non folùm in cæteris rebus, fed etiam in legatis & in hereditatibus.

DXII. De ædificatione venerabilium locorum.

Nemo Oratorium ædificare audeat, antequam Epifcopus exoraverit, & venerabilem Crucem in eodem loco defixerit. Quod autem femel inchoavit, neceffè habet opus implere, vel ipfe vel heredes ejus : Et neceffitatem ei debent imponere Epifcopi & Oeconomi & civiles Magiftratus.

DXIII. Si quis in proaftio, vel domo vel fundo Ecclefiaftica munera fecerit.

Si quis in proaftio, vel domo, vel fundo aufus fuerit Ecclefia-

stica munera facere sine Clericis locorum Episcopo subjectis, dominis eorum cadat, & veniat eadem res ad Ecclesiam. Sin autem ignorante domino hoc fuerit factum : hi, qui peccaverunt, sive emphyteutici sive procuratores sint, de Provincia expellantur, & substantia eorum addicatur Ecclesiæ illius territorii, intra quod tale delictum contigerit.

DXIV. Si quis in nomine Domini noſtri Jesu-Christi hereditatem vel legatum reliquerit.

Si quis in nomine Domini noſtri Jesu-Christi *hereditatem vel legatum reliquerit, capiat id, quod relictum eſt, Ecclesia illius loci in quo domicilium teſtator habebat.*

DXV. Si quis in nomine Sancti Martyris hereditatem vel legatum reliquerit.

Si quis in nomine ſancti Martyris hereditatem vel legatum reliquerit : ſi quidem ejuſdem nominis plures ſunt in eodem loco oratoriæ domus, capiat lucrum illa quæ pauperior eſt, niſi aliud nominatim teſtator expreſſerit. Quòd ſi talis domus in civitate non inveniatur, ſed in territorio ejus ſit, neceſſe eſt, ut Ecclesiæ lucrum datur illius civitatis in qua teſtator domicilium habuit.

DXVI. Si quis in ultima voluntate domum Religioſam fieri diſpoſuerit.

Si quis in ultima voluntate domum Religioſam fieri diſpoſuerit, oratoria quidem ab heredibus ejus intra quinquennium ædificare oportet. Xenones autem & alia pia loca intra annum fieri decet, imminentibus tam Epiſcopis quàm Magiſtratibus. Quòd ſi opus fieri intra annum non poſſit, neceſſitatem habeant heredes domum comparare vel conducere, in qua poterunt ea, quæ teſtator voluit, adimplere, donec opus ædificii perficiatur. Et ſi is, qui teſtatus eſt, dixit quos vult Xenodochos, vel Ptochotrophos, vel alios hujuſmodi fieri, voluntas ejus conſervetur, vel ſi heredibus ſuis electionem dedit, ut faciant ipſi quem velint, ſimiliter voluntas ejus cuſtodiatur. Liceat autem Epiſcopis à teſtatore deputatos Xenodochos, vel Ptochotrophos, vel alios Miniſtros mutare, ſi non inveniantur idonei : eadem obſervando, ſi teſtatoris he-

redes elegerint hominem non idoneum ad ministerium vel admini-
strationem locorum.

DXVII. De redemptione Captivorum vel alimoniis pauperum.

Si pro redemptione Captivorum legatum vel hereditas relicta
fuerit, vel pro alimoniis pauperum, ea, quæ testator jussit, coga-
tur heres implere. Quod si non expresserit is, qui testatus est, cu-
jus loci pauperibus alimonias dari oportet, Episcopus locorum re-
lictam quantitatem distribuat inter pauperes ejus loci, in quo te-
stator domicilium habuit. Item quod pro redemptione Captivo-
rum relictum est, administrari debet aut ab eo, quem testator ad
hoc deputavit : aut si nemo ab eo nominatus est, ab Episcopo &
Oeconomo pietatis opus impleatur. Omnia enim facta ad pietatem
pertinentia Episcoporum interesse oportet, quamvis testatoris vel
donatoris verba contrariæ voluntatis expresserint.

DXVIII. Si heredes piam dispositionem implere noluerint.

Si per publicas personas heredes admoniti jussa testatoris imple-
re distulerint, omne lucrum quod eis relictum est, auferatur cum
fructibus & cæteris emolumentis, quæ medio tempore accesserunt.
Negligente autem Episcopo, liceat etiam Metropolitanis hujusmo-
di causas diligenter inquirere.

DXIX. Si heredes testatoris substantiam non sufficere dixerint.

Si dixerit heres substantiam à testatore derelictam ad impen-
sas pias non sufficere, cessante lege falcidia, ea quæ relicta sunt,
impendantur in illas causas, quas testator voluit, causâ scilicet
& diligentiâ locorum Episcopi.

DXX. Si intra sex menses pia voluntas impleta non fuerit.

Si legatum quod piè relictum est, intra sex menses numeran-
dos ex eo tempore, quo testamentum intimatum est, heredes distu-

lerint folvere, fruEtus & ufuras & omne emolumentum ex tem-
pare mortis teftatori perfolvere cogantur.

DXXI. De legatis annalibus ad Religiofa loca pertinentibus.

Si annale legatum Religiofo loco reliEtum fuerit, fi quidem vi-
cinus fit locus vel perfona à qua legatum eft, non liceat hoc per-
mutare : Sin autem perfona vel locus longè pofitus fit, à quibus
hujufmodi legatum reliEtum eft, tunc liceat eis quibus hoc reli-
Etum eft, permutare, & in proximo loco accipere, fcilicet in ma-
jore reditu, ut quartam portionem plus in reditum habeat, &
poffeffio vicina fit & fertilis, & non multis præGravata tributis.
Liceat autem hujufmodi legatum fecundum præfatam diftinEtio-
nem, & vendere in viginti quinque annos : & id quòd datum
fuerit, ad commoda ejufdem Religiofi loci procedat.

DXXII. De teftamento Epifcopi vel Adminiftratoris venerabilis loci.

Quæcumque probatus fuerit Epifcopus ante honorem Epifcopa-
tûs habuiffe, ea omnia utpotè fua propria conftituta licentiam ha-
beat ad quos voluerit ultimâ voluntate tranfmittere. Hoc amplius
etiam poft Epifcopatum jure cognationis ufque ad quartum gra-
dum quidquid ad eum pervenerit, tranfmittere poterit, ad quos
ipfe voluerit, cæteræ autem res alio modo ab eo adquifitæ dominio
Ecclefiæ fint, nifi fortè confummatæ fint ad redemptionem Ca-
ptivorum, vel alimonias pauperum, vel ad utilitates Ecclefiæ, vel
ad alias ex pietate proficifcentes caufas. Eadem obtinere oportet &
in Adminiftratoribus cujufcumque Religiofi loci, ut res quæ poft
commiffam adminiftrationem pervenerunt, iifdem fubjiciantur
diftinEtionibus.

DXXIII. De fucceffione ab inteftato veniente Epifcopi vel Clerici, vel cujufcumque alterius Religiofæ perfonæ.

Si Epifcopus vel Clericus cujufcumque gradûs Ecclefiaftici Mi-
nifter, fine teftamento & fine cognatione decefferit, hereditas ejus
non ad fifcum, fed priùs ad Ecclefiam devolvatur : fi Diaconiffa
fuerit, fimili modo.

DXXIV.

DXXIV. De contractibus eorum, qui fidem Catholicam
non recipiunt.

Non liceat Catholicæ fidei Christianorum alienis hominibus ve-
luti Paganis vel Judæis, vel hæreticis, possessiones habere emphy-
teuseos vel conductionis titulo, in quibus Orthodoxæ Religionis
Ecclesiæ ministeria celebrantur.

TITRE XV.

De in-
terdictis
Collegiis
Hæreti-
corum.

Communautez des Heretiques défenduës.

NOVELLE CXXXII.

L'Empereur dans cette Novelle défend expressement aux Heretiques d'avoir des Colleges ou Communautez, sur les peines portées par les Constitutions contre ceux qui s'y assemblent,
ou qui les y assemblent, & de confiscation des maisons au profit
de l'Eglise.

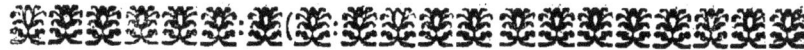

TITRE XVI.

Quomo-
do opor-
teat Mo-
nachos
vivere.

De quelle maniere les Moines doivent vivre.

NOVELLE CXXXIII.

L'Empereur dans cette Novelle marque de quelle maniere les
Moines doivent vivre, repetant dans cette Constitution ce
qu'il avoit déja ordonné dans la Novelle 5. & dans la Novelle
123. chap. 36. & principalement, que les Moines doivent vivre
en commun, & qu'ils ne doivent point avoir de cellules & chambres separées les unes des autres, qu'ils doivent boire, manger &

Tome II.　　　　　　　　　　HHhh

dormir enfemble, afin qu'ils foient témoins de la conduite les uns des autres. Qu'on ne leur doit point permettre facilement de fortir, & qu'ils ne doivent fortir que par les portes du Monaftere, *cap.* 1.

Qu'il ne leur doit point eftre permis d'entrer dans leur Eglife, qu'avec leurs Abbez ou Prieurs au temps du Service, & non-pour caufer ; & que quand ils font retirez dans leurs Cloiftres, ils doivent s'attacher à lire l'Ecriture, & à conferer les uns avec les autres des chofes convenables à leur état & profeffion, *cap.* 2.

Qu'il ne doit point eftre permis aux femmes d'entrer dans les Monafteres d'hommes, ou aux hommes d'entrer dans ceux des femmes, par quelque raifon ou occafion que ce foit, comme de parenté, de fepulture ou autre ; *fic enim præruptis initiis & vetito invicem afpectu intercipientur animorum delinimenta & lapfus, meliorque fuerit facris Agoniftis vitæ ftatus, cap.* 3.

L'Empereur ordonne aux Evefques & Archevefques de prendre garde aux Convents, d'en reformer jufques aux moindres abus, *ne in lapfum majorem degenerent,* &c. *cap.* 4.

Qu'on doit impofer des Penitences à ceux qui commettent des fautes dans les Monafteres ; & que s'ils recidivent, on leur en doit impofer de plus grandes, & en cas qu'ils continuent, & qu'ils ne fe corrigent point, on les doit chaffer du Convent, afin que celuy qui eft ainfi chaffé, *fuis malis potiatur folus, & non per ejus malum etiam alii violentur, ficut morboforum, & inexcufabiliter languentium jumentorum.*

Que les Moines ne doivent point aller au cabaret, fur peine d'eftre envoyez pardevant le Prefet du Pretoire, pour enfuite eftant convaincus d'y avoir efté, eftre renvoyez à leur Abbé & eftre par luy chaffez du Monaftere, *oportet enim Monachos aut fcripturis vacare, aut decenter operari ; ut potè mens fruftrà vacans nihil boni parit, cap.* 6.

Dans la Preface de cette Novelle, & dans le Chapitre 5. l'Empereur marque les avantages de la vie Monaftique, à l'égard de ceux qui l'embraffent, *res eft facra evehens animas ad Deum :* à l'égard des autres, *non folùm juvat eos qui ad hanc accedunt, fed etiam aliis omnibus pro ejus puritate & fupplicatione ad Deum, præbet infpectam utilitatem.*

Elle contribuë encore confiderablement pour la confervation des Empires, *neque Imperium defpicit hoc negligi, neque retine-*

bit indignationem adverſus Abbatem, neque contra loci Epiſcopum & ſub eo poſitos Defenſores Eccleſiæ, ſi non hæc obſervaverint, tanquam neceſſaria ſit etiam Imperio rei diligentia. Si enim illi puris manibus & nudis animabus pro Republica ſupplicent Deo, manifeſtum quòd & exercitus habebunt benè, & Civitates benè diſponentur. Deo quoque placato & propitio exiſtente, quomodo non univerſa plena totius pacis & devotionis? Sed & terra nobis feret fruĉtus, & mare quæ ſua ſunt, dabit, illorum oratione propitiationem Dei ad omnem Republicam dedicante, &c.

Voyez dans Cedrenus *in vita Claudii*, la loüange de la vie Monaſtique.

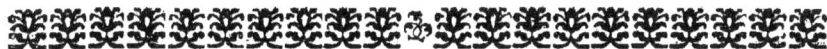

TITRE XVII.

Ut nulli judicum liceat habere loci ſervatores, niſi certis ex cauſis divina conceſſerit juſſio,

Portant défenſes à tous Juges d'avoir des Lieutenans ſans une permiſſion expreſſe du Prince.

NOVELLE CXXXIV.

CEtte Novelle eſt diviſée en treize Chapitres. Dans les quatre premiers, l'Empereur défend à tous Juges d'avoir des Lieutenans, s'il ne l'accorde expreſſement; & dautant que cette Conſtitution n'a aucune application à noſtre Juriſprudence, nous ne nous y arreſterons pas; les Chapitres ſuivans ſeront expliquez ſeparément.

CHAPITRE V.

Vt rei criminũ ediĉtis legitimis evocentur,

Que les accuſez de crimes doivent eſtre ajournez à ſon de trompe & cry public.

L'Empereur ordonne dans ce Chapitre, que ſi quelque accuſé de crime ſe cache, & quitte la Province où il l'a commis, il ſoit ajourné par ordonnance du Juge à trois briefs jours, &

que s'il ne compare, il soit contre luy procedé conformément à ce qui est prescrit par les Constitutions ; sçavoir qu'il soit recherché & ses biens annotez, *l. 2. ff. de requir. reis.*

Que si on sçait dans quelle Province il est, le Juge de la Province où le délit a esté commis, doit envoyer une Commission rogatoire au Juge de la Province, en laquelle le criminel s'est retiré, à l'effet de prendre & d'apprehender le criminel, & le renvoyer pardevant le Juge de la Province où le delit a esté commis, pour estre par luy le procez fait & parfait au criminel.

Que si le Juge à qui la commission rogatoire a esté addressée, a esté negligent de faire apprehender le criminel, il est condamné à une amande de trois livres d'or : & s'il estoit convaincu de ne l'avoir pas fait apprehender pour de l'argent qu'il en auroit receu, il est dépoüillé de sa Charge, & envoyé en exil.

De ce Chapitre a esté tirée l'Authentique *Si verò criminis. C. ad leg. Jul. de adulter.*

AUTHENTIQUE *Si verò criminis. C. ad leg. Jul. de adulter.*

Si verò criminis commissi occasione latuerit, aut Provinciam illam reliquerit in qua deliquit, jubemus legitimis edictis à judice vocari eum, & si non audiat, illa in eum procedere, quæ nostris legibus sunt definita. Si verò cognoscatur, quod in alia Provincia degit, jubemus Provinciæ illius judicem, in qua crimen commissum est, Epistolâ uti ad Provinciæ illius judicem, in qua delinquens degit. Ille verò qui publicas suscepit literas, periculo suo & Officii sui comprehendet eum, & ad judicem Provinciæ transmittet, in qua peccavit, suppliciis legitimis subjiciendum. Si verò qui publicam Epistolam susceperit, hoc facere, aut Officium imperatum neglexerit, tunc & ipsum judicem tres libras auri & Officium ejus aliàs tres pro pæna inferre jubemus. Sin autem Judex aut aliquis Officialium suorum propter lucrum eum non comprehenderit, aut comprehendere non transmiserit, si hoc fecisse convincatur, spolietur cingulo, & exilio tradatur.

Cette Authentique a esté mise au Code *ad leg. Jul. de adulter.* quoy que dans le Chapitre d'où elle est tirée, il ne soit fait aucune mention de l'adultere, & qu'il semble qu'elle eut esté mieux placée sous le titre au Code *de requirendis reis.* Dans la

Loy 15. *C. ad leg. Jul. de adulter.* aprés laquelle cette Authentique a efté mife, il eft decidé, que le mary ne peut pas accufer fa
femme d'adultere, laquelle s'eft retirée dans une autre Province,
dautant que ce feroit donner lieu à l'impunité des crimes.
L'Empereur dans ce Chapitre a fait l'Ordonnance qui y eft contenuë, laquelle n'abroge pas ladite Loy, mais elle en augmente
la Conftitution.

Par l'Ordonnance criminelle, titre 17. des défauts & contumaces article 1. & fuivans, il eft porté, que fi un Decret de
prife de corps a efté rendu contre un accufé, & qu'il ne puiffe
eftre executé, parce qu'il fe feroit caché, on doit faire perquifition de fa perfonne, & fes biens doivent eftre faifis & annotez.
La perquifition doit eftre faite à fon domicile ordinaire, ou au
lieu de fa refidence, fi aucune il a dans le lieu où le procés eft
inftruit,& on doit y laiffer copie du procés verbal de perquifition.
Que fi l'accufé n'a point de domicile, ou s'il ne refide point au
lieu de la Jurifdiction, la copie du Decret doit eftre affichée à
la porte de l'Auditoire. Mais s'il eft domicilié, ou s'il refide
dans le lieu de la Jurifdiction, il doit y eftre affigné à comparoir dans quinzaine; & à faute de comparoir dans ce delay, l'accufé doit eftre condamné, aprés avoir obfervé les formalitez du
procés criminel, prefcrites dans le titre cité de l'Ordonnance
criminelle.

Le Decret de prife de corps eft ordonné fur les informations,
foit que l'accufé foit toûjours refident en fon domicile ordinaire, ou qu'il fe foit caché, ou retiré dans une autre Province, &
en tous ces cas le Decret peut eftre executé fans aucune permiffion, en quelque lieu que le criminel foit trouvé, excepté quand
il s'eft retiré dans une Maifon Royale ou dans un lieu d'azile,
comme dans un Convent ou Monaftere; auquel cas il faut une
Lettre de cachet pour y entrer & pour l'y prendre & apprehender. Ainfi par là on void que cette Authentique n'eft pas d'u-
fage en France.

CHAPITRE VI.

Vt Iudex
compleat
quod de-
ceſſori
mandatũ
eſt.

Que le Juge doit executer ou achever ce qui a eſté ordonné à ſon predeceſſeur.

L'Empereur ordonne dans ce Chapitre , que le ſucceſſeur d'un Juge acheve ce qui aura eſté commencé par ſon predeceſſeur , par la raiſon , que quoy que les Juges changent , *idem tamen manet judicium ac Tribunal , l.* 10. *ff. de Offic. Præconſul. l.* 76. *ff. de judic.*

Il eſt de l'uſage en France, que les Juges jugent les affaires que leurs predeceſſeurs ont commencées.

CHAPITRE VII.

Ne quis
creditor
filium
debitoris
pro debi-
toretine-
re præ-
ſumat,

Que le creancier ne peut pas retenir pour ſa dette le fils de ſon debiteur.

L'Empereur défend dans ce Chapitre aux creanciers , de retenir pour leur deu les enfans de leurs debiteurs , de les obliger à des œuvres ſerviles & d'eſclaves , de les donner à loüage, ou en gage , ſur peine d'eſtre déchûs de leur deu , & donner aux enfans qu'ils auroient ainſi detenus ou baillez aux titres ſuſdits ou à leurs parens , une pareille ſomme à celle qui leur ſeroit deuë, & d'eſtre punis de peine corporelle.

Par le droit ancien , ainſi que nous apprenons de Gelle *lib.* 20. *cap.* 1. de Quintilien. *lib.* 3. *Inſtitut. orat. cap.* 6. les creanciers avoient droit de faire mettre en priſon leurs debiteurs , & les retenir en priſon juſqu'à ce qu'ils leur euſſent payé leur deu, *Cujac. lib.* 3. *Obſervat. cap.* 39.

Cette rigueur a eſté d'abord moderée par la Loy *Julia,* & enſuite par les Conſtitutions des Empereurs Diocletian & Maximian , *l.* 2. *C. de obligat. & actio.* il a eſté prohibé aux creanciers de contraindre leurs debiteurs de les ſervir comme des eſclaves; & l'Empereur Juſtinien, non ſeulement confirme cette Loy par cette nouvelle Conftitution, mais auffi il ajoufte des peines contre les contrevenans.

De cette Conftitution a efté tirée l'Authentique *Imo à debito. C. de O. & A.*

AUTHENTIQUE *Imo à debito. C. de O. & A.*

Imo à debito creditor cadit, tantumdem dato vel retento, vel ejus parentibus : ipfo quoque creditore corporalibus pœnis fubdendo.

Cette Conftitution eft inutile en France.

CHAPITRE VIII.

Des intercefſions des femmes.

De interceſſionibus n u lierum,

DAns ce Chapitre l'Empereur ordonne, que fi une femme s'oblige pour fon mary, l'obligation foit entierement nulle & fans effet, foit qu'elle fe foit obligée une fois feulement ou plufieurs fois, par une dette privée ou publique ; à moins qu'il ne foit juftifié, que la chofe pour laquelle elle fe feroit obligée pour fon mary, auroit tourné à fon profit, ou auroit efté employée pour fes interefts.

Par la Loy 22. *C. ad SC. Velleïan.* laquelle eft de l'Empereur Juftinien, il eft ordonné, que fi une femme s'oblige pour quelqu'un, & que dans deux ans aprés elle s'oblige encore pour la mefme perfonne & pour la mefme chofe ; c'eft à dire proprement qu'elle confirme l'obligation qu'elle auroit contractée pour fon mary, l'obligation eft fans effet, par le moyen de l'exception du Velleïan ; mais que fi elle s'oblige une feconde fois aprés les deux ans pour le mefme debiteur & pour la mefme chofe, l'obligation eft bonne & valable, & la femme ne peut pas fe fervir du benefice du Velleïan, parce que *fibi imputet, fi quod fœpius cogitare poterat & evitare, non fecit, fed ultrò firmavit ; videtur etenim ex hujufmodi temporis prolixitate non pro aliena obligatione fe obligare, fed pro fua caufa aliquid agere & tam ex fecunda cautione ſiſe obnoxiam facere, in quantum hoc fecit quàm pignus aut intercefforem utiliter dare.*

Cette Conftitution eft generalement & indiftinctement conceuë, & par confequent, foit que la femme fe fût obligée fuivant & conformément à icelle, pour fon mary, ou pour un
étranger, elle ne pouvoit pas oppofer au creancier l'exception
du Velleïan ; neanmoins l'Empereur a trouvé à propos par
cette nouvelle Conftitution, de diftinguer entre le mary &
l'étranger, de laiffer à cette Loy fa force & fa vigueur, lors
que la femme s'eftant obligée pour un étranger, confirme cette obligation aprés deux ans ; mais d'y apporter une exception
à l'égard du mary, voulant que quoy que la femme s'oblige
pour fon mary plufieurs fois, & dans quelque temps que ce
foit, l'obligation foit nulle & fans effet : la raifon de la difference eft, que la femme s'oblige plus facilement pour fon mary que pour un étranger, foit parce que le mary pourroit l'y
faire confentir par furprife, par contrainte, ou autrement, en
forte qu'on ne prefume pas, que le confentement de la femme ait
efté libre & volontaire.

Ce qu'il y a encore de particulier dans cette nouvelle Conftitution eft, que quoy que par le droit du Code & qui s'eft toûjours obfervé, lors que la femme peut fe fervir de l'exception
du Velleïan, l'obligation n'eft pas nulle *ipfo jure*, mais elle peut
eftre caffée & annullée, en oppofant par la femme l'exception
du Velleïan, *tot. tit. ff. & C. ad SC. Velleïa.* neantmoins au cas
de cette nouvelle Conftitution l'Empereur declare, que l'obligation eft nulle, *fed ita eft ac fi neque fcriptum effet.*

La qualité de la dette ne préjudicie point au droit accordé à
la femme par cette Conftitution, l'Empereur voulant, que l'obligation par elle contractée par quelque maniere que ce foit, pour
dette, foit privée ou publique, c'eft à dire, deuë au fifc ou à
l'Empereur, foit nulle fans diftinction, quoy que d'ailleurs &
dans d'autres cas la caufe du fifc foit tres-favorable, *tot. tit. C.*
de privileg. fifci.

Cette Novelle ne déroge point à la Novelle 61. chap. 1. où il
ne s'agit pas de l'obligation de la femme pour fon mary, mais
du confentement qu'elle donne pour aliener par fon mary les
chofes fujettes à la donation *propter nuptias*, lequel confentement eft valable, au cas qu'il ait efté reïteré aprés les deux
ans, en forte qu'elle ne peut pas revoquer l'alienation qui auroit

roit esté faite en consequence, pourveu que *ex aliis bonis mariti possit uxori consuli.*

De ce Chapitre a esté tirée l'Authentique *Si qua mulier. C. ad SC. Velleïan.*

AUTHENTIQUE *Si qua mulier C. ad SC. Velleïan.*

Si qua mulier crediti instrumento consentiat proprio viro, aut scribat, & propriam substantiam, aut seipsam obligatam faciat, jubemus, hoc nullatenus valere sive semel, sive multoties hujusmodi aliquid pro eadem re fiat, sive privatum, sive publicum sit debitum; sed ita esse ac si neque factum quicquam, neque scriptum esset; nisi manifesté probetur, quòd pecuniæ in propriam ipsius mulieris utilitatem expensæ sint.

Cette Authentique est d'usage dans les Provinces où le Velleïan est receu; mais ailleurs elle est inutile, & la femme peut valablement s'obliger tant pour son mary, que pour d'autres. Voyez ce que j'ay dit du Velleïan en la Jurisprudence du Digeste & du Code, & sur la Novelle 61. *suprà.*

CHAPITRE IX.

Qui défend de retenir les femmes dans les prisons.

Ne mulieres in carceribus includantur.

L'Empereur défend dans ce Chapitre d'emprisonner ou de retenir dans les prisons les femmes, pour quelque cause civile que ce soit; voulant que si les femmes sont poursuivies en jugement pour dette privée ou publique & fiscale, elles se défendent ou par elles-mesmes, ou par leurs maris, ou par toutes autres personnes qu'elles voudront, qui soient capables de prendre leur défense; & que si elles sont veuves, elles puissent se défendre par elles-mesmes, ou par ceux qu'elles voudront.

Que si la femme poursuivie en jugement refuse de donner pouvoir à quelqu'un de la défendre, ou qu'elle soit amenée devant le Juge, l'Empereur défend de la retenir & l'emprisonner, voulant que le Juge rende justice aux parties conformément à la disposition des Loix.

Que s'il s'agit de crime commis par une femme, qui oblige

Tome II. I Iii

de s'assurer de sa personne, elle doit estre déchargée de l'empri-
sonnement, en donnant une caution qui s'oblige de la representer toutes fois & quantes : Et au cas qu'elle ne puisse pas donner
caution, affirmant par serment qu'elle n'en peut pas donner,
elle est receuë à sa caution juratoire, qu'elle se representera quand
elle en sera requise ; & qu'elle executera le jugement qui sera
donné contre elle.

Toutefois s'il est question d'un crime énorme, l'Empereur
ordonne, qu'elle soit renfermée dans un Monastere, pour estre
gardée par des femmes jusqu'à ce que son procez luy soit fait.

La raison pour laquelle l'Empereur défend d'emprisonner les
femmes pour quelque cause que ce soit, civile ou criminelle, est,
ne per hujusmodi occasiones inveniantur injuriatæ.

L'Empereur défend aussi dans ce Chapitre, de faire sortir les
Religieuses des Monasteres, pour quelque cause & raison que
ce soit.

Cette Constitution déroge à la Loy 3. *C. de custod. recr.* par
laquelle l'Empereur Constantin ordonne, que les prisons des femmes seront separées de celles des hommes.

De ce Chapitre ont esté tirées deux Authentiques, la premiere, l'Authentique *Sed hodie. C. de offic. divers. judic.* tronquée
& imparfaite ; & l'autre est l'Authentique *Hodie novo jure. C. de
custodiend. reis*, qui renferme entierement la Constitution contenuë dans ce Chapitre.

AUTHENTIQUE *Sed hodie. C. de offic. divers. judic.*

*Sed hodie pro fiscalibus vel privatis debitis nulla mulier debet
includi, sed ad judicem veniet per se vel per procuratorem, vel mittat
unum vel alterum, quatenus negotium legitimè exequantur. Si
contrà factum fuerit, majores judices viginti libris auri, minores
decem puniantur. Obedientes autem eis cingulo spoliabuntur, &
pœnis subjacebunt corporalibus, & in exilium damnabuntur.*

AUTHENTIQUE *Hodie novo jure. C. de custod. reor.*

*Hodie novo jure nullam mulierem pro pecunia fiscali, seu pri-
vata causa, aut pro crimine quolibet modo in carcerem mitti, aut
includi, aut custodiri concedimus. Sed si pro fiscali aut privato*

debito pulfetur , per virum fuum , aut quem alium legitimè ref-
pondeat. Quòd fi noluerit vel perfequi litem fuam , legitimè in
rebus fuis executio procedat. Si verò tale fit crimen , ut necefe
fit eam cuftodiri , fiquidem fidejufforem dare poteft , ipfi credatur;
fi verò juraverit fidejufforem dare fe non poffe , juratoriam cau-
tionem præftet de judicii obfervatione. Sed fi crimen graviffimum
fit de quo accufatur , in Monafterium vel Afceterium mittatur;
vel mulieribus tradatur , per quas cuftodiatur. Judices autem qui
hæc non fervant , fi majores fint , viginti librarum auri pænam;
fi minores , decem folvant. Obedientes autem eis in prædictis cafi-
bus , fpoliati cingulo dentur in exilium.

Cette Authentique n'eft point d'ufage en France , où les femmes peuvent eftre mifes dans les prifons pour dettes civiles, quand
elles font Marchandes publiques , & pour crime , comme pour
ftellionat , & autres ; ainfi que j'ay obfervé ailleurs plus amplement.

CHAPITRE X.

Peines d'adultere contre les femmes.

Quæ fit
mulieris
adulteræ
pœna.

L'Empereur dans ce Chapitre traite des peines contre le crime
d'adultere, à l'égard de trois fortes de perfonnes ; fçavoir
des inceftes , des femmes , & des complices, c'eft à dire, ceux
qui ont ménagé & procuré ce crime entre d'autres perfonnes.

A l'égard des mafles qui fe trouvent coupables de ce crime,
il ordonne qu'ils foient punis des peines introduites par l'Empereur Conftantin : fur quoy il faut obferver , qu'il attribuë à
Conftantin ce qui a efté fait & étably par les Empereurs Con-
ftantius & Conftans fils de Conftantin, fuivant la Loy 4. *C. Theo-*
dof. quor. appellatio. non recipiant.

L'Empereur ordonne encore à l'égard de l'adultere , qu'outre la peine de mort , fi celuy qui a commis adultere , a une
femme dotée , il perde au profit de la femme , la dot & la
donation à caufe de nopces qu'il auroit pû retenir en cas de
furvie ; & enfin qu'il perde une partie qu'il pouvoit efperer

IIii ij

des biens de fa femme , par les Conftitutions de l'Empereur. Authentique *Prætereà. C. unde vir & uxor.* Sur quoy voyez les Novelles 53. & 113.

Quant au refte de fes biens , il doit appartenir à fes afcen-dans ou defcendans jufqu'au troifiéme degré, pour eftre partagé entr'eux felon l'ordre des fucceffions , & felon les degrez de pa-renté : & au cas qu'il n'y ait aucuns afcendans ou defcendans dans ce degré , les biens de l'adultere font confifquez.

A l'égard de la femme adultere, l'Empereur ordonne qu'aprés avoir efté fuftigée , elle foit renfermée dans un Convent. Ces termes *competentibus vulneribus fubactam ,* s'entendent felon le fentiment des Interpretes , des marques que les coups de verges laiffent ; cependant dans le texte Grec il n'eft point parlé de playes, mais feulement *de convenientibus pœnis.*

La raifon pour laquelle les femmes adulteres font punies plus legerement que les hommes , eft, felon quelques-uns , la fragilité du fexe, qui les fait tomber plus facilement dans ce crime ; elles font femblables à une méchante marchandife qui fe corrompt aifément. Neantmoins il me femble que la faveur du mary , qui eft feul offenfé par ce crime , a efté la caufe qui a donné lieu à l'Empereur d'introduire cette nouvelle peine contre les femmes adulteres , la foibleffe du fexe n'eftant d'aucune confideration dans les delits.

Que fi dans deux ans le mary veut reprendre fa femme , il le peut ; mais aprés ce temps , foit qu'il foit decedé , ou qu'il foit vivant , ou qu'il ne l'ait pas reprife , elle ne peut plus fortir du Monaftere , elle y doit demeurer le refte de fes jours , & pour cét effet eftre rafée & prendre l'habit de Religieufe.

A l'égard de fes biens il faut diftinguer fuivant cette Confti-tution , ou elle a des enfans, auquel cas ils en prennent deux tiers, & l'autre tiers doit appartenir au Monaftere. Que fi elle n'a que des afcendans , ils en prennent un tiers , pour le parta-ger entr'eux felon la difpofition des Loix , pourveu qu'ils n'ayent point contribué à ce crime, c'eft à dire, qu'ils ne foient point participans & complices du crime commis par leur fille ; auquel cas ils en feroient exclus. Et les deux autres tiers doivent appar-tenir au Monaftere.

Que fi elle n'a ny defcendans ny afcendans , tous fes biens font tranfmis au Monaftere.

La raifon pour laquelle l'Empereur ordonne pour peine, que la femme adultere foit mife dans un Convent , eft l'efperance qu'elle s'amendera , & qu'elle reprendra une conduite plus honnefte, au cas qu'il plaife au mary de la reprendre, le propre de la vie Monaftique eftant, *commendare Deo ad hoc venientem hominem , ut omnem humanam ejus maculam detergat , ac purum ac rationabili naturæ decentem , & plurima fecundum mentem operantem humanis cogitationibus celfiorem reddat , Novel.* 5. *in præfat. & Novel.* 133. *princip.*

La peine portée par cette nouvelle Conftitution contre la femme adultere, n'a lieu qu'à l'égard de la femme mariée qui commet ce crime, & non à l'égard d'une fille ou d'une veuve qui commet l'adultere avec un homme marié ; ce qui eft fans difficulté.

De ce Chapitre a efté tirée l'Authentique *Sed hodie. C. ad leg. Jul. de adulter.*

AUTHENTIQUE *Sed hodie. C. ad leg. Jul. de adulter.*

Sed hodie adultera verberata in Monafterium mittatur , quam intra biennium viro recipere licet. Biennio tranfacto , vel viro priufquam reduceret ream , mortuo , adultera tonfa Monaftico habitu fufcepto , ibi dum vivit , permaneat , duabus partibus propriæ fubftantiæ liberis , fi habet , applicandis ; tertiâ Monafterio. Sed fi liberos non habet , parentibus extantibus , hujufmodi iniquitati non confentientibus , tertia pars applicabitur ; duæ Monafterio : quibus prædictis non extantibus , omnis ejus fubftantia Monafterio quæretur , pactis dotalium inftrumentorum in omni cafu viro fervandis.

Cette Authentique eft gardée en France felon le fentiment des Auteurs , & les Arrefts des Parlemens du Royaume ; & la femme qui eft condamnée à la peine portée par cette Conftitution perd fa dot, fon douaire, le droit de communauté,& fes autres conventions matrimoniales,lefquelles font adjugées au mari pour en joüir par le mary , à la charge de rendre par luy à fes enfans d'elle & de luy , avenant la mort d'icelle , les deniers dotaux fujets à remploy , & les immeubles de fa femme ; de nourrir & entretenir fes enfans , & payer une penfion de cinq ou fix cens livres pour ladite femme , les dépens pris fur lefdits biens.

Cette question s'est presentée, sçavoir si aprés la mort du mary la femme qui avoit esté condamnée d'estre enfermée dans un Convent, l'Arrest ayant esté executé, peut en sortir pour se marier à un autre qui consentiroit de l'épouser? Fevret en son Traité de l'Abus, tome 2. livre 5. chap. 3. nomb. 15. rapporte un Arrest du 31. Janvier 1634. qui a jugé que non, & que le mariage qui avoit esté contracté par une femme, qui avoit esté enfermée dans le Monastere de sainte Magdelaine à Paris, pour y demeurer le reste de ses jours, & qui s'en estoit échappée par adresse, estoit nul & abusif.

La mesme question s'estant presentée au Parlement de Paris, le contraire a esté jugé: Par Arrest du 9. Mars 1673. confirmatif d'une Sentence renduë au Chastelet de Paris, la nommée Joysel femme de Pierre Gars, avoit esté condamnée pour crime d'adultere sur les poursuites de son mary, à estre mise dans un Convent pour y estre razée & authentiquée aprés deux ans, au cas que son mary dans ce temps ne la retirast point, & qu'elle seroit renfermée pour y demeurer le reste de ses jours.

Cette femme s'estant évadée du Convent des Filles de la Magdelaine à Paris, où elle avoit esté renfermée, & ayant esté depuis renfermée dans le Refuge par autre Arrest de l'année 1674. le mary mourut en 1684. sans l'avoir voulu reprendre, ayant au contraire declaré par son testament, qu'il vouloit qu'elle y demeurast le reste de ses jours, & que l'Arrest fût executé.

Aprés son deceds elle demanda sa liberté, le tuteur de ses enfans & les parens du mary s'y opposerent; un nommé Thomé Medecin à Lyon, presenta sa Requeste en la Tournelle, par laquelle il demanda qu'il luy fût permis de l'épouser; ce qui luy fut accordé, n'ayant pour lors que Monsieur le Procureur General pour partie. Les parens en ayant connoissance formerent leur opposition à l'Arrest, comme estant incapable de mariage & des effets civils: Neanmoins par autre Arrest il fut ordonné, conformément aux conclusions de Monsieur l'Avocat General Talon, que l'Arrest du 29. Janvier 1684. seroit executé; par la raison, que la condamnation de la femme à estre enfermée le reste de ses jours dans un Monastere, ne la rendoit pas incapable des effets civils, qu'elle ne faisoit ny vœu ny profession, & qu'elle ne prenoit point l'habit de Religieuse, mais qu'elle y demeuroit avec l'habit seculier. Mais parce que pendant qu'on estoit aux

opinions, on remontra que la Cour permettant à la femme de
se remarier, elle pourroit pretendre sa dot, son doüaire & ses
autres conventions matrimoniales au préjudice de ses enfans, &
de l'Arrest de 1673. qui l'en avoit privé ; Monsieur l'Avocat
General se leva, & dit, que pour mettre les enfans hors d'interest, on pouvoit ordonner que l'Arrest de 1673. seroit executé;
ce que la Cour prononça, en ces termes : *Sans neanmoins que ladite Ioysel puisse se pourvoir contre l'Arrest du* 9. *Mars* 1673.

CHAPITRE XI.

Peines de la separation injuste.

L'Empereur dans ce Chapitre dit, que plusieurs ont contrevenu à sa Constitution, qui est dans la Novelle 117. chap. 9.
& 10. admettant le divorce sans une des causes énoncées dans
ladite Novelle ; ce qui luy donne occasion de faire la presente
Constitution, par laquelle il ordonne, que si ceux qui font de
semblables divorces ont des enfans, de quelque mariage que ce
soit, tous leurs biens leur soient donnez pour estre partagez entr'eux, suivant & conformément à la disposition des Loix, &
que le mary & la femme soient mis dans un Monastere pour y
demeurer le reste de leurs jours, & que le Monastere prenne un
tiers de leurs biens, sans que le pere puisse joüir par usufruit de
la portion de ses biens qui échet à chacun de ses enfans estans
dans sa puissance : & c'est une des exceptions ou cas esquels le
pere n'a pas l'usufruit des biens de ses enfans.

On en remarque six :

Le premier est, lors que quelque chose est laissée aux enfans, à la charge que le pere n'en joüira point par usufruit,
Novel 117.

Le deuxiéme, lors que le pere a volontairement quitté & remis
l'usufruit qui luy estoit deu sur les biens de ses enfans, *l. cùm oportet.* §. *sin autem. C. de bon. quæ liber.*

Le troisiéme, dans les biens que l'enfant prend dans la succession de son frere ou de sa sœur, suivant la Novelle *de hereditatib.
quæ ab intest.* §. *si verò* 4.

Le quatriéme, dans la succession que le fils apprehende *patre
nolente, l. fin.* §. *sin autem. C. de bon. quæ liber.*

Le cinquiéme, dans un esclave legué au fils à la charge de l'affranchir, *l. fin. §. fin. C. d. tit.*

Le sixiéme est au cas de ce Chapitre, d'où a esté tirée l'Authentique *Idem est. C. de bon. quæ liber.* laquelle commence par ces termes *Idem est in his*, parce que c'est une suite des exceptions esquelles le pere ne joüit pas par usufruit des biens appartenans à ses enfans qu'il a dans sa puissance.

AUTHENTIQUE *Idem est. C. de bon. quæ liber.*

Idem est in his quæ ex lege deferuntur liberis, parentibus præsumentibus solvere matrimonium sine causis lege definitis.

Pour retourner à l'interpretation de ce Chapitre, l'Empereur ordonne, que si ceux qui font divorce sans cause legitime, n'ont laissé que des ascendans, ils prennent le tiers des biens, & le reste passe au Monastere, pourveu neanmoins que les ascendans n'ayent point consenty au divorce fait sans cause legitime, auquel cas ils seroient privez de la portion qui leur est assignée par l'Empereur dans ce Chapitre. Que s'il n'y a ny descendans ny ascendans, ou que les ascendans ayent consenty au divorce, tous les biens passent au Monastere dans lequel ils sont envoyez.

Cette Constitution est inutile en France, où les divorces ne se font que par Sentence du Juge *causâ cognitâ.*

CHAPITRE XII.

CE Chapitre contient une Ordonnance contre les adulteres, dans laquelle l'Empereur ordonne, que si celuy qui auroit esté accusé d'avoir commis adultere avec une femme mariée, avoit évité les peines deuës à son crime, soit par la facilité des Juges ou autrement, & que quelque temps aprés il se trouvât avoir encore commerce avec la mesme femme, ou l'avoir épousée, soit du vivant de son mary, ou aprés son deceds, le mariage ainsi contracté soit nul, & que l'adultere soit puny de mort, & la femme razée & mise dans un Convent pour y demeurer le reste de ses jours.

Nous apprenons de cette Constitution, qu'il n'estoit pas permis
mis

mis à l'adultere d'épouser celle avec laquelle il avoit esté convaincu d'avoir commis ce crime; ce qui s'observoit ainsi, tant par le Droit ancien, que par le Droit nouveau: la Loy *Miles* 11. §. *licet.* 11. *ff. ad leg. Jul. de adulter.* y est expresse; mais pour cét effet il ne suffit pas une simple accusation, il faut une conviction, suivant la Loy 40. *ff. eod. tit.* parce que la simple accusation ne fait pas le crime, & partant ne met pas un empeschement dirimant au mariage, en sorte que ce qui est dit dans ce Chapitre, en ces termes: *si quis accusatus de adulterio,* se doit entendre de celuy qui a esté accusé & convaincu, mais qui a évité la condamnation, soit par faveur ou par quelque autre moyen, *per proditionem judicum, aut alio quolibet modo à legibus pœnas effugerit.*

Le Droit Canonique s'est en ce point conformé au Droit civil, *tit. de eo qui duxit in matrim. quam polluit per adulter.* C'est un empeschement dirimant au mariage, & sans dispense le mariage est nul; & tel est l'usage de la France.

L'adultere commis par les hommes avec des femmes mariées, n'est pas puny de mort en France; mais en cas de recidive, il est puny ordinairement du bannissement, comme il a esté jugé par un Arrest que j'ay observé ailleurs; ce qui dépend beaucoup des circonstances.

CHAPITRE XIII.

De la diminution des peines.

D Áns ce Chapitre l'Empereur modere la rigueur des peines & des supplices; & premierement, il défend l'amputation des deux mains & des deux pieds, permettant de couper une main dans les crimes qui sont punis de cette peine, comme pour fausseté, Novelle 17. & 42. & on coupoit un pied aux esclaves fugitifs, *l.* 3. *C. de serv. fugit.*

L'amputation des pieds n'a point lieu en France, mais seulement celle du poignet, pour crime encouru, commis principalement par le ministere de la main, comme pour parricide : & cette peine ne s'ordonne qu'avec le dernier supplice.

En second lieu, la dislocation des membres, *articulorum dis-*

Tome II.   K K k k

solutio, qui eſtoit un ſupplice different de celuy de la rouë, qui eſt en uſage en France. Quelques-uns eſtiment, que ce ſupplice conſiſtoit dans l'amputation des nerfs.

En troiſiéme lieu, il défend l'amputation des membres pour larcin, ou d'ordonner la peine de mort; mais à l'égard du vol qui ſe fait par violence avec des armes ou ſans armes, dans les maiſons, ſur les chemins, ou ſur la mer, il ordonne qu'ils ſoient punis des peines établies par les Loix. Voyez dans mes Inſtitutes du Droit François, en la premiere Partie, ſur le titre *de obligat. quæ ex delict. naſc.* les peines dont les larcins & les vols ſont punis.

En quatriéme lieu, il défend la confiſcation des biens en cas de condamnation à mort, ſuivant la Novelle 17. chap. 12. voulant que les biens des condānez ſoient laiſſez à leurs deſcendans & aſcendans, juſques au troiſiéme degré; & que ſi les condamnez ont leurs femmes, elles prennent ſur leurs biens leur dot, & la donation à cauſe de nopces; & au cas que la femme ſoit ſans dot, elle prenne ſur les biens du mary la portion qui luy eſt accordée par la Loy, qui eſt le quart des biens, *Novel.* 117. *chap.* 5. ſoit qu'ils ayent des enfans, ou non : Et au cas que le condamné n'ait ny aſcendans, ny deſcendans, ny femme, ſes biens ſont appliquez au fiſc.

Le crime de leze-Majeſté eſt excepté, dont la condamnation emporte indiſtinctement la confiſcation des biens, *l.* 5. *C. ad leg. Jul. Majeſt.*

De ce Chapitre a eſté tirée l'Authentique *Bona damnatorum. C. de bonis præſcript. ſeu damnator.*

AUTHENTIQUE *Bona damnatorum. C. de bonis præſcript. ſeu damnator.*

Bona damnatorum ſeu proſcriptorum non fiunt lucro Judicibus aut eorum Officiis; neque ſecundum veteres leges fiſco applicantur, ſed aſcendentibus & deſcendentibus, & ex latere uſque ad tertium gradum, ſi ſuperſint. Uxores verò eorum dotem & antenuptias donationem accipiant. Si verò ſine dote ſint, de ſubſtantia mariti accipiant partem legibus definitam, ſive filios habeant, ſive non. Sed ſi neminem prædictorum habent qui deliquerunt, eorum bona fiſco ſociantur. In Majeſtatis verò crimine condemnatis veteres leges ſervari jubemus.

Dans les Païs de Droit écrit la confifcation n'a point lieu, excepté pour crime de leze Majefté, & les biens du condamné à mort appartiennent à ceux qui luy fuccederoient, s'il eftoit decedé de fa mort naturelle, foient defcendans, afcendans, ou collateraux. Mais dans la France coûtumiere cette maxime de la Couftume de Paris en l'article 183. *qui confifque le corps il confifque les biens*, eft generalement receuë, ainfi que nous avons marqué fur cét article, & ailleurs.

Les premiers Chapitres de cette Novelle eftant inutiles, il fuffira de rapporter la Paraphrafe de Julien fur le Chapitre 8. & les fuivans.

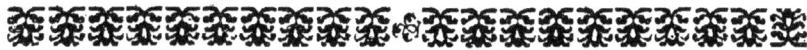

PARAPHRASE

DE JULIEN.

CONSTITUTIO CXXV.

De Vicariis feu locum-tenentibus. Item de mulieribus adulterium committentibus, & aliis Capitulis.

MUlier licet pro marito multoties in privato, aut in publico debito intercedat, tamen non teneri fancimus.

Mulieres pro nulla caufa aut debito in cuftodia, ideft in carcere mitti ; fed per procuratores, aut per fe refpondere debent : & fi non habeant fidejufforem, cautioni juratoriæ committendæ funt. Sin autem criminalis fuerit caufa ; aut in Monafterio, aut mulieribus cuftodiæ causâ, debent dari, ne pudori earum infidietur.

Ut Sanctimonialis aut Monacha de Monafterio non abftrahatur.

Mœchos eas pœnas pati volumus, quas lex Conftantini inftituit, vel qui mediatores, aut hujus fceleris miniftri fuerint. Uxor autem mœchi dotem & donationem habeat. Sin autem dotalia inftrumenta non habuit, quartam partem rerum mariti accipiat. Mulier autem mœcha in Monafterio mittatur ; & fiquidem voluerit

maritus intra duos annos eam recipere, ei liceat : & nullum præju-
dicium ex hoc nuptiæ patiantur. Sin autem noluerit, mæcha sic
ibi permaneat usquequò vivit; & siquidem quosdam descendentes
habeat, duas partes substantiæ ejus habeant, Monasterium autem
tertiam. Si autem ascendentes habeat, hos tamen, qui sceleri non
consenserunt, tertiam ipsi habeant, Monasterium verò bessem. Si
autem neque ascendentes neque descendentes habeat, totus as Mo-
nasterio acquiratur. Per omnia autem oportet pacta in dotalibus
instrumentis inserta servari.

Si mæchus condemnationem effugiens, eam de qua accusatus fue-
rit, duxerit, competentibus pœnis à quolibet judice subiiciendus
est : illa autem in Monasterio mittatur.

Nulli judici liceat utrasque manus aut utrosque pedes reo abscin-
dere, neque exarthrare in qualicumque delicto : sed si quidem mor-
tale est crimen, morti damnare.

Furibus autem membra non abscindantur, fures autem dicimus
qui noctu cum gladio ambulant. Reliqui autem competentibus
pœnis subiiciantur.

Nullius autem bona publicari debent, nisi qui neque descenden-
tes neque ascendentes habet ; uxoribus autem eorum donationibus
redditis & dotibus. Sin autem dotes non habeant, juxta statuta
quartam partem ex rebus damnati habeant. Ascendentes autem
usque ad tertium gradum vocantur.

TITRE XVIII.

Ne quis
cogatur
bonis ce-
dere. *Qu'aucun ne peut estre contraint de faire cession de biens.*

NOVELLE CXXXV.

POur entendre cette Novelle, il faut observer que c'estoit
une maxime chez les Romains, que celuy qui ne pouvoit
pas payer *in ære*, estoit tenu payer *in cute, l. ult. ff. de in jus*
voc. l. 1. §. fin. ff. de pœn. & qu'il estoit détenu prisonnier tant
qu'il eût payé, à moins qu'il ne fût receu à la cession de biens,
laquelle ne s'accordoit que pour des causes legitimes.

La ceſſion de biens déchargeoit le debiteur de l'empriſonnement, mais elle ne laiſſoit pas de recevoir quelque ignominie,
Novel. 4. *cap. ult. & hac Nov.* 135. & dautant qu'il ſembloit
injuſte que celuy qui eſtoit tombé dans la perte de ſes biens
par malheur ſans ſa faute, eut la honte de recourir au benefice
de ceſſion, pour ſe mettre à couvert de la priſon, *& ad mortem
uſque premi opprobrio ignominiæ*, dit l'Empereur dans cette Novelle, c'eſt pourquoy il ordonna par cette Conſtitution, que
ſans avoir recours au benefice de ceſſion ; il fût déchargé des peines de ceux qui eſtoient inſolvables, en affirmant par eux qu'ils
ſont inſolvables.

Cette Novelle n'eſt point en uſage en France, où ceux qui
ſont inſolvables, par quelque cauſe que ce ſoit, ſont tenus de
recourir au benefice de ceſſion, ſans lequel ils ne ſont point déchargez de l'empriſonnement.

La Novelle 136. n'eſt point d'uſage.

TITRE XX.

De l'Ordination des Eveſques & des Clercs.

NOVELLE CXXXVII.

CEtte Novelle eſt diviſée en une Preface & ſix Chapitres,
traitant de l'Ordination des Eveſques & des Clercs.

L'Empereur dans la Preface de cette Novelle dit, que l'in-
obſervance des ſacrez Canons luy a donné ſujet de faire cette
nouvelle Conſtitution, que ſi on punit ceux qui n'obſervent pas
les Loix Civiles, on ne doit pas laiſſer impunis ceux qui negligent les Loix divines ; *qui enim ſacros Canones cuſtodiunt, Domini Dei adjutorio digni ſunt ; qui autem eos tranſgrediuntur,
ipſi ſemetipſos judicio reddunt obnoxios.*

Que l'ignorance des Eveſques, des Clercs & des Moines eſt
cauſe que les Canons ne ſont pas obſervez ; que l'on a remarqué
que pluſieurs Clercs ſont tombez dans des deſordres, parce
qu'on n'a pas tenu des Synodes tous les ans ; ainſi qu'il a eſté

ordonné par les Apoſtres & par les Peres de l'Egliſe, & ſelon qu'il
eſt ordonné dans la Novelle 123. chapitre 10. que l'effet des
Synodes eſt d'engager tous les Clercs, de ſçavoir l'Ecriture &
mener une conduite convenable à la vie Eccleſiaſtique, *quili-*
bet metuens gravem in Synodo accuſationem, ſtuduiſſet utique &
ſacras ediſcere liturgias, & temperanter vivere, ne condemnationi
divinorum Canonum ſubjaceret.

Sacras ediſcere liturgias, Godefroy entend par ces termes, *ſa-*
cras liturgias legere; Julian les change en ces autres termes, *&*
literas ſcire; cette derniere interpretation paroiſt plus conforme
à l'eſprit de Juſtinien.

Les deſordres des Eccleſiaſtiques viennent encore d'une autre
cauſe ſelon le premier Chapitre de cette Novelle; ſçavoir que
l'on ordonne des Eveſques & des Clercs, *abſque examine, & re-*
ctæ fidei atque honeſtatis vitæ teſtimonio ordinantur Epiſcopi,
Presbyteri, Diaconi, & cæteri Clerici. Nam ſi ad orandum pro
populo deſtinati, indigni divino Miniſterio inveniantur, quomo-
do pro tranſgreſſionibus & delictis populi Deum propitiare pote-
runt?

L'Empereur rapporte pluſieurs autoritez tirées de Saint Gregoire, pour prouver que l'Ordination des Preſtres ſe doit faire
avec toute l'exactitude & la rigueur poſſible : Ce grand Saint
ſuivant les veſtiges des Apoſtres & les preceptes des ſacrez Canons, dit dans ſon Apologetique, *Quis ſecundùm Pauli Cano-*
nes & definitiones ſeipſum dirigens, quas de Epiſcopis & Pres-
byteris conſtituit, ut ſicci ſive ſobrii ſint, modeſti, non violenti,
non percuſſores, ad docendum idonei, irreprehenſibiles in omnibus,
non converſantes malis; non multùm aberrare ſe inveniet ab illa Ca-
nonum rectitudine?

Mundari oportet primùm, ac deinde mundare; ſapere, ac deinde
ſapientiam docere; lucem fieri, & poſteà illuminare: propinquari
Deo, tum alios adducere; ſanctificari, tum ſanctificare; manu
ducere cum manibus, conſultare cum conſilio.

Quia inſtar figuli uno ipſo die fictilia ſua tornantis, ita repen-
tè fingat veri cultûs Antiſtitem, cum Angelis ſtantem, & cum
Archangelis laudes canentem, & Chriſto conſumificantem. Le
meſme Saint parle en ces termes au meſme lieu de ceux qui ſont
indignes des Ordres qu'ils reçoivent; *Qui cùm nihil ad ſacrum*
Dei altare & Sacerdotium attulerint, nec in virtute & pulchro
prius inſudarint & elaborarint, ſimul diſcipuli & præceptores piæ-

tatis oftenduntur, & prius quam purgati fint, purgant, heri fa-
crilegi, hodie Sacerdotes ; heri extra facra, hodie præfules Myfte-
riorum ; veteratores malitiâ, novitii pietate, qui funt opus atque
fabrica, humanæ gratiæ, non Spiritûs fanĉti.

Que les Canons défendent de donner les Ordres à ceux qui
ont époufé une feconde femme, c'eft à dire qui ont convolé en
fecondes nopces ; & aux Evefques, aux Preftres & aux Diacres
d'avoir dans leurs maifons des femmes, fi ce ne font celles qui
peuvent eftre fans foupçon, comme font la mere, la fœur, la tante,
& autres femblables perfonnes.

Toutes ces raifons ont engagé l'Empereur à faire cette nouvelle Conftitution ; par laquelle touchant l'Ordination des Evê-
ques, il ordonne dans le Chapitre deuxiéme, que l'Election &
l'Ordination des Evefques fe faffent par les fuffrages du Clergé
& des principaux de la Ville, en choififfant trois perfonnes dignes
d'eftre élevez à l'Epifcopat, chacun des élifans affirmant en prefence des Evangiles, *quod neque per dationem, neque promiffio-*
nem, vel amicitiam, vel gratiam, vel aliam qualemcumque affe-
ĉtionem, fed quod fcientes ipfas reĉtæ & Catholicæ fieri & honeftæ
vitæ, & excedere trigefimum ætatis annum ipfos elegerint, &
quod neque uxorem, neque liberos fciunt aliquem ex ipfis habere,
nec pellicem aut filios naturales fciunt ipfos habere vel habuiffe ;
fed fi quis eorum prius uxorem habuit, & illam folam, & neque
viduam, neque à viro feparatam, neque facris Canonibus aut le-
gibus interdiĉtam, fed nec muneribus publicis addiĉtum, aut cu-
rialem aut taxeotam five cohortalem aliquem eorum qui eleĉti funt,
effe cognofcunt : præterquam fi in Monafterio, non minus quinde-
cim annis Monachicam vitam fine ulla calumnia exegerit : Voulant que conformément à la Novelle 123. *fuprà*, des trois nommez on choififfe le plus digne pour eftre promeu Evefque.

Il ordonne dans ce mefme Chapitre premier, que celuy qui
fera éleu, faffe voir tout ce qui regarde la foy, écrit de fa propre main, afin que l'on foit perfuadé qu'il fçait écrire.

I I. Qu'il prononce par memoire les mots qui fe difent dans la
Confecration, & dans le Baptême.

I I I. Qu'il affirme par ferment fur les faintes Ecritures, *quòd*
neque per feipfum, neque per aliam perfonam dedit quid, aut pro-
mifit, neque pofthac dabit, vel ordinanti ipfum, vel his qui facra
pro eo fuffragia fecerunt, vel alii cuiquam ordinationis de ipfo fa-
ciendæ nomine.

L'Empereur veut & ordonne que toutes ces formalitez foient obfervées dans l'ordination des Évefques, fur peine contre les Evefques qui auroient efté ordonnez autrement, d'eftre chaffez de leur Evefché.

Dans le deuxiéme Chapitre l'Empereur ordonne, que s'il y a une accufation commencée contre ceux qui doivent eftre ordonnez Evefques, ou Preftres, ou de quelque autre Ordre, ou éleu Abbé, on differe l'Ordination jufques à ce que l'accufation foit pourfuivie & terminée : Que fi l'accufateur ceffe fes pourfuites, celuy qui doit faire l'ordination, doit dans les trois mois s'informer avec une tres-grande exactitude de la verité de l'accufation, & fi elle eft bien fondée, il ne doit point proceder à l'Ordination ; & fi l'accufateur ne peut pas prouver les crimes dont il eft accufateur, fi c'eft un Clerc, il doit eftre degradé, & fi c'eft un Laïc, il doit eftre puny felon qu'il le merite. Que fi l'Ordination a efté faite auparavant que l'accufation fût terminée, l'Empereur ordonne que celuy qui l'a faite & celuy qui l'a receuë foient dégradez.

Dans le troifiéme Chapitre il dit, que les Apoftres & les Peres de l'Eglife ont ordonné *bis in unoquoque anno fieri debere Synodos fanctiffimorum Sacerdotum in unaquaque Provincia, & emergentes caufas excuti, & competentem accipere correctionem, hoc eft, unam quidem in quarta feptimana fanctæ Pentecoftes, alteram verò Octobris menfe ;* & que faute d'avoir obfervé une Conftitution fi fainte, plufieurs font tombez dans les defordres ; c'eft pourquoy il ordonne, qu'il fe fera un Synode dans toutes les Provinces au mois de Juin ou au mois de Septembre, & que tous les Ecclefiaftiques fe trouveront chez le Patriarche ou le Metropolitain, *quo in loco motas lites & interpellationes vel pro fide, vel Canonicis quæftionibus, vel adminiftratione rerum Ecclefiafticarum, vel de Epifcopis & Presbyteris ; vel Diaconis aut aliis Clericis, vel de Abbatibus, vel Monachis, vel de accufata vita, vel de aliarum rerum correctione, moveri quidem & agitari & convenienter examinari, & eorum correctionem fecundum facros Canones procedere & fecundum noftras leges.*

Dans le Chapitre cinquiéme, qui eft une fuite du precedent, l'Empereur ordonne qu'outre les matieres des Synodes ordonnées dans la fin du precedent Chapitre, lors qu'il s'agit de crimes ou delits commis par les Evefques, les Clercs, les Abbez ou les Moines, fi l'accufation eft contre un Evefque, l'Archevefque en

connoiffe,

connoiſſe, & ſi c'eſt contre un Archeveſque, le Patriarche en connoiſſe, & ſi c'eſt contre un Clerc, un Abbé ou un Moine, l'Evê-
que Dioceſain en prenne connoiſſance, & au cas que le délit ſoit
vérifié, & l'accuſation juſtifiée veritable & bien fondée, l'accuſé ſoit puny de peines Canoniques & cenſures Eccleſiaſtiques, ſelon la qualité du délit.

Dans le Chapitre ſixiéme, l'Empereur ordonne, que les Evê-
ques & les Preſtres proferent d'une voix haute & intelligible
les prieres de la Conſecration, & celles qui ſe font dans le Baptême, *omnes Epiſcopos & Presbyteros non in ſecreto, ſed cum ea vo-*
ce quæ à fideliſſimo populo exaudiatur, divinam oblationem, &
precationem quæ fit in ſancto Baptiſmate, facere, ut inde audien-
tium animi in majorem devotionem & Dei laudationem & bene-
dictionem efferantur. Il autoriſe ſon Ordonnance d'un paſſage
de l'Apoſtre Saint Paul 1. *ad Corinth.* en ces termes : *Cæterùm*
ſi ſolùm benefacis ſpiritu, is qui idiotæ locum implet, quomodo tuæ
gratiarum actioni ſubjiciet Deo ſanctum illud, Amen ? Siquidem
quid dicas, non novit; tu autem pulchrè gratias agis, ſed alius
non ædificatur.

Ce meſme Apoſtre *Epiſt. ad Rom.* 10. *cap.* 10. dit, *corde quidem*
creditur ad juſtitiam, ore autem confeſſio fit ad ſalutem.

Et l'Empereur declare que ceux qui feront autrement en ren-
dront compte devant Dieu ; & que luy-meſme donnera ordre
pour l'execution de cette Ordonnance, & que ſon inexecution
ne demeure pas impunie contre les contrevenans.

Voyez la Novelle 123.

TITRE XXI.

Que les interests ne doivent pas exceder le double du principal.

NOVELLE CXXXVIII.

Voyez *suprà* la Novelle 128.

TITRE XXII.

Permission de conserver les nopces contractées contre la disposition des Loix.

NOVELLE CXXXIX.

POur entendre cette nouvelle Constitution, il faut observer que par la Novelle 12. *cap.* 1. l'Empereur avoit défendu les mariages illicites & contre la disposition des Loix, sur peine de confiscation de biens, d'exil, & mesme de punition corpo- relle, & dans la Preface de cette Novelle 139. l'Empereur dit, que quelques Habitans du Bourg de Syndios, & quelques He- breux de l'Isle de Tyr, estoient contrevenus à cette prohibi- tion, qu'ils avoient des enfans de ces mariages défendus, & qu'ils avoient supplié l'Empereur de n'estre point obligez de quitter leurs femmes, & qu'il fût permis à leurs enfans de leur succeder comme leurs legitimes heritiers. Et dans le Chapitre de cette Novelle, l'Empereur leur permet de retenir leurs femmes, & d'avoir leurs enfans pour heritiers, à la charge de payer au fisc chacun dix livres d'or, sans que neanmoins cette indulgence puisse estre tirée à consequence pour d'autres, declarant que ceux qui feroient à l'avenir de femblables prieres, non feulement n'obtiendroient pas ce qu'ils auroient demandé, mais auffi qu'ils fouffriroient la confifcation de leurs biens, & feroient condamnez à l'exil & à des peines corporelles.

Cette Conftitution eft inutile.

❦❦❦❦❦❦❦❦❦❦❦❦❦❦❦❦❦❦❦❦❦❦❦❦❦❦❦❦❦❦❦❦

TITRE XXIII.
NOVELLE CXL.

Qui permet la diffolution du Mariage par le feul consentement des parties.

Ut con-
fenfu
matri-
monium
folvi
poffit.

CEtte Novelle n'eft pas de l'Empereur Juftinien, mais de l'Empereur Juftin II. fils adoptif de Juftinien : par cette Conftitution l'Empereur Juftin abroge la derniere Conftitution de Juftinien qui eft la Novelle 117. *cap.* 10. par laquelle Juftinien avoit défendu le divorce fans caufe legitime ; & par cette nouvelle Conftitution Juftin II. le permet, & abroge les peines établies contre ceux qui faifoient divorce fans caufe legitime ; rétabliffant par ce moyen les Loix & les Conftitutions anciennes, qui permettoient la diffolution des mariages par le feul confentement des parties.

Plufieurs raifons fembloient oppofées à cette nouvelle Conftitution.

La premiere, qu'il n'y a rien de plus digne de veneration que le mariage : La deuxiéme, que par le mariage les hommes fe rendent immortels par la generation des enfans. La troifiéme, que les Republiques reçoivent des augmentations confiderables ; ainfi il eft de l'intereft public & de l'intereft des particuliers, que les mariages foient confervez & maintenus, & que ceux qui les ont contractez ne fe puiffent jamais feparer. *Nihil in rebus mortalium perinde venerandum eft atque matrimonium ; quippe ex quo liberi, omnifque deinceps fobolis feries exiftat, quod regiones atque civitates frequentes reddat, unde denique optimæ Reipublicæ coagmentatio fiat. Quocirca conjugibus matrimonia adeo fortunata optamus, ut nunquam adverſo numine inita eſſe videri queant, neque illi citra juſſam diſſolvendi matrimonii cauſam à ſe invicem recedant.*

Mais la raiſon de cette Conſtitution eſt, que dans une ſi grande multitude de mariages, il eſt impoſſible que dans quelques-uns, il ne ſe trouve des inimitiez mortelles & des haines irreconciliables, en ſorte qu'il eſt plus à propos d'en permettre la diſſolution du mutuel & reciproque conſentement des parties, que de les obliger à demeurer joints d'un lien qui les engage ſouvent à recourir reciproquement l'un contre l'autre aux embuſches, au poiſon & aux autres moyens, pour ſe procurer la mort l'un à l'autre ; que puis que ce qui eſt établi par le conſentement des parties, ſe doit diſſoudre de la meſme maniere, ſuivant la Loy *nihil tam. ff. de R. I.* la diſſolution du mariage doit eſtre permiſe par le ſeul conſentement des parties, puis que par ce moyen ſeul il peut eſtre contracté.

Cette Conſtitution eſt appellée injuſte par Godefroy, neanmoins elle n'eſt pas ſans raiſon, ſi nous ne conſiderons que les Loix Civiles, & l'intereſt public & celuy des familles, en ce qu'elle ne permet pas indiſtinctement à toutes ſortes de perſonnes de ſe ſeparer, mais ſeulement à ceux *qui implacabili odio invicem ardent*, & pour empeſcher un plus grand mal.

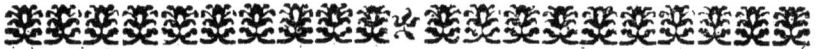

TITRE XXIV.

Edictum de his qui luxuriantur contra naturam.

Edit contre ceux qui commettent le peché contre nature.

NOVELLE CXLI.

L'Empereur addreſſe cette Novelle aux Citoyens & Habitans de la ville de Conſtantinople, qui eſtoient enclins au peché de Sodome, qu'il appelle dans la Preface de cette Novelle, *ſtuprum maſculorum, quod nulli mares ſacrilegio & impio auſu præſumant, cum maſculis perpetrantes turpitudinem,* par laquelle il exhorte ceux qui n'y ſont point encore tombez, de

ſe conſerver dans cette pureté ; & ceux qui ont eſté aſſez mal-
heureux pour s'y adonner, de s'en relever, d'en faire penitence,
& qu'ils découvrent par la Confeſſion leur maladie à l'Archeveſque de Conſtantinople pour apprendre de luy le moyen d'en
guerir : declarant que ceux qui ne le feront pas dans le temps
de la Feſte prochaine, & qui perſevereront dans ce crime, feront
condamnez à l'avenir aux plus grands ſupplices, ſans eſperance
de pardon, *ne ſi remiſſo circa id animo ſimus, Deum contra nos
irritemus ; quòd cæcutientibus oculis tranſmiſerimus actionem tam
impiam ac prohibitam, & quæ maximè idonea ſit, ut bonum illum Deum in omnium perniciem ad iram provocet.* Ainſi cette
Conſtitution porte le pardon & la remiſſion de ce peché pour le
paſſé & la peine pour l'avenir.

Par la Feſte prochaine l'Empereur entend vray-ſemblablement
la Feſte de Paſques, dautant que cette Novelle a eſté publiée au
mois de Mars, à la fin duquel ou dans le mois ſuivant tombe cette Feſte.

La raiſon de cette Conſtitution eſt pour faire ceſſer la colere
de Dieu, qui eſtoit pour lors irritée contre les peuples de l'Empire de Juſtinien, & que le malheur qui eſtoit arrivé aux Habitans de Sodome & des autres villes voiſines, par l'attachement
qu'ils avoient à ce crime abominable, n'arrivaſt à ceux de Conſtantinople, Geneſ. 24. 39. Deuteron. 23. 13. Eſai. 19. 40.
Jerem. 56. 16. Ezechiel. 49. 4. Amos 11. 17. Luc. 29. 2. Petr. 2.
verſ. 6. & 7.

Saint Paul 1. *ad Rom. verſ.* 27. *& ſeqq.* parle ainſi de ce crime,
*fœminæ illorum immutaverunt naturalem uſum, in eum uſum
qui eſt contra naturam. Similiter autem & maſculi, relicto naturali uſu fœminæ, exarſerunt in deſideriis ſuis ad invicem, alius
in alium, maſculi in maſculos, turpitudinem ſeu fœditatem operantes & perpetrantes ; & præmium erroris ſui in ſemetipſos recipientes.* L'Apoſtre traite ce crime fort ouvertement, parce que
les Romains y eſtoient extraordinairement adonnez : Martial
dans ſes Epigrammes, Juvenal dans la deuxiéme & la neuviéme
Satyres, & pluſieurs autres anciens Auteurs, s'emportent forte-
ment contre ce vice ; auſquels les Italiens ſont encore à preſent
fort ſujets.

La peine de ce crime, tant par le Droit divin que par le Droit
civil, eſt celle de la mort, *qui dormierit cum maſculo coïtu fœmineo, uterque operatus eſt nefas, morte moriatur ; ſit ſanguis eo-*

                                        L L l l iij

rum super eos , Leviticor. cap. 20. l. omnes. C.Theodof.de adult. &
l. cùm vir. C.de adulter.

La peine de ce crime en France eſt le feu , nous en avons veu pluſieurs exemples.

TITRE XXV.

De ceux qui font des Eunuques.

NOVELLE CXLII.

CE titre eſt inutile en France, Voyez dans la Juriſprudence du Code, le titre *de Eunuchis.*

TITRE XXVI.

De la femme qui ſe marie avec ſon Raviſſeur.

NOVELLE CXLIII.

CEtte Novelle a eſté faite en interpretation de la Loy unique *C. de raptu mulier.* par laquelle le raviſſeur eſt condamné à mort, avec ceux qui luy ont preſté ſecours pour commettre ce crime ; & ſes biens ſont adjugez à celle qu'il a ravie, & le mariage eſt expreſſement défendu entre l'un & l'autre, non ſeulement de leur mutuel conſentement, mais auſſi du conſentement de leurs parens & du leur. Mais cette Loy ne decide pas une queſtion qui vient en conſequence de cette condamnation, ſçavoir au cas que le mariage eut eſté contracté entre eux, ſi la femme pourroit pretendre les biens de ſon mary, ſoit en vertu de la diſpoſition de cette Loy, ou parce qu'il en auroit diſpoſé par teſtament à ſon profit. L'Empereur decide cette queſtion dans cette Novelle, declarant que les biens du raviſſeur ne doivent point paſſer à celle qu'il a ravie, lors qu'elle a contracté mariage avec luy, voulant qu'ils appartiennent aux parens d'i-celle, au cas qu'ils n'ayent point conſenti ny au rapt ny au ma-riage; & au cas qu'ils y ayent conſenti, il ordonne, que les biens du raviſſeur ſoient appliquez au fiſc.

La raiſon de cette Conſtitution eſt, que *nefarios coïtus pœnis corrigi, non præmiis honorari convenit;* & ſuivant la Loy *Auxi-lium.* 37. *ff. de minorib. indignus eſt legum auxilio, qui in eas au-ſus eſt committere.*

L'Empereur ordonne dans la fin de cette Novelle, qu'elle ait lieu non ſeulement *in futuris caſibus*, mais auſſi *in præteritis*, ce qui eſt particulier à cette Conſtitution, veu que regulierement les Loix n'étendent pas leur force & leur autorité *ad præterita*, mais ſeulement *ad futura, l. 7. C. de legib.* La raiſon eſt, que c'eſt une interpretation *quæ habet effectum retrò*, l'intention de l'Em-pereur aiant eſté, que la femme ravie ne pût tirer aucun avanta-ge d'un mariage contracté contre la prohibition des Loix.

Cette Novelle a eſté confirmée par la Novelle 150. laquelle n'établit rien de particulier à la Novelle 143.

Par le Droit Canonique, *cap.* 6. & 7. *Ext. de raptorib.* le ma-riage eſt permis *inter raptorem & raptam*; mais nous n'avons pas ſuivi en France ſa diſpoſition. Par l'Ordonnance du Roy Loüis XIII. de l'an 1639. confirmative de celle de Blois ar-ticles 42. & 43. les raviſſeurs ſont condamnez à mort, leurs biens ſont confiſquez, & les mariages faits entre les raviſſeurs & les femmes ou filles enlevées, ſont declarez nuls, ſans que le temps, le conſentement des perſonnes ravies, de leurs parens & tuteurs, preſté auparavant ou aprés leſdits mariages, puiſſent les confirmer ou valider; & que les enfans qui naiſſent de tels mariages, puiſſent eſtre reputez legitimes & capables de ſuc-ceſſions directes ou collaterales.

Mais ces Ordonnances ne ſont pas executées a la rigueur, & nous voyons ſouvent contracter des mariages entre les raviſſeurs & les femmes ou filles enlevées, ſans qu'ils ſoient punis des pei-nes portées par ces Ordonnances.

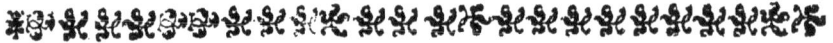

TITRE XXVII.

De Samaritanis.

Des Samaritains.

NOVELLE CXLIV.

VOyez dans la Jurisprudence du Code ce Titre.
La Novelle 145. *ut de cætero nullam licentiam habeat*
Dux Biocolyta Lydiæ & Lycaoniæ in Phrygiam utramque & Pi-
sidiam advenire, eſt inutile.

TITRE XXIX.

NOVELLE CXLVI.

Vt liceat Hebræis secundû traditam legem sacras Scripturas Latinè vel Græcè, vel aliâ linguâ legere : & ut de locis suis expellantur non credentes

Qui permet aux Hebreux de lire l'Ecriture ſainte en
Latin ou en Grec ou en une autre Langue ; &
qui ordonne de chaſſer ceux qui ne croyent point le
Jugement ny la Reſurrection, ou qui nient que les An-
ges ſoient une creature de Dieu.

judicium vel reſurrectionem ; aut dicentes Angelos nen ſubſiſtere creaturam Dei.

L'Empereur dans cette Novelle permet aux Hebreux de ſe
ſervir & de lire dans leurs Synagogues l'Ecriture ſainte en
langue Grecque ou en langue Latine, ſans eſtre obligez de ſe
ſervir ſeulement de la langue Hebraïque ; & meſme de toute autre langue, ſelon les lieux & les circonſtances des perſonnes,
afin que la lecture puiſſe ſervir à ceux qui l'entendent, & qu'en
liſant une langue étrangere les Interpretes ne puiſſent point en
imposer

impofer à ceux qui ne l'entendent pas. Ainfi l'Empereur eftoit d'avis que tout le monde leût ou entendît la lecture des Ecritures faintes, & avec raifon, chacun ayant intereft d'entendre fa Religion, & d'en pouvoir rendre raifon.

Et dautant qu'il y a eu plufieurs traductions en Grec de la Bible, l'Empereur eft d'avis qu'il vaut mieux fe fervir de celle des Septante, par les raifons qu'il en rend, *quia omnibus certior eft, & præ aliis melior judicata, præcipuè propter quod circa interpretationem contigit; quia per duos divifi, & per diverfa interpretantes loca, tamen unam tradiderunt omnes compofitionem.*

Ce qu'il y a de remarquable en cette traduction fuivant l'Empereur en ce lieu, eft que cette verfion a efté faite auparavant la venuë de J e s u s-C h r i s t ; cependant ces Interpretes par un efprit de Prophetie, ont interpreté fort à propos quantité d'endroits obfcurs : Ce qui a donné lieu aux Apoftres de s'en fervir dans le nouveau Teftament.

L'Empereur permet aufli de fe fervir de la verfion d'Aquila, lequel eftoit de Pont de nation, natif de Synope, Grec de Religion, fous l'Empire d'Adrian : Il fuivit enfuitte la Religion Chreftienne, & fut baptifé à Jerufalem ; mais ayant quitté quelque temps aprés le Chriftianifme, il embrafla la Religion Judaïque, & environ trois cens trente années aprés la traduction des Septante, il en fit une autre, qui fe trouve differente en plufieurs endroits de celle des Septante, comme remarque l'Empereur dans le Chapitre premier de cette Novelle.

Il y a lieu de s'étonner, que l'Empereur ait permis la lecture de cette verfion, eftant contraire en plufieurs chofes à celle des Septante, qu'il trouve la meilleure.

Mais l'Empereur leur défend de fe fervir d'une verfion qu'ils appelloient feconde edition ; parce que, comme dit l'Empereur, *facris non conjunctam libris, neque defuper traditam de Prophetis, fed inventionem conftitutam virorum ex fola loquentium terra, & divinum in ipfis habentium nihil.* Godefroy tient que ce n'eftoit pas une autre verfion, *fed traditiones & obfervationes tantùm Judaïcas, quas Hebræi vocant Mifne Torah, id eft legem fecundariam, in unum velut corpus à Judæis poft Chrifti adventum, partim ex Cabaliftis, feu anagogicis, partim ex allegoricis quibufdam interpretationibus compofitam, quarum originem & fuccefum ufque ad tempora Mofis & Septuaginta ejus affeforum Judæi repetunt.*

Tome II.   M M m m

Dans le deuxiéme Chapitre l'Empereur ordonne, qu'on chasse de son Empire ceux d'entre les Juifs qui nioient la resurrection des morts & le dernier jugement de Dieu, & que les Anges ayent esté créez. L'inscription n'est pas conforme au texte; dans l'inscription *in fine*, il est porté *aut dicentes Angelos subsistere creaturam Dei*, ce qui est conforme à la foy & à la doctrine de l'Eglise; & dans le texte sont ces mots, *præsumpserint, aut resurrectionem & judicium negare, aut facturam Dei & creaturam Angelos subsistere;* ce qui est une heresie condamnée par l'Eglise: Ainsi au lieu du terme *dicentes*, dans l'inscription il faut mettre *negantes.*

Dans le troisiéme Chapitre, l'Empereur recommande aux Hebreux, soit qu'ils se servent de la Bible Hebraïque, ou de la traduction Grecque, de ne s'arrester pas aux termes, mais à l'esprit & au sens de l'Ecriture, *non solas considerare scripturas, sed rebus refici, & divinum veraciter intellectum excipere, ut & redoceri quod melius est, & quiescere aliquando errantes, &c.* C'est ce que nous enseigne saint Hierosme *in Comment. Epist. ad Gal. cap. 1. ne putemus*, dit ce Docteur de l'Eglise, *in verbis scripturarum esse Evangelium, sed in sensu; non in superficie, sed in medulla; non in sermonum foliis, sed in radice rationis.*

Que si quand il s'agit de l'interpretation des Loix il faut moins s'arrester aux termes, qu'à l'esprit & à l'intention du Legislateur, *l. 29. & l. seq. ff. de legib.* ne devons-nous pas dire avec plus de raison, que quand il s'agit de l'Ecriture sainte, *non solis attendendum sit literis, sed res ipsæ sint degustandæ, & sacratiores sensus sint percipiendi.*

La Novelle 147. *de reliquis publicis non exigendis*, & la Novelle 148. *de indulgentia reliquorum publicorum*, par lesquelles l'Empereur décharge ses Sujets des impositions dont ils estoient reliquataires pour les années precedentes, sont inutiles : Ainsi nous ne nous y arresterons point.

La Novelle 149. *ut Dei amantis Episcopi, &c.* qui permet aux Evesques & aux Habitans natifs des Provinces, de demander au Prince pour Gouverneur, ceux qu'ils veulent, n'est point aussi d'usage en France.

La Novelle 150. *de ea quæ raptori suo nubit*, ne fait que confirmer la Novelle 143. où le Lecteur aura recours.

La Novelle 151. *ne Decurio aut cohortalis, &c.* qui défend

de faire venir en jugement les Decurions, fans la permiffion du Prince, eft inutile en France.

La Novelle 152. *Ne facræ formæ, &c.* touchant les Lettres de Juffion concernans les affaires publiques, eft pareillement inutile.

Touchant les enfans expofez dont traite la Novelle 153. *de infantib. expofit.* voyez la jurifprudence du Code fur le mefme titre.

La Novelle 154. *de his, qui in Ofdroena illicitas contrahunt nuptias,* eftoit une Conftitution locale contre les Habitaus de la Province d'Ofdroene, qui contractoient des mariages défendus par les Loix civiles; ce qui eft auffi inutile en France.

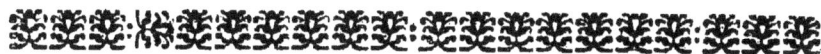

TITRE XXXVIII.

NOVELLE CLV.

Qui rend les meres fujettes à rendre compte de la tutelle de leurs enfans, qu'elles ont adminiftrées.

Ut matres etiã tutelæ rationibus obnoxiæ fint.

AUparavant que de commencer l'interpretation de cette Novelle, il faut obferver que Cujas a fait une infcription differente de celle-cy, qui eft negative, en ces termes: *ne matres tutelæ rationibus obnoxiæ fint*: Godefroy, Pacius & quelques autres, ont fuivi le fentiment de Cujas; cependant le titre dans le Grec eft conceu par affirmative, *oportere matres fubjacere tutelaribus rationibus*.

Dans la Preface de cette Conft. l'Emp. pofe cette efpece: Sergius homme de qualité, avoit laiffé en mourant fa femme Auxentia, & une fille unique nommée Marthe, eftant encore fort jeune: Auxentia avoit pris la tutelle de fa fille, aprés avoir prefté ferment qu'elle ne convoleroit point en fecondes nopces, ainfi qu'il s'obfervoit pour lors, auparavant la Novelle 94. qui a depuis déchargé les meres de la preftation de ce ferment: Elle avoit fait inventaire des effets de la fucceffion de Sergius, à quoy elle eftoit obligée comme tous autres tuteurs, cét inventaire fe trou-

voit peu chargé, parce que Sergius avoit laissé peu de biens.
Auxentia nonobstant son serment avoit passé depuis en secondes
nopces, & avoit nommé pour tuteur en sa place un nommé
Pierre, comme estant dépoüillée *ipso jure* de l'administration de
la tutelle par ses secondes nopces. De ce second mariage elle
eut deux autres enfans, qui luy firent oublier l'amour qu'elle
avoit pour sa fille du premier lit, comme il arrive ordinairement, ainsi que nous remarquons dans la Loy 22. *C. de administrat. tut.* où il est dit, *mulieres novis maritis non solùm rem
filiorum, sed etiam vitam addicere;* & saint Ambroise *lib. 6. de
opere sex dier.* dit, *mutato concubitu parentes depravantur, præ-
latis filiis posterioris copulæ, neglectis autem his qui ex priore
progeniti sunt :* Homere dans son Odyssée *l.* 6. dit la mesme chose.

Cette fille estoit à peine âgée de treize ans, que Pierre se
déchargea de sa tutelle; & on conseilla à cette mineure non seulement de demander un curateur, mais aussi de décharger sa mere
du compte de sa tutelle, & de renoncer à tous les droits & actions
qui luy pouvoient competer contre elle à l'occasion de la gestion
& administration de ses biens ; ce qui fut executé.

Cette mineure ayant depuis fait reflexion quel préjudice elle
s'estoit causé, elle prie sa mere de vouloir luy rendre les biens
qui luy avoient esté laissez par son pere, sans avoir égard aux
décharges qu'elle luy avoit données imprudemment & par la facilité de son âge, sans estre assistée d'aucun conseil. La mere pour
n'entrer pas dans la discussion de ce qui luy estoit demandé avec
raison par sa fille, luy objecte la disposition du Droit en la Loy
derniere *C. qui & adverf. quos in integr. restit. non poss.* qui n'admet point les restitutions en entier, que demandent les enfans
contre leurs peres & meres, & les affranchis contre leurs patrons,
parce qu'on presume facilement qu'ils sont mal fondez, & qu'on
ne peut pas se persuader, que les peres & meres & les patrons
ayent pû concevoir le dessein de tromper leurs enfans ou leurs
affranchis.

La fille répondoit, que cette Loy ne pouvoit point estre appliquée à une mere, laquelle sans avoir égard au serment qu'elle
avoit fait, avoit convolé en secondes nopces, & s'estoit fait décharger de son administration par sa fille estant encore en minorité, & qu'elle tiroit avantage de son parjure, en retenant sous
l'autorité de cette Loy les biens qui luy appartenoient de la succession de son pere.

Cette contestation fut portée pardevant l'Empereur, où toutes les raisons susdites furent amplement déduites, & cette fille le supplia de vouloir la décider par une juste & équitable interpretation de la Loy derniere *C. qui & adverf. quos.*

L'Empereur ayant aucunement égard à la requeste de cette fille, decida par cette nouvelle Constitution en sa faveur contre sa mere ; declarant qu'Auxentia ne pouvoit point se servir de l'autorité de cette Loy ; que ce qu'elle avoit fait estoit en fraude d'icelle, qu'elle n'avoit pû valablement exiger de sa fille une décharge de luy rendre compte de son administration, & qu'ainsi la fille pouvoit se faire restituer contre l'acte qu'elle en avoit donné à sa mere, n'ayant pas encore pour lors vingt ans accomplis, estant encore dans le temps pour obtenir la restitution : Et l'Empereur ajoûte, qu'il approuve fort l'Ordonnance qu'il a faite, par laquelle il ordonne, *ne qui tutores constituuntur, aliter filiorum suorum tutelam suscipiant, quàm si designationis suæ tempore apud acta deposuerint, quòd pupillos indefensos non relinquent ; & si contingat etiam matrem filiorum suorum tutelam suscipere, ut & ipsa hoc faciat, tutelaribusque rationibus obnoxia sit ; & si alium pro se designare tutorem velit, ut suo & subsistentium illi rerum periculo id faciat.*

Cujas pretend que l'Empereur entend la Loy derniere, §. *personis. C. de administrat. tut.* cependant elle n'en parle point : il semble qu'on doive plûtost entendre la Novelle 72. chap. 2. par laquelle le tuteur est tenu de prester serment, qu'il ne se fera rien contre l'interest du pupille.

Cette Constitution dérogeant expressément à la Loy derniere *C. de administrat. tutor.* Irnerus devoit en tirer une Authentique pour mettre aprés cette Loy.

Par un usage qui a toûjours esté observé en France, tous contrats & transactions faites entre les tuteurs & leurs mineurs sur l'administration de la tutelle & reddition de compte, sans connoissance de cause, *non visis tabulis, non dispunctis aut discussis rationibus,* sont nulles & sans effet ; on les repute des surprises & circonventions captieuses, pleines de fraude & de perfidie, mesme quoy qu'elles ayent esté faites pendant la majorité des pupilles : ainsi à l'égard des transactions & décharges faites par les mineurs en minorité au profit de leurs tuteurs ou curateurs, sans reddition de compte judiciairement faite, sont nulles, & ne peuvent point préjudicier aux mineurs. Brodeau sur Monsieur

Loüet, lettre T. chap. 3. rapporte plusieurs Arrests, par lesquels les mineurs ont esté receus à se pourvoir contre les décharges données à leurs tuteurs, quoy que plus de vingt années se fussent passées depuis leur minorité.

La Novelle 156. *de prole partienda inter rusticos*, & la Novelle 157. *de rusticis qui in alienis præd. nupt. contrah.* sont inutiles en France.

* * *

TITRE XLI.

Ut delibe-
randi
jus etiam
ad im-
puberes
transmit-
tatur.

Que le droit de deliberer passe aux impuberes.

NOVELLE CLVIII.

L'Espece proposée dans la Preface de cette Novelle, a donné lieu à l'Empereur de faire cette nouvelle Constitution : Thecla laissa en mourant une fille unique nommée Sergia, laquelle estoit encore pupille, & mesme *in infantia*, & mourut seize jours aprés le deceds de sa mere. Sergia avoit une tante paternelle appellée aussi Sergia, & un oncle maternel nommé Cosma ; aprés la mort de cette mineure il y eut contestation entre Sergia, sa tante & son oncle Cosma, pour sa succession ; chacun d'eux pretendoit qu'elle, luy devoit appartenir à l'exclusion de l'autre : Thecla avoit consulté un Avocat nommé Jean, pour sçavoir son sentiment sur cette question, lequel fut d'avis que la succession luy devoit appartenir à l'exclusion de l'oncle.

Les parties convinrent d'Arbitres pour terminer à l'amiable leur differend : Thecla prit pour le sien Jean, & Cosma prit un nommé Esculape, & Jean rendit un jugement contraire à l'avis qu'il avoit donné auparavant : Cependant ayant esté l'Avocat de sa partie, il n'en pouvoit pas estre Juge, *l. 6. C. de postul.*

Il tiroit la raison de son jugement, de la Loy 18. *C. de jure delib.* laquelle est de l'Empereur Theodose, qui ordonne que l'enfant qui est encore *in infantia* ne peut point apprehender la succession de sa mere sans l'autorité de son tuteur, & qu'au cas qu'il decede auparavant l'apprehenfion de l'heredité, la fucceffion appartienne à ceux qui y auroient efté appellez, fi cét enfant n'avoit pas efté vivant lors du deceds de fa mere, *l. fi infanti.* 18. *C. de jure deliber.*

Jean aprés avoir rendu ce jugement, engagea Thecla de tranfiger avec Cofma, & de confentir par la tranfaction que Cofma partageroit avec elle la fucceffion de la défunte : ce qui eftoit injufte, veu qu'aprés les conteftations terminées on ne peut plus valablement tranfiger, les tranfactions n'eftant faites que *de re dubia, tot. tit. ff. & C. de tranfaction.* & les differends eftant décidez par le jugement, il n'y a plus lieu à la tranfaction, *l. 1. ff. de re judic.*

Thecla prefenta fa requefte à l'Empereur pour luy eftre fait juftice contre le jugement rendu contre elle, & la tranfaction qu'elle avoit faite, foûtenant qu'elle devoit feule eftre appellée à la fucceffion de la défunte par droit d'agnation, & qu'on ne pouvoit pas luy oppofer la Conftitution de l'Empereur Theodofe *in l.* 18. *C. de jure deliber.* laquelle fe doit entendre feulement lors que l'on a laiffé paffer l'année pour deliberer, fans apprehender l'heredité pour l'enfant, auquel cas l'enfant ne tranfmet point à fes heritiers la fucceffion non apprehendée ; mais lors que l'enfant eft decedé dans l'an accordé pour deliberer, il tranfmet à fes heritiers le droit d'apprehender la fucceffion ou d'y renoncer, conformément à la Loy 19. *C. eod. tit.*

Quant à ce qu'on pouvoit objecter, que la difference de l'agnation & de la cognation a efté oftée par l'Empereur en la Novelle 118. & qu'ainfi l'oncle maternel de la défunte & fa tante devoient eftre admis concurremment à la fucceffion de la défunte, fans que fa tante maternelle pût fe prévaloir du droit d'agnation pour en exclure fon oncle maternel, n'ayant que le droit de cognation ; l'Empereur répond en la fin de la Preface de cette Conftitution, que la fucceffion de la défunte eft écheuë auparavant que cette Novelle 118. fût publiée, & par confequent l'oncle n'a pû s'en fervir, les Loix n'ayant de force & d'autorité que pour l'avenir, & non pour le paffé, *l. 7. C. de legib.* & comme il eft expreffément decidé en plufieurs nouvelles Conftitutions de l'Empereur : Et partant cette conteftation devoit eftre decidée felon le Droit ancien, *l. 5. C. de legit. heredib.* qui prefere ceux qui ont le droit d'agnation à ceux qui ne l'ont pas.

L'Empereur dans le Chapitre de cette Novelle ordonne à ce-

luy à qui elle eſt adreſſée, qu'il ait à conſerver les droits de la
ſuppliante conformément à ſon Ordonnance, qui eſt en la **Loy**
19. *C. de jure deliber.* au cas que les circonſtances portées dans la
Requeſte ſe trouvent veritables, *ſi hæc ita ſe habere compererit;*
c'eſtoit une clauſe qui ſe mettoit ordinairement dans les Reſcrits,
comme il ſe fait encore à preſent dans les Lettres de Juſtice, qui
attribuent à des Juges la connoiſſance de quelque fait, où l'on
met ces termes équivalans *s'il nous appert*, afin d'empeſcher
la ſubreption, & qu'elles ne ſoient obtenuës ſous de faux ex-
poſez.

La diſtinction établie par les Loix 18. & 19. *C. de jure deliber.*
& confirmée par cette nouvelle Conſtitution, n'eſt point d'uſage
en France, où cette regle qui eſt en l'article 318. de la Couſtume de
Paris, *le mort ſaiſit le vif,* eſt generalement receuë, en ſorte que
ceux qui ſont habiles à ſe porter heritiers d'un défunt au jour de
ſon deceds, ſont ſaiſis de la ſucceſſion, ſans qu'il ſoit beſoin
d'apprehenſion de fait, ou de declaration de leur volonté. Pour
cét effet, ils tranſmettent leur droit acquis à leurs heritiers, non
pas qu'ils ſoient reputez heritiers & obligez de l'eſtre; veu que nul
n'eſt heritier qui ne veut, ſuivant l'article 316. de la meſme Coûtume, qui porte, *il ne ſe porte heritier qui ne veut;* mais ils tranſmettent le droit de pouvoir apprehender la ſucceſſion du défunt,
ou d'y pouvoir renoncer; & tel eſt l'uſage de la France.

TITRE XLII.

Ut reſti-
tutiones
fideicom-
miſſi uſ.
que ad
unū gra-
dū con-
ſiſtant,

*Que la reſtitution du fideicommis ne paſſe pas le premier
degré.*

NOVELLE CLIX.

CEtte nouvelle Conſtitution traite de la reſtitution des fideicommis, elle conſiſte en une Preface & trois Chapitres; elle
a eſté faite par l'Empereur ſur l'eſpece contenuë en la Preface:
Hierius (que nous pouvons appeller Hierius I. pour le diſtinguer de Hierius ſon petit fils, que nous appellerons Hierius II.

pour

pour éviter la confufion) laiffa quatre fils en mourant, fçavoir Conftantin, Anthemius, Calliopius & Alexandre, & fit partage de fes biens entr'eux dans fon teftament, leur affignant à chacun quelques heritages, lefquels eftoient fituez à Conftantinople & à Antioche, appellée autrement Theopolis, avec cette condition, qu'ils ne les alieneroient ny par vente, ny par donation, ny par permutation, ny par quelque autre maniere que ce foit, mais qu'ils les conferveroient dans fa famille, & les referveroient à ceux de fon nom ; *neque per venditionem, neque donationem, neque permutationem, neque quocumque tandem titulo in alium transferant, rejciantve, aut è meo nomine, & mea familia alienent ;* ce font les termes du teftament : Le teftateur voulant, que fi fes enfans decedent laiffant des enfans ou des petits enfans legitimes, ou naturels, que chacun d'eux laiffe à leurs enfans ou petits enfans legitimes ou naturels, les biens qu'il leur a laiffez, en quelque lieu qu'ils foient fituez, eftant perfuadé que fes enfans executeront fa volonté, tant à l'égard de leurs enfans legitimes, que de leurs enfans naturels. Mais que fi tous fes enfans, ou quelques-uns, ou un feulement, decede fans enfans, il veut & ordonne, que les biens par luy donnez à ceux qui feront decedez fans enfans, avec toutes les dépendances & appartenances, fans aucune exception, foient laiffez à leurs freres furvivans, fans neanmoins les obliger de donner caution entr'eux, *fideicommifforum vel legatorum fervandorum causâ,* dont il les décharge, fur peine contre ceux qui voudroient obliger les autres à bailler caution, de perdre tout le droit & l'efperance de la fubftitution.

Aprés ce teftament le teftateur fait un codicille, au commencement duquel il declare, qu'il veut & entend que le teftament qu'il a fait de fa propre volonté & fans contrainte, foit executé entierement felon fa forme & teneur, excepté ce qu'il fe trouvera avoir changé dans ce codicille, & les legs qu'il pourra ofter: il ordonne dans ce codicille, que la maifon appellée *Coparia,* qu'il avoit affignée dans fon teftament avec toutes fes dépendances & appartenances, à fon fils Conftantin, appartiendra à Hierius II. fon petit fils, fils de Conftantin, dés qu'il fera emancipé,& mis hors la puiffance de fon pere aprés le deceds du teftateur, avec la mefme prohibition faite à Hierius II. ou à fes fucceffeurs, d'aliener ladite maifon & la mettre hors fa famille, & ceux qui portent fon nom, par quelque maniere & pour quel-

que raifon que ce foit. Et dautant que Hierius II. à qui le teftateur legue cette maifon par fon codicille, pouvoit mourir auparavant Conftantin fon pere, le teftateur fubftituë Conftantin à
fon fils Hierius II. fous la mefme prohibition de l'aliener & la
mettre hors fa famille ; voulant qu'au cas de predeceds dudit
Hierius avant celuy de fon pere, *ædium poffiffio fimul & proprietas perveniat, & deferatur, aut reftituatur magnificentiffimo
Patri Conftantino, &c.*

Le teftateur decede aprés avoir ainfi difpofé fes dernieres volontez par un teftament & un codicille, & quelque temps aprés
luy, decede aufli Conftantin un de fes fils, lequel laiffe tous fes
biens paternels à Hierius II. petit fils du teftateur. Hierius II.
vend une partie des biens paternels, fçavoir fa maifon fituée à
Antioche, & en laiffe une partie à fon fils Conftantin, ou felon
quelques-uns Conftans, fçavoir fa maifon fituee à Conftantinople.

Conftans avoit fa mere nommée Marie, & fa femme du mefme nom, qui eftoit enceinte ; lequel fe voyant proche de fa derniere heure fit un teftament, dans lequel il inftituë le ventre pour
fon heritier, c'eft à dire, le pofthume ou la pofthume qui pourroit naiftre ; & au cas que le pofthume ne vint pas au monde, ou
qu'eftant né il vint à deceder avant fa puberté, il luy fubftituë
les deux Maries, fçavoir fa femme & fa mere, dont la premiere
devoit eftre la mere du pofthume, & l'autre fon ayeule paternelle ; & aprés avoir ainfi tefté il decede.

Aprés fon deceds fa femme accouche d'une fille, laquelle decede *in ipfa infantia*, & par ce moyen donne ouverture à la
fubftitution ; ce qui caufa un procez entre ces deux Maries, c'eft
à dire, l'ayeule & la mere de la défunte, d'une part ; & Alexandre, qui eftoit refté feul des quatre enfans d'Hierius I. fon pere,
d'autre part.

Alexandre pretendoit, que les biens de la défunte qui luy
eftoient écheus par la fucceffion teftamentaire de Conftans fon
pere, & du cofté d'Hierius I. luy devoient appartenir à l'exclufion des défendereffes, lefquelles eftoient en poffeffion defdits
biens ; par la raifon que c'eftoit de la famille dudit Hierius I. qui
avoit prohibé l'alienation des biens qu'il avoit laiffé à fes enfans,
& qu'elles eftoient hors d'icelle.

Les défendereffes difoient pour défenfes :

Premierement, que le teftateur n'avoit pas pretendu prohiber

l'alienation de ſes biens à l'infiny , mais ſeulement qu'il avoit
voulu procurer l'intereſt de ſes enfans , & de ſes petits enfans;
ordonnant que ſes enfans les conſerveroient à leurs enfans , ou
à leurs freres , au cas qu'ils vinſſent à deceder ſans enfans ; que ce
n'eſtoit pas là le cas , puiſque Conſtantin avoit laiſſé des enfans,
des petits enfans , & des arriere-petits enfans , & qu'il s'agiſſoit
de la ſucceſſion de la défunte , laquelle eſtoit arriere-petite fille
de Conſtantin ; & qu'ainſi ce n'eſtoit pas la volonté d'Hierius I.
que les biens paternels de ladite défunte fuſſent reſtituez au demandeur.

En ſecond lieu , que Conſtantin frere d'Alexandre n'eſtoit pas
decedé ſans enfans , mais qu'il avoit laiſſé Hierius II.

En troiſiéme lieu , que quoy que le teſtateur eut prohibé l'alienation de ſes biens , cette prohibition avoit duré juſqu'au quatriéme degré ; que cela ſuffiſoit , & qu'elle ne devoit pas eſtre
étenduë plus loin.

En quatriéme lieu , que luy-meſme Alexandre avoit aliené
quelques biens du teſtateur, nonobſtant ſa prohibition, & que par
ce moyen il s'eſtoit cauſé un préjudice , & ne pouvoit pas conteſter les alienations faites par les autres enfans ou deſcendans du
teſtateur, *argum. l.* 77. *cùm pater.* §. 27. *ff. de legat.* 2.

A quoy Alexandre repliquoit , que le teſtateur avoit aſſez
marqué dans ſon codicille, qu'il défendoit l'alienation hors ſa
famille, en quelque degré que ce fût ; & quant à l'alienation
qu'on luy oppoſoit, il répondoit qu'il l'avoit faite par permiſſion
du Prince.

L'Empereur aprés avoir ainſi expoſé dans la Preface le fait , la
conteſtation des parties & leurs moyens , declare dans le commencement du Chapitre premier, qu'il veut & entend decider
par cette Conſtitution, non ſeulement la conteſtation des parties,
mais faire une loy generale , qui ſerve à terminer de ſemblables
differends qui pourroient ſurvenir à l'avenir ; & qu'aprés avoir
examiné les termes du teſtament , il a remarqué , que le teſtateur
n'a défendu qu'à ſes enfans l'alienation de ſes biens , au cas qu'ils
vinſſent à deceder ſans enfans , & non pas aux enfans qui leur
ſuccederoient ; en ſorte que la prohibition de l'alienation faite
aux enfans *ſi ſine liberis decedant* , eſt éteinte & finie lors que
les enfans ont laiſſé des enfans, la condition du fideicommis ou
de la reſtitution ayant manqué , les enfans n'eſtant pas decedez
ſine liberis.

Cette Constitution a donné lieu aux Docteurs de traiter une grande question, sçavoir si la prohibition d'aliener pouvoit s'étendre par delà le quatriéme degré, en consequence de cette Novelle, contre la disposition du Droit ancien, par lequel on pouvoit faire des substitutions fideicommissaires à l'infiny, *l. penult. §. instituto. ff. de legat.* 2. Les Docteurs sont si partagez sur cette question, que nous les trouvons divisez en cinq opinions differentes.

La premiere est de ceux qui estiment indistinctement qu'elle ne passe pas le quatriéme degré : c'est le sentiment de Jason sur la Loy derniere *num.* 5. *C. de heredib. instituend.* d'Hotoman *consil.* 63. *num.* 12. *& seqq.* de Decius *consil.* 321. *num.* 1.

Ces Auteurs pretendent que cette nouvelle Constitution est fondée sur ce que celle de la succession de laquelle il s'agissoit, estoit par delà le quatriéme degré. C'est aussi l'avis de Julian dans son Epitome, & de du Moulin *in Consil. pro Duce quodam Arrogonensi.*

La deuxiéme est de ceux qui tiennent, que cette prohibition ne passe pas le quatriéme degré, au cas seulement, que le testateur ait declaré vouloir que ses biens passassent à perpetuité à ses descendans, c'est le sentiment de Bartole sur cette Novelle *num.* 3. d'Alexandre *in Consil.* 56 *num.* 1. *lib.* 1. *& Consil.* 59. *num.* 4. *lib.* 3. de Jacob de Belvisius sur la Novelle *de Restitut. fideicomm.* & de quelques autres.

La troisieme de ceux qui veulent, que sans avoir égard si le testateur s'est servi de ces termes *famille ou descendans*, on doit considerer son intention, & s'il a declaré vouloir, que ses biens fussent conservez à perpetuité dans sa famille ; auquel cas la prohibition dure toûjurs, tant qu'il se rencontre des personnes de la famille du testateur, Ripa sur la Loy *Filiusfam. §. Divi. num.* 112. *de legat.* 1. *Socin. in Consil.* 81. *num.* 23. *lib.* 2. sont de cet avis.

La quatriéme, que la prohibition d'aliener passe le quatriéme degré, à moins que par les termes dont le testateur s'est servi, on ne remarque que sa volonté a esté de conserver toûjours les biens dans sa famille ; c'est l'opinion de Covarruvias *lib.* 3. *variar. resolutio. cap.* 5.

La cinquiéme est de Cujas, lequel estime que cette Novelle ne s'étend pas hors son cas, sçavoir lors que la mere succede à son fils impubere ; il fonde son opinion sur les circonstances sur lefquelles elle a efté renduë, fçavoir la reftitution aiant paffé le quatriéme degré, & le dernier aiant pris les biens *per interve-nientem in medio impuberem*, en forte que la prohibition d'alie-nier ordonnée par le teftateur en faveur de fa famille, doit avoir lieu à l'infini, fuivant la difpofition du droit ancien, qu'on ne doit point pretendre avoir efté corrigé par les Loix nouvelles, fi elles n'en contiennent la correction en termes exprés.

Si on s'arrefte aux circonftances fur lefquelles cette Conftitu-tion a efté faite, & aux motifs dont l'Empereur s'eft fervi, comme on doit faire, on dira fans doute que cette Novelle n'a pas abfo-lument derogé au droit ancien, mais qu'elle a feulement deci-dé, que la prohibition d'aliener ayant paffé le quatriéme degré, elle eftoit éteinte par les raifons particulieres qui fe rencon-troient; fçavoir, que tous ceux qui eftoient chargez de reftitu-tion avoient aliené une partie de leurs biens, & que celuy qui pretendoit la fubftitution ouverte à fon profit, avoit luy-mefme aliené une partie de ceux qu'il eftoit prohibé d'aliener hors la famille; & que la mere & la femme de celuy qui avoit aliené, n'eftoient pas entierement hors de la famille.

Que fi l'Empereur ayant declaré qu'il vouloit que cette de-cifion fervît de Loy generale, eut voulu empefcher les prohi-bitions d'aliener par delà le quatriéme degré indiftinctement & fans aucunes circonftances, il n'auroit pas manqué de l'ordon-ner & d'en faire mention; ce que n'ayant pas fait, il y a lieu de dire que ce n'a pas efté fon intention, & que cette Conftitution fe doit renfermer dans fes circonftances.

Il n'y a pas de raifon de diftinguer, felon quelques-uns, entre ces termes *famille* & *defcendans*, puis que dans cette Novelle il eft fait mention de l'un & de l'autre, & neanmoins l'Empe-reur decide, que la prohibition ne doit pas paffer le quatriéme degré, eu égard aux circonftances; d'où il faut conclure con-tre les opinions contraires, que fans les circonftances fur lefquel-les cette Conftitution a efté renduë, la prohibition peut eftre étenduë à l'infini, tant qu'il fe trouve des perfonnes de la fa-mille du teftateur, au cas qu'il l'ait ainfi ordonné.

Le fentiment de Cujas eft, que cette Novelle eft du nombre de celles que Triboniam avoit compofées avec beaucoup d'ambi-guïté & d'obfcurité, pour en tirer de l'argent; en effet il pa-roift qu'Alexandre avoit plus de droit de pretendre les biens dont Hierius I. avoit défendu l'alienation, que les deux Maries, mais que par les circonſtances Triboniam avoit rendu leur droit plus fort, neanmoins elles eſtoient de peu de conſequence, car quoy qu'Alexandre eût aliené une partie des biens prohibez d'aliener, il n'avoit pas moins de droit de pretendre les biens de la défunte, leſquels n'avoient pû eſtre alienez hors la famille, parce que dans ce cas il falloit avoir égard à la volonté du teſtateur, & en ordonner l'execution ; autrement il ſeroit facile de rendre ſans execution les intentions des défunts. D'ailleurs, non ſeulement Alexandre avoit intereſt que cette alienation fût nulle, mais auſſi toute la famille ; c'eſt à dire ſes enfans s'il en avoit, & autres parens collateraux de la famille d'Hierius, auſquels le fait d'Alexandre ne pouvoit pas eſtre imputé, pour les priver d'un bien auquel ils eſtoient appellez par le teſtateur.

Il faut obſerver qu'il y a pluſieurs inſcriptions de cette Novelle ; celle de l'ancienne verſion porte, *de reſtitutione fideicommiſſi nomine familiæ, quod uſque ad quartum gradum locum habet ; & quod familiæ nomine etiam nurus continetur.* La deuxiéme eſt celle de l'edition d'Halcander, & de la verſion Latine de luy-meſme, *ut reſtitutiones fideicommiſſi uſque ad quartum gradum conſiſtant.* La troiſiéme eſt celle de Cujas, *de ſubſtitutione facta in familiam morientis uſque ad quotum gradum valeat.*

Celle de Cujas ſemble la meilleure, en ce qu'elle ne determine point que la reſtitution eſt bornée au quatriéme degré, veu que par cette Novelle elle n'y eſt determinée que par des circonſtances particulieres.

Les ſubſtitutions graduelles ont eſté reſtraintes à deux degrez, l'inſtitution non compriſe, par l'Ordonnance d'Orleans de l'an 1560. article 59. & parce que cette Ordonnance ne parloit que pour l'avenir, & ne faiſoit aucune mention des ſubſtitutions, qui avoient eſté faites auparavant, conformément à cette Novelle 159. l'Ordonnance de Moulins en l'article 57. faite au mois de Février 1566. a ordonné, que telles ſubſtitutions ſeroient reſtraintes au quatriéme degré outre l'inſtitution, excepté celles dont le droit eſtoit deja écheu & acquis aux perſonnes vivantes.

Quoy que les ſubſtitutions fideicommiſſaires faites depuis l'Ordonnance d'Orleans, ſoient reduites à deux degrez, & que par cette Novelle elles euſſent leur cours juſques à quatre, cependant l'une ne differe de l'autre que d'un degré ; parce que par l'Ordonnance l'inſtitution n'eſt point comptée, & que par cette Novelle elle eſt compriſe dans les quatre degrez ; en ſorte que le premier degré ſe compte au ſubſtitué.

La Novelle 160. *exemplum ſacræ pragmaticæ formæ de uſur.* La Novelle 161. *de Provinciarum Præſidib.* ſont inutiles en France.

TITRE XLIV.

Reſcrit envoyé à Dominique Prefet, contenant divers Chapitres.

NOVELLE CLXII.

Sacræ formæ tranſmiſſa Dominicogloriofiſimo Prætoriorum Illyricanorum Præf &o dediverſis Capitulis.

CEtte Novelle contient trois Chapitres, le premier concerne les donations entre les conjoints par mariage, & les deux autres regardent les aſcriptices, auſquels nous ne nous arreſterons point comme eſtant inutiles.

La Conſtitution qui eſt contenuë dans le premier Chapitre, a eſté faite ſur l'eſpece qui y eſt propoſée : Un mary avoit donné à ſa femme certaines choſes, mais il ne les luy avoit pas livrées, il predecede ſans avoir fait mention de cette donation dans ſes dernieres volontez. Sa femme aprés ſon deceds pretendoit les revendiquer contre ſes heritiers, en vertu de la donation qui luy en avoit eſté faite ; les heritiers au contraire ſoûtenoient qu'elle eſtoit mal fondée, parce que la donation, que ſon mary luy avoit faite, eſtoit imparfaite, dautant que la Loy *Cincia* exigeoit la tradition des choſes données pour la perfection des donations : ils tomboient d'accord, que ſi elle avoit eſté en poſſeſſion d'icelles, elle auroit pû leur oppoſer l'exception des choſes données, au cas qu'ils euſſent pretendu les revendiquer, mais qu'elle n'avoit aucune action pour les revendiquer contr'eux.

Neanmoins l'Empereur decide au contraire, que la femme eſt bien fondée dans ſa demande, par la raiſon que par le droit nouveau établi par l'Empereur *in l.* 35. *C. de donatio. &* §. 2.

Inftitut. de donatio. il a ordonné, que pour la validité des donations, il ne feroit plus befoin à l'avenir de ftipulation, ny de la tradition des chofes données, & que le confentement du donateur fuivi de l'acceptation du donataire, eftoit fuffifant pour rendre une donation parfaite : & en confequence de cette Jurifprudence, l'Empereur declare que fi la donation en queftion eft valable d'ailleurs, tant pour la valeur & la quantité des chofes données, c'eft à dire, qu'elle n'excede point ce qu'il eft permis de donner, & qu'elle ait efté valablement infinuée, elle foit bonne & valable, & qu'eftant confirmée par la mort du mary, elle ait un effet retroactif au temps qu'elle a efté faite ; & que fi la femme poffede, elle puiffe oppofer l'exception de la chofe donnée pour fe la conferver, & fi elle ne la poffede pas, elle ait une action pour la repeter, non pas neanmoins l'action réelle, mais l'action *ex ftipulatu,* au cas qu'il y ait eu ftipulation ; ou la condiction *ex lege,* s'il n'y a point eu de ftipulation, en vertu de cette nouvelle Conftitution.

Dans ce mefme Chapitre l'Empereur décide une autre queftion, fcavoir fi le mary avoit engagé ou hypotequé la chofe donnée, s'il feroit prefumé l'avoir voulu revoquer & avoir voulu changer de volonté, & fi par confequent elle feroit nulle ? Par la Loy *cùm hic ftatus. §. 5. ff. de donatio. inter vir. & uxor.* & la Loy 12. *C. eod. tit.* il eft décidé, que la donation eft revoquée par une prefomption d'une volonté contraire du teftateur. Neanmoins l'Empereur décide le contraire : la raifon eft, que par le droit nouveau les donations eftant valables fans ftipulation & fans tradition, le donateur eft prefumé perfeverer dans la mefme volonté, tant qu'il ne revoque point la donation qu'il a faite ; & l'engagement n'eft pas une preuve fuffifante qu'il ait voulu changer de volonté, comme quand un teftateur engage les chofes qu'il a leguées, on ne prefume pas qu'il ait voulu ofter le legs aux legataires, en forte qu'ils ont droit d'en demander la delivrance à l'heritier, & de l'obliger de décharger les chofes leguées des hypoteques contractées par le teftateur, *§. fi rem. verf. udem refcripferunt. Inftitut. de legat.* parce que *quæ nudo confenfu conftant, non videntur adimi obligatione pignoris vel hypotheca,* comme dit fort bien Cujas fur cette Novelle.

Dans la fin du mefme Chapitre, l'Empereur traite de l'infinuation des donations faites par le mary à fa femme ; & il fait cette diftinction, ou la donation a efté infinuée, ou non : fi elle

a efté

a efté infinuée, elle eft valable,de quelque valeur que foient les chofes données : au fecond cas, ou la donation excede cinq cens écus d'or, ou elle n'eft que de cette fomme ou de la valeur d'i-celle : au premier cas elle fe doit reduire à la fomme de cinq cens écus d'or, & au fecond elle eft valable pour le tout, fuivant la Conftitution de l'Empereur *in l.* 35. *C. de donatio.*

Irnerus avoit dû faire une Authentique & la mettre aprés la Loy 12.*C.de donatio. inter vir. & uxor.* à laquelle cette Con-ftitution deroge ; mais cette Novelle ne fe trouve pas dans l'an-cienne verfion, d'où cet Auteur a tiré les Authentiques.

Le Chapitre premier de cette Novelle eft d'ufage en Fran-ce, fi ce n'eft que toutes donations faites entre les futurs con-joints par mariage, ou par les conjoints pendant le mariage, dans les Couftumes qui le permettent, font fujettes à infinua-tion, fans diftinguer fi elles excedent cinq cens écus d'or. Voyez ce que j'ay dit fur l'article 284. de la Couftume de Pa-ris touchant les infinuations.

La Novelle 163. eft de l'Empereur Tybere, elle traite *de Re-levatione Tributorum publicorum* ; elle eft inutile en France.

Il n'y a plus que cinq Novelles, lefquelles font pareillement inutiles ; c'eft pourquoy nous finirons icy cette derniere partie du Droit Civil.

Fin du fecond volume.

TABLE

DES PRINCIPALES MATIERES
contenuës dans ce second Tome.

A

B.

Tome II.

E

M

S

Fin de la Table des Matieres.

INDEX

OMNIUM NOVELLARUM CONSTITUTIONUM
ORDINE ALPHABETICO COLLECTUS.

Prior numerus volumen , posterior paginam indicat.

Quæ numero non notantur , in hoc opere tanquam inutiles non exponuntur.

AUTHENTICARUM JUSTINIANEO

CODICI SUIS LOCIS INSERTARUM
& in hoc opere relatarum Index Alphabetico ordine collectus.

Prior numerus volumen, posterior paginam indicat.

Tome I.

b

b iij

Index Authenticarum.

Finis Tabulæ Authenticarum.   PRIVILEGE

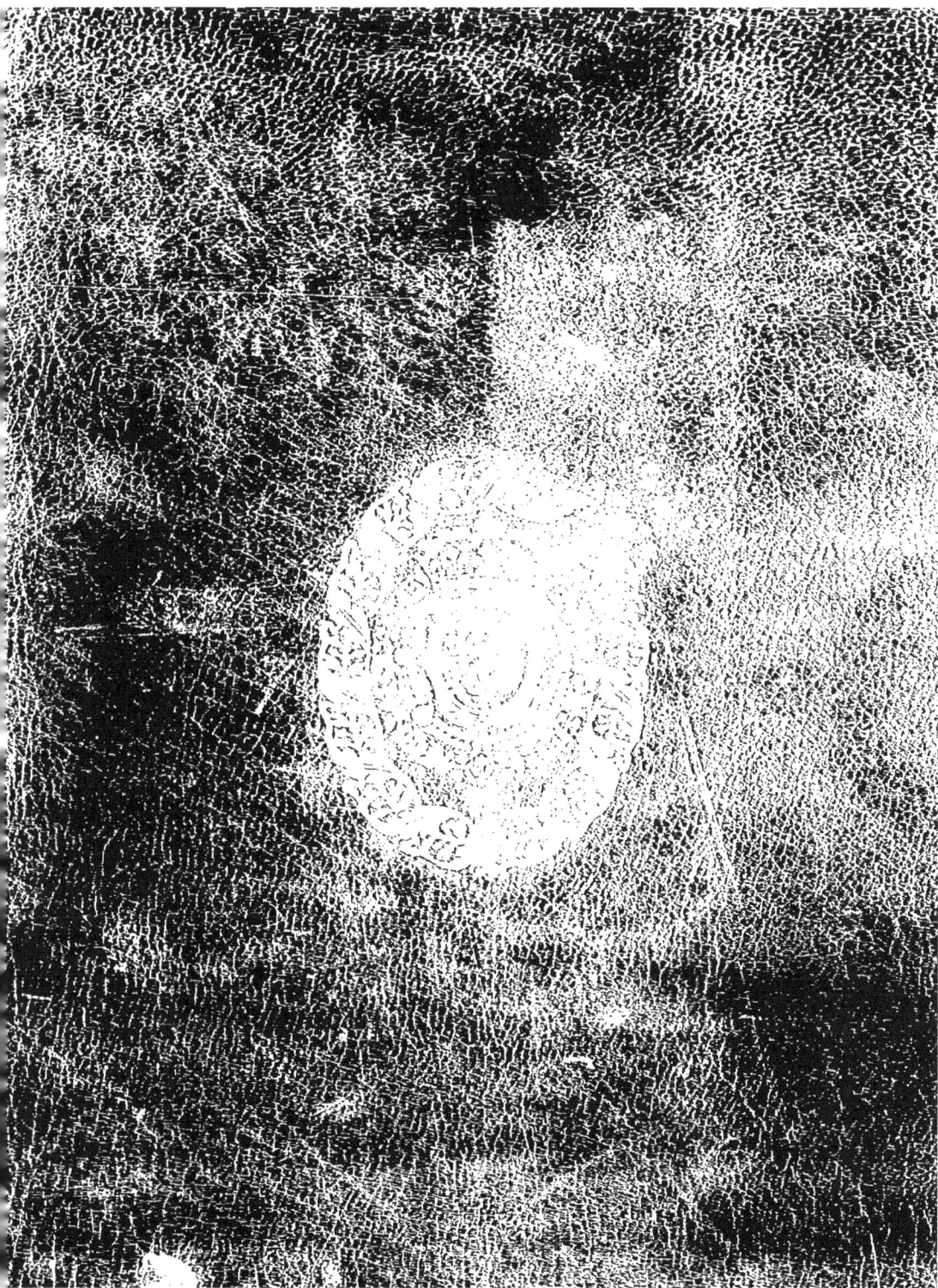

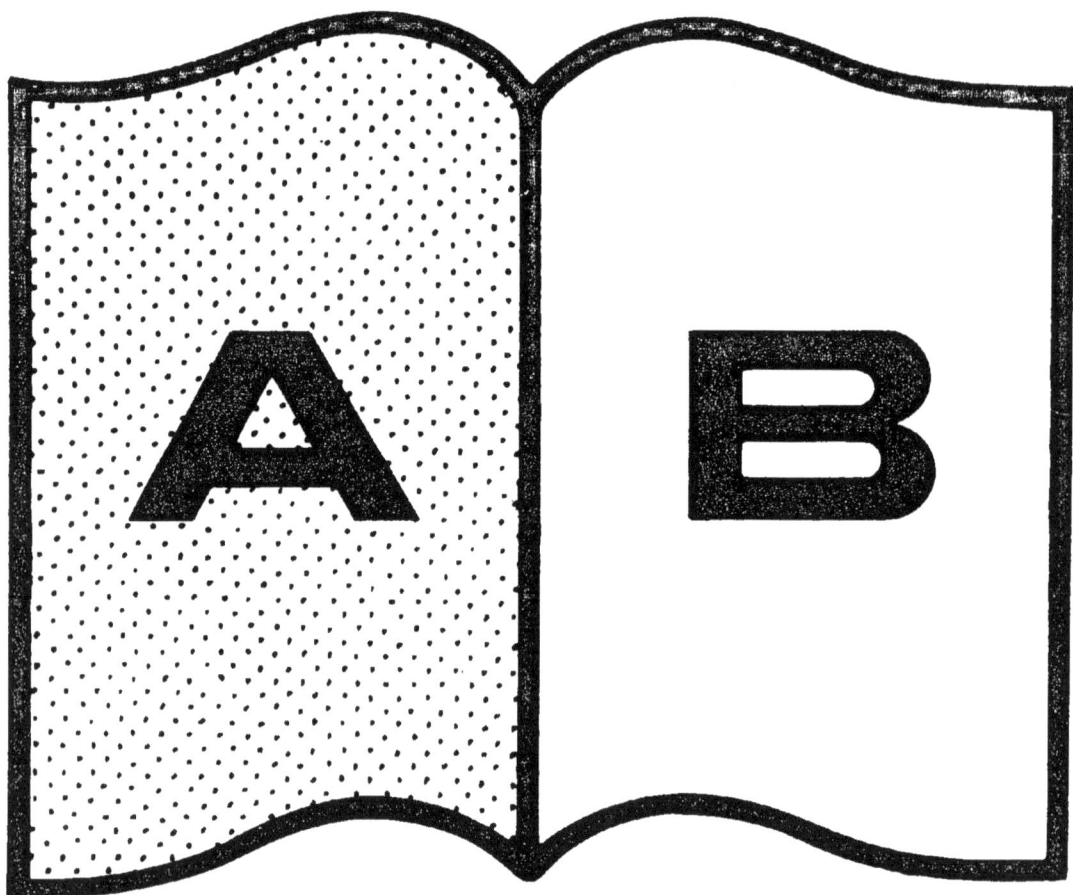

Contraste insuffisant

NF Z 43-120-14

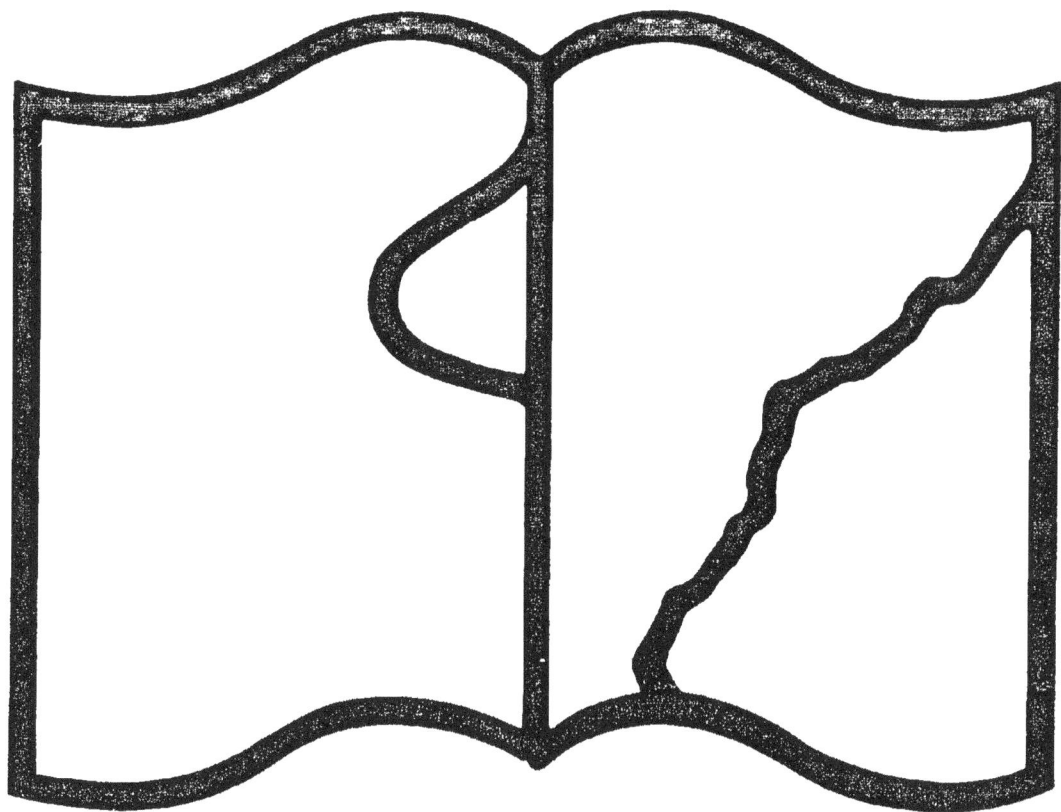

Texte détérioré — reliure défectueuse

NF Z 43-120-11